현대 **당구** 교본

현대
당구 교본

초판 1쇄 인쇄 | 2023년 12월 15일
초판 1쇄 발행 | 2023년 12월 20일
편저 | 미래레저연구회
표지 | 윤영화
펴낸곳 | 태을출판사
펴낸이 | 최원준
등록번호 | 제1973.1.10(제4-10호)
주소 | 서울시 중구 동화동 제 52-107호(동아빌딩 내)
전화 | 02-2237-5577 팩스 | 02-2233-6166
ISBN 978-89-493-0672-8 13690

현대 당구 교본

"기초 이론에서 부터 실기 완성까지"

미래레저연구회 편저

태을출판사

당구는 지구력, 순발력, 두뇌회전, 친화감, 친밀감, 사교성에 좋은 스포츠이다.

집중력과 인내력, 체력, 기술력 증진으로 효율성 인간으로 다시 태어난다.

찍어치기 두께 조절의 신비

푸른 물결 위에 노니는 빨강, 하양, 노랑색의 매력

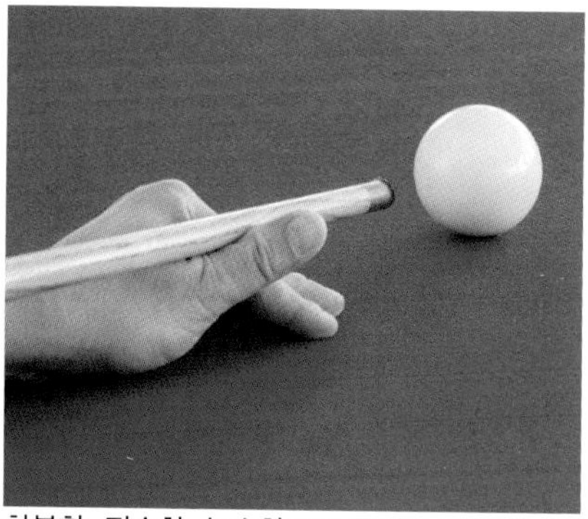
차분함, 정숙함, 능숙함으로 큐대를 잡자.

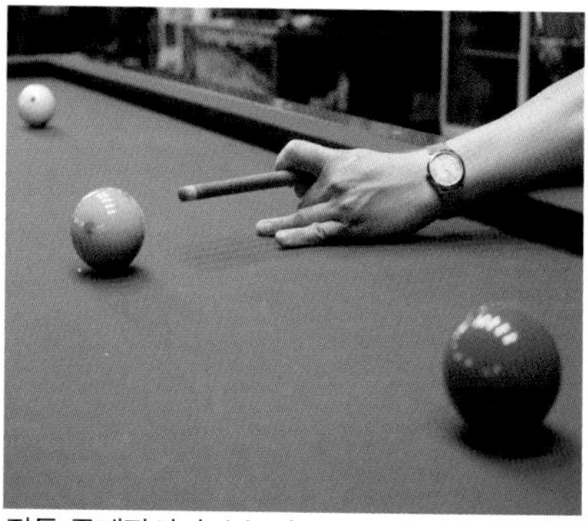
정통 큐대잡이의 손놀림

각도와 힘 조절로 당구치기

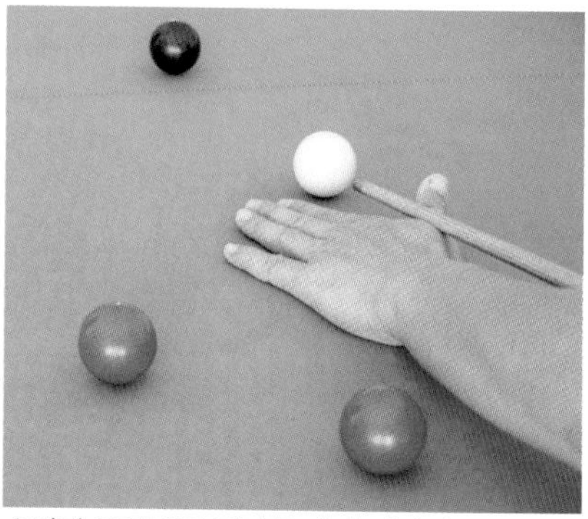
손바닥 큐걸이로 재미를 배가 시키자.

당구는 다 함께 하는 스포츠로서 모두가 하나가 되는 상생의 마음을 키운다.

기초부터 차근차근 3구치기

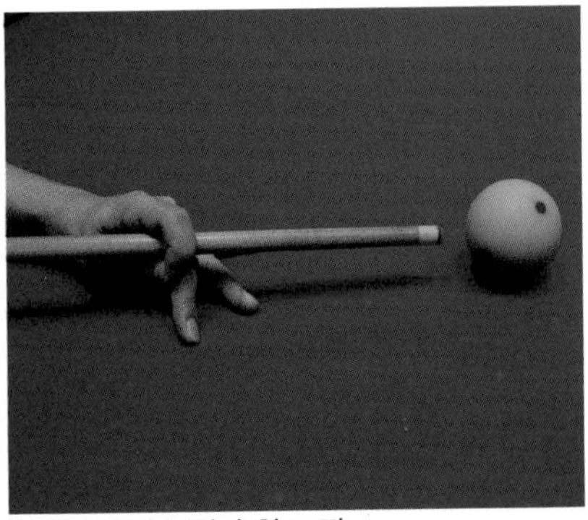
큐대의 거리 조정과 힘 조절

포켓볼로 희열감과 기분 업

모아치기의 정석

푸른 초원 위 흰색 당구공의 마술

타구법과 겨냥법

세계의 남녀가 하나 되는 두뇌 스포츠

빨강 양탄자의 기쁨

남녀가 함께하는 포켓볼의 다양성과 실전 기술 향상 테크닉

빨강공과 하양공 마치 우주 행성을 옮겨 놓은 듯, 상상력과 신비감으로 초대된 듯 하다.

모든이가 함께 웃는 가운데 동질성, 일체감, 단결심을 갖게 하는 당구의 신비로움과 경이로움

머 리 말

'당구를 알고 있습니까?'—이런 질문을 하면 대부분의 사람들로부터 '알고 있어요. 4구라든가 로테이션이라든가 하는 그것이지요'라고 하는 대답이 돌아온다. '그럼 당구에는 어떤 종목이 있고 어떤 룰로 경기가 이루어지고 있는지 알고 있습니까?'라고 하면 대부분의 사람은 대답이 막혀 버린다.

당구를 막 시작한 사람들 중에는 공에 대한 기초적인 기법을 완전히 무시하고 자기식의 플레이를 하고 있는 사람이 의외로 많은 것 같다. 능숙한 사람이 공을 치고 있는 모습을 보면 누구나 곧 생각대로 칠 수 있는 것 같이 보인다. 그러나 실제로 큐를 쥐어 보면 먼저 공의 어디를 어떻게 치면 어떻게 진행하고 그 결과 어떻게 맞혀야 할까하고 망설이게 된다.

모든 스포츠가 그렇듯이 당구에 있어서도 기초적 기법을 익히는 것이 중요함은 말할 필요도 없다. 기본을 습득하지 않은 채로 플레이를 계속하고 있으면 어느 정도 기술은 향상해도 그 발전은 정지해 버린다.

당구는 누구나 곧 배울 수 있는 스포츠이지만 그 깊이는 무한하다고 해도 좋을 것이다. 한정된 공간의 테이블 위에서 기하학적으로,

역학적으로 자신이 그린 이미지대로 공을 움직이는 **당구는 '두뇌의 스포츠'라고** 말할 수 있다.

이 책은 앞으로 당구를 시작하려고 하는 사람들을 위해서 초보자의 입장에서 여러 가지 기본적인 원칙을 모은 것이다. 따라서 높은 수준의 기술을 필요로 하는 것에 대해서는 간단한 해설로만 그쳤다.

스스로 큐를 쥐고 공을 쳐서 연습을 거듭하는 것 이외에 숙달의 길은 없다. 코치나 선배로부터 지도를 받는 부독본으로서 혹은 자기 자신의 납득과 진보의 스텝으로서 이 책을 활용해 주었으면 하는 바램이다.

차 례

□머리말 ······ 11

제1장 / 당구 기술의 기초 지식 ······ 31

당구를 시작하기 전에 알아두면 도움이 되는 용구의 여러 가지 ······ 32
당구 테이블 ······ 32
① 소형 당구대 ······ 32
② 중형 당구대 ······ 33
③ 대형 당구대 ······ 33
④ 포켓 당구대 ······ 33
당구공(볼) ······ 36
큐(cue) ······ 37
초크와 파우더 ······ 38
채점판과 스코어 보드 ······ 39

4구, 3구로 하는 캐럼 게임의 방법을 알자 ······ 41
4구 게임 ······ 41
◐채점 방법 ······ 42
◐지점(持点) ······ 43
◐치는 순서의 결정 방법(뱅킹) ······ 44
◐서브(초구)의 방법 ······ 46
◐게임 ······ 46

◐게임의 반칙 48
① 2번 치기 48
② 공 건드림 48
③ 양 발을 바닥에서 떼고 쳤을 때 48
④ 조언을 받고 쳤을 때 49
⑤ 공 착각 49
⑥ 공이 테이블 밖으로 튀어 나갔을 때 49
⑦ 표적을 놓는다 49
⑧ 공이 정지하기 전에 쳤을 때 50
⑨ 수구에 프로즌(밀착)해 있는 표적공을 쳤을 때 50
⑩ 쿠션 프로즌의 수구를 쿠션으로 50
⑪ 미스 점프 51
◐코너의 제한 구역 51
3구 게임 52
◐뱅킹의 방법 52
◐서브의 방법 52
◐채점 방법 54
스리 쿠션 게임 54
◐채점 방법 54
◐뱅킹과 서브 55
◐지점 반칙, 승부의 결정 방법 55
보크라인 경기 57
◐보크라인 경기의 종류 57
① 42cm 보크라인 경기 57
② 47cm 보크라인 경기 57
③ 71cm 보크라인 경기 60
◐뱅킹과 서브 61
◐반칙과 득점 61
◐초구 위치로 되돌리는 경우 61

프리(free) 경기 62

숫자가 붙은 공을 떨어뜨리는 포켓 당구의 매력 64
로테이션 경기 65
◐뱅킹과 서브 65
◐래크(rack) 66
◐룰 67
◐지점과 채점법 68
14-1 래크 경기 68
◐래크의 방법 68
◐브레이크 샷(break shot) 69
◐득점과 감점 70
◐세이프티의 방법 71
◐3회 연속의 감점을 당한 경우 71
◐승패의 결정 방법 71
에이트 볼 72
나인 볼 73
볼러드 경기 75
◐브레이크 샷과 제1, 제2 이닝 76
◐포켓 경기의 파울 플레이 76

제2장 / 당구란 어떤 게임인가? 79

당구의 종류 80
캐럼 당구와 포켓 당구 80

◐캐럼 당구 80

① 4구 게임 81
② 3구 게임 81
③ 프리 게임 81
④ 보크라인 게임 82
⑤ 쿠션 게임(cushion game) 82

◐포켓 당구 82

① 로테이션 게임(rotation game) 82
② 14-1 래크 게임(rake game) 84
③ 나인 볼 게임(nine ball game) 84
④ 에이트 볼 게임(eight ball game) 84
⑤ 볼러드 게임(bowlerd game) 84
⑥ 원 포켓 게임(one pocket game) 84

◐4구(四球) 게임 84

- 초보자는 우선 4구부터 85
- 현대 감각에 맞는 포켓 당구 85

당구의 용구 87

◐시뮬레이션(simulation) 87

당구 테이블 88

◐포켓 테이블 89

◐소형 당구대 93

◐중형 당구대 93

◐대형 당구대 94

◐쿠션 94

◐클로스(나사 : 羅紗) 94

당구공(볼 ; ball) 95

큐(cue) 97

초크(chalk) 97

그 밖의 용구 ········ 98
◐파우더(powder) ········ 98
◐메카니컬 브리지(레스트) ········ 98
◐채점판 스코어 보드 ········ 98
◐트라이앵글 래크(triangle rack) ········ 99

포켓 당구의 룰과 진행 방법 ········ 101
◐시뮬레이션(simulation) ········ 101
포켓 당구의 종류와 룰 ········ 101
나인 볼 게임(nine ball game) ········ 102
◐룰 ········ 103
◐스누커(영국식 포켓) ········ 103
◐래크의 방법 ········ 104
◐뱅킹(banking) ········ 105
◐게임의 진행 방법 ········ 106
로테이션 게임(rotation game) ········ 107
◐게임의 진행 방법 ········ 107
◐득점 ········ 108
◐핸디캡(handicap) ········ 109
◐파울 룰 ········ 110
① 수구, 표적공 선택 룰 ········ 110
② 수구 자유 룰 ········ 110
14-1 래크 게임 ········ 111
◐게임의 진행 방법 ········ 111
◐콜 샷(call shot) ········ 113
◐오프닝 샷(브레이크 샷) ········ 113

에이트 볼 게임(eight ball game) ······ 113
◐게임의 진행 방법 ······ 114
◐초크와 탭이 기술 혁명 ······ 115
볼러드 게임 ······ 116
◐게임의 진행 방법 ······ 116
◐스코어 마크 ······ 117
파울 플레이 ······ 118
(1) 스크래치(수구가 포켓에 떨어지는 것) ······ 118
(2) 볼이 테이블 밖으로 튀어나간다 ······ 118
(3) 공 건드림 ······ 119
(4) 공이 바깥틀(레일) 혹은 쿠션 위에 정지한다 ······ 119
(5) 바닥 면에서 양 발을 떼고 친다 ······ 119
(6) 파울로 간주되는 푸시 샷(push shot) ······ 119
(7) 수구가 미스 점프했다 ······ 119
◐주요 포켓 게임의 룰 ······ 120
매너를 지킨다 ······ 122

제3장 / 당구의 기본을 익히자 ······ 124

자연스럽고 무리가 없는 정확한 폼으로 숙달이 진행된다 ······ 124
큐의 중심 ······ 124
스탠스와 몸의 위치 ······ 125
그립 ······ 126
브리지(Bridge) ······ 127
◐표준적 브리지 ······ 127

◐치는 포인트마다의 브리지의 차이 131
① 상부 치기의 경우 131
② 중심 치기의 경우 131
③ 하부 치기의 경우 132
◐특수한 브리지 132
① 쿠션에 공이 터치하고 있을 때 132
② 왼손으로 칠 때의 브리지 132
③ 공을 커브시키고 싶을 때의 브리지 132
④ 자기 앞 쪽의 공 너머로 칠 때의 브리지 133
⑤ 세리 치기의 브리지 133
자세의 포인트 137
스트로크 141
올바른 자세 142
정확한 폼 142
폼의 기본 동작 143
◐큐의 중심점(밸런스 포인트)을 안다 143
◐몸의 위치를 정한다 143
◐발의 위치를 정한다 145
◐브리지(bridge)를 만든다 145
숙달을 위한 기본 자세 146
◐시뮬레이션(simulation) 146
폼과 스탠스(stance) 146
올바른 폼과 기본 동작 147
◐큐의 중심(밸런스 포인트) 149
◐그립 149
몸의 위치를 정한다 151

◐수구와 몸의 위치 …… 151
◐스탠스 …… 152
큐와 그립 …… 155
스탠스와 밸런스 …… 157
브리지(bridge) …… 161
◐브리지의 순서 …… 161
◐스탠다드 브리지 …… 163
◐여러 가지 브리지 …… 165
V 브리지 …… 165
레일 브리지 …… 165
핑거칩 브리지 …… 166
그 밖의 브리지 …… 166
◐브리지와 수구의 당점의 관계 …… 166
스트로크(stroke) …… 168
특수한 자세 …… 169
◐마세(masse) …… 170
◐올바른 폼의 체크 포인트 …… 171
(1) 그립 …… 171
(2) 스탠스(stance) …… 171
(3) 자세와 밸런스 …… 171
(4) 브리지 …… 172
(5) 스트로크 …… 172
(6) 백 스윙 …… 172
(7) 샷 …… 172
공은 정확하고 올바르게 치면 자유자재로 달린다 …… 174
수구의 당점 …… 174
수구의 운동과 진행 방법 …… 176

① 중심 위 치기 때 …… 176
② 중심 치기 때 …… 176
③ 중심 아래 치기 때 …… 176
④ 오른쪽 옆 치기와 왼쪽 옆 치기 때 …… 177

수구가 표적공에 맞았을 때의 운동과 진로 …… 181

두께의 거는 방법 …… 182

① 중앙의 겨냥점 …… 182
② 3/4의 겨냥점 …… 182
③ 2/3의 겨냥점 …… 183
④ 1/2의 겨냥점 …… 183
⑤ 1/3의 겨냥점 …… 184
⑥ 1/4의 겨냥점 …… 184

힘 조절과 쿠션 …… 186

① 약하게 …… 186
② 약간 약하게 …… 186
③ 보통 …… 186
④ 약간 세게 …… 187
⑤ 세게 …… 187

공의 진로와 반사각, 분리각 …… 188

① 두께의 거는 방법에 의한 수구의 진로 …… 188
② 당점의 차이에 의한 수구의 반사각의 변화 …… 188
③ 수구와 표적공의 분리각의 원칙 …… 194
④ 수구의 당점 변화와 분리각 …… 195

힘 조절에 의한 반사각의 차이 …… 197

쿠션의 입사각과 반사각 …… 198

① 원칙 …… 198
② 중심 하부를 쳤을 경우 …… 199
③ 순비틈과 역비틈의 반사각의 차이 …… 199

당구의 에티켓 …… 201

제4장 / 당구 기술의 기본 테크닉 203

초급 테크닉은 이지 볼의 반복 연습이 제일 204
삼각구(이지 볼)의 겨냥법과 타구법 204
밀어치기의 겨냥법과 타구법 206
끌어치기의 겨냥법과 타구법 208
◐끌어치기의 연습 210
① 제2표적공이 멀리에 있을 때 210
② 순비틈을 가해서 끌어칠 때 210
③ 역비틈을 해서 끌어칠 때 210
얇게 치기의 겨냥법과 타구법 212
비틀어치기의 타구법 214
마중나오기 치기의 타구법 219
걸쳐치기의 타구법 221
되받아치기의 타구법 224
◐되받아치기의 응용 227
빈 쿠션의 타구법 229
빈 쿠션의 응용① 231
빈 쿠션의 응용② 232
공 쿠션의 타구법 233

여러 가지 겨냥법을 알기 위한 중급 테크닉 235
원 쿠션 치기의 타구법 235
투 쿠션 치기의 타구법 237
◐투 쿠션 치기의 연습 240
스리 쿠션 치기의 타구법 242

모아치기의 방법 244
마세(masse) 치기의 방법 247
세리 치기의 방법 251

제5장 / 타구법과 겨냥법 255

당구공(Ball)의 성질 256
당구공의 운동과 진로 256
◐수구(手球)의 당점 257
◐수구의 운동과 진로 259
◐수구와 표적공의 운동과 진로 261
◐두께와 겨냥점 261
◐힘 조절과 수구의 진로 263
◐입사각과 반사각 266
◐수구의 기본적인 반사각 266

기본 기술과 그 응용 269
기본적인 타구법 269
◐서브 270
◐이지볼(삼각구) 270
◐밀어치기 272
◐끌어치기 277
◐얇게 치기(페더 볼) 279
◐비틈(잉글리시) 281
◐되받아치기 283

◐마중나오기 치기(타임 샷) 285
◐빈 쿠션 287
◐공 쿠션 290
◐상자 공 · 큰 돌림 292
높은 수준(하이 레벨)의 타구법 296
◐마세(masse) 297
◐모아치기 300
◐모아치기의 주의점 303
◐세리(series) 304

기본 기술의 응용 306

◐시뮬레이션(simulation) 306
표적공의 겨냥점 307
이미지너리 포인트(imaginary point) 309
두께와 당점의 관계 312
힘조절 314

체크 포인트 316

◐시뮬레이션(simulation) 316
수구 타구법의 연습 317
◐체크 포인트 317
① 그립(grip) 317
② 스탠스와 자세 317
③ 브리지 317
④ 얼굴의 위치 318
⑤ 스트로크 318

⑥ 팔로우 스루 ······ 318
◐수구를 친다 ······ 318
① 먼저 쿠션에 수직으로 수구를 친다 ······ 318
② 잉글리시(비틈)를 준다 ······ 319
③ 힘조절의 연습 ······ 320
④ 표적공에 맞힌다 ······ 320
팔로우 샷(밀어치기) ······ 320
스톱 샷 ······ 321
드로 샷(끌어치기) ······ 321
표적공의 겨냥법 ······ 323

제6장 / 여러 가지 게임 ······ 325

게임 룰과 진행 방법 ······ 326
4구 게임 ······ 326
◐선공, 후공을 정한다 ······ 326
◐서브 ······ 327
◐게임은 같은 수 이닝으로 실시한다 ······ 327
◐핸디캡(handicap) ······ 327
◐제한구역 내에서는 1번 밖에 칠 수 없다 ······ 328
◐반칙 · 실격 ······ 328
① 공 건드림 ······ 328
② 공 착각 ······ 328
③ 2번 치기 ······ 329
④ 공이 테이블 밖으로 튀어나갔을 때 ······ 329
⑤ 조언 ······ 329

⑥ 바닥에서 양 발을 떼고 쳤을 때 ······ 329
⑦ 공이 정지하기 전에 쳤을 때 ······ 329
⑧ 바깥틀에 목표가 되는 것(예를 들면 초크 등)을 놓거나 표시를 했을 때 ······ 329
⑨ 프로즌(밀착)해 있는 공을 쳤을 때 ······ 329
⑩ 수구가 미스 점프했을 때 ······ 329
⑪ 수구가 스크래치했을 때 ······ 329

◐그 밖의 게임 룰 ······ 330

보크라인 게임(balkline game) ······ 332

스리 쿠션 게임 ······ 334

포켓 당구 ······ 339

◐기본적인 겨냥법 ······ 339

◐포지션 플레이와 힘 조절 ······ 343

◐종목의 선택 ······ 351

◐초보자의 종목 ······ 352

◐파울 플레이 ······ 353

공통 룰 ······ 353
특유의 룰 ······ 353

◐뱅크 샷 ······ 355

◐키스 샷 ······ 357

◐콤비네이션 샷(combination shot) ······ 359

◐캐논 샷(cannon shot) ······ 361

◐로테이션 게임(rotation game) ······ 363

◐14-1 래크 게임 ······ 365

◐나인 볼 게임 ······ 366

◐에이트 볼 게임 ······ 366

포켓 당구의 테크닉 368
◐시뮬레이션(simulation) 368
포켓 당구 특유의 테크닉 369
뱅크 샷(bank shot) 370
키스 샷(kiss shot) 372
프로즌의 경우 372
떨어져 있는 경우 372
콤비네이션 샷(combination shot) 375
캐논 샷(cannon shot) 377
점프 샷(jump shot) 380
마세(masse) 381
자세 381
브리지 381
그립 381
스트로크 382
겨냥법 382

제7장 / 캐럼 당구(caram billiard) 385

게임의 종류 386
◐모아치기의 테크닉〈1〉 386
룰과 게임의 진행 방법 387
4구 게임 387
◐반칙 · 실격 390
① 공 건드림 390
② 공 착각 390
③ 2번 치기 390

④ 볼이 테이블 밖으로 튀어 나갔을 때 ······ 390
스리 쿠션 게임(three cushion game) ······ 391
보크라인 게임(balkline game) ······ 393

캐럼의 테크닉 ······ 395
◐모아치기의 테크닉〈2〉 ······ 395
4구 게임의 테크닉 ······ 396
◐삼각구(이지 볼 ; easy ball) ······ 396
◐밀어치기와 밀어빼내기 ······ 397
◐끌어치기 ······ 399
◐얇게 치기(페더 볼 ; feather ball) ······ 400
◐되받아치기 ······ 401
◐마중나오기 치기(타임 샷) ······ 402
◐빈 쿠션 ······ 404
◐걸쳐치기 ······ 405
◐공 쿠션 ······ 406
◐상자 공 · 큰 돌림 ······ 408
◐모아치기 ······ 409
◐세리(series) ······ 412

제8장 / 실전 기술 향상의 테크닉 ······ 415

서브는 공식대로 하면 확실하게 칠 수 있다 ······ 416
코너에 모이게 하는 모아치기의 실전 테크닉 ······ 419
연속해서 득점하자 — 보크라인 게임의 모아치기 ······ 425

시스템을 응용하는 스리 쿠션 게임의 실전 테크닉 …… 435
파이브 앤드 하프 시스템(five and half system) …… 436
플러스 투 시스템(plus tow system) …… 443
맥시멈 잉글리시 시스템(Maximum English System) …… 450
노 잉글리시 시스템(No English System) …… 454
더블 레일 시스템(double rail system) …… 455
리보이스 시스템 …… 458

제9장 / 포켓 당구 기술 향상을 위한 실전 테크닉 …… 461

인기 절정의 포켓 당구의 실전 테크닉 …… 462
기본적인 겨냥법 …… 463
뱅크 샷의 겨냥법 …… 464
키스 샷(kiss shot)의 겨냥법 …… 467
콤비네이션 샷(combination shot) …… 469
캐논 샷(cannon shot) …… 472
각종 기법에 의한 실전 연습 …… 474
◐적구를 포켓한다 …… 474
◐당점의 차이에 의한 수구의 움직임① …… 475
◐당점의 차이게 의한 수구의 움직임② …… 476
◐팔로우 샷(밀어치기)의 연습 …… 477
◐드로 샷(끌어치기)의 연습 …… 478

제10장 / 게임에 필요한 지식 481

◐수구와 표적공 482
◐보통의 게임과 대회 482
◐초크와 파우더 486
◐에티켓에 대하여 486

제11장 / 알아두면 도움이 되는 당구의 참고 자료 489

당구의 역사 490
◐3구 게임의 보급 491
◐기구의 발명과 개량 491
◐초크의 발명 492
◐탭의 발명 493
◐미국의 당구 494
◐4구의 폐지와 3구 495
◐보크라인 게임의 탄생 496
◐앵커(anchor) 치기의 출현 496
◐스리 쿠션 시대의 도래 497
◐세계 당구 연맹의 설립 497
당구의 용어 해설 499

특별부록 / 프로 당구 기술 습득을 위한 기본 연습과 숙달 훈련 511

기본 기술의 연습 512
큐와 그립 512
큐의 고르는 법 512
큐의 쥐는 법 514
브리지(bridge) 516
◐만드는 법[1] 516
◐만드는 법[2] 517
◐만드는 법[3] 517
바깥틀을 이용한 브리지 518
◐만드는 법[4] 518
◐만드는 법[5] 518
◐만드는 법[6] 518
◐만드는 법[7] 519
브리지를 만들 때 주의할 점 519
공 너머로 치는 브리지 520
당점과 브리지 522
브리지의 위치 523
당구는 '인사'부터 524
스탠스(stance) 525
자세의 기본 526
스트로크(stroke)에 들어가는 자세 528
공은 허리로 친다 529

얼굴의 위치 530
스윙은 클로스와 평형으로 531
강한 공은 테이크 백(take back)을 크게 532
샷의 요령은 팔꿈치 533
스트로크와 눈의 움직임 534
당점의 겨냥 536
샷의 연습 537
레스트의 이용 538
마세(massé) 540
공의 회전은 스냅으로 541
마세의 브리지 542

프로가 되기 위한 숙달 훈련 543
기본 기술 543
◐이지(easy) 볼 544
◐밀어치기(위 치기) 545
◐먼 밀어치기(아래 치기) 546
◐밀어치기의 접촉을 피하는 법 547
◐목표 구역에 모으는 밀어치기 548
◐밀어 빼어치기 549
◐밀어 빼어치기의 응용례 550
◐끌어치기 551
◐끌어치기의 응용례 552
◐얇은공(페더볼) 553
◐언뜻 잡을 수 있을 것 같아도 불가능한 공 554

◐비틀어 치기 ······ 555
◐얇게 맞혀서 잘 비튼다 ······ 556
◐마중 나오기 치기 ······ 557
◐마중 나오기 치기의 응용례 ······ 558
◐패스트 쿠션 잡기 ······ 559
◐응용례 ······ 560
◐되받아치기 ······ 561
◐되받아치기의 응용례 ······ 562
◐빈 쿠션 ······ 563
◐비틈으로 겨냥 폭을 넓힌다 ······ 564
◐빈 쿠션의 응용례(1) ······ 565
◐빈 쿠션의 응용례(2) ······ 566
◐공 쿠션 ······ 567
◐공 쿠션의 응용례 ······ 568
◐원 쿠션 잡기(1) ······ 569
◐원 쿠션 잡기(2) ······ 570
◐투 쿠션 잡기 ······ 571
◐투 쿠션 잡기의 응용례 ······ 572
◐모아치기 ······ 573
◐모아치기의 응용례(1) ······ 574
◐모아치기의 응용례(2) ······ 575
◐모아치기의 응용례(3) ······ 576
◐모아치기의 응용례(4) ······ 577
◐모아치기의 응용례(5) ······ 578

◐라운드 테이블 ········ 579
◐라운드 테이블의 응용례 ········ 580
◐상자 치기 ········ 581
◐수구와 적구가 평행인 경우 ········ 582
◐세리 ········ 583
◐세리의 응용례 ········ 584

제 1 장

당구 기술의 기초 지식

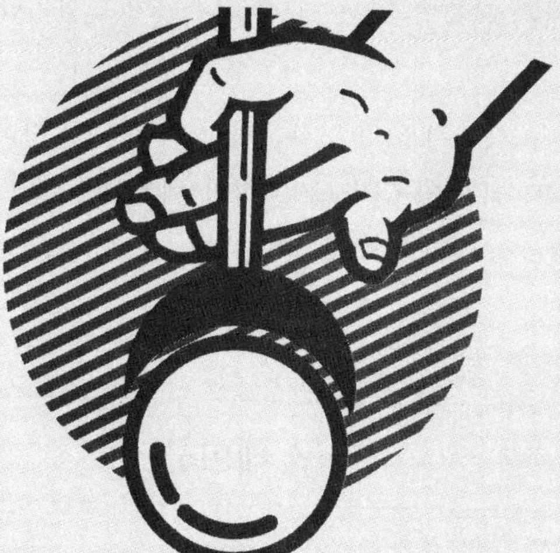

당구를 시작하기 전에 알아두면 도움이 되는 용구의 여러 가지

당구의 좋은 점은 맨손으로 당구장에 가도 모두 용구가 준비되어 있는 점이다. 베테랑으로 선수권 대회에 나오는 것 같은 플레이어는 자신의 큐(cue)를 특별주문으로 만들어 가지고 있지만 그것은 매우 예외이다.

그러나 모두 갖춰져 있다고 해도 용구에 대해서 최소한 알아 두어야 하는 점은 몇 가지 있다. 기초적인 테크닉을 배우기 전에 우선 용구를 완전히 이해하는 것이 필요하다.

당구 테이블

당구 테이블에는 4종류의 테이블이 있다. 모두에 공통하고 있는 것은 높이로 780mm부터 790mm 이내로 정해져 있다. 그리고 완전히 수평이어야 한다.

테이블은 게임에 따라 4종류가 있다.

① 소형 당구대(경기면적 2336mm×1168mm)

주로 4구 경기에 사용되고 있었지만 현재는 거의 사용되고 있지 않다.

② 중형 당구대(경기면적 2540mm×1270mm)

주로 4구 경기에 이용한다. 또한 3구, 42cm 보크라인(balkline) 경기, 프리(free) 경기 등에도 사용된다.

③ 대형 당구대(경기면적 2844.8mm×1422.4mm)

스리 쿠션(three cushion) 경기용의 테이블. 47cm 보크라인 경기, 프리 경기에도 사용된다.

④ 포켓(pocket) 당구대(경기면적 2540mm×1270mm)

포켓 경기는 모두 이 사이즈의 테이블에서 이루어진다. 포켓 구경은 코너가 123.8mm~130mm, 사이드가 136.5~142.8mm로 되어 있다.

당구대는 벚꽃나무나 졸참나무 등의 단단한 나무로 되어 있다.

바닥에는 대리석이나 슬레이트가 깔리고 그 위에 털을 깎은 나사가 팽팽하게 깔려 있다.

또한 외곽 안쪽에는 공을 되튀기기 위해 탄력이 있는 고무 쿠션이 설치되고 그 위를 나사로 덮고 있다.

당구 테이블의 좋고 나쁨은 이 쿠션과 바닥면이 울퉁불퉁하지 않고 평평하느냐, 나사가 팽팽하게 깔려 있느냐로 결정된다. 특히 클로스라고 불리는 나사는 털에 얼룩이 생기면 공의 회전 운동이 틀어진다. 그 때문에 당구장에서는 테이블을 사용하면 고무가 달린 솔로 솔질을 하고 물을 뿌려서 다리미질을 하고 있다.

또한 고무 쿠션도 오래되면 탄력성을 잃어 입사각이나 반사각이 틀어진다. 나쁜 당구대에서 연습하여 나쁜 버릇이 한 번 생겨 버리면 나중에 수정하기가 어려워지기 때문에 좋은 당구대를 선택해서 실시하도록 한다.

당구 테이블(캐럼 테이블)

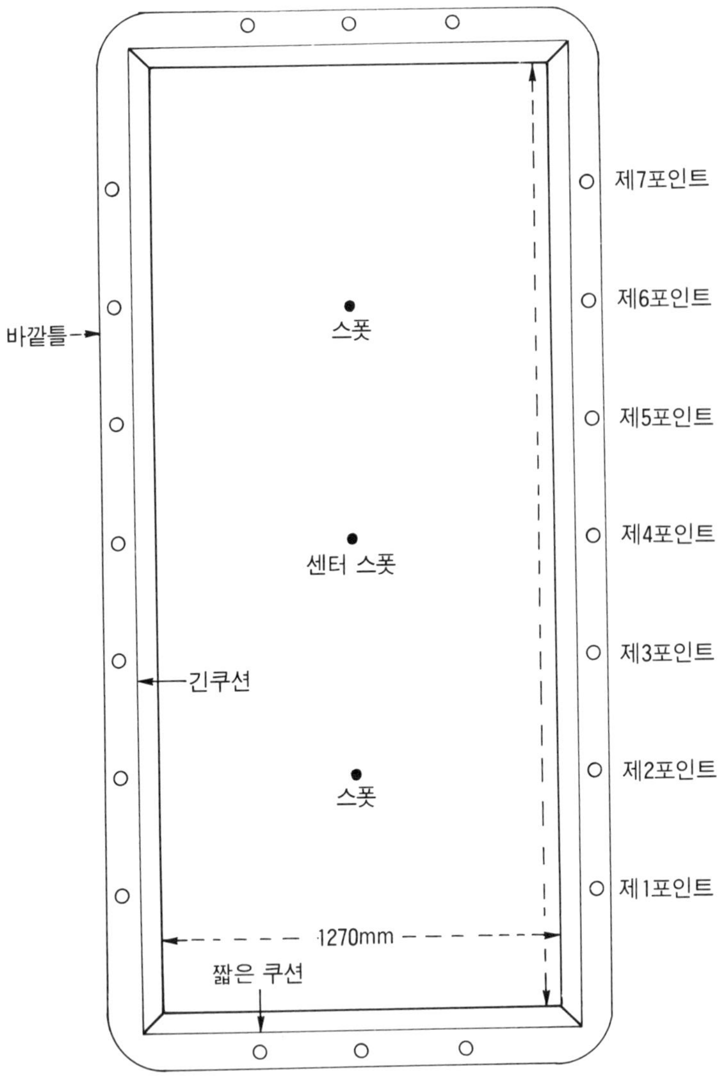
제7포인트
제6포인트
제5포인트
제4포인트
제3포인트
제2포인트
제1포인트
스폿
센터 스폿
스폿
바깥틀
긴쿠션
1270mm
짧은 쿠션

당구 테이블(포켓 테이블)

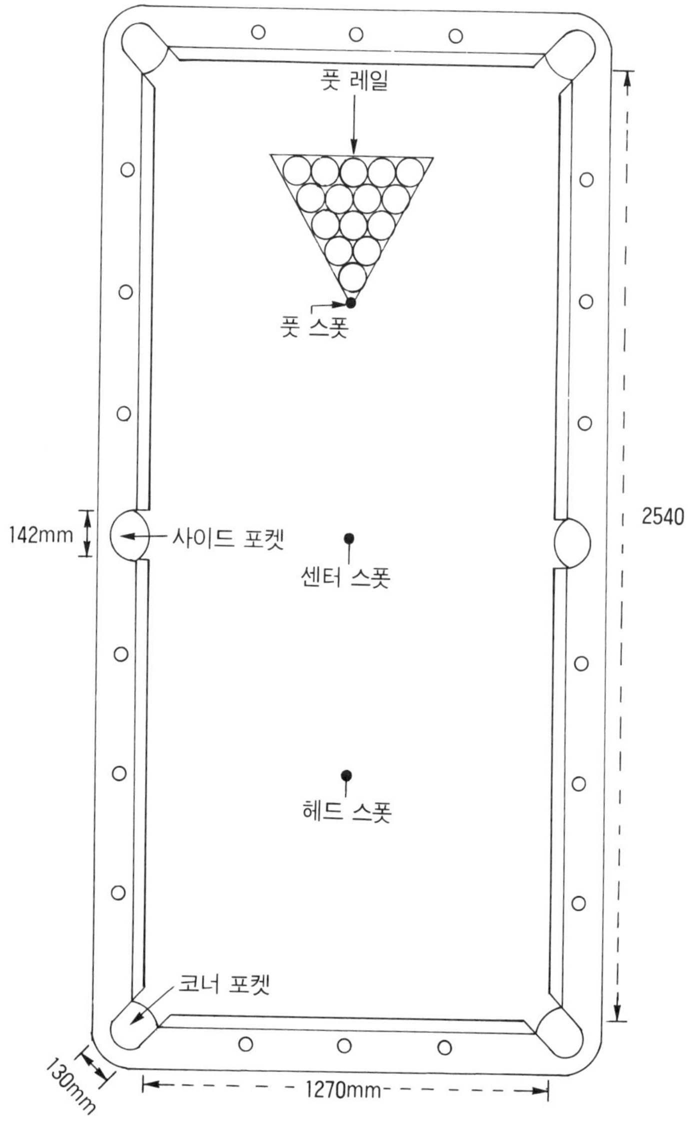
풋 레일
풋 스폿
142mm
사이드 포켓
센터 스폿
2540
헤드 스폿
코너 포켓
130mm
1270mm

테이블 외곽에는 세로를 8등분, 가로를 4등분한 부분의 7개와 3개의 포인트에 '다이아'나 '동그라미'마크가 들어 있다. 조개나 뿔, 상아 등으로 만들어져 있지만 이 포인트는 공의 위치나 입사각도, 반사각도를 계산하는 중요한 마크이다.

당구공(볼)

옛날에 당구공은 고급의 상아가 좋다고 여겨져서 사용되어 왔다. 그러나 상아는 틀어지기 쉬우므로 협회에서는 고급의 플라스틱 공을 공식구로서 인정하고 있다. 현재는 대부분의 당구장이 이 플라스틱제의 공을 사용하고 있다. 또한 세계 선수권에서는 벨기에제 플라스틱 공이 공식구로 되어 있다.

캐럼 경기의 공

포켓 경기의 공

공의 크기는 캐럼 경기에서는 4구 경기를 제외하고 직경 61.6mm로 정해져 있다. 4구 경기만 약간 큰 65.5mm 공을 사용하고 있다. 무게에 대해서는 특별히 규정은 없지만 캐럼 경기에서는 230g 전후, 포켓 경기에서는 170g 전후가 **사용된다.**

캐럼(caram) 경기에서는 붉은 공 2개와 흰 공 2개 혹은 붉은 공 1개와 흰 공 2개를 이용한다.

흰 공 중 1개에는 직경 1mm 정도의 흑점이 찍혀 있어 수구(자신의 공)를 구분하도록 되어 있다.

공은 초크가 묻어서 더러워지거나 하면 회전이 고르지 못하게 되기 쉽다. 사용 후는 더러움을 제거한 후 헝겊으로 닦도록 유의한다.

큐(cue)

경기자에게 있어서 가장 중요한 용구가 큐이다. 공식전이나 경기 대회에서는 자신의 소유 큐를 사용하도록 되어 있지만 보통은 당구장 비치용의 큐를 사용한다.

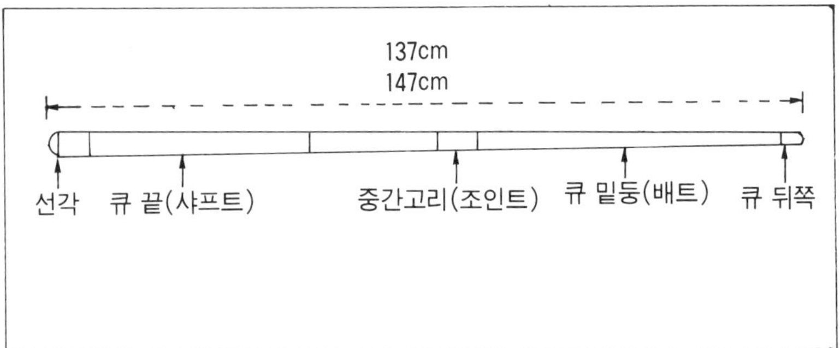

큐에 길이나 무게의 제한은 없지만 극단적으로 무겁거나 짧거나 하면 자세가 틀어진다. 자신에게 맞는 큐를 선택하자.

일반적으로 길이는 137cm에서 147cm, 무게는 450g에서 650g 사이이다.

큐 선택의 포인트는 우선 구부러지는 정도를 확인하는 것이다. 구부러진 큐로는 정확한 샷을 할 수 없다. 길이는 발밑에서 수직으로 세워서 자신의 입 아래쯤에 닿는 정도가 좋다고 되어 있다.

여러 가지 시험해 보고 자신에게 맞는 길이를 찾아 내도록 해야 한다.

큐 선단의 탭(tap)도 중요하다. 이 부분은 가죽으로 만들어져 있지만 오래되면 닳아서 정확한 당구를 칠 수 없다. 잘 손질된 매끄러운 것을 선택하자.

또한 큐는 대부분이 2개로 이어져 있다. 이 이음새의 상태에도 주의하자. 이음새가 나쁘면 구부러진 큐와 마찬가지로 겨냥한 대로의 샷을 할 수 없다.

초크(chalk)와 파우더(powder)

공이 가진 특성을 최대한으로 이끌어내기 위해서 탭 끝에 칠하는 미끄럼 방지의 분말을 굳힌 것이 초크다. 탭은 가죽으로 되어 있기 때문에 공과의 마찰로 매끈매끈해져 버려서 그대로의 상태로 공을 치면 미스 샷해 버린다. 특히 공의 좌우, 상하를 노리고 칠 때에 초크 없이는 반드시 슬립해 버린다.

초보자는 초크의 중요성을 모르기 때문에 초크를 칠하는 것을 잊기 쉽다. 초크는 3번이나 4번의 샷 때마다 탭의 전면에 평균으로 얇게 칠하도록 유의한다.

파우더는 큐의 미끄러짐을 좋게 하기 위해서 손과 큐가 닿는 부분에 칠하는 가루다. 너무 많이 칠하면 당구대를 더럽히는 결과가 된다. 이것은 초크도 마찬가지다.

채점판과 스코어 보드

채점판은 당구장에 설치되어 있는 주판과 같은 것으로 이것을 사용해서 득점을 계산한다. 좌측에 5개 우측에 50개의 공이 달려 있어서 좌측의 공은 1개 50점 우측의 공은 1개 1점이다.

스코어 보드도 득점을 기록하기 위한 보드로 각 경기 때마다 사용하는 보드가 다르다.

주판식은 주로 4구의 게임에 이용하지만 스리 쿠션 게임이나 포켓 게임의 경우는 흑판을 사용하고 있다. 흰 초크로 숫자를 기입하는 것이다.

당구의 경우 자신의 득점은 스스로 쓰는 것이 대부분이다. 이와 같은 때에 자신의 득점을 늘리는 등의 부정한 방법은 탐탁치 않다.

또한 용구로서는 당구대의 먼 곳에 수구(手球)가 있을 때에 사용하는 금속제의 산 모양을 한 레스트(rest)가 있다.

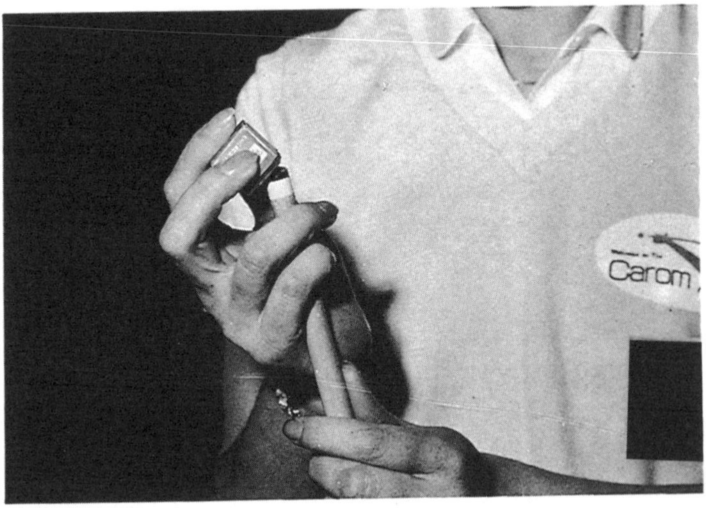

초크를 칠한다

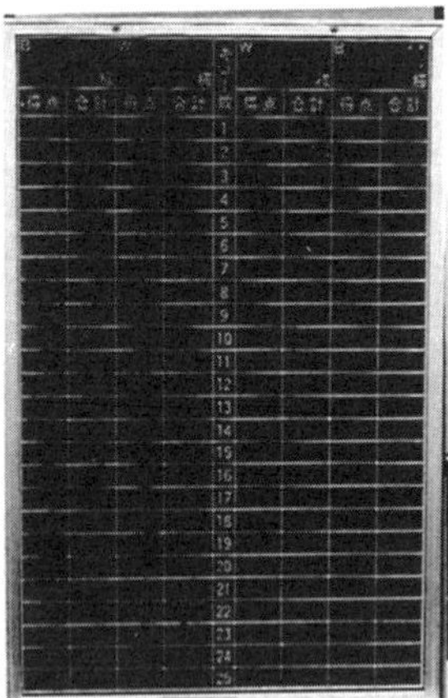

스코어보드

채점판

4구, 3구로 하는 캐럼 게임의 방법을 알자

당구는 크게 나눠서 적백의 공을 사용해서 하는 캐럼 게임(캐럼이란 공을 맞힌다고 하는 의미)으로 노린 공을 포켓이라고 불리는 구멍에 떨어뜨리는 포켓 게임으로 나눠진다.

지금 국내에서 즐겨하고 있는 당구 게임 중에서 가장 많은 것은 캐럼 게임의 4구 게임이다.

캐럼 게임에는 그 외에 3구 게임, 보크라인 게임, 스리쿠션 게임 등 여러 가지 게임이 있다.

우선 이런 캐럼 게임의 여러 가지에 대해서 게임의 룰이나 시합 방법 등을 설명해 보자.

4구(四球) 게임

4구 경기는 붉은 공, 흰 공 각 2개의 모두 4개의 공을 이용해서 하는 게임이다. 우리나라의 당구 경기 인구의 대부분이 이 4구 게임으로 플레이를 즐기고 있다.

서양에서는 미국이 포켓 게임과 쿠션 게임, 영국·프랑스에서는 보크라인 게임과 쿠션 게임이 활발하다. 이것은 어느 정도까지라면 누구나 숙달하는 4구 게임보다 어려운 게임이 아니면, 승부가 재미없어진다고 하는 이유 때문이다.

그러나 사실은 4구 게임이야말로 모든 당구 게임의 입문에 가장 어울리는 게임이라고 말할 수 있을 것이다. 4구 게임에는 모든 당구 종목의 기본이 포함되어 있다. 4구로 당구의 기초가 되는 기법을 확실히 익혀서 다음의 보다 어려운 고도의 게임에 도전해 보자.

◐채점 방법

자신의 공(수구라고 해서 흰 공의 한쪽)을 큐로 쳐서 그 수구를 표적공(나머지의 흰 공과 2개의 붉은 공) 2개 이상에 맞히면 1점의 득점이 된다. 잘못 칠 때까지 연속해서 칠 수 있다. 그래서 각자의 지점에 빨리 이른 쪽이 **우승한다**(무승부는 후술).

연속해서 시합을 해서 승부를 결정할 때에는 1시합에 이긴 쪽이 2점, 무승부가 1점의 승점제를 채택해서 전 게임 종료시에 승점수의 총 득점으로 승부를 결정한다.

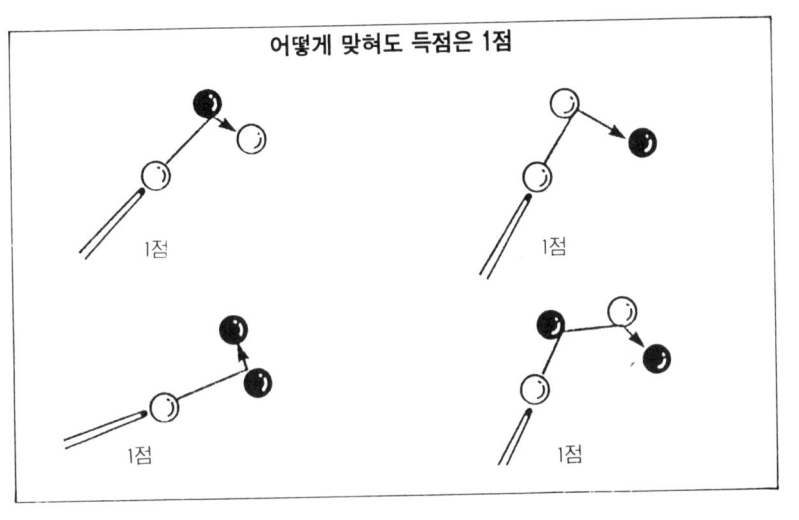

어떻게 맞혀도 득점은 1점

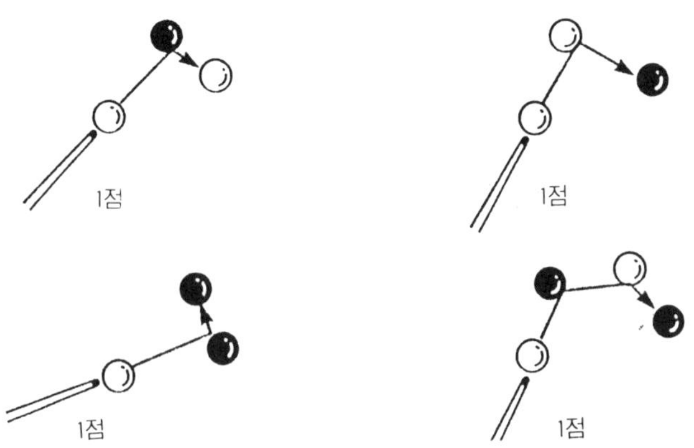

◐지점(持点)

초보자나 베테랑이나 공평한 조건 아래에서 승부할 수 있는 것이 당구의 지점 제도이다. 골프의 핸디캡과 같은 시스템이다.

일반 게임에서는 게임 개시 전에 각자의 지점을 공개하도록 되어 있다.

지점이란 일반적으로 평균해서 5이닝(inning)(이닝이란 1사람이 교체할 때까지 동안을 말한다)이나 6이닝에서 득점할 수 있는 각자의 점수이다. 서로 상대의 실력을 모르는 사람끼리 싸우는 경우 부당하게 지점을 낮게 상대에게 말하면 당연히 승부에 이기게 된다. 그러나 승부에 이겨도 게임의 룰 위반을 한 승리에는 아무런 의미도 없다.

당구는 상호 신뢰 위에 성립하는 신사적인 게임이다. 정직하게 지점을 전달한다고 하는 매너는 절대로 지키자.

◐4구의 지점표

	E급				D급			C급		B급		A급		챔피언					
공식전의 시합점수	15				25~30			40~50		70		100		200					
4구 지점	5	8	10	12	15	20	25	30	35	50	65	80	100	140	200	240	280	320	400
1이닝 득점	1	2	2	3	4	5	6	7	8	12	16	20	25	35	50	60	70	80	130

게임의 기록카드

게임횟수	대전자명 지점	지점	이닝수	하이런	득점표
1시합					
2시합					
3시합					
4시합					
5시합					
6시합					
7시합					
8시합					
총 계					

◐치는 순서의 결정 방법(뱅킹)

게임에 들어가기 전에 우선 대전자와의 치는 순서를 결정한다. 보통은 가위 바위 보를 해서 이기는 쪽이 선공, 지는 쪽이 후공을 한다.

그러나 정식 룰에서는 뱅킹(banking)이라고 불리는 방법으로 선공, 후공 수구를 결정한다.

뱅킹의 방법은 대전자끼리 당구 테이블의 짧은 쪽에 나란히 서서 그림과 같이 맞은편의 짧은 쿠션을 향해서 제2포인트에서 흰 공을 쳐 내 공이 짧은 쿠션에 보다 가깝게 멈추는 쪽(짧은 쿠션에 부딪혀도 좋다)이 승자가 되어 선공, 후공을 선택할 권리를 얻는다. 만일 쌍방의 공이 완전히 같은 거리에 멈춘 경우는 다시 한 번 뱅킹을 한다. 또한 선공자는 흑점이 칠해진 흰 공(블랙 볼)을 후공자는 마크가 없는 흰 공을 수구로 한다고 정해져 있다.

4구의 랭킹

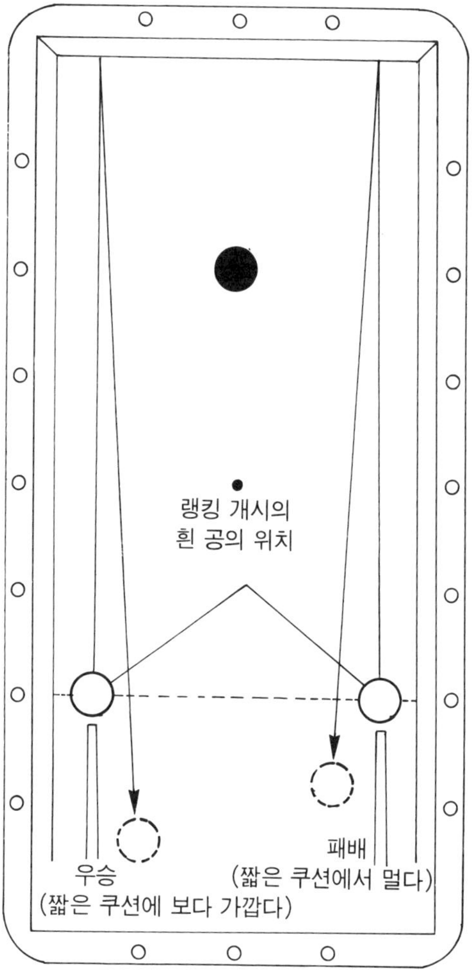

◐서브(초구)의 방법

선공과 후공이 결정되면 서브에 의해 경기가 개시된다.

서브의 방법은 오른쪽 그림에서 보듯이 긴 쿠션의 제1포인트를 연결하는 중앙에 수구를 놓고 제2포인트와 제6포인트의 각각 중앙에 붉은 공, 제7포인트에 상대의 수구를 놓는다. 선공자는 그 배치의 상태에서 수구를 쳐 표적공의 2개 이상에 수구를 맞혀야 한다.

만일 수구가 2개 이상의 표적공에 맞으면 그대로 경기를 속행하는 권리를 얻을 수 있다. 그러나 맞지 않았을 경우는 상대와 교체하게 된다.

공식전에서는 서브공을 배치하는 것은 모두 레프리(심판원)가 한다. 어떤 경우라도 게임이 개시되면 4개의 공에 큐 이외의 것이 닿는 것은 반칙이 된다. 손은 물론 옷의 일부가 닿아도 '공 건드림'이라고 하는 반칙을 범해서 대전 상대와 교체해야 한다.

◐게임

게임이 개시되면 잘못 치거나 반칙을 범할 때까지는 몇 번이라도 계속해서 칠 수가 있다. 잘못 치거나 반칙이 있으면 상대와 교체한다.

선공이 자신의 지점을 다 쳤을 때는 후공과 교체한다. 후공은 공을 다시 서브 상대로 배치하고 서브부터 시작해서 지점을 다 치면 무승부 지점에 이르지 못하고 잘못 쳤을 경우는 선공의 우승이 된다. 후공이 지점까지 빨리 도달했을 때는 후공의 우승이다.

4구의 서브

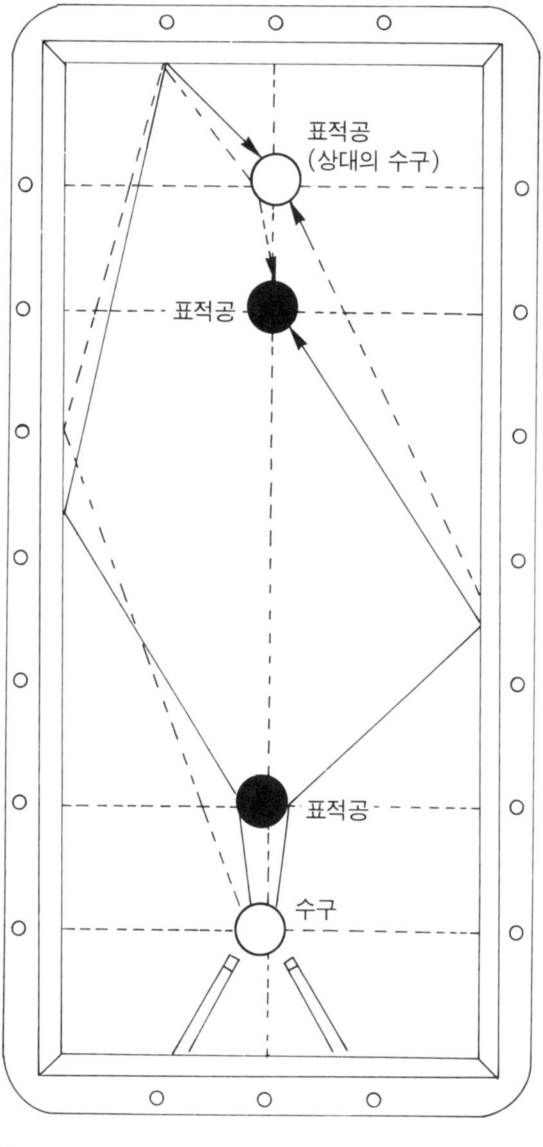

◐게임의 반칙

4구 게임에서는 반칙을 범했을 경우는 계속 칠 권리를 상실한다. 단, 반칙을 범하기 전의 득점은 유효하다.

보통의 플레이에서는 반칙도 눈감아주기 쉽지만 가능한 한 룰을 지키도록 주의 한다. 또한 이 반칙 사항은 특수한 것을 제외하고 각 종목에 공통되고 있기 때문에 확실히 머릿속에 새겨 두자.

① 2번 치기

플레이중에 수구를 큐로 2번 치면 반칙이 된다. 가령 무의식이라도 큐의 탭에 수구가 2번 맞았다고 인정되면 반칙이 된다. 2번 치기를 일으키기 쉬운 것은 수구와 표적공이 접근해 있는 때이다. 또한 샷을 할 때에 표적공의 위치보다 앞까지 큐 끝을 내밀었을 때도 일어나기 쉬워진다.

② 공 건드림

플레이 중에 공에 손이나 의복의 일부 등이 닿아 버리면 공 건드림이라고 해서 반칙이 된다. 경기가 시작되면 큐의 탭 이외는 무엇이 공에 닿아도 반칙이 된다. 특히 넥타이나 소매 등이 무심결에 닿아 버리는 경우가 흔히 있으므로 주의한다.

③ 양발을 바닥에서 떼고 쳤을 때

샷할 때는 반드시 어느 쪽인가 한 쪽발을 바닥에 붙이고 있어야 한다. 어려운 위치라고 해서 양발을 바닥면에서 떼고 당구대에 몸을 기대서 샷하는 것은 반칙이다.

④ 조언을 받고 쳤을 때

초보자의 경우는 조언을 받고 연습하는 편이 숙달하지만 공식전에서는 반칙이 된다.

⑤ 공 착각

상대의 수구와 자신의 수구를 착각하고 치는 것을 공 착각이라고 하고,반칙이 된다. 흰 공에는 검은 동그라미의 마크가 있는 공과 아무 표시도 되어 있지 않는 공이 있어 식별할 수 있도록 되어 있으니까 주의한다.

⑥ 공이 테이블 밖으로 튀어 나갔을 때

공을 쳐서 어느 공이라도 테이블 밖으로 튀어나가 버린 경우는 반칙이 된다. 4구 경기의 경우 어느 공이 몇 개 튀어 나가도 공을 서브 상태로 배치하고 교체한 경기자의 플레이로 속회된다.

단, 정상으로 친 공이 뭔가의 탄력으로 테이블 밖으로 나가 테이블 외곽에 맞고 다시 테이블 안으로 되돌아 왔을 경우는 유효가 되어 그대로 경기는 계속된다.

⑦ 표적을 놓는다

표적을 테이블에 놓고 플레이하면 반칙이 된다. 당구 테이블에는 공의 거리나 입사각, 반사각을 계산하기 쉽도록 다이아형, 또는 둥근형의 포인트가 부착되어 있다. 그 외의 어떤 것이라도 표적으로서 놓아서는 안 된다.

⑧ 공이 정지하기 전에 쳤을 때

누구나 표적공이 아직 움직이고 있는데 플레이를 하면 반칙이다. 완전히 모든 공이 정지하기를 기다렸다가 친다.

⑨ 수구에 프로즌(밀착)해 있는 표적공을 쳤을 때

프로즌(밀착)이란 공과 공이 접촉해 있는 상태를 말한다. 수구와 표적공이 프로즌해 있을 때에는 반드시 서브의 위치로 공을 배치하고 플레이를 재개한다.

⑩ 쿠션 프로즌의 수구를 쿠션으로 향하고 쳤을 때

쿠션에 공이 접촉한 상태를 쿠션 프로즌이라고 한다. 수구가 쿠션 프로즌의 상태일 때 그 접한 쿠션을 향해 수구를 치는 것은 반칙이 된다.

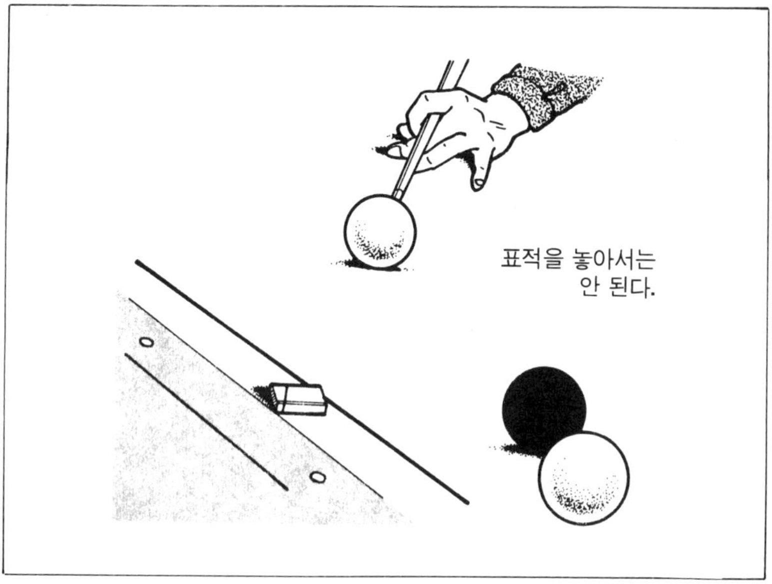

⑪ 미스 점프

수구를 칠 때에 치는 법이 나쁘거나 미스해서 공 끝에 맞거나 해서 공이 점프하거나 옆으로 크게 벗어나거나 하면 반칙이 된다. 탭에 초크를 단단히 칠하고 정확한 폼으로 플레이하도록 주의한다.

◐코너의 제한 구역

당구 테이블의 각 코너에서 178mm의 점을 연결해서 생기는 삼각형의 부분을 제한 구역으로 하고 있다(아래 그림). 이 제한 구역 안에 표적공이 2개 혹은 3개 모였을 경우 한 번까지 밖에 칠 수 없다. 그래도 그곳에 표적공이 남았을 경우는 치는 사람을 교체해야 한다. 따라서 제한 구역에 표적공이 모였을 경우 경기자는 표적공을 제한 구역 밖으로 내보내도록 칠 필요가 있다. 종래 이런 표적공의 상태는 '만년구'라고 해서 3번까지 칠 수 있었다. 그러나 간단히 점수를 얻는 것을 피하기 위해 1번만으로 제한된 것이다.

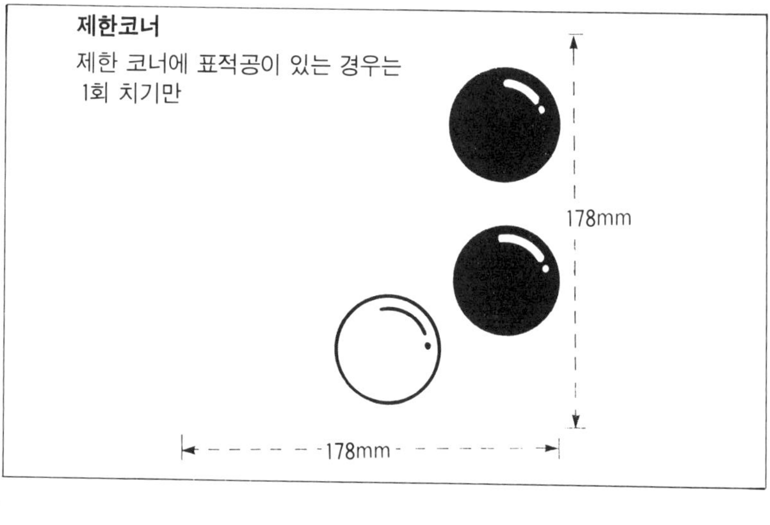

제한코너
제한 코너에 표적공이 있는 경우는
1회 치기만
178mm
178mm

3구 게임

3구는 흰 공 2개와 붉은 공 1개를 사용해서 하는 경기이다. 룰은 4구의 경기법과 거의 같다. 표적공이 2개 뿐이기 때문에 4구와 비교하면 상당히 어려운 경기이다.

대개는 4구를 완전히 마스터한 사람이 4구 게임에 익숙해져 버려서 변화를 찾아 플레이 한다. 또한 4구에서는 고득점을 올리기 위해서 4구를 모아서(모아치기라고 한다) 꾸준히 득점하는 것이 상급자가 되지만 이 모아치기를 질색하는 사람이 3구를 즐기는 것 같다.

공이 3개밖에 없기 때문에 단순히 맞히는 정도라도 상당한 계산이 필요해져서 당구 게임으로서는 통쾌한 것이 된다.

◐뱅킹의 방법

뱅킹의 방법, 선공·후공의 결정 방법은 4구와 같아서 대전하는 양자가 동시에 한다. 긴 쿠션의 제2포인트를 연결하는 선상에 수구를 놓고 뱅킹한다.

◐서브의 방법

긴 쿠션의 제2포인트를 연결하는 선의 중앙에 흰 공과 마찬가지로 제6포인트의 중앙에 붉은 공을 놓는다. 흰 공을 중심으로 해서 반경 6인치(152.4mm)의 원을 그리고 바로 앞의 반원 부분의 어딘가에 수구를 놓고 붉은 공부터 맞혀 간다. 이 서브로 적·백 2개의 표적공에

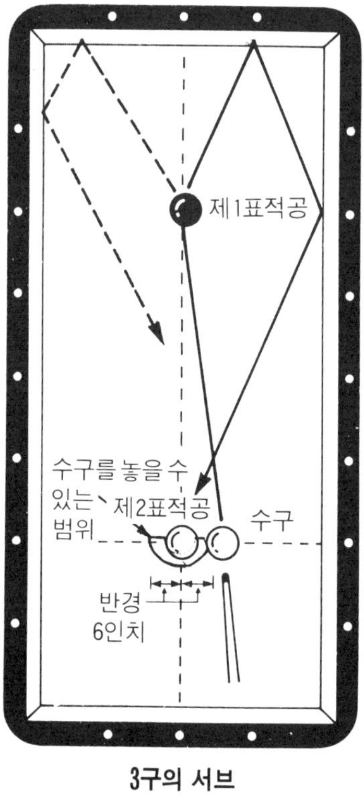

3구의 서브

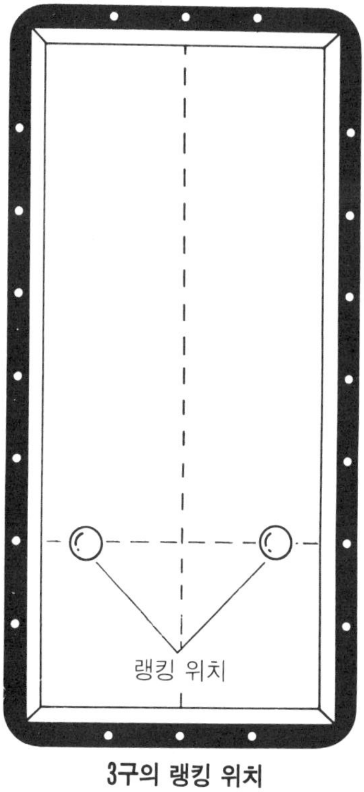

3구의 랭킹 위치

맞으면 계속 칠 권리가 주어진다.

◐채점 방법

채점은 붉은 공⇨흰 공, 흰 공⇨붉은 공으로 어느 방법으로 맞혀도 1점이다. 그 외의 게임의 반칙이나 승부의 결정 방법은 4구와 같다.

스리 쿠션 게임

흰 공 2개와 붉은 공 1개를 사용해서 실시한다. 수구를 제1의 표적공에서 제2의 표적공에 맞히는 동안에 최저 3번 이상 쿠션에 넣지 않으면 득점할 수 없다고 하는 매우 고도의 테크닉을 사용하는 게임이다.

◐채점 방법

득점은 4구, 3구와 마찬가지로 적⇨백, 백⇨적의 어느 방법으로 맞혀도 1점이다. 그러나 수구를 제1표적공에 맞히고 나서 제2표적공에 맞힐 때까지의 동안에 3번 이상 쿠션에 넣어야 한다. 또한 수구를 제1표적공에 맞히기 전에 넣은 쿠션수도 유효로 간주된다.

◐뱅킹과 서브

뱅킹은 4구, 3구와 같은 방법으로 선공·후공을 결정한다. 뱅킹한 공이 달리고 있는 도중에 공이 충돌하거나 쳐서 되돌아 온 공이 동위치였을 경우는 다시 한 번 한다.

서브는 다음 페이지의 그림과 같이 제2포인트의 중앙에 흰 공, 제6포인트의 중앙에 붉은 공을 놓고 흰 공의 좌우 8mm의 선상에 수구를 놓고 반드시 붉은 공부터 맞혀야 한다.

◐지점 반칙, 승부의 결정 방법

반칙은 4구의 반칙과 거의 같다. 단, 공이 밖으로 튀어 나갔을 경우나 프로즌했을 경우에는 정해진 위치에 공을 되돌리고 시합이 계속된다.

같은 수의 이닝으로 승부를 해서 빨리 지점에 이른 쪽이 이긴다. 복수 시합의 경우 승자 2점, 무승부 1점, 패자 0점을 합계한 토탈로 승부를 결정한다.

승점수가 양자 같은 경우는 ① 이닝당의 평균 득점률 ② 총득점 ③ 최고 연속 득점 ④ 이긴 게임의 최소 이닝수 등을 기준으로 해서 승패를 결정한다.

스리 쿠션의 서브

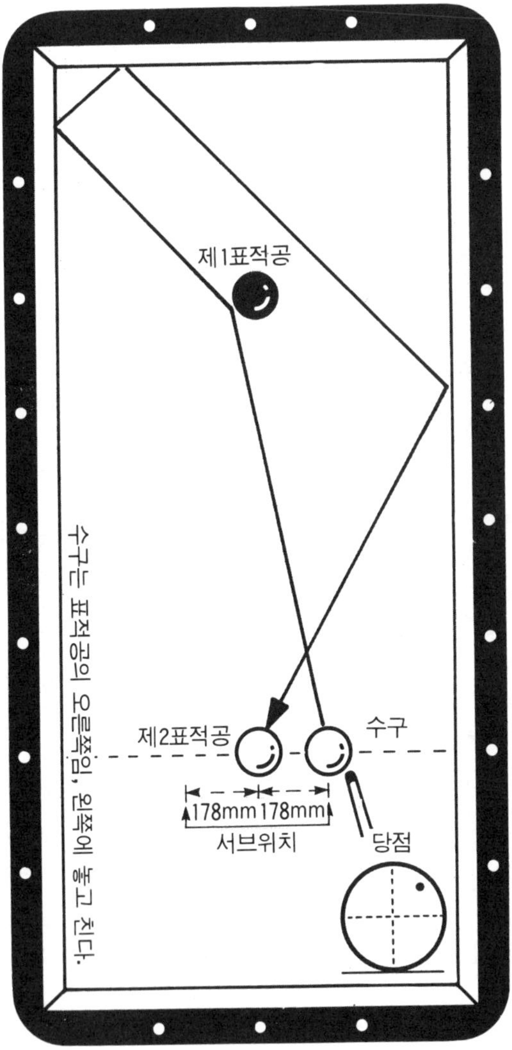
제1표적공
수구는 표적공의 오른쪽임, 왼쪽에 놓고 친다.
제2표적공
수구
178mm 178mm
서브위치
당점

보크라인 경기

4구나 3구의 경기는 경기자의 기술이 숙달하면 세리(Series)치기 등으로 무제한 득점을 하는 것이 가능해진다.

그래서 게임을 보다 스릴있게 하기 위해 테이블에 초크로 제한틀을 지정하고 1샷마다 2개의 표적공 중의 1개를 제한 구역 밖으로 내보낸다든가 제한 구역내에서 한 번 득점하면 2번째에는 1개를 제한 구역 밖으로 내보내야 하는 등의 규칙하에 게임을 하는 것이 보크라인 게임이다.

보크라인 경기에는 중형 당구대를 사용하는 '42cm 보크라인 경기'와 대형 당구대를 사용하는 '47cm 보크라인 경기', '71cm 보크라인 경기'가 있다.

◐보크라인 경기의 종류

① 42cm 보크라인 경기

경기 면적 2540mm×1270mm의 중형 당구대를 이용해서 하는 경기로 '1번 치기'와 '2번 치기'가 있다. 다음 페이지의 그림과 같이 당구대 위에 평행해서 423.3mm마다 4개의 선을 긋는다. 이 선은 초크를 이용해서 긋지만 가능한 한 가는 선으로 긋는다. 그렇게 하면 중앙에 3개의 장방형, 주위에 6개의 정방형이 생긴다. 다음에 각 선이 쿠션과 교차한 점이 저변의 중앙점으로 하는 178mm 각의 정방형(앵커)을 8개 그린다. 이것으로 42cm 보크라인의 테이블이 완성된다.

'2번 치기 경기'의 경우 8개의 제한틀과 8개의 앵커내에서는 계속

42cm 보크라인 경기(중형 당구대)

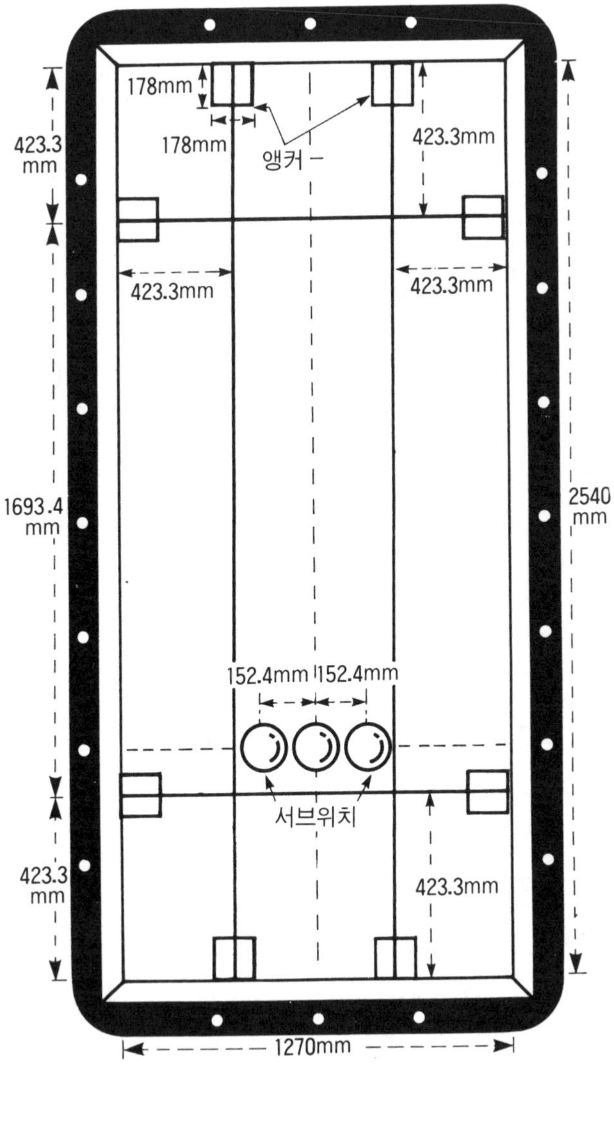

47cm 보크라인 경기(대형 당구대)

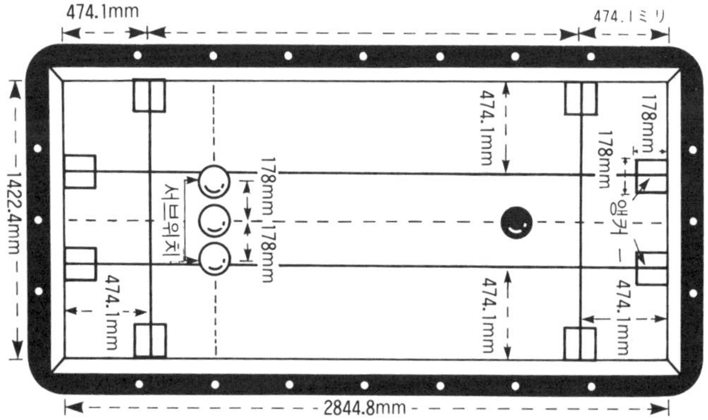

71cm 보크라인 경기(대형 당구대)

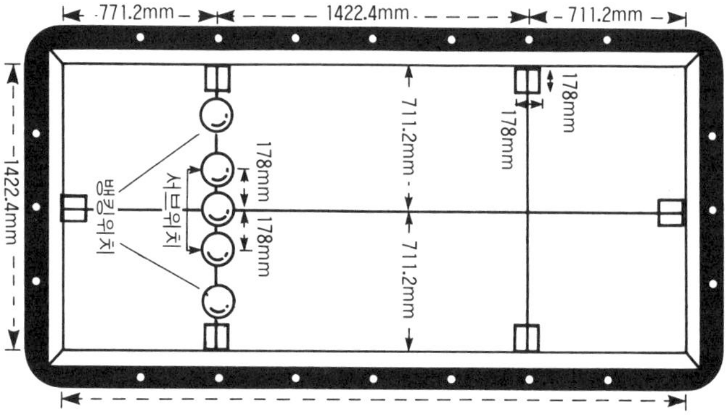

해서 2번 득점할 수 없다. 2번째의 샷을 할 때에는 2개의 표적공 중 1개 또는 2개를 틀 밖으로 내보내지 않으면 득점이 되지 않는다. 단, 한 번 밖으로 나간 표적공이 다시 틀 안으로 들어온 경우는 유효가 되고 또 제1회째부터 득점이 생긴다.

'1번 치기'는 보다 엄격해서 8개의 제한 틀과 8개의 앵커내에서는 2개의 표적공 중 1개 혹은 2개 모두 제한 틀의 바깥쪽으로 내보내지 않으면 득점이 되지 않는다. 그 경우는 무효점이 된다.

② 47cm 보크라인 경기

이 경기는 경기 면적 1422.4mm×2844.8mm의 대형 당구대를 사용해서 한다.

중형 당구대를 사용하는 42cm 보크라인 게임과 마찬가지로 쿠션과 평행해서 474.1mm마다 선을 그어 8개의 제한 틀을 그린다. 앵커는 178mm 각이다.

당구대가 큰 만큼 제한틀은 넓어지지만 경기 방법(1번 치기와 2번 치기) 등은 42cm 보크라인 경기와 같다.

③ 71cm 보크라인 경기

이것도 대형 당구대를 이용해서 한다. 47cm 보크라인 경기와는 제한 틀의 설정이 다르다.

쿠션에 평행해서 711.2mm 떨어진 지점에 선을 3개 긋는다. 그러면 중앙에 2개의 장방형, 양 쪽에 4개의 정방형의 제한 틀이 생긴다. 앵커는 178mm 각이다.

경기의 종류는 1번 치기는 없고 모두 2번 치기이다.

◐뱅킹과 서브

뱅킹 위치는 제2포인트의 쿠션 옆에 수구를 놓고 한다. 선공·후공의 결정 방법은 4구와 같다.

서브는 붉은 공부터 맞히고 다음에 제2포인트의 중앙에 놓인 흰 공에 맞으면 1점이 되고 경기를 속행한다.

◐반칙과 득점

시합은 같은 수의 이닝으로 실시하고 제한대로 표적공 2개에 수구를 맞히면 1점의 득점을 얻는다.

반칙은 4구와 같은 내용이다. 또한 득점의 의사가 없이 상대의 득점을 방해하는 듯한 방법으로 치거나 고의로 반칙을 범한 것 같은 경우는 실격 패배가 된다. 매너를 정확히 지켜서 경기하자.

◐초구 위치로 되돌리는 경우

다음과 같은 때는 초구 위치로 되돌린다.

① 제3자가 공에 닿아 버려서 원래대로 되돌릴 수 없는 경우.

② 객관적으로 봐서 득점이 불가능하다고 인정되는 듯한 공의 배치가 되어 버렸을 때.

③ 수구가 완전히 프로즌해서 득점이 불가능해졌을 때.

④ 공이 테이블 밖으로 튀어 나갔을 때.

⑤ 스리 쿠션 게임에서는 소정의 위치.

프리(free) 경기

프리 경기는 흰 공 2개와 붉은 공 1개를 사용해서 대형 당구대 또는 중형 당구대의 코너에 제한 코너를 설정해서 실시하는 경기이다.

대형 당구대의 경우는 긴 쿠션쪽은 711.2mm, 짧은 쿠션쪽은 355.6mm의 점을 연결한 삼각형의 부분이 제한 코너가 된다. 중형 당구대의 경우는 이것이 긴 쿠션측 635mm, 짧은 쿠션측 317.5mm가 된다. 이 선은 초크를 사용해서 그린다.

경기 내용은 보크라인 경기와 비슷하다. 단, 제한 구역이 비교적 공을 잡기 쉬운 코너 부분에 한정되어 있기 때문에 보크라인 경기보다도 득점하기 쉬운 경기이다.

뱅킹, 서브 모두 보크라인 게임과 마찬가지로 실시한다. 득점도 마찬가지로 1점이다. 이 경기에서는 코너에 설정된 제한구역 내에서는 2번 계속해서 득점할 수 없다. 따라서 제한 구역 내에서 한 번 득점하면 2회째의 샷에서는 표적공 2개 중 1개 혹은 2개를 제한 구역 밖으로 내보내지 않으면 득점이 되지 않는다.

그러나 한 번 제한구역 밖으로 나간 표적공이 되튀겨서 다시 원래의 제한 구역으로 들어 온 경우는 계속해서 득점할 수 있는 규정으로 되어 있다.

반칙 등의 경기 규정은 4구나 3구와 거의 같다. 프리 경기에서도 수구가 프로즌한 경우는 반드시 초구 위치로 되돌려서 쳐야 한다.

승부는 시합 승자 2점, 무승부 1점, 패자 0점의 합계점으로 겨루게 된다.

동점의 경우는 보크라인 경기에 준해서 승패를 결정한다.

프리 경기(대형 당구대)

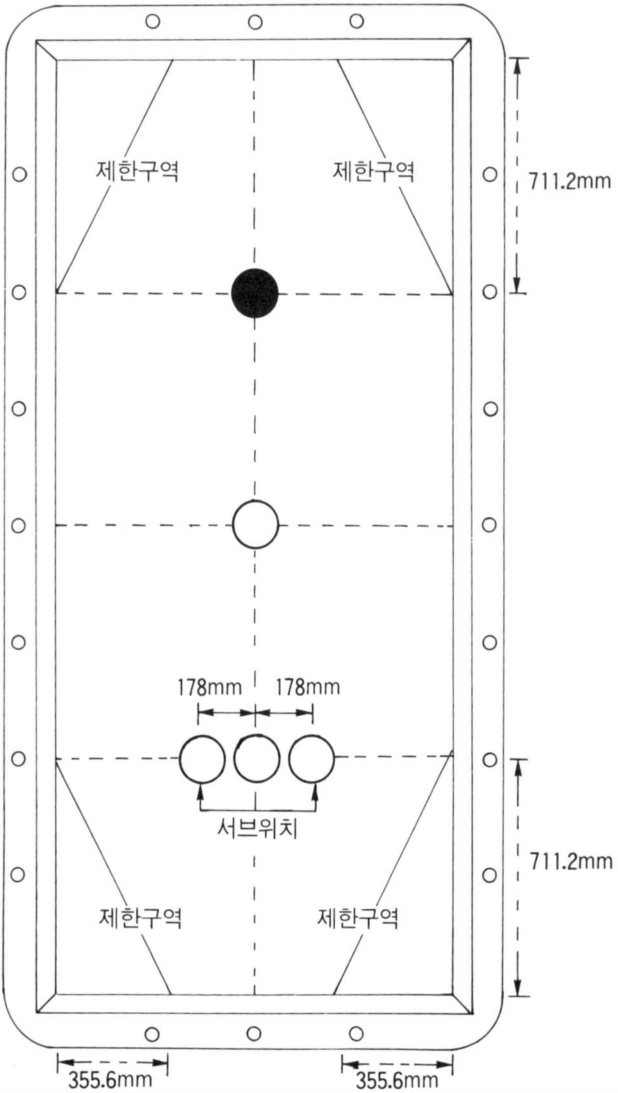

숫자가 붙은 공을 떨어뜨리는 포켓 당구의 매력

포켓 경기는 테이블의 4구석과 긴 쿠션의 중앙부에 모두 6개의 포켓이 있는 당구대를 사용하여 수구(흰 공) 1개와 ①부터 ⑮까지의 번호가 매겨진 표적공 15개에 맞혀서 포켓에 떨어뜨려 경기한다.

미국이나 유럽에서 성행하고 있는 당구 경기이다.

포켓 경기에는 17종류나 되는 경기가 있다. 그 중에서도 일반적으로 이루어지고 있는 게임의 종류는 다음과 같다.

① 로테이션(rotation)

② 8(에이트) 볼

③ 9(나인) 볼

④ 14—1(포틴 원) 래크

⑤ 베이식(basic)

⑥ 라인 업(line up)

⑦ 골프 볼

⑧ 원 포켓(one pocket)

⑨ 스누커(snooker)

⑩ 볼러드

미국에서는 포틴 원 경기가 주류를 이루고 있다.

로테이션 경기

로테이션이라고 하는 것은 '순번'이라고 하는 의미이다. 경기에 사용하는 포켓대는 경기 스페이스가 2540mm×1270mm로 4구 경기의 중형대와 같은 크기로 되어 있다.

포켓대에는 4개의 코너에 직경 123.8~130mm의 포켓과 긴 쿠션의 중앙에 직경 136.5~142.8mm의 포켓이 붙어 있다. 공은 캐럼 게임보다도 작아서 직경 57.2mm(4구라면 61.5mm)이다.

◐뱅킹과 서브

치는 순서는 4구 경기와 마찬가지로 뱅킹으로 결정된다. 당구대 제2포인트의 선상에서 맞은편의 짧은 쿠션을 향하여 공을 쳐서 보다

로테이션 경기(포켓 당구대)

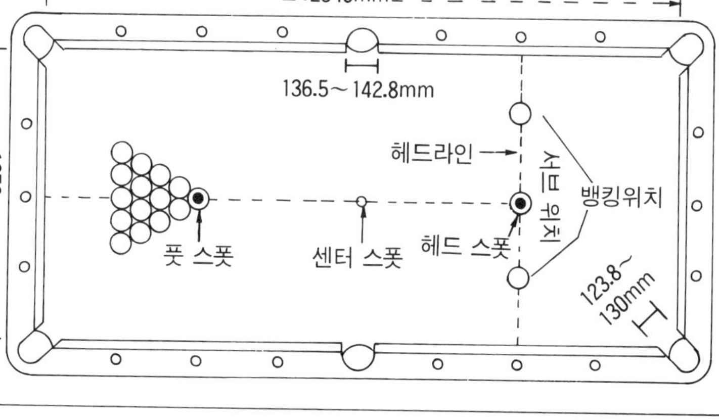

자기 앞쪽까지 가까이 간 쪽에 선공·후공의 선택권이 주어진다.

서브는 긴 쿠션의 제2포인트를 연결한 라인(헤드 라인이라고 부른다)의 자기 앞 쪽 부분이라면 어디에나 수구를 놓고 서브할 수 있다.

이 서브에서는 래크된 표적공 중에서 반드시 ①부터 맞혀 나가야 한다.

◐래크(rack)

래크란 경기 개시에 즈음한 표적공의 배치 방법이다. 정삼각형의 나무틀을 사용해서 세트하지만 로테이션 경기에서는 그림과 같이 ①을 정점으로 하고 2열째에 ⑦⑧, 3열째에 ⑪⑬⑫, 4열째에 ⑨⑭⑮⑩, 5열째에 ② ④ ⑤ ⑥ ③이라고 하는 순으로 늘어 놓는다.

로케이션 경기의 표적공 배치

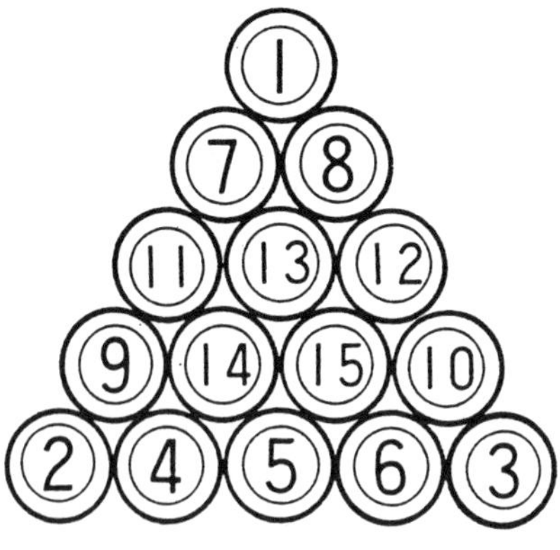

①번 공은 풋 스폿 위에 놓는다.

◐ 룰

로테이션에서는 반드시 수구를 당구대 위에 있는 표적공 중에서 가장 번호가 작은 표적공에 맞혀야 한다. 즉, 서브에서는 ①에 맞히고 그 ①이 포켓에 들어가면 다음은 ②에 맞히는 것이다.

이 경우 예를 들면 ①의 표적공에 맞혀서 다른 표적공이 포켓에 들어가도 득점이 된다. 또한 다음과 같은 경우는 치는 사람을 교체해야 한다.

① 수구가 포켓에 떨어져 버렸을 때(이것을 스크래치라고 한다).

② 수구가 처음에 최소 번호의 표적공에 맞지 않았을 경우.

③ 수구가 최소 번호의 표적공과 다른 공에 동시에 맞았을 경우.

④ 공을 건드렸을 때.

⑤ 수구를 2번 쳤을 때.

⑥ 공이 점프해서 쿠션 위에 정지했을 때.

⑦ 양발을 바닥에서 떼고 쳤을 때.

⑧ 공이 테이블 밖으로 튀어 나갔을 때.

교체한 플레이어는 다음의 세 가지 중에서 하나를 선택할 수 있다.

① 그대로의 상태에서 경기를 계속한다.

② 표적공을 센터 스폿에서 풋 스폿으로 이동한다.

③ 수구를 헤드 라인의 안쪽으로 이동 한다(표적공이 헤드 라인의 안쪽에 있을 때는 표적공을 센터 스폿이나 풋 스폿으로 이동).

스크래치와 수구가 테이블 밖으로 튀어 나갔을 때는 ②와 ③을 동시에 선택할 수 있다.

◐지점과 채점법

로테이션 경기의 득점은 표적공의 번호를 가산해서 실시한다. 따라서 ①번의 표적공부터 ⑮번까지를 모두 포켓에 넣으면 120점(이것을 1매스라고 한다)이 된다.

승부는 서로 지점을 공개하고 지점에 빨리 이른 쪽이 이기게 된다. 2매스 이상의 지점의 시합에서는 당구대 위의 마지막 표적공이 포켓했을 때에 수구가 헤드 라인내에 정지하지 않으면 시합을 속행할 수 없고 치는 사람을 교체한다.

14—1 래크 경기

포틴 원 경기는 미국에서 가장 인기가 있는 당구 게임이다. 이 경기는 수구 외에 ①번부터 ⑮번까지의 표적공을 사용해서 한다.

원칙적으로는 개인대 개인의 시합이지만 페어(pair)끼리나 팀 단위로의 시합도 즐길 수 있다.

◐래크의 방법

14—1 래크는 로테이션과 다른 래크로 실시한다. 풋 스폿 위의 삼각형 정점에 ⑮번의 표적공을 놓고 치는 사람 쪽에서 보아 왼쪽 구석에 ①번, 오른쪽 구석에 ⑤번을 놓는다. 나머지는 마음대로 늘어놓을 수 있다.

14-1 래크의 방법

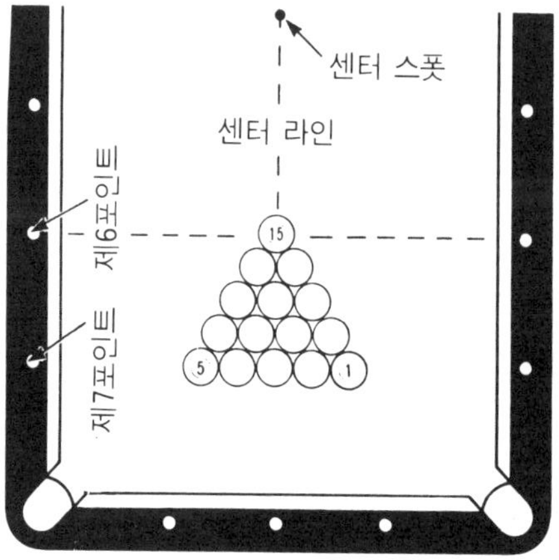

◐브레이크 샷(break shot)

로테이션과 마찬가지로 뱅킹에 의해 이긴 쪽이 선공·후공을 결정하는 권리를 갖는다.

이 때 경기자는 반드시 자신이 노리고 있는 표적공의 번호와 떨어뜨리는 포켓을 지정해야 한다. 이것을 콜 샷(call shot)이라고 한다. 그리고 콜 샷으로 선언한 공을 포켓에 넣으면 계속해서 경기할 수 있다.

보통 브레이크 샷(초구)에서 콜한 공이 지정한 포켓에 들어가는 일은 거의 없다. 상당히 낮은 확률이다. 따라서 보통 뱅킹의 승자는 후공을 지정하는 경우가 많다.

이 게임에서는 세이프티 플레이(safety play)라고 해서 자신의 득점을 희생하여 상대가 곤란할 것 같은 위치로 수구를 쳐서 이동시킬 수 있다. 당연한 일이지만 처음에 샷하는 사람은 득점을 포기하고 세이프티 플레이를 하게 되는데 이 경우는 우선 심판원이 대전자에게 '세이프티'라고 선언해야 한다.

세이프티 선언을 하고 브레이크 할 때에는 표적공에 수구를 맞혀서 표적공 2개 이상을 쿠션에 넣든가 포켓해야 한다.

◐득점과 감점

콜한 표적공을 지정한 포켓에 넣으면 1점이 주어진다. 또한 콜한 공과 동시에 다른 표적공이 포켓에 들어간 경우도 1구당 1점이 가산된다.

다음과 같은 파울을 범했을 경우는 감점된다.

① 브레이크 후는 표적공 1개 이상에 수구를 맞혀서 표적공을 쿠션시키든가 혹은 수구를 표적공에 맞혀서 그 수구가 쿠션에 들어가지 않으면 파울이 되어 1점 감점에 경기자를 교체해야 한다.

② 공을 건드렸을 경우도 1점 감점으로 교체하지만 교체한 경기자는 그대로 이어 받을 것인가, 그 이전의 상태로 이어 받을 것인가를 선택한다.

③ 양발을 바닥에서 떼고 샷했을 때는 1점의 감점이다.

④ 수구가 점프해서 테이블 밖으로 튀어 나갔을 때는 교체하고 1점의 감점이다.

단, 콜한 표적공이 밖으로 튀어 나갔을 경우는 감점되지 않고 교체할 뿐이다. 또한 플레이어가 콜한 공을 포켓에 넣고 다른 표적공이 튀어 나갔을 경우는 튀어 나간 공을 풋 스폿에 놓고 경기를 계속할 수 있다.

◐세이프티의 방법

전술했듯이 이 경기에서는 세이프티가 인정되고 있다. 세이프티를 어떻게 유효하게 사용하느냐로 승패가 결정되는 경기라고 해도 과언은 아니다. 세이프티를 선언한 경우 표적공을 쿠션에 넣든가 표적공을 포켓하든가 수구를 표적공에 맞힌 후 한 번은 쿠션에 넣든가 하지 않으면 파울이 되어 1점 감점에 교체해야 한다. 사전에 세이프티 선언을 하지 않으면 반칙이 된다.

◐3회 연속의 감점을 당한 경우

파울 등으로 감점당하는 것을 스크래치라고 한다. 3회 연속해서 스크래치를 하면 3점의 감점 외에 15점의 감점이 추가된다.

또한 3회 연속의 스크래치를 하면 수구를 원래의 헤드 라인에 되돌리고 표적공을 전부 다시 래크해서 상대가 원하면 브레이크를 다시 한다.

◐승패의 결정 방법

14—1 래크 게임에는 이외에도 여러 가지로 세세한 규정이 있지만 룰 북을 참조하자. 표적공 전부가 포켓에 들어가면 다시 정 위치에 공을 래크하고 시합을 계속할 수 있다.

세계 선수권 등의 공식전에서는 일정한 경기점수를 정해 두고 빨리 그 점수에 이른 쪽이 우승이다. 공식전에서는 레프리의 권한이 강해서 언페어 플레이를 했다고 인정되면 15점 감점당하거나 하는 경우도 있다.

에이트 볼

포켓 경기 중에서 비교적 쉬운 경기이기 때문에 최근 인기를 얻고 있는 게임이다.

①번부터 ⑤번까지의 표적공과 1개의 수구를 사용해서 한다. ①번부터 ⑦번까지를 로우 넘버 볼(low nomber ball) ⑨번부터 ⑮번의

에이트 볼의 래크

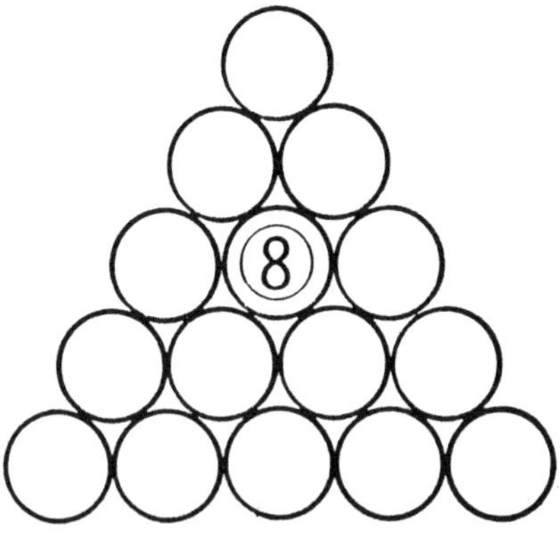

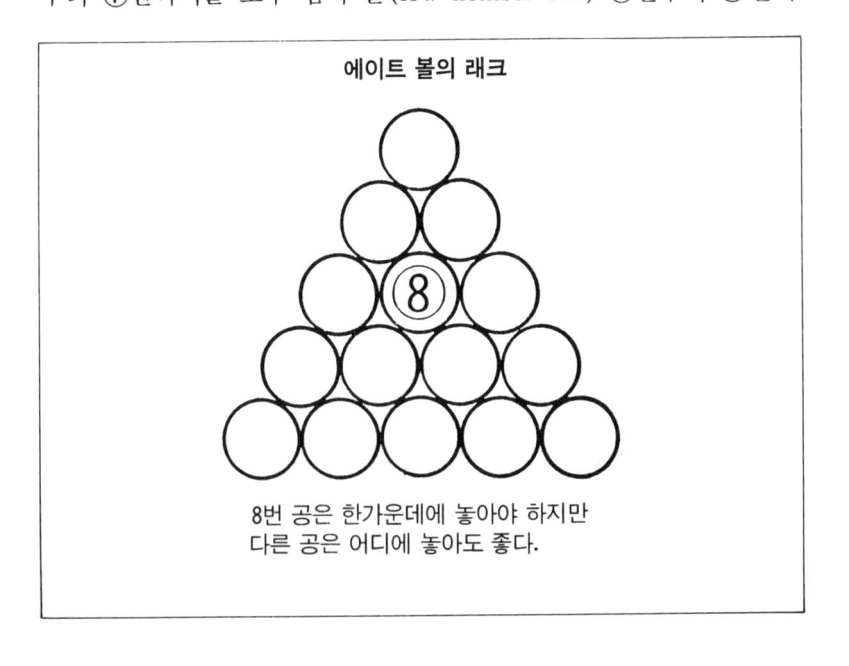

8번 공은 한가운데에 놓아야 하지만
다른 공은 어디에 놓아도 좋다.

표적공을 하이 넘버 볼(high number ball)이라고 부른다.

브레이크(서브) 때 포켓에 떨어진 공이 로우 넘버 볼이었다면 선공자는 로우 넘버의 공만을 노리고 포켓에 떨어뜨려 나간다. 그 경우 당연 후공의 경기자는 하이 넘버의 공을 떨어뜨려 나가게 된다. 만일 브레이크 때 하이(high)와 로우(low)의 2종류 모두 포켓에 들어갔을 경우는 어느 쪽을 선택해도 상관없다.

잇달아 자기의 공을 포켓에 떨어뜨려가서 마지막에 ⑧번 공을 포켓에 넣은 쪽이 우승이다. 마지막 ⑧번에 한해서는 포켓을 지정해야 한다. 다른 공을 전부 떨어뜨리기 전에 ⑧번 공을 포켓에 넣어버렸을 경우는 실격이 되어 그 세트를 잃는다. 에이트 볼은 경기 방법이 간단하기 때문에 여러 가지 룰을 정해서 플레이하는 경우도 있다. 초보자가 포켓 경기의 테크닉을 배우는데 적합한 경기라고 말할 수 있다.

나인 볼

최근에 인기를 끌고 있는 게임으로 ①번부터 ⑨번까지의 표적공과 수구 1개를 사용해서 하는 게임이다. 공식전은 아메리칸 룰로 이루어지고 보통 나인 볼이라고 하면 아메리칸 룰을 말한다. 아메리칸 룰에서는 파울했을 경우 수구는 프리가 된다.

게임은 ①번부터 ⑧번까지의 공을 숫자가 작은 순으로 포켓에 떨어뜨려 나간다. 마지막에 ⑨번 공을 포켓에 떨어뜨린 쪽이 우승이지만 합법적으로(예를 들어 최소 번호가 ③번이라고 하면 우선 ③번에 수구를 맞히고 ③번이 ⑨번에 맞아서 포켓에 들어가는 등) ⑨번 공을 포켓에 넣었을 경우도 유효하고 그 세트를 종료한다.

아메리칸 룰에서는 ⑨번 공을 합법적으로 떨어뜨렸을 경우 다시 래크한다.

게임은 보통 세트 매치 방식으로 이루어진다. 빨리 그 세트수에 이른 쪽이 우승이 된다.

나인 볼 경기는 공 수가 적고 스피드감이 있는 게임이니까 한 번 도전해 보자.

①번 공은 풋 스폿 위에 놓는다.

나인 볼의 래크

볼러드 경기

①번부터 ⑩번까지의 표적공과 수구 1개로 하는 경기이다. 이 경기도 콜 샷으로 이루어지며 포켓하는 공과 포켓을 지정하고 샷해야 한다.

경기는 1프레임 2이닝제로 10프레임까지 이루어진다.

득점은 1개의 공을 1점으로 계산한다. 번호에 관계없이 어느 공부터 포켓해도 좋다.

득점의 계산 방법, 기입 방법은 볼링과 같다. 제1이닝에서 10개의 공을 모두 포켓하면 스트라이크가 되어 그 프레임의 득점은 10점이

①번 공은 풋 스폿 위에 놓는다.

볼러드 경기의 래크

되고 다음의 이닝까지 득점이 가산된다. 제1이닝에서 남은 공을 제2이닝에서 모두 포켓하면 스페어가 되어 그 프레임의 득점은 10점이 되고 다음 1이닝까지의 득점이 가산된다.

◐브레이크 샷과 제1, 제2이닝

이 경기는 콜 샷이기 때문에 브레이크 샷은 특별 취급이 되고 있다. 우선 브레이크 샷을 해서 어떤 공이 포켓했을 경우는 브레이크 샷을 제1이닝으로 하여 플레이를 진행시킨다.

브레이크 샷으로 공이 포켓하지 않으면 그 상태에서 제1이닝이 스타트한다.

브레이크 샷으로 스크래치나 공이 테이블 밖으로 나갔을 때는 제1이닝은 0점이 되고 그 때 포켓된 공은 풋 스폿으로 되돌리고 수구를 헤드 라인의 안쪽에 놓고 제2이닝이 스타트한다(단, 헤드 라인내의 공은 콜할 수 없기 때문에 만일 공 전부가 라인내에 있으면 라인에 가장 가까운 공을 풋 스폿에 이동하고 그 볼을 콜한다).

제1이닝에서 모든 공을 포켓할 수 없었을 때는 그 상태에서 제2이닝이 스타트한다. 제2이닝에서 공이 남아도 그 프레임은 끝내고 다시 10개의 공을 래크해서 다음 프레임에 들어간다.

◐포켓 경기의 파울 플레이

① 수구가 스크래치(포켓에 떨어진다)했을 때

② 공이 테이블 밖으로 튀어 나갔을 때 14—1 게임의 경우는 수구만 적용된다.

③ 공이 쿠션 또는 레일 위에 정지했을 때

④ 공 건드림

⑤ 플레이 때 바닥면에서 양 발을 떼었을 때

⑥ 파울로 간주되는 푸시 샷(push shot)

⑦ 수구가 미스 점프했을 때

⑧ 수구가 표적공에 맞은 후 수구 혹은 그 밖의 공이 쿠션에 맞지 않았을 때

파울 플레이의 페널티는 각각의 게임의 룰에 따라 처치된다.

주(注) : 푸시 샷은 현재 포켓 경기에서는 세이프 플레이로 되어 있지만 큐의 스트로크의 방향에 제3물체(볼, 쿠션)가 있는 경우는 파울 플레이.

제 2 장

당구란 어떤 게임인가

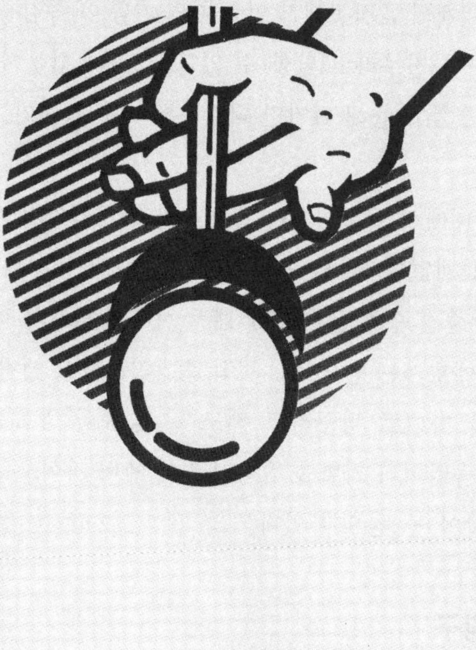

당구의 종류

캐럼 당구와 포켓 당구

당구는 누구나 곧 배울 수 있는 실내 스포츠이다. 자신의 상상대로 공이 달려서 2개의 표적공에 맞았을 때의 기쁨, 만족감—이것이야말로 당구 매력의 전부라고 말할 수 있다. 그러나 입문하기 쉬운 반면 연습이나 연구를 거듭해 나가면 나갈수록 더욱 깊이가 있다는 것을 알게 된다.

당구는 실내에서 이루어지는 스포츠이고 게임이기 때문에 계절이나 기후에 관계없이 또 남녀 노소를 불문하고 누구나 같은 라인에서서 게임을 즐길 수 있을 까닭에 레저 시대의 도래와 함께 생각하는 스포츠로서 애호가는 앞으로도 점점 증가하리라고 생각한다.

그런데 한 마디로 당구라고 해도 그 종류나 종목은 많이 있다. 기본적인 연습법이나 기법을 익히기 전에 예비 지식으로서 이런 종목이나 룰은 알아 둘 필요가 있다.

◐캐럼 당구

흰 공 2개와 붉은 공 1개(4구 게임만 붉은 공 2개)를 사용해서 하는 게임으로 수구(자신이 치는 공)를 쳐서 다른 2개의 표적공에 맞히면 득점이 되는 것이다. 수구는 2개의 흰 공 중 1개를 스스로

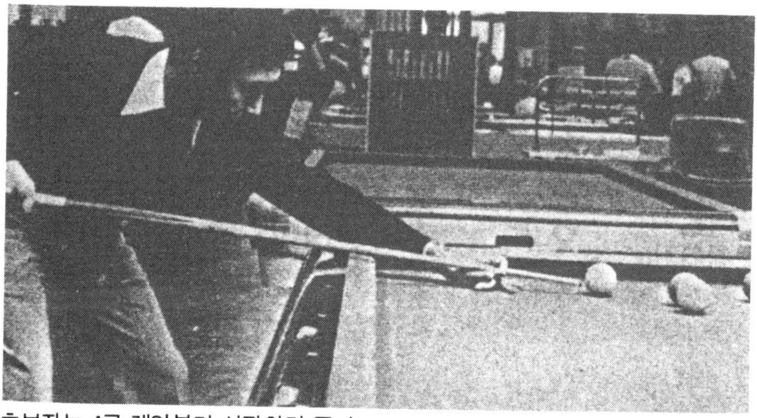

초보자는 4구 게임부터 시작하면 좋다

정한다(수구의 항 참조).

캐럼 게임은 수구를 쳐서 그 수구를 다른 2개의 공에 맞히지 못하면 득점이 되지 않기 때문에 수구의 어디를, 어떻게 쳐서 진행시키느냐가 가장 중요한 문제라고 말할 수 있다. 즉, 수구에 주어지는 힘이나 치는 부위에 따라서 생기는 공의 회전 운동이 모든 결정수가 된다. 이 점이 수구에 맞은 표적공의 진로가 전부라는 포켓 당구와 다른 가장 큰 포인트이다.

초보자의 대부분이 먼저 시작하는 4구 게임도 이 캐럼 당구이다.

세계 당구 연맹의 규정에 근거하여 협회가 현재 실시하고 있는 캐럼 당구에는 다음과 같은 종목이 있다.

① 4구 게임

② 3구 게임

4구 게임에서 붉은 공 1개를 뺀 것이다.

③ 프리 게임(free game)

④ 보크라인 게임(balkline game)

테이블 위에 제한틀을 설정한 것으로 그 틀의 크기에 따라서 42cm 1번 치기, 42cm 2번 치기, 71cm 2번 치기의 5종목이 있다.

⑤ 쿠션 게임(cushion game)

원 쿠션 게임(밴드 게임)과 스리쿠션 게임의 2종목이 있다.

이 종목들은 4구와 3구에 대해서는 한국, 일본 등 아시아의 일부에서 이루어지고 있을 뿐으로 미국이나 유럽에서는 공식 종목에 포함되어 있지 않다.

그러나 일반적으로 이루어지고 있는 4구 게임은 당구의 기본 종목이라고 말할 수 있는 것으로 당구의 모든 요소를 포함하고 있다고 말할 수 있다.

◐포켓 당구

수구(흰 공) 1개와 ①부터 ⑮ 까지의 번호가 매겨진 표적공으로 하는 게임으로 이 표적공을 1개씩 수구로 포켓에 떨어뜨려서 득점을 겨룬다.

포켓 당구의 테이블은 캐럼 당구의 테이블과는 달리 4구석과 긴 쿠션의 중앙에 합계 6개의 포켓이 붙어 있다.

보통 당구라고 하면 대부분의 사람들은 4구와 로테이션 게임을 떠올리지만 로테이션 게임이라고 하는 것은 포켓 당구의 일종으로 그밖에도 많은 게임이 있다.

포켓 당구의 종목을 들어 보면,

① 로테이션 게임(rotation game)

①부터 ⑮까지의 공을 번호순으로 포켓에 떨어뜨려 가는 게임으로

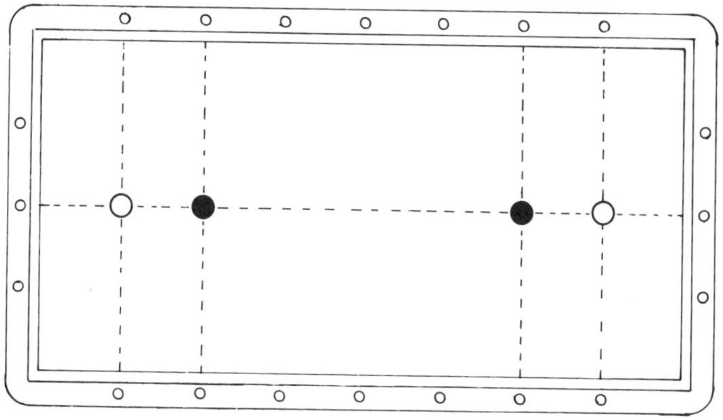

4구 게임의 서브 위치

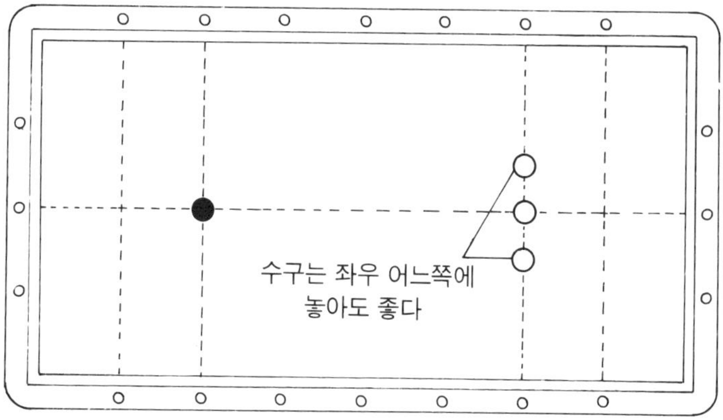

3구 게임의 서브 위치

그 떨어뜨린 번호의 숫자가 그대로 득점이 된다.

② 14－1 래크 게임(rake game)

어느 볼부터 떨어뜨려도 상관없지만 세이프티 플레이(safety play) 등의 특수한 규정이 있다. 1개 1점으로서 계산한다.

③ 나인 볼 게임(nine ball game)

①부터 ⑨까지의 표적공을 이용해서 하는 게임으로 룰에 근거한 타구법으로 빨리 ⑨ 공을 포켓에 떨어뜨린 쪽이 우승이 된다.

④ 에이트 볼 게임(eight ball game)

나인 볼 게임과 마찬가지로 빨리 ⑧ 공을 떨어뜨린 쪽이 우승이 된다.

⑤ 볼러드 게임(bowlerd game)

①부터 ⑩까지의 표적공을 이용한다. 룰은 볼링과 완전히 똑같고 1프레임 2이닝에 의해 10프레임까지 실시한다.

⑥ 원 포켓 게임(one pocket game)

①부터 ⑮까지의 공을 이용한다. 1개 1점으로서 계산하지만 15개 중 8개의 공을 지정한 하나의 포켓에 떨어뜨린다. 빨리 지정 포켓에 떨어 뜨린 쪽이 우승이다.

그 외 베이식 게임(basic game), 라인업 게임(line-up game), 골프 볼 게임(golf ball game) 등 많은 종목이 있다.

◐4구(四球) 게임

당구에는 많은 종목이 있지만 그 중에서도 일반적으로 널리 이루어지고 있는 것이 4구 게임이다.

4구 게임은 모든 당구 종목의 기본이 되는 요소를 가진 것이라고 말할 수 있다. 그러나 이 종목은 세계에서도 한국, 일본 등 동양의 일부에서만 이루어지고 있을 뿐으로 그 외의 나라에서는 거의 이루어지고 있지 않다. 보급된 원인은 다른 종목보다 1개 많은 4개의 공을 이용하기 때문에 치기 쉽다고 하는 점과 초보자가 들어오기 쉽다고 하는 이유때문이지만 무엇보다도 게임에 대한 제한이나 제약이 없기 때문에 그저 수구를 2개의 표적공에 맞히면 된다고 하는 기초적인 행동부터 스타트하기 때문이다.

• 초보자는 우선 4구부터

공이 가지고 있는 특성이 운동의 원리, 입사각, 반사각, 분리각, 진로라고 하는 것 같은 당구의 기초적인 기술을 완전히 마스터하기 위해서 처음 당구를 배우려고 하는 사람이나 더욱 핸디캡을 늘리고 실력을 키우려고 하는 사람은 4구에 의해 기초 기법을 정확하게 습득하는 것이 좋다.

그러나 4구 게임은 들어가기 쉬운 반면 깊이는 무한하다고 해도 좋을 만큼 깊다. 이 게임의 고득점자가 되기 위해서는 부단한 연구와 연습을 계속하지 않으면 대강은 칠 수 있게 되어도 그 향상은 정지해 버린다.

쿠션 게임이나 보크라인 게임이라고 하는 종목은 4구를 어느 정도 구사하고 나서가 아니면 좀처럼 들어갈 수 없는 게임이다. 실력을 키우지 않은 채 이런 게임을 하면 기본적인 기술을 마스터하고 있지 않기 때문에 고득점자가 되기는 어렵다고 말할 수 있다.

• 현대 감각에 맞는 포켓 당구

스피디한 터치를 좋아하는 현대인의 감각에 맞는 포켓 당구는 사용하는 공도 많고 당구 종목 중에서는 가장 컬러풀하고 스피드감과 흥분을 맛볼 수 있는 점 때문에 그 팬도 급격히 증가하고 있다.

캐럼 당구와 포켓 당구는 한쪽은 수구의 움직임에 의해 득점하고 다른 한쪽은 표적공의 움직임에 의해 득점한다고 하는 점에서 큰 차이가 있음은 앞에도 서술했지만 당점, 두께(수구와 표적공의 겹치는 비율), 힘조절이라고 하는 세 가지의 큰 요소를 비롯해서 공이 가진 운동의 원리나 쿠션과 각도의 관계 등 기본적인 사항은 근본적으로는 모두 같다. 실력을 키우기 위해서도 이런 기초 지식을 완전히 습득하도록 하자.

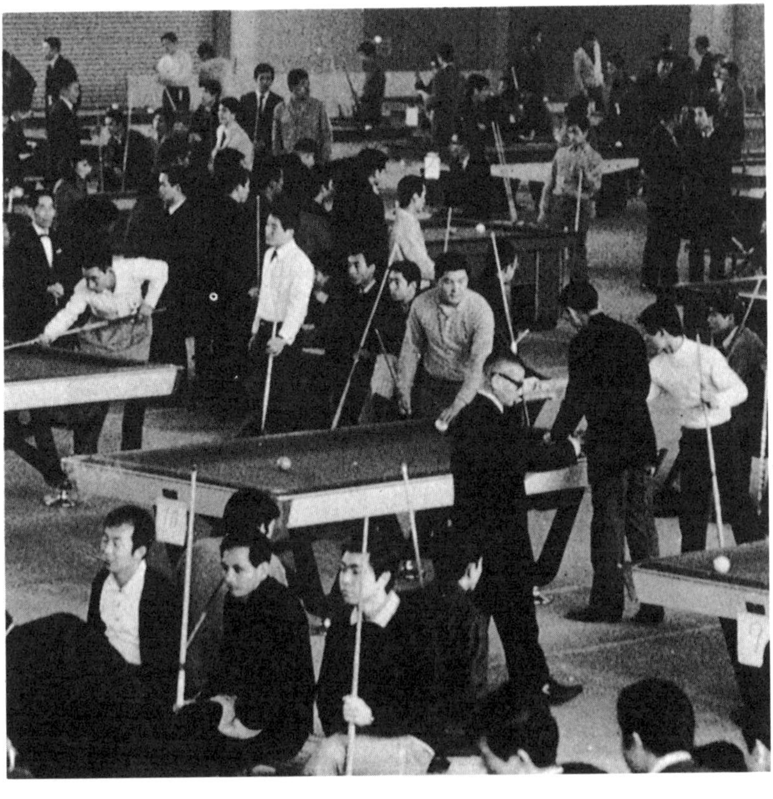

당구의 용구

◐시뮬레이션

② 볼을 떨어뜨리기 위해서 뿐이라면 센터 샷(center shot)으로도 좋지만 ③ 볼을 노리기 쉽게 하기 위해서는 드로 샷을 사용하면 된다. ② 볼까지의 거리를 생각하고 조금 강한 듯이 치는 편이 수구를 되돌리는 데에도 좋다. 더욱이 쿠션을 사용해서 수구를 ⑨ 볼과 ④ 볼 사이를 통과해 오는 타구법도 생각할 수 있다. 당구 공의 타구법은 항상 한 가지라고는 할 수 없다. 자신의 이미지에 맞는 자신 있는 샷을 사용하는 것도 하나의 방법이다.

근대의 당구는 초크(chalk)의 개발이나 탭(tap)의 발명으로 인해 급속하게 진보했다고 말할 수 있다.

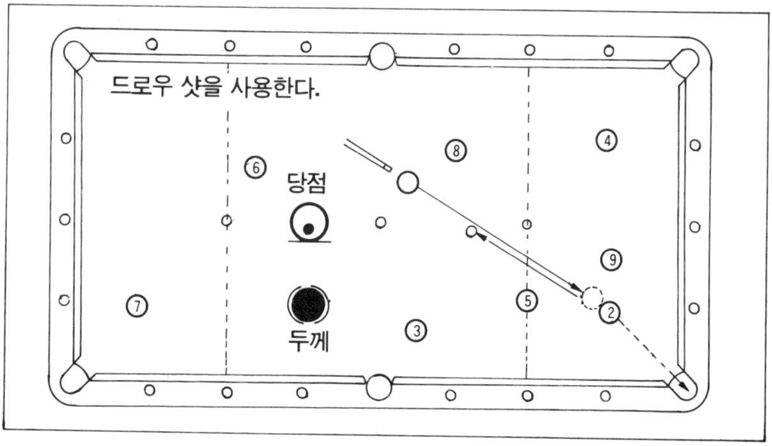

기본을 익혀 고득점자를 지향하기 위해서도 이 기구를 이해하고 구사하는 것이 중요하다.

당구 테이블

당구 테이블의 경기 공간은 길이가 폭의 2배, 즉 정방형을 2개 나란히 놓은 형태가 된다. 테이블면은 완전히 수평을 유지해서 공이 완전히 회전할 수 있는 상태이어야 한다. 높이는 각 테이블 모두 760~800mm이다.

포켓 당구의 레귤러(regular) 테이블의 사이즈(size)는 길이(긴 변)가 2540mm(100인치), 폭(짧은 변)이 1270mm(50인치)이다. 바깥지름의 사이즈는 메이커에 따라 다소 다르지만 안지름은 일정하다.

포켓의 구경은 4구석에 있는 코너 포켓(corner pocket)이 120~130mm, 긴 변의 중앙에 있는 사이드 포켓(side pocket)이 130~140mm로 사이드 포켓 쪽이 약간 넓게 되어 있다. 이것은 코너 포켓에 비해서 사이드 포켓 쪽이 각도적으로 다소 어려워져 있기 때문에 그 평균화를 꾀하기 위해서 넓게 되어 있는 것이다.

테이블에는 각각의 장소에 고유의 명칭이 붙어 있다. 이 명칭은 룰이나 게임 진행상에서 필요하게 된다. 다음 페이지의 그림에서 그 명칭과 위치의 관계를 파악해 두자.

캐럼 당구의 테이블은 게임의 종목에 따라서 다음과 같이 나눠져 있다.

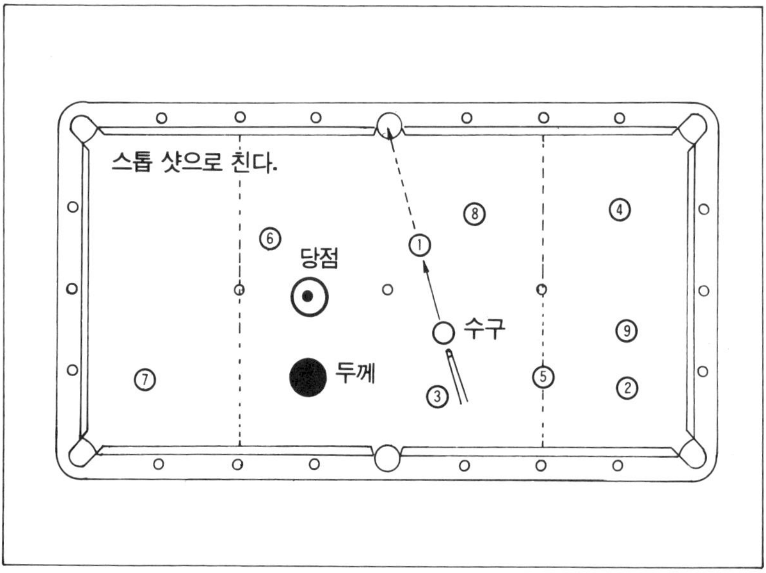

◐포켓 테이블

경기 스페이스(2540mm×1270mm=레귤러 테이블)의 포켓 구경은 코너 포켓이 120~130mm, 사이드 포켓은 130~140mm이다.

이 밖에 스누커(잉글리시 포켓) 용의 테이블 등 특수한 것이 있지만 당구 테이블의 종류는 이 4종류로 분류하고 있다.

테이블의 바깥틀은 졸참나무, 떡갈나무 등의 단단한 재질의 목재나 경질의 플라스틱으로 만들어져 있고 외형 사이즈는 메이커에 따라 다소 다르다.

틀 위에는 긴 쪽에 7개(8분의 1), 짧은 쪽에 3개(4분의 1)씩 각각 같은 간격으로 원이나 다이아몬드 모양을 한 포인트가 박혀 있다. 이 포인트는 단순한 장식이 아니라 공의 위치나 각도 등을 계산하는 기준이 되고 있다.

캐럼 테이블

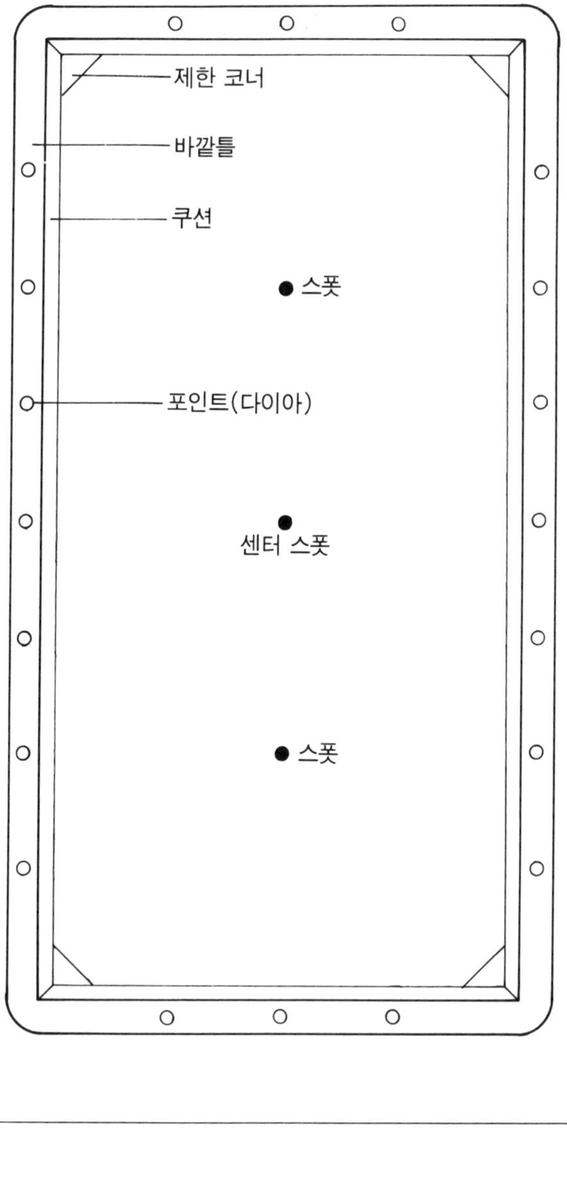
제한 코너
바깥틀
쿠션
스폿
포인트(다이아)
센터 스폿
스폿

포켓 테이블

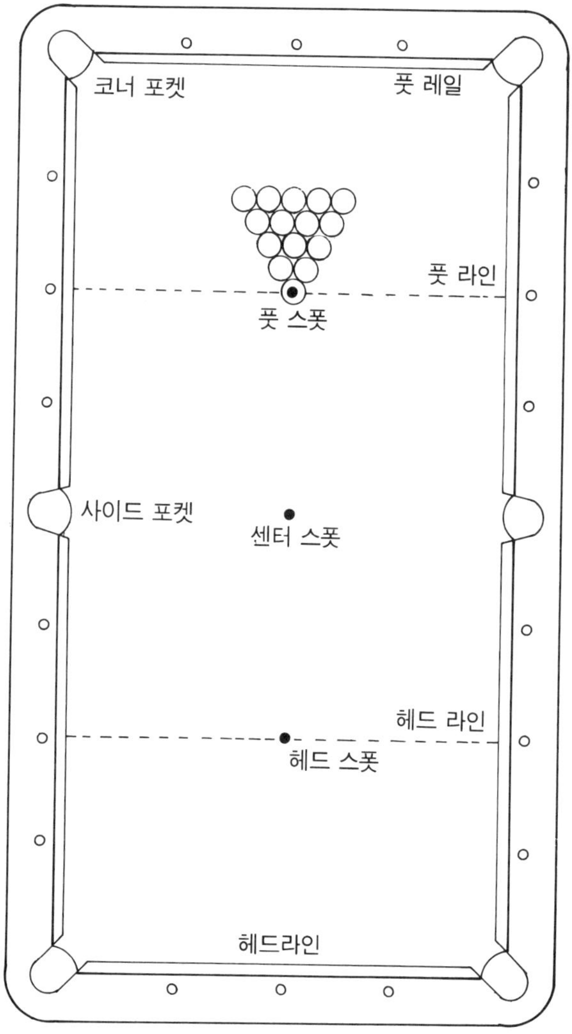
코너 포켓
풋 레일
풋 라인
풋 스폿
사이드 포켓
센터 스폿
헤드 라인
헤드 스폿
헤드라인

포켓 당구, 테이블의 각부 명칭

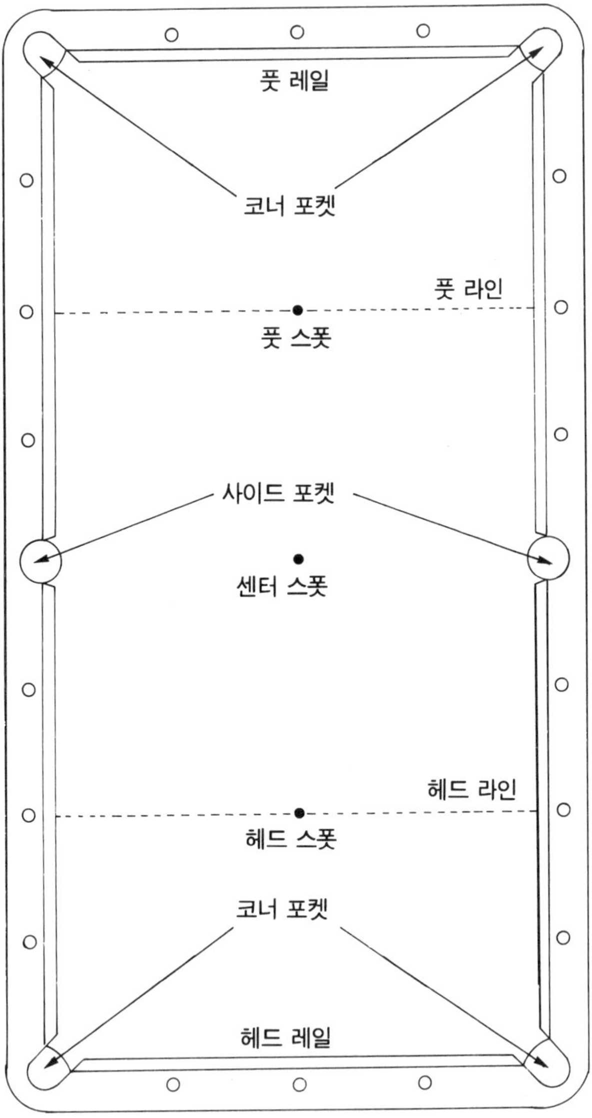

캐롬 당구, 테이블의 각부 명칭

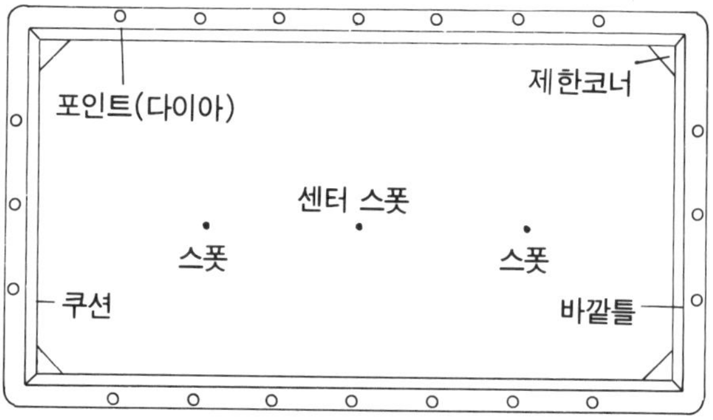

◐소형 당구대

경기 스페이스(2336×1168mm).

주로 4구 게임에 사용되고 있었지만 현재는 거의 사용되고 있지 않다.

◐중형 당구대

경기 스페이스(2540×1270mm).

주로 4구 게임에 사용되고 3구 게임, 42cm 보크라인(balk line) 게임, 프리 게임 등에도 이용된다. 보통의 당구장에 있는 4구 테이블은 대부분이 이것이다.

◐대형 당구대

경기 스페이스(2844×1422mm).

주로 스리 쿠션 게임에 사용한다. 그 밖에 47cm 보크라인 게임, 71cm 보크라인 게임, 프리 게임 등에 이용한다.

테이블의 바깥틀은 떡갈나무, 졸참나무 등의 단단한 재질의 목재나 경질(硬質) 플라스틱으로 만들어져 있다.

틀 위에는 긴 변에 7개(8분의 1), 짧은 변에 3개(4분의 1)씩 각각 같은 간격으로 원이나 다이아몬드형을 한 포인트가 박혀 있다.

이 포인트는 장식이 아니라 볼의 위치나 각도를 계산하는 기준이 되고 있다.

◐쿠션

바깥틀의 내부에는 높이 36~38mm(포켓 테이블은 35.7mm)의 삼각형의 고무 쿠션이 설치되어 있다(이 높이는 공의 3분의 2). 쿠션의 선단부를 쿠션 에지(cushion edge)라고 하며 볼은 이 부분에 맞아서 반사한다. 쿠션의 고무가 오래되면 탄력이 없어져서 계산대로 공이 되튀기지 않게 되는 경우가 있다. 쿠션은 경기 스페이스와 같은 클로스(나사)로 덮여 있다.

◐클로스(나사;羅紗)

테이블에는 고급의 당구용 클로스가 깔려 있다. 클로스 밑은 슬레이트나 대리석이다. 클로스의 색에 제한은 없지만 그린, 블루, 다크

당구, 당구대의 단면도

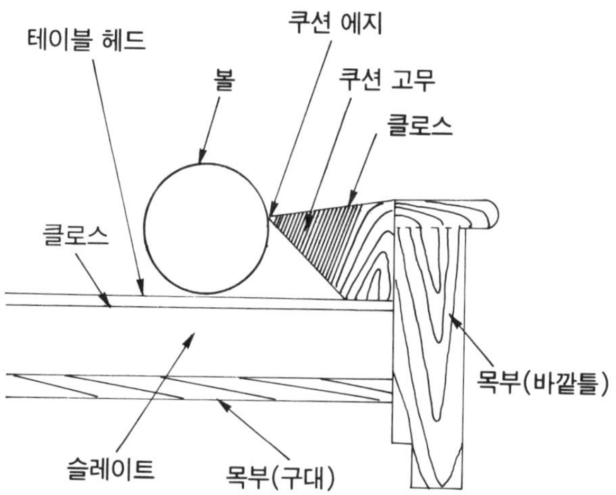

그린이 많이 이용되고 있다. 클로스가 오래되면 털에 얼룩이 생기거나 해서 볼의 회전이 생각대로 되지 않게 된다. 그 때문에 테이블은 사용 후 손질을 해서 먼지를 털고 물을 뿌리고 다리미질을 하는 등 항상 빈틈없는 손질을 해 둔다.

당구공(볼 ; ball)

당구의 공은 오랫동안 고급의 상아를 이용해 왔지만 너무 단단하거나, 부드럽거나, 습기의 영향을 받기 쉽고, 변형하거나 하기 때문에 항상 진구(眞球)의 상태를 유지하는데 대단한 손질이 필요했다. 그러

위 : 4구의 공 아래 : 포켓의 공

나 뛰어난 경질 플라스틱제의 공이 수입되기에 이르러서 모든 종목에 플라스틱제 공을 채택하게 되었다. 현재 전세계에서 상아공을 사용하고 있는 곳은 거의 없다.

공의 크기는 캐럼 게임의 경우 세계 당구 연맹의 규격으로 61.5 mm로 정해져 있다. 단, 4구 게임만 지금까지대로 65.5mm의 것을 이용하고 있다.

포켓 당구의 경우는 한층 작아서 57.1mm이다.

어쨌든 양질의 플라스틱제 공이 만들어진 후 중심이 정확한 공이 만들어지게 되었기 때문에 안심하고 플레이를 할 수 있게 되었고, 기술적으로도 새로운 것이 연구되고 있다.

큐(cue)

큐는 길이나 무게에 규정은 설정되어 있지 않지만 자신에게 맞는 것을 선택하는 것이 중요하다. 너무 길면 미스의 원인이 되고 너무 무거우면 지치기 쉽고 힘조절에도 차질이 생긴다. 일반적으로는 길이 137~148cm, 무게 452~622g 정도의 것이 표준으로 되어 있다. 재질은 단풍나무(캐나디언 메이플)가 단단하고 탄력성도 있어 많은 사람의 애호를 받고 있다.

큐를 선택하는 경우의 포인트는 ① 구부러져 있지 않은 것. 구부러진 큐로는 겨냥한 대로의 샷을 할 수 없다. ② 너무 길거나 너무 짧거나 하지 않을 것. 발밑에 똑바로 세워서 입 아래쯤에 닿는 것이 사용하기 쉽다. ③ 큐 끝이 너무 가늘지 않은 것을 선택할 것. 직경 1cm 2mm 정도가 표준이다.

또한 아무리 훌륭한 큐라도 큐 끝에 달린 탭(tap)이 좋지 않으면 좋은 큐라고는 말할 수 없다. 이 탭이 공에 여러 가지 회전이나 변화를 주는 가장 중요한 역할을 하고 있는 부분으로, 그런 까닭에 고점자가 되면 될수록 재질이나 단단함에 신경을 써서 항상 손질을 잘 한다. 프랑스제 물소 가죽이 고급으로 여겨지고 있다.

초크(chalk)

공을 칠 때에 큐가 헛미끄러지지 않도록 탭에 칠하는 것이다. 색은 그린, 블루, 세피아 등이 있다. 초크를 칠할 때는 탭의 전면에 골고루 칠한다. 초보자로 초크를 깜박 잊어서 미스를 하는 경우가 흔히 있다. 3회나 4회의 샷에 한 번은 초크를 칠하도록 하자.

그 밖의 용구

◐파우더(powder)

큐가 잘 미끄러지도록 브리지의 손가락에 칠하는 가루이다. 너무 많이 칠하면 테이블이 더러워지거나 한다.

◐메카니컬 브리지(레스트)

먼 수구를 칠 때 왼손의 브리지가 수구까지 닿지 않는 경우에 사용하는 기구이다. 산 모양으로 된 금속성(혹은 목제)의 브리지가 왼손을 대신해 준다. 주로 스리 쿠션 게임이나 포켓 게임에 이용되지만 4구 게임이나 보크라인 게임에서는 사용할 수 없다.

◐채점판 스코어 보드

게임의 득점수를 스코어하기 위한 용구로 4구의 경우는 주판식의 것, 스리 쿠션 게임이나 포켓 게임의 경우는 흑판을 사용하고 있다. 공식전이나 각종 선수권 대회에서는 기록 보존을 위해 규정 스코어

시트를 사용하는 경우도 있다.

◐트라이앵글 래크(triangle rack)

포켓 게임의 경우 서브 위치에 공을 배열할 때에 사용하는 것으로 플라스틱제(혹은 목제)의 삼각형 틀이다.

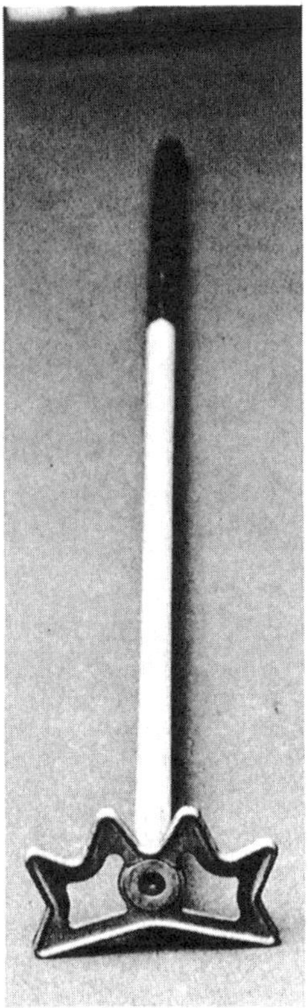

메카니컬 브리지(레스트)

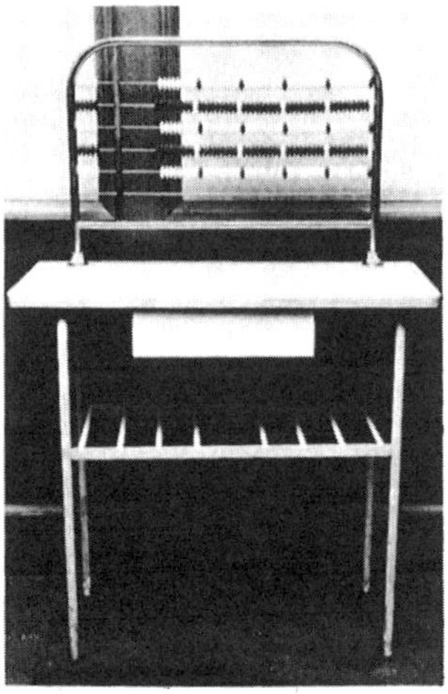

득점을 계산하는 주판

초크

▼ 메카니컬 브리지(레스트)

▲초크

▼ 트라이앵글 래크

포켓 당구의 룰과 진행 방법

◐시뮬레이션

표적공까지의 거리, 표적공에서 포켓의 거리가 가깝기 때문에 세게 칠 필요는 없다. 수구, 표적공, 포켓이 일직선이기 때문에 보통으로 치면 수구가 스크래치(scratch)한다. 반드시 중심보다 아래를 치도록 한다.

④ 공이 수구의 뒤에 있다. 다음의 겨냥을 수월하게 하려면 수구의 아래를 친 드로우 샷(draw shot)으로 수구를 ④ 공에 접근시켜 두는 편이 좋다. 물론 이 경우도 두께를 약간 바꿔서 쿠션을 사용하는 타구법도 있다.

포켓 당구의 종류와 룰

포켓 당구는 4구석에 각 1개(코너 포켓)씩, 긴 쿠션의 중앙에 1개(사이드 포켓)씩 합계 6개의 포켓이 붙은 테이블을 사용하여 그 포켓에 룰에 따라서 표적공을 떨어뜨려 가는 게임이다.

포켓 당구에서는 이제부터 소개할 나인 볼 게임, 로테이션 게임,

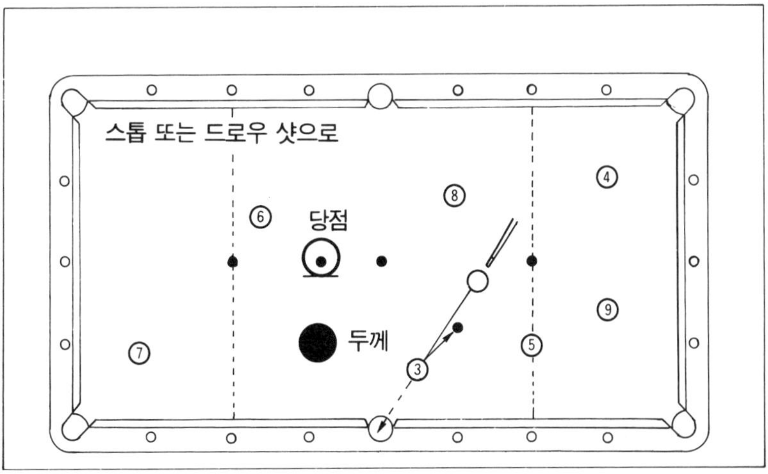

14—1 래크 게임, 에이트 볼 게임, 볼러드 게임 등 많은 종목이 있다. 어쨌든 겨냥한 볼을 멋지게 포켓에 떨어뜨렸을 때의 상쾌감은 각별하다.

여기에서는 그 주요한 종목과 간단한 룰, 그리고 게임의 진행방법을 설명한다.

나인 볼 게임(nine ball game)

지금 포켓 당구 중에서 젊은이에게 가장 인기 있는 게임이다. ①~⑨의 컬러 볼(표적공)과 흰 공(수구) 1개를 사용한다.

◐룰

이 게임은 합법적으로 ⑨ 공을 빨리 포켓하는 게임으로 ①~⑧의 공은 떨어뜨려도 득점이 되지 않는다.

① 공부터 차례대로 포켓해서 마지막에 ⑨ 공을 떨어뜨려도 좋지만 테이블 위의 최소 번호 공부터 맞힌다고 하는 룰이 있기 때문에 위치에 따라서는 최소 번호 공→⑨ 공으로 맞혀서 ⑨ 공을 포켓해도 좋다.

예를 들면 브레이크 샷(가장 최초의 샷)으로 수구를 ① 공에 맞혔을 때 ⑨ 공이 포켓하면 그 승부는 우승이 된다.

⑨ 공을 포켓하면 1포인트의 득점이 되고 다음 세트로 들어간다. 보통 세트 매치 방식으로 게임을 한다. 즉, 처음에 정한 세트수에 빨리 도달한 쪽이 우승이 된다.

◐스누커(영국식 포켓)

영국을 중심으로 인기가 높은 포켓 게임. 보통의 포켓 테이블의 약 1.5배의 넓이이다.

표적공은 붉은 공15개의 컬러 볼을 사용하지만 각 색별로 득점이 정해져 있다. 브레이크는 붉은 공만을 노리고 붉은 공을 떨어뜨린 후 다른 컬러 볼을 떨어뜨린다. 떨어진 컬러 볼을 다시 조정의 위치로 되돌리고 붉은 공이 전부 없어지면 점수가 낮은 순으로 컬러 볼을 포켓해 나가서 마지막으로 검은 공이 1개가 남았을 때 점수차가 8점 이상나면 우승이 된다.

상대가 파울했을 경우 다음의 경기자는 수구를 테이블 위의 임의의 위치에 놓을 수 있다(수구 자유 룰).

더욱이 초보자용에는 어느 공을 포켓해도 좋은 베이식 게임(basic game)도 있다.

◐래크의 방법

트라이앵글 래크로 9개의 컬러 볼을 아래 그림과 같이 래크(늘어놓는다)한다. 세트의 방법은 양손을 래크의 뒤쪽에서 거들어서 공과

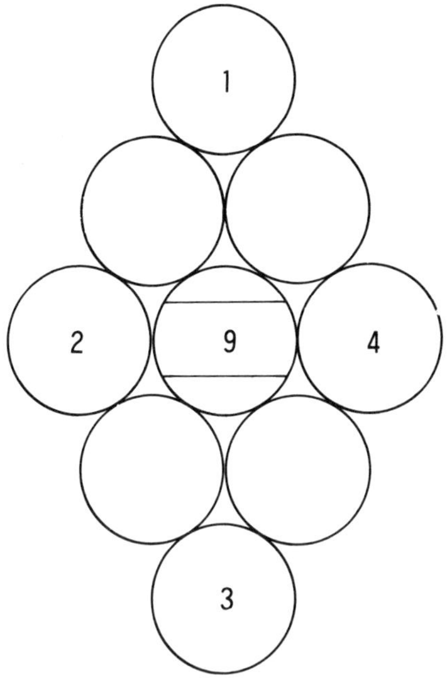

① ⑨ 이외는 자유롭게 두는 경우도 있다.

함께 나사 위를 미끄러지게 하여 ① 공의 중심이 풋 스폿(foot spot)의 바로 위에 오도록 한다. 다음에 세트된 공의 형태가 무너지지 않도록 래크를 조용히 들어 올린다. 이 때 공과 공 사이에 틈이 없도록 한다. 그러기 위해서는 약간 래크를 앞쪽으로 밀어 내면서 ① 공 쪽부터 래크를 떼면 잘 된다.

나인 공의 래크는 공을 마름모꼴로 배열하기 때문에 래크 안에서 공이 벌어지지 않도록 엄지와 검지로 공을 꽉 누르듯이 해서 밀착시킨다. 이 래크의 방법은 공의 수에 차이는 있어도 각 포켓 게임에 공통이다. 각 게임의 공의 배열 방법은 그 때마다 그림으로 나타낸다.

◐뱅킹(banking)

공이 세트되면 드디어 게임 개시. 스타트순을 정한다. 가위바위보로결정해도 좋지만 정식으로는 '뱅킹'이라고 하는 방법으로 한다.

뱅킹 방법

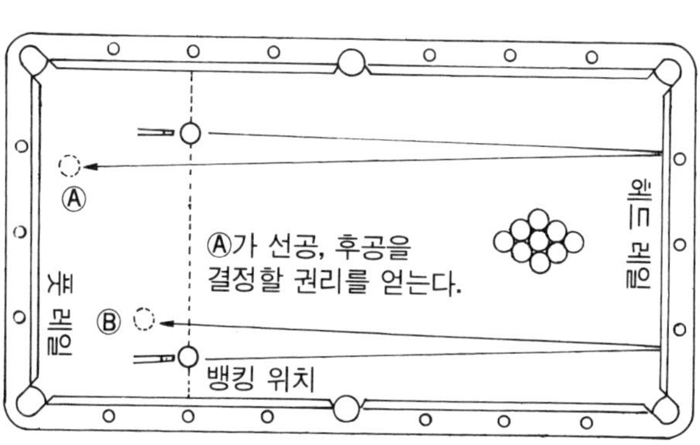

대전하는 두 사람이 각각 흰 공(수구)과 사용하지 않는 공(캐럼 게임의 경우는 각각 흰 공)1개를 가지고 헤드 레일 앞에 나란히 선다.

다음에 헤드 라인내에 공을 놓고 동시에 헤드 레일을 향해서 공을 친다. 그리고 되튀긴 공이 정지한 위치가 헤드 레일에 가까운 쪽이 우승이 되어 선공, 후공을 결정할 권리를 얻는다.

되돌아 온 공이 헤드 쿠션에 맞아도 맞지 않아도 공과 헤드 쿠션의 간격에 의해 결정한다(뱅킹에서는 이미 세트된 공에 맞히지 않도록 주의).

◐게임의 진행방법

게임의 최초의 샷(서브)을 브레이크 샷이라고 한다. 브레이크 샷은 수구를 헤드 스폿 위에 놓고 반드시 ① 공에 맞혀야 한다.

①~⑧ 공을 차례대로 포켓해 나가서 마지막에 ⑨ 공을 떨어뜨린 쪽이 우승이 된다.

기본이 되는 룰은, Ⓐ 반드시 테이블 위가 최소 번호의 표적공에 맞힌다. Ⓑ ⑨ 공만이 득점의 대상이 된다고 하는 2가지이다.

즉, 게임 중 수구가 최소 번호의 공에 맞거나 그 후 수구 또는 수구에 맞은 표적공이 ⑨ 공에 맞아서 포켓해도 된다.

극단적인 경우 서비스 에이스(service ace)라고 해서 브레이크 샷으로 ⑨ 공이 포켓하는 경우도 있다. 이 경우 그 세트는 그 1샷만으로 끝이 된다.

보통 세트 매치 방식으로 게임이 겨루어지기 때문에 최초에 정한 세트수에 빨리 도달한 쪽이 우승이 된다.

상태가 파울하거나 포켓할 수 없었을 경우는 다음 경기자와 교대한다. 파울의 경우 수구는 브레이브 샷 이외 테이블의 어디에 놓아도 자유이다(수구 자유 룰). 최소 번호의 공부터 맞혀 나가는 것이기 때문에, 테이블 위의 최소 번호의 공을 가장 떨어뜨리기 쉬운 위치에 수구를 플레이스(place)하고 시작하게 된다.

⑨ 공이 포켓하면 공을 전부 다시 래크해서 다음 세트를 시작한다. 이 경우 다시 뱅킹을 할 필요는 없다. 승자가 계속해서 브레이크할 수 있다.

로테이션 게임(rotation game)

포켓 당구의 대명사와 같이 일컬어져 온 게임이다.

①~⑮의 컬러 볼과 수구 1개를 사용해서 ①부터 차례대로 ⑮까지를 포켓해 나간다.

◐게임의 진행방법

①~⑮의 공을 번호순으로 포켓해 나가서 처음에 정한 득점을 빨리 클리어(clear)한 쪽이 우승이 된다. 반드시 테이블 위의 최소 번호의 공부터 맞혀 나가야 하는 것은 나인 볼 게임과 같다.

① 공이 테이블 위에 남아 있는데 ② 공 ③ 공에 맞히고 나서 ① 공이 포켓해도 파울이 되어 상대 플레이어와 교대해야 한다. 파울 플레이로 포켓한 표적공은 풋 스폿 위로 되돌린다. 이것은 나인 볼 게임과 같다. 파울의 경우 상대 플레이어는 수구를 테이블 위의 어디

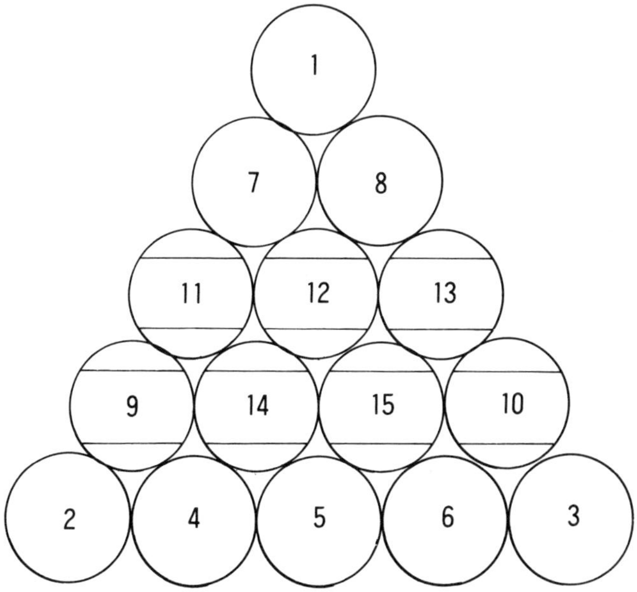

토너먼트에서는 그림과 같이 배열한다.
①, ②, ③ 이외는 자유롭게 배열하는 경우도 있다.

에 놓아도 되는 룰(수구 자유 룰)과 수구, 표적공을 선택해서 정해진 위치에 놓는 룰(수구, 표적공 선택 룰)의 2종류가 있다. 초보자는 전자의 수구 자유 룰로 실시하면 될 것이다.

◐득점

득점의 계산 방법인데 로테이션 게임에서는 공의 번호가 그대로 득점이 된다. 즉 ⑨ 공이라면 9점이 되는 것이다. 따라서 ①~⑮의 합계점은 120점이다.

현재 이루어지고 있는 경기에서는 60점, 120점, 240점이 많이 사용되고 있다. 60점 게임의 경우 플레이어가 ①부터 ⑩ 공까지 연속해서 포켓하면 55점이 된다. 그러나 ⑪공에서 미스하여 상대 플레이어와 교대하고 상대가 ⑪ ~⑮의 5개를 연속해서 전부 포켓했다고 하면 합계점은 65점이 되어 상대 플레이어의 승리가 된다. 2개 3개의 볼이 동시에 포켓했을 때는 룰 대로라면 그 합계점이 득점이 된다.

더욱이 1게임이 끝날 때까지 몇 번이나 래크해야 하는 경우 최후의 공을 떨어뜨린 후 수구를 헤드 라인내에 정지시켜야 하는 룰이 있어 수구가 헤드 라인내에 정지하면 다음의 브레이크 샷은 그 위치에서부터 시작한다. 따라서 ① 공을 사선으로 쳐야 하는 위치에 수구가 있어도 반드시 래크 선단의 ① 공부터 맞혀 나가야 한다. 또한 만일 옮겨올 수 없었던 경우 다음의 브레이크 샷은 상대 플레이어와 교대해야 한다.

당구장에는 각각의 테이블에 1장씩 득점을 기입하는 흑판이 있다. 1개 떨어뜨릴 때마다 틀림없도록 기입하고 2개째부터는 우측에 합계 점수도 기입한다.

15개의 공을 전부 떨어뜨려도 서로의 득점 합계가 120점이 되지 않을 때는 어딘가 계산이 잘못되어 있으므로 주의한다.

◐핸디캡(handicap)

로테이션 게임은 다른 포켓 게임에 비해서 유일한 번호 득점 게임이다. 실력에 차이가 있는 경우 그 실력에 따라서 50점 대 70점이라든가 100점 대 140점 등의 핸디캡을 덧붙여서 실시하면 될 것이다.

표준은 쌍방 플레이어의 합계가 120점(1래크)이라든가 240(2래크)가 되도록 배분해서 생각한다.

◐파울 룰

공통 파울 룰에 대해서는 나중에 자세히 설명하겠지만 로테이션 게임에서 상대가 파울했을 경우 수구나 표적공의 처치에 다음 2종류의 룰이 있다. 게임 전에 어느 룰을 사용할지 미리 결정해 두어야 한다.

① 수구, 표적공 선택 룰

교대한 플레이어는 다음 3가지 중 어느 하나를 자유롭게 선택할 수 있다.

A. 상대가 파울했을 때 그대로의 볼 배치로 친다.

B. 수구를 손에 들고 헤드 라인내로 옮긴다. 수구가 헤드 라인내에 있는 경우라도 헤드 라인내에서 자유롭게 움직일 수 있다. 또한 표적공이 헤드 라인내에 있을 때는 그 표적공을 센터 스폿이나 헤드 스폿으로 이동시킬 수 있다.

C. 표적공만을 이동시킨다. 이 경우 센터 스폿이나 풋 스폿의 어느 한쪽을 선택해 둔다. 표적공이나 다른 표적공이 파울로 포켓하거나 테이블 밖으로 튀어 나갔을 때는 수구는 정지해 있었던 그대로라도 좋고 헤드 라인내로 옮겨도 좋지만 표적공은 풋 스폿이나 센터 스폿에 놓는다. 표적공은 이외의 볼의 경우는 풋 스폿으로 되돌린다.

② 수구 자유 룰

공식 경기에서는 사용되고 있지 않지만 나인 볼 게임의 경우와 마찬가지로 수구를 테이블 위의 자신이 좋아하는 장소에 놓아도 좋다고 하는 룰이다.

파울이 발생했을 때 교대한 플레이어는 수구를 손에 들고 다음에 노리는 공이 가장 포켓에 떨어뜨리기 쉬운 위치에 수구를 놓으면 된다. 노린 공이 포켓에 떨어져도 수구가 스크래치(포켓에 떨어진다)하거나 테이블 밖으로 튀어 나가면 물론 파울로 표적공은 풋 스폿으로 되돌려지고 상대 플레이어는 수구를 좋아하는 위치에 놓고 칠 수 있다. 만일 브레이크 샷에서 파울이 있었을 때는 수구 자유 룰이라도 수구는 헤드 라인내에 밖에 놓을 수 없다. 그 경우 ① 공이 헤드 라인내에 있으면 ① 공을 풋 스폿으로 옮긴다.

14—1 래크 게임

로테이션 게임과 마찬가지로 수구와 ①⑮ 의 표적공을 사용한다. 독특한 룰 콜 샷이 있고 그 밖의 룰도 다소 복잡하다.

나인 볼 게임이나 로테이션 게임을 습득하고 나서 맞붙도록 하면 좋을 것이다.

◐게임의 진행 방법

어느 번호의 공부터 포켓해도 좋지만 이 게임의 경우 콜 샷이라고 해서 자신이 떨어뜨리려고 하는 공의 번호와 포켓을 지정(콜)해야 한다. 지정외의 포켓에 떨어졌을 때는 파울이 된다.

득점은 떨어뜨린 공의 번호에 관계없이 1개 1점으로 계산하고

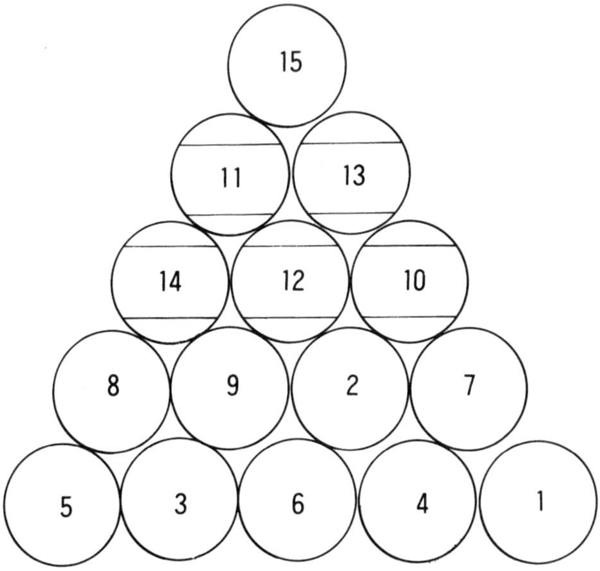

⑮, ⑤, ①을 소정의 위치에 놓고
삼각형 상단에 큰 번호의 공을 놓는다.

자신의 지점을 빨리 클리어한 쪽이 우승이 된다.

이 외, 이 게임 특유의 플레이로서 자신의 득점을 희생하여 상대 플레이어가 득점하기 어려운 장소(치기 어려운 장소)로 수구를 옮기는 것도 룰에서 허용되고 있다. 물론 손에 들고 움직이는 것이 아니라 정확히 쳐서 움직이는 것이다. 이것을 세이프티 플레이(safety play)라고 하며 세이프티 플레이를 하는 경우 반드시 '세이프티'라고 콜(call)해야 한다. 더욱이 14개의 공을 포켓한 후 마지막 1개는 포켓하지 않고 다시 래크하는 등의 특별 룰도 있다.

◐콜 샷(call shot)

플레이어가 자신이 떨어뜨린 공의 번호와 포켓의 위치를 미리 스스로 지정(콜)하고 나서 하는 샷이다.

콜 샷제로 게임이 이루어지는 것은 14—1 래크 게임 외 에이트 볼 게임의 ⑧ 공을 떨어뜨릴 때 등이다.

이 룰은 떨어뜨리는 포켓이 지정되기 때문에 초보자에게는 다소 어려울 지도 모른다. 물론 지정한 공이나 포켓이 다른 경우는 파울이 되어 상대 플레이어와 교대해야 한다.

◐오프닝 샷(브레이크 샷)

콜 샷제이기 때문에 오프닝 샷(opening shot)도 콜하고 포켓하는 것은 불가능에 가깝다. 그래서 보통은 '세이프티'를 선언하지만 이 경우만 세이프티의 내용이 다르며 2개 이상의 표적공과 수구를 쿠션에 맞혀야 한다. 실패하면 2점 감점이 되고 상대 플레이어는 그대로 계속 하든가 다시 브레이크 샷을 요구할 수 있다.

에이트 볼 게임(eight ball game)

룰도 비교적 쉬워 초보자용의 게임이다.

이 게임으로 수구나 표적공의 움직임을 이해하고 나서 다른 포켓 게임에 도전하는 것도 좋은 방법이다.

사용하는 공은 ①~⑮ 의 컬러 볼과 수구이다.

◐게임의 진행 방법

표적공을 로우(low) 넘버 볼(①~⑦공)과 하이(high) 넘버 볼(⑨~⑮ 공으로 나누어서 처음에 포켓한 공이 소속하는 번호의 그룹이 자신의 표적공이 된다. 예를 들어 브레이크 샷으로 ⑩ 공이 포켓하면 이후 그 플레이어의 표적공은 하이 넘버 볼이라고 하는 것이 된다(당연 상대 플레이어는 로우 넘버가 된다).

자신의 표적공이 결정되면 번호에 관계없이 떨어뜨리기 쉬운 공부

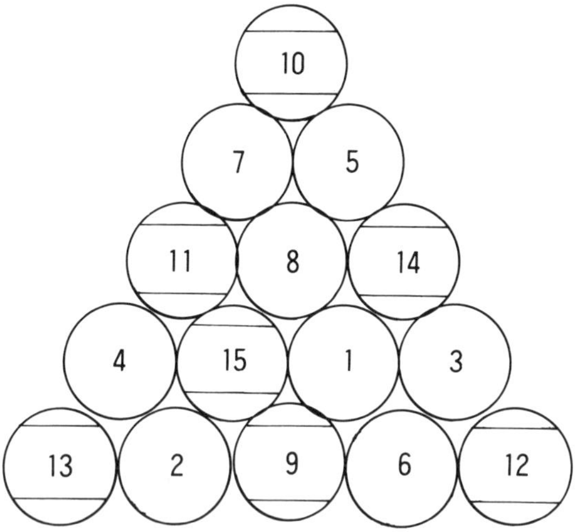

⑧ 공을 중심에 놓는다. 그리고 하이 넘버 볼과 로 넘버 볼을 교대로 배열한다.

터 포켓해 나간다. 단, ⑧ 공만은 포켓을 지정(콜 샷)해야 한다. 자신의 표적공 7개를 전부 포켓하기 전에 ⑧ 공을 포켓하면 떨어뜨린 쪽의 패배가 된다.

그러나 브레이크 샷으로 ⑧ 공을 포켓했을 때만 그 플레이어의 세트가 된다.

파울해서 표적공이 들어갔을 경우 자신의 표적공라면 풋 스폿이나 센터 스폿으로 되돌리고 상대 플레이어와 교대하지만 상대 플레이어의 표적공이 들어갔을 경우는 그대로 상대 플레이어가 떨어뜨린 것과 같은 취급이 된다.

승부는 나인 볼 게임과 같고 세트 매치 방식으로 미리 정한 세트 수를 빨리 달성한 쪽이 우승이 된다.

◐초크와 탭이 기술혁명

근대 당구가 획기적 발전을 이룬 것은 18세기말부터 19세기에 걸친 용구의 개량과 발전에 의한 바가 많고 그 중에서도 초크와 탭의 발명은 기술면에서도 비약적인 혁명을 초래했다.

그때까지는 막대기 끝으로 공을 밀어내는 영역을 벗어나지 못했지만 초크를 칠함으로써 미끄러짐을 막고 탭을 부착함으로써 구체가 가진 복잡한 운동을 생각대로 이끌어 낼 수 있게 된 것이다.

이것을 계기로 빌리어드는 그때까지의 '밀어낸다'에서 '친다'로 승화한 것으로 이로 인해 지금 사용되고 있는 각종의 기법이 탄생한 것이다.

볼러드 게임(bowlerd game)

볼링과 볼러드를 믹스한 게임으로 포켓 당구를 연습하는데 최적이다.

공식 토너먼트 종목의 하나로 프로자격 취득 **테스트도** 이루어지고 있다. 사용하는 공은 ①~⑩의 표적공과 수구이다.

◐게임의 진행 방법

볼링과 마찬가지로 1프레임(frame) 2이닝(inning)제, 10프레임으로

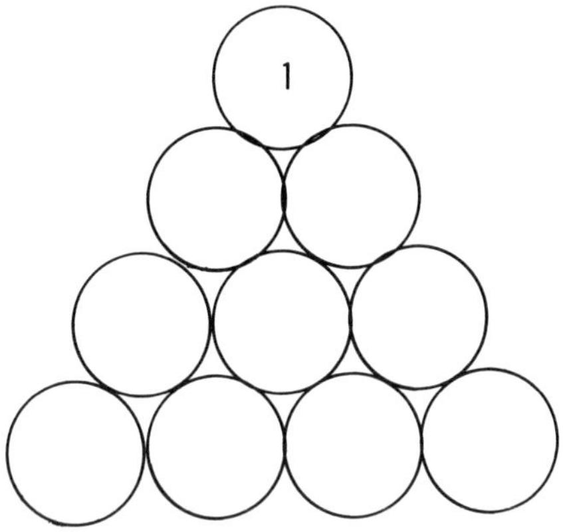

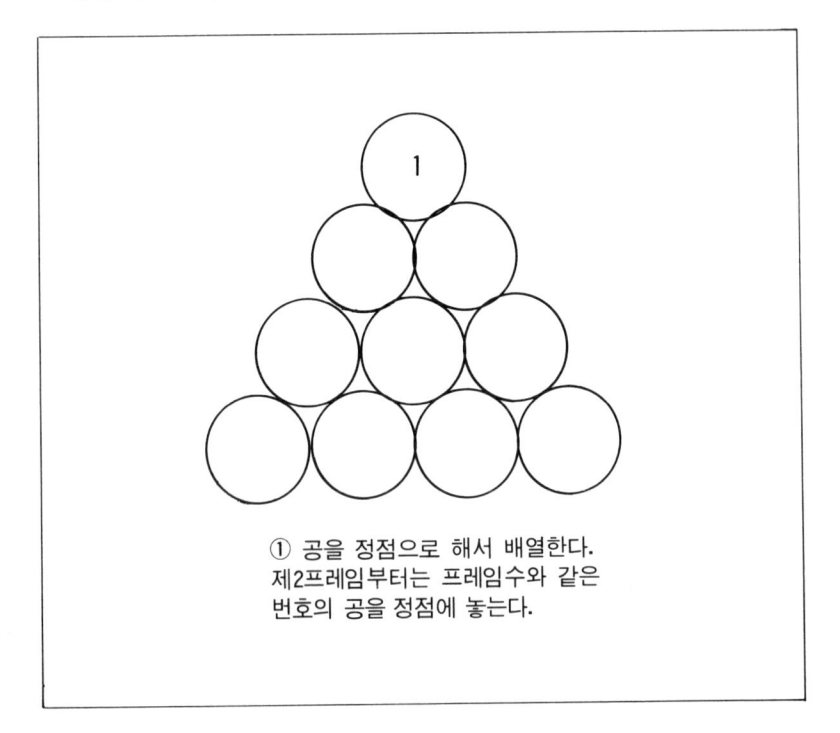

① 공을 정점으로 해서 배열한다. 제2프레임부터는 프레임수와 같은 번호의 공을 정점에 놓는다.

득점을 겨루는 게임이다. 브레이크 샷으로 포켓한 공이 있는 경우 브레이크 샷을 1이닝째 그렇지 않을 때는 브레이크 샷 다음의 샷을 1이닝째로 계산한다. 어느 공부터 포켓해도 좋고 1이닝에서 전공(10개)을 포켓하면 스트라이크. 포켓하지 않거나 파울했을 경우는 그 상태대로 2이닝째를 스타트한다. 2이닝째에서 나머지 공을 전부 포켓하면 스페어가 된다. 2이닝에서 다시 공이 남아도 그 게임은 그것으로 종료. 다시 10개의 공을 래크하고 다음 프레임에 들어간다.

득점은 공의 번호에 관계없이 1개 1점. 스코어 매기는 법은 볼링과 완전히 똑같고 스트라이크가 나오면 다음 2이닝의 득점이 가산되고 스페어라면 다음 1이닝의 득점을 가산한다. 10프레임 전부 스트라이크라면 300점이 된다(10프레임은 1이닝이 스트라이크라면 다음 2이닝, 스페어라면 1이닝 추가할 수 있다).

포켓하는 공의 번호와 포켓을 지정하는 콜 샷제로 실시한다.

◐스코어 마크

☒ (스트라이크)

제1이닝에서 10개의 공 전부를 포켓했을 때. 단, 브레이크 샷으로 포켓한 볼이 없을 때는 다음의 1이닝을 포함한다. 득점은 10점에 다음 2이닝의 득점을 가산한다.

◿ (스페어)

제1이닝에서 남은 공을 모두 연속해서 포켓했을 때. 득점은 10점에 다음 1이닝의 득점을 가산한다.

G (가터)

브레이크 샷에서의 수구의 스크래치나 공의 튀어 나감 등 파울이 있었을 경우. 포켓된 공은 풋 스폿으로 되돌리고 제2이닝을 스타트한다.

ㅡ (미스)

제2이닝에서 최초로 미스를 했을 때.

파울 플레이

게임 진행중에 다음과 같은 행위가 있었을 경우 파울이 된다.

가령 노린 공이 포켓해도 무효가 되고 플레이어는 교대해야 한다. 파울에는 포켓 당구에 공통점과 그 게임에 독자적인 점이 있다. 여기에서는 공통의 파울 7항목에 대해 설명한다.

(1) 스크래치(수구가 포켓에 떨어지는 것)

게임 중 수구가 포켓에 떨어지면 파울이 되고 플레이어는 교대한다. 이 때 노린 표적공이 포켓되고 있어도 그 볼은 무효가 되고 소정의 위치로 되돌린다.

(2) 볼이 테이블 밖으로 튀어 나간다

수구는 물론 다른 볼이 테이블 밖으로 튀어 나갔을 때는 파울이 된다. 단, 14—1 래크 게임의 경우는 수구에만 적용된다.

(3) 공 건드림

게임 중 샷 이외에 큐가 공에 닿았을 때 및 몸의 일부, 의류 등이 공에 닿았을 경우는 파울이 된다.

(4) 공이 바깥틀(레일) 혹은 쿠션 위에 정지한다

수구 혹은 다른 공이 테이블에서 튀어 올라가 바깥틀 위에 정지했을 때는 파울이 된다. 단, 튀어 올라간 볼이 그대로 포켓하거나 다시 테이블 내로 되돌아 왔을 때는 세이프(safe)이다.

(5) 바닥면에서 양발을 떼고 친다

초보자에게는 흔히 볼 수 있지만 수구의 위치에 따라서는 몸을 앞으로 내밀고 쳐야 하는 경우가 있다. 이런 때 양발을 바닥에서 떼고 당구대 위에 걸터 앉은 모습으로 치고 있는 경우가 있는데 이것은 파울이다. 가령 발끝만이라도 바닥에 붙이고 있어야 한다.

(6) 파울로 간주되는 푸시 샷(push shot)

수구와 표적공이 밀착해 있거나 지나치게 접근해 있는 경우 눈에 보이지 않는 속도로 수구가 반발해서 큐 끝에 2번 이상 닿는 타구법이 된다. 초보자의 경우 이것을 깨닫지 못하고 치고 있는 경우가 매우 많은 듯한데 평소와 반응이 달라서 큐 끝에 툭툭 이상한 쇼크를 느낀다. 더욱이 큐의 스트로크 방향에 볼, 쿠션 등의 제3물체가 없는 경우는 세이프이다.

(7) 수구가 미스 점프했다

미스 샷으로 수구가 점프했을 경우는 파울이다. 보통 수구의

◐주요 포켓 게임의 룰

게임명	사용볼	득점	경기점수	특유한 파울 룰
나인 볼 게임	수구와 ①~⑨ 공	합법적으로 ⑨ 공을 떨어뜨리면 우승	세트 매치 방식	• 처음에 최소번호의 공에 수구가 맞지 않았을 때
로테이션 게임	수구와 ①~⑮ 공	포켓한 볼의 넘버가 득점이 된다.	60점 120점 240점 등	• 처음에 최소번호의 볼에 수구가 맞지 않았을 때
에이트 볼 게임	수구와 ①~⑮ 공	처음에 ⑧ 공을 떨어뜨리면 우승	세트 매치 방식	• 선택한 그룹의 공에 수구가 처음에 맞지 않을 때 • ⑧ 공은 콜 샷.
14-1 래크 게임	수구와 ①~⑮ 공	공 1개를 1점으로 해서 계산한다.	50점 75점 100점 등	• 수구의 테이블 밖으로의 튀어 나가기는 파울이지만 다른 공의 경우는 파울이 아니다.
베이식 게임	수구와 ①~⑮ 공	어느 공이라도 8개를 먼저 포켓한 쪽이 우승	세트 매치 방식	• 특별히 없다

<table>
<tr><th colspan="2">파울의 패널티</th><th>공통의 파울 룰</th></tr>
<tr><td colspan="2">• 수구를 테이블 위의 자유로운 위치에 놓을 수 있다.(브레이크 샷을 제외한다)</td><td rowspan="6">• 수구가 스크래치 했을 때
• 공이 테이블 밖으로 튀어 나갔을 때
• 공이 쿠션 또는 레일 위에 정지했을 때
• 바닥에서 양발을 떼고 쳤을 때
• 파울로 간주되는 푸시 샷을 했을 때
• 수구가 미스 점프했을 때</td></tr>
<tr><td>수구 자유 룰</td><td>• 수구를 테이블 위의 자유스런 위치에 놓을 수 있다.(브레이크 샷을 제외한다)</td></tr>
<tr><td>수구 표적공 선택 룰</td><td>• 다음의 3항에서 1항을 선택한다.
(1) 현상대로 플레이를 잇는다.
(2) 수구를 헤드 라인내로 이동한다.
(3) 표적공을 풋 스폿이나 혹은 센터 스폿으로 이동시킨다.</td></tr>
<tr><td colspan="2">• 자신이 떨어뜨린 그룹의 공을 1개 풋 스폿으로 되돌린다.</td></tr>
<tr><td colspan="2">• 파울 1번당 1점 감점
• 파울 1번의 기록이 마크된다
• 오프닝 브레이크 샷의 실패는 2점 감점</td></tr>
<tr><td colspan="2">• 수구 자유의 룰로 실시한다</td></tr>
</table>

아래를 너무 쳤을 때에 발생한다. 단, 하이테크닉으로 점프시키는 경우도 있고 또한 밀어치기를 칠 때에 점프하는 경우가 있지만 이것은 물론 세이프이다.

매너를 지킨다

당구는 룰의 게임임과 동시에 에티켓의 게임이기도 하다.

스스로 노리고 있지 않는 방향으로 공이 달려서 가끔 득점으로 이어졌을 때 '실례'라고 가볍게 인사하는 것부터 게임 중, 관전중을 불문하고 에티켓을 지키도록 한다.

흔히 영화 등에서 테이블 위에 위스키 잔을 놓고 마시면서 공을 치고 있는 장면이 있지만 그다지 탐탁치 않은 매너이다.

이하 몇 가지의 예를 들어 본다.

- 입에 담배를 물고 치거나 담배를 테이블가에 놓지 않는다.
- 슬리퍼 차림의 플레이는 금지되어 있다.
- 상대가 치고 있을 때 테이블에 걸터 앉거나 하지 않는다.
- 침을 뱉거나 껌을 떨어뜨리거나 하지 않도록 한다.
- 큐를 휘둘러서 주위 사람이 맞는 일이 없도록 한다.
- 모자나 오버코트를 입은 채로 플레이하지 않는다.
- 술을 마시거나 잡담을 하면서 하는 플레이는 삼가한다.
- 상대나 다른 사람에게 폐가 되는 듯한 행위를 하지 않는다.

그 외 게임을 즐겁게 진행시키기 위한 에티켓을 지키도록 한다.

제 3 장

당구의 기본을 익히자

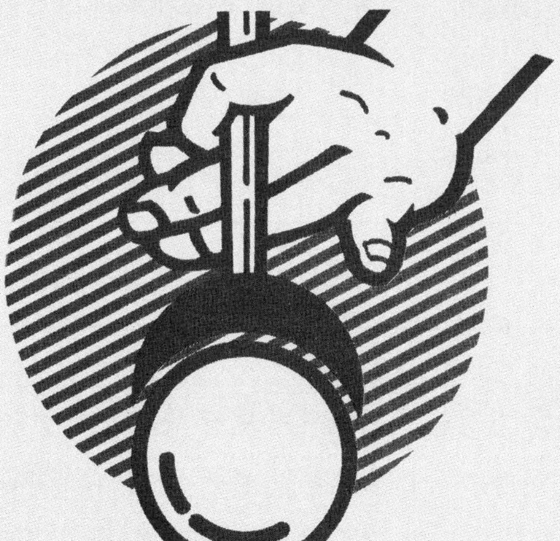

자연스럽고 무리가 없는 정확한 폼으로 숙달이 진행된다

당구의 기본은 뭐니뭐니해도 폼이다. 자세가 정확히 잡혀 있지 않거나 아류의 변칙적 폼을 몸에 익히거나 하면 숙달은 바랄 수 없다. 당구 숙달을 위해서는 우선 정확한 폼을 배워서 그것을 반복 연습해야 한다.

큐의 중심

그립의 위치를 결정하기 위해서는 먼저 큐의 중심점(밸런스 포인트)을 알아야 한다. 큐의 중심점은 보통 큐의 끝(배트 에지)에서 50cm 전후의 지점에 있다. 간단히 찾아내려면 왼손으로 큐를 잡고 오른손의 엄지와 검지를 벌려서 그 사이에 얹고 밸런스가 잡힌 부분이 중심점이다.

그 중심점의 후방 8cm에서 10cm 정도를 쥐는 것이 좋다. 이것은 보통의 쥐는 법이지만 먼 공의 경우는 약간 뒤쪽을 쥔다.

어째서 이와 같이 그립 위치를 바꾸느냐 하면 가까운 공은 약하게 되고 먼 공은 약간 세게 치는 경우가 많기 때문으로 상황에 따른 그립 위치를 유의한다.

스탠스와 몸의 위치

그립 위치를 알았으면 치는 공을 향하여 스탠스와 몸의 위치를 결정한다. 정확한 위치를 결정하는 것이 정확한 샷의 지름길이 된다.

양 발을 가지런히 모으고 서거나 크게 극단적으로 발을 너무 벌리면 정확한 폼이 몸에 붙지 않는다. 몸의 어느 부분에도 무리가 없는 이상적인 밸런스를 유지해서 아름다운 폼으로 치도록 해 주십시오.

오른손잡이의 사람은 오른발이 힘받이 발로 된다. 왼발을 약 1보 앞으로 내밀고 몸을 안정시켜서 오른발을 약간 바깥쪽으로 벌린다.

이때 왼발을 극단적으로 크게 내딛거나 스탠스가 반대로 작거나 하면 밸런스를 유지할 수 없다.

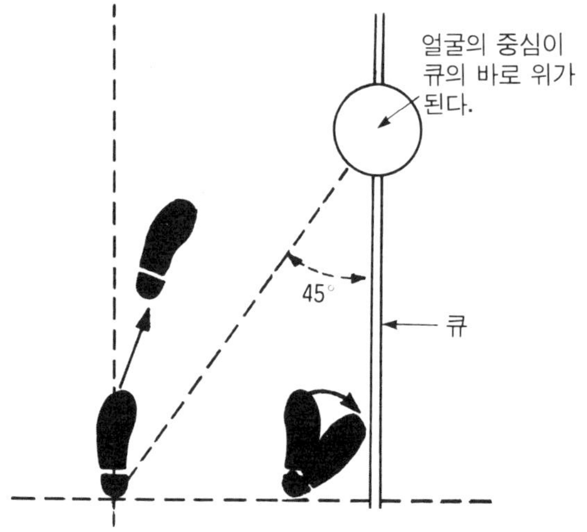

스탠스와 몸의 위치

그립

큐를 쥘 때는 엄지와 검지를 가볍게 벌리고 그 사이에 큐를 끼운 후 다른 손가락은 가볍게 거들도록 하자. 다섯 손가락으로 세게 꽉 쥐지 않도록 주의한다.

공의 1점을 노리고 그 점에 정확한 방향, 정확한 힘으로 큐 끝을 내밀기 위한 기둥점이 되는 것이 큐 뒤쪽을 쥔 손가락이다. 어떤 미묘한 치는 법이라도 가능하도록 가볍게 쥐는 것이 원칙이다.

치는 팔이나 손가락에 쓸데없는 힘이 가해지면 움직임이 굳어져 버려서 노린 포인트를 벗어나 버린다.

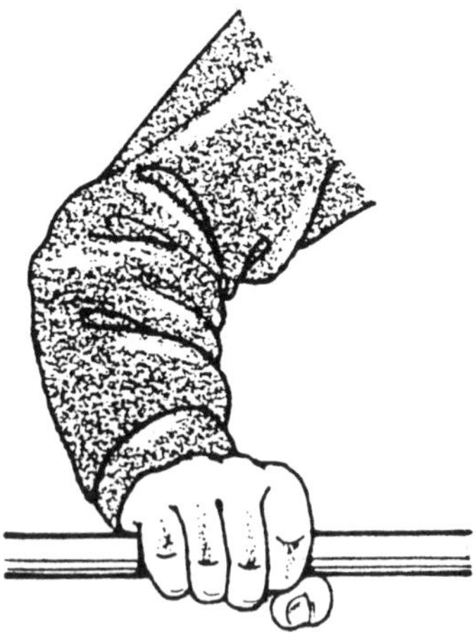

〈큐 쥐는 법의 나쁜 예〉

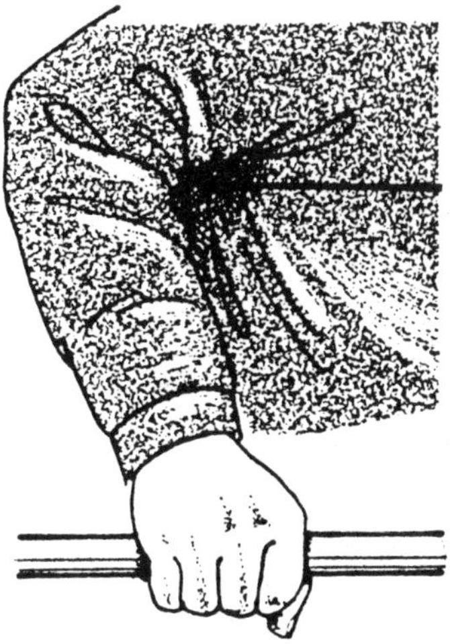

〈큐 쥐는 법의 올바른 예〉

브리지(Bridge)

당구에서는 큐를 지탱하기 위해서 왼손의 손가락으로 만드는 브리지(bridge)가 중요한 역할을 한다.

브리지는 큐를 겨냥대로 정확히 쳐 내는 토대가 되는 부분이다. 이것이 확실치 않으면 겨냥을 정해도 그 포인트에 큐 끝의 탭을 맞힐 수 없다.

◐표준적 브리지

먼저 극히 표준적인 브리지의 만드는 법을 설명한다.

① 테이블 위에 왼손의 손가락을 벌리고 손목에서 끝을 안쪽으로 조금 구부려 둔다.

② 새끼 손가락, 약지, 중지의 순으로 안쪽으로 구부려서 세 손가락으로 받침을 만든다.

③ 큐와 직각이 되도록 엄지와 검지로 고리를 만든다.

④ 엄지와 검지의 고리를 벌려서 큐를 받친다.

⑤ 중지와 엄지의 제2관절로 큐를 안정시킨다.

이것으로 일단 브리지의 형태는 완성이지만 실제로 공을 칠 때에는 다음과 같은 점에 더욱 주의해야 한다.

① 검지는 너무 지나치게 힘을 주면 큐를 너무 졸라서 움직임이 둔해진다. 또한 반대로 너무 느슨해도 목표를 정확히 칠 수 없다.

우선 공을 실제로 치기 전에 몇 번이나 빈 스트로크를 해서 큐가 닿지 않도록 연습한다.

② 브리지하고 있는 왼손은 당구대 위에 단단히 고정되어 있어야 한다.

당구대 위에 닿아 있는 부분은 단단히 힘을 주도록 한다. 힘받이 발의 오른발과 브리지의 왼손이 단단히 고정되지 않으면 정확히 칠 수 없다.

③ 왼팔의 팔꿈치 부분은 똑바로 편다. 단, 힘은 주지 말자. 손에는 힘을 주고 팔은 힘을 뺀다.

④ 브리지를 하는 손과 큐는 직각이 되도록 한다.

⑤ 브리지를 만드는 위치는 보통 수구에서 15cm 정도 앞의 지점이다. 이상이 표준적인 브리지의 만드는 법이지만 이것으로 모든 상황을 커버할 수 없다. 공의 위치에 따라 겨냥에 따라 변화시킬 필요가 있다. 그러나 이 표준적인 브리지를 우선 완전히 마스터하고 나서 다른 형태를 연습하자.

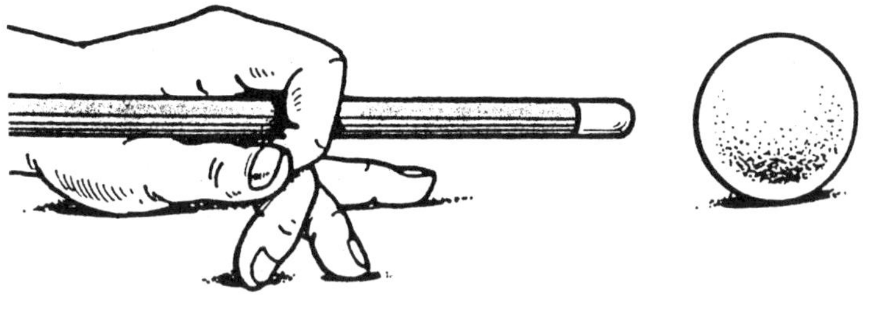

브리지의 만드는 법

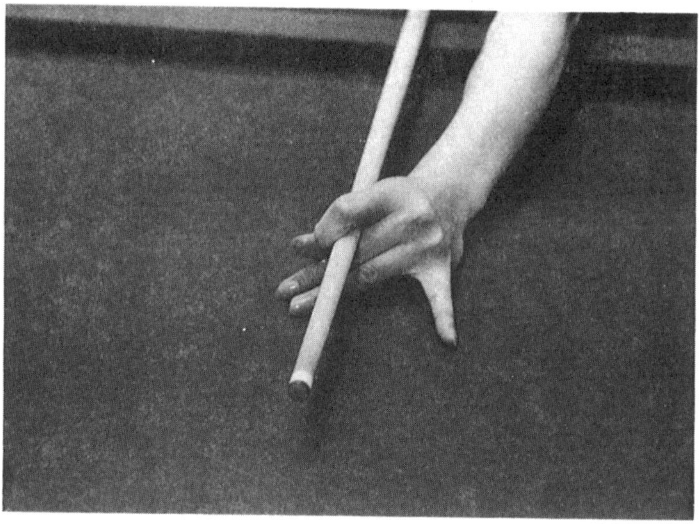

브리지는 당구대 위에 단단히 고정한다

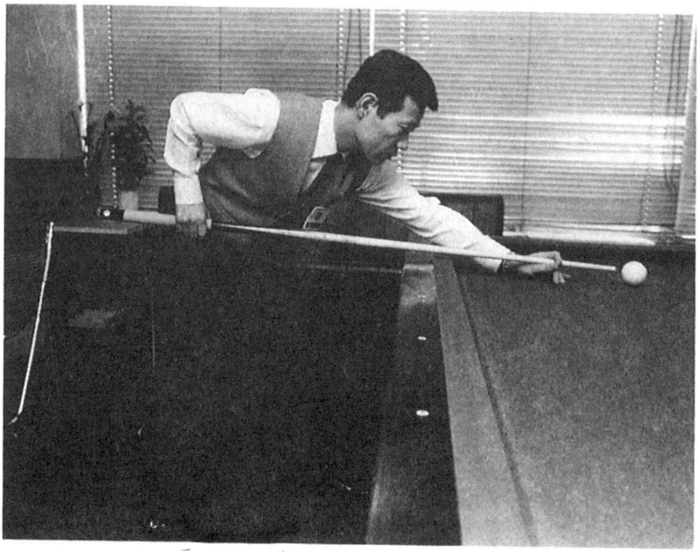

힘받이 발과 브리지의 왼손으로 몸의 밸런스를 잡는다

왼팔의 팔꿈치는 똑바로 편다

브리지는 수구에서 약 15cm 지점에서 만든다

◐치는 포인트마다의 브리지의 차이

공의 어디를 치느냐의 조절을 브리지의 형태로 한다. 그러나 그 경우도 우선 표준적 브리지를 만들고 그리고 나서 변화시키는 것이다.

여기에서는 공의 상부, 중심, 하부의 각각을 칠 때의 브리지에 대해서 설명한다.

① 상부 치기의 경우

중지를 세우고 하므로 큐 끝이 위를 향하도록 한다.

② 중심 치기의 경우

중지는 비스듬히 앞으로 펴듯이 하여 정확히 탭이 중심부를 치도록 한다.

브리지의 조절

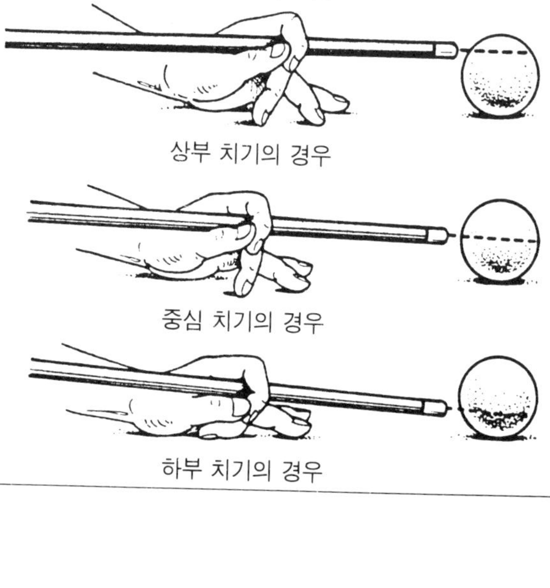

③ 하부 치기의 경우

중지는 안으로 구부려 넣어서 큐 끝이 낮아지도록 한다.

실제로 경기할 때에는 공의 위치에 따라서 브리지도 변화하지만 이 세 가지는 브리지의 기본이기 때문에 완전히 마스터한다.

◐특수한 브리지

공의 위치나 배치에 따라서는 표준적인 브리지로는 칠 수 없는 경우가 있다. 공이 쿠션에 터치하고 있을 때나 고등 기술인 세리 치기라고 일컬어지는 테크닉을 사용할 때에는 특수한 브리지를 해야 한다.

초보자는 세리 치기 등을 연습하는 것은 훨씬 뒤일이지만 이런 특유한 브리지가 있다고 하는 사실을 알아 두자.

① 쿠션에 공이 터치하고 있을 때

수구와 표적공이 쿠션가에 늘어서 있을 때는 중지와 약지를 테이블 끝에 대고 받쳐서 새끼 손가락으로 쿠션을 누른다. 새끼 손가락을 나무틀에 걸치고 중지와 약지를 쿠션에 걸치는 방법도 있다.

② 왼손으로 칠 때의 브리지

도저히 잘 쓰는 팔의 오른손으로 칠 수 없는 장소에 공이 있을 때는 오른손으로 브리지 한다.

③ 공을 커브시키고 싶을 때의 브리지

큐를 약간 세워서 중지, 약지, 새끼 손가락의 세 개로 받치고 엄지의 각도로 조정하는 브리지이다.

④ 자기 앞 쪽의 공 너머로 칠 때의 브리지

공이 접근해 있을 때에 한 공을 넘겨서 칠 때의 브리지는 새끼 손가락과 약지로 받치고 손목을 세우는 느낌으로 브리지한다. 공을 건드리기 쉬우므로 주의하자.

⑤ 세리 치기의 브리지

세리 치기란 공을 전부 한 군데에 모아서 흩어지지 않도록 하면서 득점하는 고등 기술이다. 이 경우 치는 힘 조절은 너무 강하지 않게 더구나 극단적으로 중심에서 떨어진 포인트를 치는 경우가 많기 때문에 손목을 세워서 새끼 손가락, 약지, 중지의 끝만으로 받치는 브리지가 많아진다.

이 외에도 뒤에 서술하겠지만 마세(masse) 치기라고 하는 초고등 테크닉을 위한 브리지도 있다. 이것은 큐를 극단적으로 세워서 치기 때문에 큐 끝이 흔들리지 않도록 고정하는 브리지이다.

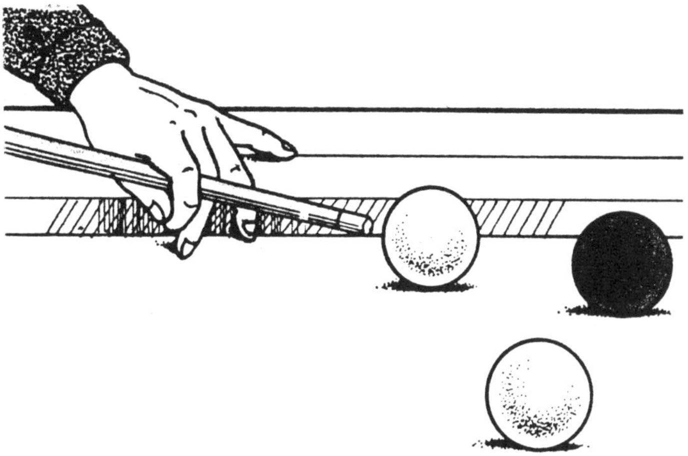

쿠션에 공이 터치해 있을 때의 브리지①

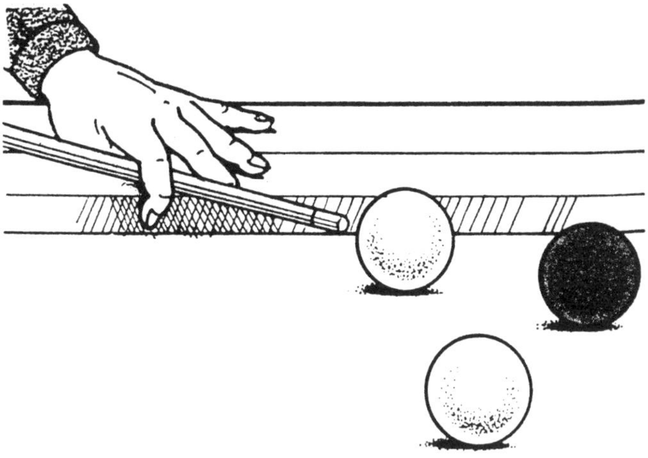

쿠션에 공이 터치해 있을 때의 브리지②

브리지를 오른손으로 만든다
(왼손으로 친다)

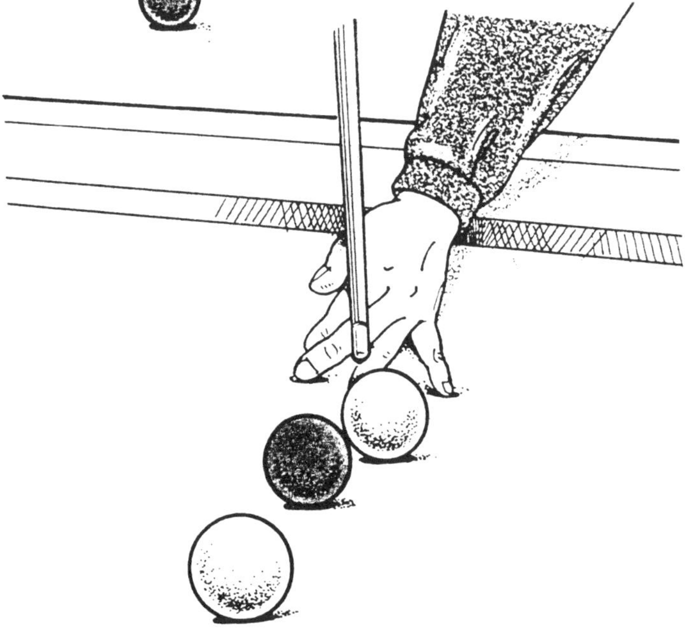

공을 커브시키고 싶을 때의 브리지

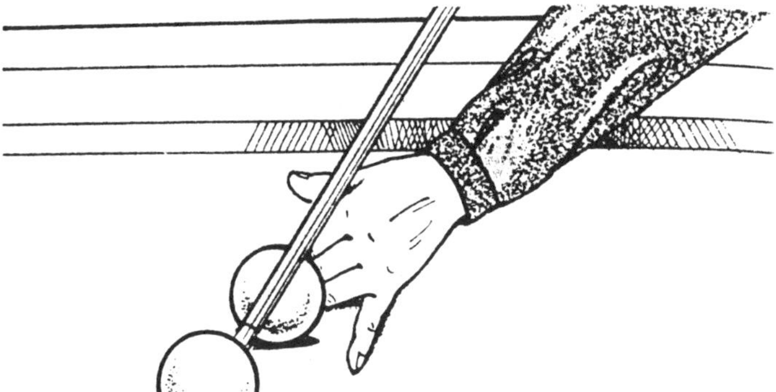

자기 앞쪽의 공 너머로 칠 때의 브리지

세리 치기의 브리지

자세의 포인트

큐를 쥐는 포인트, 발의 벌리는 상태 브리지의 만드는 법을 익힌 후 다음은 공을 치는 자세를 연습한다. 우선 일련의 동작을 스텝별로 설명해 본다.

① 오른손으로 큐를 잡고 중심점을 조사한 후 그 후방 8cm 정도의 지점을 쥔다.

② 공을 쳐 내는 방향에 똑바로 서서 방향, 힘의 조절을 확인한다. 이때 큐를 요골 근처에서 오른손으로 받치고 앞으로 숙여서 지향하는 공에까지 접근시켜 본다. 큐가 몸과 직각으로 되어 있으면 정확한 위치를 잡게 되고 직각으로 되지 않는 경우는 위치를 수정해야 한다.

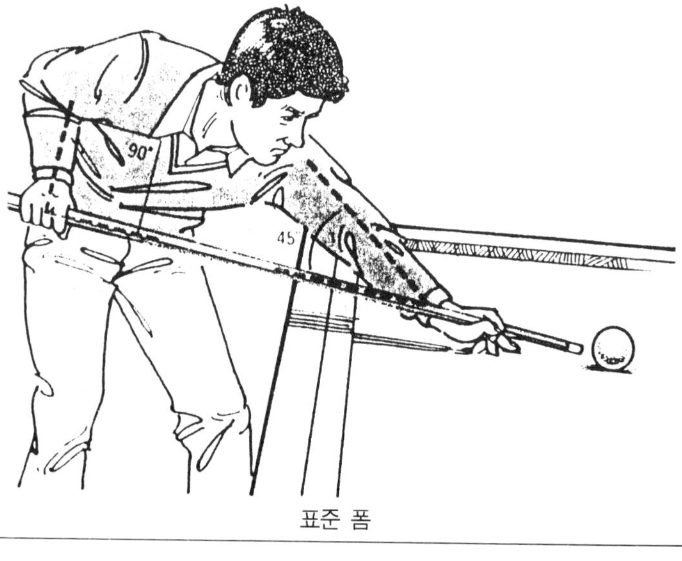

표준 폼

③ 다음은 시동 체제이다. 왼발을 약 1보 앞으로 내밀고 동시에 오른발을 약간 밖으로 벌린다.

④ 다음에 왼손을 큐 끝에 펴서 브리지를 하고 오른손을 구부려서 스트로크 자세를 취한다. 이때 초보자는 왼발에 중심을 싣기 쉽다. 그러면 앞으로 기울인 자세가 되어 제대로 스트로크할 수 없기 때문에 주의해야 한다. 표준 폼은 왼쪽 어깨에서 팔꿈치의 선은 큐에 대해서 45도, 오른손과 큐의 각도는 90도이다.

정확한 자세로 준비했을 때 양 눈은 큐와 수구를 똑바로 보게 된다. 코 끝의 바로 아래에 반드시 큐가 올 것이다. 옆에서 들여다 보는 것 같은 느낌이 드는 경우는 자세가 잘못되어 있는 것이다. 그 경우는 다시 한 번 처음부터 다시 해야 한다. 이것으로 일단 기본적인 자세는 마스터했지만 공의 위치에 따라 먼 공을 칠 때, 가까운 공을 칠 때 자세가 변하는 것은 당연하다. 그것을 조금 설명하자.

먼 공을 칠 때에는 표준적인 그립위치보다도 뒤쪽의 큐 뒤쪽 부분을 쥔다. 몸은 당구대에 눕히는 느낌이 된다.

가까운 공을 칠 때에는 표준적 그립위치보다도 중심 가까이를 쥔다. 몸은 일으키는 듯이 하면서 친다.

어쨌든 자세의 변화는 있어도 기본적으로는 같다. 시선, 밸런스, 오른발을 중심으로 한 자세, 왼손의 브리지를 받침으로 한 큐의 고정 등은 완전히 같다.

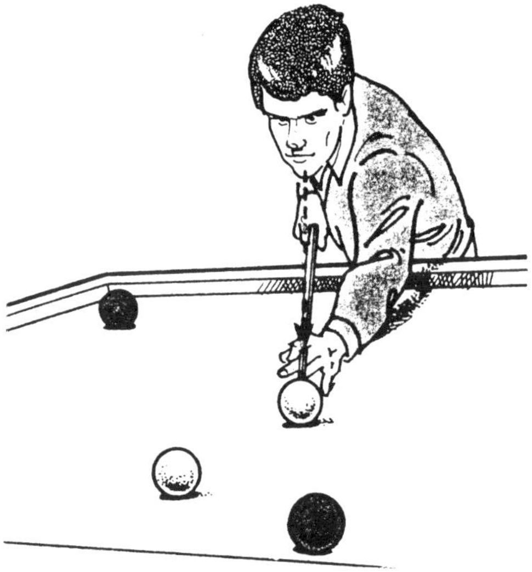

코끝 바로 아래에 큐가 있다.

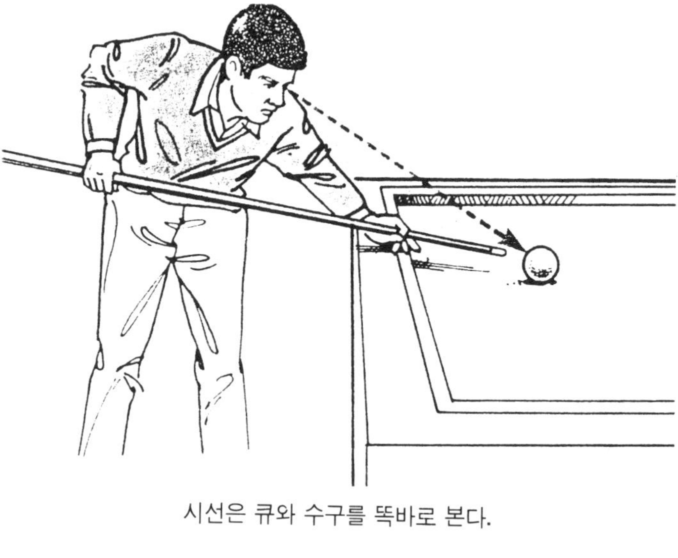

시선은 큐와 수구를 똑바로 본다.

멀리에 있는 공을 칠 때

가까이에 있는 공을 칠 때

스트로크

기본 동작의 결말이 스트로크(쳐내기)이다. 지금까지의 일련의 동작은 모두 정확히 수구의 자신이 노린 포인트에 큐를 정확히 스트로크하기 위해서 실시하는 것이다.

스트로크에서는 초조해할 필요가 없다. 천천히, 정확히 하는 것이 원칙이다.

스트로크의 기본형은 구부린 팔꿈치의 부분을 지점으로 해서 정확히 시계의 추와 같이 전후로 움직이는 것이다. 이때 어깨에 불필요하게 힘이 들어가서 팔 전부로 움직여 버리거나 해서는 안 된다. 또한 스트로크의 폭이 너무 크거나 작거나 해도 정확히 칠 수 없다.

정확히 스트로크로 쳐 냈을 경우 큐는 수구에 맞아서 수구를 움직이고 큐 끝은 수구가 있었던 위치에서 10cm 정도 앞 쪽에서 멈춘다. 이것을 팔로우 스루라고 한다. 정확한 스트로크로 쳐 내도 브리지가 흔들리거나 그립을 노리거나 하면 부정확한 치기가 된다.

초보자는 몇 번이라도 반복해서 정확한 폼, 정확한 스트로크, 팔로우 스루를 연습한다. 당구의 기초를 건너뛰고 곧 게임을 시작하는 것은 즐겁다고 생각하지만 숙달이 어려워진다. 기초가 제대로 되어 있지 않으면 무슨 일이나 제대로 되지 않는 것은 당구도 마찬가지이다.

올바른 자세

정확한 폼

어떤 스포츠라도 기본이 중요한 것은 말할 필요도 없다. 당구에 있어서도 우선 정확한 방법으로 기초적인 지식과 이론을 마스터하고 이것을 확실하게 활용할 수 있기 위한 연습을 반복해서 계속하지 않으면 그 후의 진보는 바랄 수 없다.

단순한 동작의 반복과 같지만 정확한 기초 지식을 습득하고 그것을 반복 연습하는 것이 숙달의 제1보이다.

공을 치기 전의 일련의 동작—스탠스(발의 위치와 중심의 밸런스), 브리지(큐의 받치는 법), 그립(큐의 쥐는 법), 얼굴의 위치(정확한 겨냥법), 스트로크(정확한 쳐내기를 위한 준비 동작)라고 하는 기본적인 자세를 정확한 방법으로 자연스럽게 취할 수 있게 되어야 하는 것은 물론이지만 그것과 동시에 공의 운동 원리를 잘 터득하도록 하자. 무슨 일이나 처음이 중요하다. 앞으로 당구를 시작하려고 하는 사람은 말할 필요도 없고 다소 경험이 있는 사람이라도 자기식의 방법으로 한 번 나쁜 버릇이 생기면 수정하는데 시간이 걸리고 도저히 숙달은 바랄 수 없다.

다음에 드는 기본 동작은 어디까지나 기본적인 것이다. 신장이나 팔이나 다리의 길이 등 개인차가 있기 때문에 자신에게 맞는 폼을 연습에 의해 익히도록 하자.

폼의 기본 동작

올바른 자세와 그 동작은 다음의 4가지로 분해할 수 있다.

처음은 이 일련의 동작을 하나 하나 단락지어서 실시하고 익숙해지면 연속해서 실시하면 좋을 것이다. 공의 타구법을 연습하기 전에 항상 안정된 폼을 취할 수 있도록 하지 않으면 아무리 연습해도 효과는 오르지 않는다.

◐ 큐의 중심점(밸런스 포인트)을 안다

큐의 중심점은 보통 큐 뒤쪽(배트 엔드)에서 50cm 전후의 지점에 있다. 중심을 확인하는 것은 적절한 샷을 하는 데 있어서 매우 중요한 일이기 때문에 주의한다.

큐의 중심점을 알았으면 그 중심점으로부터 10cm 정도 뒤가 그립의 위치가 된다.

◐ 몸의 위치를 정한다

그립의 위치를 알았으면 칠 공을 향하여 몸의 위치를 정한다. 테이블을 향한 몸의 위치에 무리가 있으면 정확한 샷을 할 수 없기 때문이다. 정확한 몸의 위치란 앞으로 구부정한 자세를 취했을 때 밸런스에 부자연스러운 느낌을 주지 않는 간격이다.

큐의 밸런스를 조절한다

몸의 위치를 정한다

◐ 발의 위치를 정한다

큐를 쥐고 몸의 위치를 정한 후 샷할 방향을 향하여 왼발을 1보 앞으로 내밀고 오른발 발끝을 45도 정도 오른쪽으로 벌린다. 공을 칠 때 몸을 안정시키기 위해서 실시하는 것이다.

이 발의 벌림(스탠스)은 신장이나 다리의 장단에 따라서 변화하지만 어디까지나 자연스럽게 고른 밸런스가 잡히도록 한다.

◐ 브리지(bridge)를 만든다

마지막으로 상체를 앞으로 구부려서 왼손을 펴고 큐를 받치기 위한 브리지를 만든다. 벌린 양발과 동시에 브리지에도 체중의 일부를 싣는다.

준비 자세의 기본은 이 4가지의 동작을 기본으로 해서 성립하고 있다. 익숙해지면 이것들은 한 번에 자연스럽게 할 수 있지만 처음은 자신의 정확한 폼을 확실히 익히기 위해서도 분해해서 연습한다.

다시 한 번 반복하지만 정확한 자세란 밸런스가 잘 잡혀 있어 어떤 공에 대해서도 안정된 자세로 샷할 수 있는 것이 조건이다. 어디까지나 자기식이 되지 않도록 코치나 선배에게 봐 달라고 부탁해서 자신에게 맞는 자세를 만든다.

숙달을 위한 기본 자세

◐시뮬레이션(simulation)

중심 치기라도 좋지만 수구가 너무 구르면 다음 ⑤ 공의 겨냥법이 어려워진다. 중심 보다 약간 아래를 치면 된다.

폼과 스탠스(stance)

당구는 먼저 올바른 폼을 익히는 것이 기본이고 숙달의 결정수이기도 하다. 물론 올바른 폼을 완전히 습득한 후에 개개인에 맞는 다양성을 익히는 것은 자유이다. 신장이나 팔, 다리 길이에는 개인차가 있기 때문에 그것에 맞춘 다양성이 있어야 당연하다.

그러나 공을 치기 전의 일련의 동작, 즉 스탠스(발의 위치와 몸의 중심의 밸런스), 브리지(왼손으로 만드는 큐의 받침), 그립(큐의 쥐는 법), 얼굴의 위치(정확한 겨냥법), 스트로크(정확한 쳐내기를 위한 준비 운동)라고 하는 것을 종합한 기본적인 자세를 정확한 방법으로 자연스럽게 취할 수 있게 되지 않으면 숙달은 바랄 수 없다. 그것과 동시에 공의 운동 원리를 잘 터득하도록 하자. 무슨 일이나 시작이 중요하다. 자기식의 방법으로 한번 나쁜 버릇이 붙으면 수정하는데 시간이 걸리게 된다.

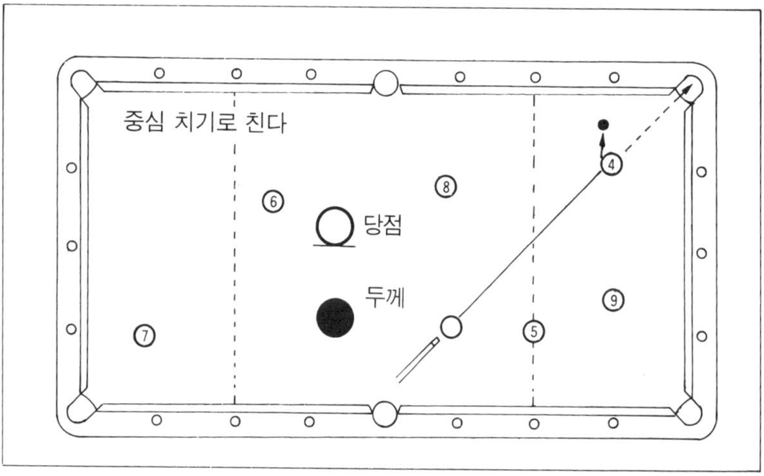

올바른 폼이란 극히 자연스럽고 무리가 없고 신체의 중심이 듬직하게 안정되어 있는 자세이다.

다음에 설명하는 기본 동작은 어디까지나 기본적인 것이다. 요점을 잘 이해하고 자신에게 맞는 올바른 폼을 연습에 의해 찾아 내자.

올바른 폼과 기본 동작

올바른 자세와 동작은 다음의 4가지로 분해할 수 있다.

① 큐의 중심(밸런스 포인트)을 안다.

② 발의 위치, 몸의 위치를 정한다.

③ 브리지를 만든다.

④ 정확한 스트로크와 겨냥

처음은 이 일련의 동작을 하나 하나 단락 지어서 확인하면서 하고 익숙해지면 연속한 하나의 흐름으로서 자연스럽게 할 수 있도록 연습

올바른 폼

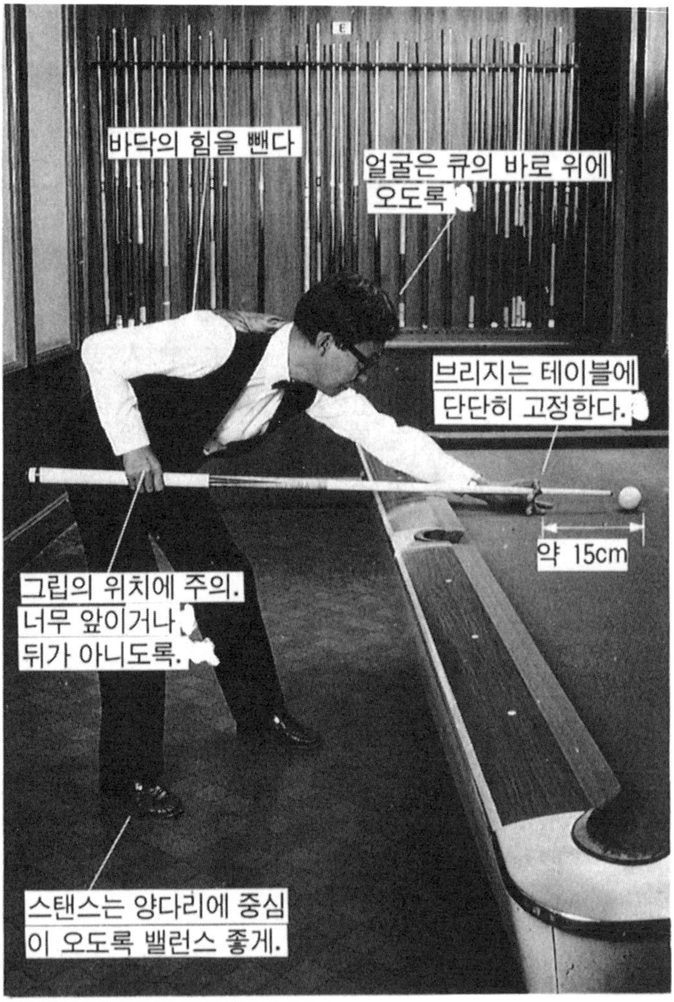
바닥의 힘을 뺀다
얼굴은 큐의 바로 위에
오도록
브리지는 테이블에
단단히 고정한다.
약 15cm
그립의 위치에 주의.
너무 앞이거나
뒤가 아니도록.
스탠스는 양다리에 중심
이 오도록 밸런스 좋게.

한다.

그럼 순서대로 포인트를 설명하도록 하자.

◐큐의 중심(밸런스 포인트)

큐의 어디를 쥐고 치느냐라고 하는 것을 알기 위해서는 큐의 중심이 어디에 있느냐를 알 필요가 있다.

큐의 중심은 보통 큐 뒤쪽에서 50cm 전후의 지점에 있다. 왼손의 검지 위에 큐를 얹고 좌우의 밸런스가 잡힌 곳 그곳이 중심(밸런스 포인트)이다.

밸런스 포인트가 발견되면 거기에서 약 10cm 뒤쪽이 그립(grip)의 위치이다.

◐그립

큐의 밸런스 포인트에서 약 10cm 뒤쪽을 바로 위에서 다섯 손가락으로 쥔다. 한 번 손가락 전부로 단단히 쥐고 나서 엄지, 검지 이외의 손가락의 힘을 늦추어 거드는 정도로 한다. 특히 새끼 손가락과 손바닥은 큐에 가볍게 대는 정도로 한다.

새끼 손가락에 힘을 너무 주면 스트로크(stroke)에 차질이 생긴다. 손목을 바깥쪽이나 안쪽으로 구부리지 않도록 그리고 손목을 부드럽게 해서 팔꿈치부터 손목까지가 똑바로 되도록 자신의 눈으로 확인하면서 감각을 파악해 준다.

올바른 그립 포인트를 쥔 경우, 오른쪽 팔꿈치는 거의 직각으로 되어 있을 것이다. 단, 멀리에 있는 표적공을 노릴 때나 격렬하게

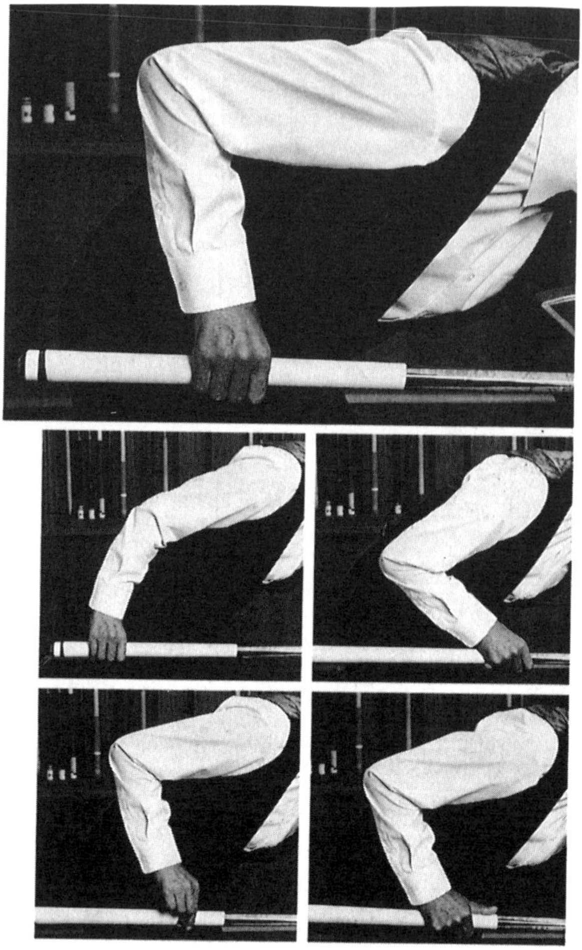

사진 위는 정확한 그립의 쥐는 법.
팔꿈치는 거의 직각이 된다.
아래의 4그림은　나쁜 예.
너무 앞이거나 뒤이거나 하지 않도록.

칠 필요가 있을 때(수구나 표적공을 멀리 달리게 한다)는 보통의 그립 포인트보다 5~20cm 뒤쪽을 쥔다. 반대로 가까운 위치의 수구를 칠 때나 약하게 치고 싶을 때는 약간 앞쪽을 쥔다.

스트로크의 항에서도 다시 설명하겠지만 공을 치는 것은 힘이 아니다. 큐의 무게를 팔꿈치를 중심으로 한 진자 운동으로 공에 전달해 주는 기분으로 치는 것이 중요하다. 마치 볼링의 공을 던질 때 어깨를 지점으로 해서 공의 무게로 앞쪽으로 밀어내 핀을 쓰러뜨리는 것과 같은 원리이다.

올바른 스트로크는 정확한 그립으로부터 얻을 수 있다. 왼쪽 페이지의 사진을 참고로 해서 정확한 그립을 몸으로 익히자.

몸의 위치를 정한다

◐수구와 몸의 위치

먼저 양다리를 가지런히 모으고 큐를 쳐내는 방향의 선보다 5cm 정도 왼쪽에 선다. 다음에 수구와의 거리를 정하기 위해 정확한 그립 포인트를 쥐고 그대로 허리 근처로 가져 온다. 그래서 큐의 끝이 수구의 상단과 접속하는 거리 이것이 정확한 수구와 몸의 위치(거리)이다.

발의 위치(스탠스)

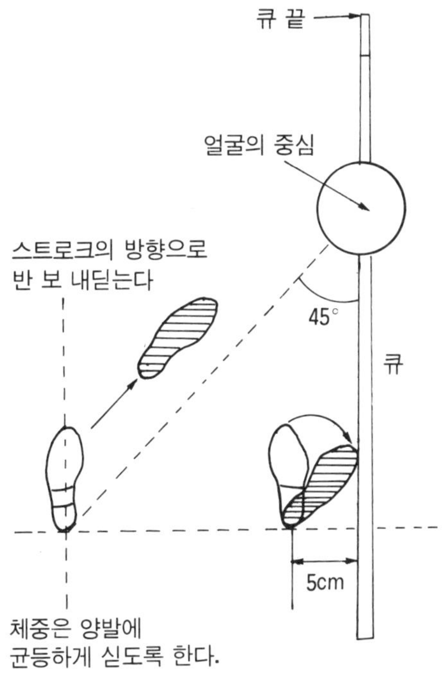

◐스탠스

수구와의 거리를 잰 위치에서 왼발을 반 보만 스트로크 방향으로 내딛는다. 그리고 오른발의 뒤꿈치를 지점으로 해서 몸을 조금 오른쪽으로(발끝을 45도 전후) 벌리면 된다. 그리고 양발에 균등하게 중심이 실리도록 한다.

몸과 발의 정확한 위치가 정해지지 않으면 정확한 스트로크를 할 수 없다.

몸의 위치와 스탠스

앞의 설명대로 수구와 몸의 위치를 정하고(사진 위) 다음에 스탠스를 정한다 (사진 아래).
정확한 몸의 위치를 정하지 않으면 정확한 샷은 노릴 수 없다.

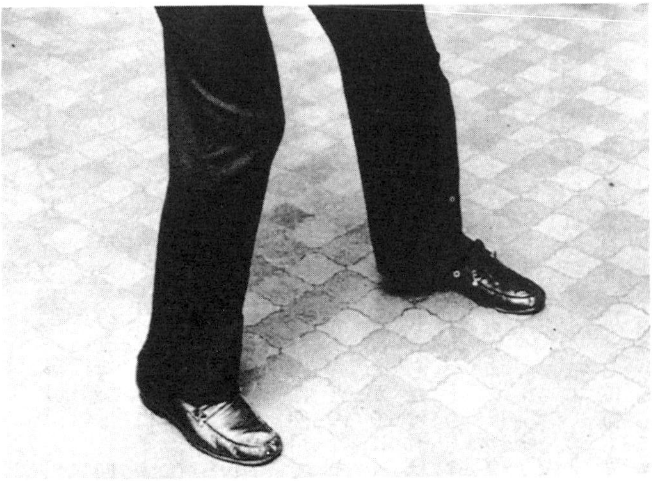

발의 위치를 정한다

브리지를 만든다

큐와 그립

골프의 클럽이나 테니스의 라켓과 마찬가지로 당구 큐는 중요한 용구이다. 자신의 손이 되어 예상대로 공을 움직이거나 회전을 주거나 하는 큐에 대해서 기본적인 지식을 가질 필요가 있다. 그러나 초보자는 물론 다소 경험이 있는 사람이라도 의외로 큐에 대해서는 소홀히 하고 있는 경우가 많은 것 같다. 당구는 먼저 큐를 아는 것부터 시작된다고 말할 수 있다.

보통 당구장에는 자유롭게 사용할 수 있는 큐가 준비되어 있다. 그 중에서 자신에게 맞는 1개를 선택하는데 어떤 큐가 자신에게 맞는지 어떤 큐가 나쁜 큐인지 처음에는 알기 어렵다. 큐의 구부러짐이나 중심의 밸런스, 탭의 좋고 나쁨 등 만일 모르겠으면 코치나 선배에게 골라 달라고 부탁하면 좋을 것이다. 그리고 큐의 좋고 나쁨을 구별하는 방법을 그 때 배워 둔다.

큐가 정해지면 드디어 그립이다.

그립은 밸런스의 포인트에서 10cm 전후 뒤가 표준으로 되어 있지만 이것은 보통으로 치는 경우이고 가까운 공을 노릴 때나 먼 볼을 노릴 때는 샷의 힘조절이 달라지기 때문에 쥐는 위치도 변한다.

그립은 큐의 바로 위에서 가볍게 쥔다. 엄지와 검지(혹은 엄지와 중지)로 가볍게 쥐고 그 밖의 손가락은 거들도록 한다. 손바닥은 큐에 닿을락말락할 정도로 벌려 둔다.

손목을 부드럽게 해 두는 것도 포인트의 하나이지만 단단히 쥐거나 극단적으로 손을 젖히거나 혹은 손가락 끝으로 쥐거나 하지 않도록 한다.

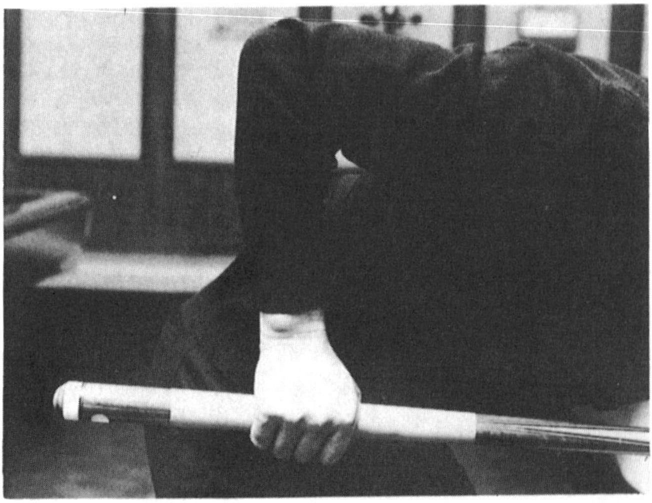

좋은 그립

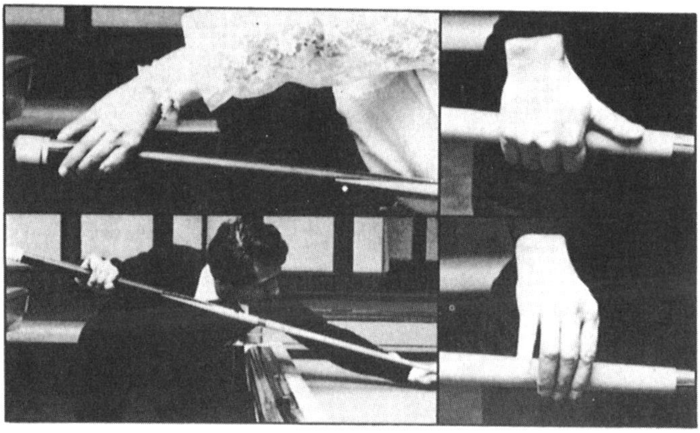

나쁜 그립 예

또한 오른쪽 팔꿈치를 똑바로 펴고 극단적으로 뒤쪽을 쥐거나 반대로 팔꿈치를 너무 구부려서 매우 앞쪽을 쥐거나 하면 정확한 샷은 불가능하다.

정확한 그립 포인트를 쥐었을 경우 오른쪽 팔꿈치는 거의 직각으로 되어 있다. 즉 팔꿈치부터 손목까지 수직 상태로 되어 있다.

팔꿈치를 중심으로 손목을 시계추와 같이 흔들 수 있는 정확한 스트로크는 이 정확한 그립에 의해 얻을 수 있는 것이다.

스탠스와 밸런스

야구 선수의 배팅을 보고 있으면 자세부터 친 후의 팔로우 스루까지 그 멋진 밸런스의 아름다움에 넋을 잃고 보는 경우가 가끔 있다. 당구에 있어서는 정확한 샷은 몸의 어느 어느 부분에도 무리가 없는 이상적인 밸런스를 유지한 폼에서 생긴다고 말할 수 있다.

폼의 밸런스를 유지하는 포인트는 양발과 왼손이다. 양발을 가지런히 모으고 서거나 극단적으로 무릎을 구부리거나 테이블에 얼굴이 닿을 만큼 앞으로 구부리거나 해서는 무리없는 밸런스를 유지할 수 없다.

또한 정확한 폼으로 자세를 만들기 위해서는 얼굴의 위치에 주의해야 한다.

얼굴의 위치가 정확하지 않으면 노리는 포인트나 두께에 차질이 생긴다. 항상 큐의 바로 위에 얼굴의 중심이 오도록 하고 옆에서 들여다 보는 듯한 느낌이 들어서는 안된다.

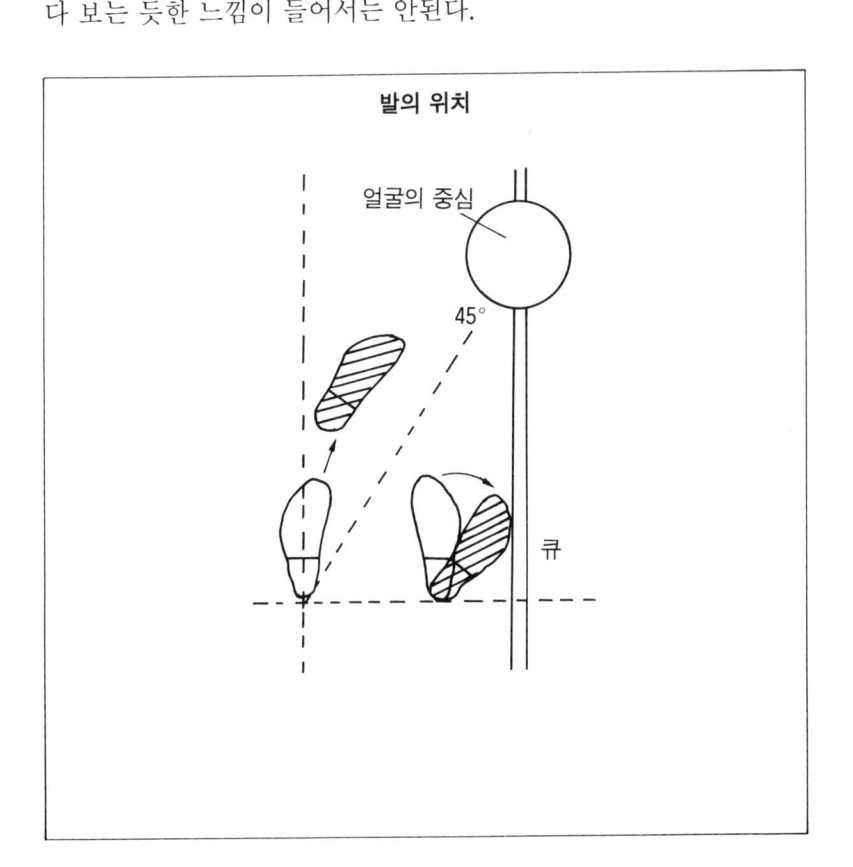

발의 위치

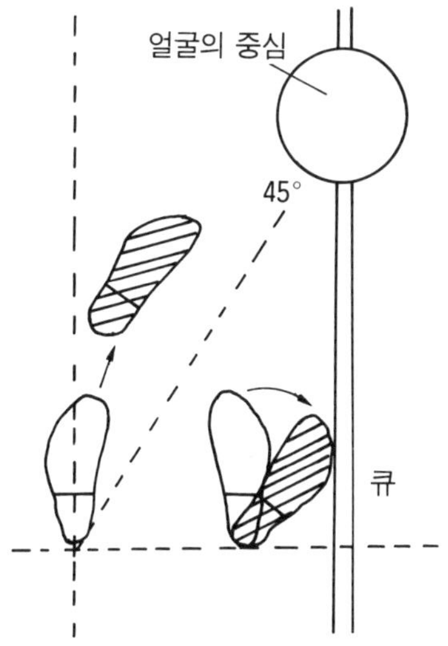

스탠스(발 벌림의 밸런스)

얼굴의 위치(얼굴의 중심의 큐 바로 위에 와 있다)

브리지(bridge)

브리지는 큐를 쳐낼 때의 지점이다. 브리지가 안정되어 있지 않으면 쳐낼 때의 겨냥점이나 공에 주는 힘 조절 등 모두가 틀어진다. 또한 미스 샷의 원인도 된다. 고득점자의 브리지를 보자. 손가락 끝까지 단단히 테이블에 고정하여 스트로크 동안도 흔들리거나 걸리거나 하지 않는다.

브리지에는 수구의 위치나 샷의 종류에 따라서 여러 가지 형태가 있다. 그러나 어떤 형태의 브리지라도 단단히 고정하지 않으면 샷에 차질이 생긴다.

◐브리지의 순서

수구에 대한 브리지의 위치는 보통 15cm 전후의 지점이 표준이다. 이것은 스트로크의 진폭에도 관계한다. 강하게 칠 때는 수구에서 약간 떼고 약하게 칠 때는 브리지의 위치는 수구에 접근시킨다.

보통의 브리지(스탠다드 브리지) 만드는 법은 다음과 같다. 이 브리지는 가장 안정된 것으로 게임 중 대부분의 샷은 이 형태를 이용한다. 브리지를 만든 후 팔꿈치를 펴고 팔의 힘을 빼고 손목에서 앞에 힘을 준다. 그렇게 하면 안정된다. 중지, 약지, 새끼 손가락 3개는 삼각의 역할이 되어 고정한다. 브리지를 만들 때에 주의해야 하는 점은 절대 손목을 구부려서는 안 된다고 하는 것이다.

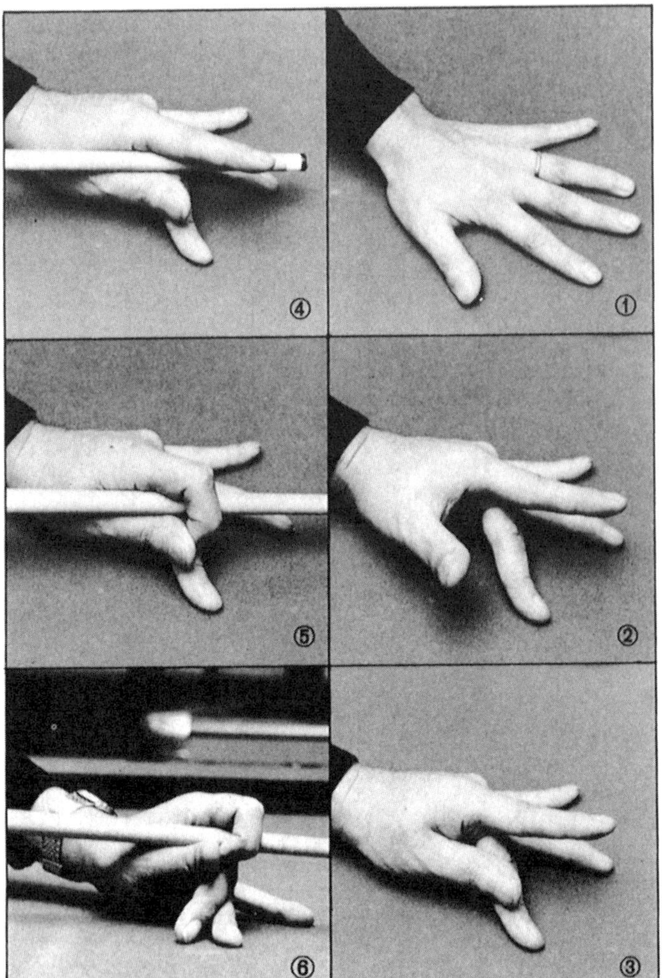

브리지 만드는 법

◐스탠다드 브리지(standard bridge)

스탠다드 브리지(standard bridge)는 다음 페이지의 그림과 같이 ① 우선 왼손을 벌리고 모든 손가락을 똑바로 편다. ② 다음에 약지를 안쪽으로 구부리고, ③ 중지도 안쪽으로 구부린다. ④ 그리고 약지를 중지의 제2관절에 댄다. ⑤ 검지를 구부려서 엄지에 붙여 고리를 만든다. 이 고리에 큐를 넣은 것이 ⑥이다. 이 때 고리가 너무 작으면 큐가 닿기 때문에 주의해야 한다.

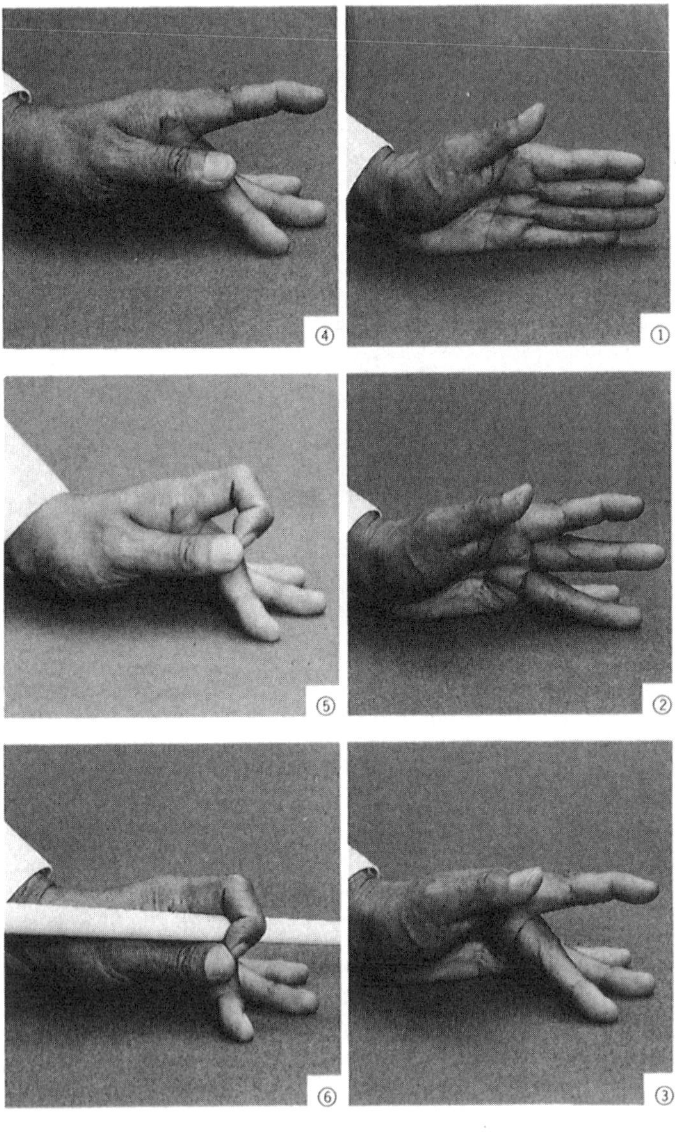
④
①
⑤
②
⑥
③

◐여러 가지 브리지

스탠다드 브리지의 만드는 법은 앞 페이지와 같다.

그러나 수구의 위치나 샷의 종류에 따라서는 여러 가지 형태의 브리지를 만들어야 하는 경우가 생긴다. 이런 특수한 브리지도 스탠다드 브리지를 마스터해 두면 응용할 수 있다. 공의 상황에 따라서 어떤 브리지라도 할 수 있도록 반복 연습하자.

브리지의 높이는 중지의 각도로 조절한다. 또한 수구와 브리지의 간격은 15~20cm 정도로 한다. 스탠다드 브리지는 기본임과 동시에 가장 안정된 브리지이기 때문에 스탠다드 브리지를 사용할 수 있을 때는 가능한 한 이 브리지를 사용해서 치도록 한다.

V 브리지

5개의 손가락을 펴서 테이블 위에 놓고 그대로 손바닥의 중앙에 공동(空洞)이 생기도록 띄운다. 엄지를 세워서 검지 뿌리에 V자형을 만들어 그 패인 곳에 큐를 얹는다. 이 브리지는 먼 수구를 칠 때, 등 매우 팔을 뻗어야 할 때에 이용한다. 스탠다드 브리지에 비해서 큐가 브리지로부터 떨어지기 쉬우므로 주의한다.

레일 브리지(rail bridge)

테이블 가장자리를 이용한 브리지이다. 레일 위에 손을 평평하게 놓고 엄지를 검지 아래에 넣는다. 큐는 레일 위에 얹어 엄지의 도움으로 중지 옆으로 내밀도록 한다. 더욱이 위에서 검지를 덮어서 고정한다.

엄지와 중지를 연결한 선이 스트로크의 방향을 향하도록 한다.

어떤 브리지를 이용해도 요는 큐 끝이 좌우나 상하로 흔들리지 않도록 하는 것이 포인트다. 이 점에 주의해서 연습을 합시다.

핑거칩 브리지(finger chip bridge)

수구가 다른 공과 접근해 있어 그 공 너머로 수구를 쳐야 할 때에 이용하는 브리지이다. 중지, 약지, 새끼 손가락의 3개로 브리지 전체를 마치 카메라의 3각과 같이 안정시킨다. 검지를 구부려서 엄지와 합치고 큐를 엄지 뿌리에 얹어 엄지와 검지로 큐를 끼우는 듯한 느낌으로 하면서 당점(큐와 공의 접점)에 맞춰서 큐의 각도를 조정한다.

그 밖의 브리지

마세(masse)치기 등 특수한 자세일 때는 그것에 따라서 브리지의 형태도 당연히 달라진다.

◐브리지와 수구의 당점(撞點)의 관계

수구의 위를 치는 경우와 아래를 치는 경우에서는 브리지의 높이가 다르다. 특히 수구의 아래를 치는(끌어치기) 경우는 브리지를 낮춰서 큐 내밀기를 수평으로 하지 않으면 미스 점프의 원인이 된다(타구법에 대해서는 후술).

브리지 높이의 조절은 주로 중지의 각도로 조정한다. 낮게 할 때는 중지를 깊이 구부리고 높게 할 때는 중지를 펴도록 한다. 그러나 어느 경우나 새끼 손가락의 공과 손바닥의 새끼 손가락쪽을 테이블에 단단히 꽉 누르는 느낌으로 해서 브리지가 흔들리지 않도록 한다.

특수한 자세(마세 치기)

스트로크(stroke)

스트로크란 수구를 치기 위해서 큐를 전후로 스윙시키는 준비 운동이다. 정확한 샷을 하기 위해서는 정확한 스트로크가 중요하다. 폼이나 그립이나 브리지라고 하는 자세가 아무리 좋아도 정확한 쳐내기는 할 수 없다. 그런 까닭에 기본적인 자세의 결말로서 이 동작을 적당히 해서는 안 된다.

사진과 같이 팔꿈치를 지점으로 해서 수직으로 내린 팔을 시계추와 같이 전후로 흔든다. 스윙의 횟수에는 특별한 제한은 없지만 같은 속도로 전후로 흔들다가 상태가 가다듬어진 즈음에서 쳐낸다. 이때 어깨, 팔꿈치, 오른쪽 손목에는 힘을 주지 않고 자연스럽게 흔들도록 한다. 손목만으로 주물럭거리거나 팔꿈치가 움직이거나 좌우로 흔들리는 것 같은 스윙은 피해야 한다.

연습에 의해 항상 똑바로 쳐낼 수 있도록 한다.

수구의 당점에 항상 큐의 선단을 정확하게 맞히기 위해서는 큐가 얼굴의 바로 아래에서 똑바로 전후하고 있을 필요가 있다.

이것은 수구와 브리지의 간격이나 정확한 그립의 위치와도 관계가 있다.

수구와 브리지의 간격은 15cm 전후가 이상적이다. 만일 간격이 너무 벌어져 있으면 수구에 닿을 때까지의 큐가 너무 길게 나가고 반대로 간격이 너무 좁으면 잔 스트로크가 된다. 물론 특수한 타구법의 경우는 이런 스트로크의 방법도 있지만 샷이 틀어지기 쉽다.

또한 그립의 위치가 너무 뒤로 배를 젓듯이 크게 흔들거나 전방을 너무 꽉 쥐어 팔의 힘이 지나치게 들어간 스트로크가 되는 경우도 자신이 치고 싶다고 생각하는 수구의 부분에 맞힐 수 없다. 정확한 스트로크를 연습하자.

쳐내기와 팔로우 스루(follow through)

겨냥한 점을 향해서 정확하게 큐를 쳐내기 위해서는 정확한 스트로크에 의지해야 하지만 모처럼 정확하게 스트로크를 하고 있어도 쳐내는 순간에 브리지가 흔들리거나 고의로 손목을 비틀거나 팔꿈치가 전후 좌우로 움직이거나 하면 샷에 차질이 생긴다. 부드러운 스트로크로 쳐냈을 경우 큐는 수구가 정지해 있던 위치에서 10cm 전후 앞으로 나간다. 이것을 팔로우 스루라고 한다. 팔로우 스루는 수구를 정확하게 샷하는데 있어서 매우 중요한 동작이다.

특수한 자세

당구는 공의 위치가 여러 가지 다르기 때문에 항상 같은 상태로 샷할 수 있다고는 할 수 없다. 지금까지 설명해 온 자세는 보통으로 치는 경우의 기본적인 것이지만 이 밖에 특수한 자세가 필요한 경우가 있다.

◐마세(masse)

마세란 공의 배치 관계로 큐를 세워서 치는 타구법이다. 이 타구법은 처음에 프랑스에서 이루어진 것이다. 나중에 미국의 자코프 셰퍼라고 하는 사람이 연구를 해서 완성시킨 것이라고 일컬어지고 있다.

사진과 같이 큐를 세워서 오른손으로 단단히 쥐고 왼손은 손가락을 세운 특수한 브리지를 만든다. 마세는 잘못 치면 클로스를 찢거나 하는 경우도 있기 때문에 초보자에게는 어렵고 당구장에서는 어느 정도 솜씨가 숙달하고 나서가 아니면 허용되지 않는다.

이상 자세의 기본과 특수한 자세의 일례를 들었다. 큐를 안정시켜 수구에 자신의 예상대로의 운동을 주어 노린 공에 정확하게 맞혀 나가기 위해서는 이런 기본 동작이 무엇보다도 중요하다.

숙달의 제1보는 정확한 자세의 기본을 습득하는 데에 있다고 말할 수 있다.

◐올바른 폼의 체크 포인트

여기에서 지금까지의 일련의 동작을 한 번 더 정리하고 체크해 보자.

(1) 그립

그립은 부드럽게 밸런스 포인트의 뒤 약 10cm를 정확하게 쥐고 있는가?

(2) 스탠스(stance)

어깨 폭과 같은 정도의 간격으로 신체의 방향은 큐와 병행이 되고 있는가? 앞으로 지나치게 구부러지거나 등이 당기는 느낌이 들지 않는가?

(3) 자세와 밸런스

양발에 평균히 체중을 싣고 어깨의 힘을 빼고 팔꿈치는 직각으로 되어 있는가? 상체는 무리 없이 큐 위에 덮혀 있는가?

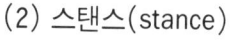

(4) 브리지

테이블면에 단단히 고정되어 큐가 손가락의 사이를 스무드하게 움직이고 있는가? 엄지와 검지의 고리 속에서 큐가 놀고 있지 않는가?

(5) 스트로크

상하로 파도를 치거나 좌우로의 흔들림은 없는가? 힘이 너무 들어간 딱딱한 스트로크는 효과를 감소시킨다. 리드미컬하게, 스무스하게를 모토로 크고, 느린 스트로크를 유의한다.

(6) 백 스윙

샷으로 옮기기 전에 큐를 잡아 당길 때 선단(큐의 선각 부분)이 브리지에 걸릴 만큼 깊게 잡아 당긴다. 물론 이 때도 부드럽게 큐의 무게를 뒤로 끌어 내리는 기분으로 천천히 잡아 당긴다.

(7) 샷

자세에 들어가기 전에 지금 자신이 수구를 어떻게 치려고 하고 있는지 샷 후 어떻게 수구나 표적공을 달리게 할지, 정확한 이미지를 다시 한 번 확인하자. 만일 샷 직전에서 망설이거나 마음이 변하거나 하면 한 번 테이블에서 떨어져 처음부터 다시 하자.

망설인 채 샷을 하면 반드시 미스를 부른다. 샷에 들어가면 무심히 당점만을 확실히 보고 스무드하게 쳐낸다. 그리고 팔로우 스루가 끝날 때까지 브리지는 단단히 고정하고 천천히 큐를 잡아 당긴다.

팔로우 스루가 정확하게 직선적으로 움직여서 처음에 큐를 쳐낸 방향과 일치하고 있으면 당신의 샷은 회심의 결과를 낳을 것이다.

공은 정확하고 올바르게 치면 자유 자재로 달린다

당구가 두뇌 경기라고 불리는 것은 항상 공의 물리적 운동을 계산해서 치지 않으면 득점할 수 없는 경기이기 때문이다. 더욱이 입사각이나 반사각의 계산 힘조절 등의 계산도 요구된다. 머릿속으로 확실하게 계산할 수 있고 더구나 그 겨냥대로 공을 칠 수 있는 운동 신경이 있어야 비로소 당구가 숙달한다.

여기에서는 수구 1개의 치는 법, 수구를 적구에 대한 맞히는 법을 설명한다.

수구의 당점

수구를 칠 때에 노리는 포인트를 당점이라고 한다. 수구의 당점은 일반적으로 중심, 중심 위, 중심 아래, 오른쪽 옆, 우상, 우하, 왼쪽 옆, 좌상, 좌하의 9개의 포인트로 나눠져 있다. 따라서 이하의 기술에서 중심 치기라고 하면 중심점을, 좌하 치기라고 하면 왼쪽 아래의 당점을 친다고 하는 의미가 된다.

초보자가 공을 칠 때에는 극단적으로 상하 좌우의 공 구석을 치면 큐 끝이 미끄러져서 정확한 샷을 할 수 없다.

당구의 당점

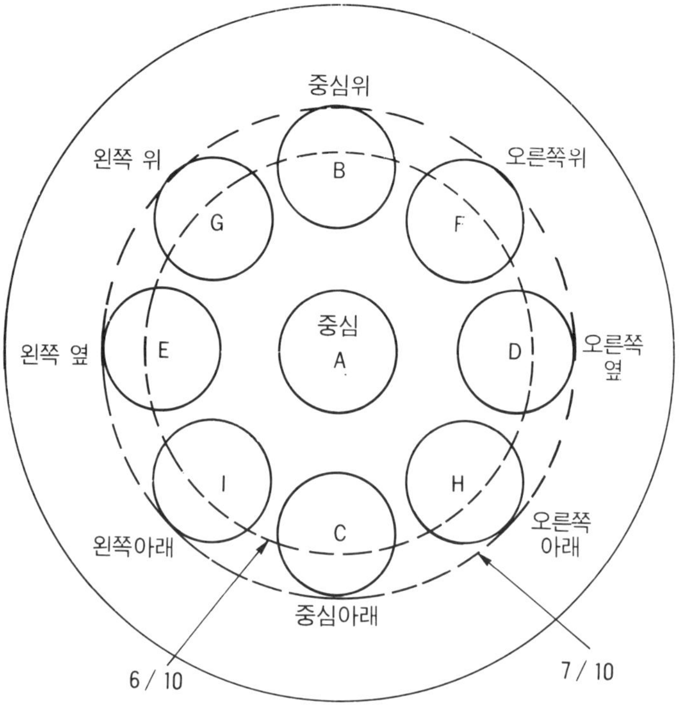

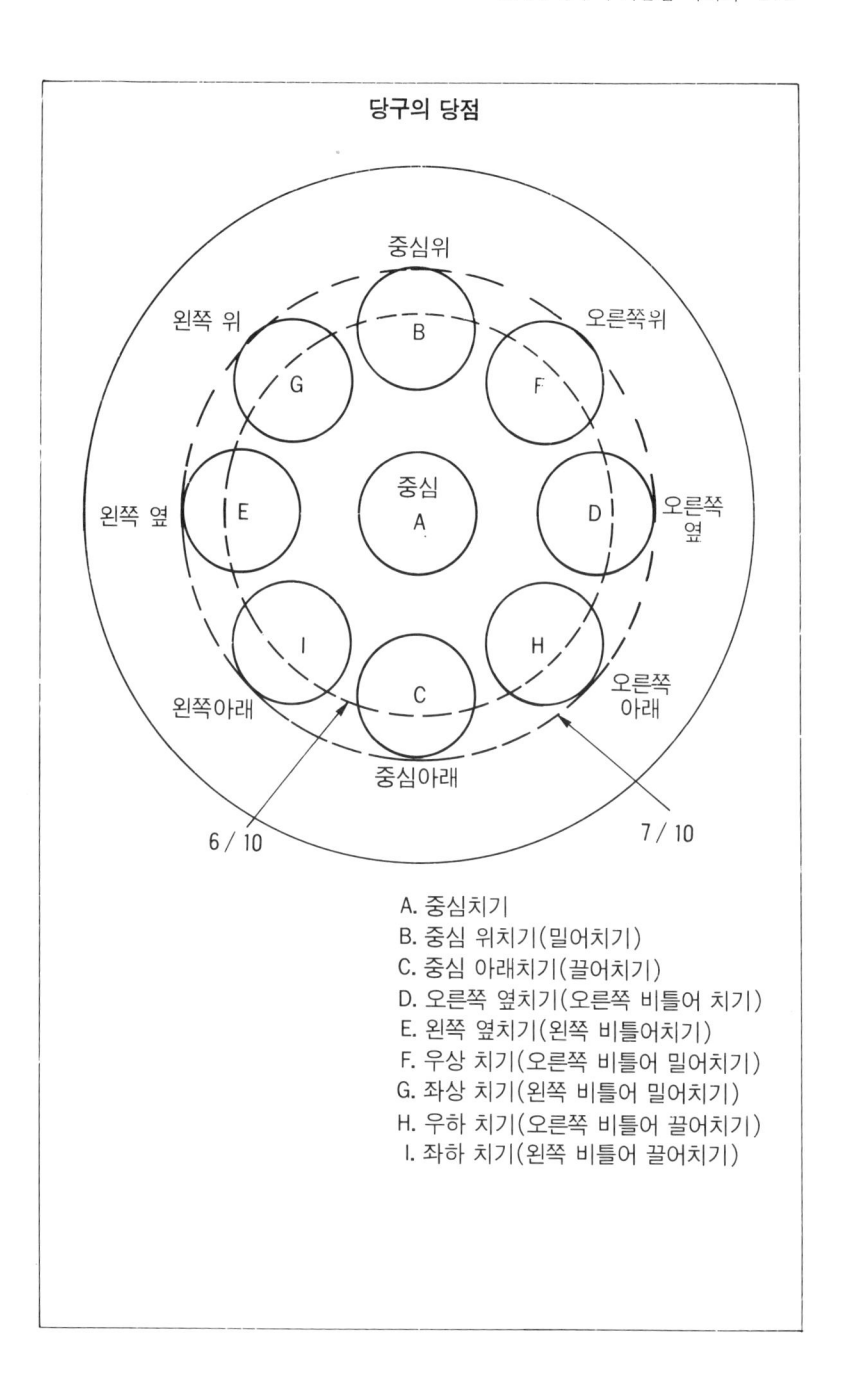

A. 중심치기
B. 중심 위치기(밀어치기)
C. 중심 아래치기(끌어치기)
D. 오른쪽 옆치기(오른쪽 비틀어 치기)
E. 왼쪽 옆치기(왼쪽 비틀어치기)
F. 우상 치기(오른쪽 비틀어 밀어치기)
G. 좌상 치기(왼쪽 비틀어 밀어치기)
H. 우하 치기(오른쪽 비틀어 끌어치기)
I. 좌하 치기(왼쪽 비틀어 끌어치기)

공의 당점은 중심점을 중심으로 해서 직경의 10분의 6 동심원의 안쪽이라면 미스 샷을 하지 않고 공을 칠 수 있다고 여겨지고 있다. 초보자는 우선 이 10분의 6 동심원내의 9개의 당점을 정확히 칠 수 있도록 연습하자.

완전히 칠 수 있게 되면 더욱 어려운 10분의 7 동심원에 도전해 보자.

수구의 운동과 진행 방법

당점마다 공의 진행 방법을 설명한다.

① 중심 위 치기 때

큐를 수평으로 유지하면서 중심 위의 당점을 치면 공은 큐의 진행 방향으로 곧은 회전을 하면서 진행한다.

이것을 '밀어치기'라고 한다.

② 중심 치기 때

수구는 당장 회전하지 않고 일정 동안은 무회전으로 진행한 후 자전을 시작한다. 이 움직임의 치는 법을 '죽여치기'라고 한다.

③ 중심 아래 치기 때

중심 하부를 치면 우선 약간 활주 후 역회전하고 다음에 무회전으로 활주하고 그 후 보통의 회전으로 되돌아간다. 이것을 '끌어치기'

라고 한다.

④ 오른쪽 옆 치기와 왼쪽 옆 치기 때

오른쪽 옆과 왼쪽 옆을 쳤을 때는 좌우 대칭으로 움직인다. 오른쪽 옆을 치면 우선 약간 활주하고 그 후 횡회전과 전진 회전을 화합한 진행 방법으로 나아간다. 왼쪽 옆의 경우는 오른쪽과 반대의 횡회전과 전진 회전이다.

큐를 수평으로 해서 오른쪽 혹은 왼쪽 옆을 쳐서 쿠션에 직각으로 넣었을 경우 오른쪽 옆을 쳤을 때는 오른쪽으로, 왼쪽 옆을 쳤을 때는 왼쪽으로 각각 32도 전후의 반사각으로 반사한다.

또한 이때 큐 뒤쪽을 세워서 치면 직선으로 나아가지 않고 오른쪽 옆을 쳤을 때는 오른쪽으로 커브한다.

이와 같이 수구에 횡회전을 주어 공의 진로를 커브시키는 타구법을 '비틀어치기'라고 한다.

밀어치기, 끌어치기, 죽여치기, 비틀어치기의 원칙을 이해할 수 있겠는가? 초보자는 표적공을 놓지 않고 수구 1개만으로 각각의 치는 법을 연습해 보자.

노린대로의 당점에 정확히 탭을 맞힐 수 있도록 반복하는 연습이 필요하다.

당구대 나사의 상태나 힘의 조절에 따라서도 여러 가지 변화가 있다. 좋은 당구대에서 일정한 힘으로 치도록 한다.

공의 타구법과 당점

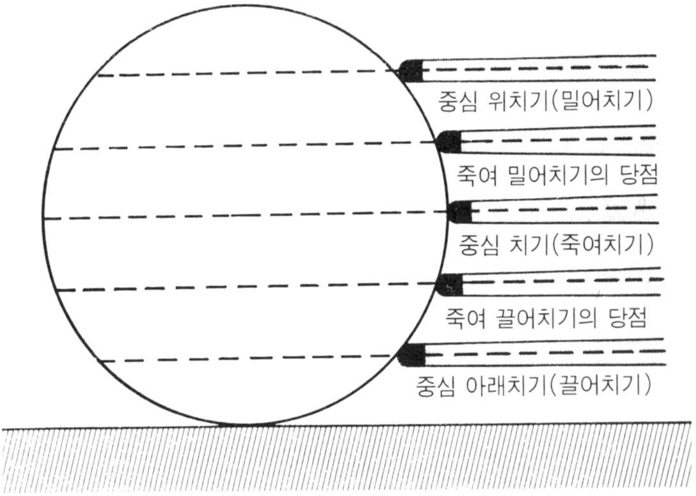

수구의 회전운동①

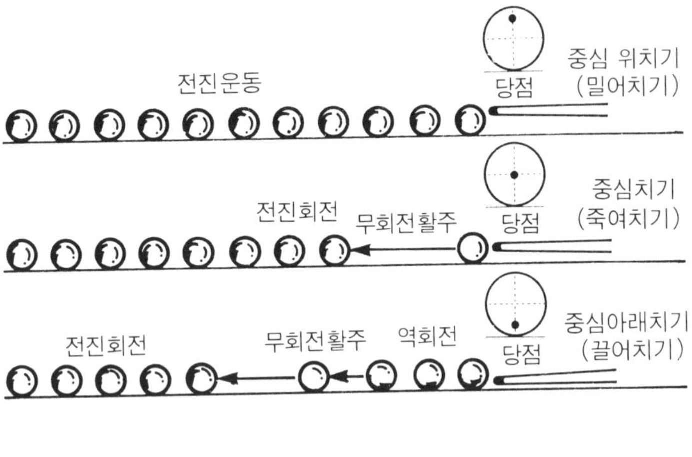

수구의 회전 운동②

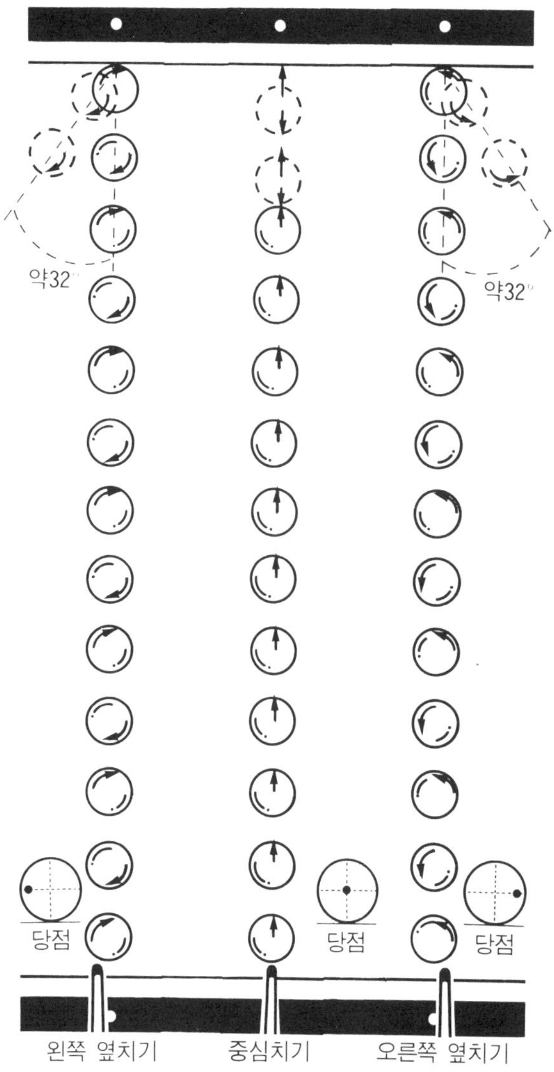
약32°
약32°
당점
당점
당점
왼쪽 옆치기
중심치기
오른쪽 옆치기

비틈을 걸었을 때의 수구의 회전 운동

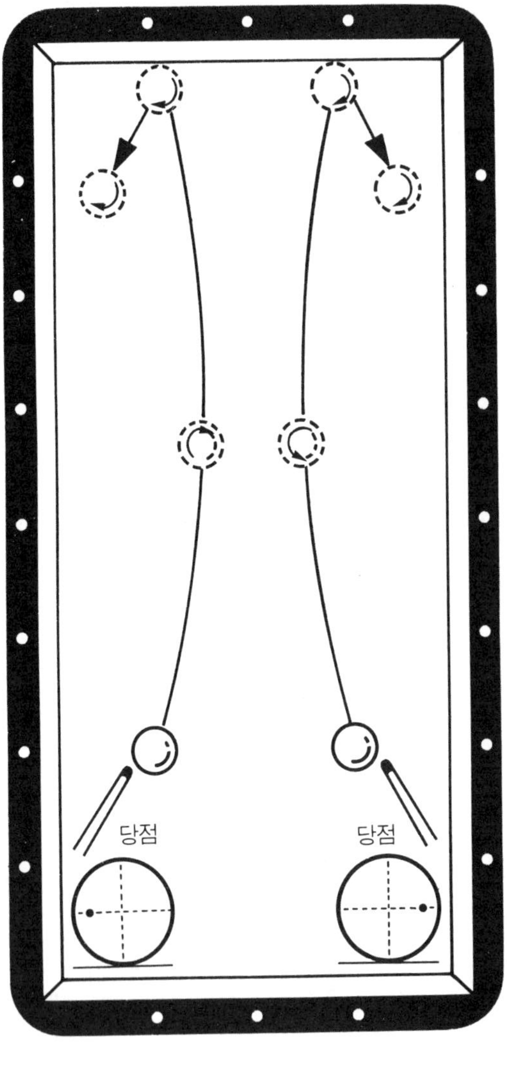

수구가 표적공에 맞았을 때의 운동과 진로

수구는 표적공에 맞아서 진행하는 방향이 변한다. 이것을 계산하고 칠 수 있게 되면 경기를 즐길 수 있게 된다. 먼저 가장 기본적인 수구와 표적공의 운동과 진로를 설명한다.

큐를 수평으로 하고 수구의 중심 위를 치면 밀어치기가 되어 표적공은 맞은 순간에 수구와 같은 진행 방향으로 회전하면서 나아간다. 수구는 이것을 뒤쫓아 가는 느낌으로 전진 회전해 나간다.

또한 마찬가지로 큐를 수평으로 유지하고 수구의 중심을 쳤을 경우는 수구가 전진 회전을 시작하기 전과 후에 운동 진로는 변한다. 수구가 미끄러지고 있을 때에 표적공에 맞았을 때는 표적공만이 전진 회전하고 수구 쪽은 맞은 장소보다 조금 백(back)해서 정지한다.

수구가 적구에 맞았을 때의 운동과 진로

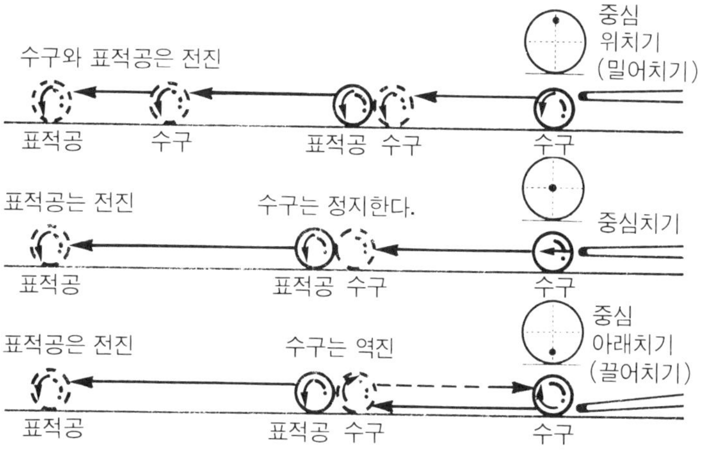

소위 죽여치기라고 하는 타구법이다. 그러나 수구가 전진 운동을 시작하고나서 표적공에 맞으면 중심 위 치기와 마찬가지로 수구, 표적공 모두 같은 진행 방향으로 나아간다.

다음에 큐를 수평으로 유지하면서 중심 아래를 쳤을 때의 움직임을 설명한다. 수구가 아직 역회전의 힘을 상실하기 전에 표적공의 정면에 맞으면, 수구는 표적공에 맞은 순간에 뒤로 움직이는 힘이 가해져서 손 앞쪽으로 역진하고 표적공만이 수구의 진로를 향하여 전진 운동을 한다. 이것이 끌어치기라고 불리는 타구법이다.

두께의 거는 방법

수구를 표적공에 맞힐 때 수구와 표적공이 겹쳐지는 비율을 두께라고 한다. 두께는 목표대로의 코스로 수구를 달리게 하기 위해서 매우 중요하다. 두께는 크게 나눠서 다음의 6가지로 분류된다.

① 중앙의 겨냥점

중앙은 가장 두껍게 표적공에 맞히는 두께의 거는 방법이다. 수구의 중심과 표적공의 중심이 맞는 점이 겨냥점(큐를 쳐내는 방향)이다.

② 3 / 4의 겨냥점

4분의 3의 두께를 매기고 싶을 때의 겨냥점은 표적공의 직경을 3등분한 점이 된다. 이 겨냥점을 향하여 정확하게 샷하면 수구와 표적공은 4분의 3만 겹쳐진다.

③ 2 / 3의 겨냥점

3분의 2의 겨냥점은 표적공의 직경을 3등분한 점보다 약간 바깥에 접근한 점이다. 일반적으로는 이 3분의 2까지의 두께를 '두껍게 맞힌다'고 표현한다.

이 이하는 '얇게 맞힌다'이다.

④ 1 / 2의 겨냥점

수구와 표적공이 2분의 1만 겹쳐지기 위한 겨냥점은 표적공의 가장 끝이다.

두께의 거는 법과 겨냥점

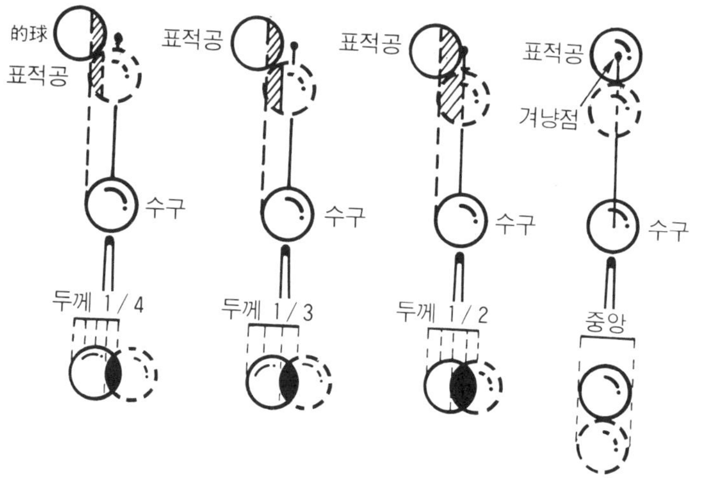

⑤ 1/3의 겨냥점

2분의 1에서 아래의 겨냥점은 공에서 떨어진 곳에 있다.

3분의 1의 두께에서는 표적공으로부터 약간 떨어진 점이 겨냥점이 된다.

⑥ 1/4의 겨냥점

4분의 1의 겨냥점은 표적공의 직경을 4등분한 길이만큼 표적공의 끝에서 떨어진 점이 된다.

이런 겨냥점들은 몇 분의 몇의 점이라고 표현하지만 실제로는 정확하게 직경을 재서 공에 표시를 할 수는 없다. 또한 공 바깥쪽의 겨냥점은 공중에도 있고 마크는 불가능하다.

따라서 모두 눈대중으로 치게 된다. 그런 까닭에 빗나감이 없는 정확한 두께의 거는 방법을 연습해야 한다.

정확하게 두께를 걸기 위해서는 눈대중으로 계산한 겨냥점에 큐끝을 똑바로 펴고 미리 수구의 진로와 겨냥점을 재면서 수구를 쳐내는 연습을 반복한다.

처음은 밀어치기로 중심점 위를 쳐서 연습하자. 그렇게 하면 밀어치기 때에 두께가 다르면 수구의 진로가 변하는 것을 잘 알 수 있을 것이다.

두께를 늘릴수록 수구가 진행하는 방향은 큐를 밀어낸 방향에서 큰 각도로 진행한다. 4분의 1일 때는 20도, 3분의 1이라면 35도, 2분의 1이라면 45도가 되고 겨냥점이 중앙이라면 수구는 진로를 바꾸지 않고 진행하든가 그곳에 정지해 버린다.

두께의 차이에 의한 수구의 진로

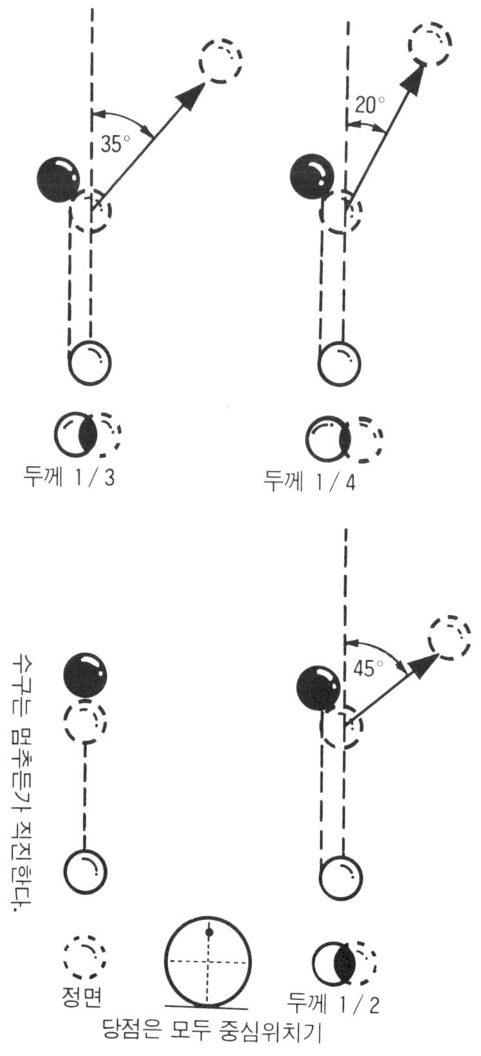

힘조절과 쿠션

말로 공을 칠 때의 힘조절을 설명하는 것은 매우 어렵다. 보통으로라든가, 세게라든가 표현해도 각 사람에 따라 완전히 힘조절이 다르기 때문이다.

그래서 쿠션을 향하여 중앙 위 치기를 했을 경우의 되돌아 와서 공이 정지하는 지점에 따라 5단계로 힘조절을 설정했다. 이하 이 책에서는 이 표현으로 힘조절을 나타낸다.

① **약하게**…긴 쿠션에 맞고 곧 정지한다.

② **약간 약하게**…당구대의 반까지 되돌아 와서 그곳에서 정지한다.

③ **보통**…자기 앞쪽의 쿠션에도 맞고 당구대의 중앙에서 정지한

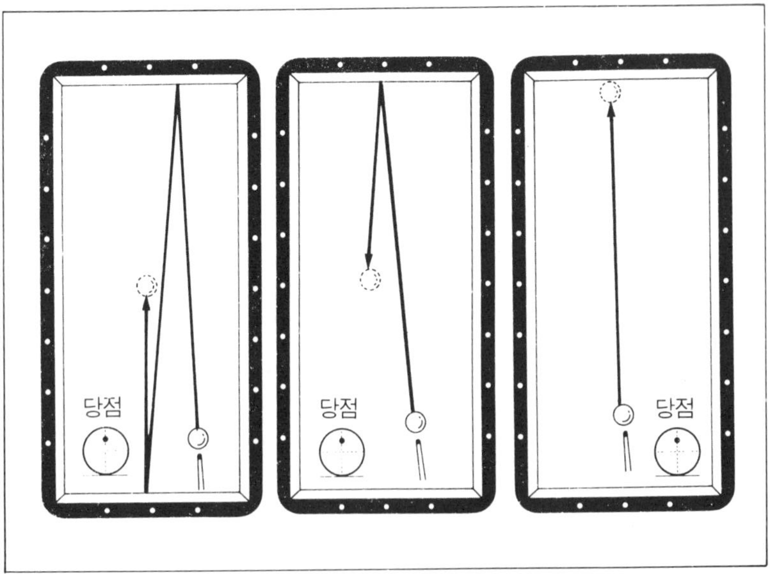

다.

④ 약간 세게…자기 앞쪽의 쿠션에 맞고 다시 맞은편의 쿠션에 맞아 그곳에서 정지한다.

⑤ 세게…2번 맞은편의 쿠션에 맞고 되돌아와서 당구대의 중앙에서 정지한다.

약한 타구법으로 공이 진행하는 거리를 1이라고 하면 약간 약하게는 1.5배의 거리를, 보통에서는 2.5를, 약간 세게는 3, 세게는 3.5가 된다.

스스로 쳐보고 공의 거리를 보고 힘조절을 알 필요가 있다. 그리고 '이것이 보통의 치는 힘조절'이라고 기억한다.

힘조절이 틀리면 같은 두께로 같은 당점을 쳐도 적구와의 분리각이 달라진다. 힘조절은 공의 회전 속도나 달리게 하는 거리를 컨트롤함과 동시에 수구의 진로를 바꾼다.

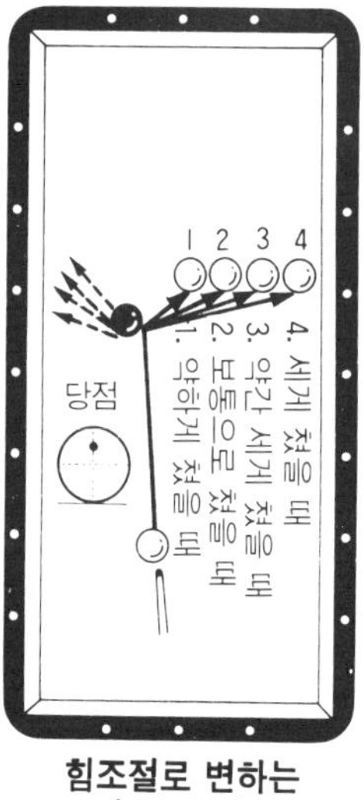

힘조절로 변하는 수구의 진로

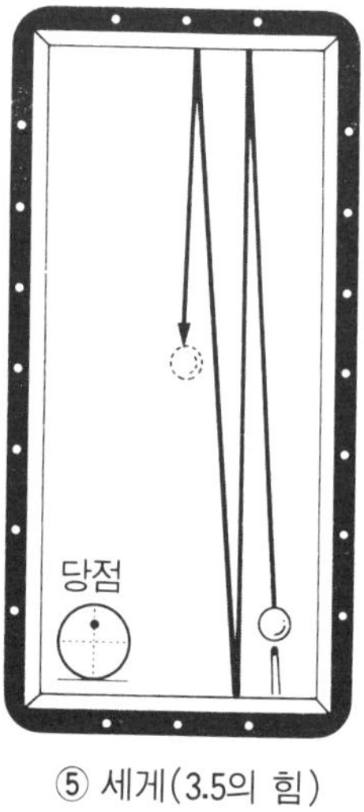

⑤ 세게(3.5의 힘)

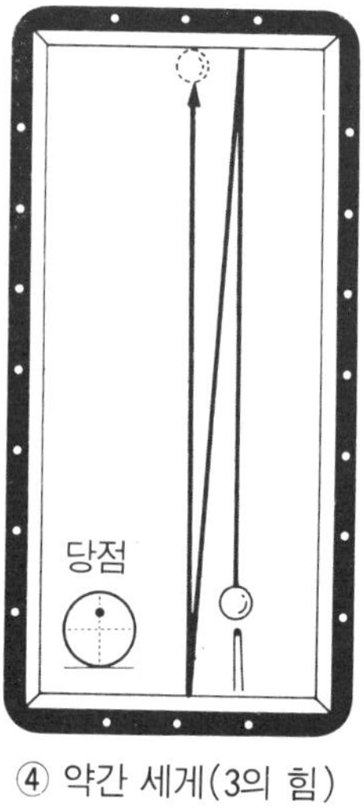

④ 약간 세게(3의 힘)

공의 진로와 반사각, 분리각

수구가 표적공에 맞은 후 어느 방향으로 어떤 회전으로 진행하느냐에는 그야말로 무한의 패턴이 있다. 그러나 기본적 패턴을 정확히 학습해 두면 그 조합으로 수구의 변화를 계산할 수 있다.

① 두께의 거는 방법에 의한 수구의 진로

본래 두께는 수구의 진로를 이상대로의 진로를 향하게 하기 위한 방법이기 때문에 올바르게 치면 반드시 일정한 법칙으로 진로를 바꾼다. 가장 쳐내기 쉬운 중심 위의 당점을 보통의 타구법으로 쳤을 경우 그림과 같이 두께의 변화에 의해 수구의 진로는 변한다. 원칙적으로 수구를 표적공에 두껍게 맞힐수록 반사각은 큐를 밀어낸 수구의 첫진로보다도 큰 반사각이 된다.

4분의 3의 두께로 중심 위치기(밀어치기)를 보통의 힘으로 쳤을 때는 약 70도의 반사각이 된다.

4분의 1의 두께로 마찬가지로 쳐도 약 20도밖에 진로를 바꾸지 않는다. 수구는 두껍게 맞히면 맞힐수록 자기 앞쪽으로 크게 반사하고 얇게 맞힐수록 자기 앞쪽에서 멀어진다고 기억하자.

수구 1개와 표적공 1개를 사용해서 두께의 거는 방법에 따라 달라지는 수구의 진로를 실제로 쳐서 확인해 본다.

처음은 중심 위 치기의 밀어치기부터 들어가는 것이 좋다.

② 당점의 차이에 의한 수구의 반사각의 변화

당점을 바꿈으로써도 수구의 진로는 변한다. 두께를 2분의 1로 일정하게 하고 수구의 당점을 여러 가지로 바꿔 보았을 때에는 그림과 같은 진로를 취한다.

모두 보통의 힘조절로 쳤을 경우이다.

후술하겠지만 같은 당점을 쳐도 힘의 조절로 미묘하게 수구의 진로는 변한다.

당점의 차이에 의한 수구의 분리각을 기억하기 위해서는 항상 '보통의 힘조절'(이 책에서는 수구를 중심 위치기 했을 때 수구가 맞은편 쿠션에 맞고 되돌아 와서 자기 앞쪽의 쿠션에 들어가 당구대의 중앙에서 정지하는 정도의 힘조절의 타구법)로 치도록 유의한다.

그림에서는 중심 위치기의 밀어치기와 중심 아래치기의 끌어치기의 차이 그것과 힘조절과 두께를 똑같이 하면서 좌우로 당점을 비켰을 때의 반사각을 그림풀이 한 것이다.

좌우로 당점을 비키는 것을 '공에 비틈을 준다'고 한다.

예를 들면 우상 치기를 했을 경우 수구를 중심 위치기를 했을 때보다도 오른쪽으로 진행한다. 좌상이라면 반대로 보다 세게 커브해서 중심 위치기보다도 왼쪽으로 온다. 우하 치기의 경우는 끌어치기에 브레이크가 걸리는 듯한 상태가 되기 때문에 중심 아래치기보다 오른쪽 약간 자기 앞쪽에 위치하는 진행 방법이 된다. 좌하 치기라면 보다 세게 되돌아오기 때문에 반사각이 커진다. 표적공의 왼쪽 2분의 1의 두께라면 그 반대가 된다.

두께의 거는 법에 의한 수구의 진로①

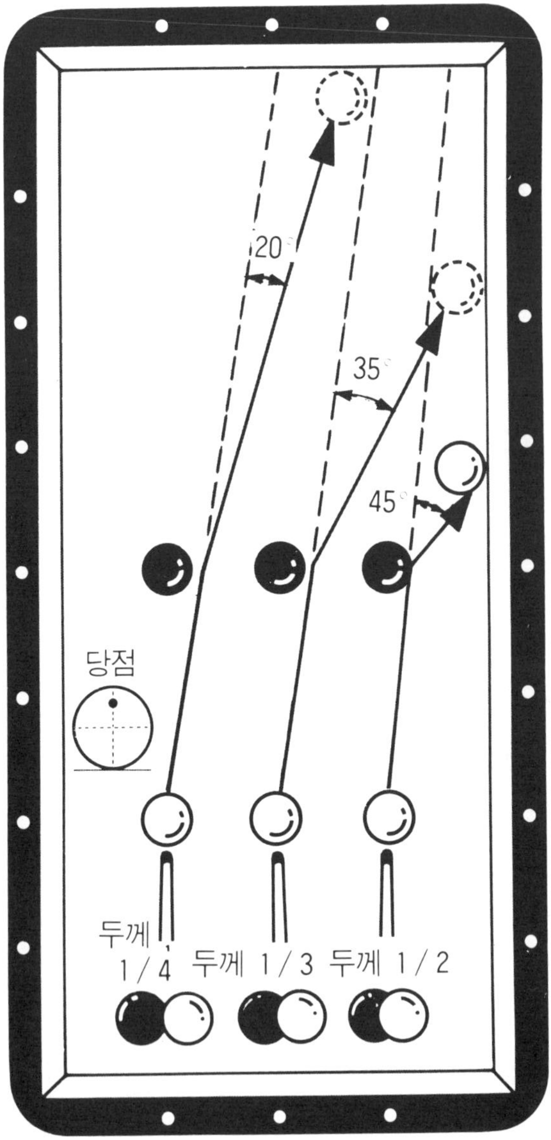

두께의 거는 법에 의한 수구의 진로②

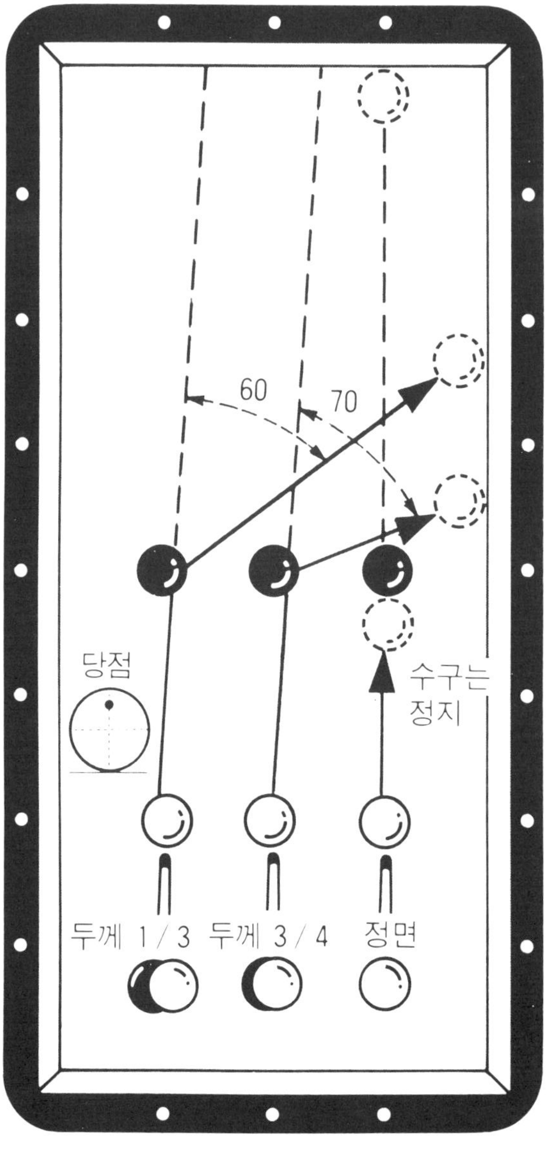

당점의 차이에 의한 수구의 반사각의 변화①

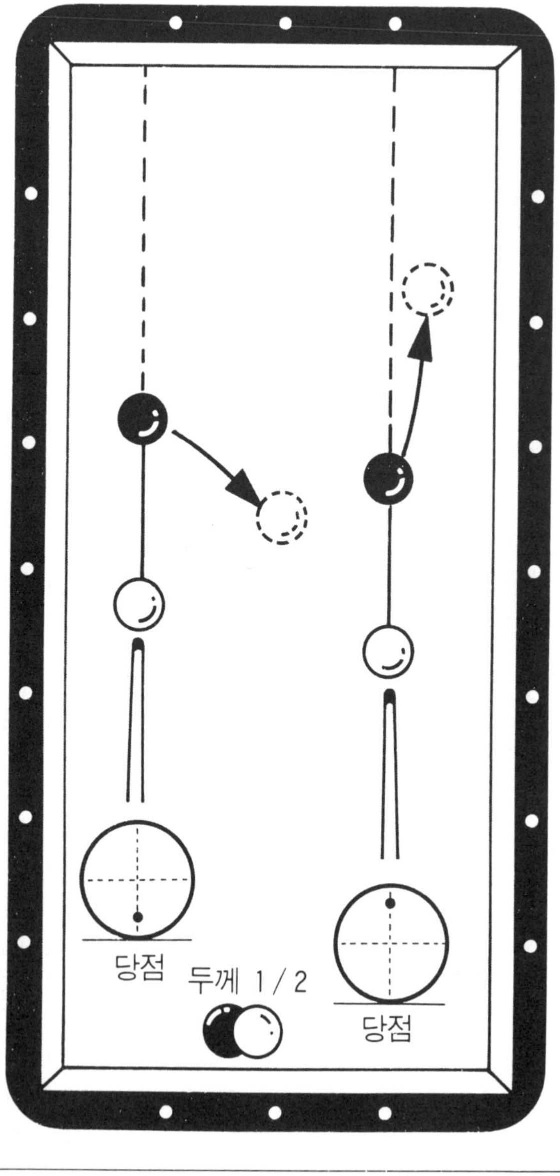

당점의 차이에 의한 수구의 반사각의 변화②

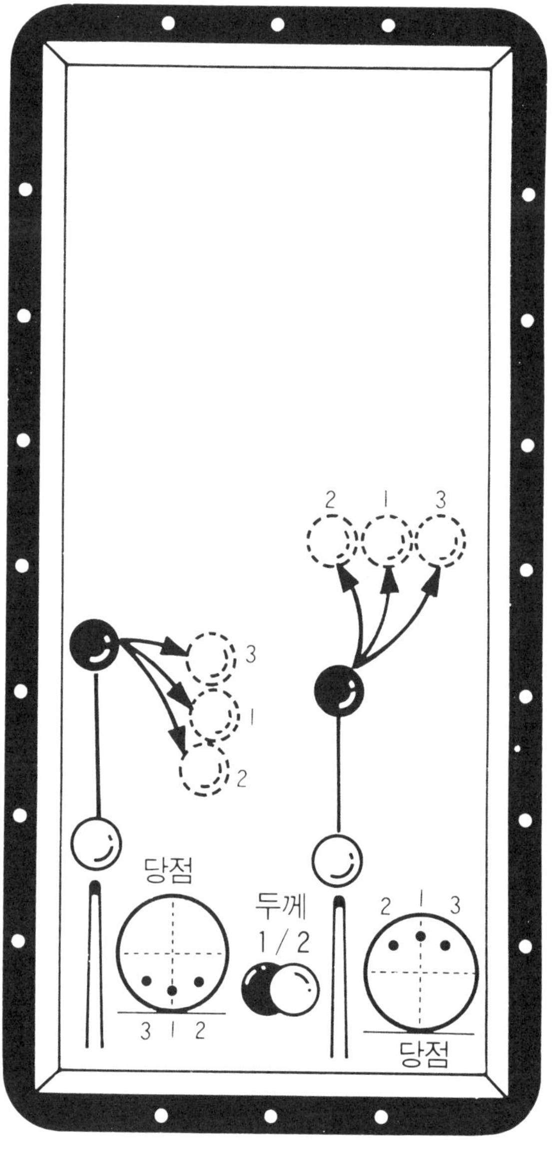

③ 수구와 표적공의 분리각의 원칙

수구가 표적공에 맞으면 2개의 공은 서로 좌우로 나눠져서 진행한다.

수구의 진행 방법은 앞에서 말했지만 표적공이 어떤 움직임으로 떨어져 나가는지(분리각이라고 한다)를 아는 것도 필요하다. 아래 그림에서는 중심 위를 보통의 힘으로 쳤을 때의 표적공의 움직임을 그림설명하고 있다. 수구와 표적공이 맞았을 때 수구와 표적공의 중심과 중심을 연결한 선의 방향으로 표적공은 진행해 나간다.

이때의 표적공은 미묘하게 비틈이 주어지고 있다. 또한 이때 표적

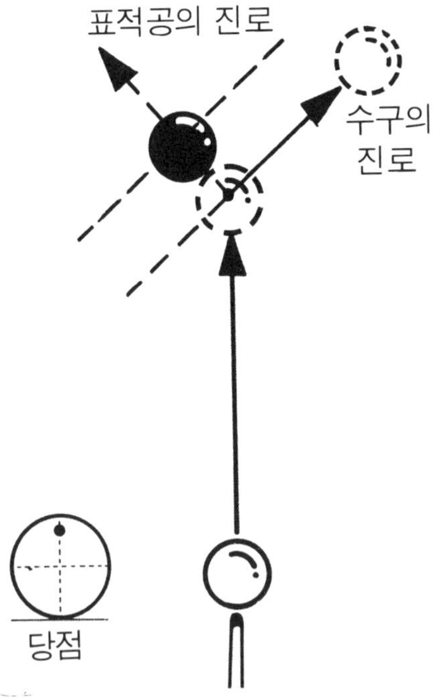

수구와 표적공의 분리각

공은 수구를 아무리 세게 쳐도 그것보다 약한 힘으로 전진회전을 시작한다. 수구와 표적공의 분리각은 얇게 맞힐수록 둔각으로, 두껍게 맞힐수록 예각으로 갈려 나간다고 기억하자. 이것도 두께의 거는 방법이나 힘조절에 따라서 여러 가지 변화하기 때문에 중심 위치기로 수구와 표적공의 진로를 연습한다. 수구와 표적공의 위치나 거리를 여러 가지 바꾸어 쳐 보면 그 변화를 잘 알 수 있다.

④ 수구의 당점 변화와 분리각

수구의 당점을 상하 좌우로 바꾸면 당연히 표적공의 진로는 변화한다. 다음 페이지의 윗 그림은 표적공에 같은 두께, 같은 접점, 힘 조절로 당점을 바꾸어 나갔을 경우의 분리각을 나타낸 것이다.

중심을 쳤을 때에 수구와 표적공은 3분의 1의 두께일 때에 90도의 분리각으로 갈라진다. 그러나 오른쪽 옆을 치면 순비틈의 상태가 되어 중심치기보다 큰 각도로 갈라져 나간다. 왼쪽 옆을 쳤을 때는 역비틈이 되어 좁은 각도로 갈려져 나간다. 순비틈과 역비틈은 수구가 표적공의 왼쪽, 오른쪽의 어느쪽을 노리고 치느냐에 따라 교대된다. 오른쪽 비틈이라면 오른쪽 옆 치기가 순비틈, 왼쪽 비틈이 역비틈이지만 표적공의 왼쪽 비틈이라면 반대이다. 초보자는 혼란하기 쉬우므로 주의한다. 수구에 비틈을 걸어서 침으로써 2개의 공의 진로를 자유롭게 컨트롤할 수 있다. 밀어치기와 끌어치기를 조합해서 사용하면 효과적이다.

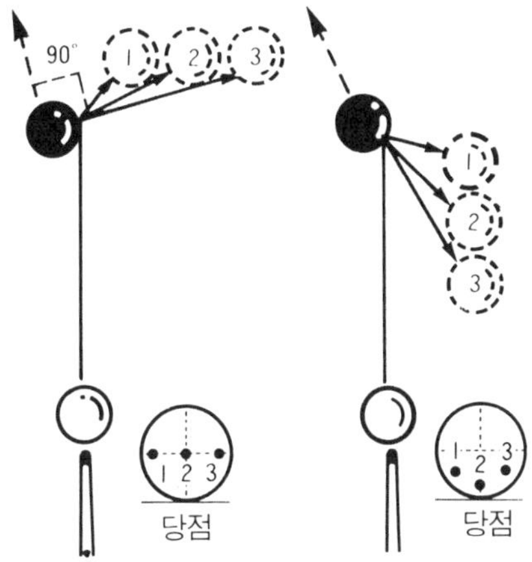

수구의 당점 변화와 분리각

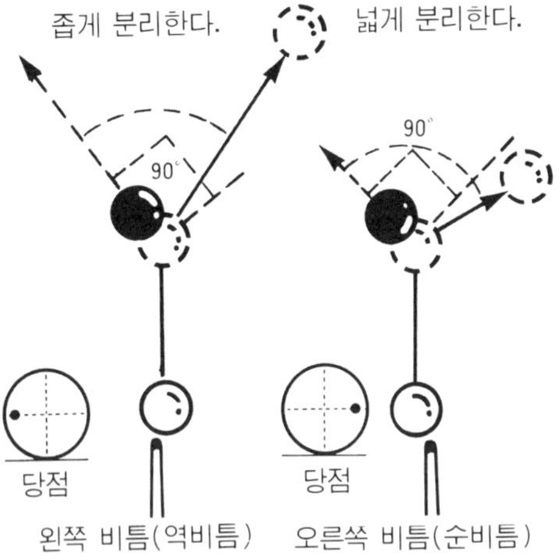

비틀어치기의 분리각

힘 조절에 의한 반사각의 차이

쿠션에 공을 넣었을 때의 반사각은 칠 때의 힘조절로 변화한다.

그림은 중심을 힘의 강약을 매기면서 쳤을 때의 반사각의 차이를 나타낸 것이다.

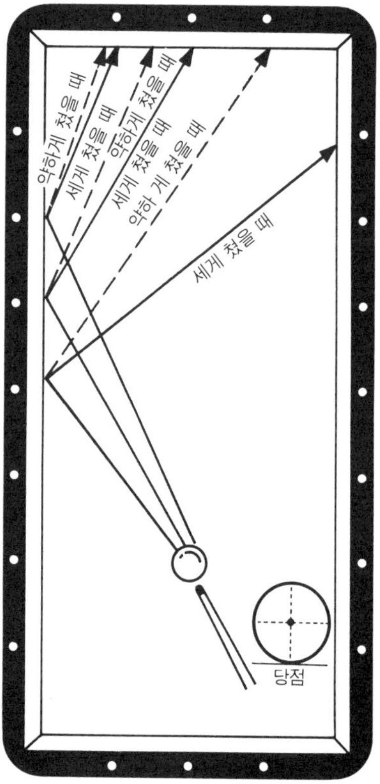

쿠션에 공을 넣었을 때의 힘 조절에 의한 반사각의 차이

보통 세게 쳐냈을 경우와 약하게 쳤을 경우의 반사각도는,

세게 쳤을 때…예각

약하게 쳤을 때……둔각이 된다. 또한 입사각이 커질수록 강약에 의한 차이는 커진다.

쿠션의 입사각과 반사각

① 원칙

공이 쿠션을 향해 가는 각도를 입사각이라고 하고 쿠션으로부터 되튀겨 오는 각도를 반사각이라고 한다.

이 원칙은 거울면에 광선이 부딪쳐서 반사하는 것과 마찬가지로

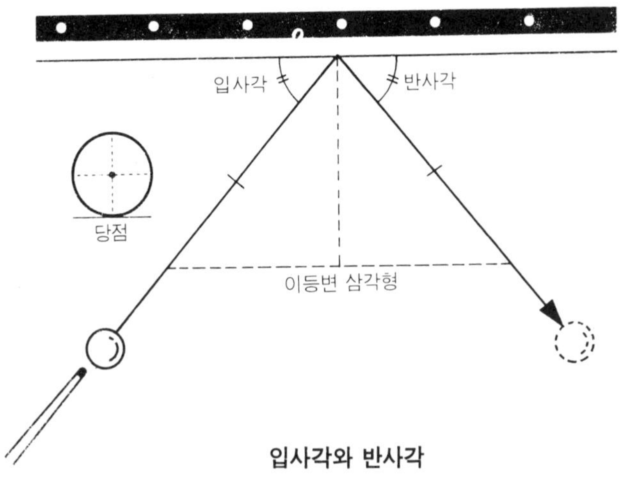

입사각와 반사각

수구의 중심을 쳐서 쿠션에 넣으면 입사각과 반사각은 완전히 똑같아진다. 즉, 쿠션에 맞은 점을 정점으로 한 2등변 삼각형이 생긴다.

공을 쿠션에 넣었을 경우에 입사각에 대한 반사각은 ① 힘조절 ② 당점 ③ 비틈의 거는 방법 등에 따라 달라진다.

초보자는 우선 긴 쿠션의 한 포인트를 지향하고 중심 치기로 쳐서 수구가 정확히 포인트에 들어가도록 연습하자.

② 중심 하부를 쳤을 경우

보통의 힘조절로 중심 및 중심 위를 쳤을 경우는 입사각과 반사각은 같지만 중심 하부를 쳐서 쿠션에 넣었을 경우는 중심 치기의 반사각보다 안쪽으로 커브한다.

이 커브는 아래를 치면 칠수록 세게 안쪽으로 구부러진다. 이것은 공 하부를 치면 약간 활주하고 다음에 진행 방향과는 역회전 운동하고 있는 상태일 때에 쿠션에 맞기 때문이다. 중심 아래를 칠 때에도 힘조절로 쿠션의 반사각이 변하기 때문에 연습해서 그 감각을 파악하자.

③ 순비틈과 역비틈의 반사각의 차이

비틈에는 순비틈과 역비틈이 있어 역비틈을 걸어서 쿠션에 넣었을 때는 중심 치기를 했을 때의 반사각보다 안쪽을 진행한다. 순비틈을 했을 때는 중심 치기의 반사각보다 바깥쪽이 진로를 취해서 반사한다.

이것은 옆을 침으로써 공에 전진 회전이 가해져서 횡회전의 힘이 가해지기 때문이다. 비틈은 쿠션에 들어가는 각도가 직각에 가까울수록 크게 차이가 나타난다. 끌어치기와 마찬가지로 힘조절로도 변화하기 때문에 강약을 매겨서 연습한다.

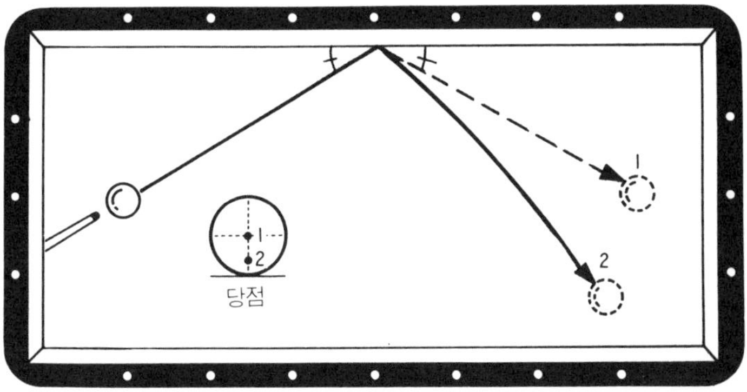

중심 및 중심 하부를 쳤을 때의 반사각

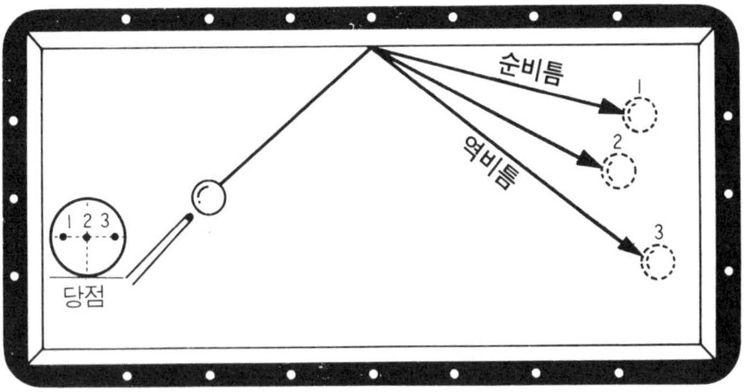

순비틈과 역비틈의 반사각의 차이

당구의 에티켓

당구는 두뇌를 사용한 훌륭한 경기이다. 어떤 스포츠라도 마찬가지겠지만 올바른 매너로 경기를 할 필요가 있다. 승부를 겨루는 경기이기 때문에 룰을 지키고 에티켓을 지켜서 공정하게 싸우는 것이 중요하다. 게임중, 관전중을 불문하고 이하의 에티켓을 지켜 주자.

- 담배를 입에 물고 플레이하는 것은 삼가한다. 담배는 재털이 근처나 지정된 장소에서 피우도록 한다.
- 감정적이 되어 거친 발언, 난폭한 동작을 하는 것은 삼가한다.
- 술을 마시고 플레이하는 것은 삼가한다.
- 테이블가에 재털이나 마실 것을 놓지 않도록 한다.
- 상대의 플레이중에 돌아다니거나 소리를 내거나 신경을 집중할 수 없는 것 같은 행동을 하지 않도록 한다.
- 큐를 난폭하게 다루거나 휘둘러서 타인을 다치거나 하지 않도록 한다.
- 다른 당구대에서 경기를 하고 있는 사람들의 방해가 되는 것 같은 방법으로 치지 않도록 한다.
- 경기가 끝나면 큐는 지정 장소에 되돌리고 공은 헝겊으로 깨끗하게 닦아 둔다.

이것들은 모두 기본적인 에티켓이다. 당구는 신사의 스포츠임을 항상 염두에 두고 플레이하도록 유의한다.

또한 자신이 노리고 있었던 것과는 다른 방향으로 수구나 표적공이 달려서 요행으로 점수를 얻었을 때에는 '실례'라고 가볍게 인사하는 것도 매너의 하나이다.

제 4 장

당구 기술의 기본 테크닉

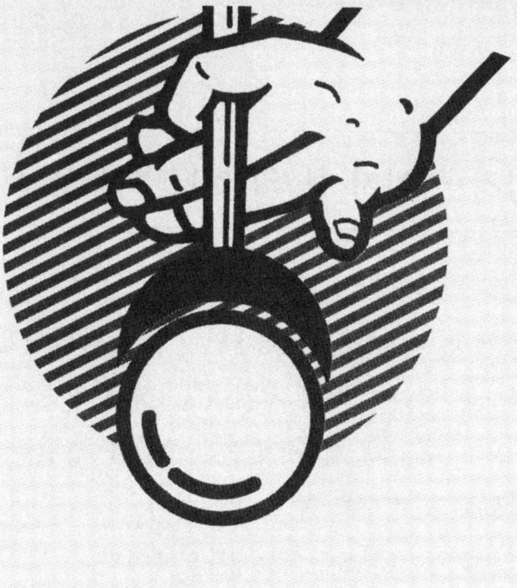

초급 테크닉은 이지 볼의 반복 연습이 제일

드디어 실전을 향한 연습의 개시이다. 수구를 표적구 2개 이상에 맞히면 득점한다고 하는 것이 캐럼 게임의 원칙이지만 득점을 목표로 치는 법을 '공의 타구법'이라고 한다. 여기에서는 초보자가 연습할 수 있는, 쉬운 타구법을 그림으로 설명한다.

삼각구(이지 볼)의 겨냥법과 타구법

수구, 제1표적공, 제2표적공의 3개의 공이 삼각형 모양으로 늘어서 있을 때는 각도는 달라도 가장 치기 쉬운 상태이다.

초보자는 먼저 수구와 제1표적공의 중심을 연결한 선에 대해서 45도의 선상에 제2표적구를 놓고 연습한다.

당점은 중심 위치기이고 두께는 2분의 1이다. 두께의 변화에 의한 겨냥점은 앞에도 서술했듯이 공의 접촉점과는 다르다.

오른쪽 페이지의 그림의 경우 겨냥점은 제1표적공과 제2표적공의 끝을 연결한 선에 직각이 되도록 제1표적공의 중심에서 선을 그어 공의 반경분 바깥의 점이 겨냥점이다. 이 겨냥점은 실제로 공에 표시할 수는 없기 때문에 머릿속으로 상상하면서 치도록 한다.

우선 아주 가까운 이지 볼부터 연습해서 타구법의 감각을 익힌 후 다음은 조금씩 거리를 늘려 본다. 정확히 중심 위를 치면 거리가 늘어나도 진로는 변하지 않는다. 정확히 2분의 1의 두께를 걸어서 겨냥점을 향해 정확히 큐를 치는 연습을 여러 번 한다.

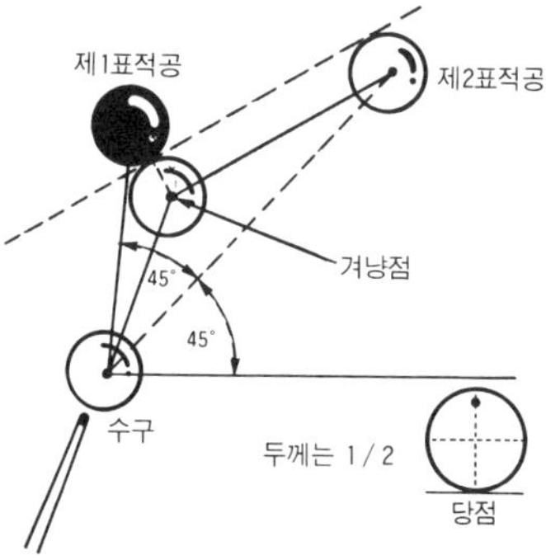

삼각구의 기본적인 겨냥법

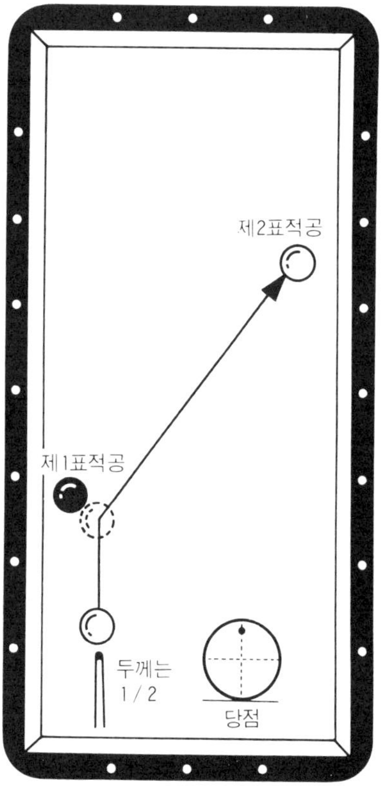

삼각구의 겨냥법(거리가 먼 경우)

밀어치기의 겨냥법과 타구법

수구를 제1표적공에 맞혀서 그 표적공을 밀어 제치고 수구를 제2표적공으로 나아가게 하는 타구법을 '밀어치기 타구'라고 한다.

다음 그림은 간단한 밀어치기의 겨냥점과 타구법을 도해한 것이다. 밀어치기의 겨냥점은 제1표적공과 제2표적공의 중심을 연결한 선과 수구와 제1표적공의 중심을 연결한 선의 연장선과의 정점을 2등분한 선이 제1표적공의 외연부와 교차하는 점이다. 이 겨냥점을 향해 정확하게 큐를 내밀어서 수구를 달리게 한다. 초보자의 경우 수구와 표적공과 겹쳐지는 부분이 2분의 1 이상이 되는 밀어치기에서는 2번 치기를 흔히 범해 버린다. 2번 치기는 리쿠(陸)라고 해서 반칙이 된다.

주의해 주기 바라는 것은 수구와 제1, 제2표적공이 직선에 가까운 상태로 늘어서 있는 경우는 제1표적공이 제2표적공을 피해서 분리해 나갈 수 없어 제2표적공에 맞아 버리기 때문에 밀어치기로 타구하는 것은 절대로 불가능하다고 하는 것이다. 초보자가 밀어치기를 연습하기 시작했을 때는 아무래도 표적공끼리 부딪쳐 버리는 경우가 많은 듯하다.

처음은 가능한 한 큰 각도로 연습하면 좋을 것이다. 점점 밀어치기의 요령을 터득하면 각도를 작게 해 나간다. 처음에는 중심 위치기로 연습한다.

표적공이 수구에서 먼 경우도 역시 중심 위치기로 충분하지만 익숙해지면 중심 아래 치기의 밀어치기도 연습해 보자. 표적공이 멀리에 있을 때는 수구의 중심 아래를 쳐서 역회전에서 전진 회전으로 바꾸어 표적공에 맞히면 보다 정확히 밀어치기를 할 수 있다.

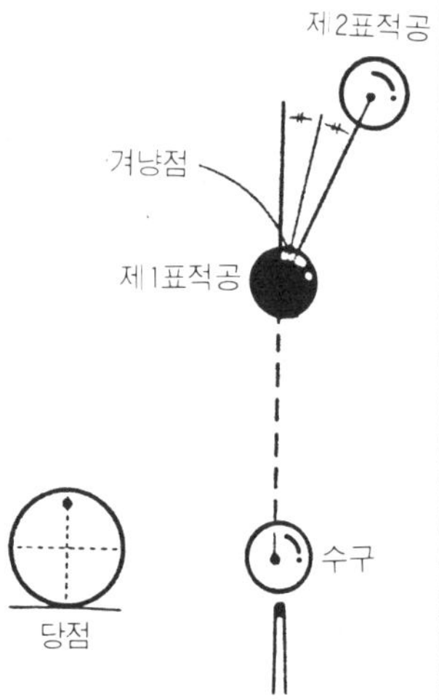

밀어치기의 기본적인 겨냥법

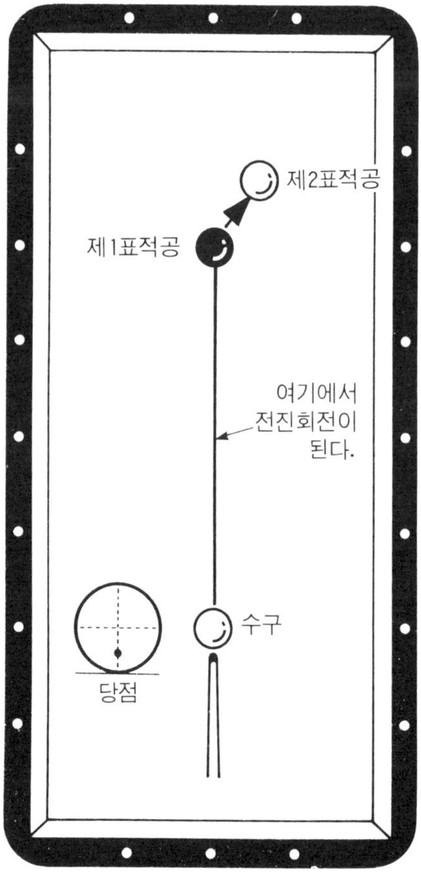

밀어치기의 겨냥법(거리가 먼 경우)

끌어치기의 겨냥법과 타구법

'끌어치기'는 수구의 중심 아래를 쳐서 공이 역회전하면서 전방으로 진행하고 있는 사이에 제1표적공에 맞아 그대로 수구가 제2표적공까지 되돌아와서 맞는 공의 타구법이다.

끌어치기는 초보자에게는 어렵다고 하지만 연습만 정확히 하면 간단한 끌어치기는 곧 할 수 있게 된다.

먼저 아래 그림과 같이 수구와 표적공을 배치해 두자. 3개의 공의 중심을 선으로 연결하여 이 정점에서 2등분한 선이 제1표적공의끝과 접하는 점이 겨냥점이다.

단,처음은 제1표적공의 끝보다 약간 안쪽을 겨냥점으로 해서 연습하는 편이 끌어치기를 하기 쉬운 것 같다. 왜냐하면 끝을 겨냥점으로 하면 표적공에 수구가 겹쳐지는 부분이 얇아지므로 미스 샷을 일으키

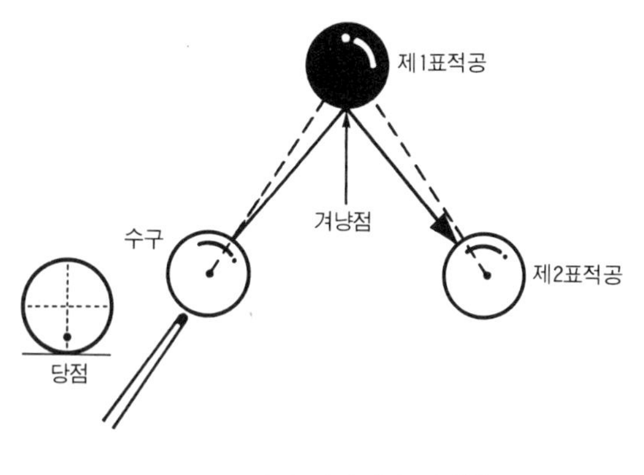

끌어치기의 기본적인 겨냥법

기 쉽기 때문이다. 끌어치기를 연습할 때는 브리지를 낮게 하고 부드러운 리스트로 쳐내고 스냅을 살려서 치도록 한다.

끌어치기의 기본은 수구의 중심 아래를 쳐서 표적공의 중심에 맞히면 수구가 똑바로 되돌아 오는 것 같은 타구법이다.

아래 그림과 같이 우선 표적공 1개만을 놓고 수구가 정확히 되돌아 오도록 연습하자. 정확히 되돌아 오게 되면 다음은 수구의 자기 앞쪽에 제2표적공을 놓고 수구와 제1, 제2표적공이 일직선으로 늘어서는 상태에서 연습한다.

너무 제2표적공과 수구가 가까우면 칠 수 없기 때문에 치기 쉽도록 떼어 놓는다. 힘을 너무 주거나 큐 뒤쪽이 극단적으로 올라가서 극단적으로 아래를 치면 실패의 원인이 된다.

수구의 중심보다 아주 약간 아래를 치는 정도로도 공은 역회전한다.

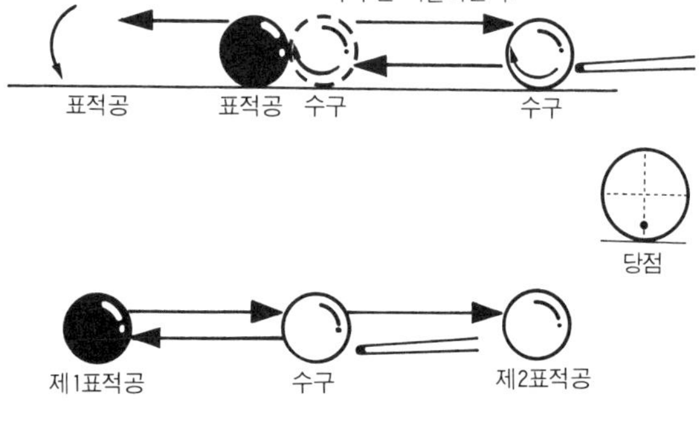

끌어치기의 기본

◐끌어치기의 연습

초보자용의 끌어치기 연습을 위한 공의 배치를 그려 보았다.

① 제2표적공이 멀리에 있을 때

이때는 중심 아래를 친다. 두께는 2분의 1이다. 정확히 넣으면 수구는 옆으로 진행해 나간다. 가능한 한 세게 치는 것이 요령이다.

② 순비틈을 가해서 끌어칠 때

끌어치기를 하기 위해서는 중심 아래뿐만 아니라 좌우 아래를 쳐서 비틈을 걸어 끌어치기를 하는 경우가 종종 있다. 순비틈을 가해서 끌어치면 수구는 보통의 끌어치기보다 큰 각도로 끌어치기가 된다. 또한 비틈을 걸어서 제1표적공에 맞혀 쿠션에 넣었을 경우 쿠션에 넣고 나서의 반사도 급각도가 되어 맞기 쉬워진다.

③ 역비틈을 해서 끌어칠 때

수구와 표적공이 너무 접근해 있을 때는 역비틈의 끌어치기를 사용한다. 그렇게 하면 2번 치기의 위험을 피할 수 있다.

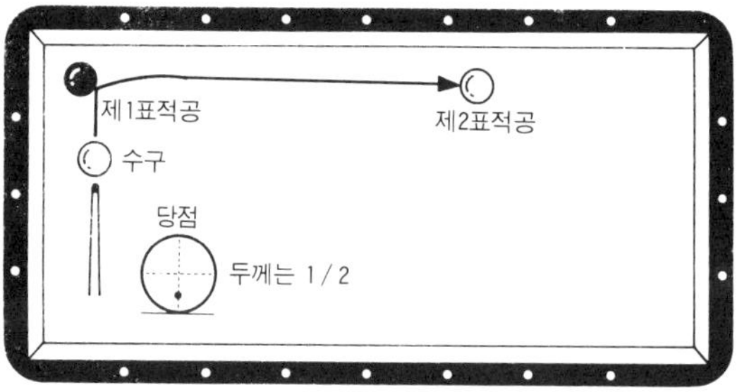

끌어치기의 연습①(제2표적공이 멀리에 있을 때)

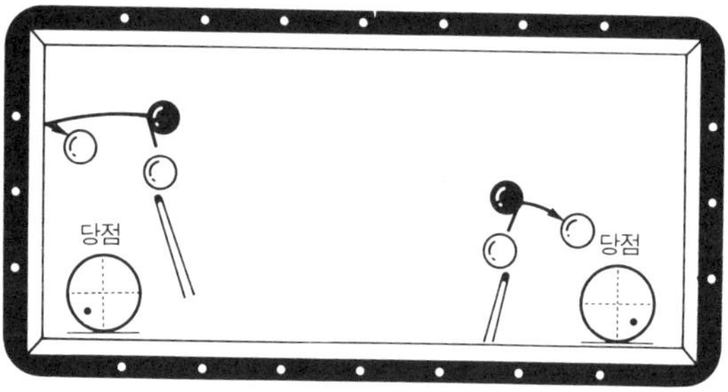

끌어치기의 연습②(순비틈으로 친다)

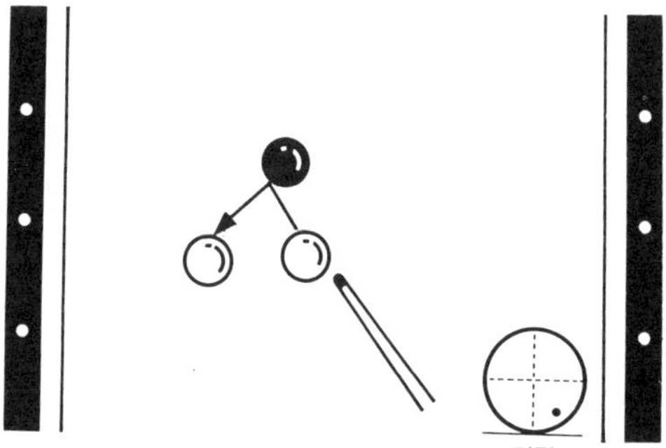

끌어치기의 연습③(역비틈으로 친다)

얇게 치기의 겨냥법과 타구법

수구와 제1표적공, 제2표적공의 중심을 연결하는 선이 거의 직선에 가까운 상태일 때에 수구를 제1표적공에 얇게 맞혀서 제2표적공으로 향하게 하는 타구법을 '얇게치기'라고 한다.

얇게치기의 타구법은 어렵고 정확한 샷을 하지 않으면 두껍게 맞아버려서 수구가 정확한 코스를 취할 수 없다. 초보자는 먼저 다음 그림과 같은 배치로 공을 놓고 연습하자. 겨냥법은 수구와 제1표적공의 끝과 끝이 아주 약간 겹쳐지도록 선을 긋고 제1표적공의 옆에 또 1개 보이지 않는 공이 있다고 가정하고 그 중심을 향해 수구를 쳐낸다. 이때는 수구의 중심 아래를 친다. 중심 아래치기를 하는 것은 샷의 혼란을 피하기 위해서이다. 역회전 운동에 의해 표적공에 두껍게 맞거나 하는 것을 막을 수 있다.

제1표적공과 제2표적공이 거리가 있는 경우는 얇게 치기가 아니더라도 다른 타구법도 가능하지만 실전상 필요한 테크닉이기 때문에 연습해서 마스터하자.

오른쪽 그림은 얇게 치기와 두께를 걸어서 제1표적공에 맞혀 쿠션시키는 타구법을 비교한 것이다. 실제로 해 보면 알 수 있지만 쿠션에 넣는 편이 편하고 확실하다.

그러나 가까이에 쿠션이 없는 경우 등은 얇게 치기로밖에 칠 수 없는 경우도 생긴다. 그 때문에도 초보자는 연습단계에서 몇 번이나 반복하여 연습해 봐야 한다. 얇게 치기를 구사할 수 있게 되면 초보자라도 상당한 득점을 얻는 것이 가능해진다.

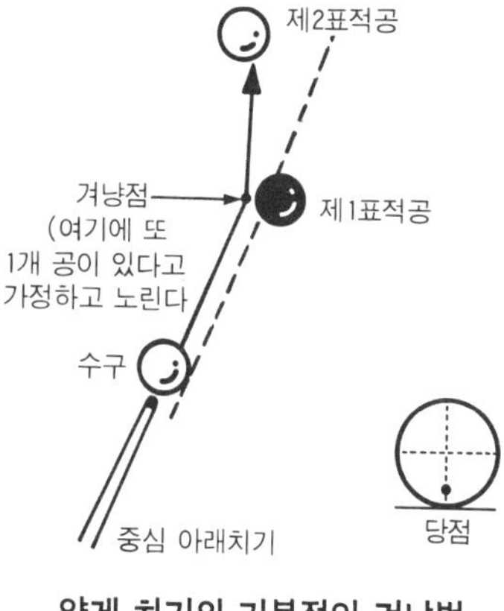

얇게 치기의 기본적인 겨냥법

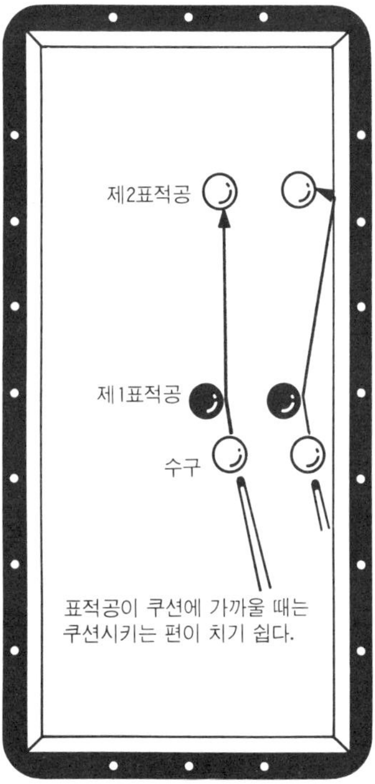

얇게 치기와 쿠션시켜 치기의
타구법의 비교

비틀어치기의 타구법

당구 공은 오른쪽 옆을 치면 우회전, 왼쪽 옆을 치면 좌회전을 하면서 진행한다. 이 회전을 주도록 의도하고 공을 치는 것을 '비틈을 준다'(잉글리시를 준다고도 한다)고 한다.

비틈을 주면 공이 표적공에 맞았을 때나 쿠션에 들어갔을 때 분리각이나 반사각이 보통의 중심 치기와는 달라서 독특한 진로를 진행한다. 그 때문에 밀어치기나 끌어치기로는 도저히 칠 수 없는 배치의 표적공의 경우에는 이 비틀어치기가 유효해진다.

비틈에는 순비틈과 역비틈이 있다. 이것은 수구를 향해서 오른쪽으로 분리 반사시키고 싶을 때에 수구의 우측을 치면 순비틈, 수구의 좌측을 치면 역비틈이라고 하는 것이다. 왼쪽으로 분리, 반사시킬 때는 이 반대가 된다.

비틀어치기의 변화는 수구를 순비틈, 역비틈으로 쿠션에 넣어서 기억한다. 순비틈으로 쿠션에 넣으면 공은 보다 광각으로 반사한다. 역비틈에서는 반사각은 좁아 예각으로 반사한다.

또한 비틈은 공의 끝에 보다 가까운 부분을 칠수록 강한 비틈이 가해지고 중심에 가까와지면 약한 비틈이 된다.

이것도 실제로 쿠션에 넣고 쳐 보면 잘 알 수 있을 것이다. 세게 비틀었을 경우는 반사각이 커진다. 약하게 비틀면 반사각은 예각이 된다(오른쪽 그림).

순비틈으로 강약을 매기거나 역비틈으로 강약을 매겨서 치는 등 여러 가지 타구법으로 연습해 본다.

단, 초보자의 경우는 힘조절을 잘 모르고 또한 세게 비틀 것인지 약하게 비틀 것인지를 경험 부족으로 모르기 때문에 이 배치로 여러 가지 연습해 두자.

그림에서는 같은 오른쪽 옆위의 당점에서 각각 순비틈과 역비틈을 걸어서 치고 있다. 순비틈에서는 제1표적공에 맞고 나서의 분리각이 크게 쿠션에 들어간다.

표적공에 맞고 쿠션에 들어가는 포인트는 비틈에 의해 크게 변화하기 때문에 이것도 연습으로 경험을 쌓아 두자.

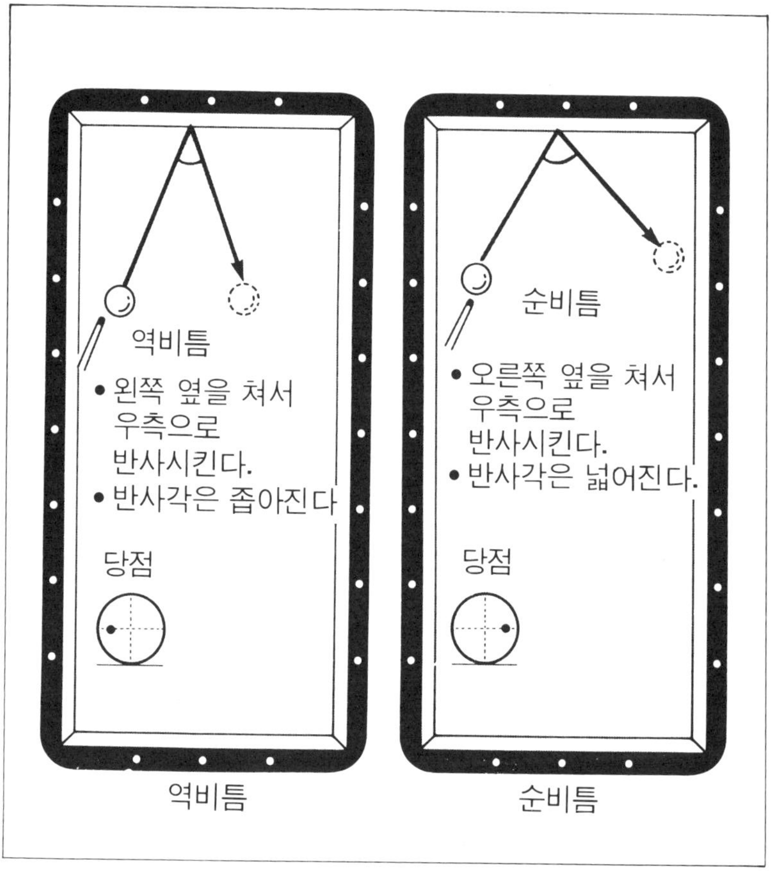

비틈의 강약

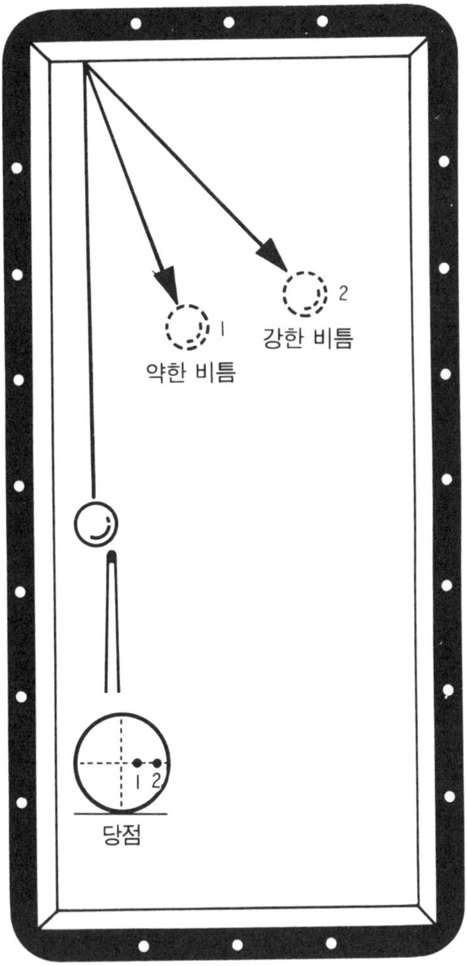

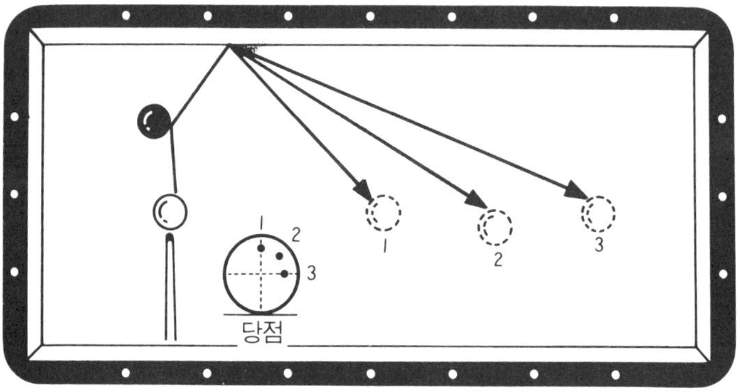

당점의 차이에 의한 순비틈의 변화

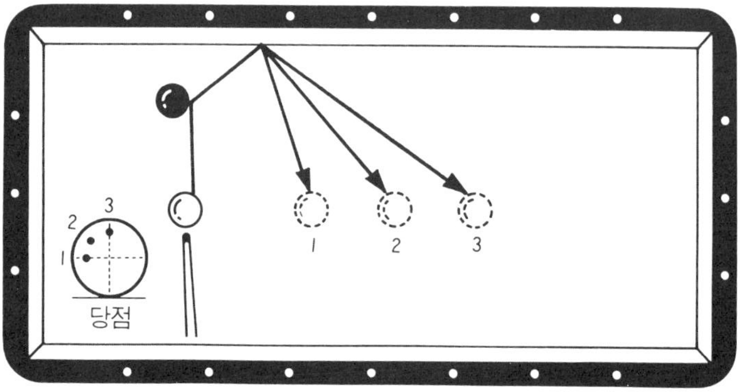

당점의 차이에 의한 역비틈의 변화

비틀어치기의 응용

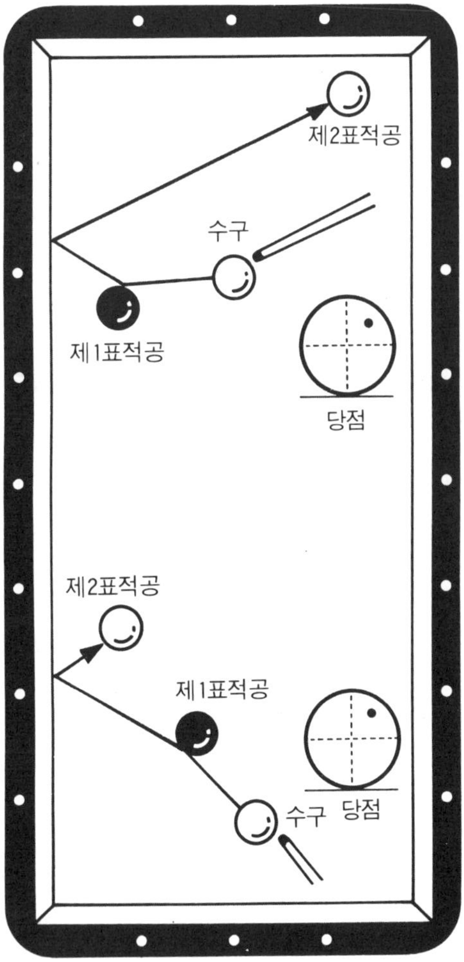
제2표적공
수구
제1표적공
당점
제2표적공
제1표적공
수구
당점

마중나오기 치기의 타구법

제1표적공과 제2표적공이 쿠션에 접근해 있어 얇게 치기로도 칠 수 없는 경우에 유효한 것이 '마중나오기 치기'이다. 이것은 수구를 제1표적공에 맞혀서 그 제1표적공이 제2표적공에 맞고 제2표적공이 쿠션에 들어가서 되튀겨 왔을 때에 수구와 마주치게 하는 공의 타구법이다.

초보자에게는 약간 어려운 타구법이지만 요령을 한 번 익히면 비교적 간단하다. 마중나오기 치기는 접촉한 공은 서로 역회전이 된다고 하는 원리를 응용한 것이다. 즉, 우회전으로 수구를 치면 맞은 적구는 좌회전을 시작한다.

따라서 좌측에서 마주치게 하려고 생각하면 수구의 좌측을, 오른쪽

마중나오기 치기의 겨냥법

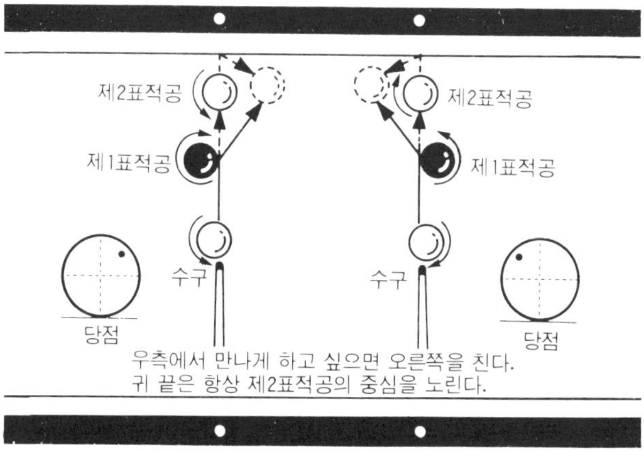

마중나오기 치기

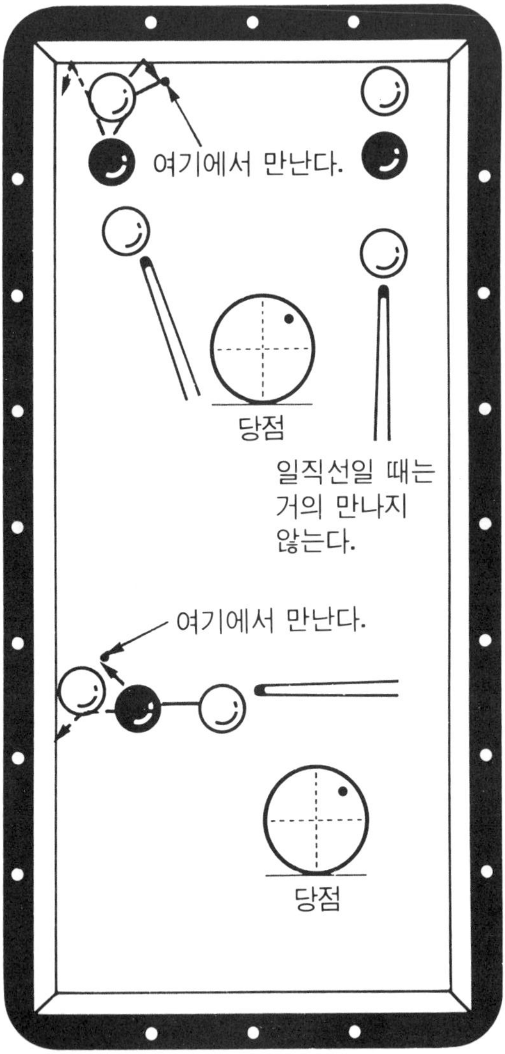
여기에서 만난다.
당점
일직선일 때는
거의 만나지
않는다.
여기에서 만난다.
당점

에서 마주치게 하려고 하면 수구의 우측을 쳐 준다. 큐 끝은 제2표적공의 중심을 노린다.

마중나오기 치기에서는 수구와 표적공 2개가 일직선으로 늘어서 있을 때나 제1, 제2표적공이 쿠션에 밀착해 있는 경우를 제외하고 거의 가능하다고 생각하고 연습한다. 일직선으로 늘어서 있는 경우는 쿠션과 제2표적공 사이와, 제1표적공과 제2표적공의 사이가 공의 직경 이상 벌어져 있는 경우에 한해서 마중나오기 치기가 가능해진다.

마중나오기 치기로 칠 수 있느냐 어떠냐의 판단은 초보자에게는 어렵지만 앞에 얘기했듯이 쿠션 가까이에 표적공 2개가 있고 일직선으로 늘어서 있지 않으면 대개 칠 수 있다. 여러 가지 배치로 표적공과 수구를 늘어 놓고 쳐 보자. 우상 치기 또는 좌상 치기가 마중나오기 치기의 타구법이다.

걸쳐치기의 타구법

수구를 우선 쿠션에 넣고 제1표적공에 가볍게 걸치는 느낌으로 맞혀서 제2표적공에 맞히는 타구법을 '걸쳐치기'라고 한다.

이 타구법은 초보자에게는 어려운 타구법이지만 공의 배치에 따라서는 걸쳐치기 이외로는 칠 수 없는 경우도 있다.

걸쳐치기에서 주의할 점은 3가지 있다.

첫째로 쿠션의 어느 포인트에 수구를 넣느냐, 둘째로 쿠션에서의 반사각의 계산과 두께의 계산, 셋째로 제1표적공에서 제2표적공으로 향하는 수구의 진로 예측이다. 그 중에서도 제1표적공에 어떤 두께로 수구를 맞히느냐가 특히 중요하다.

우선 아래 그림과 같은 공의 배치로 연습해 본다. 당점은 왼쪽 옆 위이다. 순비틈이 가해지기 때문에 쿠션에 넣는 포인트는 중심 위치기의 포인트보다 약간 자기 앞쪽을 노린다.

걸쳐치기에서는 힘조절에 따라서도 반사각이 미묘하게 달라진다. 우선 보통의 힘으로 쳐서 연습해 준다.

다음에 서술할 되받아치기로 칠 수 없는 경우에 걸쳐치기라면 칠 수 있는 경우가 있다. 공의 배열을 잘 보고 제2표적공의 위치와 거리를 계산해서 걸쳐치기로 치느냐 되받아치기로 치느냐를 판단하는데 초보자에게는 무리라고 생각되기 때문에 기본 연습으로 하는 방법만을 연습해서 기억해 두자.

걸쳐치기의 기본적인 겨냥법

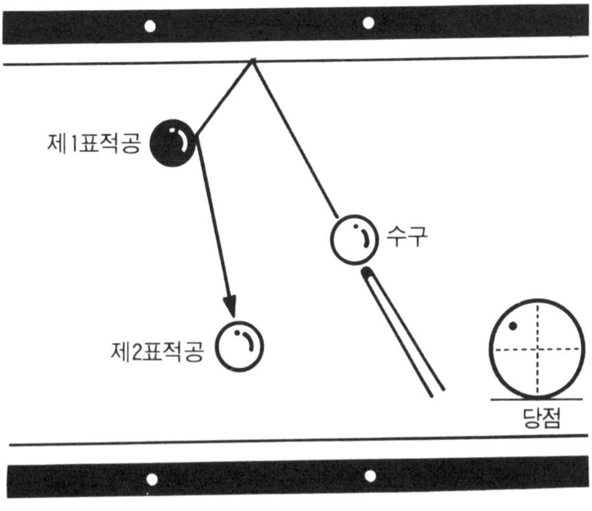

여기에서는 좌우의 위치기만을 설명했지만 좌우의 아래 치기로 걸치는 경우도 있다. 순비틈, 역비틈의 입·반사각의 차이를 머릿속에 그리면서 치도록 한다.

걸쳐치기의 타구법례

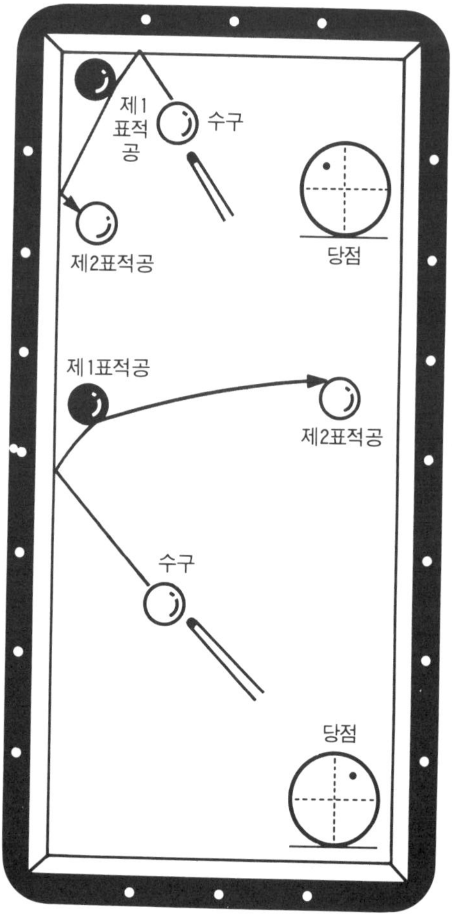

되받아치기의 타구법

'되받아치기'는 제1표적공이 쿠션에 가깝게 있을 때에 수구를 제1표적공에 맞히고 나서 쿠션에 넣고 제2표적공에 맞히는 타구법이다.

되받아치기의 경우 제2표적공의 위치가 수구와 제1표적공을 연결한 선에 대해서 어떤 각도로 위치해 있느냐가 중요해진다. 그로 인해서 제1표적공에 대한 수구의 두께와 당점이 변화한다.

되받아치기를 연습할 때에는 수구의 위치를 조금씩 비켜서 치는 방법과 제2표적공의 위치를 바꿔서 치는 방법이 있다. 이 두 가지를 조합해서 수구가 쿠션해서 반사하는 각도를 기억해 두자. 이 두 가지의 방법에 공통한 것인데 모두 당점의 변화로 반사각을 바꾸는 경우와 제1표적공에 대한 두께로 분리각을 바꿔서 입사각을 바꾸는 경우

되받아치기의 기본적인 겨냥법

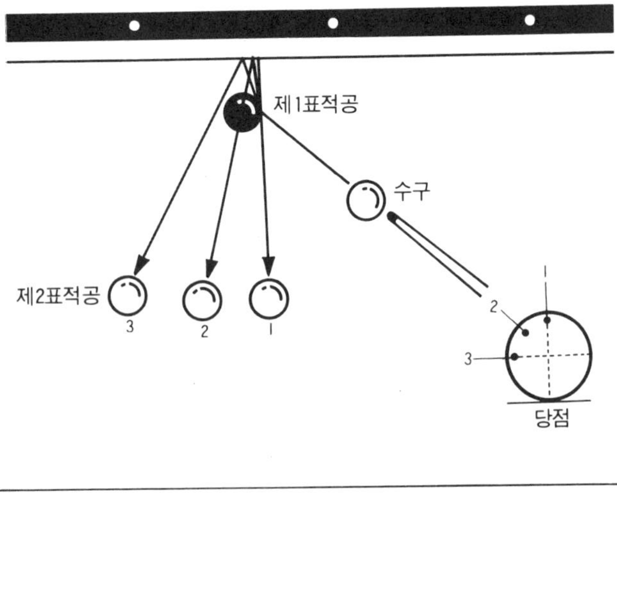

되받아치기의 타구법례

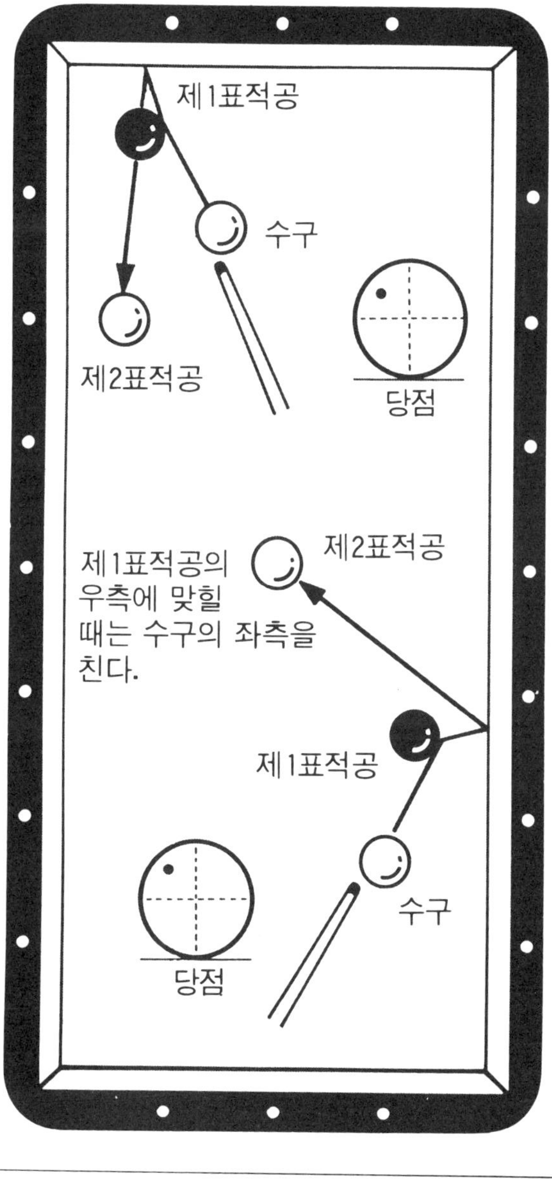
제1표적공
수구
제2표적공
당점
제2표적공
제1표적공의
우측에 맞힐
때는 수구의 좌측을
친다.
제1표적공
수구
당점

되받아치기의 응용①

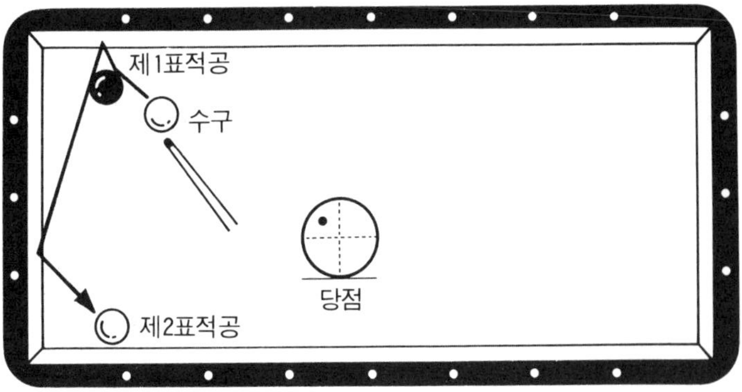

되받아치기의 응용②

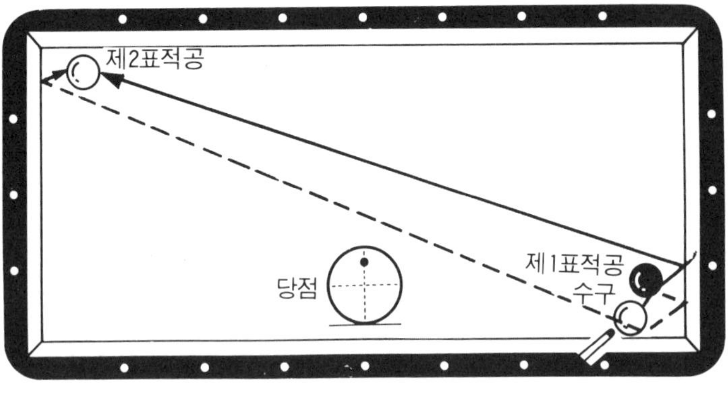

가 있다.

되받아치기에서 주의해야 하는 것은 표적공 2개가 접근해 있는 경우로 수구가 제2표적공에 맞기 전에 제1표적공이 제2표적공에 맞아 버리는 것이다.

되받아치기는 보통 제1표적공의 우측에 맞힐 때는 수구의 좌측을 쳐서 왼쪽 비틈을 건다. 좌측을 노릴 때는 반대로 우측을 친다.

되받아치기는 습득하면 실전에서 강력한 무기가 되는 응용의 범위가 넓은 테크닉이다. 여러 가지 장면을 상점에서 연습해 보자. 제2표적공이 아무리 떨어져 있어도 되받아치기를 능숙하게 사용하면 재미있도록 간단히 칠 수 있다. 연속 득점으로 이어지는 타구법이기 때문에 특히 기초의 연습이 필요하다. 당점이나 두께를 변화시키면서 수구를 컨트롤하자.

◐되받아치기의 응용

왼쪽 위의 그림에서는 되받아치기 이외로는 칠 수 없는 공의 배치를 나타낸 것이다.

왼쪽 아래의 그림은, 점선과 같이 공을 크게 돌려서도 칠 수 있지만 되받아치기로 치는 편이 간단히 칠 수 있다.

다음 그림은 상당히 고도의 되받아치기의 방법이다. 모두 쿠션에 2번, 3번 수구를 맞혀서 되받아치는 타구법으로 초보자에게는 어렵다고는 생각하지만 이와 같은 경우에도 되받아치기가 유효하다고 기억해 둔다.

2개의 표적공이 쿠션에 접근해 있을 때에는 우선 되받아치기로 칠 수 있는지를 생각하도록 습관들여 두면 좋을 것이다.

되받아치기의 응용③

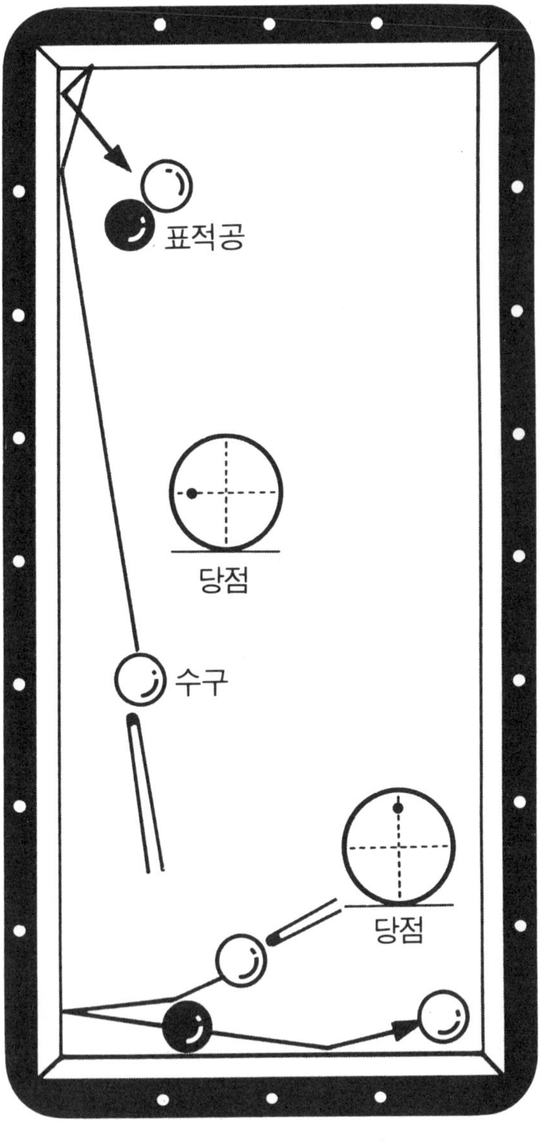

빈 쿠션의 타구법

수구를 한 번 쿠션에 넣고 이어서 제1, 제2표적공에 맞히는 타구법을 '빈 쿠션 치기' 라고 한다.

빈 쿠션치기의 기본은 수구의 중심을 쳐서 쿠션에 넣으면 입사각과 반사각은 같다고 하는 원리이다. 빈 쿠션은 그 성격상 응용이 잘 듣는 실전용의 테크닉이라고 말할 수 있다.

아래 그림은 빈 쿠션의 기본적인 타구법을 설명한 것이다. 우선 쉬운 수구와 표적공이 쿠션에서 거의 같은 위치에 있는 상태부터 연습해 보자.

이 경우의 쿠션의 겨냥점은 수구의 중심에서 쿠션에 대해 직각이 되는 선을 긋고 이어서 2개의 표적공의 중심(수구를 그곳으로 가져

빈 쿠션의 기본적인 겨냥법①

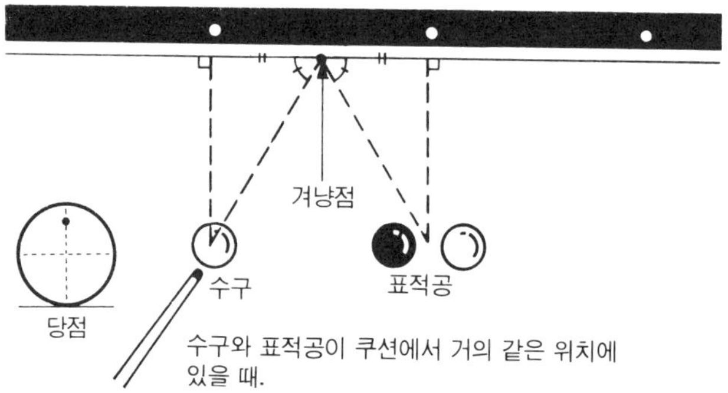

가고 싶은 포인트)에서 쿠션에 직각으로 선을 긋는다. 이 2개의 선을 2등분한 점이 겨냥점이다.

타구법은 공의 중심, 중심 위, 중심 아래를 친다. 좌우를 치면 비틈이 생겨서 반사각이 입사각과 같아지지 않는다.

다음에 수구의 위치가 표적공보다도 멀리에 있는 경우를 상정해 보자. 아래 그림과 같은 공의 배치의 경우 단순히 중간점을 찾아도 공은 칠 수 없다. 이와 같은 경우는 우선 2개의 표적공의 중앙에서 쿠션에 대해 직각으로 선을 긋는다. 그 선을 그대로 바깥으로 연장해서 적구의 중앙부터 쿠션까지의 거리분만큼 연장한다. 이 점과 수구의 중심을 연결해서 쿠션과 교차한 점이 쿠션의 겨냥점이다. 당점은 마찬가지로 중심, 중심 위, 중심 아래이다.

단, 주의해 주기 바라는 것은 수구를 쿠션에 넣었을 때의 입사각은

빈 쿠션의 기본적인 겨냥법②

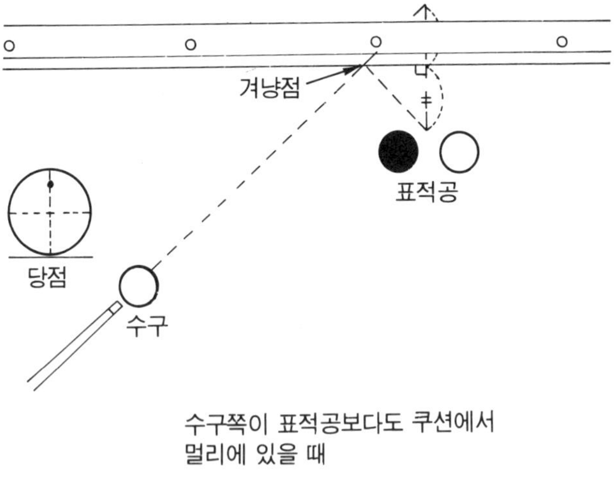

정확히 반사각과 같은 것이 아니라 약간 자기 앞쪽으로 반사하는 경우가 많기 때문에 아주 약간만 표적공에 접근한 포인트를 노리도록 하자.

또한 쿠션에 수구를 넣을 때에는 힘조절도 크게 영향한다. 보통의 힘으로 쳤을 때보다 강한 힘으로 치는 편이 반사각이 커지고 반대로 약하게 치면 반사각은 작아진다.

빈 쿠션의 응용①

아래 그림과 같이 표적공과 수구가 일직선으로 늘어서 있는 것 같은 경우라도 빈 쿠션을 넣어서 치면 간단히 칠 수 있다.

빈 쿠션은 응용 범위가 넓은 테크닉이다.

빈 쿠션의 응용①

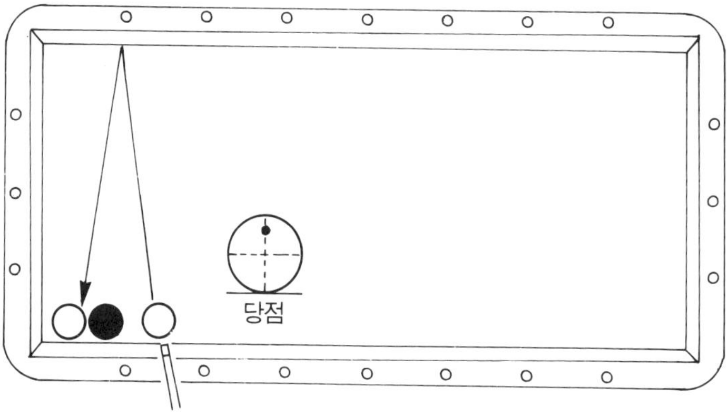

빈 쿠션의 응용②

빈 쿠션에는 한 번만 쿠션에 넣고 치는 방법 외에 2번 쿠션에 넣고 나서 표적공 2개에 맞히는 타구법이나 한 번 쿠션에 넣고 제1표적공에 맞히고 또 쿠션에 넣어서 제2표적공을 노리는 타구법 등 여러 가지 응용 테크닉이 있다.

표적공 2개를 접근시킨 빈 쿠션치기의 연습 다음에 표적공을 조금 떼어서 치는 연습도 해 보자.

그림은 중심 치기가 아니라 공에 비틀을 걸어서 반사각을 조정하는 빈 쿠션의 고등 테크닉의 일례이다. 이런 테크닉은 스리 쿠션 게임에서 많이 사용된다.

빈 쿠션의 응용②

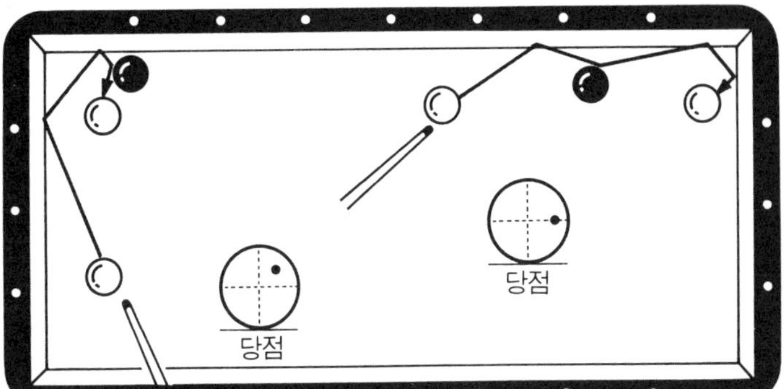

공 쿠션의 타구법

제1표적공이 쿠션에 접촉해 있는 프로즌의 상태나 약간 떨어져 있을 때에 그 제1표적공을 쿠션 대신에 사용해서 제2표적공에 맞히는 타구법이 '공 쿠션'이다.

공 쿠션에서는 단단한 공을 쿠션 대신에 사용하는 것이기 때문에 가능한 한 두껍게 표적공에 맞힐 필요가 있다. 또한 힘조절도 매우 중요하다.

제1표적공에서 수구를 예각으로 되돌리고 싶을 때는 수구의 중심 아래를 친다. 반대로 가능한 한 둔각으로 되돌리고 싶을 때에는 오른쪽 위나 왼쪽 위를 쳐서 역비틈을 건다. 오른쪽으로 구부리고 싶을 때는 왼쪽위를, 왼쪽으로 구부리고 싶을 때는 오른쪽 위를 친다. 이렇게 하면 수구는 약간 커브하면서 둔각으로 되돌아 온다.

쿠션 효과를 높이기 위해서 초보자는 세게 치기 쉬운데 너무 강한 힘으로 치면 수구와 표적공의 두께를 틀리거나 미스 샷을 일으키기 쉽다. 가능한 한 보통의 힘으로 치도록 하자.

실제 플레이에서는 공 쿠션은 그렇게 여러 번 사용하는 테크닉은 아니다. 마중나오기 치기와 마찬가지로 다음의 샷에서 편하게 칠 수 있는 공의 배치로 만들기 위한 연결 테크닉이다. 그러나 연습으로 쿠션과 공 쿠션의 되튀기는 상태를 체험해 두는 것이 필요하다.

여러 가지 상태로 수구와 표적공을 놓고 치는 연습을 하자.

수구를 끼워서 2개의 표적공이 일직선으로 늘어서 있는 경우는 끌어치기와 마찬가지로 똑바로 되돌리면 되지만, 정확하게 중심 아래 치기를 해서 표적공의 중심에 맞히지 않으면 똑바로 되돌아 오지않고 구부러져 버리므로 주의하도록 하자.

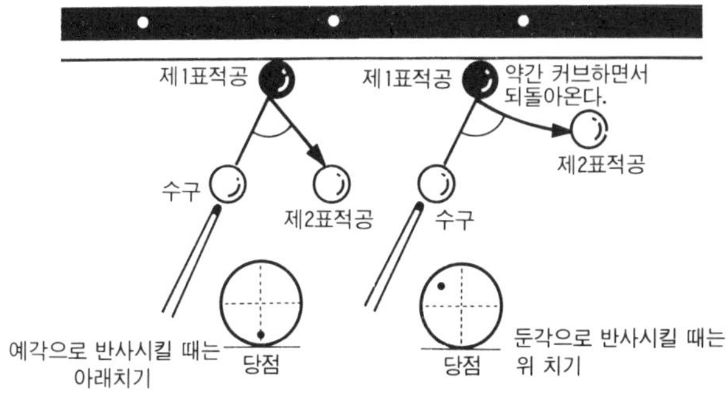

공 쿠션의 기본적인 겨냥법

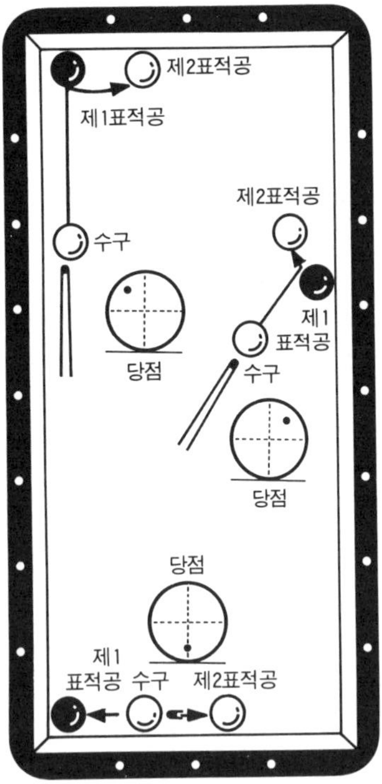

공 쿠션의 타구법 예

여러 가지 겨냥법을 알기 위한 중급 테크닉

밀어치기나 끌어치기와 같이 직접 2개의 표적공에 수구를 맞히는 방법을 마스터하면 다음은 쿠션을 이용한 타구법을 기억할 필요가 있다. 실전에서는 어떻게 쿠션을 사용하느냐에 따라서 큰 차이가 생긴다. 여기에서는 쿠션을 사용한 테크닉을 설명하고 있다.

원 쿠션치기의 타구법

초급 테크닉에서 설명한 되받아치기, 걸쳐치기, 빈 쿠션 등도 쿠션치기의 하나이다.

왼쪽 그림은 인기있는 '원 쿠션치기'의 겨냥점을 찾는 방법이다.

제2표적공의 중심부터 쿠션까지의 거리분만큼 연장한 점과 제1표적공의 중심을 연결한 선이 쿠션과 교차한 점이 겨냥점이다. 이 배치에서는 제1표적공에 수구를 맞혀서 끌어치기로 제2표적공에 맞히는 타구법도 가능하다. 그러나 한 번 쿠션에 넣는 편이 보다 확실하게 공을 칠 수 있다.

쿠션치기의 연습은 수구와 제1표적공의 위치를 고정하고 당점을 바꿔서 쳐 보면 효과적이다. 또한 동시에 두께도 여러 가지 바꿔서

원 쿠션 치기의 기본적인 겨냥법

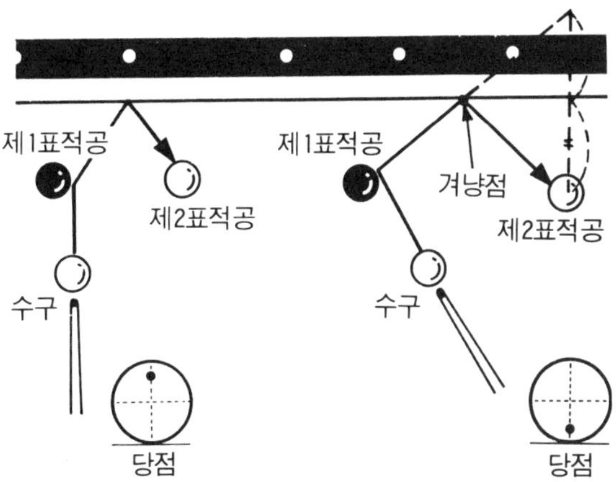

원 쿠션치기의 타구법 예

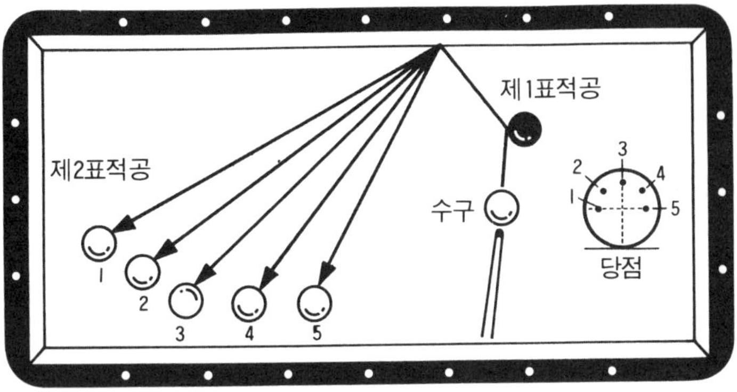

쳐 보자.

비틈을 걸어서 쿠션에 넣는 것은 보다 확실하게 수구의 진로를 설정하는 중요한 테크닉이다. 당점, 두께, 비틈의 변화로 수구가 어떻게 변화하는지를 신체와 머리에 새기는 것이 필요하다. 여기에서 적당히 연습하면 절대로 상급자가 될 수 없다.

세계 선수권에서도 원 쿠션 게임은 공식 종목에 들어가 있다. 이것은 2개의 표적공에 맞을 때까지 적어도 1번은 쿠션에 넣지 않으면 득점할 수 없다고 하는 게임이다.

투 쿠션치기의 타구법

'투 쿠션치기'나 '스리 쿠션 치기'를 총칭해서 '상자 치기'라고 부르는데 여기에서는 따로따로 설명한다.

투 쿠션 이상 쿠션에 수구를 넣는 타구법은 진로를 이미지하는 것이 매우 어려워서 경험과 반복의 연습이 필요하다.

수구는 쿠션에 들어갈 때마다 조금씩 미묘한 비틈이 생긴다. 이 오차를 완전히 읽지 않으면 생각대로 코스를 달리게 할 수 없다.

다음 그림은 수구를 2분의 1의 두께로 표적공에 맞혔을 때의 당점의 차이에 의한 코스의 차이를 나타낸 것이다. 같은 두께라도 쿠션을 2번 사용함으로써 비틈을 가하면 이렇게 큰 차이가 생긴다.

우선 중심위 치기의 투 쿠션을 연습하고 입사각, 반사각의 계산대로 수구를 진행시키는 연습부터 시작하자.

계속해서 비틈을 걸어 투 쿠션에 넣는 연습을 한다.

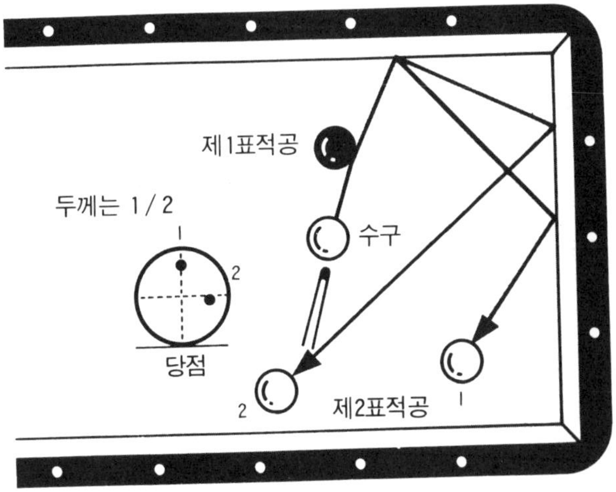

투 쿠션치기의 기본적인 겨냥법

원 쿠션이라도 무리하면 칠 수 있을 것 같은 배치에 표적공이 있는 경우라도 투 쿠션쪽이 보다 확실하다고 생각한다면 투 쿠션으로 친다. 오른쪽 그림은 그 일례이다.

투 쿠션 치기는 공의 배치에 따라 두께, 당점, 비틈 등 모두를 계산해서 쳐야 한다. 오차의 수정도 필요하다.

투 쿠션 치기를 마스터하기 위해서는 연습 이외의 방법은 없다.

여러 가지 경우를 상정해서 연습하자.

투 쿠션치기의 타구법 예

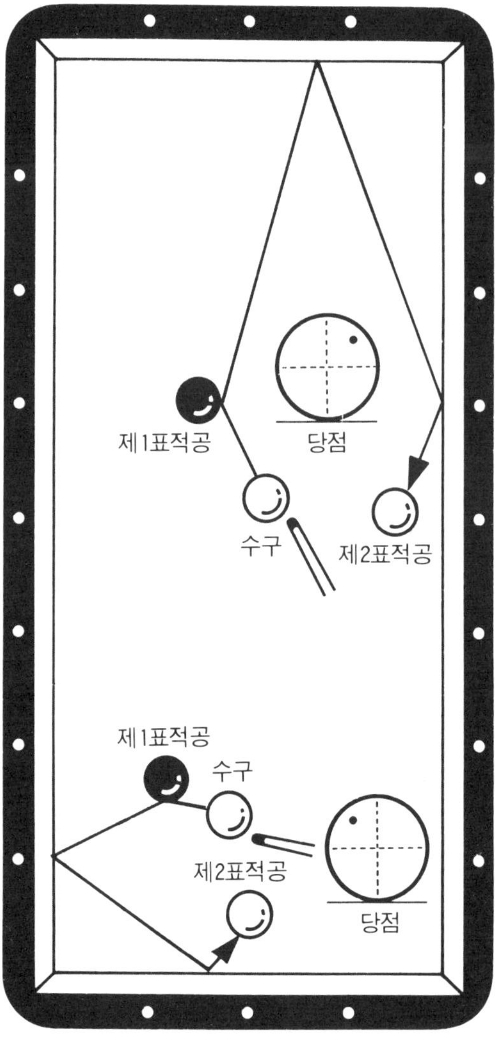
제1표적공
당점
수구
제2표적공
제1표적공
수구
제2표적공
당점

◐투 쿠션 치기의 연습

① 그림은 밀어치기나 얇게치기로도 칠 수 있지만 투 쿠션으로 쳐 보자. 제2표적공의 위치를 여러 가지 바꾸고 비틈을 가해서 연습해 본다.

② 그림은 흰 공부터 맞혀서 긴 쿠션에 넣는 원 쿠션 치기도 가능하다. 이 배치의 공을 투 쿠션으로 치기 위해서는 수구의 아래를 쳐서 끌어치기로 쿠션에 넣는다. 두께를 여러 가지 바꾸어서 연습해 보자.

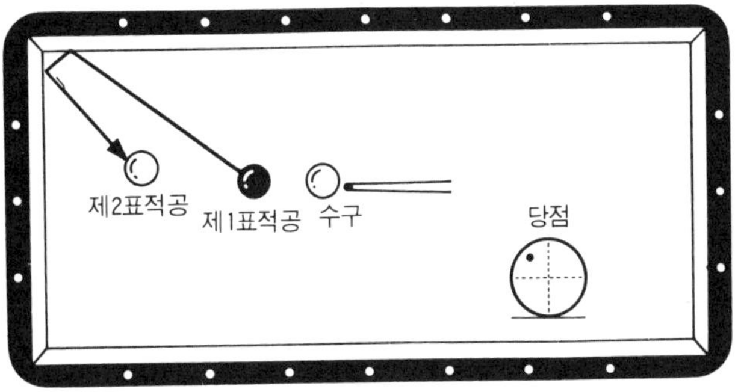

투 쿠션치기의 연습①

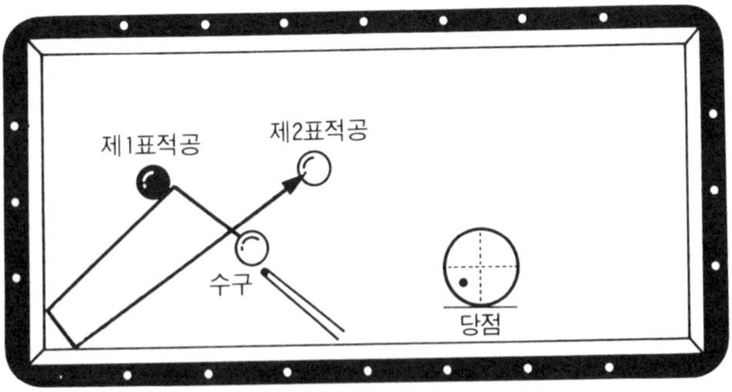

투 쿠션치기의 연습②

③ 그림과 같이 제1표적공에 맞혀서 쿠션시킨 수구를 예각으로 반사시키고 싶을 때에는 비틀을 주지 않고 중심위 치기로 친다.

상당히 어려운 공의 배치이기 때문에 몇 번이나 반복 연습해서 감촉을 파악한다.

④ 그림과 같은 공의 배치는 원 쿠션으로 칠 수 있지만 투 쿠션시키면 확실하게 득점할 수 있다. 제2표적공이 코너 가까이에 있는 경우는 다이렉트(direct)로 노리는 것보다 쿠션시키는 편이 확실하다.

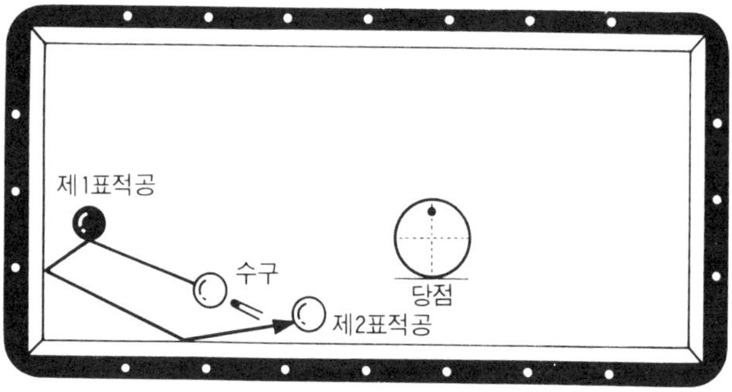

투 쿠션치기의 연습③

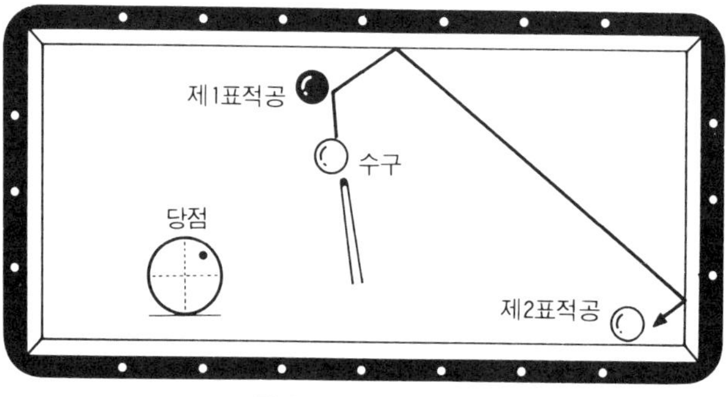

투 쿠션치기의 연습④

스리 쿠션 치기의 타구법

수구가 표적공 2개에 맞기 전에 반드시 3회 이상은 쿠션에 넣어야 하는 스리 쿠션 경기는 매우 고도의 테크닉을 필요로 한다. 그 때문에 테이블의 포인트를 표적으로 한 여러 가지 시스템이 고안되고 있다. 그러나 그 시스템은 다음의 상급 테크닉에서 서술하기로 하고 여기에서는 4구 경기에서도 응용할 수 있는 일반적인 '스리 쿠션 치기'를 설명했다.

스리 쿠션에는 아래 그림과 같이 수구를 제1표적공의 안쪽에서 돌리는 (점선의 코스로 앞 돌리기라고 한다) 방법과 바깥쪽에서 돌리는(실선의 코스로 뒤 돌리기라고 한다) 방법의 2종류가 있다.

그림과 같이 노리는 제2표적공이 위치해 있는 경우 앞 돌리기에서는 중심 위치기, 뒤 돌리기에서는 오른쪽 옆 위치기로 당점이 다르

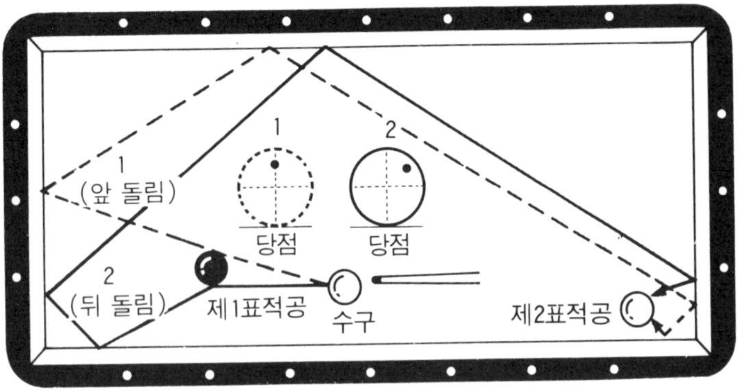

스리 쿠션 치기의 기본적인 겨냥법

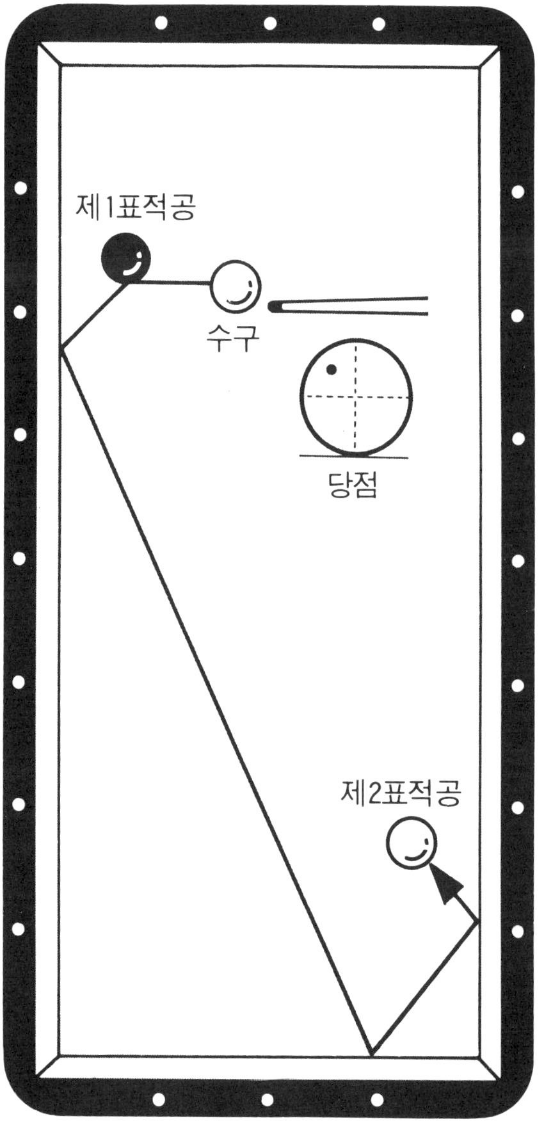

스리 쿠션치기의 타구법 예

다.

모두 연습을 통해 경험을 쌓는 것외에 숙달의 길은 없다.

또한 어떤 방법으로 치는 경우라도 제1표적공이 맞은 후에 어떻게 움직이느냐도 생각할 필요가 있다. 그렇지 않으면 수구가 크게 움직이기 때문에 다시 제1표적공과 접촉하는 것 같은 사태도 일어난다.

스리 쿠션 치기는 앞의 그림과 같이 제2표적공이 멀어서 원 쿠션으로는 정확하게 샷하기가 어려울 때에 유효한 타구법이다.

이 때에 그림과 같은 라인으로 수구를 스리 쿠션시키면 확실하게 제2표적공에 맞음과 동시에 제1표적공도 짧은 쿠션에 들어가서 제2표적공쪽으로 접근해 온다.

이와 같이 항상 다음 공의 배치를 예측하면서 치는 것이 상급자가 되는 지름길이다.

이것을 '모아치기의 테크닉'이라고 한다.

모아치기의 방법

공을 한군데에 모아서 그 형태를 크게 무너뜨리지 않은 채로 득점을 계속하는 테크닉을 '모아치기'라고 하고 상당히 고도의 테크닉으로 여겨지고 있다.

초보자에게 있어서 모아치기를 만드는 것은 어렵지만 이하와 같은 점에 유의하여 연습하자.

① 수구를 치는 힘을 컨트롤하여 제1표적공을 제2표적공에 접근시킨다.

② 수구도 제1표적공도 제2표적공의 가까이까지 이동시킨다.

③ 모아치기의 패턴을 완성한다.

모아치기를 만들기 위해서는 특히 수구에 대한 힘조절이나 스트로크를 계산할 수 있어야 한다.

보통 모아치기를 만드는데 가장 좋은 장소는 테이블의 4코너라고 한다. 두 군데의 쿠션으로 둘러쌈으로써 공의 움직임을 억제할 수 있기 때문이다. 이 장소에 수구와 표적공을, 쿠션을 사용해서 모으는 연습을 한다.

한 번 모으면 흐트러지지 않도록 치는 것도 중요하다. 공을 흐트러뜨리지 않고 치는 테크닉을 '세리 치기'라고 한다.

모아치기를 만들기 위해서는 수구나 맞은 후의 제1표적공이 어떤 코스를 행하고 어떤 쿠션 반사를 해서 어느 지점에서 정지하는지를 예상해야 한다. 한 번에 공을 모으려고 하지 말고 단계를 쫓아서 공을 코너에 모으는 연습을 하자.

다음 그림 위는 표적공 2개를 접근시키는 타구법이고 아래 그림은 수구도 코너에 접근시키는 타구법이다.

이 경우 제1표적공을 크게 돌리기 때문에 힘조절이 큰 포인트가 된다. 그림의 배치대로 공을 놓고 반복해서 모아치는 연습을 해 보자.

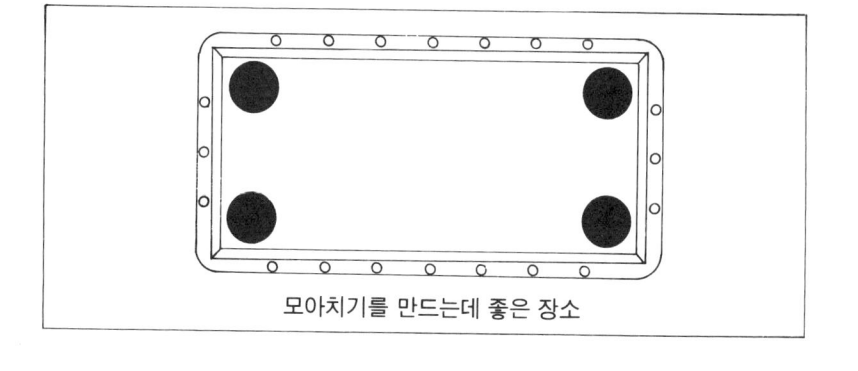

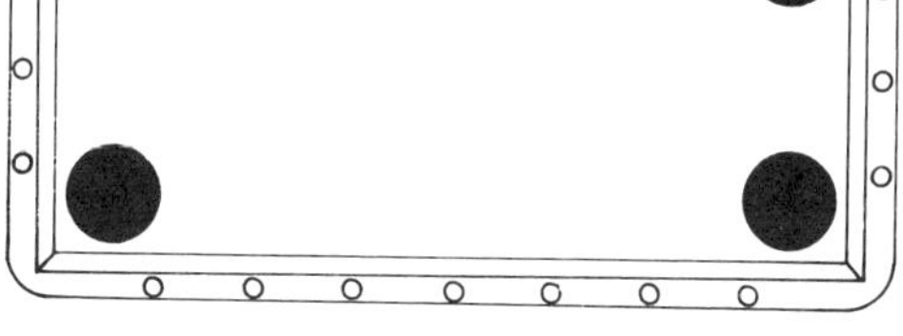
모아치기를 만드는데 좋은 장소

표적공 2개를 모으는 타구법

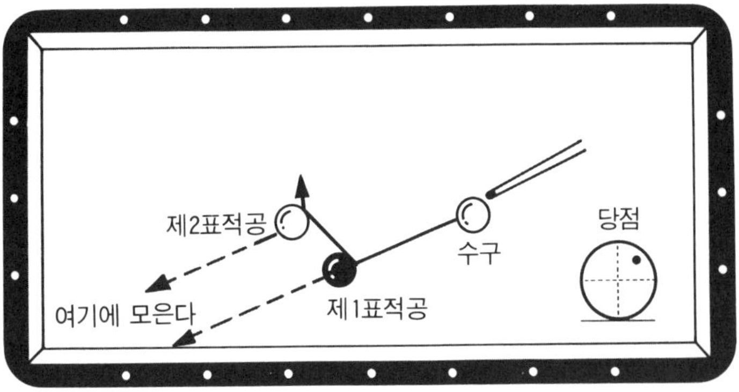

수구와 표적공 2개를 모으는 타구법

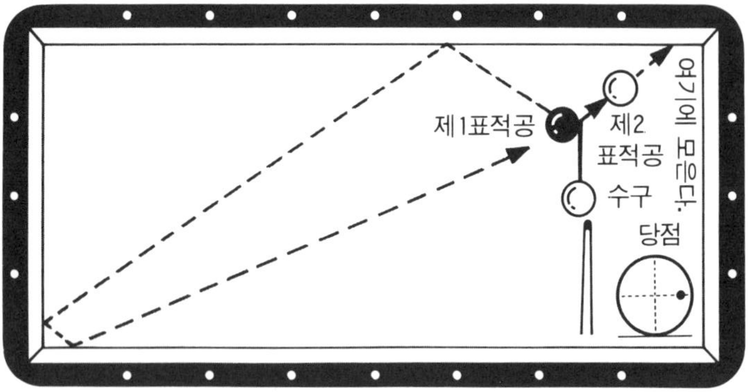

마세(masse) 치기의 방법

수구와 2개의 표적공이 매우 접근해 있거나 일직선으로 늘어서 있는 경우는 보통의 타구법으로는 공을 건드리거나 해서 제대로 공을 칠 수 없는 경우가 있다. 그런 때에 사용되는 특수한 타구법이 큐를 극단적으로 세워서 치는 '마세치기'이다.

마세 치기는 매우 고도의 기술이기 때문에 어느 정도 기술이 향상될 때까지는 경기장에서의 연습이 허용되지 않는다. 초보자가 마세치기를 시도하면 나사를 찢는 경우가 많기 때문이다. 가령 한 군데라도 나사가 찢어지면 그 당구대는 더 이상 사용할 수 없다. 또한 그 때문에 고액을 변상하는 것 같은 경우도 있다. 초보자는 상급자의 마세치기의 테크닉을 잘 보고 타구법을 배워 둔다.

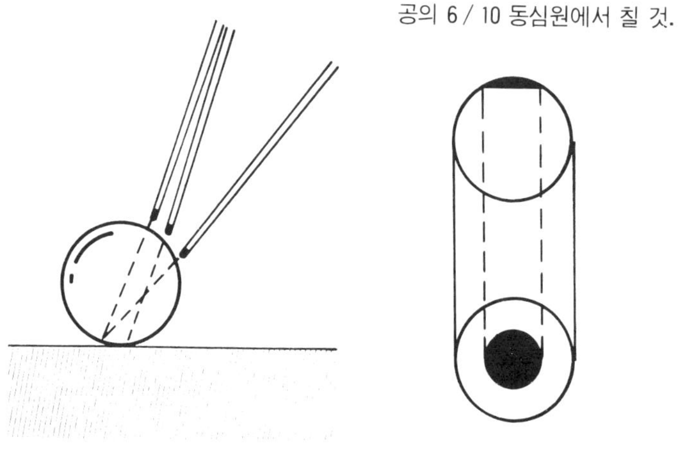

〈마세의 당점 범위〉 〈큐의 세우는 법〉

마세의 폼은 가능한 한 당구대에 접근해서 양발을 약간 벌리고 상체를 약간 앞으로 기울여서 얼굴은 큐보다도 약간 앞으로 내민다. 큐는 70도 앞에 세우고 빰에 붙이듯이 해서 친다.

마세 치기를 하면 수구에는 위에서 운동 방향과는 역회전이 주어져서 수구는 커브하면서 전진한다.

마세 치기를 해야 하는 경우는 제1표적공에 수구를 맞히고 다음에 커브하면서 제2표적공에 맞힐 필요가 있을 때이다. 또한 수구를 어느 지점까지 크게 커브시켜서 전진시키고 거기에서부터 되돌리듯이해서 2개의 접근해 있는 표적공에 맞힐 때에도 마세 치기는 유효하다.

앞의 그림과 같은 배치로 마세 치기를 하는 경우에는 큐의 세우는 조절이나 수구의 당점의 차이로 커브의 정도는 크게 변한다.

마세에는 보통의 마세와 '그랜드 마세'의 2종류의 타구법이 있다.

그랜드 마세는 브리지하는 손을 테이블에 붙이지 않고 마세 치기를 하는 최상급 테크닉이다. 이 때에는 힘을 너무 주지 않도록 가볍게 큐를 내리는 느낌으로 친다.

그랜드 마세는 갑자기 큰 커브로 구부러지는 것이 특징이다.

모두 초보자가 갑자기 연습하는 것은 불가능하기 때문에 다른 타구법을 정확히 할 수 있게 되고 나서 도전하자. 연습 때는 경기장의 허가를 받고 연습하는 것이 매너이다.

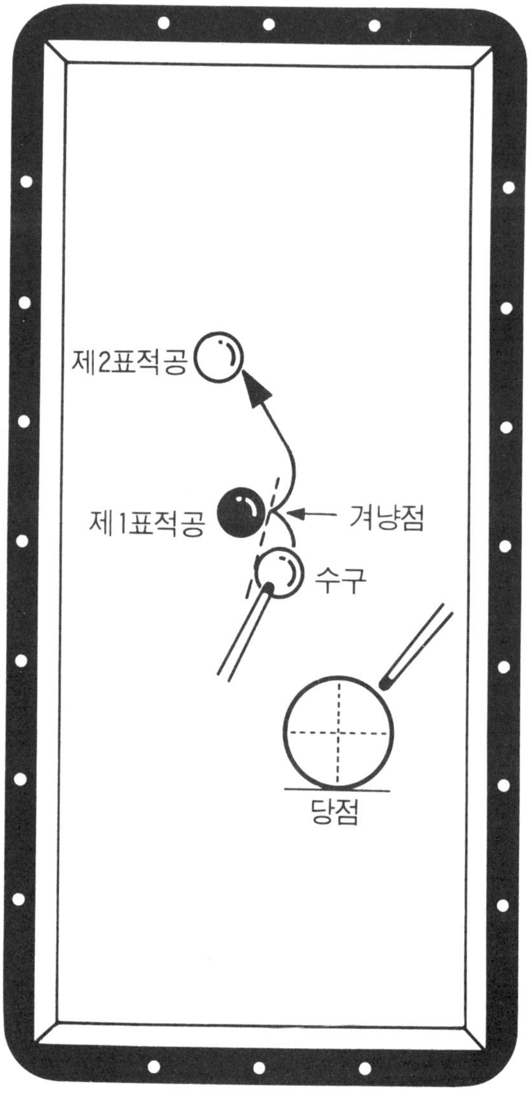

마세의 기본적인 겨냥법

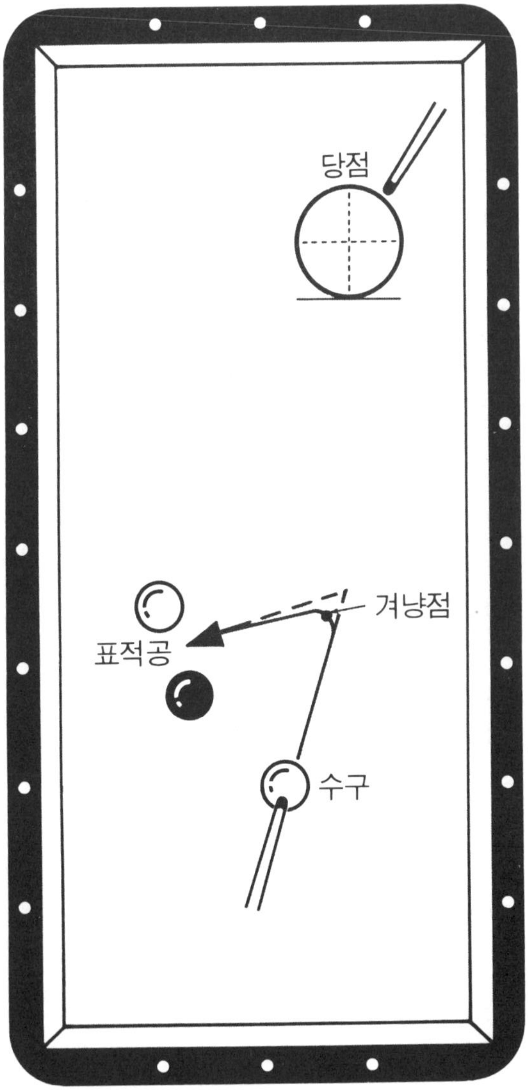

그랜드 마세의 기본적인 겨냥법 마세의 폼

세리 치기의 방법

모아치기의 상태를 무너뜨리지 않은 채 잇달아 득점해 가는 방법이 '세리 치기'라고 일컬어지는 고도의 테크닉이다.

세리 치기의 기본은 항상 수구와 표적공 2개를 직선으로 늘어놓지 않고 작은 삼각형의 형태를 무너뜨리지 않는 것이다.

세리 치기는 궁극의 테크닉이라고 일컬어지듯이 집중력과 기술의 정확성이 요구된다. 힘조절, 두께, 수구와 표적공의 진로 계산 등 모든 기술이 발휘되어야 비로소 가능한 기술이다.

세리 치기는 보통의 타구법과는 브리지, 스트로크, 그립이 다르다. 구체적으로는

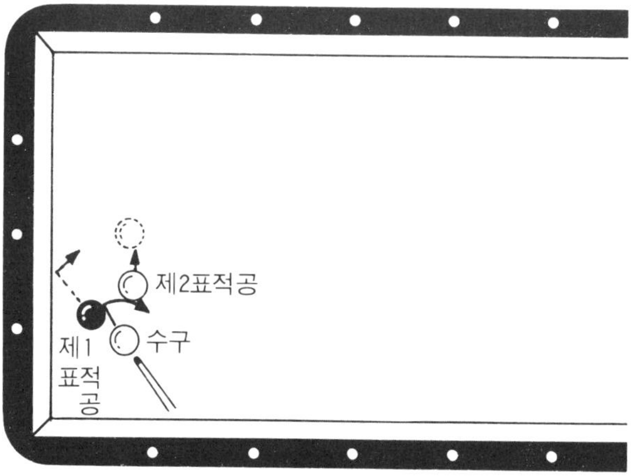

세리 치기의 기본적형

① 브리지와 큐 끝의 거리가 매우 짧다.

② 약하게 치기 때문에 그립은 중심이나 중심보다 앞.

③ 브리지는 큐 끝이 올라가지 않도록 누른다.

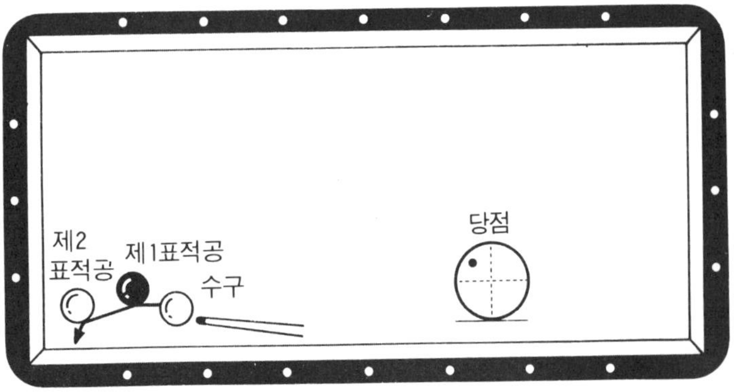

세리 치기의 타구법 예

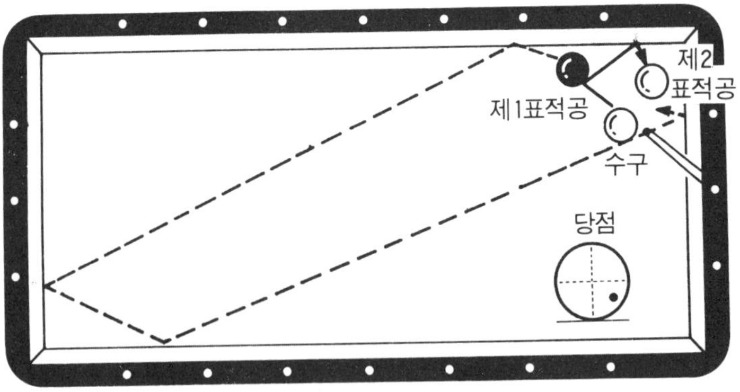

세리 치기의 타구법 예

④ 2번 치지 않도록 섬세한 스트로크를 한다.

등이다. 모두 어려운 테크닉을 필요로 하기 때문에 반복 연습이 필요하다.

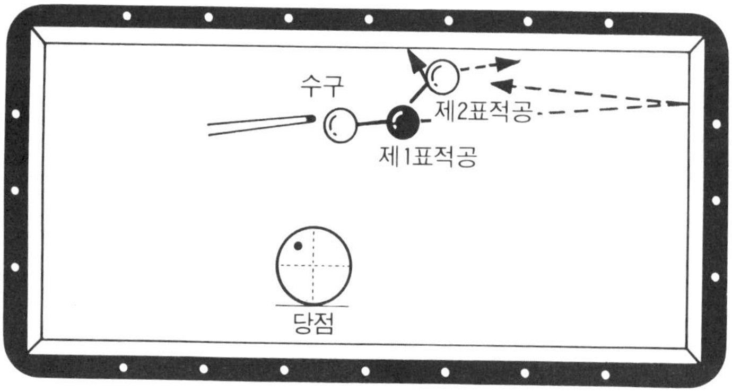

세리 치기의 타구법 예

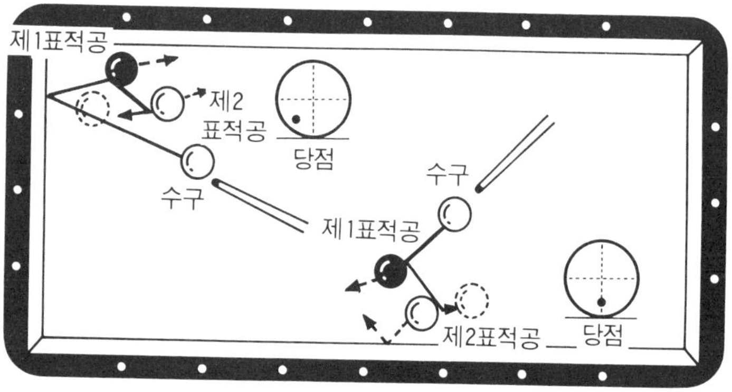

세리 치기의 타구법 예

마세의 폼

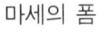

제 5 장

타구법과 겨냥법

당구공(Ball)의 성질

당구공의 운동과 진로

당구의 기본 동작을 충분히 마스터할 수 있다면 여러분은 수구를 잘 칠 수 있을 것이다. 당구는 룰에 따라서 수구를 표적공에 맞히고 혹은 수구로 표적공을 포켓에 떨어뜨려서 득점해 나가는 게임이다.

공의 운동은 매우 복잡하다. 수구의 어느 부분을 치면 생각대로 공을 달리게 할 수 있느냐라고 하는 연습을 시작하기 전에 물리적인 법칙을 토대로 하면서 공의 운동 원리를 알고 이 원리를 반복 연습을 통해서 습득해야 한다.

여러 가지로 변화하는 공의 회전 운동이나 진로에 직접 관계하는 세 가지의 큰 요소는 '당점', '두께', '힘조절'이다. 여기에서 쿠션에 맞혔을 때의 '입사각 반사각'을 덧붙인 4가지의 원리를 체득하는 것이 중요하다.

직경 6cm 전후의 작은 공을 마치 생물과 같이 자유 자재로 치기 위해서도 '당점=수구의 어느 부분을 치느냐', '두께=노린 표적공에 대한 수구의 겹치는 상태', '힘조절=쳐낼 때의 힘조절', '입사각 · 반사각 · 분리각=쿠션이나 표적공 맞고 나서의 수구의 진로 각도'라고 하는 공이 가진 특성을 기억하자.

수구를 성실하게 치지 않고 득점을 바라는 것은 도저히 무리한 일이다.

◐수구(手球)의 당점

수구에는 무수한 당점이 있다. 공의 직경은 61.5mm(4구는 65.5 mm) 이지만 구체이기 때문에 공의 끝은 칠 수 없다. 따라서 공의 칠 수 있는 범위에도 한계가 있다. 당점의 차이에 따라서 각각의 결과를 초래하지만 기본적으로는 그림에 표시한 9군데이다.

수구의 당점은 일반적으로는 중심 치기, 중심 위치기(밀어치기), 중심 아래치기(끌어치기), 오른쪽 옆치기(오른쪽 비틈), 왼쪽 옆치기(왼쪽 비틈), 우상치기(오른쪽 비틀어 밀어치기), 좌상치기(왼쪽 비틀어 밀어치기), 우하치기(오른쪽 비틀어 끌어치기), 좌하치기(왼쪽 비틀어 끌어치기)의 9군데이다.

그러나 우상치기라고 해도 둥근 공의 끝을 지나치게 치면 미스샷이 되는 경우가 있다. 초보자가 미스를 범하지 않고 칠 수 있는 범위는 공의 중심에서 직경의 10분의 6의 범위내일 것이다.

이 9개의 당점에 의해 변화하는 수구의 움직임을 반복 연습으로써 익히자.

수구의 당점

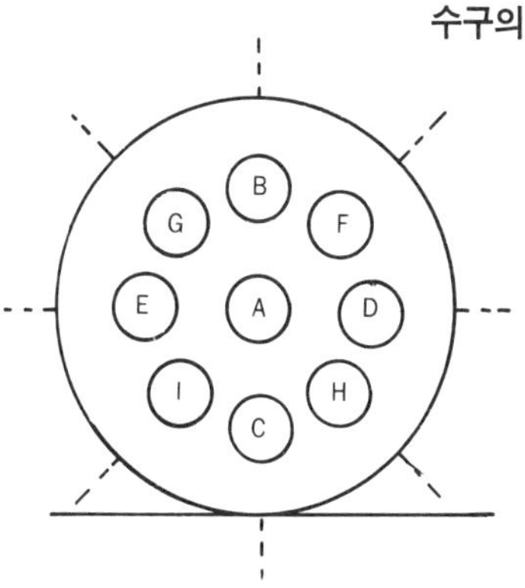

A 중심 치기
B 중심 위치기(밀어치기)
C 중심 아래치기(끌어치기)
D 오른쪽 옆치기(오른쪽 비틈)
E 왼쪽 옆치기(왼쪽 비틈)
F 우상 치기(오른쪽 비틀어 밀어치기)
G 좌상 치기(왼쪽 비틀어 밀어치기)
H 우하 치기(오른쪽 비틀어 끌어치기)
I 좌하 치기(왼쪽 비틀어 끌어치기)

수구의 당점

◐수구(手球)의 운동과 진로

수구는 각각의 당점에 따라서 여러 가지 변화로써 전진한다.

아래 그림을 보자. 중심 위, 중심, 중심 아래를 쳤을 때의 공의 변화를 나타낸 것이다.

수구의 위를 치면 공은 전진 회전하면서 나아간다. 중심을 치면 일정한 거리를 무회전으로 나아가고(이것은 쳐냈을 때의 힘조절로 거리가 변화한다) 그 후 전진 회전으로 나아간다. 중심 아래를 쳤을 때는 처음에 조금 활주하다가 역회전으로 나아가고 다음에 우회전의 상태가 되어 마지막은 전진 회전으로 변화한다.

다음 페이지의 그림은 공의 좌우를 쳤을 때의 수구의 변화이다. 오른쪽 옆을 치면 수구는 우회전하면서 쳐내진 큐의 방향으로 나아간다. 그리고 쿠션에 맞으면 오른쪽으로 반사해 나간다. 왼쪽 옆을 쳤을 경우도 마찬가지로 왼쪽으로 변화한다. 수구에 횡회전을 주는 것을

수구 당점에 의한 회전 운동

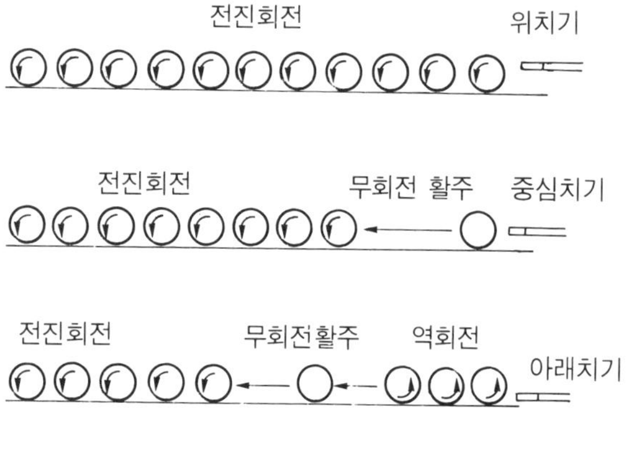

'비틈=잉글리시'라고 한다. 그리고 치는 장소에 따라서 '오른쪽 비틈', '왼쪽 비틈이라고 부른다. 당점이 중심에서 멀어질수록 비틈은 강해지고 반사각은 커진다.

수구의 옆 치기에 의한 회전과 진로

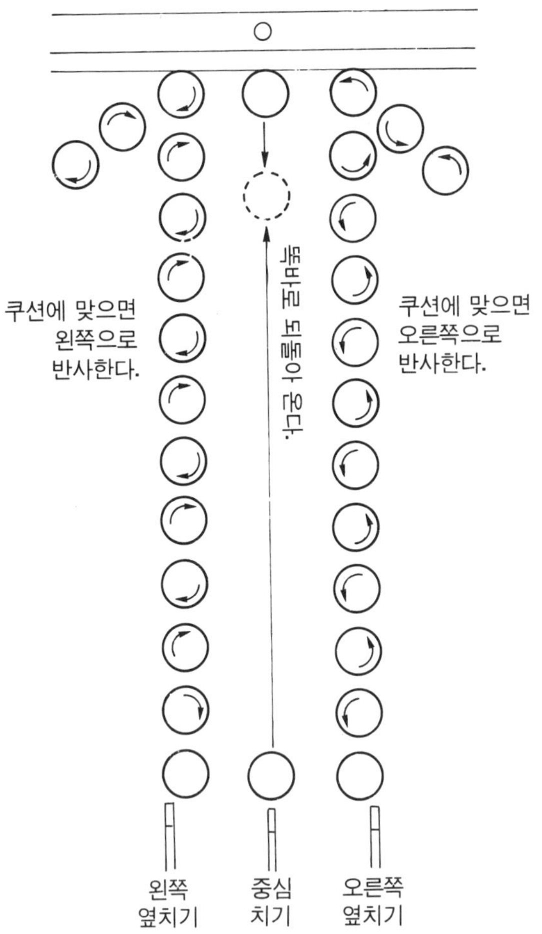
쿠션에 맞으면
왼쪽으로
반사한다.
똑바로 되돌아 온다.
쿠션에 맞으면
오른쪽으로
반사한다.
왼쪽
옆치기
중심
치기
오른쪽
옆치기

◐수구와 표적공의 운동과 진로

수구만으로 그 회전이나 진로를 마스터하면 다음에 수구가 표적공에 맞았을 때의 쌍방의 운동과 진로를 익히자.

다음 페이지의 그림은 수구의 중심 위에서, 중심, 중심 아래로 내려쳐서 표적공의 중심에 맞혔을 경우의 수구와 표적공의 진로를 나타낸 것이다.

① 수구의 중심 위를 치면 수구는 표적공에 맞은 후도 전진 회전을 하면서 표적공의 뒤를 좇아 간다. 이것은 '밀어치기'의 원리이다.

② 수구의 중심을 치면 표적공에 맞은 곳에서 스톱하고 표적공만이 전진한다. 이것은 비중이 같은 볼이 무회전으로 충돌했을 때 맞은 볼의 힘이 모두 맞혀진 볼에 흡수되어 버리기 때문이다.

③ 수구의 중심 아래를 치면 수구가 역회전의 힘을 상실하기 전에 표적공에 맞은 순간 수구는 자기 앞쪽으로 되돌아 온다. 이것은 '끌어치기'의 원리이다.

이런 경우 표적공은 모두 앞으로 전진한다.

캐럼 게임은 수구가 2개의 표적공에 맞음으로써 득점이 된다. 따라서 어디를 치면 맞고 나서 어떻게 변화하느냐라고 하는 수구가 표적공에 맞고 나서의 변화에 대해서 알아 두어야 한다. 이 세 가지의 기본기를 반복 연습하자.

◐두께와 겨냥점

수구가 제1표적공에 맞고 제2표적공으로 나아가는 분리각은 수구를 제2표적공을 향해 달리게 해서 득점하는데 있어서도 매우 중요하

수구와 표적공의 운동과 진로
(밀어치기와 끌어치기의 원리)

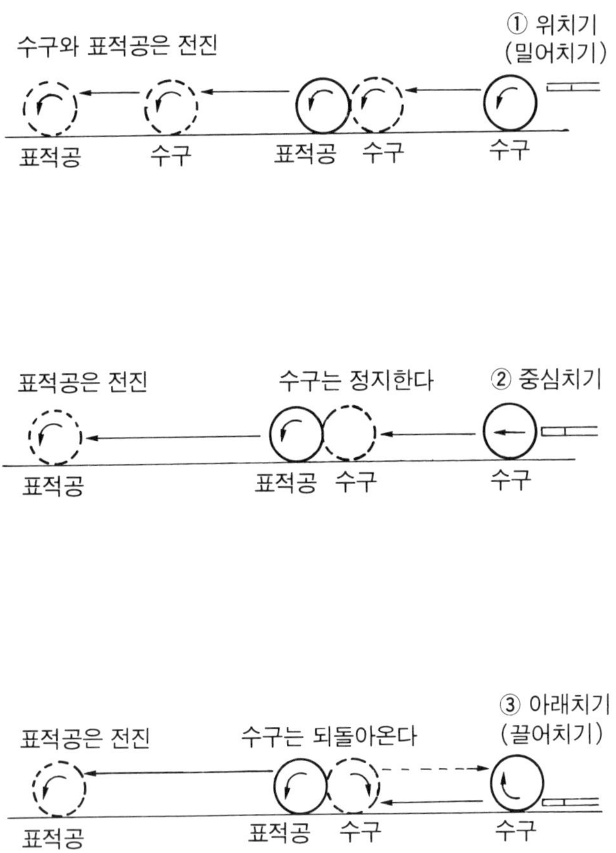

다. 가령 제1표적공에 제대로 맞아도 제2표적공과 완전히 동떨어진 방향으로 수구가 달려 버려서는 아무 소용도 없다.

수구와 표적공이 겹치는 비율, 즉 '두께'가 기본 기술의 큰 요소라고 말할 수 있다.

다음 페이지의 그림을 보자. 두께의 거는 법은 중앙 및 좌우로 2분의 1, 3분의 1, 4분의 1이라고 하는 식으로 나눠진다. 실제로는 무수히 많지만 초보자는 당점을 중심 위로 해서 같은 힘조절로 쳐 보고 두께의 차이에 의한 수구의 분리각을 터득하자. 예를 들면 수구의 중심과 표적공의 끝을 연결하는 연장선의 타구법을 하는 경우 서로 좌우 반씩 겹치게 된다. 즉, 2분의 1의 두께라고 하는 것이다.

두께의 거는 법에서 특히 주의해야 하는 점은 수구가 표적공에 맞는 접점과 겨냥점이 다르다고 하는 것이다. 다시 한 번 그림을 잘 보고 접촉하는 점과 겨냥점의 차이를 확인하자. 또한 큐를 스트로크하고 있을 때 접점과 겨냥점의 선상에 정확하게 큐가 나와 있는지 어떤지를 확인할 필요가 있다. 그리고 수구를 치는 순간에는 눈은 표적공의 겨냥점을 확실하게 확인하고 있어야 한다.

이 겨냥점을 상상점(이미지너리 포인트)이라고 한다.

◐힘조절과 수구의 진로

수구를 쳐낼 때의 힘조절은 사진이나 그림으로는 설명할 수 없는 것이다. 따라서 추상적인 표현밖에 할 수 없다. 세게 친다, 약하게 친다, 약간 세게 친다, 보통으로 친다고 하는 것 같은 표현밖에 할 수 없다. 그러나 수구를 컨트롤하고 혹은 표적공에 맞고 나서의 수구의 진행 방향에 미묘한 변화를 초래하는 힘조절은 실제 플레이에

두께 거는 법과 겨냥점

수구가 표적공에 겹치는 비율=두께

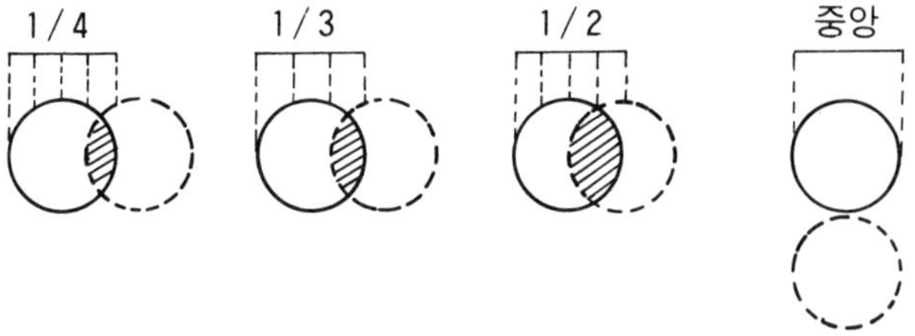

큐를 쳐내는 방향=겨냥점

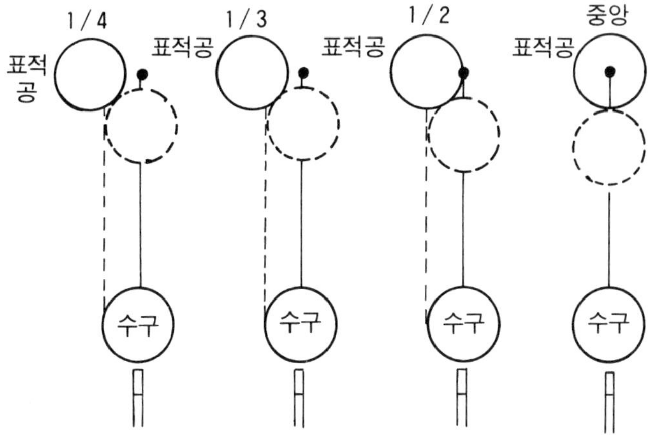

있어서 매우 중요한 요소라고 말할 수 있다.

아래 그림과 같이 치는 부분이나 두께를 일정하게 하고 힘 조절만 변화시켜 보면 수구의 분리해가는 상태를 잘 알 수 있다.

기량이 향상됨에 따라서 자연히 힘 조절은 컨트롤되지만 이것은 설명을 듣는 것보다도 스스로 치면서 체득해 나가는 이외에 방법은 없다.

초보자는 무턱대고 세게 치고 있는 경우가 많은 것 같다. 수구는 절대 힘껏 칠 필요가 없다.

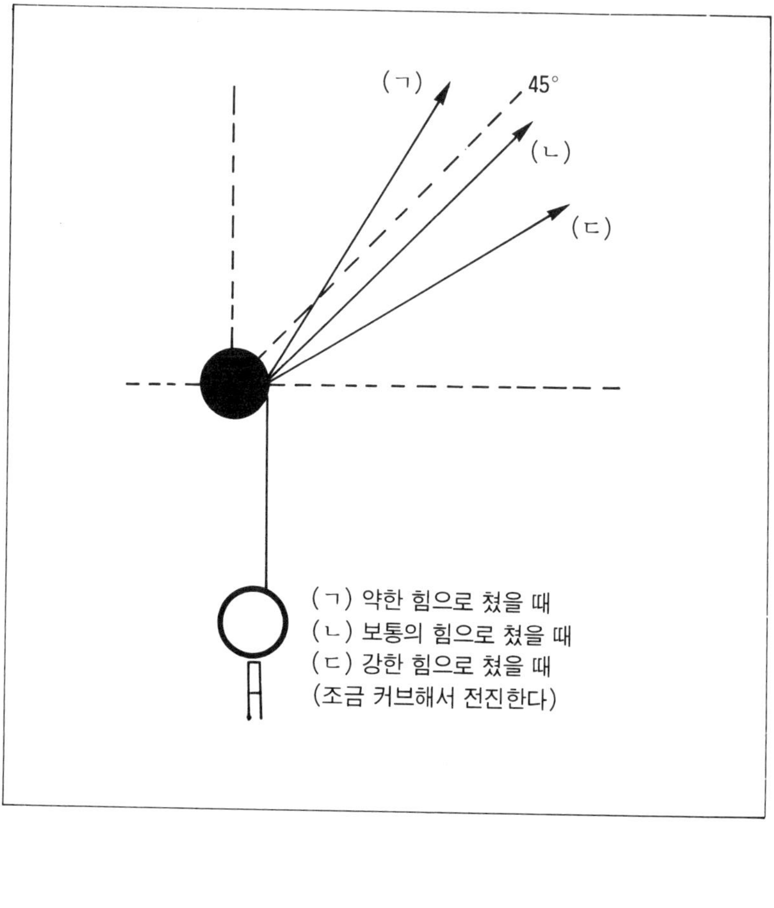

◐입사각과 반사각

수구를 쿠션에 맞혔을 경우 수구가 쿠션을 향해 가는 각도를 입사각, 쿠션으로부터 되튀어 오는 각도를 반사각이라고 한다. 이 각도는 당점의 차이나 힘 조절 혹은 비틈의 강약에 의해 달라지지만 실제로는 이 쿠션을 이용하는 경우가 매우 많기 때문에 이것을 제대로 구사하는 것이 숙달의 큰 포인트가 된다.

수구의 중심을 쳐서 쿠션에 넣었을 경우 입사각과 반사각은 완전히 똑같아진다. 단, 각도가 90도 이상의 둔각일 경우 반사한 수구의 진로는 다소 늘어나서 나간다. 또한 중심 아래를 쳤을 때나 힘조절에 따라서도 반사각은 변화한다.

수구에 비틈을 주어 쿠션에 넣으면 수구의 반사각은 극단적으로 효과를 나타낸다. 비틈은 쿠션에 많이 넣을수록 큰 회전을 공에 주기 때문이다.

입사각과 반사각은 중심을 쳤을 경우, 비틈을 주었을 경우에 각각 변화하지만 나중에 서술한 '빈 쿠션' 등의 기법의 기초가 되는 것이기 때문에 연습에 의해 잘 익혀 둔다. 당구의 경기, 스페이스는 쿠션에 의해 둘러싸여 있는 까닭에 쿠션과 공의 운동 관계를 이해하고 힘조절의 차이에 의한 각도의 변화, 보통으로 쳤을 때와 비틈을 주었을 때의 변화, 순비틈과 역비틈에 의한 변화, 예각과 둔각의 경우의 차이 등을 터득하면 숙달도 빨라진다.

◐수구의 기본적인 반사각

수구가 표적공에 맞고 나서의 회전과 진로는 당점이나 두께, 힘조절이라고 하는 요소에 의해 여러 가지로 변화한다. 이런 움직임을 습득하기 위해서는 먼저 수구가 표적공에 맞고 나서 어떻게 반사각해 나가는지 또 표적공은 어떻게 분리해 나가는지 하는 기본적인 원칙을 알아야 한다.

다음 페이지의 그림은 수구의 기본적인 반사각을 나타낸 것이다. 수구의 중심 위에서 중심 아래에 걸쳐 당점을 변화시키면서 쳐 2분의 1의 두께로 표적공에 맞혔을 때의 반사각이다.

4구 게임의 경우 이 타구법을 하는 경우가 많기 때문에 반복 연습해서 익히도록 한다. 그리고 이 기본적인 타구법을 터득한 후 다음에 당점을 일정하게 하고 두께에 변화를 주면서 표적공에 맞고 나서의 수구의 반사각의 변화를 연습한다.

가장 쳐내기 쉬운 중심에서 약간 위를 두께 4분의 3으로 칠 경우는 수구의 중심과 표적공의 중심을 연결하는 선에 대해서 약 70도의 반사각이 되고 얇게 맞히면 맞힐수록 반사각은 적어진다. 즉, 두껍게 맞힐수록 자기 앞쪽에서 멀리 반사한다.

당점에 대해서는 일반적으로 45도를 기준으로 하고 45도 이하로 할 경우는 당점을 중심보다 위에, 45도 이상으로 반사시킬 때는 중심보다 아래로 한다.

수구의 기본적인 반사각

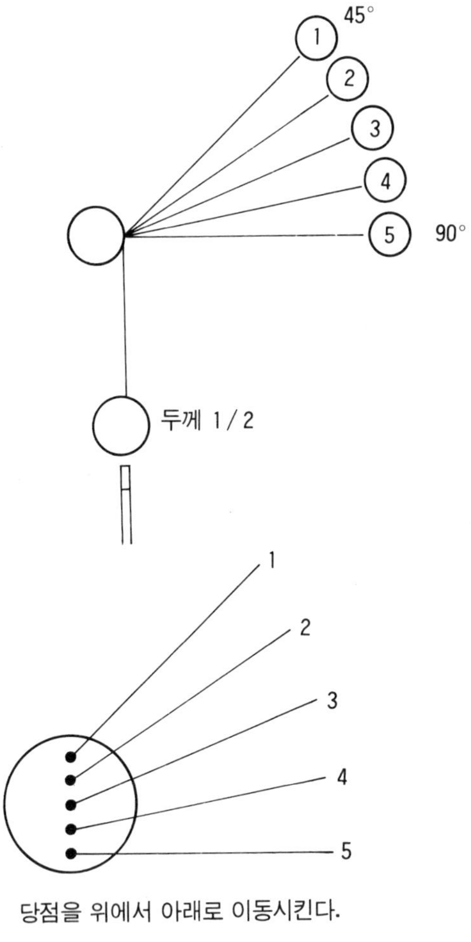

당점을 위에서 아래로 이동시킨다.

기본 기술과 그 응용

기본적인 타구법

수구를 2개의 표적공에 맞히기 위해서는 여러 가지 기본적인 맞히는 법이 있다. 실제로 게임을 할 때 이런 기본적인 공의 맞히는 법이 기초가 되어 그 조합에 의해 샷을 거듭해 나가게 된다. 공의 배치는 항상 천차 만별이기 때문에 배치에 따른 기법을 이용해야 한다. 어떤 배치의 공에는 어떤 맞히는 법이 가장 적절한지를 정확히 판단할 수 있게 되어야 한다.

포켓 게임의 특수한 맞히는 법은 나중에 서술하기로 하고 실제 게임에 필요한 기본적인 맞히는 법(당구에서는 보통 타구법이라고 하는 표현을 이용하고 있다)을 완전히 마스터해 버리는 것은 예를 들면 영어 단어를 외우는 것과 같다. 상급자가 되면 될수록 이 단어를 많이 알고 있다. 2단어의 조합, 3단어의 응용이라고 하는 식으로 범위가 넓어져 가면 갈수록 정확하게 표적공에 맞힐 수 있다. 초보자는 이 기본적인 타구법을 하나 하나 단어로서 기억하자. 그것이 숙달로 이어지는 것이다.

상급자의 플레이를 관찰하는 것도 하나의 방법이다. 또한 그림에 의해 반복 연습하는 것도 필요하다. 코치의 수정 지도를 받는 것도 중요하다. 그러나 무엇보다도 우선 자기 자신의 몸으로 터득하는 것이 가장 중요한 것임을 잊어서는 안 된다.

◐서브

실제 게임의 진행 방법을 나중에 서술하겠지만 서브 때의 공이 놓이는 위치는 오른쪽 그림과 같이 정해져 있다. 이것은 4구 게임의 경우이지만 보크라인 게임이나 스리 쿠션 게임과 같이 공이 3개인 게임의 경우는 당연히 다른 형태의 배열 방법이 된다.

4구 게임의 경우 서브의 타구법은 수구의 바로 앞에 놓인 붉은 공부터 맞혀 나간다. 그리고 전방의 제2표적공에 맞히는데 적·백 중 어느 공에 맞아도 상관없다. 서브는 선으로 나타냈듯이 계속 쳐 나가는데 편리하도록 직접 적 또는 백의 제2표적공에 맞혀도 혹은 쿠션을 이용해서 쳐도 상관없다. 단, 초보자의 경우는 우선 자기 앞쪽의 붉은 공에 맞히고 다음에 전방의 붉은 공에 맞히는 겨냥법이 가장 정확도가 높은 타구법이라고 말할 수 있다.

2개의 표적공에 맞으면 그대로 계속 쳐 나갈 수 있는 권리를 얻지만 만일 1개밖에 맞지 않으면 그대로의 상태에서 후공 플레이어와 교대한다.

서브의 연습은 당점을 중심 위로 하여 최초의 붉은 공에 어느 정도 겹쳐서 맞히면 전방의 붉은 공을 향해 어떻게 나아가는지를 반복 연습을 통해서 터득한다.

서브 공의 위치는 중앙에 일직선으로 배열하도록 주의하자.

◐이지 볼(삼각구)

이지 볼은 수구, 제1표적공, 제2표적공 3개의 공이 수구 가까이에 삼각형으로 가장 치기 쉬운 형태로 배열되어 있다.

4구 서브의 예

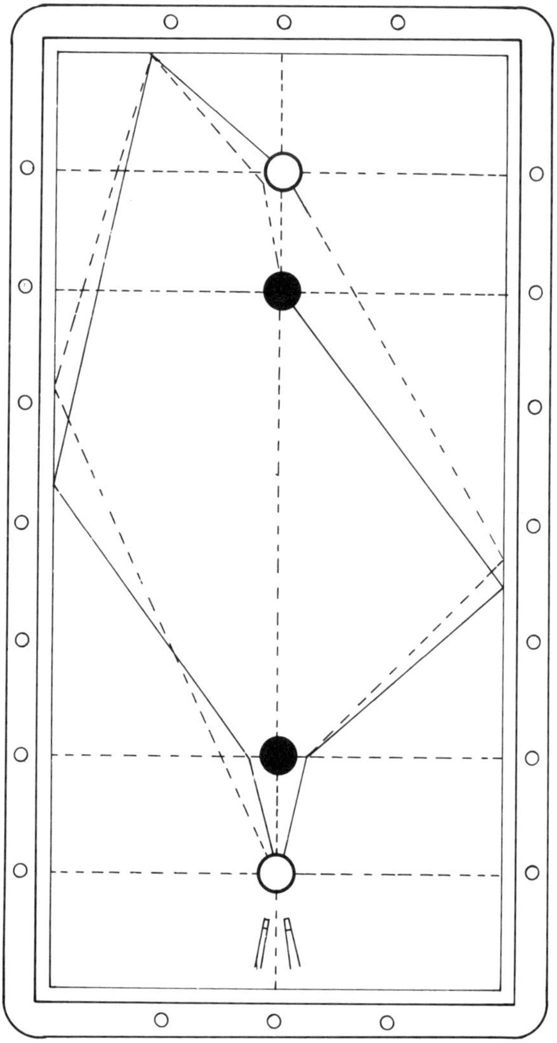

연습 때는 수구에 비틈을 주지 않고 중심 위를 쳐 준다. 그리고 앞에 서술한 수구와 제1표적공의 접촉점과 겨냥점의 차이를 기억하자.

접촉점과 겨냥점의 차이를 조금 더 자세하게 설명하자면 제1표적공과 제2표적공의 끝을 연결하듯이 선을 긋는다. 그리고 이 선에 직각이 되도록 제1표적공의 중심으로부터도 마찬가지로 선을 그어 정확히 공의 반경의 길이로 연장한 점이 겨냥점이다.

물론 실제로는 이런 선을 그을 수 없기 때문에 어디까지나 머릿속으로 상상한 선이나 점을 그린다. 처음은 수구, 제1표적공, 제2표적공이 45도의 각도를 갖는 듯한 형태로 연습하자. 4, 5번 정도 연습하면 2개의 공에 정확하게 맞힐 수 있게 된다.

가까운 이지 공을 맞힐 수 있게 되면 공과 공의 거리를 순차적으로 늘려서 쳐 보자. 거리가 늘어나도, 즉 먼 위치에 있어도 원리는 같다. 정확하게 45도의 각도로 수구가 전진하면 제2표적공에 맞는다.

45도로 수구를 반사시키는 경우의 두께는 2분의 1이다.

◐밀어치기

밀어치기는 제1표적공에 맞힌 수구를 그 표적공을 밀어내듯이 해서 제2표적공으로 전진시키는 타구법이다. 당점은 모두 위 치기이다.

수구와 표적공이 겹쳐진 듯한 상태로 배열된 경우 제1표적공에 맞는 수구를 그대로 전방으로 전진시켜야 한다. 접촉점을 틀리면 표적공끼리 부딪쳐서 제2표적공은 다른 쪽으로 달려가 버린다. 어느

이지 공의 겨냥점

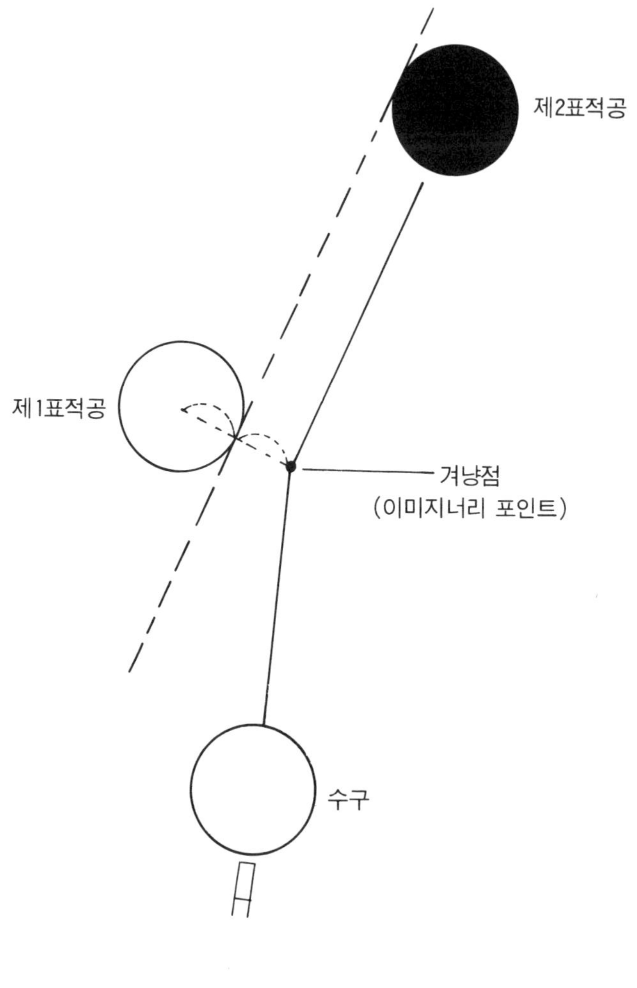

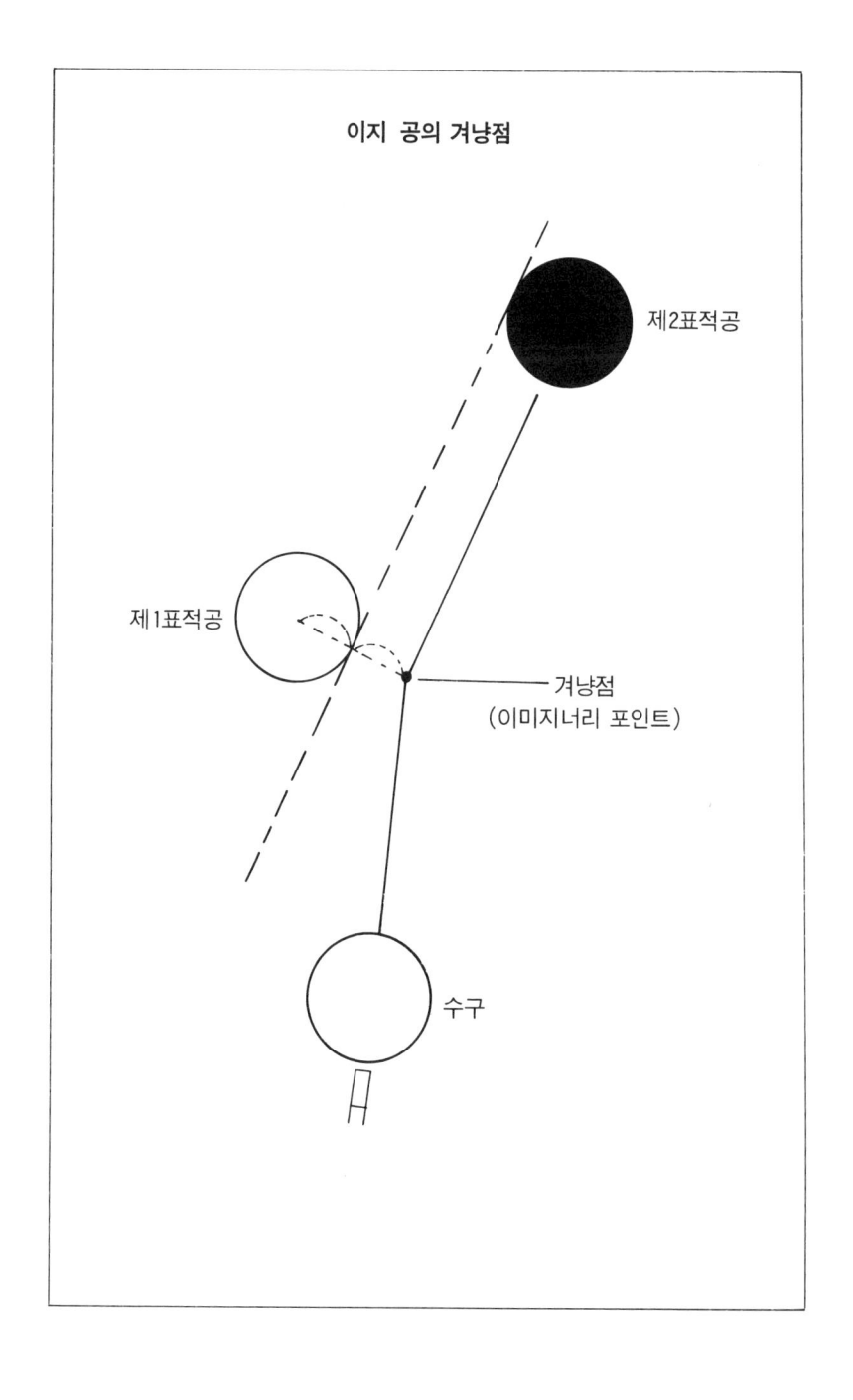

정도의 각도가 있으면 제1표적공은 제2표적공을 피해서 전진하고 뒤를 쫓듯이 수구가 나아가지만 초보자의 경우 표적공끼리의 충돌이 매우 많은 것 같다. 따라서 밀어치기의 연습은 처음은 다소 각도를 준 배열 방법으로 실시한다.

밀어치기는 페더 볼(얇게 치기)로 칠 수 없는 경우에 이용한다. 단, 수구와 제1표적공이 2분의 1 이상 겹쳐 있기 때문에 공과 공이 너무 접근해 있으면 리쿠 치기(2번 치기=반칙)가 되므로 충분히 주의한다. 겨냥점은 그림과 같다. 밀어치기의 원리를 터득하면 기술이 향상됨에 따라서 밀어 빼내기 등 고도의 테크닉을 할 수 있게 된다.

더욱이 수구와 제1, 제2표적공이 일직선이나 거기에 가까운 상태로 배열된 경우는 밀어치기로 칠 수 없다.

밀어치기의 기본적인 타구법

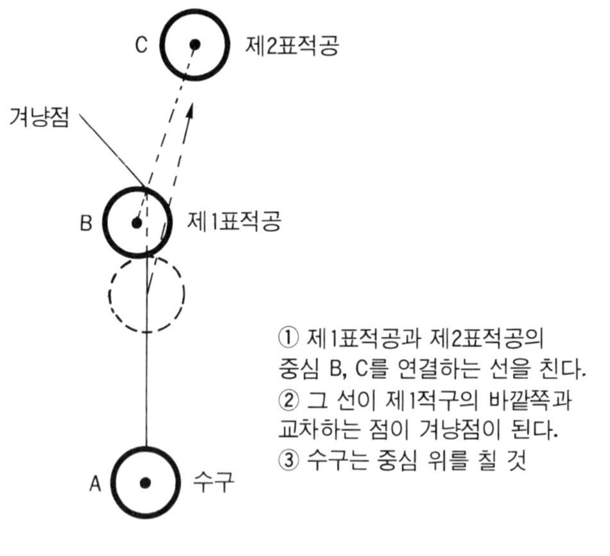
C
제2표적공
겨냥점
B
제1표적공
A
수구
① 제1표적공과 제2표적공의
중심 B, C를 연결하는 선을 친다.
② 그 선이 제1적구의 바깥쪽과
교차하는 점이 겨냥점이 된다.
③ 수구는 중심 위를 칠 것

밀어치기

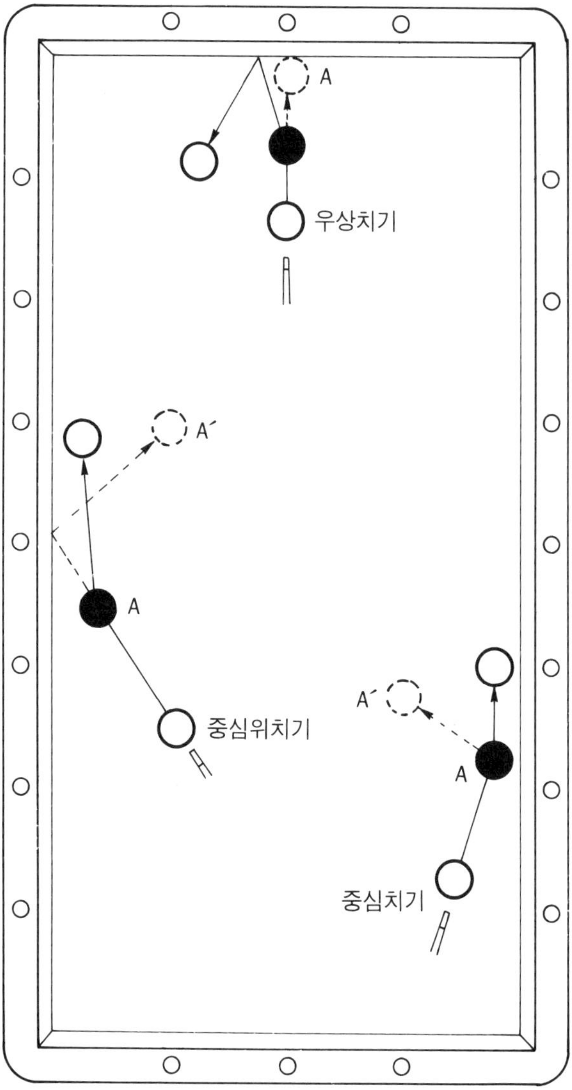

먼 밀어치기

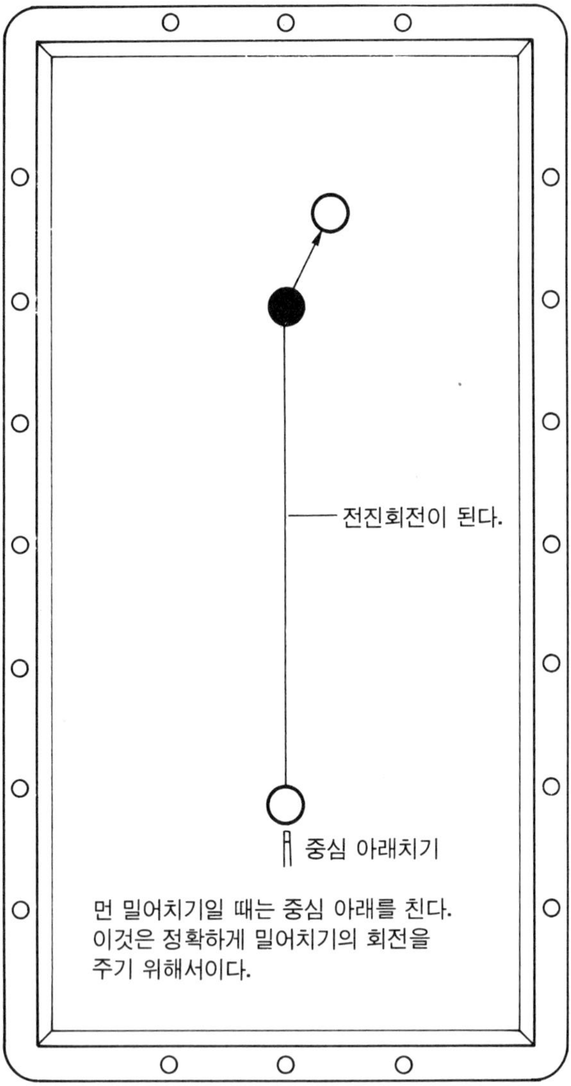
전진회전이 된다.
중심 아래치기
먼 밀어치기일 때는 중심 아래를 친다.
이것은 정확하게 밀어치기의 회전을
주기 위해서이다.

◐끌어치기

밀어치기와는 반대로 수구의 아래를 쳐서 역회전을 주면서 제1표적공에 맞혀 제2표적공까지 되돌려 오는 타구법이다.

그림과 같이 수구의 중심에서 제1, 제2표적공의 중심으로 연결한 선을 긋는다. 그것을 2등분한 제1표적공의 원주에서 약간 안쪽의 점이 겨냥점이 된다. 끌어치기의 경우 겨냥점이 자기 앞쪽에 있기 때문에 밀어치기와 달리 비교적 겨냥을 정하기 쉽다고 말할 수 있다. 2등분선이 제1표적공의 원주와 교차한 점을 겨냥점으로 해도 끌어치기의 타구법이 되지만 얇게 맞히게 되므로 미스를 범하기 쉽다.

초보자의 경우 끌어당기는 것을 너무 의식해서 정확하게 큐를 내밀지 않고 치는 순간에 큐와 몸을 끌어당겨 실패하는 경우가 가끔 있다. 정확한 스트로크로 공의 아래를 치면 부드럽게 쳐도 공은 자기 앞쪽으로 되돌아 온다. 또는 아래를 치는 데에 구애되어 큐 뒤쪽을 일부러 위로 올려서 치고 있는 경우도 흔히 눈에 띄는데 이것도 미스의 원인이 된다. 브리지를 낮춰서 부드럽게 쳐내 주자.

수구에 비틈을 주면서 끌어치기를 하는 경우도 있지만 처음은 중심 아래를 쳐서 연습한다. 중심 아래를 쳐서 표적공의 중심에 맞히면 똑바로 되끌리지만 표적공의 끝에 맞히면 거의 바로 옆으로 나아간다. 두께에 의한 끌어치기의 반사각을 연습으로 터득하자.

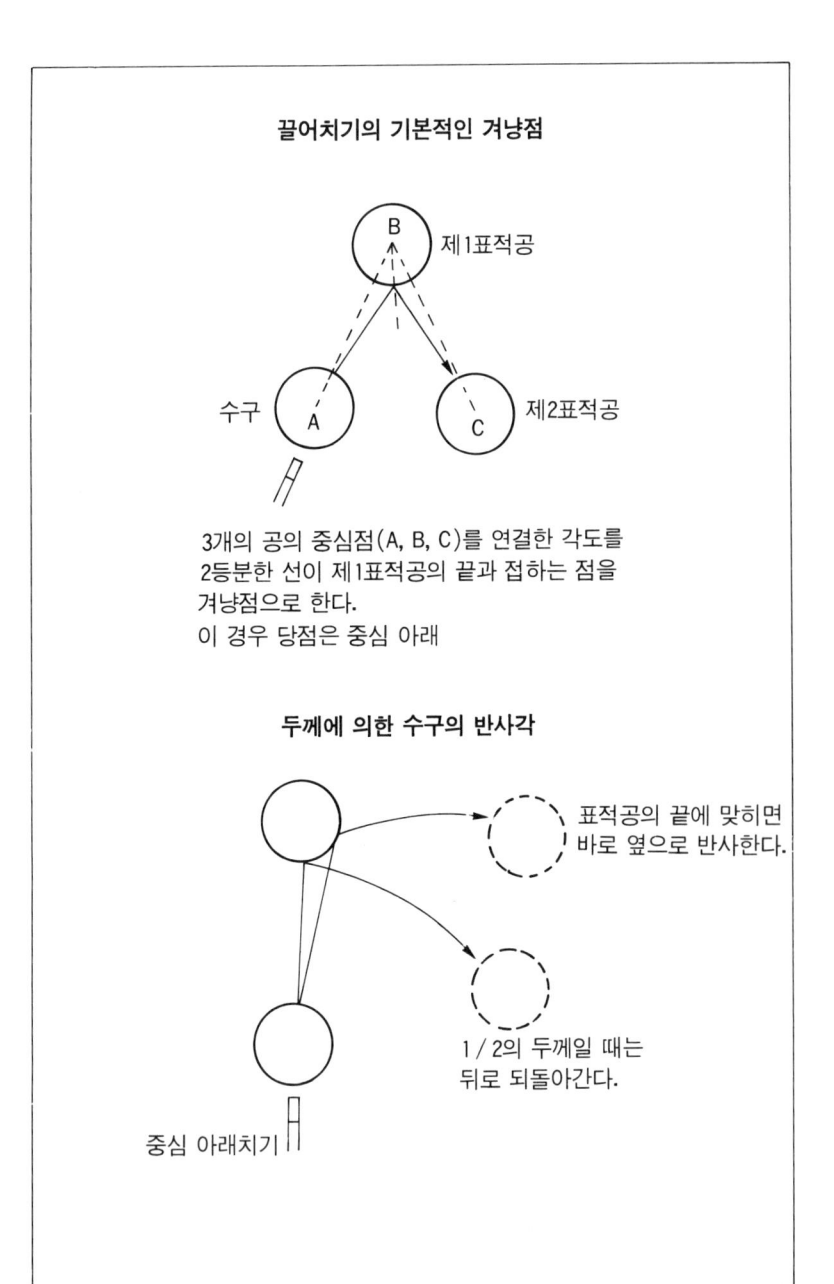

끌어치기의 기본적인 겨냥점

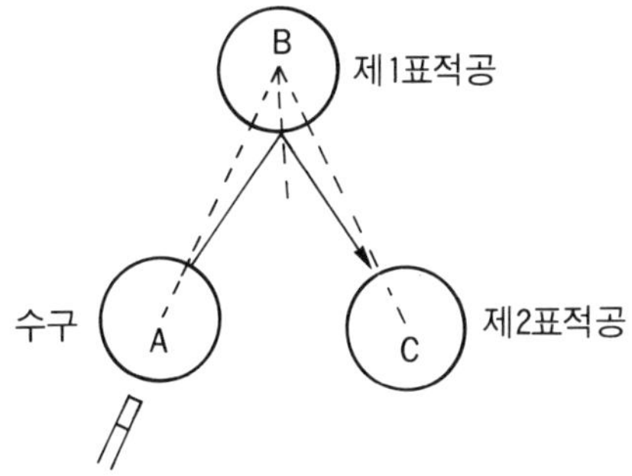
B
제1표적공
수구
A
C
제2표적공

3개의 공의 중심점(A, B, C)를 연결한 각도를
2등분한 선이 제1표적공의 끝과 접하는 점을
겨냥점으로 한다.
이 경우 당점은 중심 아래

두께에 의한 수구의 반사각

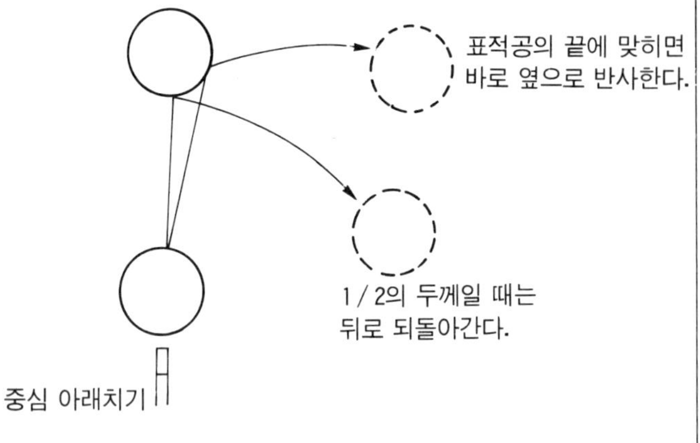
표적공의 끝에 맞히면
바로 옆으로 반사한다.
1/2의 두께일 때는
뒤로 되돌아간다.
중심 아래치기

◐얇게 치기(페더 볼)

수구와 제1, 제2표적공이 거의 직각에 가까운 상태로 배열되어 있을 때 제1표적공에 얇게 맞히는 타구법이다.

얇게 치기의 타구법은 비교적 어렵고 정확한 겨냥과 샷을 하지 않으면 좀체로 맞지 않는다. 따라서 제1표적공과 제2표적공이 떨어져 있는 경우는 밀어치기로 치든가 쿠션을 이용해서 치든가 다른 타구법을 생각하자.

얇게 치기의 겨냥점을 그림과 같이 수구와 제1표적공의 끝이 아주 조금 겹치도록 선을 긋고 이 선을 따라서 수구를 직진시키도록 한다. 제1표적공의 옆에 또 1개 공이 있는 것 같이 상상하고 그 상상볼을 향하여 수구를 직진시키면 가볍게 닿는 정도로 공이 맞아 제2표적공으로 향한다.

수구는 부드럽고 가볍게 치는 것이 요령이다. 너무 세게 치거나 제1표적공에 두껍게 맞히거나 하면 미스를 범한다.

실제 게임에 있어서 얇게 치기로 맞히는 타구법의 정도는 그다지 없다. 그것은 상급자라도 실패하는 경우가 많기 때문이다.

그러나 아무래도 얇게 치기로 쳐야 하는 경우가 있기 때문에 연습에 의해 그 요령을 터득해 둘 필요가 있다.

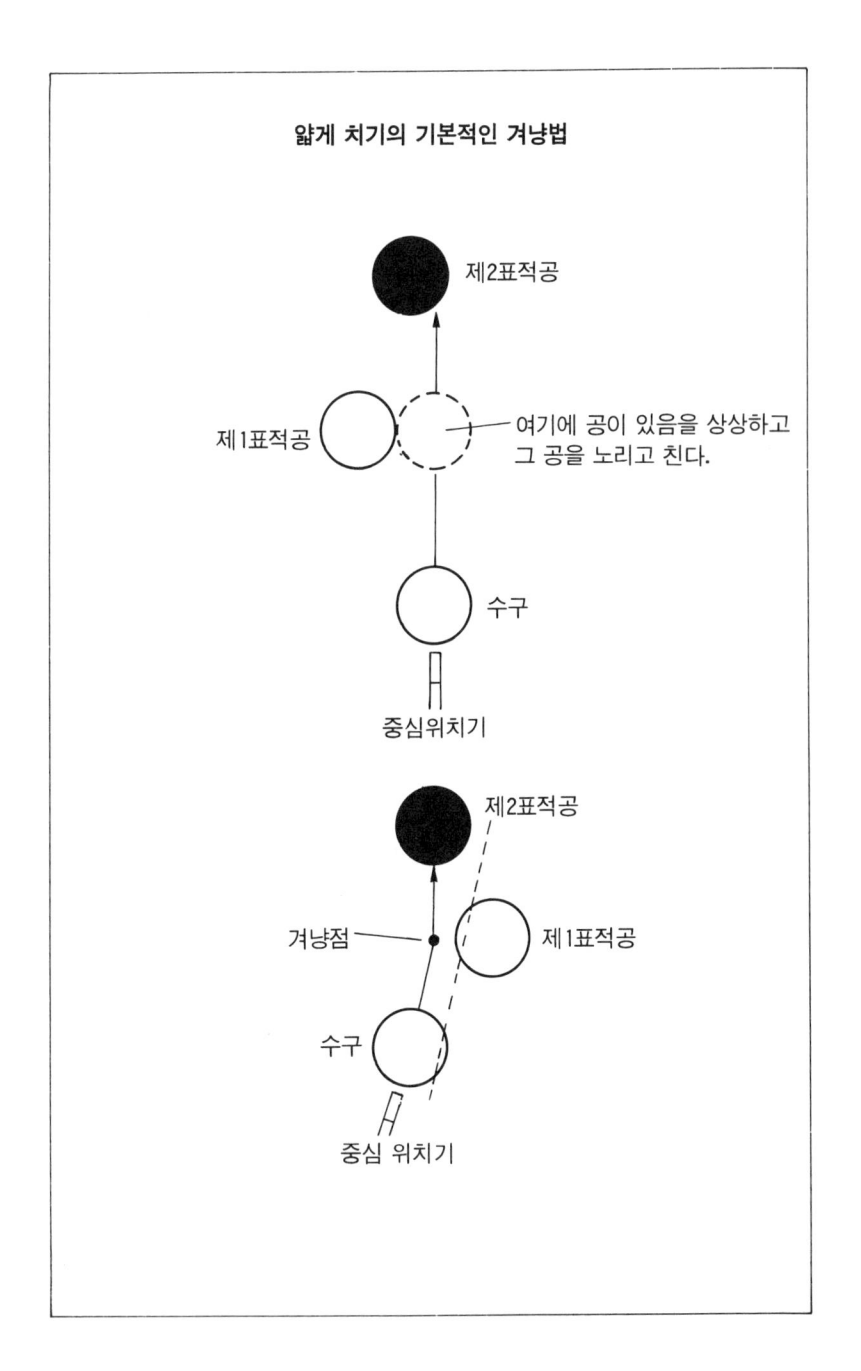

얇게 치기의 기본적인 겨냥법

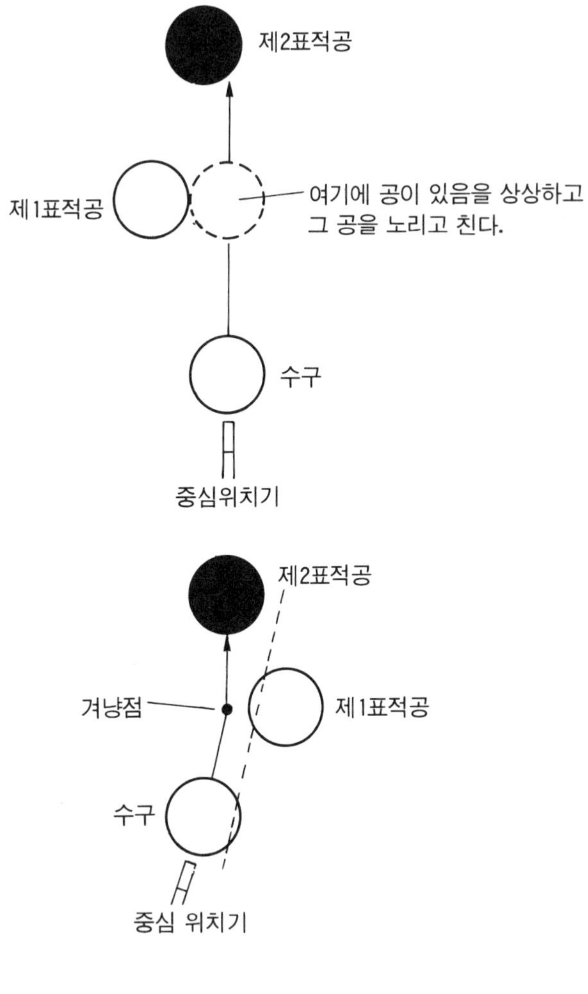

◐비틈(잉글리시)

수구의 운동과 진로의 항에서도 설명했지만 수구의 중심선에서 조금이라도 좌우로 당점을 비켜서 치면 공에 회전이 생긴다. 이것이 비틈(잉글리시)이다. 즉, 수구의 옆이나 비스듬히 위를 쳐서 회전을 주어 표적공의 진로나 쿠션에 들어가고 나서의 수구 각도를 자유롭게 컨트롤하는 타구법이다.

비틈에는 순비틈과 역비틈이 있다. 순비틈이란 수구의 우측을 쳐서 표적공의 우측에 맞히는 타구법으로 당연히 좌측을 쳐서 표적공의 좌측에 맞히는 것도 순비틈이다. 역비틈이란 수구의 우측을 쳐서 표적공의 좌측에 맞히는 타구법이다(왼쪽을 치는 경우는 이 반대이다). 비틈은 수구가 자연스럽게 굴러가는 상태를 더욱 가속하거나 쿠션에 들어가고 나서의 반사각을 자유롭게 컨트롤할 때에 이용한다. 순비틈과 역비틈에 의한 수구의 입사각과 반사각의 차이를 쿠션을 이용해서 터득하자.

수구에 비틈을 줄 때는 그립의 위치를 일정하게 하고(지점으로 하고) 브리지의 위치를 좌우로 비켜 주자. 이렇게 함으로써 표적공에 대한 두께의 조절을 잘 알 수 있다.

실제 게임에 있어서 이 비틈의 응용 범위는 매우 다양하게 이용할 수 있기 때문에 비스듬히 위, 바로 옆, 비스듬히 아래로 당점을 바꿔 치면서 중심 치기 경우와의 수구 반사각의 차이를 확인하자. 비틈에 의한 회전은 힘조절에 따라서 달라진다.

비틈과 반사각

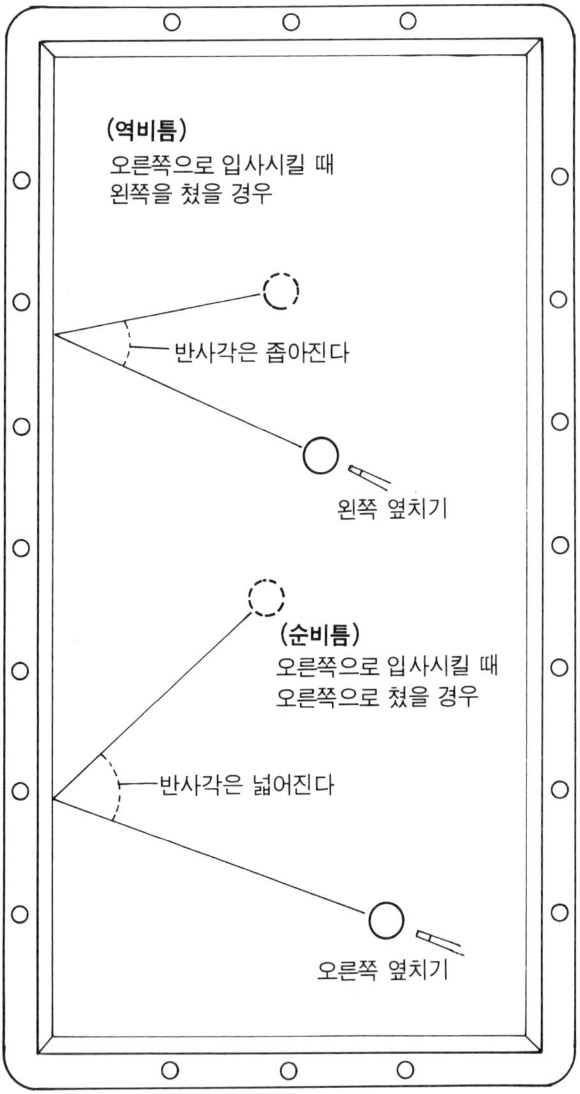
(역비틈)
오른쪽으로 입사시킬 때
왼쪽을 쳤을 경우
반사각은 좁아진다
왼쪽 옆치기
(순비틈)
오른쪽으로 입사시킬 때
오른쪽으로 쳤을 경우
반사각은 넓어진다
오른쪽 옆치기

◐되받아치기

되받아치기란 제1표적공이 쿠션 가까이에 있는 경우 표적공에 맞힌 수구를 진행 방향과는 역방향으로 되돌려서 제2표적공에 맞히는 타구법이다. 그림을 보자. 제1표적공에 맞은 수구는 오른쪽으로 반사하여 쿠션에 맞는다. 본래라면 수구는 그대로 오른쪽으로 반사해 가지만 반대로 쿠션에 맞고 나서 왼쪽으로 반사하여 제2표적공으로 나아간다.

되받아치기의 타구법은 중심 위치기의 경우도 있지만 보통은 제1표적공의 우측에 맞힐 때는 수구에 왼쪽 비틈을, 좌측에 맞힐 때는 오른쪽 비틈을 준다.

되받아치기는 제2표적공의 위치에 따라 수구의 당점이 변화한다. 또한 수구의 위치에 따라서도 당점이나 두께가 변화한다. 되받아치기의 연습은 수구와 제1표적공의 위치를 바꾸지 않고 제2표적공의 위치를 조금씩 비키면서 당점과 두께를 터득한다. 마찬가지로 제1과 제2표적공의 위치를 바꾸지 않고 수구의 위치를 조금씩 비키면서 쳐 본다.

되받아치기에서 주의해야 하는 점은 3개의 공이 너무 접근해 있는 경우 수구가 쿠션에 맞아서 제2표적공으로 나아갈 때에 같은 방향으로 분리해 나가는 제1표적공이 방해를 해 버리는 것이다. 혹은 제1표적공이 닿기 전에 제2표적공에 맞고 튀겨 버리는 경우도 있다.

되받아치기를 잘 이용하는 것이 연속득점으로 이어진다.

되받아치기

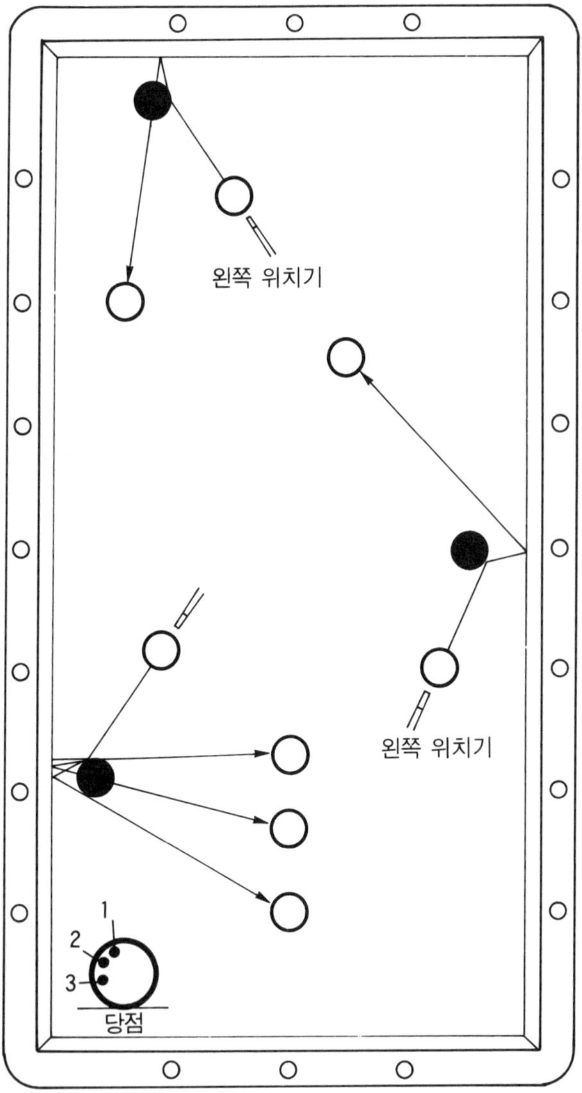

◐마중나오기 치기(타임 샷)

마중나오기 치기란 제1과 제2의 표적공이 가장자리에 늘어서서 쿠션에 접근해 있을 때 제1표적공을 제2표적공에 맞혀서 이것을 쿠션에 넣고 되튀겨 온 곳에서 수구와 만나게 하여 맞히는 타구법이다.

마중나오기 치기는 초보자에게는 약간 어려운 타구법이다. 2개의 표적공이 늘어선 각도나 쿠션까지의 거리에 의해 당점이나 두께 혹은 힘조절이 변화해 가기 때문이다.

마중나오기 치기는 밀어치기의 일종으로 대부분 비틈을 건 위치기이다. 마중나오기 치기의 원리를 조금 더 자세히 설명하자면 접촉한 볼은 각각 역회전 운동을 낳는다고 하는 점을 이용한 것이다. 따라서 볼의 배치에 따라서 타구법은 달라지지만 쿠션으로부터 되튀겨 오는 제2표적공을 우측에서 수구와 만나게 하고 싶을 때는 오른쪽 위를 치고 반대로 좌측에서 만나게 하고 싶을 때는 수구의 왼쪽 위를 친다.

3개의 공이 일직선으로 늘어서 있는 경우는 마중나오기 치기로는 칠 수 없다. 또한 다소 벗어나 있어도 2개의 표적공과 쿠션이 밀착해 있는 것 같은 경우도 칠 수 없다.

마중나오기 치기는 다음 샷으로의 연결로서 필요한 때 이외는 그다지 이용되지 않는다. 단, 공의 배치에 따라서는 아무래도 마중나오기 치기로 쳐야 하는 경우가 있기 때문에 연습에 의해 그 움직임을 파악한다.

마중나오기

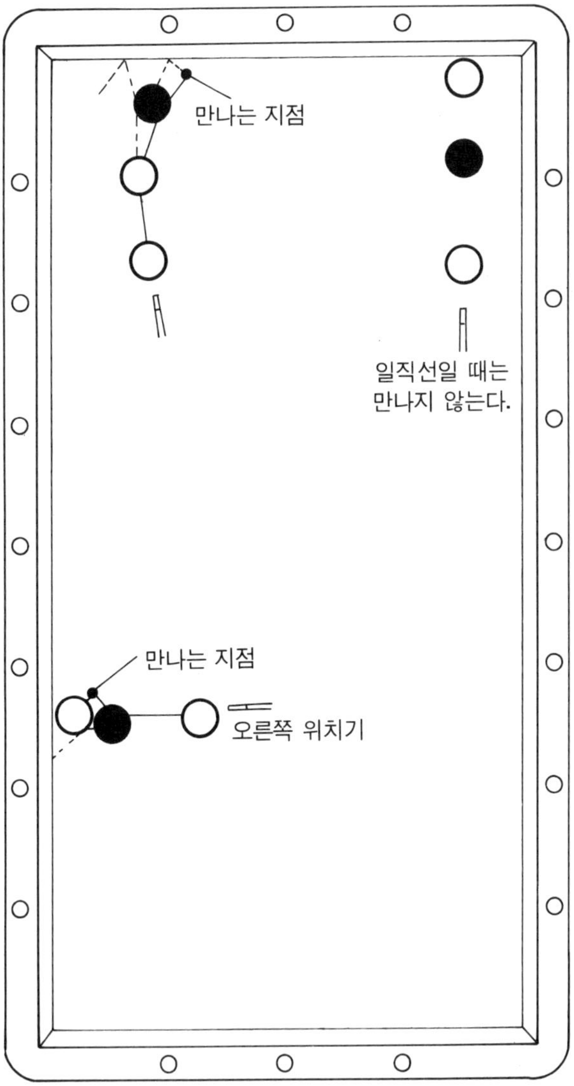
만나는 지점
일직선일 때는
만나지 않는다.
만나는 지점
오른쪽 위치기

◐빈 쿠션

비틈을 치지 않고 수구를 쳤을 때 보통의 힘조절로 쳐진 공이 쿠션에 들어가는 각도와 반사해 오는 각도는 거의 같다고 하는 원리를 응용한 타구법으로 수구를 먼저 쿠션에 넣고 나서 표적공에 맞히는 타구법이다.

빈 쿠션의 타구법에도 여러 가지 형태가 있지만 여기에서는 2가지 예에 대해서 설명해 본다. 그림과 같이 쿠션에 대해서 수구의 거리와 표적공의 거리가 거의 같은 경우와 수구가 2개의 표적공과 쿠션에 대한 거리에 상당한 차이가 있는 경우이다.

우선 수구와 표적공이 쿠션에 대해서 거의 같은 거리에 있는 경우 수구의 중심에서 쿠션을 향해 직선을 긋고 다음에 수구를 도달시키는 위치, 즉 2개의 표적공의 중간 위치에서 쿠션을 향하여 직선을 긋는다. 이 두 선을 2등분한 점이 겨냥점이다. 이 경우 수구는 어디까지나 중심을 친다.

다음에 수구의 위치가 표적공보다 쿠션에 대해서 멀리에 있는 경우 앞과 같은 타구법으로는 칠 수 없다. 그림을 보자. 먼저 표적공의 중간에서 쿠션을 향하여 선을 긋는다. 그리고 그 선을 그대로 쿠션 바깥으로 연장시켜서 표적공과 쿠션과 같은 거리의 지점에 상상점을 놓는다. 다음에 이 상상점에서 수구를 향하여 선을 긋고 그 선과 쿠션이 교차한 곳을 구한다. 이 점이 겨냥점이 되는 것이다. 단 실제는 이 점보다 약간 표적공에 가까운 곳을 노리고 친다. 빈 쿠션의 경우 수구의 직경을 고려에 넣지 않으면 반사해 오는 진로가 자기 앞쪽이 되는 경우가 있기 때문이다. 즉, 공이 쿠션에 맞는 당점과 겨냥점이 공의 두께 관계에 따라 달라지는 점을 생각해야 하기 때문이다.

빈 쿠션의 기본적인 겨냥법

① 수구와 표적공이 쿠션에서 같은 정도의 거리일 때

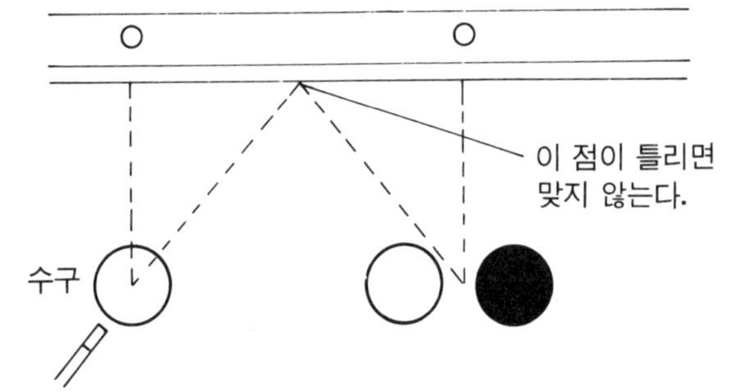

- 수구와 표적공의 2등분선보다 조금 앞에 목표를 둔다.
- 당점은 중심 위

② 쿠션으로부터의 거리가 다를 때

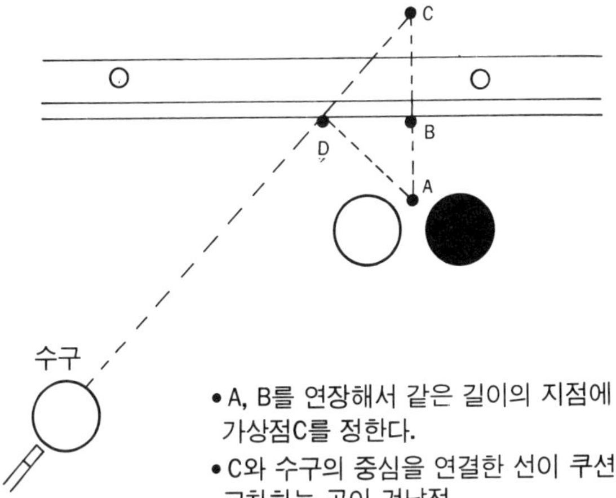

- A, B를 연장해서 같은 길이의 지점에 가상점C를 정한다.
- C와 수구의 중심을 연결한 선이 쿠션과 교차하는 곳이 겨냥점
- 당점은 중심 위

빈 쿠션

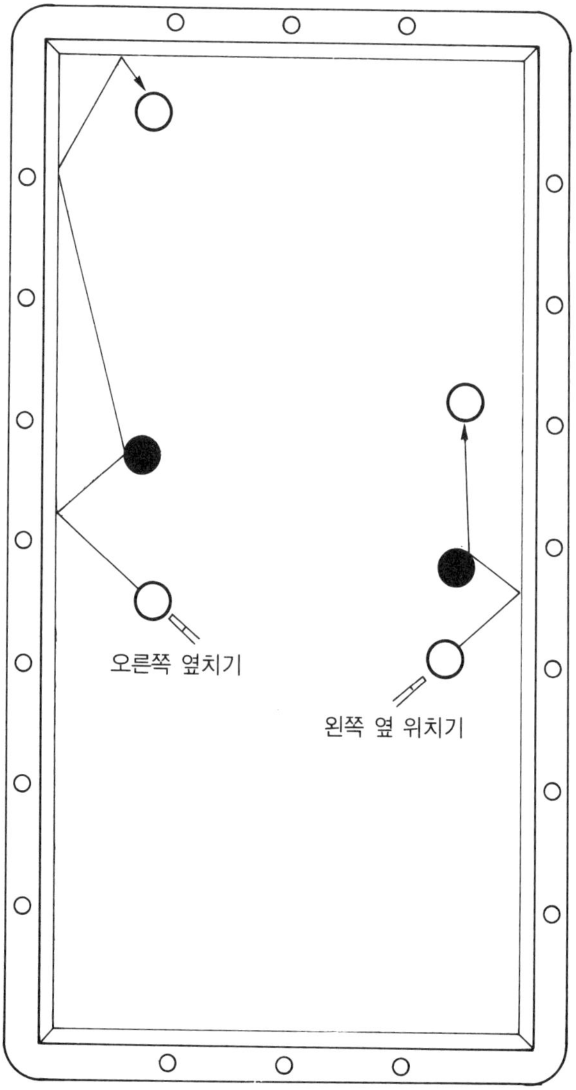

빈 쿠션을 공의 배열에 따라서 밀어치기로 될 수 없는 때나 2개의 표적공이 접근해 있을 때 혹은 수구가 제1표적공에 너무 접근해 있을 때 등에 이용하면 효과가 있다.

여기에서 주의해 두기 바라는 것은 수구의 움직임이 보통 상태에서 직접 표적공에 맞혔을 때와 반대로 움직인다고 하는 점이다. 즉, 수구의 위를 치면 밀어치기이고 아래를 치는 것이 끌어치기라고 정의하지만 빈 쿠션의 경우 위를 쳐서 쿠션에 들어간 공은 제1표적공에 맞으면 끌어치기의 경향이 나타나고 반대로 아래를 쳐서 쿠션에 넣고 제1표적공에 맞은 공은 밀어치기의 상태가 된다고 하는 것이다. 쿠션에서 반사한다고 하는 것은 보통 상태의 반대가 된다고 생각하면 된다.

빈 쿠션을 응용하는 타구법은 전술한 2종류 외에도 많이 있다. 수구를 쿠션에 넣고 제1표적공에 맞힌 후 다시 쿠션에 넣어 제2표적공으로 나아가게 하는 타구법 등 그 응용범위는 다양하다.

그림을 참고로 해서 연습하자.

◐공 쿠션

보통 제1표적공은 수구에 가까운 공이 일반적이다. 그러나 그 제1표적공이 쿠션에 닿아 있거나 아주 조금밖에 떨어져 있지 않아서 되받아치기 등의 방법을 취할 수 없는 경우 이 표적공을 쿠션 대신으로 해서 제2표적공을 노리는 타구법이다.

공 쿠션의 타구법은 초보자의 경우 자신이 생각하고 있는 반사각도의 방향으로 나아가 주지 않는 경우가 가끔 있다. 보통 쿠션의 경우는 직선으로 고정되어 있기 때문에 입사각과 반사각의 계산은 간단히

공 쿠션

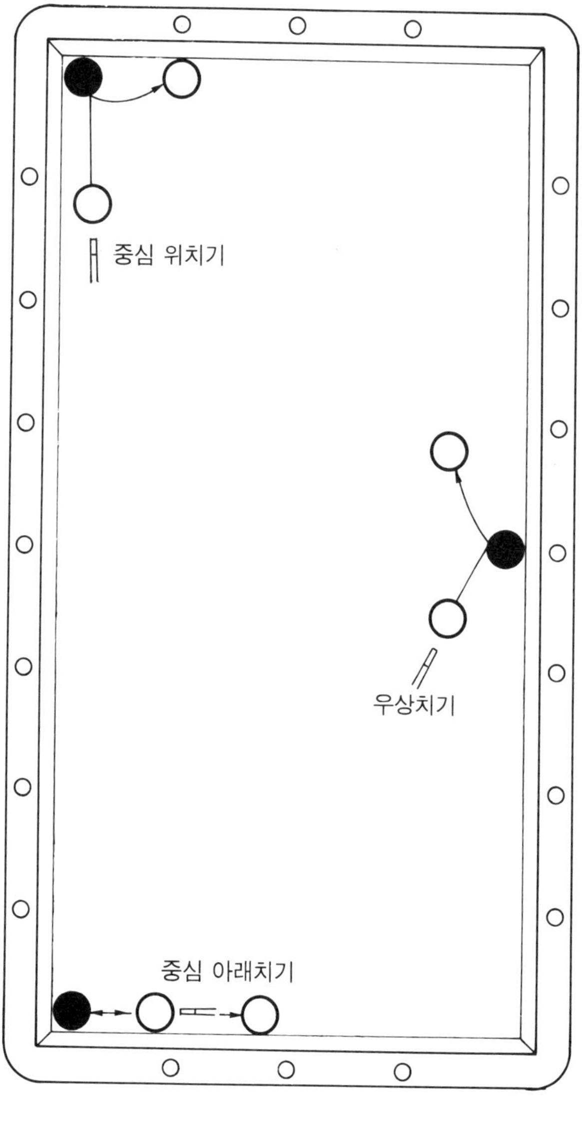

할 수 있지만 공 쿠션의 경우는 구체와 구체가 맞기 때문에 그 접점이 조금이라도 틀어지면 각도에 변화가 생기기 때문이다.

공 쿠션은 단단한 공끼리 튀기게 하는 것이기 때문에 특수한 경우를 제외하고 너무 세게 치면 구체끼리이므로 미끄러짐이 생긴다. 따라서 너무 얇게 맞히지 않도록 하자.

맞히는 법의 요령이나 힘조절에 대해서는 연습에 의해 터득하자. 단 제1표적공에서 예각으로 반사시킬 때는 수구의 중심 아래를 친다. 반대로 둔각으로 반사시킬 때는 왼쪽 위나 오른쪽 위를 쳐서 역비틈(오른쪽으로 반사시키는 경우는 좌상치기, 왼쪽으로 반사시키는 경우는 우상치기)을 준다. 이 경우 수구는 커브를 그리고 반사한다.

공 쿠션은 수구를 표적공에 '두껍게' 맞힌다고 하는 점을 기억하자.

◐상자 공 · 큰 돌림

빈 쿠션의 항에서도 설명했듯이 스트레이트로 2개의 표적공에 맞히는 타구법만이 당구는 아니다. 실제로 플레이하고 있을 때 쿠션을 이용해서 치는 방법은 가끔 요구된다. 쿠션을 잘 이용하는 것은 숙달을 위한 큰 포인트라고 말할 수 있다.

앞에 서술한 되받아치기나 공 쿠션, 빈 쿠션이라고 하는 것부터 원 쿠션치기, 투 쿠션치기, 스리 쿠션치기 등 그 이용 범위는 매우 다종 다양하다. 이런 쿠션치기 중에서 투 쿠션치기와 스리 쿠션치기를 보통 '상자 공'이라고 하며 테이블 가득히 수구를 돌려서 맞히는 타구법을 '큰 돌림=라운드 테이블'이라고 부른다.

상자 공

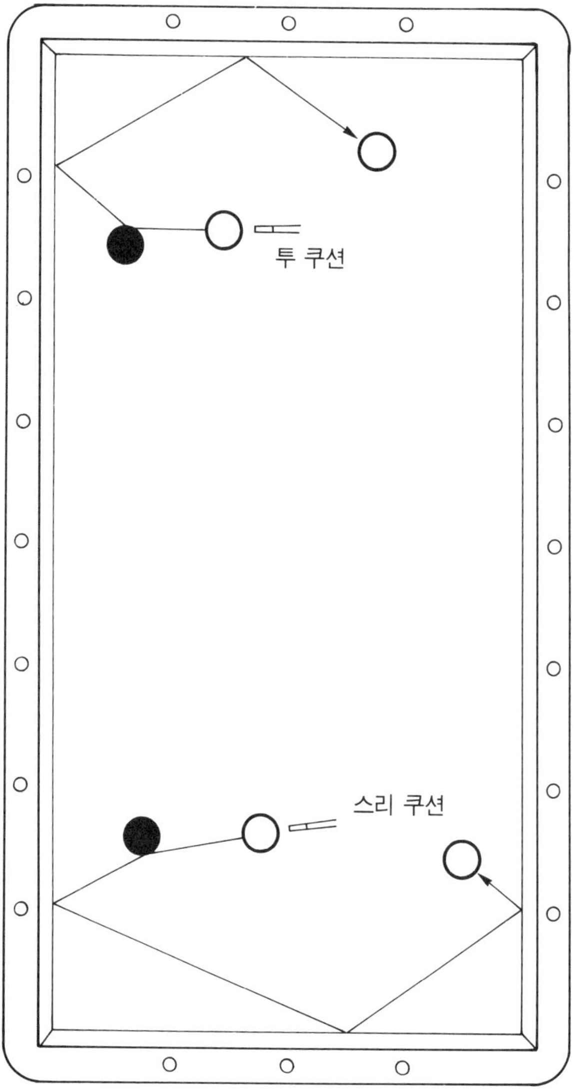

큰 돌림

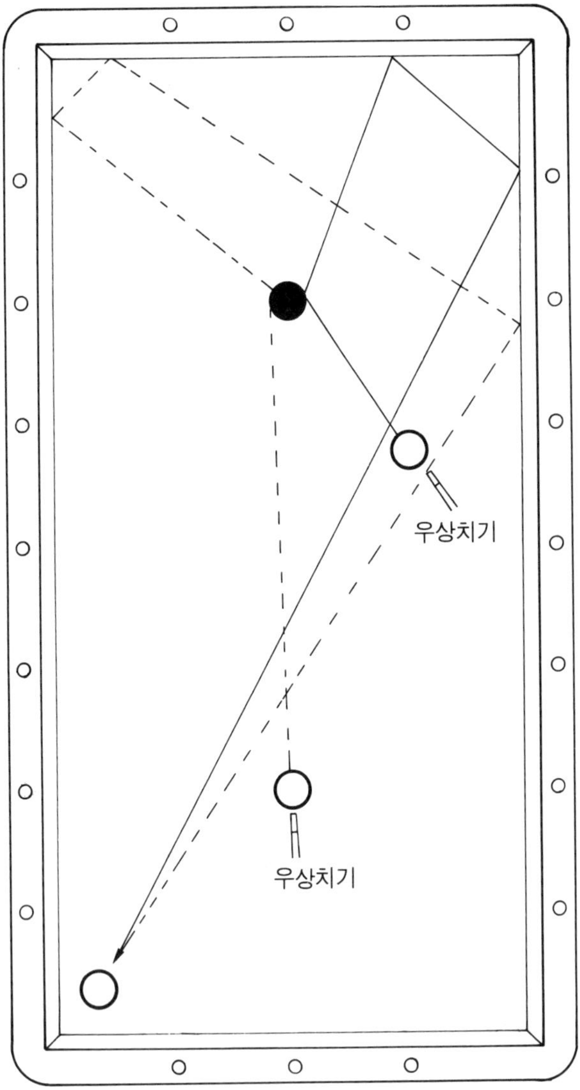

원 쿠션

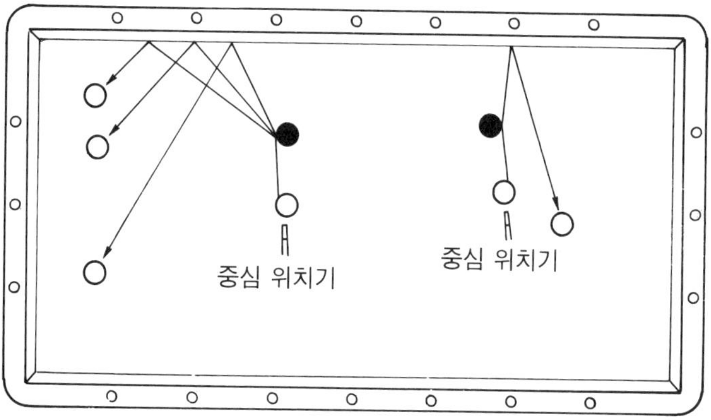

투 쿠션

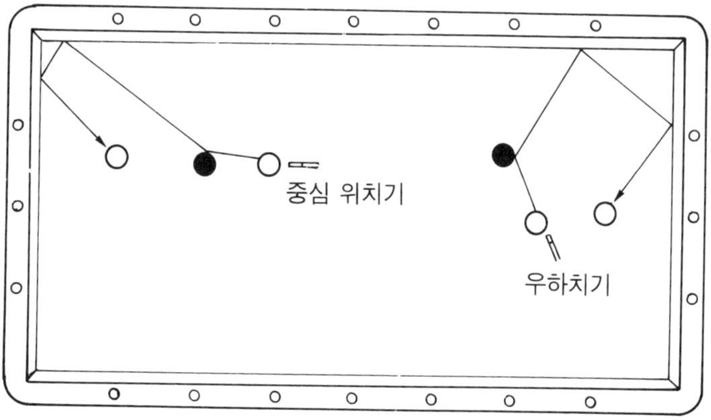

상자 공이나 큰 돌림의 타구법은 앞 그림을 보자. 모두 제1표적공에 맞힌 후 쿠션을 이용해서 제2표적공으로 수구를 진행시켜 나간다. 수구의 반사하는 횟수가 많기 때문에 당점이나 제1포인트(처음에 넣는 쿠션의 점)가 틀어지면 수구의 진로가 벗어나기 때문에 정확하게 쳐야 한다. 또한 거리가 길어지기 때문에 힘조절에도 충분한 주의가 필요하다. 제2표적공이 멀리에 있거나 직접 맞힐 수 없는 위치에 표적공이 배열되어 있는 경우 이 상자 공이나 큰 돌림은 매우 유효한 타구법이다.

높은 수준(하이레벨)의 타구법

지금까지 서술해 온 공 타구법의 여러 가지는 기본적인 기술이다. 이런 기술들을 반복 연습함으로써 공이 어떤 상태로 배치되어 있어도 곧 응용할 수 있도록 자신의 것으로 만들어 두자.

그리고 더욱 기술이 향상되면 테이블 위에 흩어져 있는 공을 한군데로 모아서 모인 공을 크게 흩뜨리지 않도록 하면서 몇 번이나 득점을 거듭해 가는 '모아치기'나 모인 공이 일직선으로 늘어서 있거나 해서 보통의 평면치기로는 치기 어려운 공을 큐를 수직에 가까운 상태로 세워서 치는 '마세(masse)' 거기에 수구와 2개의 표적공을 쿠션에 모아서 삼각형을 만들고 그 상태를 유지하면서 쿠션을 따라 쳐 나아가는 '세리(series)'라고 하는 높은 레벨의 기술을 이용할 수 있게 된다.

기술에는 막다른 골목이라고 하는 것은 없다. 한 마디로 모아치기라고 해도 그 방법은 천차 만별이다. 마세 치기에도 보통의 마세 뿐만 아니라 그랜드 마세(프리 핸드 마세) 등 여러 가지 형태가 있다. 세리 치기의 경우라도 미묘한 힘조절의 변화나 당점의 벗어남 등 그 어려움은 이루 헤아릴 수 없을 정도이다.

고등 기술에 대해서는 이런 타구법도 있다고 하는 점을 알아 두자.

◐마세(masse)

제1과 제2표적공이 수구 가까이에 있거나 혹은 3개의 공이 거의 일직선으로 늘어서 있을 때 큐를 수직에 가까운 상태로 세워서 치는 테크닉이다. 마세는 고도의 기술을 요하는 것으로 실패를 하면 클로스를 찢거나 하기 때문에 초보자에게는 허용되고 있지 않다.

마세에 의해 움직이는 공의 운동은 큐와 공 사이에 생기는 힘과 큐의 힘이 공을 빠져 나가서 당구대면에 맞고 그 힘이 공에 되튀겨 오는 힘에 의해 큐가 향하는 방향과는 다른 쪽으로 움직인다. 이 때 공은 커브를 그린다.

마세의 겨냥법에는 ① 수구를 제1표적공에 맞혀 수구를 커브시켜서 제2표적공에 맞히는 타구법 ② 처음에 수구를 커브시켜 어느 점에서 되끌듯이 하여 제1과 제2표적공에 맞히는 타구법의 2종류가 있다.

마세가 당구의 기술로서 이용되게 된 이후 그때까지 칠 수 없었던 공의 배치라도 간단히 칠 수 있게 되었다. 그러나 폼과 브리지의 만드는 법이나 큐의 세우는 법, 그립과 특수한 스트로크 등 매우 어려운 기술을 필요로 하기 때문에 어느 정도의 수준에 도달하고 나서 연습

마세의 타구법

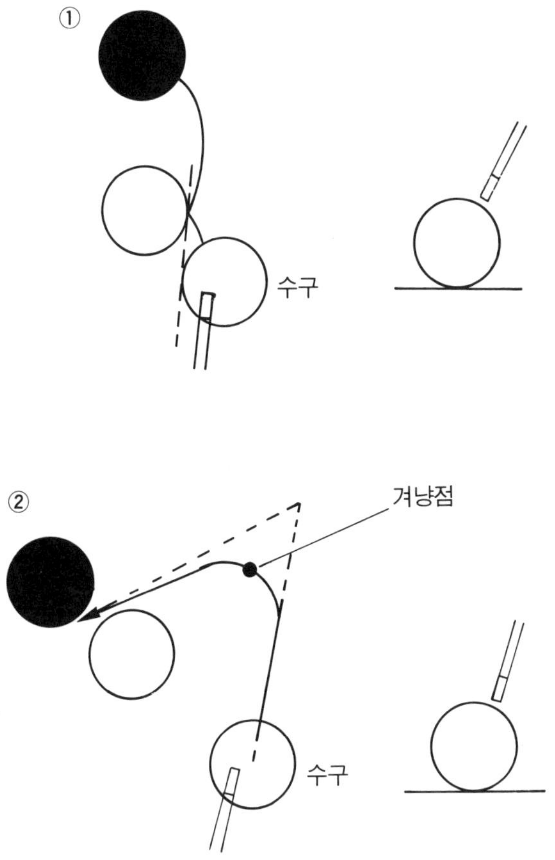

그랜드 마세

과 실제 플레이에 의해서 터득해야 한다. 마세에는 보통의 방법 외에 브리지를 테이블면에 만들지 않고 하는 그랜드 마세(프리 핸드 마세)가 있다.

◐모아치기

4구에서는 적은 이닝수로 가능한 한 연속 득점을 거듭하는 것이 중요하지만 그러기 위해서는 공을 테이블 가득히 분산시켜서는 상당한 일이 없는 한 거의 불가능하다. 테이블에 흩어진 공을 한군데에 모아서 그 모인 공의 형태를 크게 무너뜨리지 않도록 몇 번이나 득점을 거듭해 간다—모아치기 기술의 필요성은 여기에 있다.

다음 항에서 서술할 '세리'는 이 모아치기의 극점에 달한 것이다.

공을 모으기 위해서는 한 번에 모으려고 해도 무리이다. 득점을 거듭하면서 2단계, 3단계로 공 위치의 범위를 좁혀 간다. 그러기 위해서는 수구를 치는 힘조절이나 스트로크를 세게 하지 않도록 하고 항상 표적공으로부터 떨어지지 않도록 해야 한다.

모아치기를 만드는 장소는 테이블 코너에 공을 모으는 것이 가장 좋은 방법으로 여겨지고 있다. 즉 쿠션을 이용해서 표적공의 움직임을 터득할 수 있고 흩뜨리지 않고 칠 수 있기 때문이다. 이 경우라도 밀어치기나 얇게 치기의 타구법으로 치면서 힘조절이나 당점이 틀리면 쿠션에 일렬로 공이 늘어서거나 해서 모처럼 모은 공을 치기 어려워진다.

모아치기는 우연히 공이 모이는 것이 아니라 순서에 따라서 모으는 것이다. 공의 움직임을 완전히 이해한 사람이 순서대로 치면 그렇게 어려운 것은 아니다.

모아치기 ①

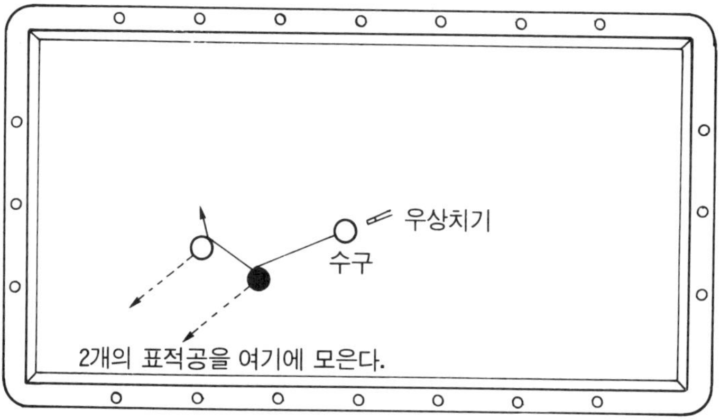
우상치기
수구
2개의 표적공을 여기에 모은다.

모아치기 ②

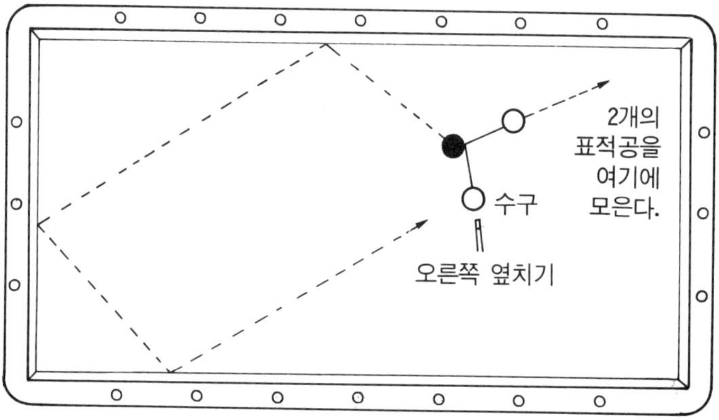
2개의
표적공을
여기에
모은다.
수구
오른쪽 옆치기

모아치기 ③

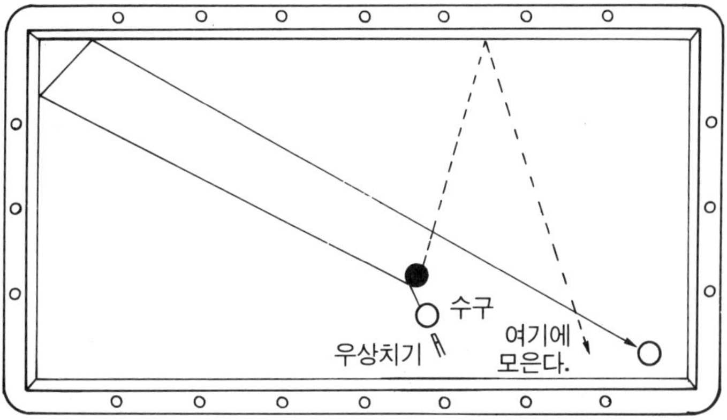

모아치기 ④

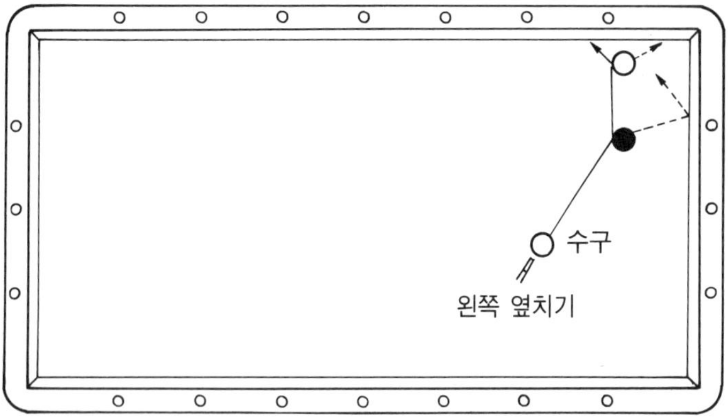

◐ 모아치기의 주의점

모아치기의 타구법에서 가장 중요한 것은 순서대로 쳐 나가는 것인데 그 순서만으로는 안 된다. 앞에 서술한 기본기와 마찬가지로 수구와 제1표적공의 진로, 스피드, 쿠션, 공의 반사 각도 등 충분히 계산해 두어야 한다.

수구나 제1표적공이 도대체 어느 코스를 달려서 어느 장소에 정지하는지 짐작하지 못한 채 치고 있어서는 모아치기는 칠 수 없다.

또한 수구를 끌어 당기거나 중심치기로 움직임을 봉하거나 비틀이나 힘조절에 의해 그 움직임을 억제해야 한다.

거듭해서 말하지만 모아치기의 경우 순서를 알고 있으면 80%까지는 모아치기를 칠 수 있다. 연습으로 터득하자.

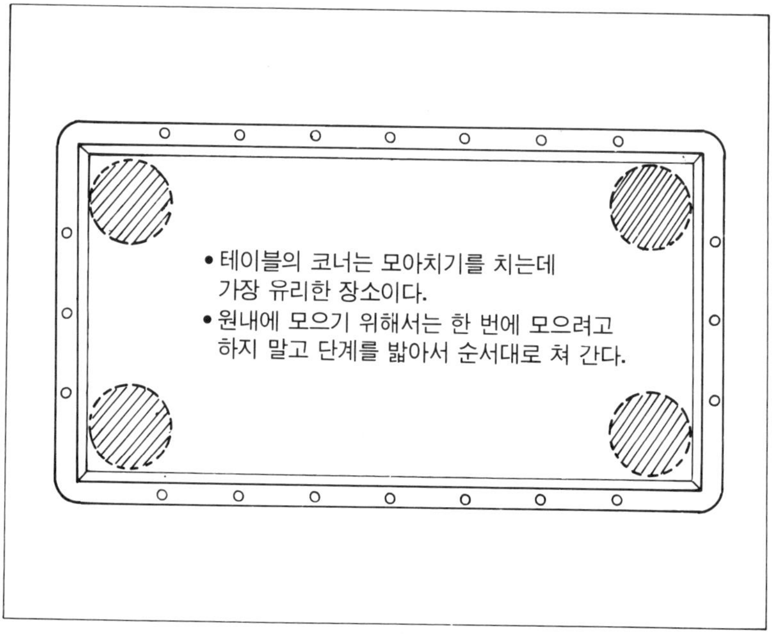
• 테이블의 코너는 모아치기를 치는데 가장 유리한 장소이다.
• 원내에 모으기 위해서는 한 번에 모으려고 하지 말고 단계를 밟아서 순서대로 쳐 간다.

◐세리(series)

세리란 수구와 제1, 제2표적공을 삼각형으로 해서 쿠션을 따라 형태를 무너뜨리지 않도록 하면서 연속하여 득점을 거듭해 나가는 타구법이다. 4구 게임이나 프리 게임에서는 최다 연속 득점을 하는 방법으로서는 현재 이 이상의 방법은 없다.

그런 까닭에 집중력, 미묘한 힘조절, 당점의 정확성이 요구되며 조금 밸런스가 무너져도 형태가 변화해서 치기가 어려워진다. 세리를 칠 수 있게 되면 우선 당구의 고득점자가 되었다고 해도 좋을 것이다.

세리 치기의 요령에 대해서는 ① 수구에 주는 힘 조절에 주의하여 삼각형을 무너뜨리지 않도록 할 것 ② 제1과 제2표적공에 맞히는 수구의 두께에 주의할 것 ③ 제1과 제2표적공의 진로를 틀리지 않을 것, 등에 주의해야 한다.

세리 치기에 어울리는 형태로 공을 배열하기 위해서는 한 번이나 두 번 공을 모아도 할 수 없다. 또한 당초는 5, 6회 연속 득점이 가능해도 곧 형태가 무너져 버린다. 삼각형이 무너졌을 경우 원형으로 되돌리는 타구법도 습득해야 한다. 세리 치기에 의해 연속 득점을 거듭하기 위해서는 도중에 무너진 공의 배열을 원형으로 되돌리는 타구법의 연구와 쳐 나아가는데 이상적인 형태를 어디까지나 무너뜨리지 않고 쿠션과 공의 관계나 힘조절에 주의하여 공을 놓치지 않도록 반복 연습하는 이외에 방법은 없다.

세리

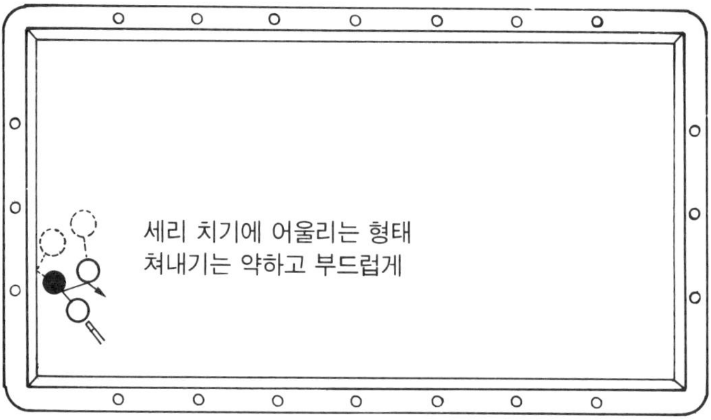
세리 치기에 어울리는 형태
쳐내기는 약하고 부드럽게

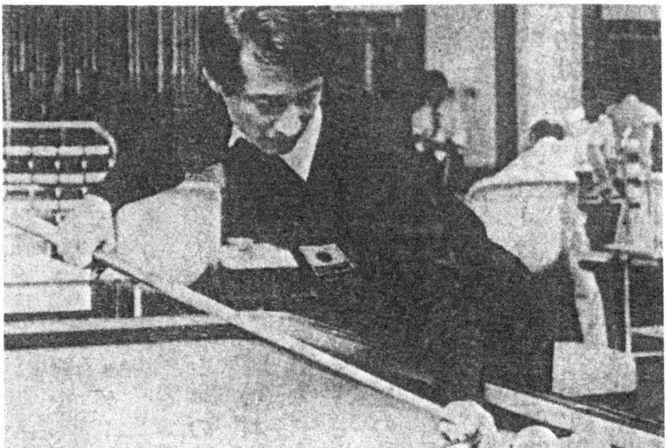

세리치기

기본 기술의 응용

◐시뮬레이션(simulation)

시뮬레이션 4와 마찬가지지만 거리가 있기 때문에 큐를 조금 길게 쳐내듯이 이미지너리 포인트를 정확하게 노리고 칠 것.

당점은 중심 또는 약간 아래를 친다.

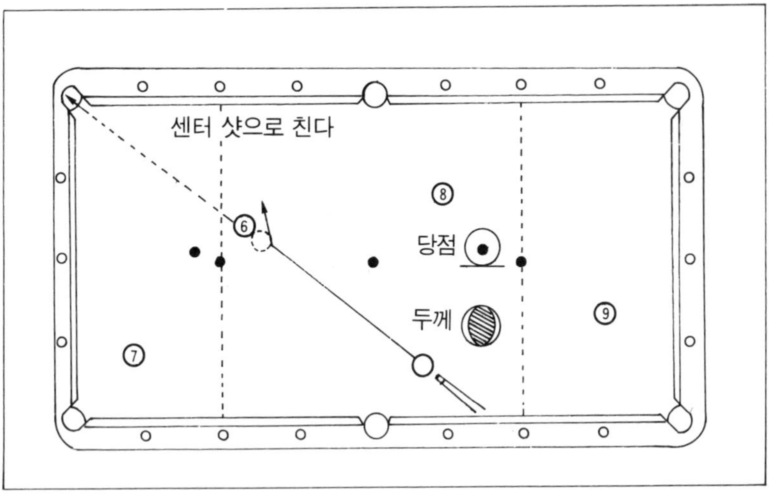

표적공의 겨냥점

겨냥점이란 큐와 쳐내는 방향으로 이 겨냥점과 수구가 실제로 맞는 부분을 접촉점이라고 한다. 공은 구체이기 때문에 2개의 공의 접촉은 끊임없이 한 군데가 된다.

그럼 실제 게임에서 겨냥점을 어디로 하면 좋을지를 설명합시다. 수구가 표적공에 맞았을 때 표적공은 그 2개 공의 중심점을 연결한 선의 연장선상을 달린다. 따라서 이 연장선상에 포켓의 중심이 있으면 표적공은 틀림없이 포켓한다. 수구, 표적공, 포켓이 일직선으로 늘어선 경우를 생각하면 이해할 수 있다고 생각한다.

그러나 공은 항상 일직선으로 늘어서 있다고는 할 수 없다. 그래서 포켓의 중심과 표적공의 중심을 연결한 직선이 표적공의 외연과 교차하는 점을 겨냥점이라고 하고 그곳을 접촉점으로 하는 볼을 가상한다. 이 가상구의 중심점에 수구의 중심점을 겹치듯이 쳐내면 되는 것이다.

표적공을 포켓하는 겨냥점

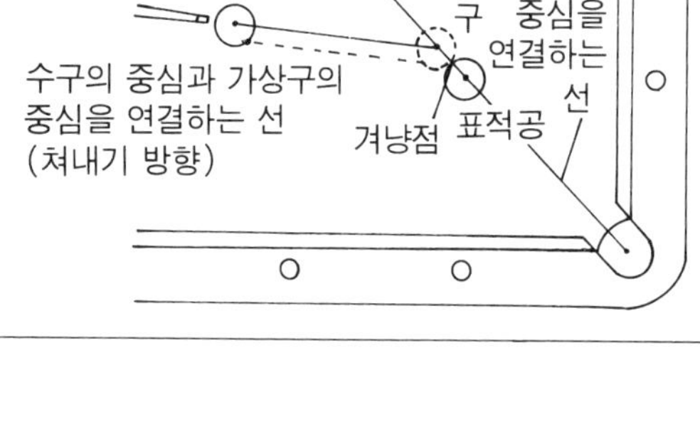

두께의 거는 법과 겨냥점

두께(수구가 표적공에 겹치는 비율)

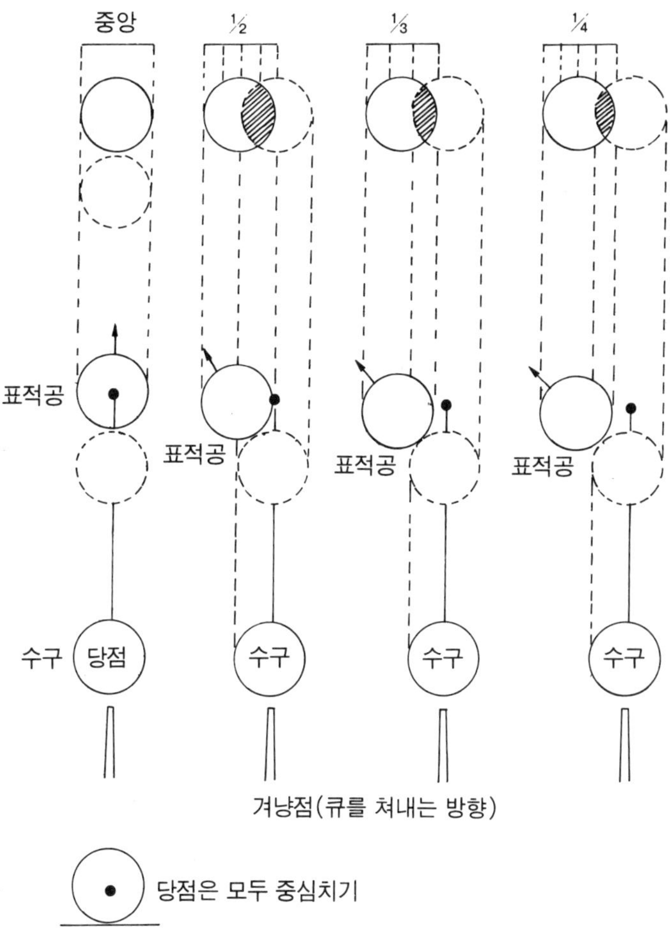

이미지너리 포인트(imaginary point)

수구와 표적공의 두께가 2분의 1이상의 경우는 겨냥점이 표적공의 외연상(원주상)에 오기 때문에 수구의 중심과 그 겨냥점을 연결하는 선상으로 큐를 쳐내면 되므로 겨냥을 하는 것도 비교적 간단하다.

그러나 2분의 1 이하의 얇기로 노리는 경우 수구의 중심은 표적공의 외연상보다 바깥쪽을 지나가게 된다.

그래서 포켓의 중심과 표적공의 중심을 꿰뚫는 선상에 표적공과 밀착해서 또 1개 공이 있다고 상정한다(이 상정구의 중심점도 포켓과 표적공의 중심을 연결한 직선상이 되어야 한다). 그리고 이 상정한 공의 중심점을 향하여 수구를 치면 수구가 표적공에 맞은 순간 수구, 표적공, 포켓이 일직선으로 늘어선 상태가 된다. 이미지너리 포인트의 상정이나 그 상상점을 향하여 친다고 하는 것은 초보자에게는 어려운 일로 처음은 생각대로 칠 수 없을 지도 모르지만 센터 샷으로 반복 연습해서 습득한다.

이미지너리 포인트와 수구 표적공의 분리

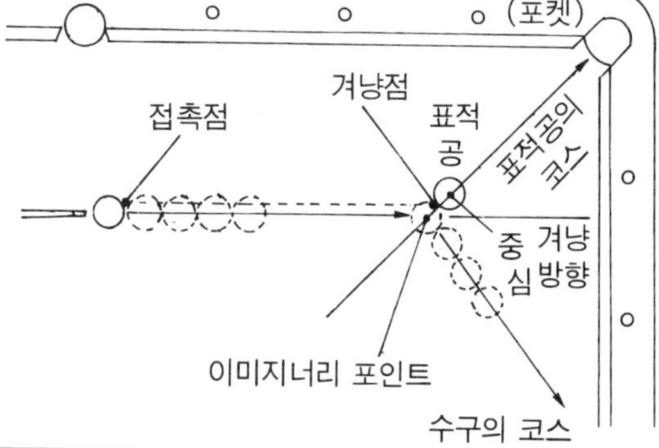

기본적인 겨냥법과 두께에 의한 표적공의 분리각도

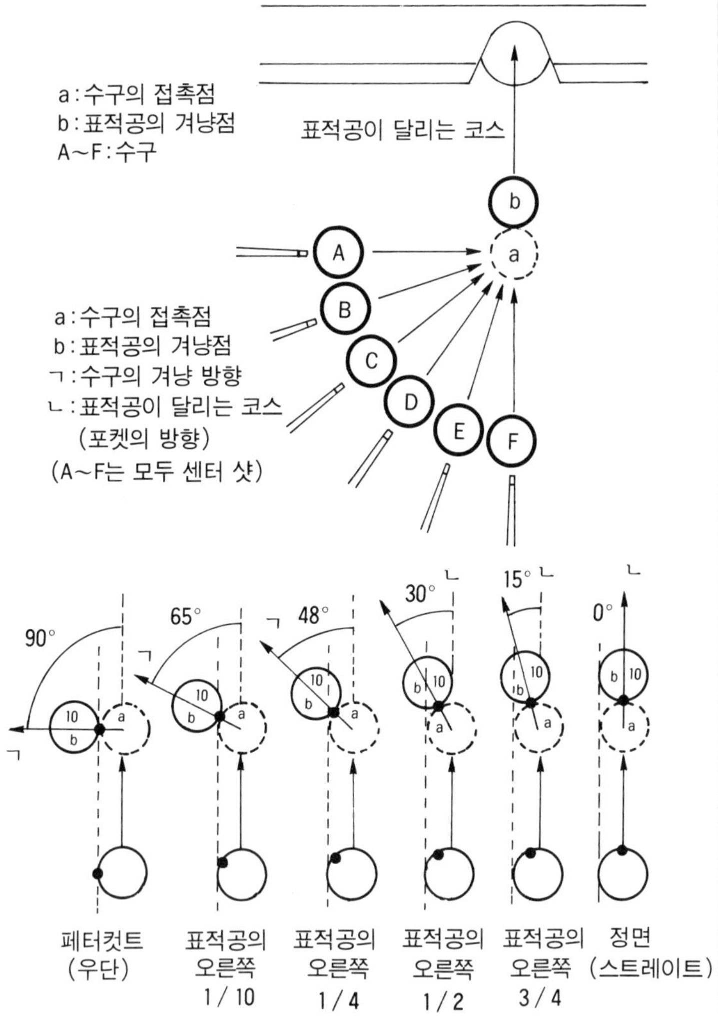

두께에 의한 수구의 분리각

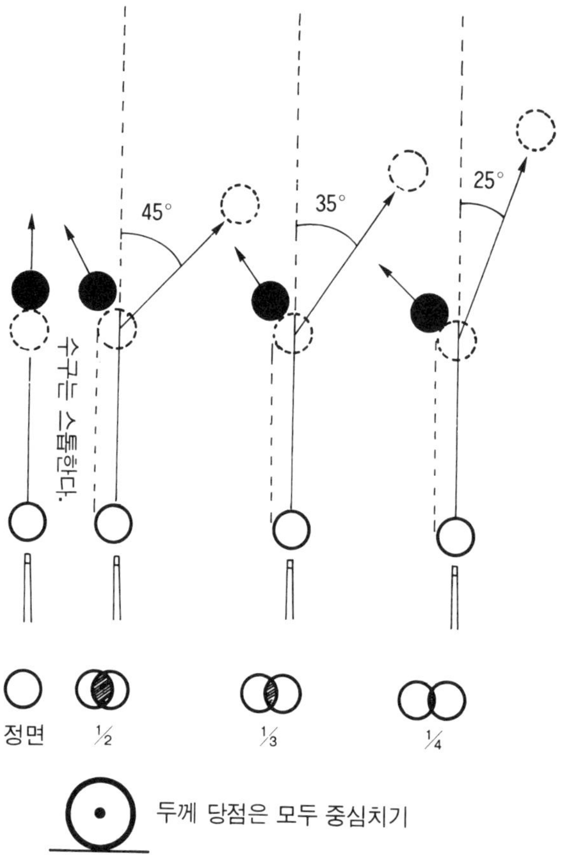

수구의 분리각도는 두께가 얇아(작아)질수록 작아진다. 같은 중심치기라도 두께의 차이로 표적공에 맞은 후의 수구의 움직임이 다른 점을 기억하자.

두께와 당점의 관계

지금까지 설명한 두께에 의한 수구와 표적공 각각의 분리각은 알겠는가? 실제로 수구를 침으로써 이 관계를 피부로 체득하자.

수구와 표적공의 분리각을 정하는 또 하나의 요소 그것은 당점이다. 지금까지 설명해 온 수구와 표적공의 분리각은 모두 센터 샷의 경우의 움직임이었다.

여기에서는 같은 두께라도 당점의 변화로 수구의 분리각이 크게 달라지는 것을 익힌다.

다음 페이지의 그림은 수구의 기본적인 반사각을 나타낸 것이다. 2분의 1의 두께로 수구의 당점을 바꿔서 쳤을 때 수구가 어떻게 움직이는지를 익힙시다. 당점은 일반적으로 45도를 기준으로 해서 45도 이하로 할 때는 중심보다 위를 또 45도 이상으로 반사시킬 때는 중심보다 아래를 친다.

두께에 의한 수구, 표적공의 분리에 대해서는 앞항에서 서술했지만 가장 쳐내기 쉬운 중심보다 아주 약간 위를 치고 두께가 4분의 3의 경우는 수구의 중심과 표적공의 중심을 연결하는 선에 대해서 약70도의 반사각이 되고 얇게 맞히면 맞힐수록 반사각은 작아진다. 즉 두껍게 맞힐수록 자기 앞쪽 가까이로 반사하고 얇게 맞힐수록 자기 앞쪽에서 멀리 반사한다. 이 경우도 당점을 위에서 아래로 변화시킴으로써 반사각은 더욱 변화한다. 위를 치면 70도보다 작은 반사각이 되고 아래를 치면 70도보다 커지는 것이다.

당점의 차이에 의한 수구의 반사각

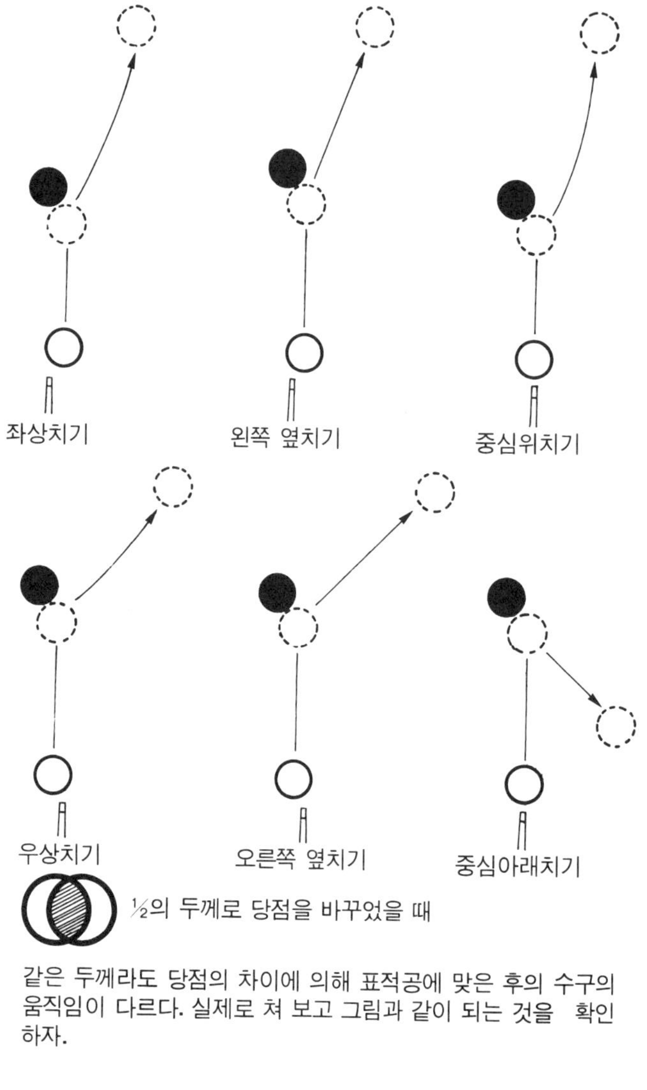

같은 두께라도 당점의 차이에 의해 표적공에 맞은 후의 수구의 움직임이 다르다. 실제로 쳐 보고 그림과 같이 되는 것을 확인하자.

힘조절

수구를 쳐낼 때의 힘 조절은 세게 친다, 약하게 친다, 보통으로 친다라고 하는 추상적인 표현밖에 할 수 없다. 세게 친다, 약하게 친다고 해도 각인 각색, 사람에 따라서 그 내용은 여러 가지이다. 굳이 말하자면 수구를 뱅킹(banking)의 요령으로 헤드 라인 위에 놓고 반대측(풋 레일)을 향하여 쳤을 때 쿠션에 맞은 공이 다시 헤드 라인 위에 정지하는 정도의 타구법 이것이 보통의 힘으로 친다고 하는 것이 된다.

바꿔 말하자면 큐의 무게만으로 친다고 하는 것이 된다. 쓸데없는 힘을 빼고 스트로크(stroke)해서 큐의 중심 이동을 부드럽게 공에 전달하는 것이다. 세게 치는 경우 큰 스트로크로 큐의 무게 위에 더욱 전방으로 밀어 주는 힘을 가하게 된다. 이 경우에 초보자는 힘을 가하는 데에 주의가 집중하기 때문에 어깨에 힘이 들어가서 지점인 팔꿈치가 흔들리거나 브리지가 흔들리거나 팔로우 스루가 전혀 안 되는 타구법을 하고 있는 것을 흔히 본다. 힘을 준다고 하는 것은 볼을 치는 순간에 힘을 준다고 하는 말이다.

반대로 약하게 칠 때는 큐의 무게에 오른손으로 브레이크를 걸면서 친다고 하는 것이다.

힘조절을 컨트롤한다고 하는 것은 그 샷의 스피드 감각을 익히는 것으로 이것은 반복 연습을 통해서 마스터하는 이외에 방법은 없다. 샷의 강·약에 따라서 같은 당점, 같은 두께로 노리고 쳐도 수구와 표적공의 분리 각도나 쿠션으로부터의 반사 각도가 미묘하게 달라진다. 처음부터 힘조절을 하기는 매우 어려운 법이다. 기량이 향상하고

힘 조절에 의한 반사각의 차이

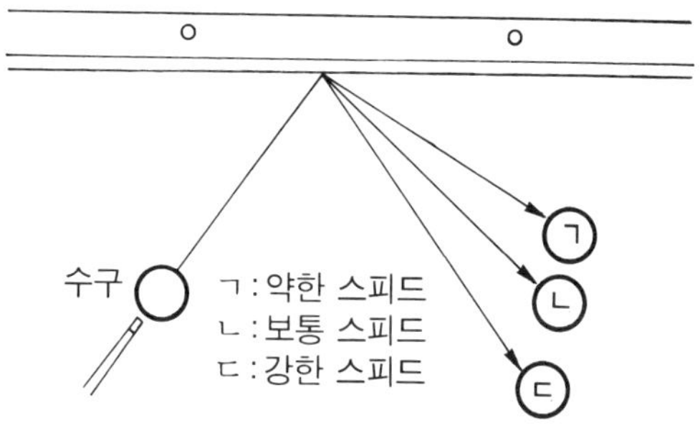

힘 조절과 수구의 분리각

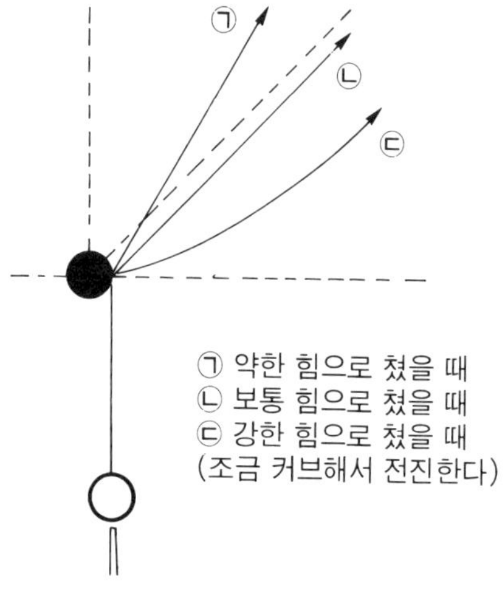

많이 치고 있는 사이에 자연히 몸에 배는 것이다.

초보자의 경우 어깨에 힘이 들어가서 대부분의 샷이 강해지기 쉽다. 또한 먼 공이라도, 가까운 공이라도 같은 힘 배분으로 치고 있는 경우가 많은 것 같다. 힘조절과 비틈을 능숙하게 활용할 수 있으면 이제 어엿한 제몫을 하게 된다.

체크 포인트

◐시뮬레이션(simulation)

⑧ 공의 위치 관계로 수구에 오른쪽 비틈을 걸면 좋다. 센터 샷으로 치면 수구의 위치가 ⑧ 공보다 아래쪽에 오게 되어 코너 포켓으로 노리기 어려워진다. 물론 위치에 따라서는 사이드 포켓으로 노리는 방법도 나온다.

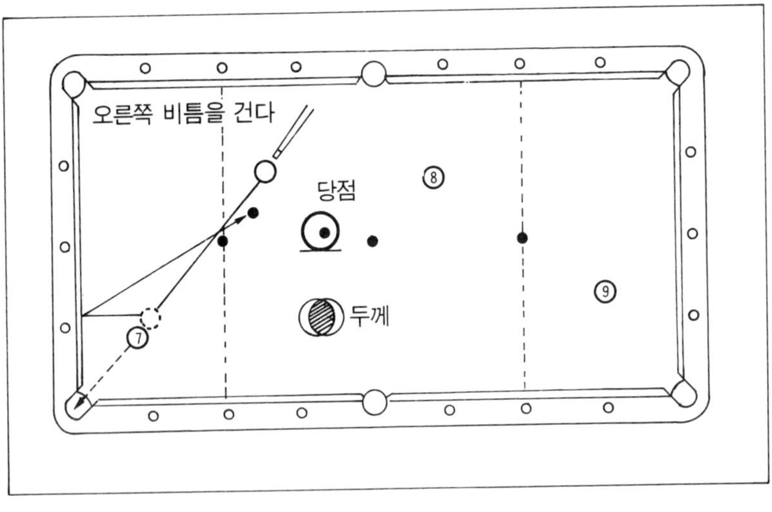

수구 타구법의 연습

당구는 한정된 스페이스 안에서의 플레이인 만큼 초보자라도 매우 어려운 샷을 우연히 빼내는 경우도 있다.

그러나 이것은 어디까지나 우연으로 자신의 기술과는 별문제이다.

자신이 그린 이미지대로 표적공에 맞히고 혹은 포켓하기 위해서도 그저 우연히 수구를 치는 것이 아니라 이미 서술한 기초 지식을 바탕으로 정확한 방법으로 반복 연습을 계속하는 것이 중요하다.

◐체크 포인트

수구를 치기 전에 다음의 사항을 한 번 더 복습한다.

① 그립(grip)

중심의 10cm 정도 뒤를, 위에서 전체의 손가락으로 쥔다. 그리고 어깨의 힘을 빼고 엄지, 검지, 중지의 세 개로 가볍게 다시 쥔다.

② 스탠스와 자세

몸의 방향, 발의 벌리는 법을 152페이지를 토대로 확인하면서 정하고 상체를 큐 위에 눕히도록 한다.

③ 브리지

단단히 테이블에 고정해서 스트로크 때마다 움직이는 것 같은 불안정한 상태가 되지 않도록 주의한다. 큐 끝을 노린 당점으로 향한다. 브리지와 수구의 간격은 15cm 전후로 한다.

④ 얼굴의 위치

얼굴 중심의 바로 아래에 큐를 한다. 위에서 들여다 보거나 옆에서 들여다 보는 느낌이 들지 않도록 또 옆구리를 벌리지 않도록 주의한다.

⑤ 스트로크

팔이나 어깨에 힘이 들어가서 딱딱한 어색한 스트로크가 되고는 있지 않는가? 팔꿈치를 직각으로 구부려서 크고 미끄럽게 스트로크 한다. 손목이 부드럽게 좌우로 흔들리지 않도록 주의한다. 스트로크가 파도를 치는 것은 큐의 뒤를 너무 쥐고 있는 증거이다.

⑥ 팔로우 스루

수구를 친 후 브리지는 그대로 고정되고 스무드하게 팔로우 스루가 취해지고 있는가? 다 침과 동시에 브리지를 들어 올려서는 안 된다. 이상의 동작을 재확인하면서 1샷 1샷 정확히 치는 연습을 한다.

◐수구를 친다

드디어 실제로 수구를 쳐서 기본 동작의 완성을 한다.

① 먼저 쿠션에 수직으로 수구를 친다

처음은 긴 쿠션에 수직으로, 익숙해지면 짧은 쿠션을 향해 친다.

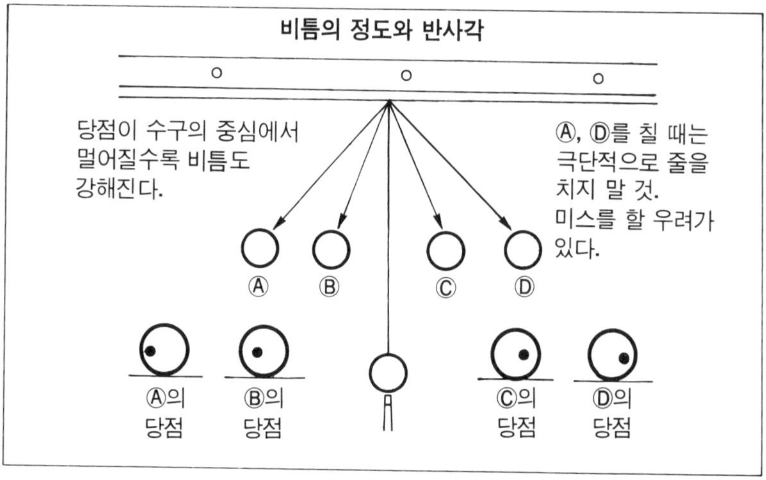

수구의 중심을 치는 센터 샷부터 시작한다. 정확하게 당점을 노리고 임팩트에서 스트로크가 옆으로 흔들리거나 하지 않으면 수구는 쿠션에 맞고 원래의 위치로 되돌아 온다(탭에 초크를 칠하는 것을 잊지 않도록 하자. 4~5회 치며 칠하는 습관을 들인다).

② 잉글리시(비틈)을 준다

수구 중심의 좌우(당점 ④, ⑤)를 쳐서 쿠션에 맞혀 본다. 쿠션에 맞는 장소는 조금 전의 센터 샷과 같다. 쿠션에 맞을 때까지는 수구의 진로는 조금 전과 같지만 오른쪽을 치면 오른쪽으로, 왼쪽을 치면 왼쪽으로 쿠션으로부터의 반사 각도가 변한다.

당점이 중심에서 멀어질수록 반사하는 각도는 크게 변한다. 그러나 너무 수구의 끝을 치면 미스를 한다. 공 직경의 10분의 6까지가 거리가 있을 때는 큐를 부드럽게 긴 듯이 쳐 낸다.

③ 힘조절의 연습

헤드 레일에서 풋 레일을 향하여 수구를 쳐 본다. 거리가 있기 때문에 세게 치지 않으면이라고 생각하기 쉽지만 의외로 약한 힘으로 끝에서 끝까지 닿는다.

먼저 헤드 레일에서 쳐 풋 레일에 맞고 곧 정지하는 정도의 힘으로 치는 연습을 한다. 다음에 헤드 레일부터 풋 레일간을 수구가 천천히 왕복하는 정도의 힘으로 친다. 이것이 보통의 힘조절로 몸에 기억시키자.

약한 샷에서 강한 샷으로 또 그 반대로 반복해서 스피드를 컨트롤하는 힘조절을 머리가 아니라 가슴으로 익히자.

센터 샷뿐만 아니라 잉글리시 샷도 연습하는 것이 필요하다.

④ 표적공에 맞힌다

표적공 1개를 사용해서 수구를 표적공에 맞히는 연습이다. 수구와 표적공을 25cm 정도 떼어서 배열한다. 수구의 위치는 처음은 스탠드 브리지를 간단히 만들 수 있는 위치에 익숙해지면 레일을 사용한 브리지도 연습한다.

팔로우 샷(밀어치기)

먼저 수구의 중심 위(당점 ②)를 쳐서 표적공의 정면에 맞힌다. 수구는 전진 회전을 하면서 전진하고 표적공에 맞은 후도 전진 회전을 계속해서 표적공의 뒤를 쫓아 간다.

표적공의 중심을 약간 오른쪽 또는 왼쪽으로 비키면 수구는 표적공에 맞은 후 오른쪽 또는 왼쪽으로 조금 커브하고 표적공이 지나간 위치보다 커브한 만큼 오른쪽 또는 왼쪽을 나아간다.

단, 표적공과 수구가 너무 접근해 있으면 2번 치기의 파울이 된다. 주의하자.

스톱 샷

센터 샷으로 표적공의 중심에 맞혀 준다. 25cm 전후의 짧은 거리라면 표적공의 한가운데에 정확히 맞았을 경우 수구는 그 자리에 딱 정지한다.

이것은 수구에 회전이 없어 큐로 밀어내진 상태가 되므로 같은 질량의 수구의 힘이 모두 적구에 흡수되어 버리기 때문이다. 단, 수구와 표적공의 거리가 먼 경우는 쳐낸 힘의 강약에 의해 수구는 일정한 거리를 무회전으로 나아가고 그 후 나사(羅紗)와의 마찰에 의해 전방 회전을 낳는다.

이것은 공의 자중뿐인 회전이기 때문에 중심 위를 친 밀어치기(팔로우 스루)만큼 강하지는 않지만 표적공에 맞으면 팔로우 샷과 같은 운동을 한다.

드로우 샷(끌어치기)

수구의 중심 아래(당점 ③)를 쳐서 표적공에 맞혀 보자. 수구는 위를 쳤을 때와는 반대로 역회전을 하면서 나아가고 표적공에 맞으면 자기 앞쪽으로 되돌아 온다. 단, 표적공에 대한 맞히는 법(두께)이 두꺼울수록 바로 뒤로 되돌아 온다. 처음은 표적공의 정면에 맞히는 것부터 시작한다. 대개 표적공에 2분의 1 정도의 두께로 맞히면 잘 되돌아 올 것이다. 표적공에 대한 맞히는 법이 얇아질수록 끌어치기는 효과는 적어진다. 얇게 쳐서 끌어치기의 효과를 내기 위해서는 큐 뒤쪽을 세워서 큐를 찌르는 듯한 타구법을 해야 한다.

이 상 · 중 · 하의 타구법은 캐럼 당구에서도 포켓 당구에서도 수구를 치는 경우의 기본이다.

각각의 타구법의 임팩트 순간 위를 칠 때는 팔로우 스루를 길게 내밀고 아래를 칠 때는 큐를 조이는 느낌으로 짧게 재빨리 내민다.

어느 샷이나 큐를 수평으로 당점을 확실히 노리고 큰 스트로크로 치도록 유의한다. 그리고 팔로우 스루는 충분히 취하도록 주의하자.

수구의 당점에 의한 회전운동

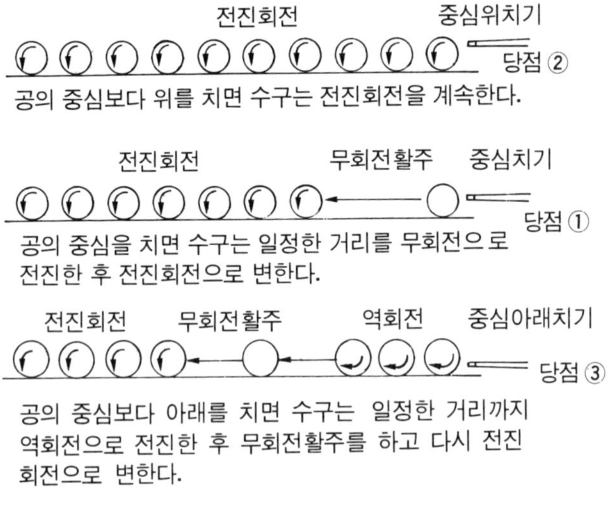
전진회전
중심위치기
당점 ②
공의 중심보다 위를 치면 수구는 전진회전을 계속한다.
전진회전
무회전활주
중심치기
당점 ①
공의 중심을 치면 수구는 일정한 거리를 무회전으로 전진한 후 전진회전으로 변한다.
전진회전
무회전활주
역회전
중심아래치기
당점 ③
공의 중심보다 아래를 치면 수구는 일정한 거리까지 역회전으로 전진한 후 무회전활주를 하고 다시 전진 회전으로 변한다.

표적공의 겨냥법

수구를 치는 연습이 완성되면 이번은 표적공의 겨냥법을 마스터한다.

표적공을 노리는 연습은 센터 샷부터 시작한다. 이미지너리 포인트의 항에서도 설명했지만 큐의 연장선이 수구의 중심을 통과해서 이미지너리 포인트를 향해 있어야 한다.

즉 **그립**, 브리지, 당점, 이미지너리 포인트가 일직선이 된다고 하는 것이다.

겨냥이란 그 두께가 2분이 1이든 4분의 3이든 이미지너리 포인트와 수구의 중심이 당점을 어디로 해도 항상 일직선이 되어 그 선상을 큐가 움직이도록 하는 것이다.

포켓의 바로 가까이에 있는 공을 포켓하는 것은 간단하다. 그러나 나인 볼 게임에서도, 로테이션 게임에서도 다음 플레이에 유리한 위치, 바꿔 말하자면 다음의 표적공을 쉽게 포켓할 수 있는 위치에 수구를 이동시켜 두어야 한다. 눈 앞의 적구를 포켓함과 동시에 수구를 조금이라도 다음 샷에 유리한 위치로 움직이기 위한 각도, 힘 조절을 생각하고 샷한다. 그 때문에 지금까지 서술해 온 잉글리시나 그 밖의 기법(팔로우 샷, 드로우 샷)이 활용된다.

제 6 장

여러 가지 게임

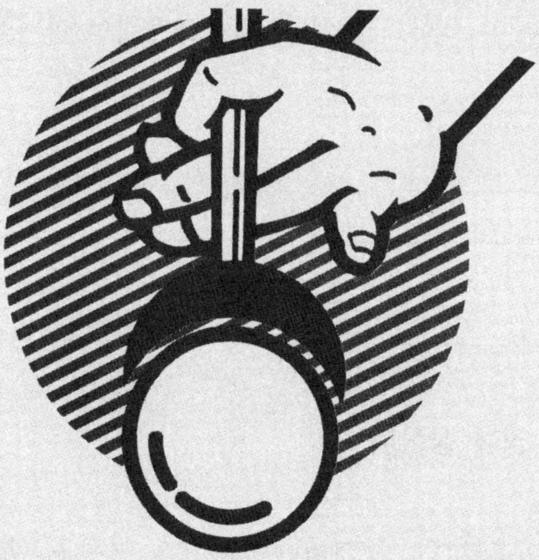

게임 룰과 진행 방법

당구 게임은 모두 자세한 룰에 의해 이루어진다. 각 종목에 따라서 각각 다른 룰이 정해져 있지만 기본적인 룰은 초보자의 경우도 기억해 두어야 한다.당구는 룰과 에티켓을 무시하고는 할 수 없다.

여기에서는 4구 게임의 룰에 대해서 조문적이 아니라 그 개략을 설명해 본다.

4구 게임

◐선공, 후공을 정한다

보통은 가위바위보로 정하지만 공식전의 경우는 '뱅킹(banking)'으로 정한다. 뱅킹 방법은 대전하는 두 사람이 짧은 쿠션이 나란히 서서 맞은 편의 짧은 쿠션을 향하여 흰 공을 동시에 친다. 쿠션에서 되돌아 온 공이 정지한 위치가 두 사람이 서 있는 짧은 쿠션에 보다 가까운 쪽이 선공, 후공을 정하는 권리를 얻는 것이다. 서브가 질색인 경우는 후공으로 돌려도 상관없다. 선공자의 수구는 흑점이 찍힌 공(블랙볼)으로 정해져 있다.

◐서브

서브는 테이블 중앙에 일렬로 배열된 상태대로 실시한다. 게임이 개시되면 어떤 경위라도 4개의 공에 닿아서는 안 된다. 닿았을 때는 반칙으로 파울이 된다. 서브는 자기 앞쪽의 붉은 공부터 맞혀도 빈 쿠션으로 먼 공부터 맞혀도 상관없다. 선공자가 1이닝째에서 게임 점수를 다 치지 않는 한 후공자는 선공자가 미스해서 남긴 상태에서 친다.

◐게임은 같은 수 이닝으로 실시한다

선공자가 게임 점수(지점)에 도달했을 경우 후공자는 각 공을 서브 상태로 다시 배열하고 뒷 치기를 한다. 뒷 치기에서 미스를 하면 게임 세트로 선공자의 우승이다. 그러나 만일 후공자도 게임 점수에 도달했을 경우는 무승부가 된다.

◐핸디캡(handicap)

당구에서는 '지금'이라고 한다. 보통 플레이어가 5이닝이나 6이닝에서 칠 수 있는 득점(평균)으로 각자의 핸디캡을 정한다. 초보자는 5점 정도부터 시작하면 좋을 것이다. 그리고 득점 능력의 향상과 함께 8점, 10점으로 올려 간다.

득점은 1샷 1점으로 계산하지만 옛날은 백 · 적(또는 적 · 백)의 표적공에 맞혔을 경우는 2점, 적 · 적의 공에 맞혔을 때는 3점, 3개의 표적공 전부에 맞혔을 때는 5점이라고 하는 계산 방법을 취하고 있다. 플레이어는 자신의 핸디캡을 정확하게 신고해야 한다. 실력 이하의 핸디캡을 신고하는 것은 에티켓으로서도 삼가하도록 한다.

◐제한 구역내에서는 1번 밖에 칠 수 없다

테이블의 4구석에 삼각형의 선이 그어져 있다. 그 속에 표적공이 모였을 경우, 즉 표적공이 각 코너에 모였을 경우는 코너 볼로서 한 번 밖에 득점할 수 없다. 2회째를 쳤을 때 표적공 중의 1개(3개의 볼이 모였을 때는 2개)를 그 구역에서 밖으로 내보내지 않으면 파울이 되어 상대와 교대한다. 이 제한 구역은 3구 게임, 프리 게임, 다이아 포어 게임 등에도 있다.

◐반칙 · 실격

반칙 · 실격의 규정은 당구의 경우 특수한 것을 제외하고 각 종목에 공통하고 있다. 다음과 같은 행위가 있었을 경우 반칙으로 상대와 교대하고 있다.

① 공 건드림

터치 파울. 뱅킹을 개시하고 나서 게임. 세트까지 플레이어는 모든 공에 닿아서는 안 된다. 탭 이외 예를 들면 넥타이나 상의의 소매 등은 물론 잘못해서 초크를 떨어뜨려 그것이 공에 닿아도 터치 파울이다.

② 공 착각

상대의 수구를 쳤을 때. 이 경우 최종 득점은 무효이지만 그때까지의 득점은 유효하다.

③ 2번 치기

수구를 2번 쳤을 경우도 반칙이 된다.

④ 공이 테이블 밖으로 튀어 나갔을 때

이 경우 서브 위치에 공을 다시 배열하고 상대와 교대한다.

⑤ 조언

공식전의 경우 플레이어에 대한 조언은 반칙 행위가 된다.

⑥ 바닥에서 양발을 떼고 쳤을 때

어느쪽의 발끝이라도 바닥에 붙이고 있어야 한다. 초심자의 경우 흔히 테이블 위에 올라가서 치고 있는 것을 보는데 이것은 반칙이 된다.

⑦ 공이 정지하기 전에 쳤을 때

수구, 표적공 모두 완전히 정지하고 나서 다음 샷으로 넘어가야 한다.

⑧ 바깥틀에 목표가 되는 것(예를 들면 초크 등)을 놓거나 표시를 했을 때

⑨ 프로즌(밀착)해 있는 공을 쳤을 때

쿠션에 프로즌해 있는 수구를 그 쿠션을 향해 치거나 표적공과 닿아 있는 수구를 치는 것.

⑩ 수구가 미스 점프했을 때

⑪ 수구가 스크래치했을 때

포켓 게임의 경우 수구가 스크래치(포켓에 떨어지는 것) 했을 경우는 반칙이 된다.

공식전의 경우 득점의 의사가 없이 상대의 득점을 방해할 목적으로 쳤을 때(포켓 게임의 경우는 허용되고 있는 종목이 있다)나 반칙 행위를 고의로 범했다고 판정되었을 때는 실격이 되고 그 게임은

지게 된다.

어쨌든 초보자의 경우 깨닫지 못하고 반칙 행위를 범하고 있는 경우가 종종 있다. 올바르게 게임을 실시하기 위해서라도 이런 룰을 잘 기억해 두자.

◐그 밖의 게임 룰

보크라인 게임이나 스리 쿠션 게임의 경우는 각각에 특수한 룰이 정해져 있다. 예를 들면 보크라인 게임에서는 테이블 위에 그려진 선으로 생긴 틀(앵커를 포함한다) 안에서는 2회(혹은 1회)이상 쳐서는 안 된다든가, 스리 쿠션 게임에서는 수구가 튀어 나갔을 때의 처치 방법 등 자세한 규정이 정해져 있다.

캐럼 게임의 경우 수구를 2개의 표적공에 맞힘으로써 득점이 된다고 하는 기본적인 대 전제에 근거하여 여러 가지 종목으로 분류되어 있기 때문에 각각의 종목의 특수한 룰 외는 거의 공통 규정으로 되어 있다.

그러나 포켓 게임의 경우는 15개의 표적공 중 종목에 따라서는 사용하는 수가 다르고 득점 방법도 번호의 합계 점수이거나 1개 1점이라고 하는 것 같이 다르다.

이런 각 종목의 룰에 대해서는 그 때마다 코치나 선배에게 배우면 좋을 것이다. 단, 모든 당구 게임에 대해서 공통적으로 말할 수 있는 것은 잘못된 방법으로 게임으로 진행시키거나 자기식의 방법으로 플레이를 하지 않도록 해 주기 바란다. 정확한 룰과 에티켓을 익히는 것이 당구를 즐기는 비결이라고 말할 수 있다.

보크라인 게임(balkline game)

4구 게임의 기술이 숙달하면서 세리 치기 등에 의해 무제한으로 득점을 거듭할 수 있다. 그렇게 되면 게임이 재미없어지기 때문에 무제한 득점을 막기 위해서 테이블에 초크로 제한틀이나 앵커를 그리고 치는 장소나 횟수를 제한해서 경기를 하는 것이 보크라인 게임이다.

보크라인 게임은 테이블 위에 333페이지 윗 그림과 같이 4개의 선을 그어 9개의 틀을 만든다. 그리고 각각의 선이 쿠션과 접한 곳에 정방형의 앵커를 그린다. 이 9개의 틀과 앵커 안에서는 1번은 그대로 표적공에 맞힐 수 있지만 2번째의 샷에서는 표적공의 1개를 틀 밖으로 내보내지 않으면 파울이 되어 득점할 수 없다. 이것은 2번 치기의 경우이지만 1번 치기라고 정해졌을 경우는 1회째의 샷으로 표적공을 틀 밖으로 내보내야 한다.

보크라인 게임은 반드시 '몇 센티 몇 번 치기'라고 하는 명칭이 붙어 있다. 이것은 테이블면에 그려진 선이 쿠션에서 42cm(중형 당구대)라든가 47cm(대형 당구대) 떼어 놓고 그어지기 때문에 이름 붙여진 것이다. 앵커는 어느 경우라도 17cm 8mm이다. 71cm라고 하는 것은 대형 당구대를 3개의 선으로 단락 지었을 경우이다(333페이지 아래 그림 참조).

보크라인의 선은 옛날은 쿠션에 가까운 곳에 그어져 있었다. 그러나 기술의 진보와 함께 연속 득점도 쉬워졌기 때문에 그 폭이 확대되어 가서 마침내 현재와 같이 짧은 쿠션을 3등분하게 까지 되어 버렸다.

47cm(42cm) 보크라인 테이블

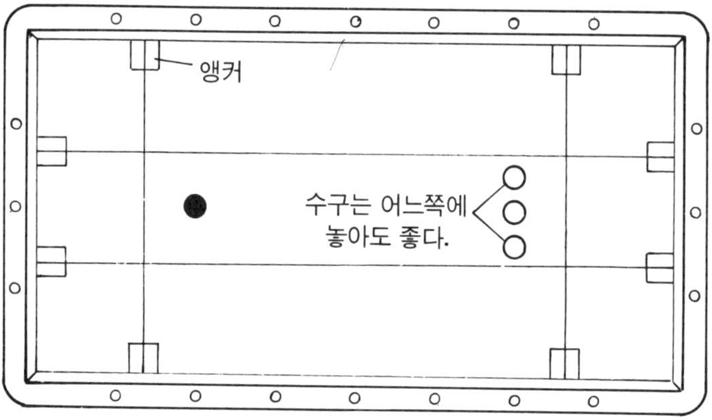
앵커
수구는 어느쪽에
놓아도 좋다.

71cm, 보크라인 테이블

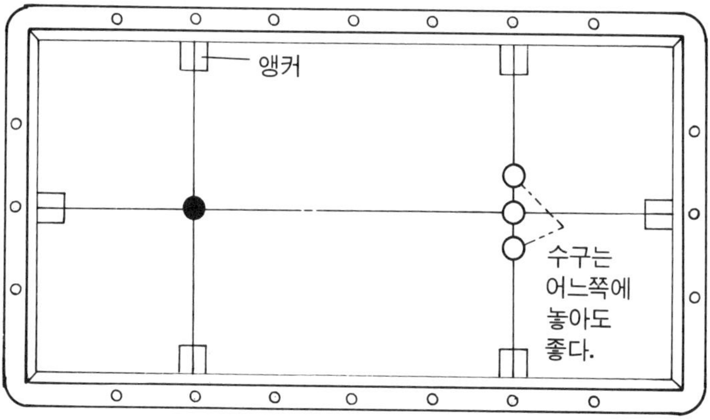
앵커
수구는
어느쪽에
놓아도
좋다.

보크라인 게임의 타구법은 '선'의 안이냐 밖이냐라고 하는 점이 최대의 포인트가 되기 때문에 쿠션을 많이 이용해서 그 되튀겨 오는 힘조절로 항상 2개의 표적공이 선을 넘고 있는 듯한 상태로 가져가는 기술이 요구된다. 4구 경우의 세리가 쿠션을 따라서 쳐 나아가는 점 때문에 '레일 너스(rail nurse)'라고 불리는데 반해서 보크라인 게임의 경우 선을 따라서 쳐 나아가는 점 때문에 '라인 너스(line nurse)' 라고 불리고 있다.

어쨌든 9개 혹은 6개의 틀 속에서 치는 횟수가 제한되어 있기 때문에 어느 정도 기술이 숙달하고 나서가 아니면 치기는 어려울 것이다.

'아웃', '인', '세컨드', '아우트 앤드 인'이라고 하는 특수한 카운트의 타구법을 비롯해서 앵커에서의 타구법이나 라인 너스에 있어서의 힘조절 등 당구의 깊은 매력을 많이 포함하고 있는 게임이라고 말할 수 있다.

스리 쿠션 게임

수구를 제1표적공에서 제2표적공에 맞힐 때까지의 동안에 3회 이상 쿠션에 넣지 않으면 득점이 되지 않는 스리 쿠션 게임은 현재 이루어지고 있는 당구게임 중에서는 가장 고도의 종목이라고 말할 수 있다. 합계 득점수를 합계 이닝수로 나눈 애버리지가 0.8 이상이라는 것이 세계 선수권 대회에 출전할 수 있는 자격의 기준이 된다고 하니까 그 어려움을 짐작할 수 있다. 그러나 테이블 가득히 달리는 수구의 움직임이나 그 스피드성 때문에 해마다 팬의 수도 늘어나고 있다.

스리 쿠션 게임은 계산의 게임이다. 이 게임에 강해지기 위해서는 실제 플레이 때에 80% 가깝게 응용할 수 있는 '파이프 앤드 하프 시스템', '플러스 투 시스템', '맥시멈 잉글리시 시스템', '노 잉글리시 시스템', '리보이스 시스템' 등 쿠션을 이용할 때의 계산 방법을 연습에 의해 터득해야 한다.

이런 시스템들은 처음부터 있었던 것은 아니다. 내외의 유명한 선수들이 바깥틀에 박힌 포인트에 숫자를 적용시켜서 계산의 기준으로 삼거나 혹은 공이 가진 특성을 최대한으로 살려서 스스로 연구하고 고안해서 완성한 것이다. 이런 선인이 남겨 주신 시스템 덕분에 앞으로 스리 쿠션 게임을 시작하려고 하는 사람들에게 얼마나 도움이 되고 있는지 모른다.

이런 시스템의 설명이나 타구법의 특수성에 대해서는 여기에서는 언급하지 않는다. 4구 게임이 세리라고 하는 연속 득점이 가능한 타구법의 연구에 의해 게임 점수를 1이닝에 다 칠 수 있게 되자 큰 타구법을 제한하는 보크라인 게임으로 이행하여 더욱 기법이 발전해 간 것이다. 그러나 그 보크라인 게임에도 완전 치기가 나오게 되자 이번은 공을 쿠션에 넣는 횟수에 제한을 준 스리 쿠션 게임이 나타나서 당구의 기술은 한층 더 그 폭을 넓혀갔다.

스리 쿠션 게임은 선수권 대회 등의 경우는 게임 점수를 정해서 실시하며 이닝수에 제한은 없지만 보통 당구장 등에서 실시하는 경우는 25이닝으로 게임을 실시한다. 25이닝에서 득점할 수 있는 평균 점수가 그 사람의 핸디캡이 된다. 처음은 6점 정도부터 시작하지만 실제로 플레이해 보면 25이닝의 제한 횟수내에서 이 6점을 득점하기가 상당히 어렵다. 이런 점 때문에 4구 게임의 저득점자와 고득점자와 같이 그 득점력에 큰 차이를 느끼게 하지 않기 때문에 거의 대등하게 게임을 할 수 있다.

자신의 상상대로 공을 움직여서 맞았을 때의 만족감을 당구의 매력이라고 하면 공의 움직임을 확인할 수 있는 스리 쿠션 게임은 그 전형이라고 말할 수 있다.

파이브 앤드 하프 시스템

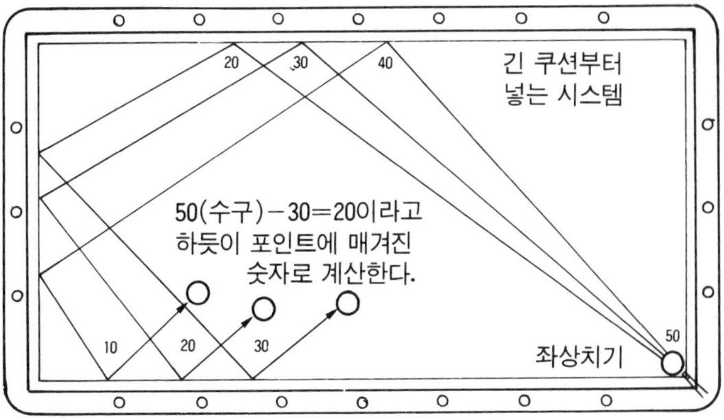

플러스 투 시스템

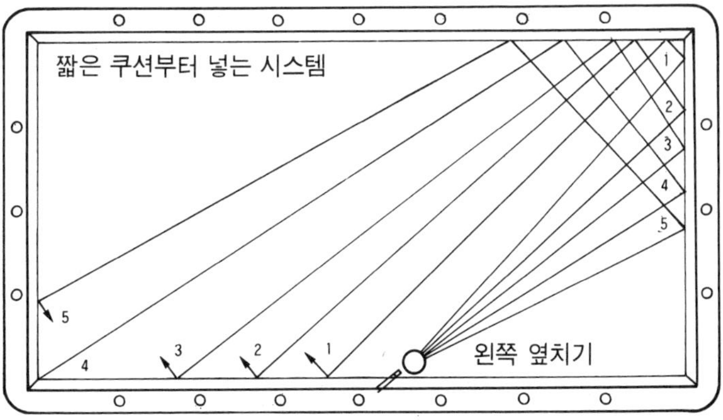

맥시멈 잉글리시 시스템

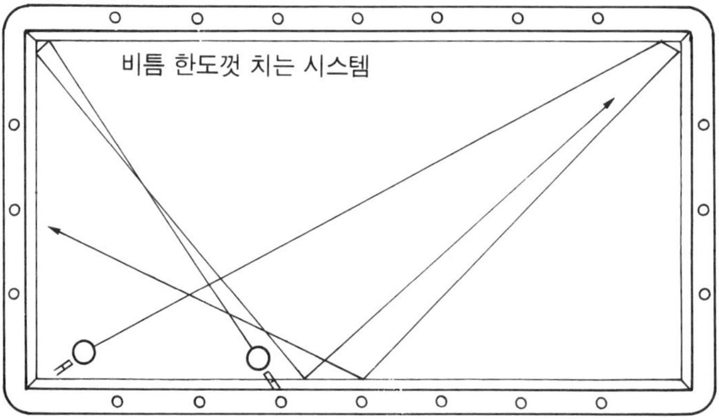

더블 레일 시스템

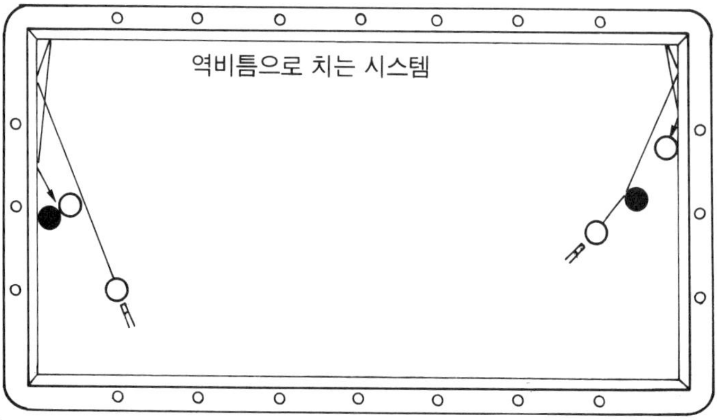

리보이스 시스템

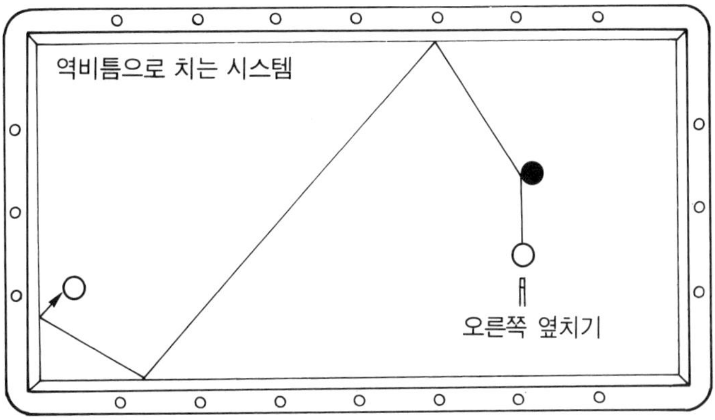

노 잉글리시 시스템

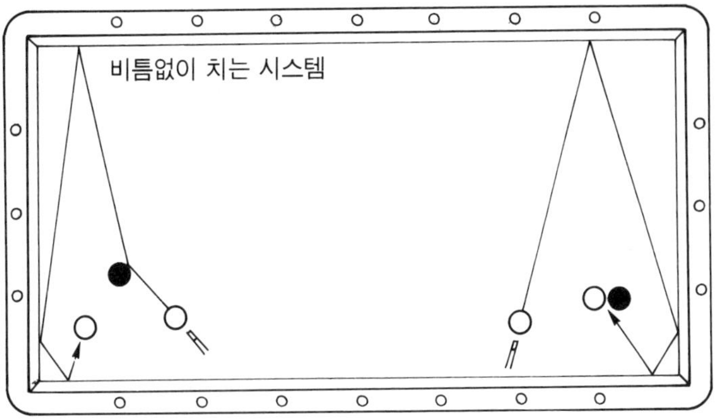

포켓 당구

앞에도 서술했듯이 4구나 스리 쿠션 등의 캐럼 게임과 포켓 게임의 최대 차이점은 캐럼 게임의 경우는 수구가 2개의 표적공을 향해서 나아가는 움직임이 결정수가 되는데 반해서 포켓 게임의 경우는 수구에 맞은 표적공의 진로가 결정수의 전부라고 하는 점이다.

따라서 수구를 표적공의 어느 부분에 맞히면 어떤 각도로 분리해 나가느냐라고 하는 기본적인 겨냥의 연습이 필요하게 된다. 그것과 동시에 표적공을 포켓에 떨어뜨리기 위한 특수한 기법을 4구에 있어서의 '단어'와 마찬가지로 익혀야 한다.

이하 기본적인 타구법 및 특수한 테크닉 플레이 중 '뱅크 샷', '콤비네이션 샷', '키스 샷', '캐논 샷' 에 대해서 그 개략을 설명한다.

◐기본적인 겨냥법

표적공을 포켓에 떨어뜨리는 기본적인 원리는 수구가 표적공에 맞은 순간 2개의 공 중심을 연결한 연장선상을 표적공이 달려 나가기 때문에 그 연장선 끝에 포켓이 있으면 표적공은 포켓에 들어 간다. 즉, 표적공의 겨냥점을 결정하는 간단한 방법은 표적공의 중심과 포켓의 중심을 연결한 점을 구해서 그 점을 향하여 수구를 치면 된다.

그 때문에 겨냥점과 접촉점은 다르다고 하는 사실이 매우 중요한 포인트가 된다. 수구는 중심을 쳐도 옆을 쳐도 표적공에 맞은 때까지는 큐를 쳐낸 방향으로 달린다. 이 방향의 끝이 겨냥점으로 수구와

겨냥점 · 접촉점과 이미지너리 포인트

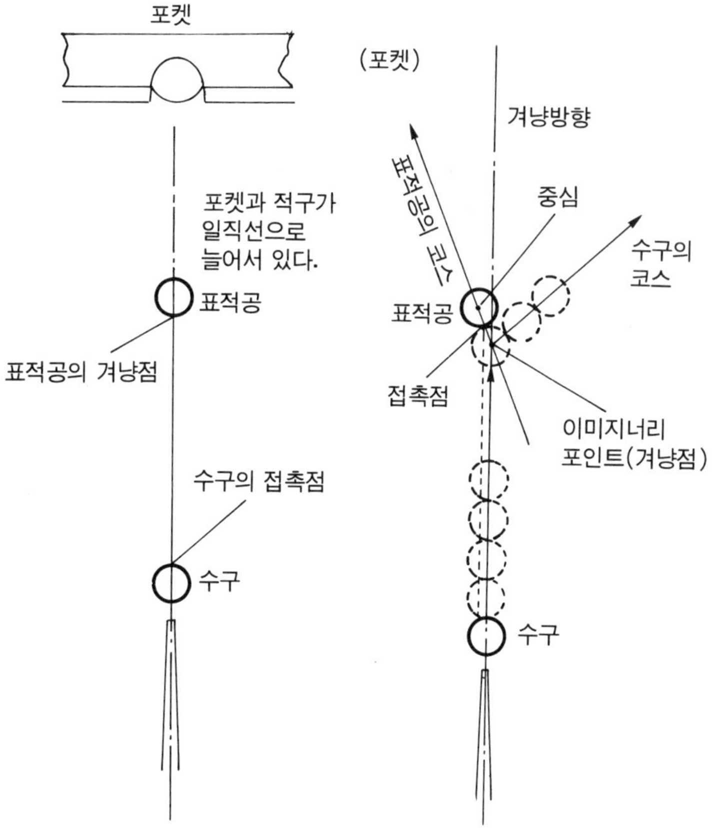

표적공이 부딪치는 부분이 접촉점이다(앞 페이지의 그림).

공은 항상 일직선으로 배열되어 있다고는 할 수 없다. 그래서 '포켓과 표적공의 중심점을 연결하는 방정식'이라고 하는 것이 기본적인 세리의 응용으로서 표적공을 포켓에 떨어뜨리는 기술로 이어지는 것이다.

조금 더 알기 쉽게 설명해 본다. 표적공과 포켓의 중심을 연결한 선상에 표적공과 밀착해서 또 1개의 공이 있다고 가상하는 것이다. 그림에 표시했듯이 이 가상한 공의 중심점도 표적공과 포켓을 연결한 연장선상에 있어야 한다. 그리고 이 가상 공의 중심점을 향하여 수구의 중심이 맞도록 쳐낸다.

이 가상점을 이미지너리 포인트(imaginary point)라고 한다.

다음 그림은 수구의 중심을 쳐서 표적공에 대한 두께를 변화시켜 갔을 경우의 표적공의 분리각을 나타낸 것이다. 앞에서 서술한 이미지너리 포인트의 변화를 잘 알 수 있다.

이미지너리 포인트를 상정하는 것이나 상정한 공의 중심점을 향해 친다고 하는 것은 초보자에게는 어려운 기술로 처음부터 생각대로는 칠 수 없다. 또한 수구의 스피드나 비틈의 거는 상태로 표적공의 분리각에 미묘한 변화가 생긴다.

그림에서도 알 수 있듯이 수구가 표적공의 끝에 약간 접촉했을 경우 표적공은 90도로 분리한다. 이 때의 이미지너리 포인트는 완전히 공 1개만큼 옆이 된다. 수구는 쳐낸 큐의 방향을 향해서 나아간다. 초보자의 경우 오른쪽으로 맞히려고 생각하면 그만 오른쪽으로 큐를 쳐내기 쉽다. 상상점을 향하여 치는 것이기 때문에 주저하지 말고 똑바로 쳐내자.

수구와 표적공과의 배치의 차이에 의한 두께의 비율을 알기 쉽게

기본적인 겨냥법

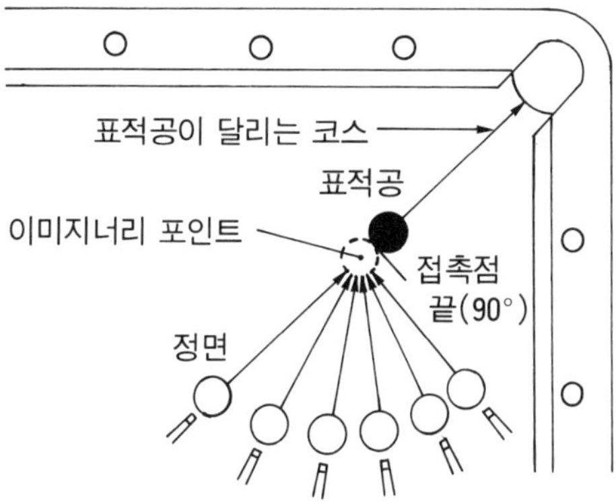

표적공의 기본적인 겨냥법
(당점은 모두 중심)

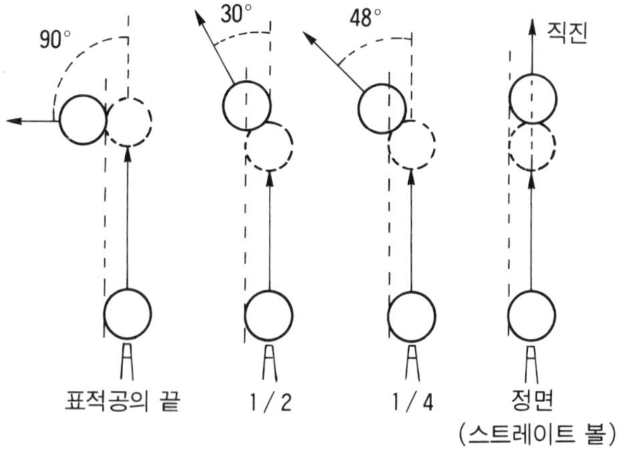

나타낸 것이 아래 그림이다.

당점은 모두 중심이고 각도의 범위는 90도까지이다. 처음은 포켓, 표적공, 수구의 배치를 직선에 가까운 상태에 놓고 겨냥점(이미지너리 포인트)의 연습을 하자. 그리고 각도를 조금씩 넓혀서 마찬가지로 쳐 보자. 가까운 거리에서의 연습에 의해 요령을 알게 되면 이번은 수구와 표적공의 거리를 떼어서 쳐 본다.

수구에 비틈을 걸거나 세게 쳤을 경우 표적공이 분리해 나가는 각도가 미묘하게 변화하는 사실은 앞에 서술했지만 초보자는 이런 비틈에 의한 표적공의 변화는 생각하지 말고 우선 수구가 표적공의 어디에 맞으면 표적공은 어느 방향으로 나아가느냐라고 하는 점을 반복 연습을 통해 터득하도록 한다.

◐포지션 플레이와 힘조절

포켓 당구의 경우 어느 공을 어느 포켓에 떨어뜨려도 되는 베이식 게임 이외의 게임에서는 종목에 따라 떨어뜨리는 공이나 포켓이 룰로 정해져 있다.

예를 들면 나인 볼 게임이나 로테이션 게임의 경우 ① 공부터 차례대로 떨어뜨려 가야 하고 에이트 볼 게임의 경우 자신이 정한 그룹의 공만을 떨어뜨려야 한다.

캐럼 게임의 경우라면 표적공은 항상 2개로 테이블에서 모습을 감추는 일은 없지만 포켓 게임에서는 진행과 동시에 잇달아 공이 테이블면에서 사라져 간다. 그래서 필요하게 되는 것이 포지션 플레이이다.

① 공을 떨어뜨려도 수구의 위치가 다음에 떨어뜨린 ② 공과 동떨

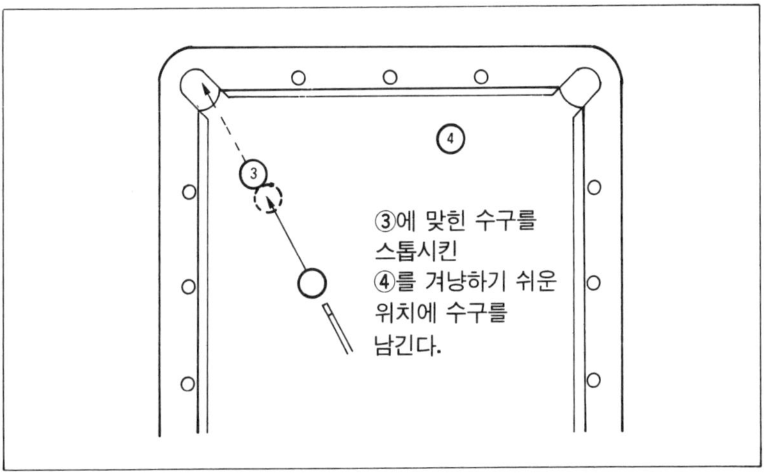
③에 맞힌 수구를
스톱시킨
④를 겨냥하기 쉬운
위치에 수구를
남긴다.

어진 곳에 정지하거나 다른 공 뒤에 숨어 버려서는 다음 샷에 손을 쓸 도리가 없다.

포지션 플레이란 다음 샷을 위해서 수구를 치기 쉬운 위치까지 가져 가는 컨트롤이나 반대로 수구를 그다지 굴리지 않고 세이브하는 타구법이다.

1개의 표적공을 포켓에 떨어뜨릴 뿐이라면 수구의 중심을 쳐서 정확하게 포켓을 노리면 떨어지지만 다음 샷을 조금이라도 쉽게 하기 위해서는 수구를 적절한 위치에까지 이동시켜야 한다. 그래서 필요하게 되는 것이 수구의 비틈을 어떻게 하느냐라고 하는 점과 수구에 대한 힘조절이다. 기초 기술의 마스터와 함께 이 스피드의 컨트롤을 연습에 의해 습득하자.

초보자의 경우 수구에 준 비틈에 의한 공의 변화는 어느 정도 기술이 향상하고 나서가 아니면 좀체로 이해할 수 없다. 실제로는 이 비틈의 활용이 게임 진행중에 있어서 여러 가지 형태로 이용돼야 하는 것이지만 우선 힘조절에 의한 컨트롤을 반복 연습해서 자신이 치는

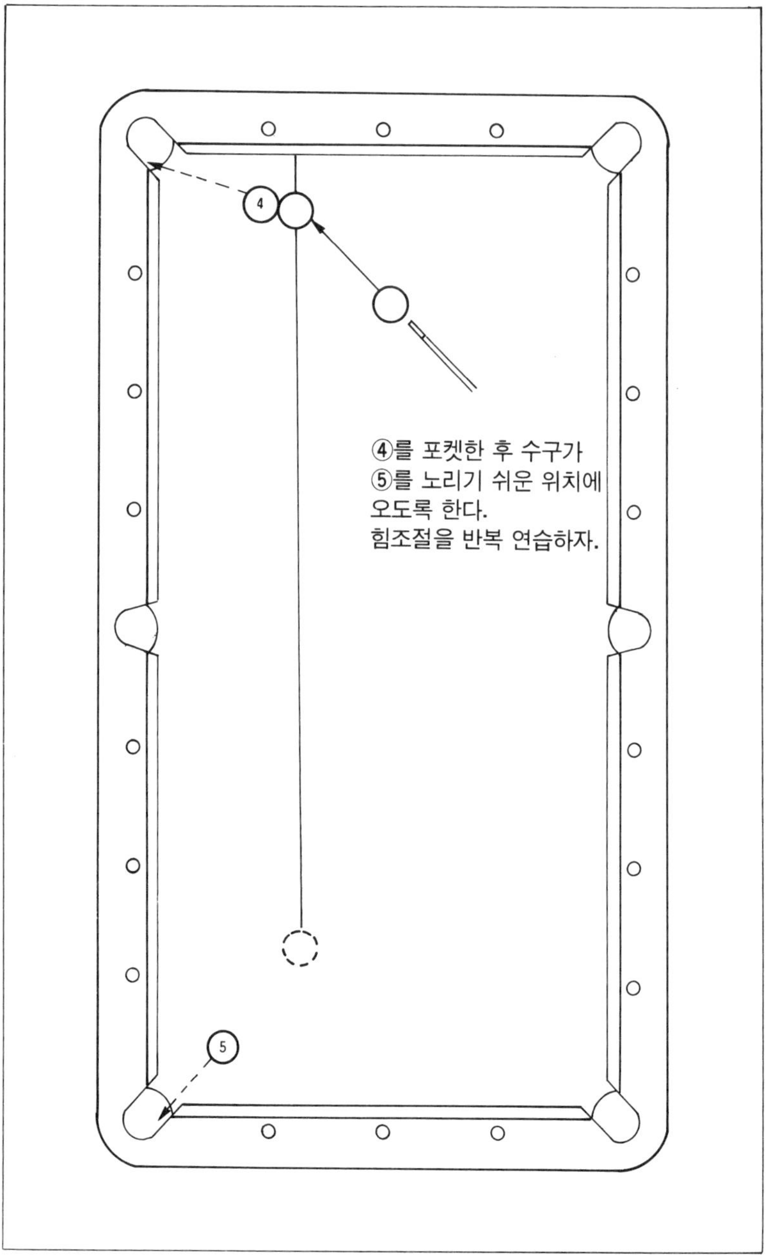
4
④를 포켓한 후 수구가
⑤를 노리기 쉬운 위치에
오도록 한다.
힘조절을 반복 연습하자.
5

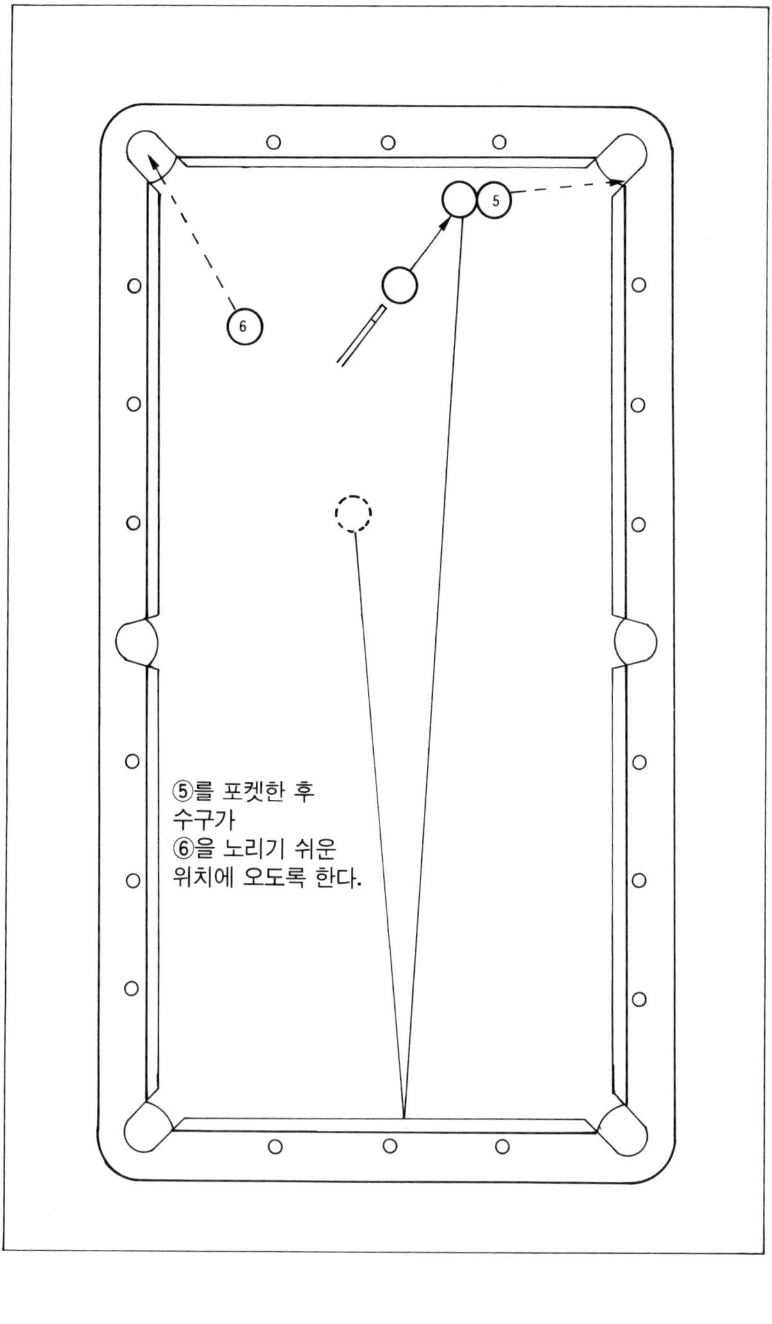
5
6
⑤를 포켓한 후
수구가
⑥을 노리기 쉬운
위치에 오도록 한다.

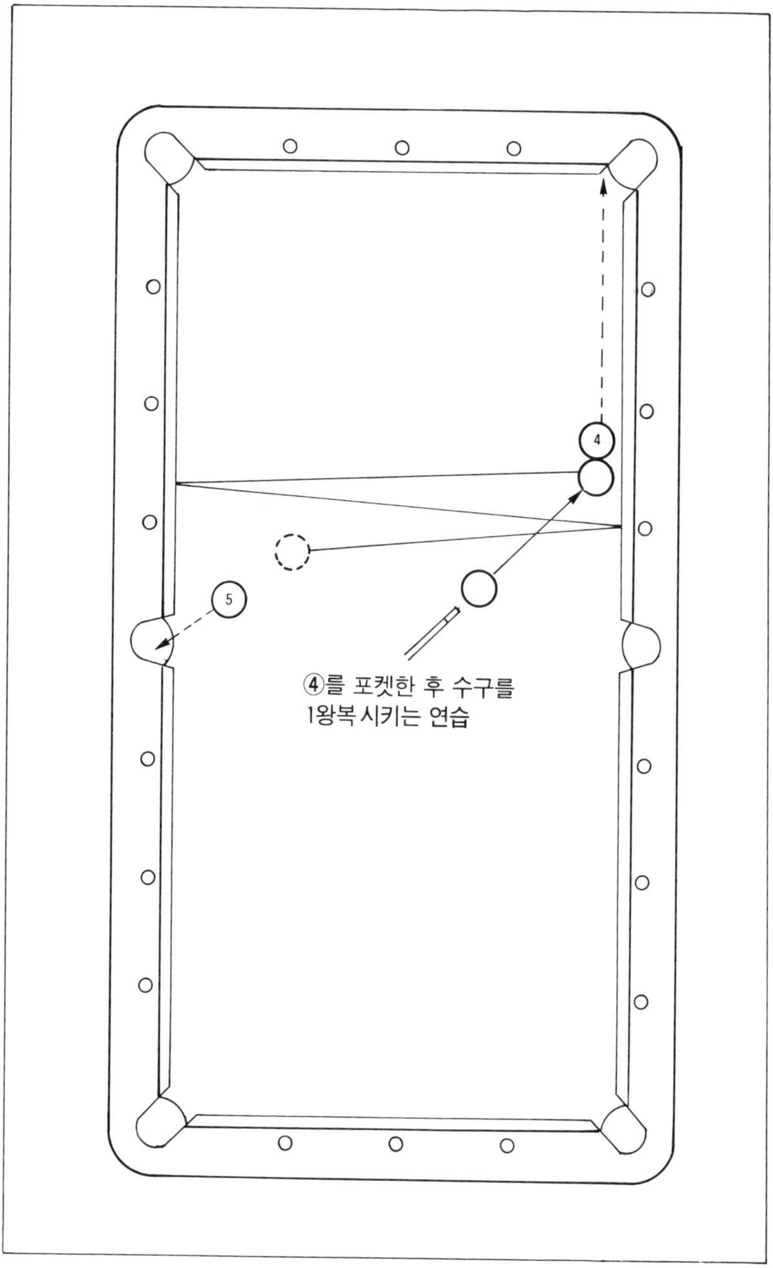
4
5
④를 포켓한 후 수구를
1왕복 시키는 연습

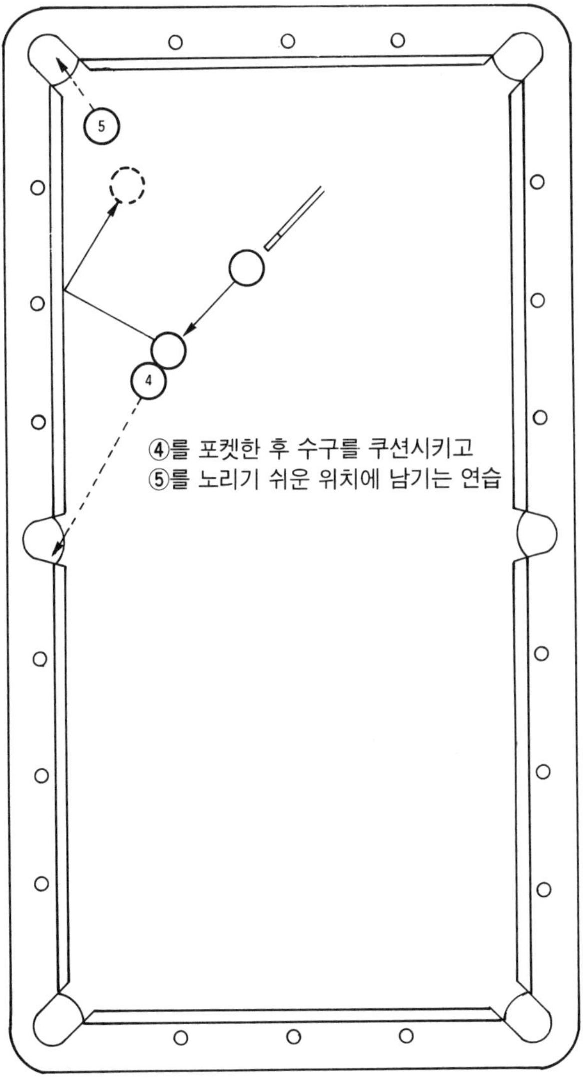
5
4
④를 포켓한 후 수구를 쿠션시키고
⑤를 노리기 쉬운 위치에 남기는 연습

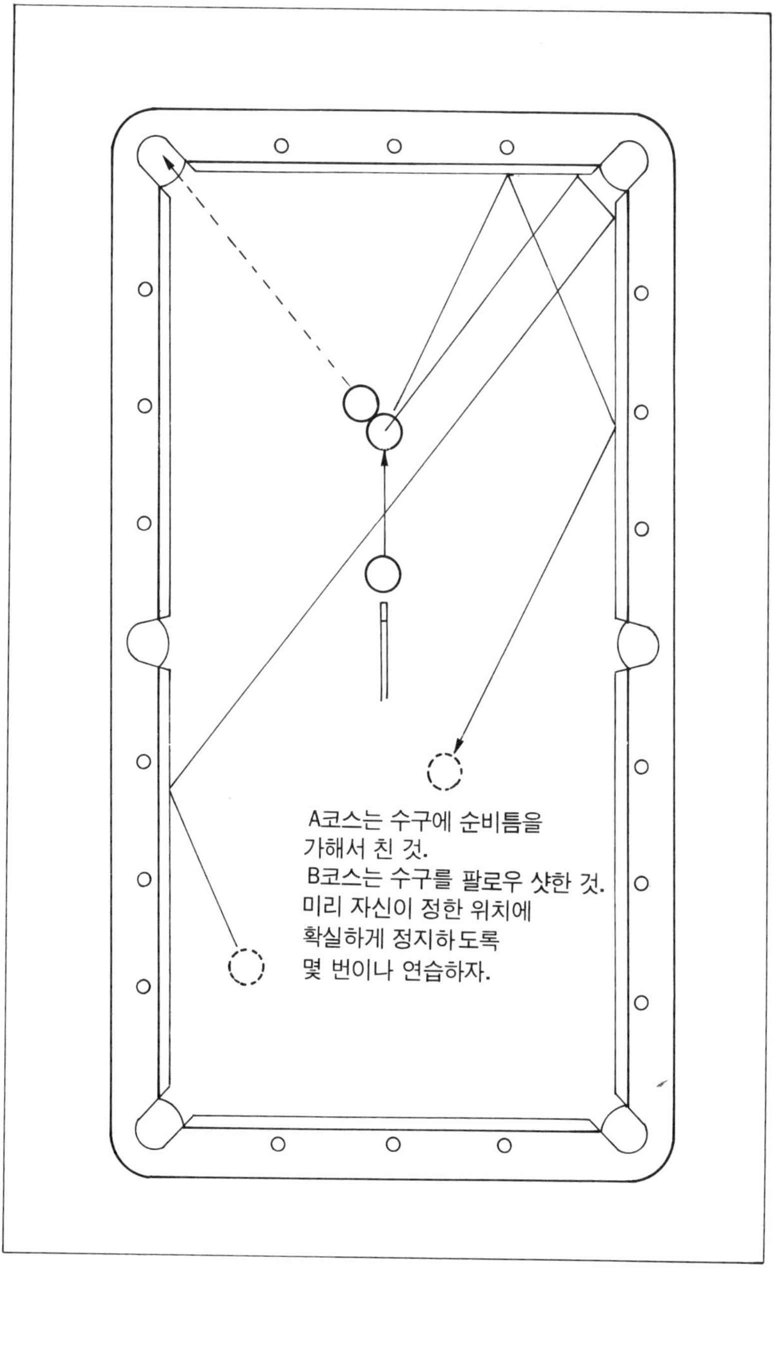
A코스는 수구에 순비틈을
가해서 친 것.
B코스는 수구를 팔로우 샷한 것.
미리 자신이 정한 위치에
확실하게 정지하도록
몇 번이나 연습하자.

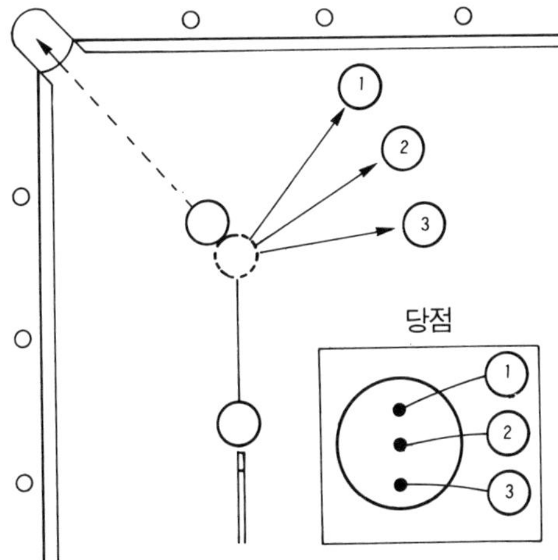

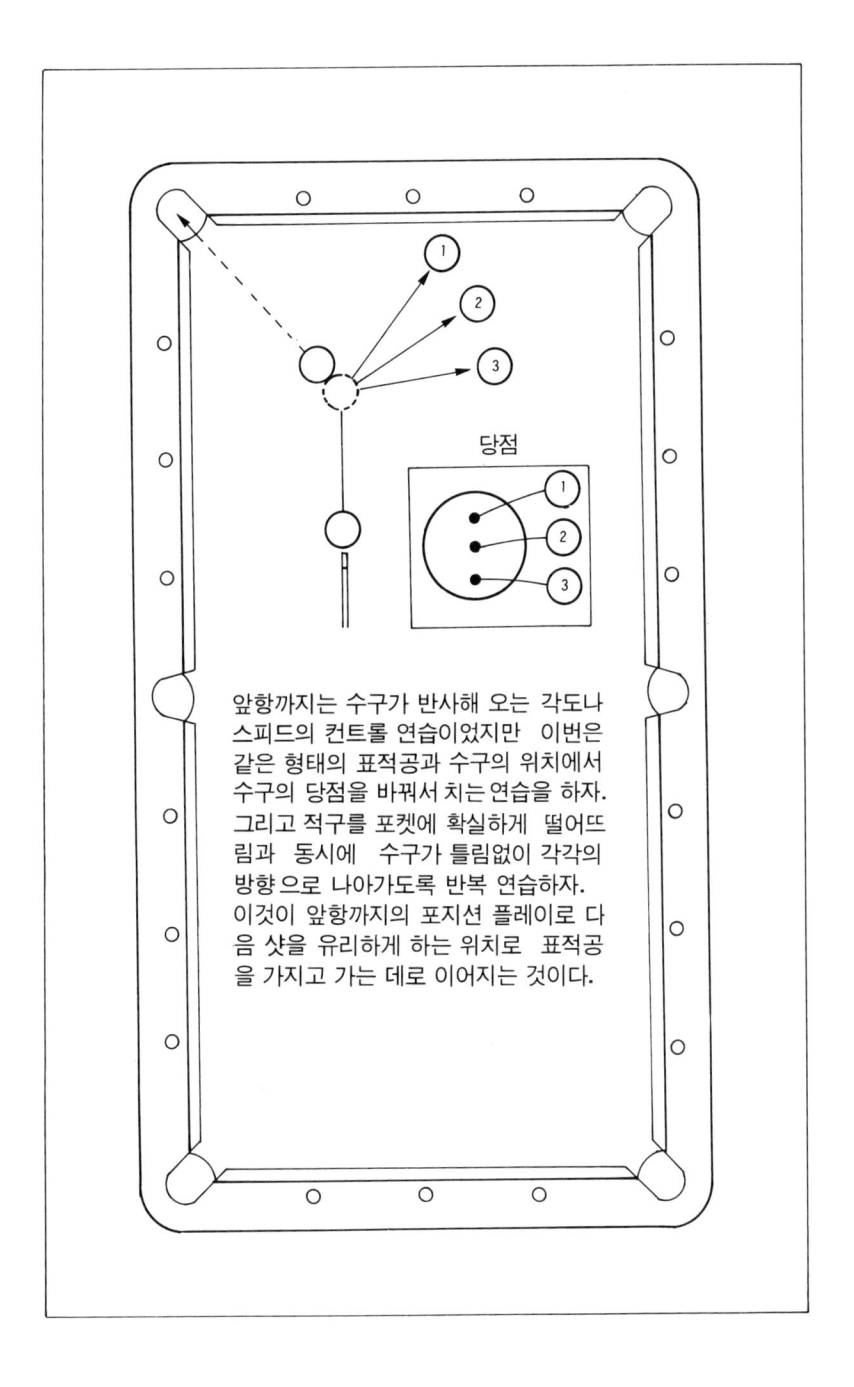

앞항까지는 수구가 반사해 오는 각도나 스피드의 컨트롤 연습이었지만 이번은 같은 형태의 표적공과 수구의 위치에서 수구의 당점을 바꿔서 치는 연습을 하자. 그리고 적구를 포켓에 확실하게 떨어뜨림과 동시에 수구가 틀림없이 각각의 방향으로 나아가도록 반복 연습하자. 이것이 앞항까지의 포지션 플레이로 다음 샷을 유리하게 하는 위치로 표적공을 가지고 가는 데로 이어지는 것이다.

힘으로의 수구 스피드를 잘 기억해 둔다.

다음에 포지션 플레이의 예를 몇 가지 들었다. 처음에 떨어뜨리는 공과 다음에 떨어뜨리는 공까지의 거리를 그림으로 연습하면서 수구의 위치나 다음에 떨어뜨리는 공의 위치를 이동하여 거리를 바꾸면서 연습한다.

처음 당점은 중심 치기로 실시하자.

◐종목의 선택

포켓 당구에는 14—1 래크 게임과 같이 고도의 기술과 임기 응변의 술수를 필요로 하는 것부터 1개의 공 중 어느 공을 어느 포켓에 떨어뜨려도 되는 베이식 게임까지 종류도 다양하다.

캐럼 게임이 4구부터 시작해서 보크라인 게임 등으로 발전하는 것과 마찬가지로 포켓 게임의 경우라도 한 번에 모든 것을 마스터하기는 불가능하다. 로테이션 게임의 룰은 테이블 위에 있는 최소 번호의 공부터 차례대로 포켓에 떨어뜨려 가는 것이다. 우연히 노린 포켓과 다른 포켓에 떨어져도 유효하지만 그것은 기술의 진보나 당구의 즐거움과는 아무 관계도 없다. 초보자의 경우 먼저 기본적인 당구 기술을 마스터하는 것이 중요하다. 다른 14개의 공에 구애되어 망설이고 있는 것보다 기본적으로 표적공의 어디를 노리고 치면 떨어뜨리고 싶다고 생각하는 포켓으로 전진해 주는지를 비교적 손쉽게 체득할 수 있는 종목부터 시작하는 것이 좋다.

당구의 종목은 캐럼에 있어서도 포켓에 있어서도 기술의 진보와 함께 보다 어렵고 보다 엄격한 제한이 마련되어 왔지만 반대로 보다 스피디한 방향으로 발전해 온 것이다.

◐초보자의 종목

앞으로 당구를 시작하려고 하는 사람은 베이식 게임이나 에이트 볼 게임, 혹은 나인 볼 게임 등부터 플레이하는 편이 좋을 것이다.

기본 기술의 연습이라고 하는 의미에서는 베이식 게임이 최적이다.

그런데 지금 로테이션 게임을 대신해서 급격히 보급되고 있는 것이 나인 볼 게임이다.

① 공부터 차례대로 떨어뜨려 나가야 한다고 하는 룰은 로테이션 게임과 같지만 전부 9개의 공으로 플레이하기 때문에 게임의 진행도 빠르고 경우에 따라서는 최초의 브레이크 샷으로 갑자기 ⑨ 공이 포켓에 떨어져서 1번의 샷으로 그 게임은 끝이라고 하는 경우도 있다.

또한 15개 중 ①~⑦ 로우 넘버 볼이나 ⑨~⑮ 의 하이 넘버 볼의 어느 한 그룹을 선택해서 그 그룹의 7개의 공이라면 어느 것부터라도 포켓에 떨어뜨릴 수 있는 에이트 볼 게임(7개를 떨어뜨린 후 ⑧ 공을 떨어뜨린다)이라고 하는 종목이 초보자에게 있어서 최적의 것이라고 말할 수 있다.

4구 게임의 항에서도 서술했지만 당구는 구체(球體)가 가진 특성을 최고도로 구명한 경기이다. 어느 종목에 있어서나 배우기 쉽다고 해서 간단한 것은 아니다. 각각에 있어서 무한한 깊이를 숨긴 '두뇌의 스포츠'임을 잊지 말아 주자.

◐파울 플레이

반칙의 규정은 4구 게임의 항에서 서술했지만 포켓 게임의 경우도 완전히 똑같다.

게임의 진행중에 이런 파울 플레이가 있었을 때는 가령 노린 공이 포켓에 떨어져도 무효가 되고 플레이어는 교대된다.

캐럼 게임의 경우에서도 그 종목에 따라 공통 룰과는 별도로 각각의 종목 독자의 룰이 있었지만 포켓 게임의 경우도 마찬가지다. 초보자는 물론 조금 경험을 쌓은 사람이라도 미처 깨닫지 못하고 반칙 행위를 범하고 있는 경우가 종종 있다. 정확한 게임을 하기 위해서도 룰을 기억해 두자.

공통 룰

① 수구가 스크래치(포켓에 떨어지는 것)했을 때는 상대와 교대한다. 이 경우 노린 표적공이 포켓에 떨어져 있어도 그 공은 무효가 되어 소정의 위치로 되돌려진다. ② 공 건드림 ③ 공이 테이블 밖으로 튀겨 나갔을 때 ④ 공이 바깥틀(레일) 혹은 쿠션 위에 정지했을 때 ⑤ 2번 치기 ⑥ 바닥에서 양발을 떼고 쳤을 때 ⑦ 수구가 미스 점프했을 때.

특유의 룰

나인 볼 게임이나 로테이션 게임에서는 다음의 경우 파울이 된다.

① 수구가 처음에 테이블 위의 최소번호의 표적공에 맞지 않았을 때.

② 수구가 표적공과 동시에 다른 볼에 맞았다고 간주되었을 때.

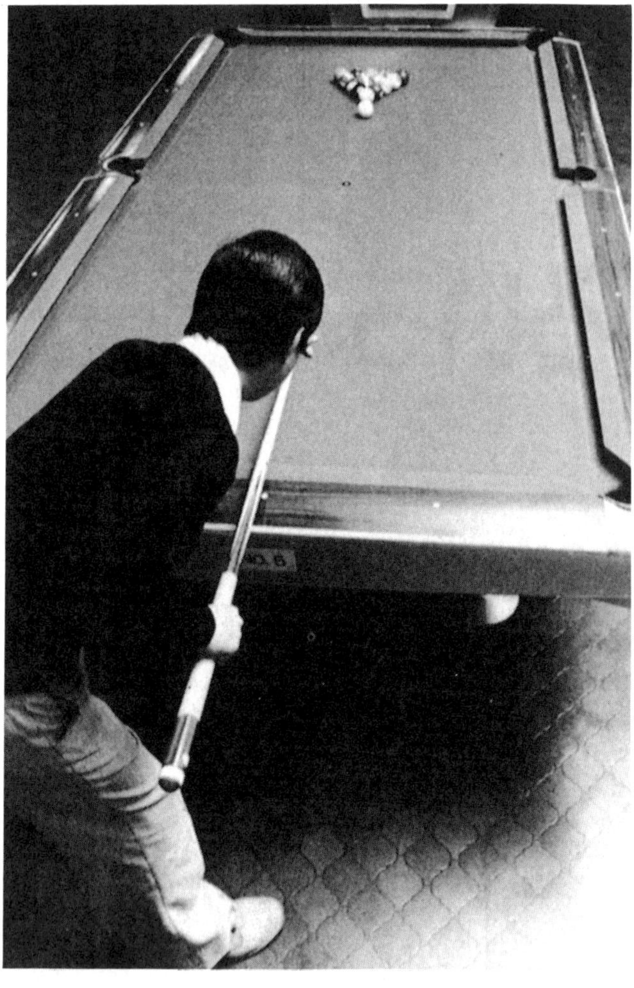

또는 세이프인지 파울인지 판단하기 어려울 때도 있다. 유효, 무효의 구별을 기억해 두자.

㉠ 미스 큐

수구를 쳤을 때 미끄러져서 딱하는 소리를 냈을 경우 미스 큐가 되지만 수구가 점프하지 않는 한 유효이다.

㉡ 점프 볼

미스가 아닌 임팩트에서의 점프 샷은 유효이다.

㉢ 포켓 앞에 정지해 있던 공이 뭔가의 탄력으로 자동적으로 포켓에 떨어졌을 때는 무효로 그 공은 원위치로 되돌린다.

㉣ 우연히 2개의 공이 포켓 속에서 걸려서 정지했을 경우 그 공의 아래 부분이 테이블 헤드의 면보다 내려가 있을 때는 유효로 포켓된 것으로 간주된다. 단, 그 판정은 시합의 경우는 레프리가, 보통 일반 게임의 경우는 상대와의 협의로 결정한다.

포켓 당구의 경우 이 외에도 각각의 게임에 독자적인 파울 플레이가 있다. 주요 포켓 게임의 룰은 다음과 같다.

◐뱅크 샷

로테이션 게임이나 나인 볼 게임 등의 경우 다음에 맞히는 표적공이 정해져 있기 때문에 뱅크 샷이 필요해진다.

뱅크 샷이란 쿠션을 이용한 샷이다. 공이 쿠션에 들어가는 각도와 쿠션으로부터 반사해 오는 각도는 같다고 하는 원칙을 응용한 것으로 표적공을 쿠션의 어느 점에 넣느냐가 포인트가 된다.

기본적으로는 각도를 2등분해서 그 위치를 계산한다. 즉, 표적공이 쿠션을 향하는 각도와 쿠션에서 포켓을 향하는 각도가 거의 같아지는

뱅크 샷

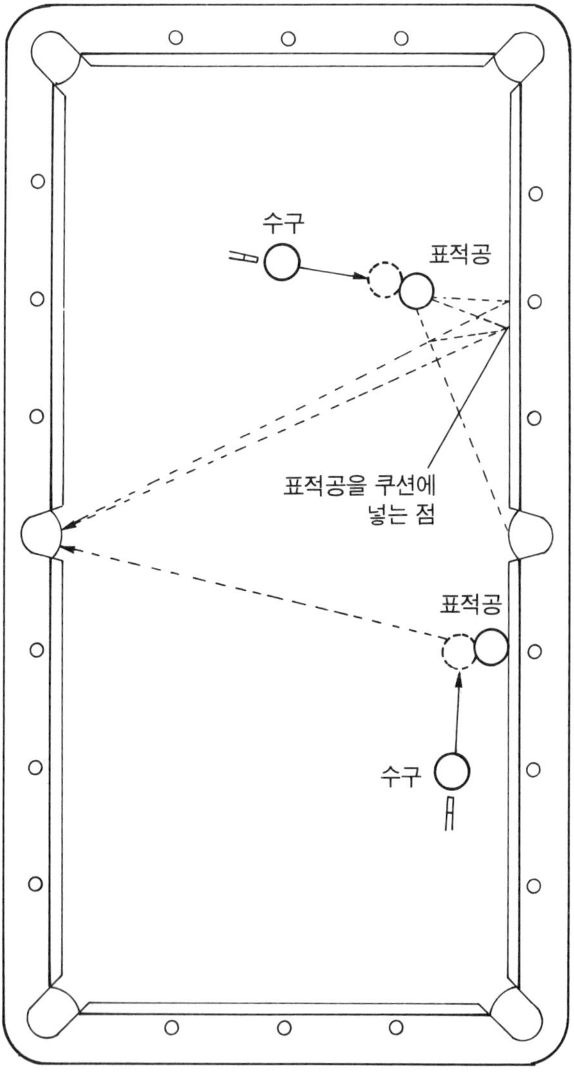
수구
표적공
표적공을 쿠션에
넣는 점
표적공
수구

점을 쿠션에 구하면 된다. 단, 이 경우라도 보통의 힘조절로 수구를 샷하지 않으면 2등변 삼각형의 반사각은 얻을 수 없다. 같은 조건의 중심 치기를 해도 세게 친 경우와 약하게 친 경우에서는 반사각은 달라진다. 또한 수구에 다소라도 비틈이 주어지면 반사각은 극단적으로 변화한다. 기술이 향상하면 의식적으로 수구에 비틈을 걸어서 표적공의 반사각을 조정하지만 뱅크 샷 그 자체가 매우 어려운 테크닉이기 때문에 중심 치기에 의한 샷을 연습하자.

표적공이 쿠션에 프로즌(접촉)해 있는 경우의 뱅크 샷은 당점이나 두께가 달라진다.

◐키스 샷

목표의 표적공을 직접 포켓에 떨어뜨릴수 없는 위치에 있는 경우 수구로 맞힌 표적공을 다른 볼에 맞혀서 포켓에 떨어뜨리는 샷을 키스 샷(kiss shot)이라고 한다.

키스 샷에는 표적공과 키스시키는 다른 공이 떨어져 있는 경우와 키스시키는 공과 표적공이 접촉해 있는 경우가 있다.

키스시키는 겨냥점을 표적공이 다른 공에 맞았을 때의 접점을 겨냥점으로 하지 않으면 표적공은 포켓에 떨어지지 않는다.

키스 샷의 기본적인 겨냥법은 그림과 같이 된다. 표적공과 다른 공이 떨어져 있는 경우가 보다 어렵고 접촉해 있는 경우가 비교적 쉽게 칠 수 있다. 키스 샷의 연습은 접촉해 있는 상태에서 먼저 실시한다. 표적공과 거기에 닿아 있는 공의 중심을 가로지른 선과 포켓에 떨어드리려고 하는 적구의 중심에서 포켓을 향하는 선의 각도가 90도라면 키스 샷은 가능하다.

키스 샷

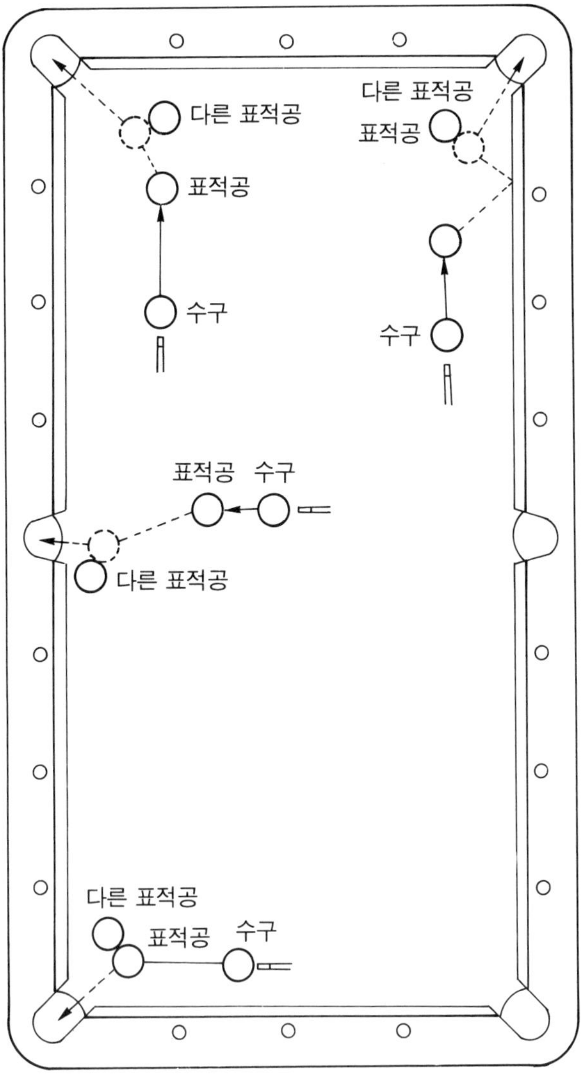
다른 표적공
표적공
수구
다른 표적공
표적공
수구
표적공
수구
다른 표적공
다른 표적공
표적공
수구

로테이션 게임, 나인 볼 게임에서는 이 샷을 이용하는 경우가 가끔 있다. 테이블 위에 있는 최소 번호의 공부터 떨어뜨려 나가야 하는 룰이기 때문에 표적공이 포켓으로 향하는 진로에 다른 공이 있는 경우가 없기 때문이다.

수구를 표적공의 어디에 맞히느냐라고 하는 것은 다른 공과의 거리로 정한다.

◐콤비네이션 샷(combination shot)

예를 들면 로테이션 게임의 경우 표적공의 위치에 따라서는 포켓으로의 진로선상에 다른 공이 있거나 혹은 표적공에 다른 공이 접촉해 있거나 해서 표적공을 직접 포켓에 떨어뜨릴 수 없는 때가 있다. 이런 경우 수구를 맞힌 표적공으로 다른 공을 노리고 그 공을 포켓에 떨어뜨리는 샷을 콤비네이션 샷이라고 한다.

표적공과 다른 공이 떨어져 있는 경우는 수구와 표적공, 표적공과 다른 공의 놓여 있는 상태에 의해 이 샷은 어려워진다. 표적공이 다른 공에 맞는 접점에 따라 그 공의 진로가 변화하고 수구에 의해 주어진 표적공의 회전에 의해서도 제3의 공이 상상대로 포켓으로 나아가지 않는 때도 있다. 포켓에 떨어뜨리는 공에 표적공이 맞았을 때 2개의 공 중심을 연결한 선의 연장에 포켓이 있도록 하는 것이 포인트이다.

표적공과 다른 공이 접촉해서 배열되어 있는 경우(2개일 때도 있지만 여러개일 때도 있다) 마지막으로 포켓에 떨어뜨리는 공이 포켓에 떨어뜨릴 수 있는 위치에 배열되어 있는지 어떤지를 판단해야 한다. 떨어뜨리는 공에서 3번째의 공(수구의 경우도 있다)을 키 볼이

콤비네이션 샷

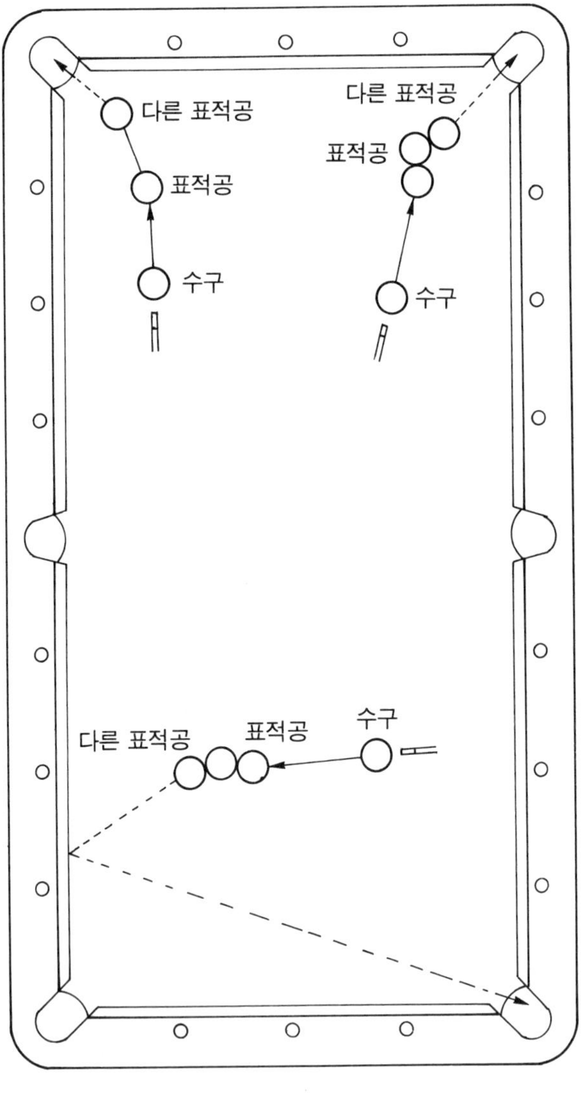
다른 표적공
표적공
수구
다른 표적공
표적공
수구
다른 표적공
표적공
수구

라고 하며 이 키 볼의 위치가 콤비네이션 샷의 결정수가 된다.

◐캐논 샷(Cannon shot)

4구 게임의 경우와 마찬가지로 수구를 최소번호의 표적공에 맞히고 나서 다른 공에 맞혀 포켓에 떨어뜨리는 샷이다. 빌리어드 샷(billiard shot)이라고도 말한다.

캐논 샷은 4구나 3구 게임과 공의 타구법이 같기 때문에 최소 번호의 공 이외의 공을 포켓에 떨어뜨리는 경우 응용 범위가 매우 넓다고 말할 수 있다.

그러나 기초 기술의 항에서도 설명했듯이 수구가 제1표적공에 맞고 나서 분리해 갈 때 당점이나 힘조절 혹은 표적공에 맞았을 때의 두께에 의해서 그 움직임은 미묘하게 변화한다. 4구의 경우는 제2표적공(캐논 샷에서는 포켓에 떨어뜨리는 공)의 어디에 맞혀도 괜찮았지만 캐논 샷의 경우는 제2표적공을 확실하게 포켓에 떨어뜨리는 진로로 나아가게 하도록 맞혀야 한다.

따라서 제1표적공에 맞은 수구의 분리각은 제2표적공과 포켓을 연결한 선상을 나아가도록 해야 한다. 캐논 샷은 4구 때의 삼각구의 상태 뿐만 아니라 끌어치기나 옆 비틈의 상태에서 이용해야 할 때도 있다.

이상이 포켓 당구의 기본적인 겨냥법이다. 이 기법들은 포켓 당구 전반에 응용할 수 있다. 그러나 이것만이 전부는 아니다. 포켓 당구 독자의 기법은 이 외에도 많이 있다.

캐논 샷

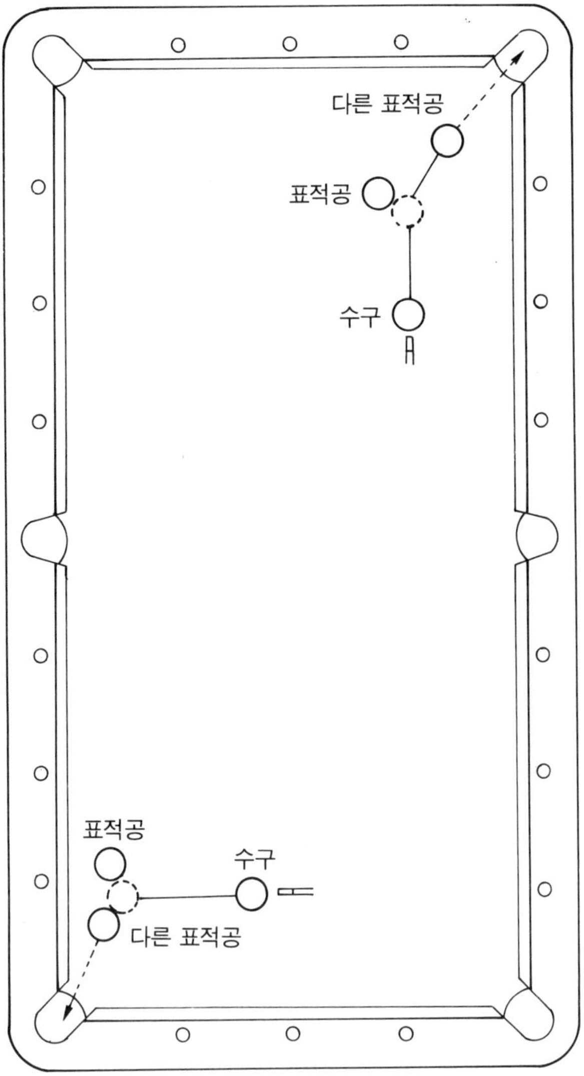
다른 표적공
표적공
수구
표적공
수구
다른 표적공

◐로테이션 게임(rotation game)

포켓 게임으로 15개의 표적공과 1개의 수구를 사용한다. 게임 방법은 ①부터 ⑮까지의 적구를 번호순으로 포켓에 떨어뜨려 간다. 따라서 테이블 위에 있는 최소 번호의 공부터 맞혀 나가야 한다.

① 공이 아직 테이블 위에 남아 있는데 ②나 ③의 공부터 맞혀 나가면 파울이 되어 플레이어는 교대된다. 득점은 ① 공이 1점 ② 공이 2점이라고 하는 식으로 공의 번호가 그대로 득점이 된다. ①부터 ⑮ 까지의 합계점은 120점이기 때문에 초보자의 경우 반인 60점을 게임 점수로 실시하면 좋을 것이다.

포켓 게임은 각각의 종목에 따라 파울의 룰이나 페널티 등 다양하게 정해져 있다. 각 게임에 공통된 반칙 사항과 함께 로테이션 게임 독자의 룰에 대해서 각각의 당구장에서 터득하자.

공의 배열법

브레이크 샷을 한 순간

◐14-1 래크 게임

수구와 ①부터 ⑮까지의 표적공을 사용한다. 득점은 로테이션 게임과 달리 1개 1점으로 계산한다. 이 게임은 어느 공부터 떨어뜨려가도 상관없지만 플레이어는 반드시 자신이 떨어뜨리려고 하는 공의 번호와 포켓을 지정해야 한다. 이것을 콜 샷 룰(call shot rule)이라고 한다. 만일 자신이 콜한 공이나 포켓이 틀렸을 경우는 파울이 되어 플레이어는 교대된다.

매우 높은 기술을 필요로 하는 게임으로 세계 선수권은 이것으로 이루어진다.

이 게임에서는 세이프티 플레이가 허용되고 있다. 세이프티 플레이란 공의 배열 상태에 따라서 자신의 득점을 희생하여 상대가 치기 어려운 것 같은 곳으로 수구를 가져 가는 것으로 반드시 '세이프티'라고 말해야 한다. 14개의 공을 떨어뜨린 후 마지막 1개를 남긴 채 다시 래크하는 등 특수한 룰이 있다.

공의 배열법

◐나인 볼 게임

게임의 방법은 ①부터 ⑧까지의 공을 차례대로 떨어뜨려 가서 마지막에 ⑨ 공을 떨어뜨린 쪽이 우승이 된다. 만일 게임 도중이라도 캐논 샷이나 콤비네이션 샷으로 합법적으로 ⑨ 공을 떨어뜨려도 유효하고 그 세트는 끝난다.

⑨ 공을 떨어뜨리면 1포인트의 득점이 되고 다음 세트로 들어간다. 보통은 세트 매치 방식으로 게임이 이루어진다. 세트의 수를 처음에 정해 놓고 그 세트수(포인트 수)에 빨리 도달한 쪽이 우승이 된다.

파울의 페널티는 로테이션 게임과 같다.

◐에이트 볼 게임

포켓 당구 중에서는 비교적 초보자용의 게임으로 ①부터 ⑮까지의 표적공을 사용한다. ①~⑦까지의 공을 로우 넘버 볼, ⑨~⑮까지의 공을 하이 넘버 볼이라고 부르며 처음에 브레이크(서브)했을 때에 떨어진 공에 의해 그것이 로우 넘버의 공이면 그 플레이어는 공의 번호에 관계없이 로우 그룹의 공(①~⑦)을 어느 것부터 어느 포켓에 떨어뜨려 가도 좋다. 상대는 하이 넘버의 공을 떨어뜨려야 한다. 그리고 각각의 그룹의 공을 7개 포켓에 떨어뜨린 후 ⑧ 공을 합법적으로 포켓에 떨어뜨린 쪽이 우승이 된다.

⑧ 공을 떨어뜨릴 때는 포켓을 지정해야 한다. 만일 7개의 공을 전부 떨어뜨리기 전에 ⑧ 공을 포켓에 떨어뜨렸을 경우는 그 게임은 지게 된다.

경기는 보통 세트 매치 방식으로 실시한다.

공의 배열법

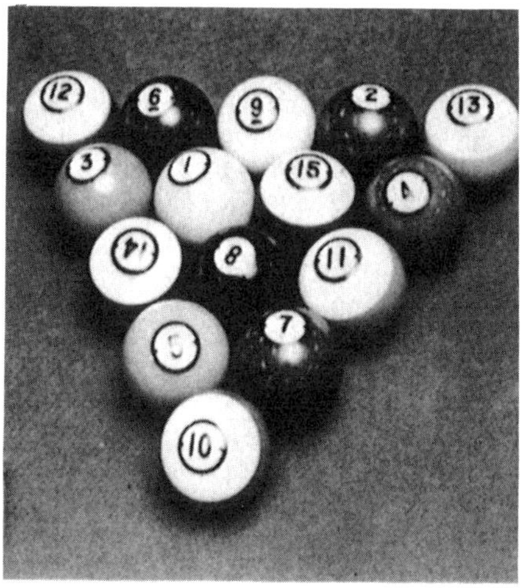

공의 배열법

포켓 당구의 테크닉

◐시뮬레이션(simulation)

이것을 미스하면 상대에게 ⑨ 공을 빼앗겨 버린다. ⑧ 공까지는 아무리 떨어뜨려도 득점이 되지 않기 때문에 정확하게 노릴 것.

약간 오른쪽 비틈을 걸면 ⑨ 공과 포켓을 연결한 직선상에 수구가 온다. 물론 ⑧ 공을 떨어뜨려서 원 쿠션으로 ⑨ 공을 함께 떨어뜨려도 좋다. 단, 겨냥이 벗어나면 수구 스크래치의 위험이 있다.

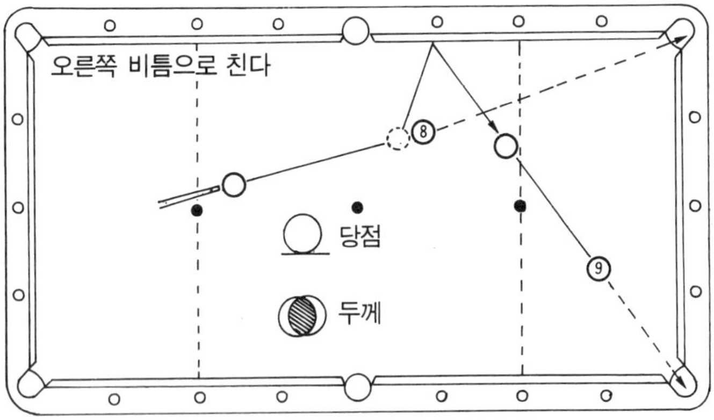

포켓 당구 특유의 테크닉

지금까지는 당구의 기본적인 기법에 대해서 설명해 왔는데 이해할 수 있겠는가? 기본적인 자세부터 공의 움직임, 회전 그리고 두께, 겨냥법, 기본이 되는 타구법(센터 샷, 팔로우 샷, 드로 샷)이었다. 당구는 같은 공의 배치는 2번 다시 없다고 할 만큼 변화가 많은 게임이다. 따라서 기본 연습으로 각각의 샷을 확실히 익히는 것이 숙달의 지름길이다. 잉글리시와 쿠션의 관계, 힘조절까지 생각해야 하는 경우도 많이 있다. 중요한 것은 앞에도 서술했지만 공을 치기 전에 반드시 자신의 머릿속에 이미지를 만드는 것이다. 이미지가 채 자리 잡히기 전에 망설이면서 샷을 하면 실패의 확률이 높아진다.

여기에서는 지금까지 배워 온 기본 테크닉 외에 포켓 당구의 특유한 테크닉을 설명한다. 뱅크 샷, 키스 샷, 콤비네이션 샷, 캐논 샷이다.

더욱이 포켓 당구 특유의 테크닉은 아니지만 매우 어려운 마세(masse)치기 및 점프 샷에 대해서도 설명한다. 지금까지의 기본 테크닉에 이제부터 서술하는 6가지의 샷을 마스터하면 포켓 당구는 완전히 당신의 것이 된다.

뱅크 샷(bank shot)

뱅크 샷이란 간단히 말하자면 쿠션을 이용한 샷이다. 입사각과 반사각은 같다고 하는 원칙을 앞에 설명했지만 뱅크 샷은 이 원칙을 응용한 테크닉이다. 표적공을 일단 쿠션에 넣고 나서 포켓을 간접적으로 노린다. 표적공을 쿠션의 어느 점에 넣느냐가 포인트가 된다. 기본적으로는 표적공, 쿠션, 포켓의 3점을 연결하는 각도를 2등분해서 그 위치를 산출한다.

아래 그림을 보자. 삼각형 ABC와 삼각형 DEC는 비슷한 관계가 된다(입사각=반사각, 각 B=각 E=직각). 따라서 AB 대 DE의 거리는 BC 대 EC의 거리의 비율과 같게 된다. 조금 설명이 수학적이 되었지만 요컨대 표적공부터 쿠션까지의 거리와 짧은 쿠션전체의 비율을 눈대중으로 산출하여 CE간을 그 비율로 나눈 점이 구하는 점(표적공

뱅크 샷의 계산 방법

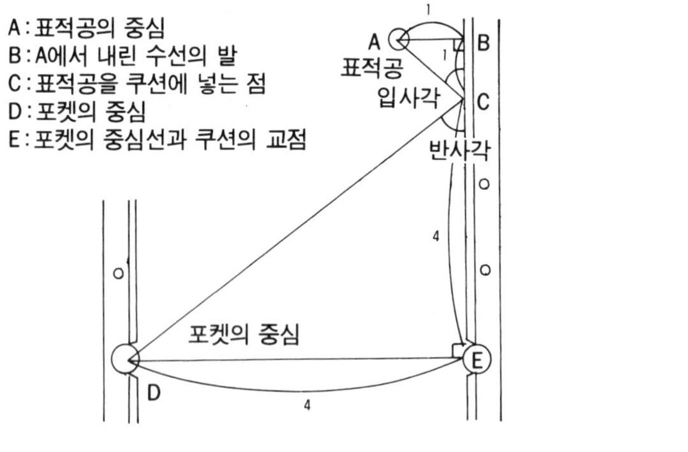

을 쿠션에 넣는 점)이 된다.

뱅크 샷은 중심 치기가 원칙이다. 그리고 힘조절도 앞에 설명했듯이 반사각에 변화가 생기지 않도록 보통의 힘으로 친다.

중심치기로 하는 것은 수구에 다소라도 비틈을 가하면 표적공의 반사각이 달라지기 때문에 모처럼 찾아 낸 포인트가 변화해 버리기 때문이다. 물론 기술이 숙달하면 의식적으로 비틈을 가해서 반사각을 조정할 수도 있다.

뱅크 샷 그 자체가 상당히 어려운 샷이기 때문에 우선은 중심 치기로 이 샷을 마스터한다.

뱅크 샷의 예

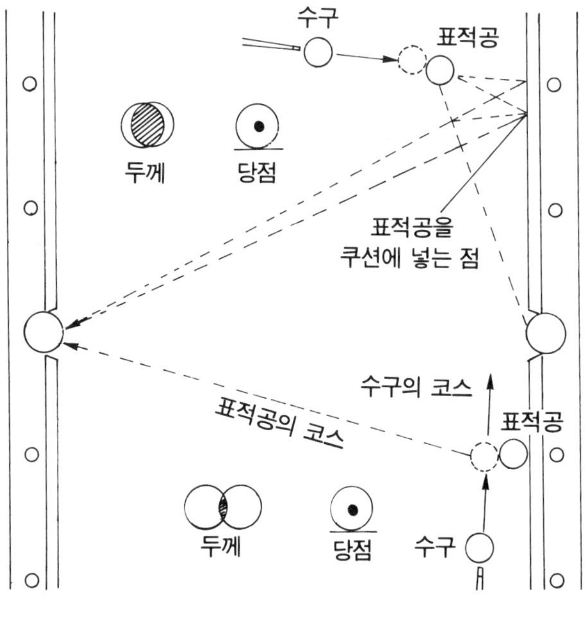

키스 샷(kiss shot)

수구로 맞힌 표적공을 일단 다른 볼에 맞히고 나서 포켓에 떨어뜨리는 샷이다. 노린 표적공이 직접 포켓에 떨어뜨릴 수 없는 위치에 있을 때에 이용한다.

크게 나누면 키스시키는 공과 표적공이 접촉(프로즌)해 있는 경우와 떨어져있는 경우가 있다.

프로즌의 경우

2개의 공이 접촉해 있는 경우는 비교적 간단하다. 표적공과 거기에 프로즌해 있는 공의 중심을 지나는 직선과 표적공과 포켓의 중심을 연결하는 직선이 90도 이상이라면 키스 샷은 가능하다.

떨어져 있는 경우

키스시키는 겨냥점은 표적공이 다른 공에 맞았을 때의 접점이 된다.

그것이 벗어나면 표적공은 포켓하지 않는다. 제3의 공과 포켓의 중심선을 연결하는 직선을 생각하고 그 접촉점과 표적공의 중심을 연결하는 직선을 그어 그 직선이 표적공의 외연과 교차하는 점을 이미지너리 포인트라고 한다.

표적공과 키스시키는 공이 떨어지면 떨어질수록 난이도는 높아진다. 또한 표적공에 직접 키스를 시키는 경우와 쿠션을 사용해서 키스시키는 경우가 있다. 어느 경우나 상당히 어려운 샷이기 때문에 다음 페이지의 그림을 참고로 하여 실제로 공을 배치하고 어느 정도로 샷하면 좋은지를 체득한다. 로테이션 게임에서는 이 샷을 이용하는 경우가 가끔 있다.

키스 샷의 여러 가지

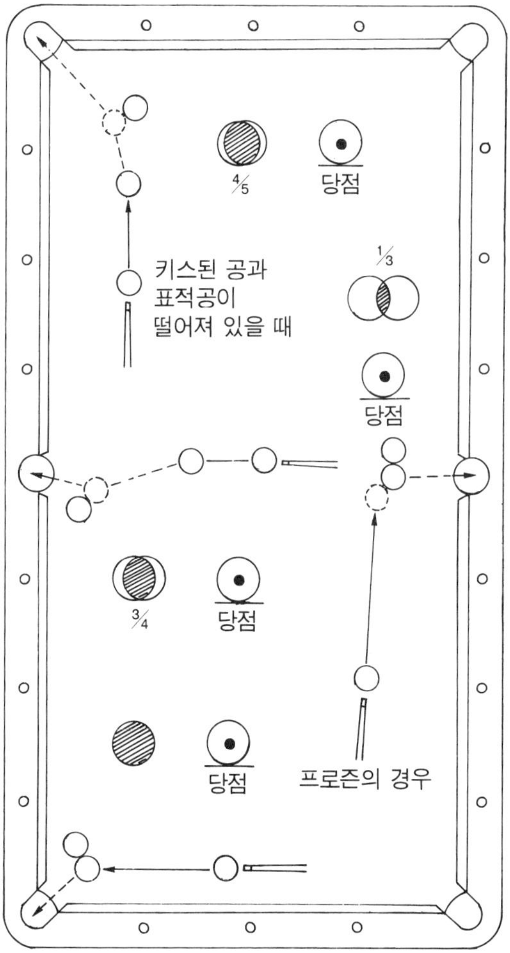

키스 샷의 겨냥법

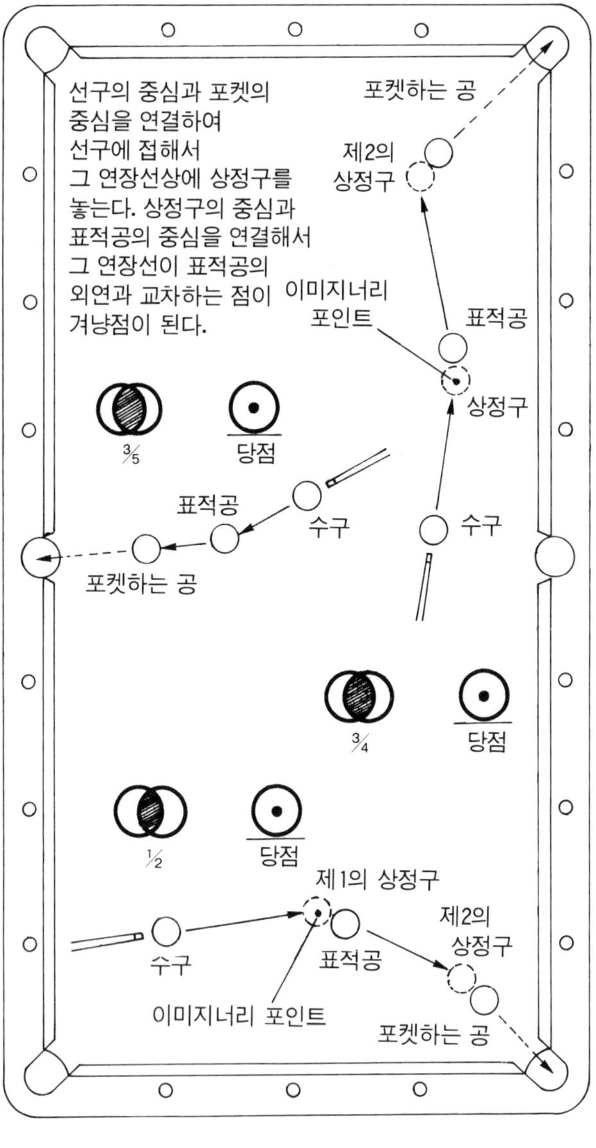
선구의 중심과 포켓의
중심을 연결하여
선구에 접해서
그 연장선상에 상정구를
놓는다. 상정구의 중심과
표적공의 중심을 연결해서
그 연장선이 표적공의
외연과 교차하는 점이
겨냥점이 된다.
포켓하는 공
제2의 상정구
이미지너리 포인트
표적공
상정구
3/5
당점
표적공
수구
수구
포켓하는 공
3/4
당점
1/2
당점
제1의 상정구
제2의 상정구
수구
표적공
이미지너리 포인트
포켓하는 공

콤비네이션 샷(combination shot)

수구로 맞힌 표적공으로 다른 공을 노리고 그 공을 포켓하는 샷이다. 꼭 키스 샷의 반대가 되는 것이다. 포켓 당구에서는 표적공의 위치에 따라서는 포켓으로의 진로 선상에 다른 공이 있거나 혹은 표적공에 다른 공이 접촉해 있거나 해서 표적공을 직접 포켓할 수 없는 경우가 흔히 있고 이런 때 가끔 이용할 수 있는 테크닉의 하나이다.

표적공과 다른 공이 접촉해서 늘어서 있는 경우(2개일 때도 그 이상일 때도 있다)는 포켓에 떨어뜨리는 공이 포켓을 노릴 수 있는 위치에 있는지 어떤지가 포인트가 된다.

또한 다른 공이 떨어져 있을 때는 수구와 표적공, 표적공과 다른 공의 배치상태에 따라서 상당히 어려운 샷이 된다.

표적공이 다른 공에 맞는 접점에 따라서 그 공의 진로가 변화하고 수구에 의해 주어진 표적공의 회전에 따라서도 떨어뜨려야 하는 공이 포켓을 향해 전진해 주지 않는 등 미묘한 컨트롤이 요구된다.

겨냥법은 표적공이 포켓에 떨어뜨리는 공에 맞았을 때 2개의 공의 중심을 연결한 선의 연장선상에 포켓이 오도록 하는 것이다. 또한 떨어뜨리는 공에서 2번째의 공(수구의 경우도 있다)을 키 볼이라고 부르며 특히 이 키 공의 위치가 이 샷의 큰 열쇠를 쥐고 있다.

콤비네이션 샷의 여러 가지

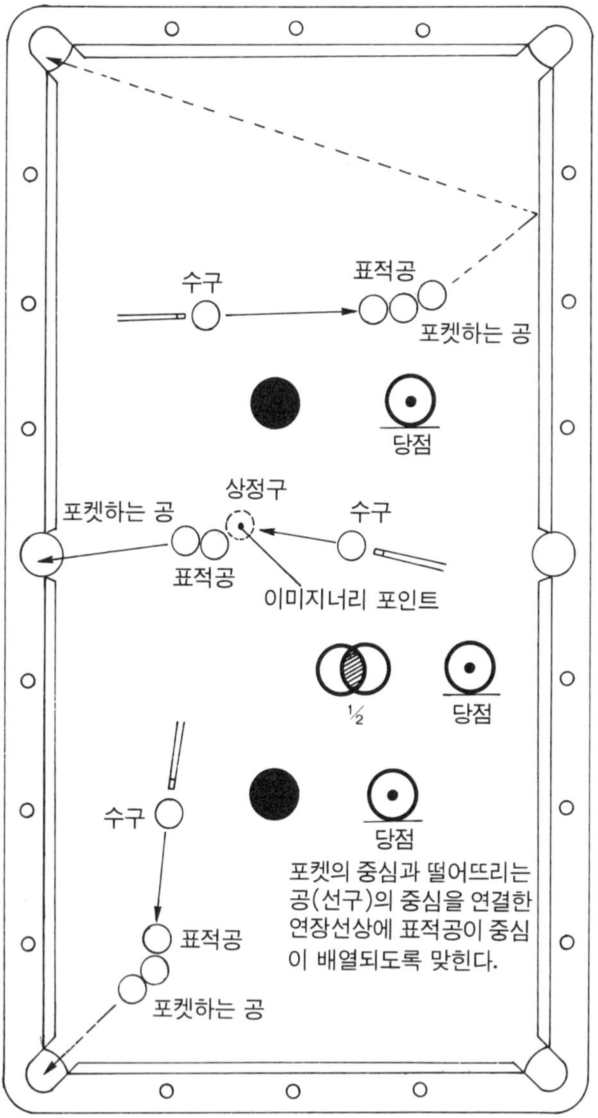

캐논 샷(cannon shot)

먼저 수구를 최소 번호의 공에 맞히고 나서 수구로 다른 공을 포켓에 떨어뜨리는 공이다. 마치 캐럼 게임과 마찬가지로 수구로 2개의 표적공에 잇달아 맞히기 때문에 일명 당구 샷이라고도 한다. 4구의 테크닉을 응용한 샷이다. 각도적으로 최소 번호의 공을 포켓하는 것이 어려울 때나 나인 볼 게임에서 최소 번호의 공 옆에 ⑨ 공이 있을 때 등에 유효한 샷이다.

4구 게임에서는 표적공과 제2의 표적공(선구=캐논 샷에서는 포켓해야 하는 공)에 맞기만 하면 되지만 포켓 게임에서는 선구를 확실하게 포켓해야 한다. 따라서 표적공에 맞은 수구의 분리각이 선구의 중심과 포켓은 연결한 선상으로 전진하도록 컨트롤한다.

즉, 수구가 표적공에 맞고 나서 분리해 나가는 움직임과 각도를 당점이나 두께, 비틀, 힘조절에 의해 컨트롤하는 것이다. 이것은 결코 쉬운 기술이 아니다. 그러나 먹혀 들었을 때의 기쁨 또한 크다.

선구를 확실하게 포켓하기 위해서는 무엇보다도 정확한 겨냥이 필요하다. 또한 비틀을 가할 필요가 있는 경우도 있다.

그러나 처음은 센터 샷으로 두께와 표적공에 맞은 후의 수구의 움직임, 힘조절을 실제의 샷으로 체득하자.

캐논 샷(중심치기)

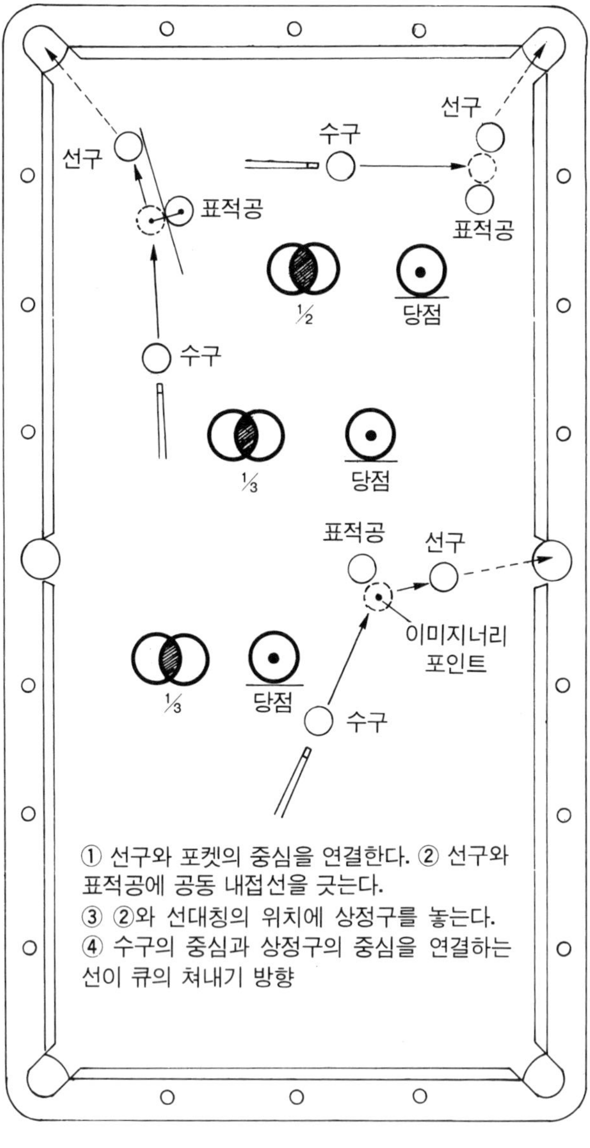
선구
수구
선구
표적공
표적공
1/2
당점
수구
1/3
당점
표적공
선구
이미지너리
포인트
1/3
당점
수구
① 선구와 포켓의 중심을 연결한다. ② 선구와 표적공에 공동 내접선을 긋는다.
③ ②와 선대칭의 위치에 상정구를 놓는다.
④ 수구의 중심과 상정구의 중심을 연결하는 선이 큐의 쳐내기 방향

캐논 샷(끌어치기, 비틈을 사용한 예)

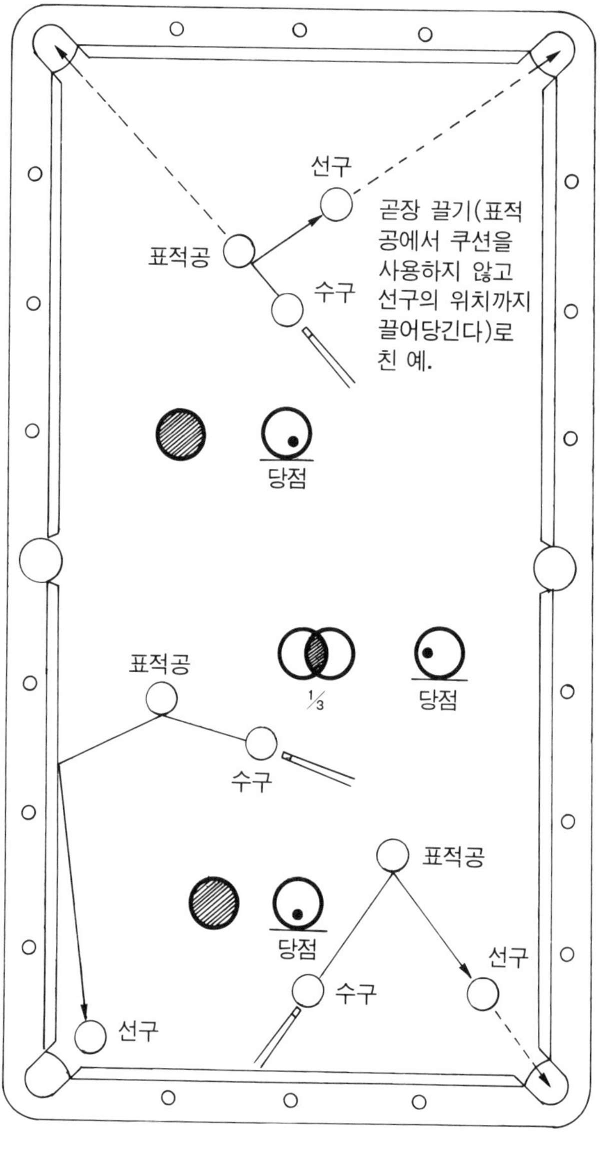

점프 샷(jump shot)

점프 샷은 맞혀야 하는 표적공과 수구의 진로상에 다른 공이 있어서 그대로는 수구를 칠 수 없을 때에 이용되는 샷이다. 문자 그대로 수구는 점프를 해서 방해물 공을 뛰어 넘어 나아간다. 고급 테크닉의 하나이다. 이것과 같은 공 배치일 때에 사용하는 샷으로서는 다음에 서술하는 마세가 있다.

타구법은 우선 큐의 후단(그립)을 25도 정도 위로 올린다. 그리고 수구의 중심 혹은 조금 상부를 세게 치면 수구는 점프한다. 큐의 각도를 25도 이상으로 하면 수구의 점프하는 정도는 높아진다. 또한 샷의 강도를 변화시킴으로써 점프의 높이를 조절할 수 있다. 단, 너무 지나치게 세게 샷 하면 수구가 테이블 밖으로 튀어 나간다. 숙련되면 점프의 높이를 생각대로 컨트롤할 수 있게 된다.

이 점프 샷도 다음에 서술할 마세도 큐의 드는 정도가 중요한 샷이다. 어느 정도 당구에 익숙해져서 밀어치기, 끌어치기, 비틈을 구사할 수 있게 되고 나서 사용하도록 한다. 잘못하면 나사가 찢어지거나 탭이 상하게 된다. 수구의 아래쪽을 지나치게 치면 미스 점프되므로 주의한다.

점프 샷

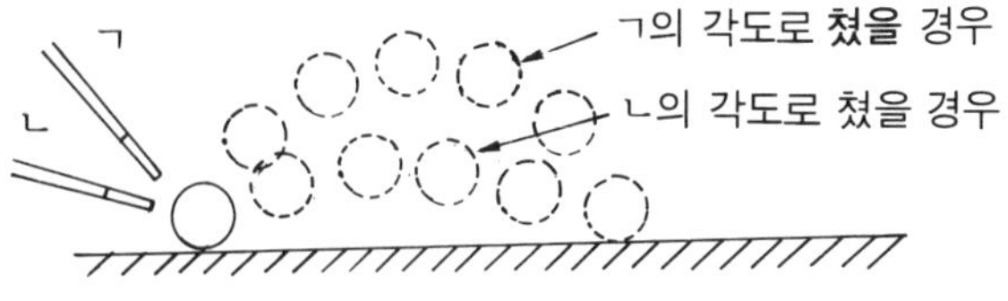

마세(masse)

점프 샷과 마찬가지로 수구와 표적공 사이에 다른 공이 있는 경우 등에 사용한다. 이 샷은 지금까지의 샷과 타구법, 자세가 완전히 다르다. 지금까지의 샷은 큐를 수평으로 쳐내는 것이 기본이었지만 마세는 큐를 세워서 위에서 공을 치는 형태가 된다. 포켓 게임보다 캐럼 게임에서 많이 실용되는 기법이지만 간단히 기본만 설명해 둔다.

자세

양발을 적당히 벌리고 앞으로 숙이는 듯한 자세를 취해서 얼굴을 큐보다 앞으로 내민다. 체중을 브리지 쪽에 싣고 팔꿈치에서 위는 가능한 한 옆구리 밑에 접근시킨다.

브리지

왼손의 세 손가락(새끼 손가락, 약지, 중지)은 카메라의 삼각과 같이 스트로크 때 오른팔이 흔들리지 않도록 상체를 단단히 받친다. 손목을 구부려서 손바닥이 수구 쪽을 향하도록 하고 검지는 제2관절에서 구부려 큐에 닿지 않도록 한다.

그립

큐의 중심 부근을 손바닥을 아래로 향하고 엄지, 검지, 중지의 세손가락을 끝으로 가볍게 쥔다. 팔꿈치의 위치는 어깨에서 위. 팔꿈치를 구부려서 손목을 릴랙스시킨다.

스트로크

손목을 자유롭게 상하는 움직일 수 있도록 하고 손목만으로 스트로크한다. 큐의 각도는 수구에 주려고 하는 커브의 크기에 따라 다르지만 보통 70도 정도의 세우는 법이 표준이다.

겨냥법

예리한 커브를 낼 경우는 큐를 잘게 훑어서 재빨리 치면 된다. 완만한 커브로 수구를 어느 거리까지 전진시키기 위해서는 큐를 그다지 세우지 않는다. 즉, 큐가 상당히 비스듬해지지만 이때는 그 선단으로 나사를 찢지 않도록 주의해야 한다.

어쨌든 마세(masse)의 경우 수구를 상당히 긴 거리를 달리게 하지 않는 한 그다지 힘을 줄 필요는 없다. 큐의 무게를 공에 전달하는 정도로 충분하다. 가까운 거리의 경우는 오히려 세이브하는 정도의 셈으로 친다.

마세의 타구법에는 다음의 2종류가 있다.

첫번째는 수구가 표적공에 맞힌 후 수구를 커브시켜서 선구(先球)에 맞히는 방법과 두번째는 처음에 수구를 커브시키고 나서 표적공에 맞히는 방법이다.

마세의 타구법

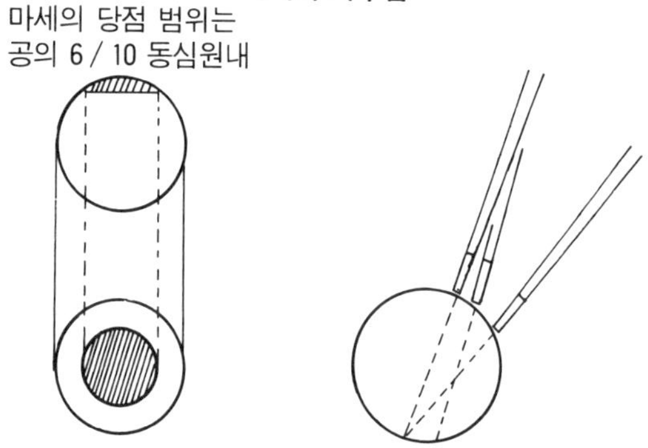
마세의 당점 범위는
공의 6 / 10 동심원내

마세 타구법의 예

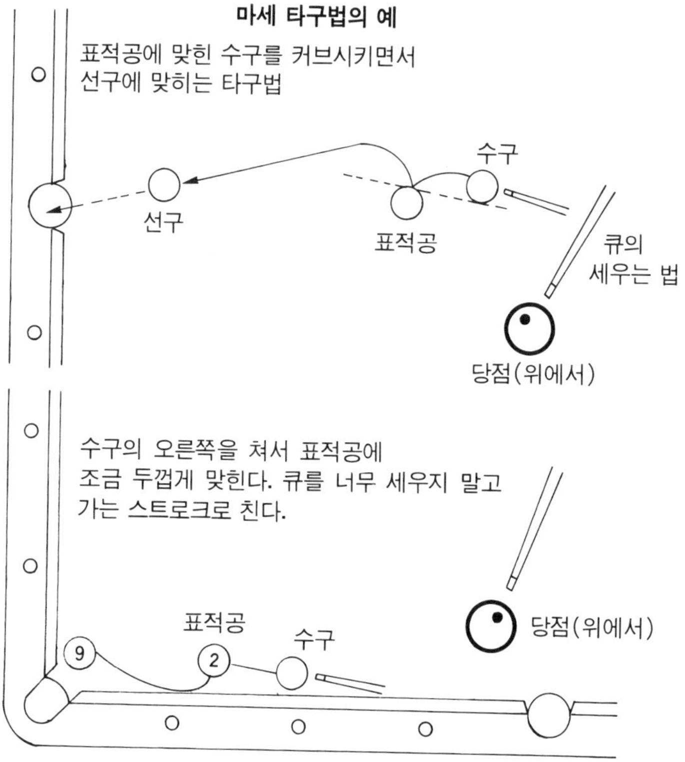
표적공에 맞힌 수구를 커브시키면서
선구에 맞히는 타구법
수구
선구
표적공
큐의
세우는 법
당점(위에서)
수구의 오른쪽을 쳐서 표적공에
조금 두껍게 맞힌다. 큐를 너무 세우지 말고
가는 스트로크로 친다.
표적공
수구
9
2
당점(위에서)

마세 타구법의 예

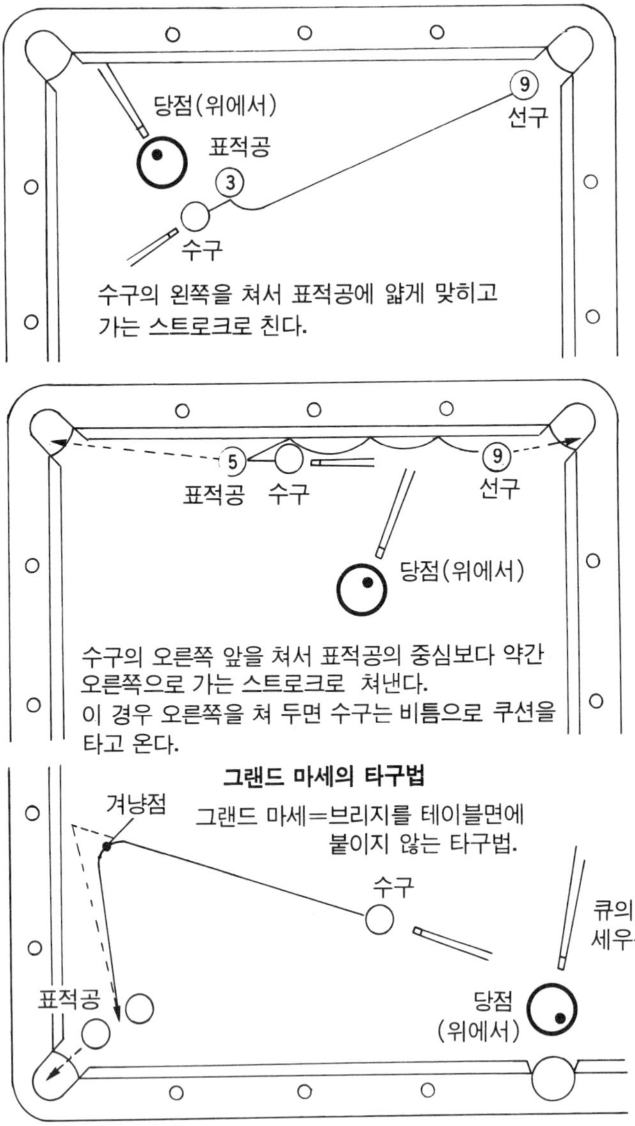
당점(위에서)
표적공
3
9
선구
수구
수구의 왼쪽을 쳐서 표적공에 얇게 맞히고
가는 스트로크로 친다.
5
9
표적공
수구
선구
당점(위에서)
수구의 오른쪽 앞을 쳐서 표적공의 중심보다 약간
오른쪽으로 가는 스트로크로 쳐낸다.
이 경우 오른쪽을 쳐 두면 수구는 비틈으로 쿠션을
타고 온다.
그랜드 마세의 타구법
겨냥점
그랜드 마세=브리지를 테이블면에
붙이지 않는 타구법.
수구
큐의
세우는 법
표적공
당점
(위에서)

제 7 장

캐럼 당구

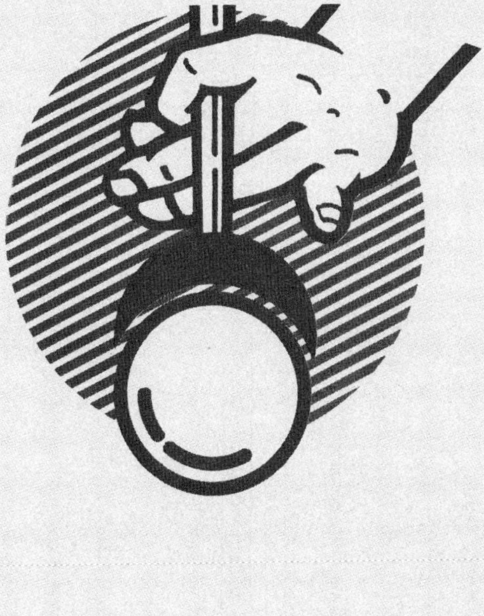

게임의 종류

◐모아치기의 테크닉 〈1〉

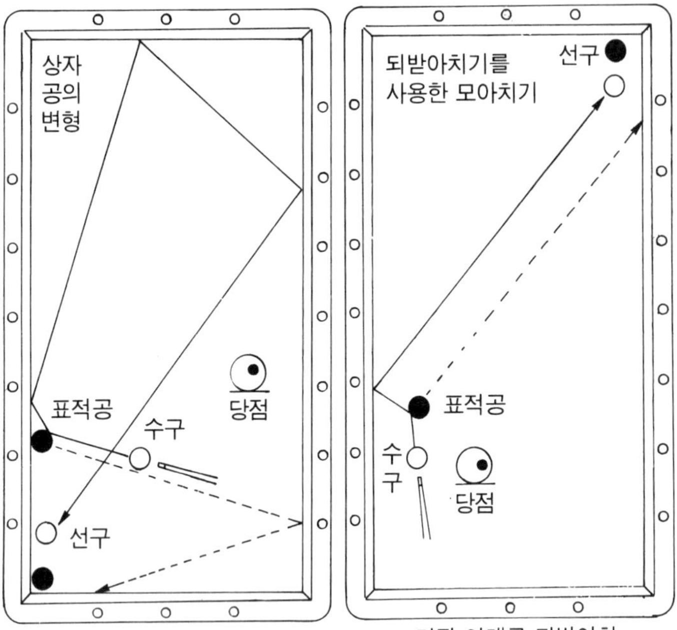

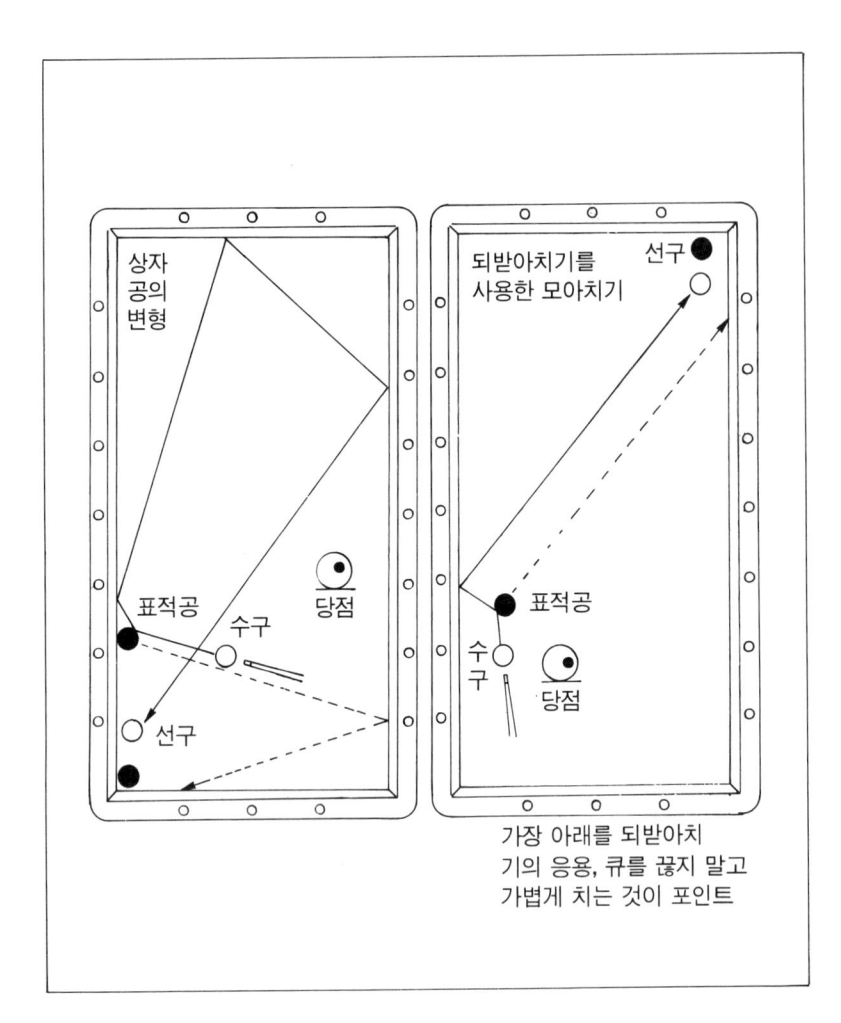

가장 아래를 되받아치
기의 응용, 큐를 끊지 말고
가볍게 치는 것이 포인트

룰과 게임의 진행 방법

캐럼 당구와 포켓 당구의 차이는 앞에 서술했지만 이제부터 설명하는 캐럼 당구는 어느 종목이든 수구로 2개(이상)의 표적공에 맞힘으로써 득점이 되고 미리 정한 득점을 먼저 클리어한 쪽이 우승이 되는 점은 공통하고 있다.

게임의 종류는 많이 있지만 뭐니뭐니해도 그 대표격은 4구 게임이다. 가장 인기있는 종목임과 동시에 매우 입문하기 쉬운 종목이기도 하다. 또한 게임의 진행 방법이나 룰도 다른 캐럼 게임과 공통점이 많기 때문에 여기에서는 4구 게임의 룰과 게임의 진행 방법에 대해서 설명하자.

4구 게임의 기본적인 테크닉도 또한 다른 캐럼 게임은 물론 포켓 게임에도 응용할 수 있는 부분이 많이 있다. 포켓 게임으로 당구를 시작한 분도 한 번 4구 게임에 도전해서 기본을 습득하는 것도 하나의 방법이다.

4구 게임

사용하는 테이블은 중형 테이블이라고 해서 포켓 테이블과 같은 크기이지만 포켓은 1개도 없다. 수구(흰 공 2개)와 표적공(붉은 공 2개)을 사용한다. 붉은 공은 모두 표적공으로 칠 수 없다.

먼저 뱅킹에 의해 선공, 후공을 정한다. 선공자의 수구는 흰 공에 흑점이 찍힌 공(블랙 공)으로 하는 것이 규칙이다.

서브는 다음 페이지의 그림과 같이 한다. 그리고 수구를 ① 백·적(적·백)의 표적공, ② 적·적의 표적공, ③ 3개의 표적공 중 하나에 맞혔을 때 득점이 된다. 이전은 ①은 2점 ②는 3점 ③은 5점이라고 하는 계산방법이었지만 현재는 ①~③의 어느 것이라도 모두 1점이다.

미스 샷을 해서 득점할 수 없거나 파울을 했을 경우는 상대 플레이어와 교대한다. 교대한 플레이어는 앞 플레이어가 미스를 해서 남긴 상태에서부터 게임을 시작한다. 이렇게 해서 자신의 지점에 도달한 쪽이 우승한다. 선공자가 서브에서 자신의 지점을 다 쳐 버렸을 경우는 후공자는 각 볼을 서브 위치로 되돌리고 나서 치기를 한다. 후공자도 서브에서 지점을 다치면 무승부, 미스를 하면 선공자의 우승이 된다. 즉, 게임은 동수 이닝(inning)으로 실시하는 것이다.

게임의 지점이란 핸디캡으로 보통 플레이어가 5이닝이나 6이닝에서 칠 수 있는 평균 득점을 자신의 지점으로 하고 게임 전에 서로 신고한다.

일단 게임이 개시되면 어떤 경우라도 4개의 공에 닿아서는 안 된다. 손으로 만지는 것은 물론 옷의 일부나 넥타이, 머리카락이 닿아도 파울이 된다.

또한 각 코너에 제한 구역을 설정해서 그 안에서는 1번밖에 칠 수 없도록 되어 있다.

4구 게임의 서브 예

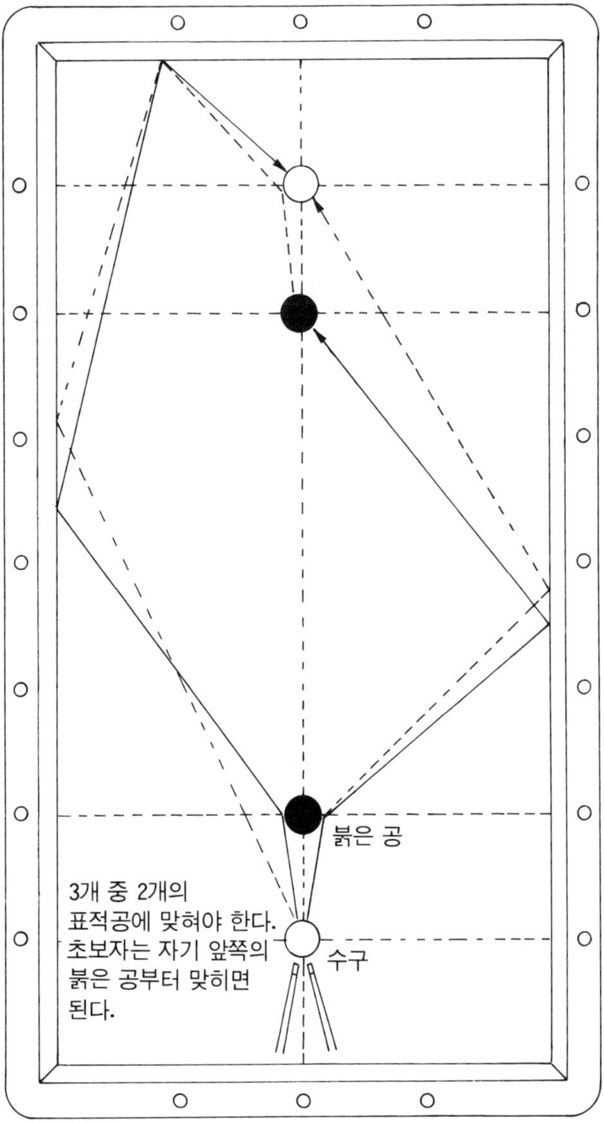
붉은 공
3개 중 2개의
표적공에 맞혀야 한다.
초보자는 자기 앞쪽의
붉은 공부터 맞히면
된다.
수구

◐반칙 · 실격

반칙, 실격의 규정은 당구의 경우 특수한 것을 제외하고 각 종목에 공통하고 있다. 다음과 같은 행위가 있었을 경우 반칙으로 상대와 교대한다.

① 공 건드림

터치 파울 서브가 이루어지고 게임이 개시되고 나서 게임 세트가 될 때까지 플레이어는 모든 공에 닿아서는 안 된다. 샷 때의 탭 이외 예를 들면 넥타이나 상의의 소매는 물론 잘못해서 초크를 떨어뜨려서 그것이 공에 닿아도 터치 파울이 된다.

② 공 착각

상대의 수구를 쳤을 때 이 경우 잘못한 시점 이후의 지점은 무효가 되고 상대 플레이어와 교대한다. 그 이전의 득점은 유효하다.

③ 2번 치기

리쿠(陸) 치기라고도 한다. 수구를 2번 쳤을 경우로 반칙이다. 포켓 당구의 경우는 파울이 되는 경우와 되지 않는 경우가 있었지만 캐럼 게임에서는 모두 반칙이 된다. 수구가 표적공과 프로즌해 있는 경우나 수구와 표적공의 간격이 좁은 경우는 무리하게 치면 리쿠치기가 된다.

④ 볼이 테이블 밖으로 튀어 나갔을 때

이 경우 서브의 위치에 공을 다시 배열하고 상대 플레이어와 교대한다.

이 외 포켓 게임과 마찬가지로 바닥에서 양발을 떼고 쳤을 때도 파울이 된다.

스리 쿠션 게임(three chshion game)

수구를 2개의 표적공에 맞힌다고 하는 점에서는 4구 게임과 같지만 그 사이에 수구가 3회 이상 쿠션에 맞지 않으면 득점이 되지 않는다. 현재 이루어지고 있는 캐럼 게임 중에서도 가장 높은 수준의 게임이다.

평균 득점수에서의 1이닝당의 애버리지가 0.9라고 하는 것이 세계선수권의 출장 자격 기준이라고 하는 것을 봐도 얼마나 득점이 어려운 게임인지 알 수 있을 것이다.

수구 2개 외 붉은 공 1개를 사용한다.

일반 당구장에서는 25이닝을 1게임으로 해서 그 평균 득점을 핸디캡으로 하고 있다.

이 게임 특유의 룰로서 수구가 프로즌했을 경우에 게임의 재정립이나 공이 튀어 나갔을 경우의 리플레이스 위치로 자세한 규정이 있다.

또한 타구법의 정석과 같은 것이 있어 그것을 터득하는 것이 숙달의 지름길이다. 이것은 내외의 유명 선수가 바깥틀의 포인트에 숫자를 적용시켜서 계산하고 공의 특성을 최대한으로 연구해서 완성된 것이다.

수구의 위치, 표적공의 위치를 숫자로 표시해서 계산에 의해 쿠션에 넣는 위치나 표적공에 대한 맞히는 법을 나타낸 것으로 이 시스템을 이용하면 공이 마법과 같이 테이블 위를 달려서 멋지게 표적공에 맞는다.

스리 쿠션 게임의 서브 예

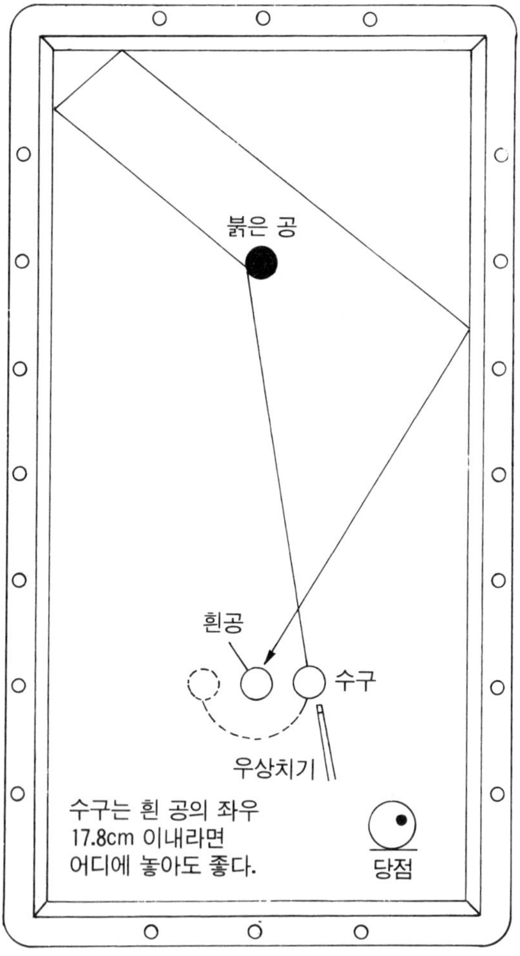

보크라인 게임(balkline game)

4구 게임의 기술이 향상되면 무제한으로 연속 득점이 가능해진다. 이 때문에 테이블 위에 각종의 제한을 설정하고 치는 장소 및 횟수를 규제한 게임이다. 흰 공 2개와 붉은 공 1개를 사용한다.

다음 페이지의 그림과 같이 테이블에 4개(3개)의 선을 긋고 9개(6개)의 틀을 만든다. 그리고 각 선이 쿠션과 접하는 곳에 정방형의 앵커(anchor)를 그린다.

이 틀과 앵커가 제한 구역으로 이 속에서는 한 번은 그대로 표적공에 맞힐수 있지만 2회째의 샷으로 반드시 표적구의 1개를 틀 밖으로 내보내야 한다. 그렇지 않으면 2개의 표적구에 맞아도 파울이 되고 득점도 무효가 된다.

단, 이것은 2번 치기 룰의 경우로 1번 치기의 경우는 1회째의 샷으로 표적공의 1개를 제한 구역 외로 내보내야 한다.

따라서 보크라인 게임에서는 테이블 위에 그리는 선의 쿠션으로부터의 위치에 따라 '○○센티 ○번 치기'라고 하듯이 그 틀의 위치와 그곳에서 칠 수 있는 횟수를 명시하고 실시한다.

틀의 선은 대형 당구대의 경우는 47cm(중형 당구대 42cm)와 71cm의 2종류가 있다. 또한 앵커의 크기는 모두 178mm의 정방형으로 정해져 있다.

캐럼 게임에는 이 외 원 쿠션 게임이나 3구 게임이 있다.

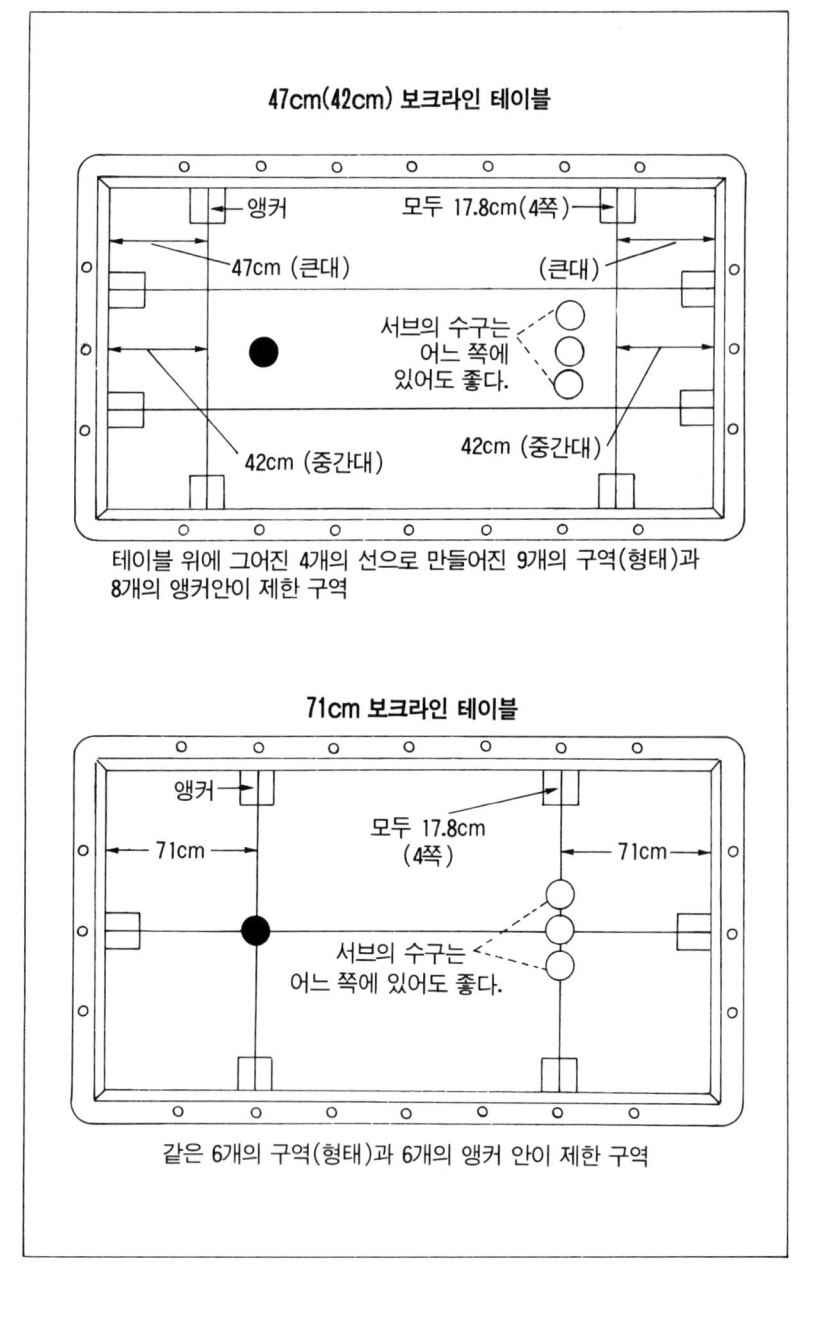

47cm(42cm) 보크라인 테이블

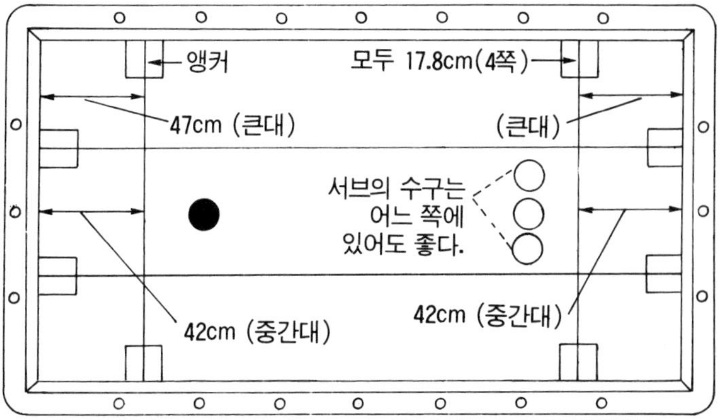

테이블 위에 그어진 4개의 선으로 만들어진 9개의 구역(형태)과
8개의 앵커안이 제한 구역

71cm 보크라인 테이블

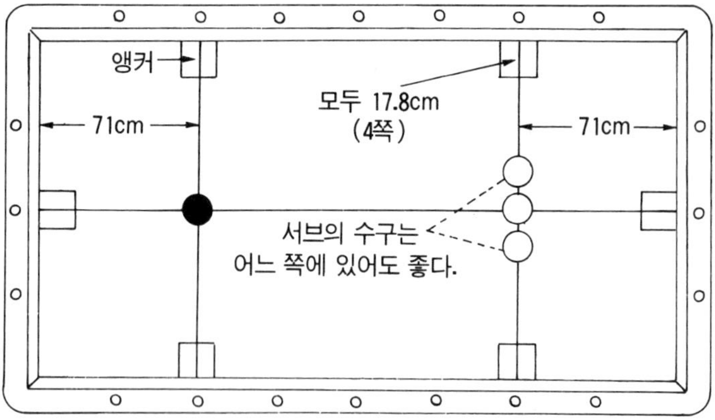

같은 6개의 구역(형태)과 6개의 앵커 안이 제한 구역

캐럼의 테크닉

◐모아치기의 테크닉〈2〉

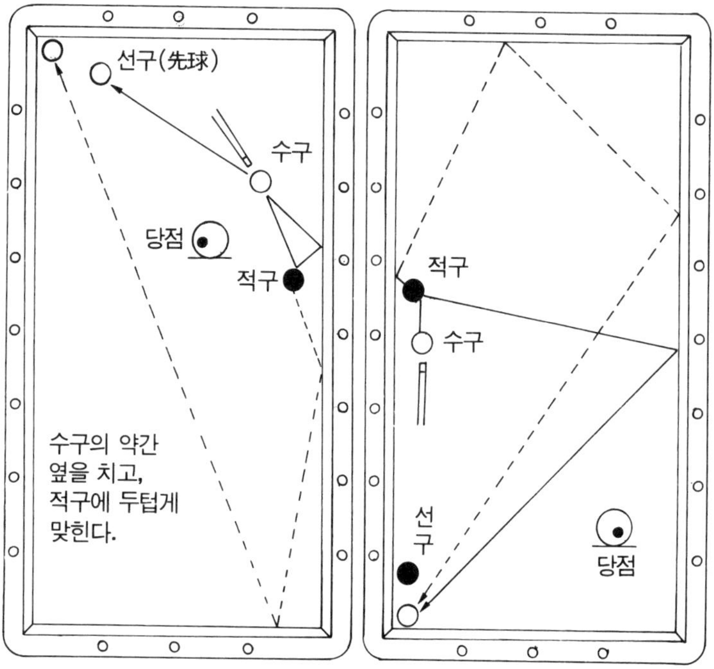

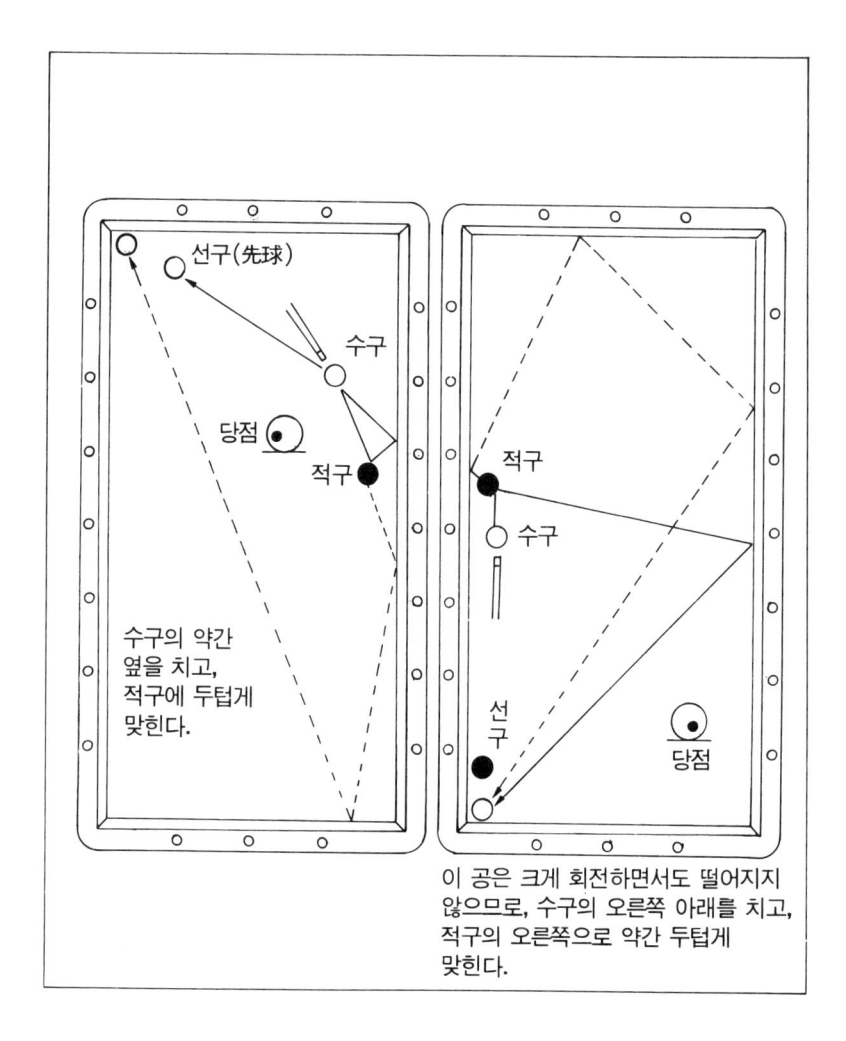

이 공은 크게 회전하면서도 떨어지지 않으므로, 수구의 오른쪽 아래를 치고, 적구의 오른쪽으로 약간 두텁게 맞힌다.

4구 게임의 테크닉

◐삼각구(이지 볼 ; easy ball)

수구, 선구가 삼각형으로 늘어서 있는 것으로 가장 득점하기 쉽고 그 형태의 응용이 여러 가지 하이 테크닉으로도 이어지고 있다.

수구에 비틈을 걸지 않고 중심의 약간 위를 치는 것이 원칙이다.

그림과 같이 표적공과 선구의 공통 내접선을 긋는다. 다음에 표적공의 중심에서 이 공통 내접선에 수선을 내려 선구의 중심을 지나 공통 내접선에 평행선을 긋는다. 이 표적공의 수선과 평행선의 교점이 겨냥점, 즉 이미지너리 포인트가 된다.

물론 실제로는 이런 선을 그을 수 없다. 어디까지나 머릿속으로 상상하고 선이나 점을 그린다. 가까운 거리부터 점점 늘려서 연습하자.

삼각구의 겨냥법

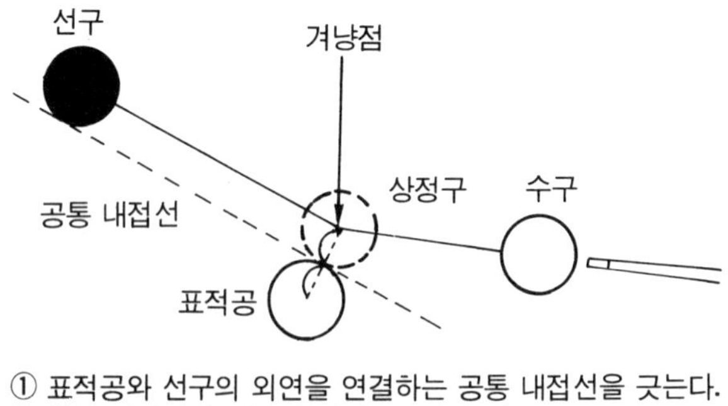

① 표적공와 선구의 외연을 연결하는 공통 내접선을 긋는다.
② ①과 선대칭의 위치에 상정구를 놓는다.
상정구의 중심이 겨냥점

◐밀어치기와 밀어 빼내기

수구와 표적공이 겹친 것 같은 상태(이것을 뒤집어쓰다 라고 한다)로 늘어놓고 후술의 얇게 치기(페더 볼)로 치는 것이 불가능한 때에 이용한다. 포켓 게임의 팔로우 샷이다. 우선 수구로 표적공을 밀어내고 나서 선구에 맞힌다.

겨냥은 표적공과 선구의 중심을 연결하는 선이 표적공의 외연과 교차하는 점이다. 여기에 수구의 중심을 겹친다. 당점은 중심 위(당점 ②) 표적공에 맞은 후의 수구를 움직이는 방향에 따라서는 비틈을 가한다. 더욱이 수구와 표적공이 접근해 있을 때는 2번 치기(리쿠 치기)가 되기 쉬우므로 주의한다(큐 끝을 수구와 표적공의 간격 이상 쳐내지 않도록 한다).

또한 수구와 표적공, 선구가 일직선에 가까운 각도로 늘어서 있을 때는 밀어 치기로 하든가 표적공이 선구에 맞고(키스) 달아나 버리기 때문에 마세나 마중나오기 치기로 하도록 한다.

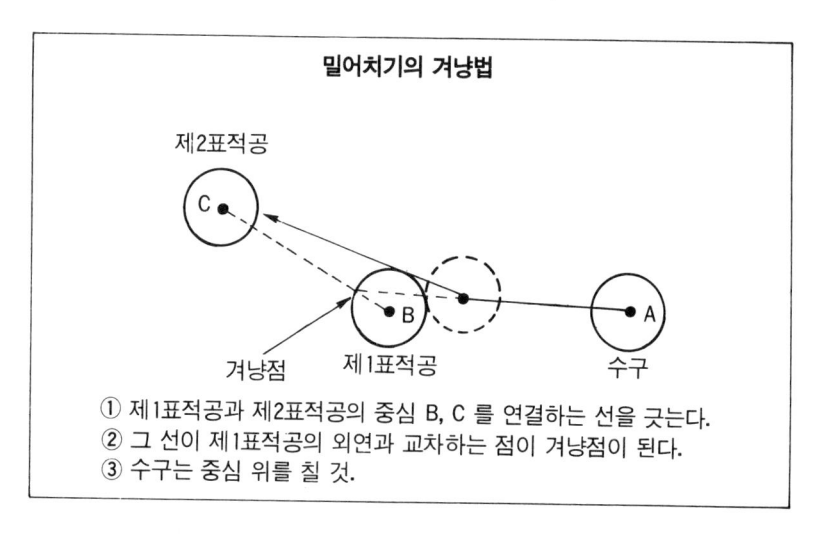

밀어치기의 겨냥법

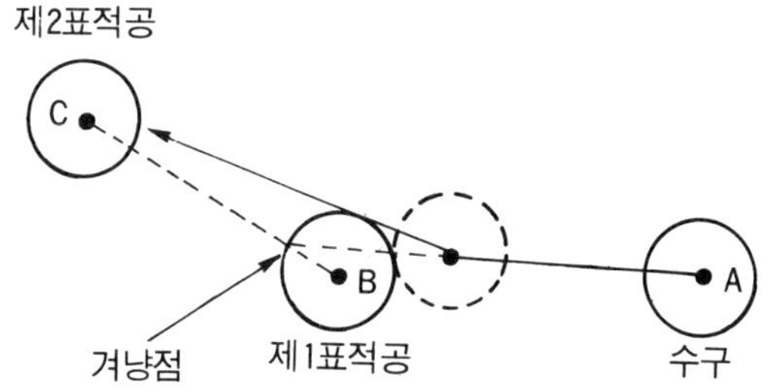

① 제1표적공과 제2표적공의 중심 B, C 를 연결하는 선을 긋는다.
② 그 선이 제1표적공의 외연과 교차하는 점이 겨냥점이 된다.
③ 수구는 중심 위를 칠 것.

원 쿠션치기 · 밀어치기 · 밀어 빼내기의 예

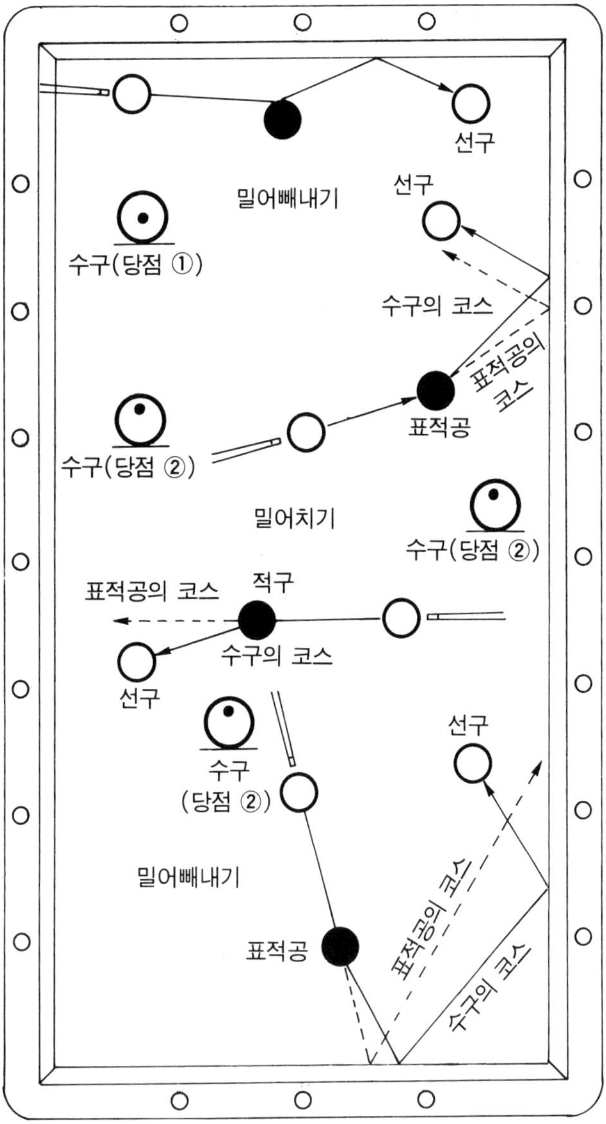

◐끌어치기

포켓 게임의 드로 샷과 같다. 실제 게임에서 흔히 이용하는 테크닉이므로 완벽하게 습득한다.

겨냥점은 수구의 중심과 표적공의 중심을 연결한 선과 표적공, 선구의 중심을 연결한 선이 만드는 각도를 2등분한 선이 표적공의 외연과 교차하는 점이다. 이론상은 지금 서술한 대로이지만 실제로는 그보다 약간 안쪽(자기 앞쪽)을 노리는 편이 성공률이 높아진다.

처음은 중심 아래(당점 ③)부터 시작하자.

그 당점으로 두께를 바꾸면서 수구의 반사각을 마스터한다. 그것을 마스터한 후 오른쪽 아래, 왼쪽 아래 등 비틈을 가해서 연습한다. 끌어치기의 효용이 보다 넓어진다.

끌어치기는 수구의 운동이 대부분 표적공으로 옮겨지기(두께가 두꺼울수록) 때문에 표적공으로 달리게 하여 일정한 구석으로 공을 모을 때 등에 사용하는 중요한 테크닉이다. 비틈, 힘조절을 실제로 공을 쳐서 체득하자.

끌어치기의 겨냥점

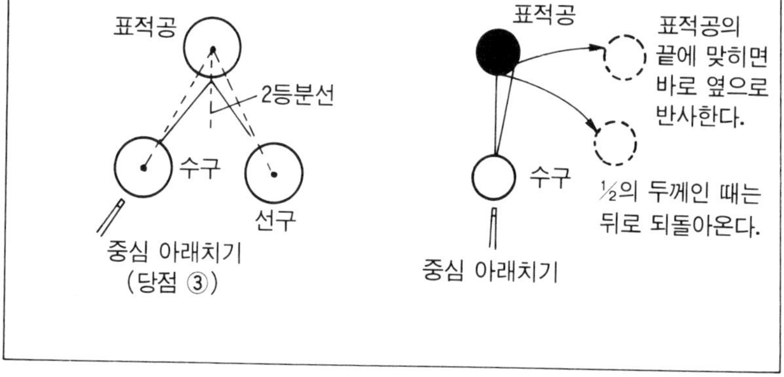

◐얇게치기(페더 볼 ; feather ball)

수구와 표적공이 서로 겹치듯이 늘어서 있을 때 수구를 표적공에 스치듯이(얇게) 맞혀서 치는 방법이다.

얇게치기에는 표적공의 외연과 수구의 외연이 약간 겹치듯이 선을 그어 수구의 외연이 그 선을 따르도록 쳐내는 방법(아래 그림 왼쪽)과 표적공의 옆에 표적공과 접촉해 있는 공을 상정해서 그 공의 중심을 향해 쳐내는 방법(아래 그림 오른쪽)이 있다.

수구의 중심 위 또는 수구의 역(선구가 표적공의 왼쪽에 있을 때는 수구의 오른쪽) 위를 부드럽게, 가볍게 쳐낸다.

어쨌든 얇게 치기는 쳐 보면 알 수 있지만 보는 것 이상으로 어려워 상급자라도 미스를 하기 쉬운 샷이다. 표적공과 선구가 떨어져 있을 수록 난도(難度)는 올라간다.

당구공의 타구법은 하나의 배치에 하나의 타구법이라고는 할 수 없다. 무리하게 어려운 타구법을 이용하는 것보다 앞에서 얘기한 밀어치기나 쿠션을 사용한 타구법을 이용함으로써 좀더 확실하게 득점으로 이어질 수 있는 경우도 많다.

얇게 치기의 겨냥법

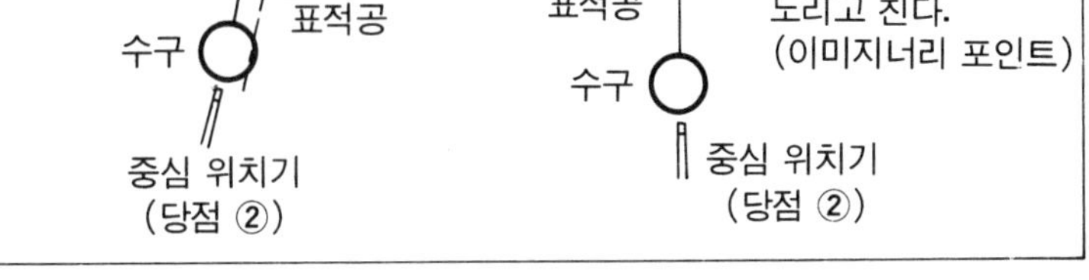

◐되받아치기

쿠션과 비틈을 이용한 타구법이다. 표적공이 쿠션 가까이에 있을 때에 이용한다. 수구를 표적공에 맞히고 나서 비틈을 가해 쿠션에 맞혀 선구에 맞히는 테크닉이다.

표적공 우측에 맞힐 때는 왼쪽 위, 좌측에 맞힐 때는 오른쪽 위를 친다. 물론 선구의 위치에 따라 두께나 비틈의 정도는 달라진다.

표적공과 선구가 접근해 있는 경우에는 표적공이 수구와 키스를 하거나 표적공이 선구와 키스를 하는 경우도 있다. 그 가능성도 생각해서 이 쿠션을 사용할지 어떨지 결정한다.

당점과 두께의 변화로 쿠션에 들어간 수구가 어떻게 진행하는지를 파악하는 것이 중요하다.

표적공, 선구의 위치를 움직이지 않고 수구의 위치만을 바꾸어 당점, 두께를 찾거나 그 역의 경우도 연습해 두자.

당점에 의한 수구의 움직임(되받아 치기)

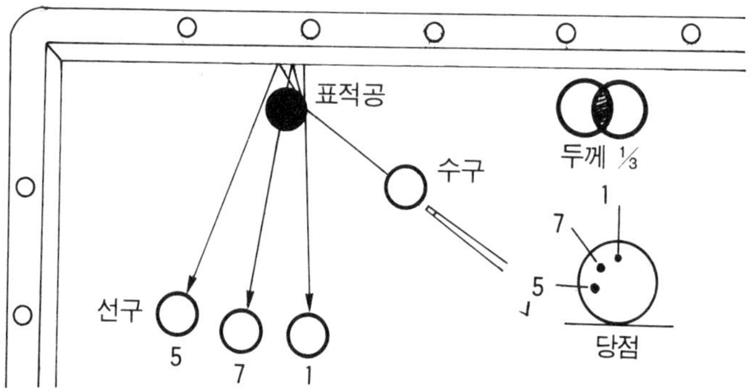

◐마중나오기 치기(타임 샷)

밀어치기의 일종이다. 수구에 맞은 표적공이 선구를 튀겨서 쿠션에 들어갔다 나온 순간에 수구와 만나는(맞히는) 테크닉이다.

공의 배치에 따라 다르지만 원칙적으로 수구와 선구를 우측에서 만나게 할 때는 오른쪽 위(당점 ⑥)를, 반대로 좌측이라면 왼쪽 위(당점 ⑦)를 친다.

그림을 보면 간단한 것 같지만 상당히 어려운 타구법이다. 쿠션까지의 거리, 수구, 표적공, 선구의 겹치는 상태, 당점, 두께, 힘조절과 컨트롤을 요하는 요소가 가득하다.

여러 가지 위치에 공을 배치하여 실제로 쳐 보고 감각을 파악한다. 더욱이 3개의 공이 직선일 때는 만나지 않는다.

마중나오기 치기의 겨냥점

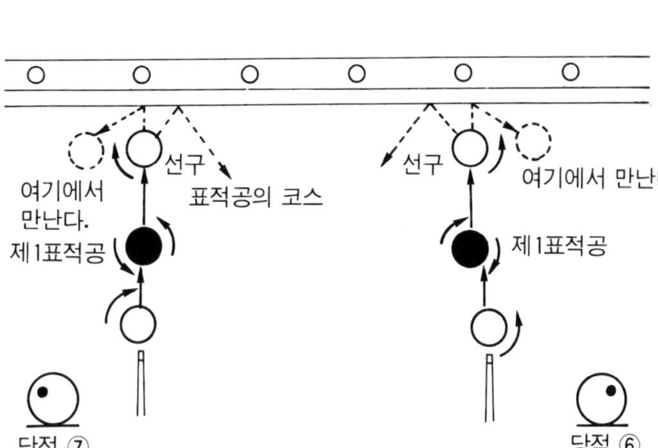

우측에서 만나게 하려고 생각하면 오른쪽을 친다. 좌측에서 만나게 하려고 생각 하면 왼쪽을 친다. 큐 끝을 항상 제2표적공의 중심으로 향한다.

끌어치기 · 되받아치기 · 마중나오기 치기의 예

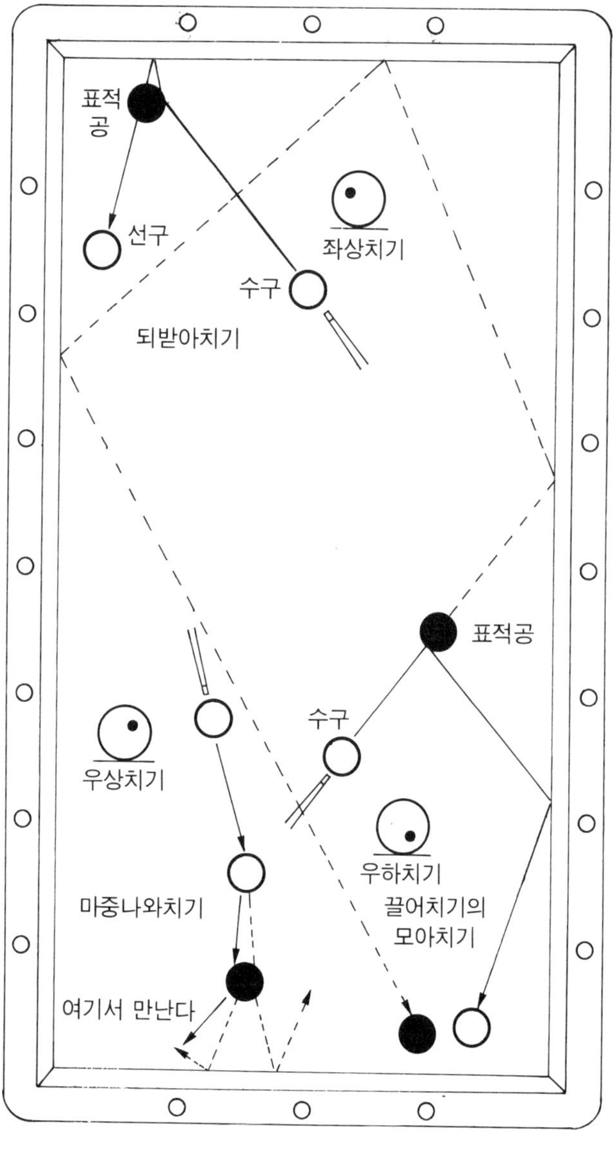

◐빈 쿠션

수구를 먼저 쿠션에 넣고 나서 표적공과 선구에 맞히는 테크닉이다.

수구와 표적공, 선구가 쿠션으로부터 같은 거리에 있는 경우(그림 아래) 수구의 중심과 표적공·선구의 중심에서 쿠션에 각각 수선(垂線)을 내려 이 2개의 수선의 중간점이 쿠션 위의 겨냥점이 된다. 실제는 약간 표적공 옆을 노리는 편이 확실하다. 수구의 직경을 생각하면 실패의 확률이 적어지기 때문이다.

수구와 표적공·선구가 쿠션에서 같은 거리에 없는 경우(그림 아래) 표적공·선구의 중심점에서 쿠션에 수선을 내려 그 직선을 표적공과 쿠션까지의 거리만큼 연장한다. 연장선상에 점과 수구의 중심을 연결하는 직선을 그어 그 직선이 쿠션과 교차하는 점이 겨냥점이 된다.

당점은 모두 중심 약간 상부를 친다. 이 밖에도 빈 쿠션의 응용은 여러 가지로 배치에 따라서는 비틈을 가한다.

빈 쿠션의 겨냥점

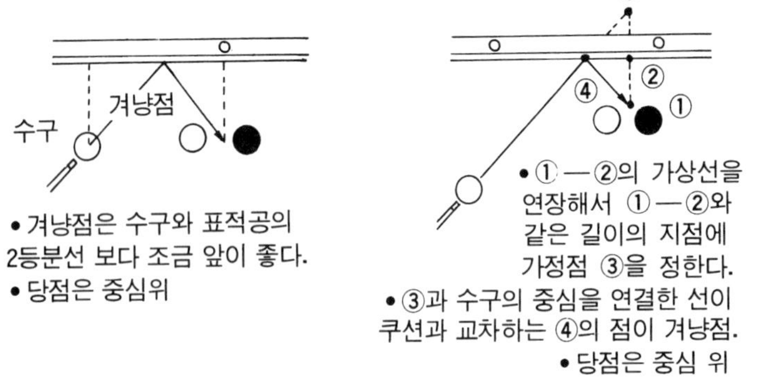

수구
겨냥점
• 겨냥점은 수구와 표적공의 2등분선 보다 조금 앞이 좋다.
• 당점은 중심위
③
④
②
①
• ①—②의 가상선을 연장해서 ①—②와 같은 길이의 지점에 가정점 ③을 정한다.
• ③과 수구의 중심을 연결한 선이 쿠션과 교차하는 ④의 점이 겨냥점.
• 당점은 중심 위

◐걸쳐치기

빈 쿠션의 변형이다. 표적공에 맞은 후의 수구의 움직임이 마치 쿠션을 사용한 삼각구(이지 볼)와 같은 형태가 된다.

당점이나 힘 조절 등 미묘한 컨트롤의 정확성이 요구되는 샷으로 실전에서는 그다지 사용되지 않는다. 표적공이 쿠션에 지나치게 가까워서 되받아치기로는 칠 수 없는 것 같은 공의 배치일 때 등에 이용된다.

기술적으로는 1, 쿠션에 넣는 위치와 쿠션으로부터의 반사각(입사각과 반사각)의 계산. 2, 수구를 표적공에 맞히는 각도. 3, 표적공에 맞은 후의 수구의 진로와 공의 회전.

이 3가지를 정확히 파악하면 걸쳐치기는 적중한다.

특히 쿠션에서 나온 수구가 표적공에 맞을 때의 두께가 이 샷의 성패의 열쇠를 쥐고 있다고 해도 좋을 것이다.

걸쳐치기의 예

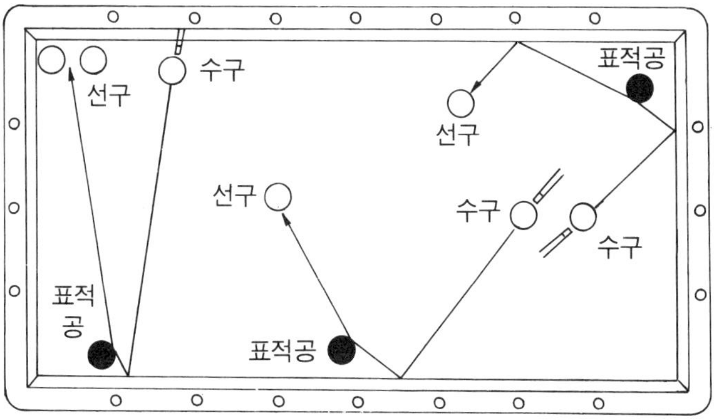

◐공 쿠션

표적공이 쿠션에 프로즌해 있거나 떨어져 있어도 그 거리가 아주 약간밖에 없을 때에 이용하는 테크닉으로 표적공을 쿠션 대신으로 해서 선구에 맞힌다.

수구를 표적공에 두껍게(3분의 1 이상) 맞히는 것이 절대 조건이다. 표적공으로부터의 반사각을 예각으로 하고 싶을 경우는 수구의 중심 아래를 치고 오른쪽으로 둔각으로 반사시키고 싶을 때는 왼쪽 위, 반대로 왼쪽으로 반사시키고 싶을 때는 오른쪽 위로 역비틈을 거는 것이 철칙이다. 그러나 쿠션과 달리 공은 구체이기 때문에 약간 표적공과의 접점이 틀어져도 반사각은 크게 변화해 버린다.

따라서 이 테크닉도 실제로 몇 번이나 반복 연습해서 어느 두께로 어느 점을 치면 어느 정도의 각도로 반사하는지를 감각으로써 체득하자.

공 쿠션의 타구법

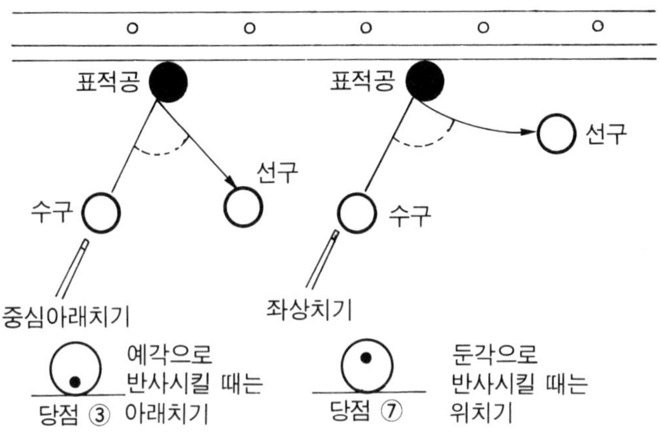

빈 쿠션 · 공 쿠션의 예

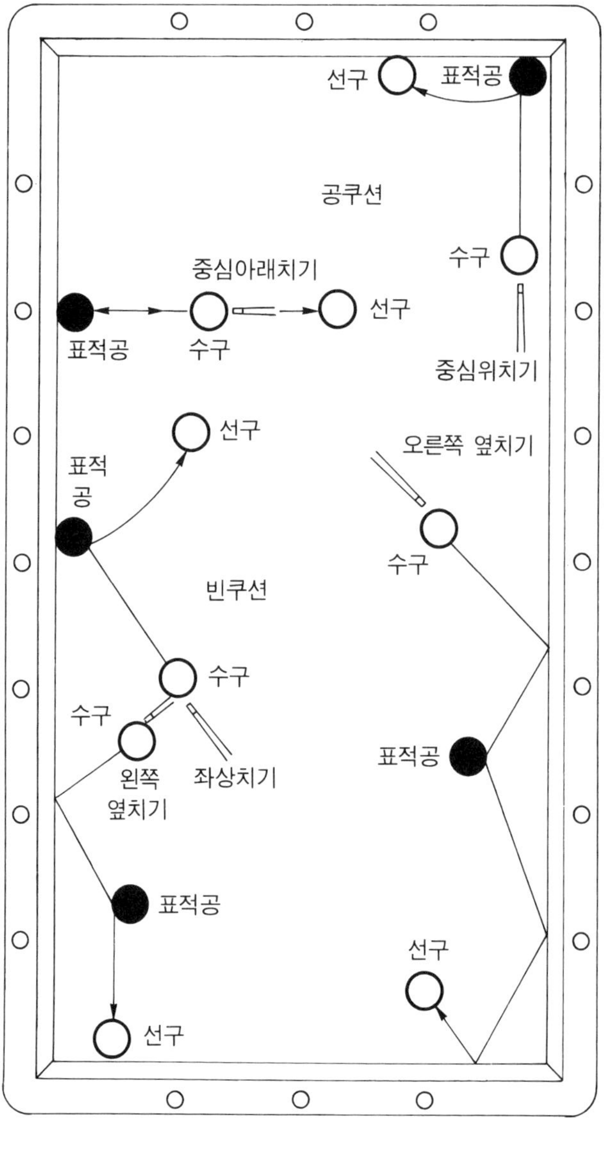

선구
표적공
공쿠션
수구
중심아래치기
선구
표적공
수구
중심위치기
선구
오른쪽 옆치기
표적
공
수구
빈쿠션
수구
수구
표적공
왼쪽
옆치기
좌상치기
표적공
선구
선구

◐상자 공 · 큰 돌림

수구를 2개의 공에 직접 맞힐 뿐만 아니라 표적공에 맞힌 후 쿠션을 2번, 3번 사용해서 치는 타구법은 매우 응용 범위도 넓고 실제로 사용해 보면 직접 치는 것보다는 쉽다고 조차 느낄 정도이다.

이 쿠션 치기의 중이라도 상자 공이나 큰 돌림은 흔히 이용되는 테크닉으로 특히 큰 돌림은 표적공을 선구 가까이에 모은다고 하는 효과도 있어 매우 유용하다.

수구를 표적공에 맞히고 나서 쿠션에 넣어 선구에 맞히는 것이므로 당연히 수구의 반사 횟수가 많아진다. 따라서 수구의 진로에 따라 정확성이 요구된다. 그만큼 당점, 두께의 정확성이 성공의 포인트가 된다. 또한 수구를 달리게 하는 거리도 길어지기 때문에 힘조절의 컨트롤에도 주의해야 한다.

상자 공 · 큰 돌림의 예

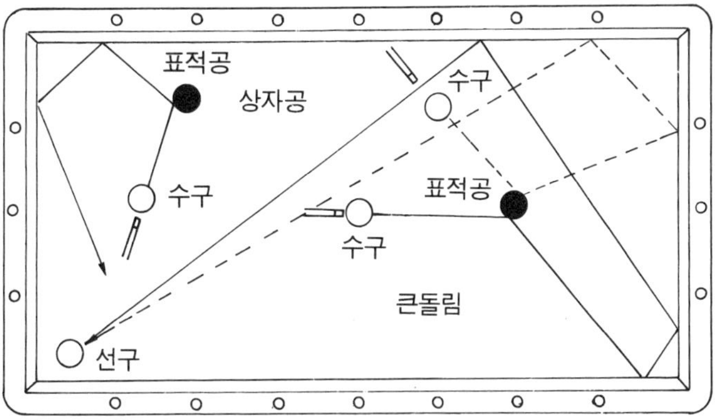

상자 공은 수구의 약간 위를 친다. 큰 돌림은 큐를 긴 듯이 쳐낸다.

◐모아치기

연속 득점을 거둡하기 위해서는 수구, 표적공, 선구의 4개의 공을 한군데에 모아서 그 형태를 크게 무너뜨리지 않도록 하는 것이 중요하다.

공을 모으기 위해서는 한 번으로는 무리가 있어 2단계, 3단계로 공의 범위를 좁혀 나간다.

수구 원 쿠션, 표적공 투 쿠션의 모아치기

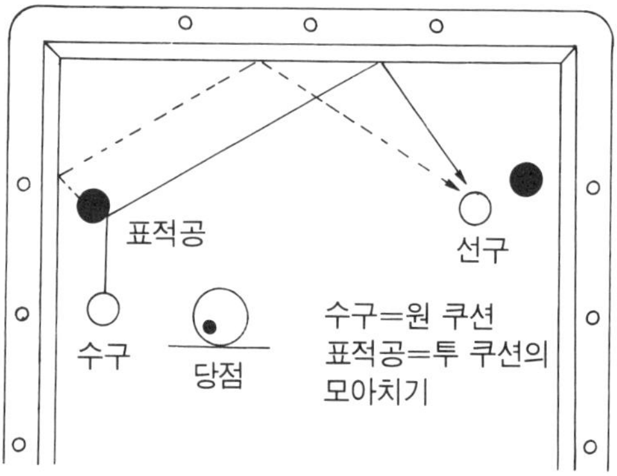

상자 공의 변형에 의한 모아치기

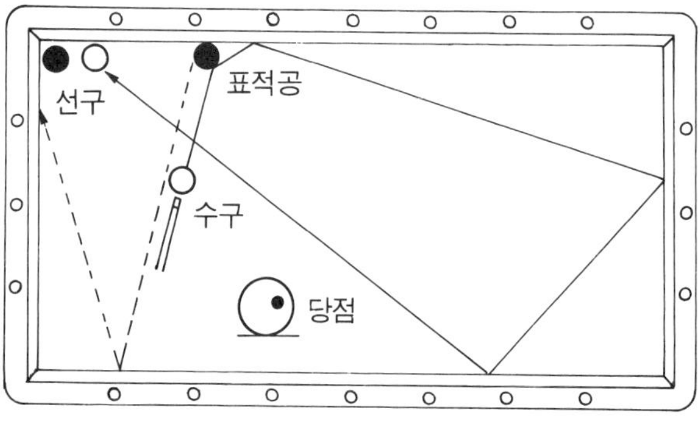

원 쿠션의 모아치기

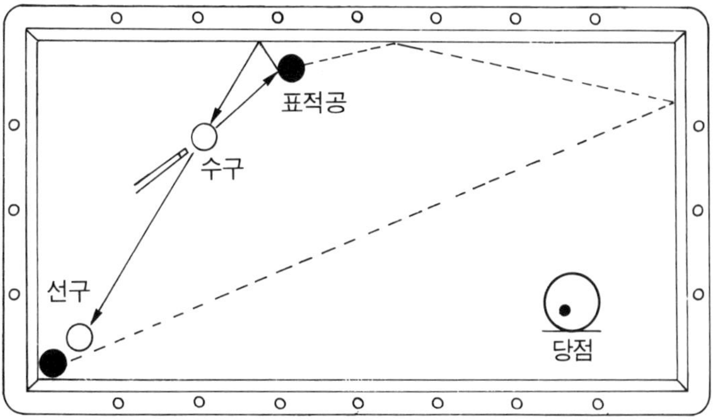

표적공에 두껍게 맞혀 가볍게 잡아 당긴다. 표적공이 투 쿠션 또는 스리 쿠션으로 코너에 정지하는 정도의 조절을 익히자.

직접 끌어치기의 모아치기

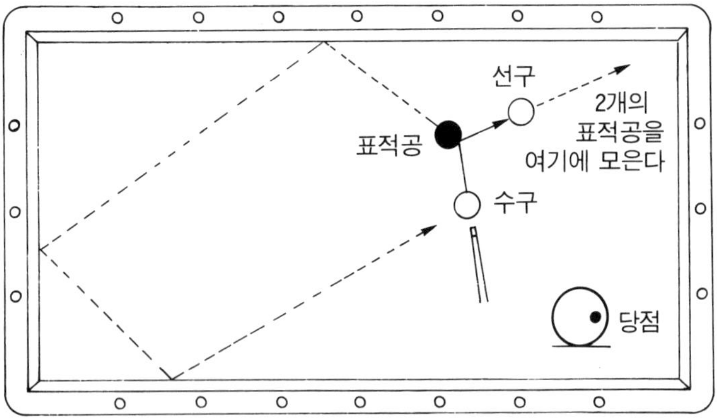

겨냥을 정확히 하고 수구가 선구의 정면에 맞도록 한다. 힘조절은 약간 센 듯이 하면 좋다.

큰 돌림의 변형에 의한 모아치기

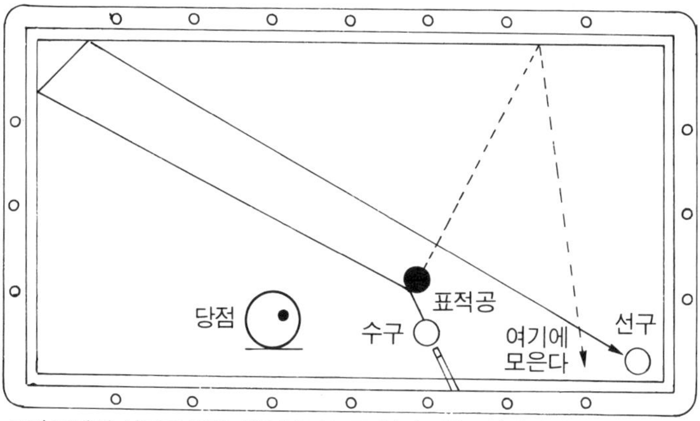

표적공에서 선구로 직접 끌어치기로도 칠 수 있는 형태이지만 직접 치면 표적공이 왼쪽으로 달아나 버린다.

표적공 · 선구의 바깥 쪽으로 맞혀서 모은다

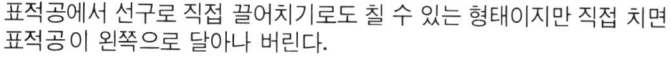

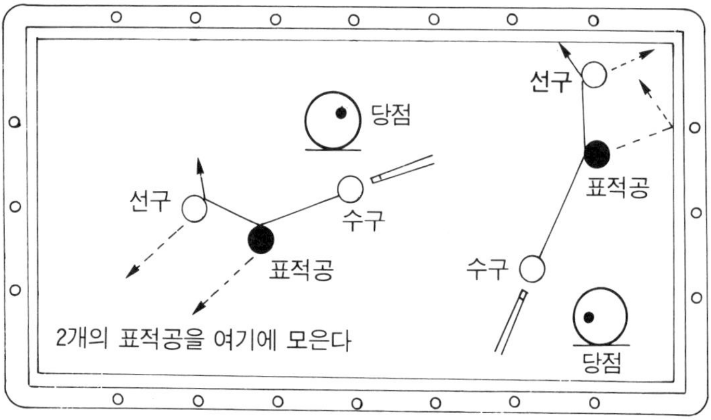

표적공에 대한 두께를 조절해서 수구가 끊임없이 선구의 바깥 쪽에 맞도록 한다. 수구, 표적공, 선구의 거리가 가까울 때는 힘조절에 주의한다.

◐세리(series)

수구, 표적공, 선구 3개의 공이 쿠션 가까이에 모여서 삼각형을 만들고 있을 때 그 형태를 무너뜨리지 않고 연속해서 쳐 득점을 올리는 테크닉으로 모아치기의 최종 목표라고 해도 좋을 것이다.

그러나 형태를 무너뜨리지 않고 계속치는 것은 대단히 어렵고 힘 조절과 정확한 샷이 요구된다.

아래의 그림과 같은 삼각형의 배치가 세리의 이상적인 형태이다. 그 형태를 무너뜨리지 않기 위해서는 다음과 같은 요건이 필수이다.

① 브리지와 큐 끝 사이를 극히 짧게 한다.

② 약하게 치는 관계로 그립은 중심보다 앞을 쥔다.

③ ②와 같은 그립을 하면 큐 뒤가 무거워지므로 브리지는 큐 끝을 누르는 느낌으로 한다.

④ 수구와 표적공의 간격이 좁기 때문에 2번 치기가 되지 않도록 스트로크는 가늘게 정확히 한다.

⑤ 선구에 맞히는 두께를 조절해서 표적공, 선구, 수구의 진로가 틀어지지 않도록 한다. 도중에 형태가 무너지면 다시 모은다.

세리의 이상형

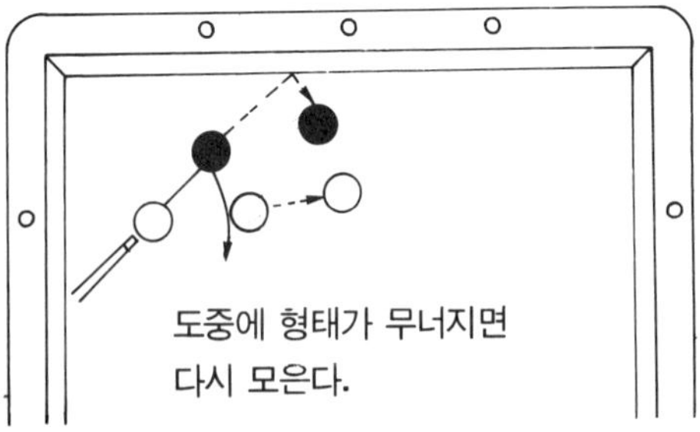

제 8 장

실전기술 향상의 테크닉

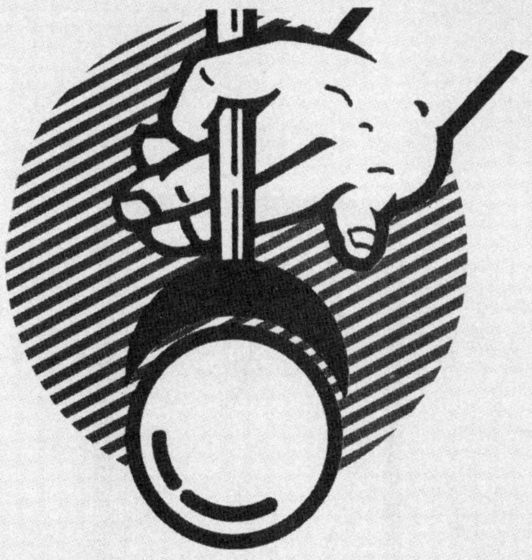

서브는 공식대로 하면 확실하게 칠 수 있다

4구 경기에는 4종류의 서브 방법이 있다.

그 중에서도 확실한 것은 아래 그림에서 실선으로 표시한 붉은

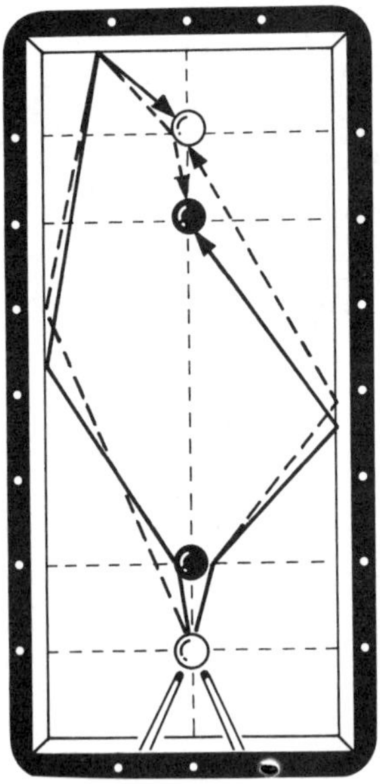

4구 서브의 타구법

공에서 붉은 공을 원 쿠션으로 치는 타구법이다.

초보자라도 쿠션을 넣는 포인트가 벗어나지 않으면 확실하게 칠 수 있다.

3구 경기에서는 4구보다 어려운 기술로 표적공이 2개밖에 없다. 아래 그림①은 확실하게 서브를 칠 수 있는 타구법이지만 다음 득점으로 이어지는 뒤를 만들 수 없다고 하는 결점이 있다.

그래서 상급자는 그림②의 타구법을 사용한다. 두께는 2분의 1로 오른쪽 옆 위(수구를 오른쪽에 놓고 서브하는 경우 왼쪽에 놓으면

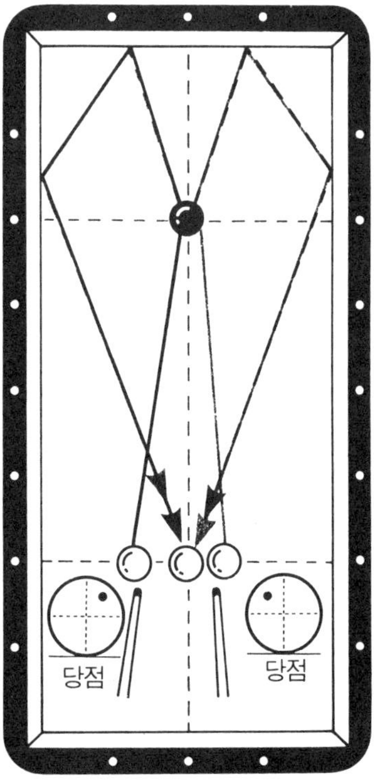

〈3구 서브의 타구법①〉

왼쪽 옆 위)를 보통의 힘으로 친다. 그렇게 하면 수구는 실선과 같이 움직인다. 또한 제1표적공은 점선과 같이 투 쿠션해서 왼쪽 아래의 코너로 온다. 제2표적공과 수구도 마찬가지로 이 코너에 모인다.

이와 같이 3구 경기에서는 항상 다음의 공의 위치를 계산하고 공을 접근시켜서 세리 치기에 이상적인 형태를 만드는 것이 필요하다.

〈3구 서브의 타구법②〉

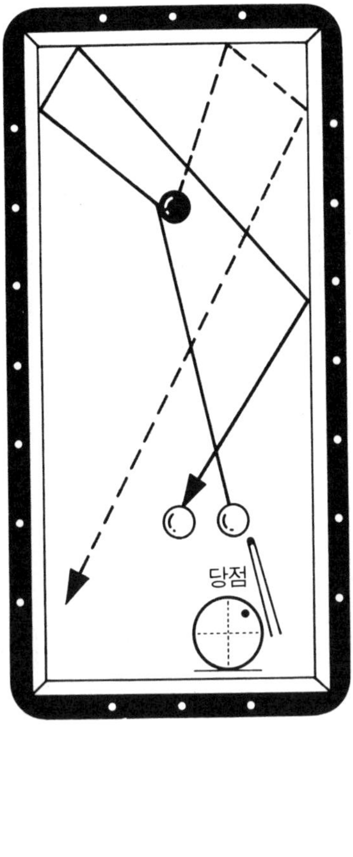

코너에 모이게 하는 모아치기의 실전 테크닉

모아치기에는 정석이 있다. 여기에서는 3구의 대표적인 모아치기를 설명한다. 4구 경기를 하는데 있어서도 중요한 정석이기 때문에 기억해 두자. 모아치기의 원칙을 우선 들어 둔다.

① 한 데 모으는 위치는 코너 가까이가 유리.
② 가능한한 수구도 표적공 가까이에 모은다.
③ 어느 공이나 너무 크게 움직이는 것은 위험.
④ 한 번에 모으려고 생각하지 말고 몇 단계로 나눠서 모아 간다.
⑤ 수구를 쿠션에 프로즌시키면 끌어치기를 하기 어려워진다.
⑥ 공을 일직선으로 하지 않도록 한다.

모아치기의 정석을 위한 수구와 적구의 포인트

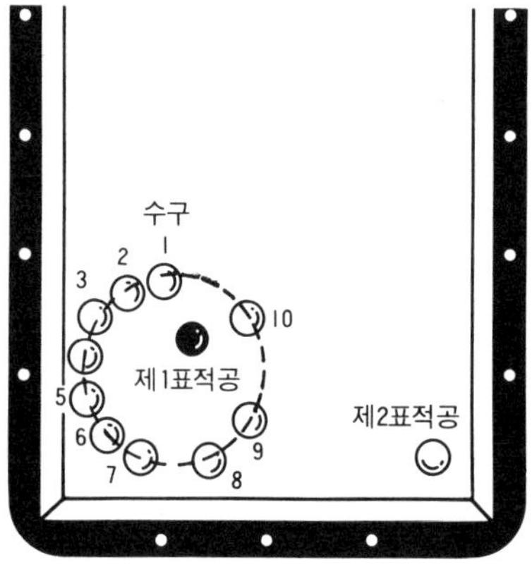

이런 점들을 항상 염두에 두고 한 번 모은 공은 흩어지지 않도록 친다.

3구 경기에서는 제한 구역이 4군데의 코너에 설정되어 있다. 구역 내에서는 표적공 중 어느 하나를 구역 밖으로 내보내야 한다고 하는 점도 항상 고려해서 친다.

① 그림은 제1표적공에 대해서 수구가 1부터 10까지의 위치에 있는 경우를 설정한 것이다. 이 상태에 수구가 있는 경우는 제2표적공의 코너에 모을 수 있다. 이하 순서대로 설명한다.

1의 위치에 수구가 있을 때에는 그림과 같은 진로로 수구를 진행시킨다. 당점은 오른쪽 옆 위로 약간 세게 두께는 4분의 3으로 쳐낸다. 투 쿠션해서 제1표적공은 코너에 모여든다.

2의 위치일 때는 수구의 중심보다 조금 왼쪽을 밀어빼는 것(두껍게 치는 것) 같이 강한 힘으로 친다. 약하게 치면 4번이나 쿠션에 들어가기 때문에 방향이 변해 버리기 때문에 주의한다.

3의 위치에 수구가 있을 때는 마중나오기 치기를 사용한다. 당점은 왼쪽 옆 위, 두께는 4분의 3으로 쳐낸다. 수구는 실선과 같이 움직이고 제2표적공은 제1표적공에 맞고 한 번 쿠션에 들어가서 수구와 마주친다.

4의 경우는 수구를 스리 쿠션시켜서 한 데 모은다. 언뜻 어렵게 보이지만 그렇게 어렵지는 않다. 왼쪽 옆 위치기로 얇게 제1표적공에 맞혀서 크게 돌려 모은다.

5의 경우는 수구의 중심보다 약간 위를 쳐서 3분의 1의 두께로 맞히고 제1표적공을 스리 쿠션시킨다. 제1표적공은 앞 그림의 수구와 같은 코스로 모여 든다.

6의 경우는 거의 앞 그림과 같은 타구법이 된다. 제1표적공이 처음

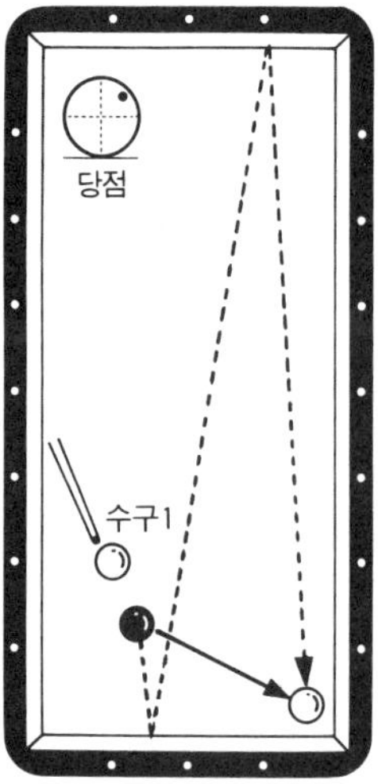

1의 위치에 수구가 있는 경우의 모으는 법

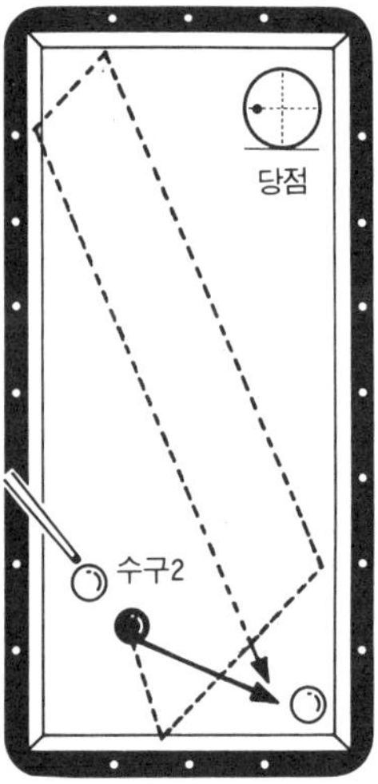

2의 위치에 수구가 있는 경우의 모으는 법

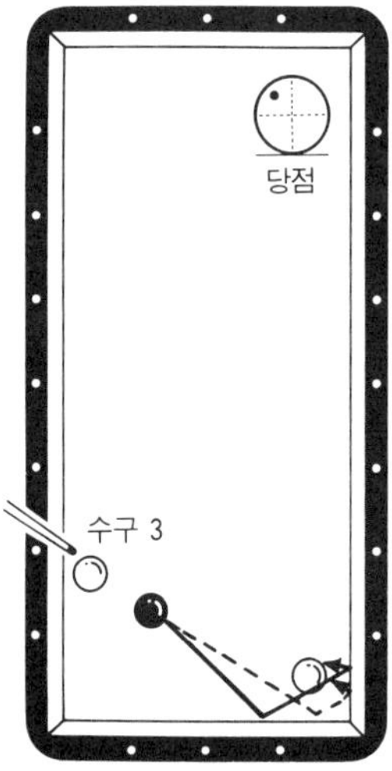

3의 위치에 수구가 있는 경우의 모으는 법

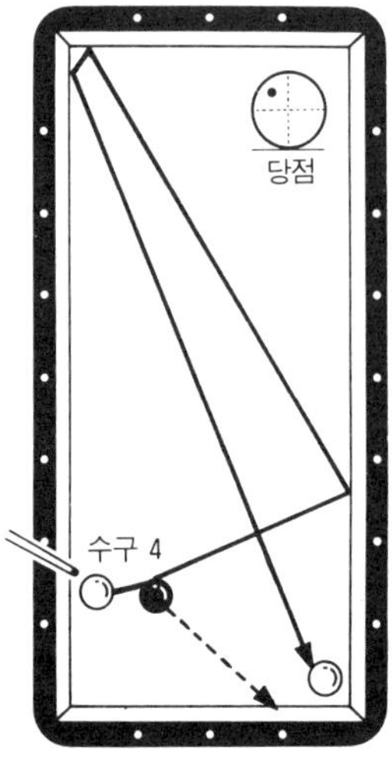

4의 위치에 수구가 있는 경우의 모으는 법

에 들어가는 쿠션 위치가 변하지만 마찬가지로 모여든다. 중심보다 약간 아래 치기로 힘은 보통, 두께는 3분의 2이다.

이 7의 배치는 가장 모으기 쉬운 공의 배열로 되어 있다. 당점은 중심보다 약간 아래, 두께는 3분의 2이다. 초보자가 공을 모으는 연습을 하는데 적합한 형태이기 때문에 힘조절을 여기에서 익힌다.

8의 위치에 수구가 있는 경우도 끌어치기와 비틀을 사용해서 쉽게 모을 수 있다. 두께는 4분의 3, 오른쪽 옆 위를 친다. 수구를 모으는

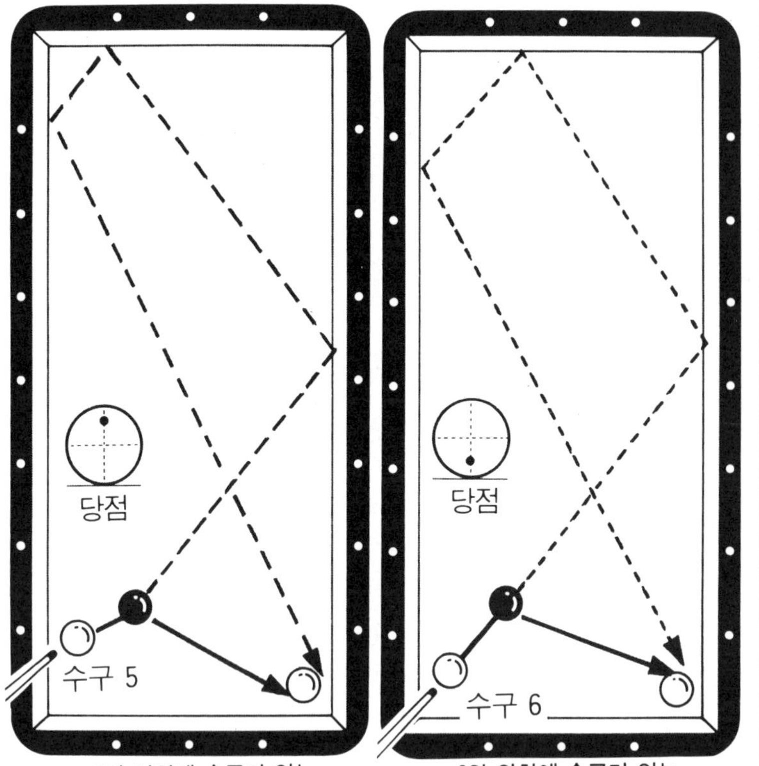

5의 위치에 수구가 있는 경우의 모으는 법

6의 위치에 수구가 있는 경우의 모으는 법

것은 간단하지만 제1표적공이 정확히 모이도록 연습한다.

9의 위치에 있는 경우는 수구를 투 쿠션시켜서 모은다. 왼쪽 옆의 약간 위를 치고 두께는 3분의 1이다. 너무 두껍게 맞히거나 힘이 너무 강하거나 하면 제1표적공이 모이지 않기 때문에 주의한다.

10의 위치에 있는 경우는 끌어치기로 간단히 모을 수 있다. 당점은 중심보다 약간 아래이고 두께는 4분의 3이다. 제1표적공은 원 쿠션해서 코너에 모여든다.

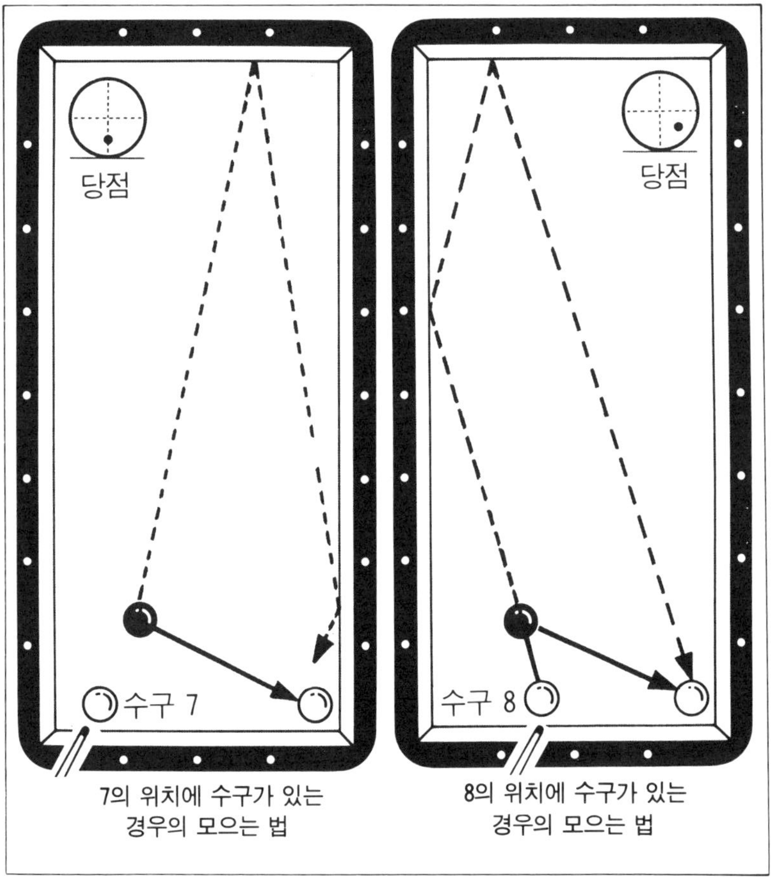

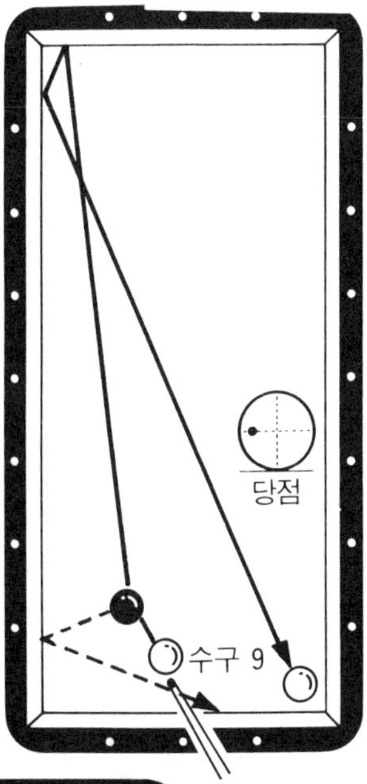

9의 위치에 수구가 있는
경우의 모으는 법

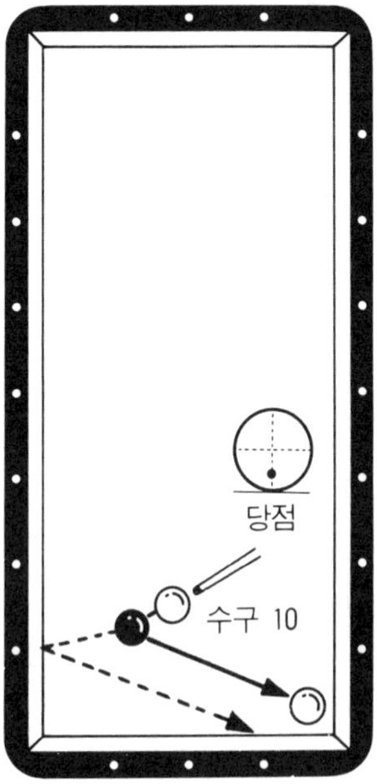

10의 위치에 수구가 있는
경우의 모으는 법

연속해서 득점하자 보크라인 게임의 모아치기

보크라인은 제한 구역이 3구보다 많고 엄격하게 되어 있기 때문에 모아치기 테크닉도 보다 고도의 테크닉이 필요하다. 제한틀내나 앵커 내에서는 연속 득점이 허용되지 않고 표적공이 2개 중 1개 이상을 바깥으로 내보내야 하는 등의 세밀한 룰이 정해져 있고 경기에 따라서 당구대도 다르기 때문에 힘조절도 달라진다.

보크라인의 득점은 표적공이 제한틀의 안이냐 밖이냐가 최대의 포인트가 된다. 공의 위치나 움직임의 호칭도 독특하기 때문에 파울

라인 너스

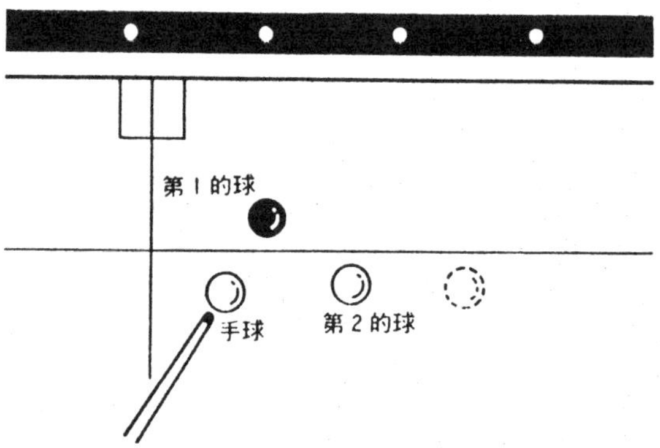

규칙과 함께 카운트의 정확한 호칭도 기억해 두도록 한다.

보크라인 게임은 제한구역의 선을 사이에 끼우듯이 표적공을 모으는 것이 이상형. 이것을 '라인 너스'하고 하며 연속해서 득점하기 위한 고도의 테크닉으로 여겨지고 있다. 라인 너스는 선을 따라서 쳐나가기 때문에 이렇게 불리고 있다. 항상 2개의 표적공이 선을 넘고 있는 듯한 상태로 하는 것이 이 게임의 포인트이다.

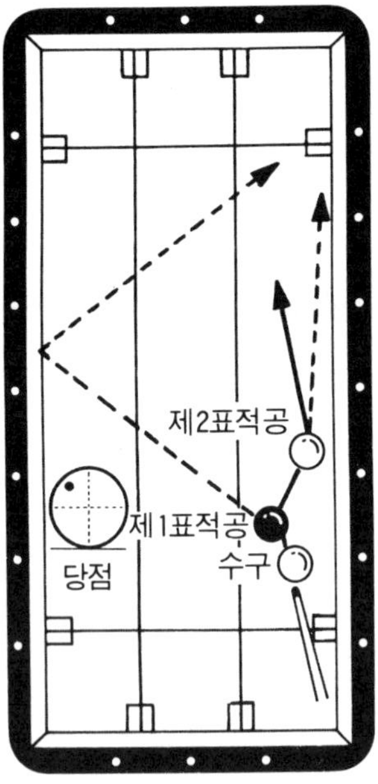

보크라인의 모으는 법

왼쪽 그림은 비교적 모으기 쉬운 공의 위치로 되어 있다. 이와 같은 때는 수구의 왼쪽 옆 위를 미는 기미로 친다. 두께는 2분의 1이다. 제1표적공은 한 번 틀 밖으로 나갔다가 다시 모여든다.

이와 같이 제2표적공이 쿠션에서 떨어진 위치에 있을 때는 왼쪽 옆 아래를 쳐서 비틈을 건다. 두께는 4분의 3이다. 제1표적공은 스리쿠션해서 모여 든다.

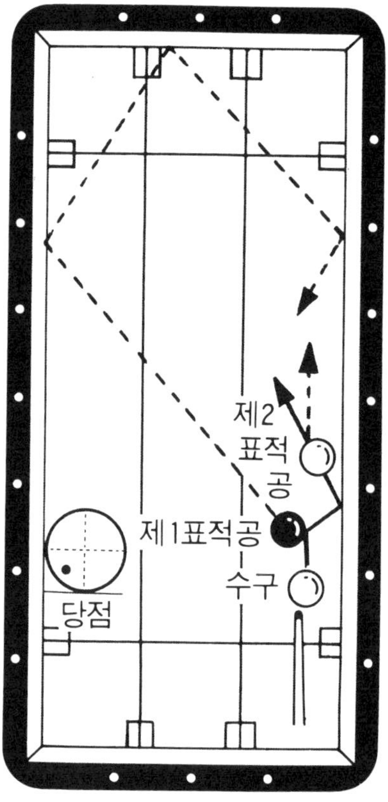

보크라인의 모으는 법

코너 가까이에 모으려고 생각한 타구법이다. 두께를 2분의 1로 해서 오른쪽 위를 치면 제1표적공은 쿠션에 들어가서 코너에 모이고 수구는 스리 쿠션해서 제2표적공에 맞는다.

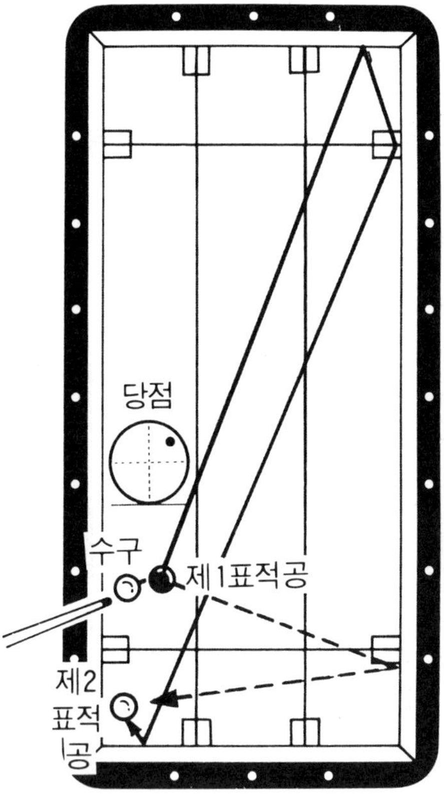

보크라인의 모으는 법

이것은 끌어치기를 사용해서 제2표적공에 맞히는 타구법이다. 두께는 거의 정면 중심 겨냥으로 제1표적공은 원 쿠션해서 모여든다. 이 때에 제2표적공을 틀 안에 남겨두면 나중에 유리하다.

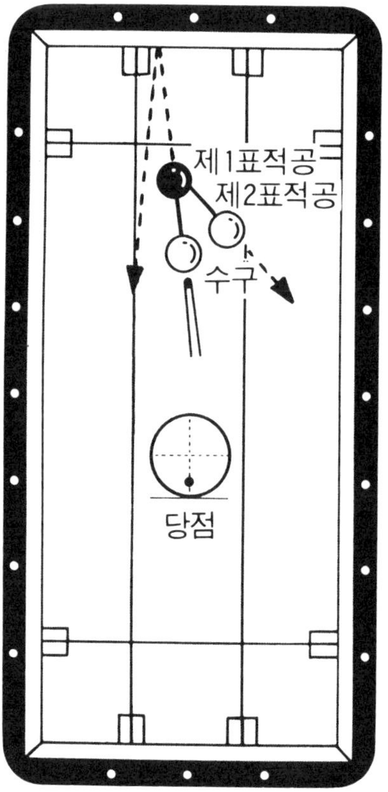

보크라인의 모으는 법

2번 치기가 허용되고 있는 경기 때의 공을 모으는 방법이다. 이때는 3구 경기의 모으는 방법과 거의 같다. 다음에 표적공 중 어느 하나를 밖으로 내보낼 것을 계산해서 친다.

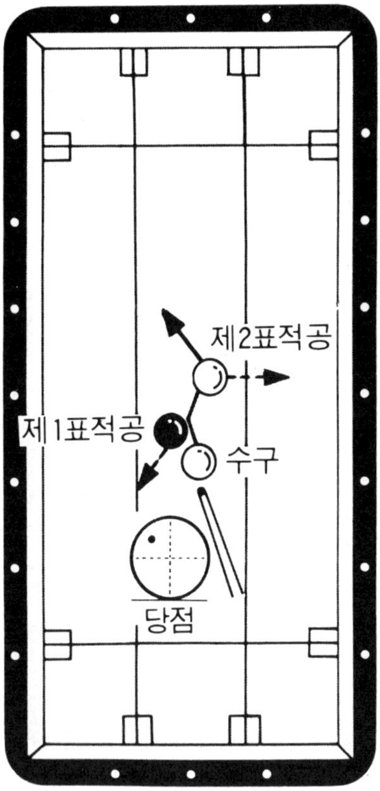

보크라인의 모으는 법

이 경우도 앞 그림과 마찬가지로 동일 틀내에서 득점하기 위한 모아치기의 타구법이다. 비교적 치기 쉬우므로 쉽게 다루기 쉽지만 항상 뒤의 공의 배치를 생각해서 틀의 라인 가까이에 표적공을 배치시킨다.

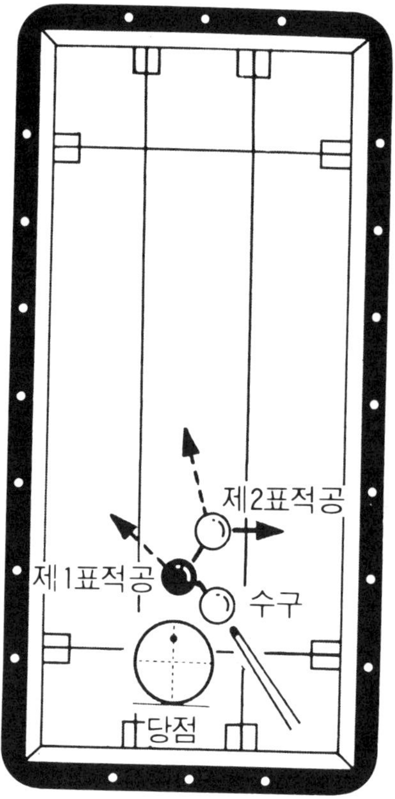

보크라인의 모으는 법

이것도 다음에 표적공을 한 번 제한 틀밖으로 내보내서 쿠션시켜 틀 안으로 되돌리기 쉬운 배열로 하기 위한 타구법이다. 당점은 중심 위로 제1표적공의 정면에 맞힌다.

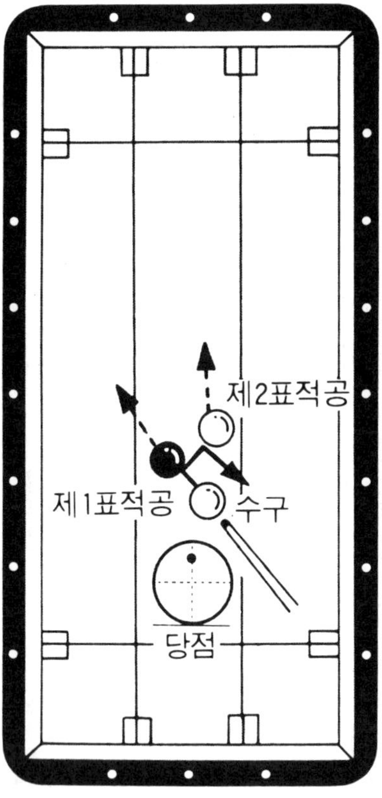

보크라인의 모으는 법

3구 경기에서도 흔히 사용되는 밀어 빼치기를 응용한 타구법이다. 당점은 중심 위치기, 두께는 4분의 3 정도이다. 정확한 쳐내기로 밀어 빼내지 않으면 표적공이 되돌아 오지 않는다.

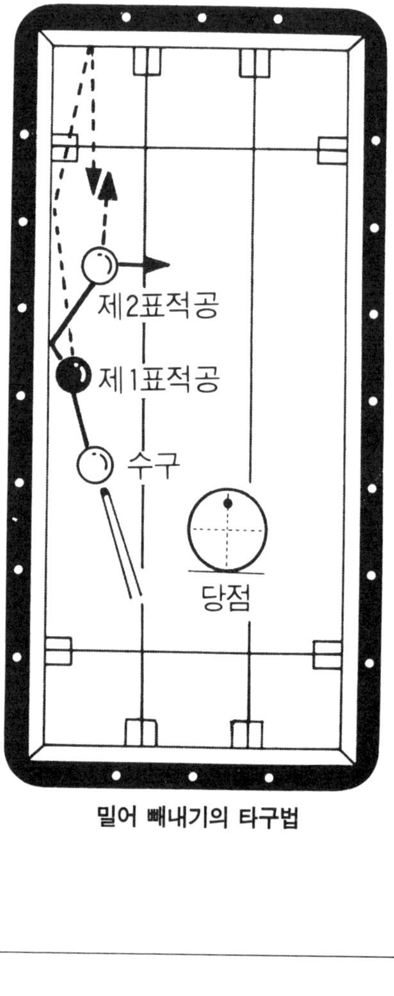

밀어 빼내기의 타구법

비틈을 건 타구법이다. 그림 앞은 오른쪽 옆치기의 순비틈으로 얇게 맞혔을 때 그림 아래는 왼쪽 옆 아래치기로 두께는 3분의 2, 역비틈을 맞혔을 때의 수구와 표적공의 움직임을 나타낸 것이다.

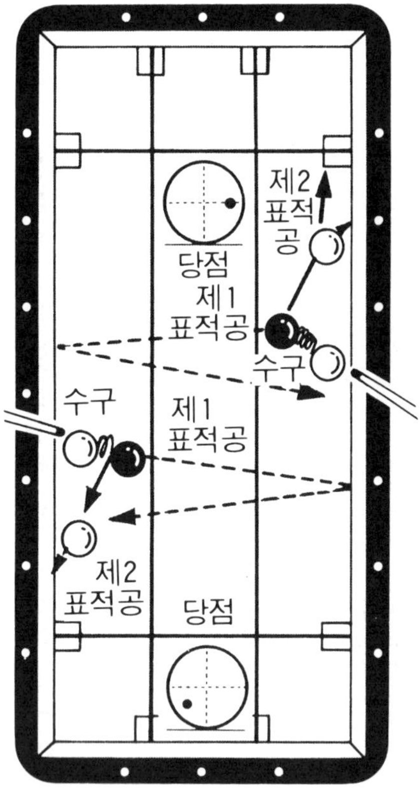

비틈을 건 공의 타구법

시스템을 응용하는 스리 쿠션 게임의 실전 테크닉

캐럼 게임 중 가장 어렵다고 일컬어지고 있는 것이 수구를 표적공 2개에 맞히는 동안에 3회 이상 쿠션에 넣어야 하는 스리 쿠션 경기이다. 그러나 테이블을 수구가 돌아다니며 겨냥한 대로의 움직임으로

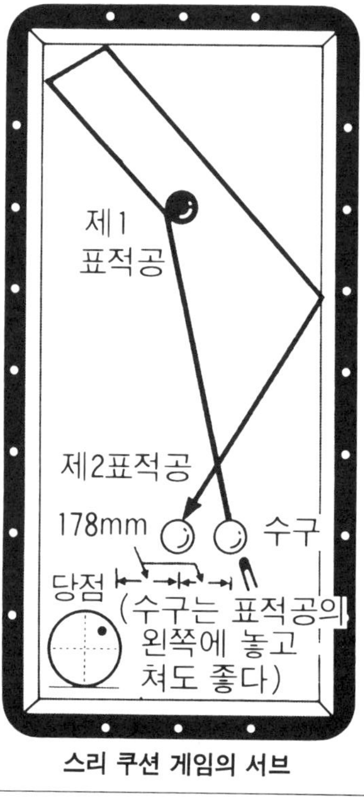

스리 쿠션 게임의 서브

득점한다고 하는 다른 캐럼 경기에서는 맛볼 수 없는 쾌감을 준다. 그 때문에 스리 쿠션 게임의 애호가는 해마다 늘고 있다.

스리 쿠션 경기에서는 당구 테이블 틀에 부착된 다이아 등의 포인트가 매우 중요해진다. 포인트를 사용해서 입사각, 반사각을 계산하면서 치는 것이다.

이 계산 방법은 시스템이라고 불려서 여러 가지 시스템이 완성되어 있다. 스리 쿠션 경기를 즐기기 위해서는 이 시스템을 마스터해야 한다. 시스템을 응용하면 실제 게임의 약 8할은 커버할 수 있다고 일컬어지고 있다.

앞의 그림은 스리 쿠션 게임의 서브 방법이다. 수구의 위치는 흰 표적공의 좌우 178mm의 선상에 있으면 어디에서도 상관없다. 확실히 점수를 딸 수 있는 서브 방법이다.

파이브 앤드 하프 시스템(five and half system)

테이블의 각 포인트와 코너에 수구와 표적공의 숫자를 적용시켜서 그 숫자를 기준으로 한 쿠션 포인트를 결정하는 시스템이다. 이 시스템을 응용하기 위해서는 이하의 3가지 조건이 요구된다.

① 힘조절은 보통으로 친다.

② 큐는 조용히 긴 듯이 쳐낸다.

③ 당점은 중심, 왼쪽 옆, 오른쪽 옆.

이 3점을 지키지 않으면 시스템으로 계산된 진로를 공이 진행하지 않는다.

계산 방법은 매우 간단하다. 우선 마지막으로 넣는 쿠션의 쿠션 포지션의 숫자를 구하고 수구가 현재 있는 포지션에서 그 숫자를 뺀다. 그 숫자를 쿠션 포지션의 숫자에 적용시켜서 합치한 포인트가 처음에 쿠션시키는 포인트이다.

단, 수구의 수보다 큰 수의 제1 또는 제3쿠션에 넣었을 경우는 계산대로 공이 달리지 않기 때문에 주의해야 한다.

파이브 앤드 하프 시스템의 수구 운동은 수구가 50의 위치에 있을 때에 간단히 증명된다. 마지막의 쿠션을 제3쿠션 20이라고 하면 50마이너스 20으로 제1쿠션의 30이 포인트이다.

마지막의 쿠션 포인트를 제3쿠션의 20이라고 했을 때 수구의 위치마다의 최초의 포인트를 설명한 것이다. 수구가 45 이하일 때는 포인트의 조금 앞을 노리면 확실하다.

수구가 45의 위치에 있을 때 최후의 쿠션을 20이라고 하면 제1쿠션의 15에 최초의 쿠션을 넣어야 한다. 포인트의 중간점으로 마크가 없기 때문에 정확하게 노리고 치자.

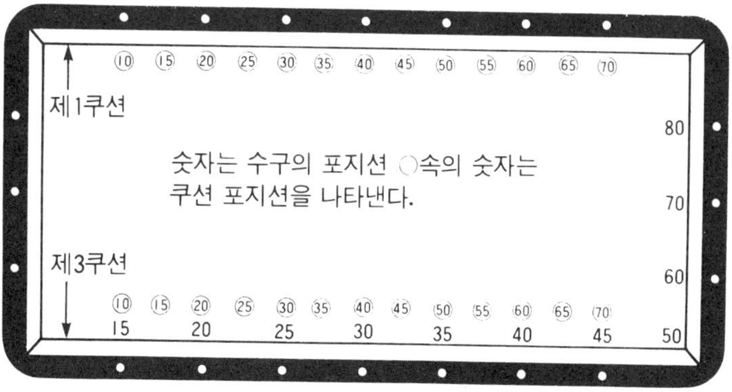

수구와 쿠션 포지션의 숫자

수구가 60의 위치에 있을 때의 진로를 포인트별로 설명한 것이다. 수구의 숫자가 커지면 스리 쿠션도 차츰 어려워진다. 연습해서 정확히 치도록 하자.

수구의 숫자가 작아지면 제1쿠션과의 거리도 적어져서 보다 정확한 스리 쿠션을 할 수 있다. 30 이하의 수구 위치를 '상자공'이라고 부르고 있다.

수구가 15 이하일 때에는 보통으로 쳐내면 공이 너무 달려 버리는 경우가 있다. 가능한 한 약한 힘으로 쳐내도록 하자. 이 경우는 다른 시스템도 응용할 수 있다.

수구가 45의 위치에 있어도 큐를 쳐내는 방향이 다르면 50에 가까운 위치와 같아져 버린다. 쿠션에서 수구가 떨어져 있을 때는 보다 정확히 친다.

이와 같은 배치의 경우 수구 위치는 점선의 연장선상 40의 위치가 된다. 마지막으로 제3쿠션의 30에 넣기 위해서는 제1쿠션 10을 노리고 친다.

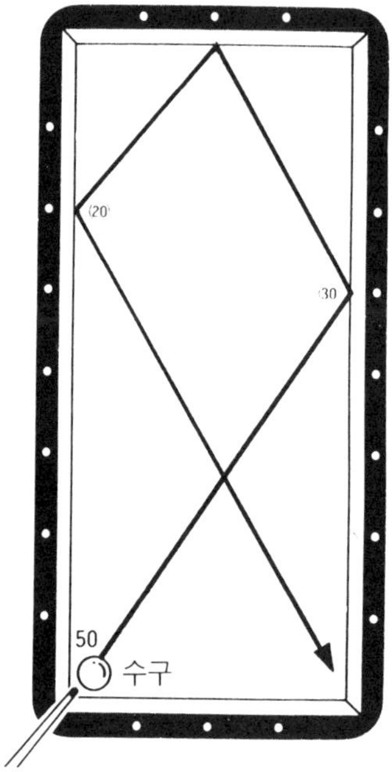

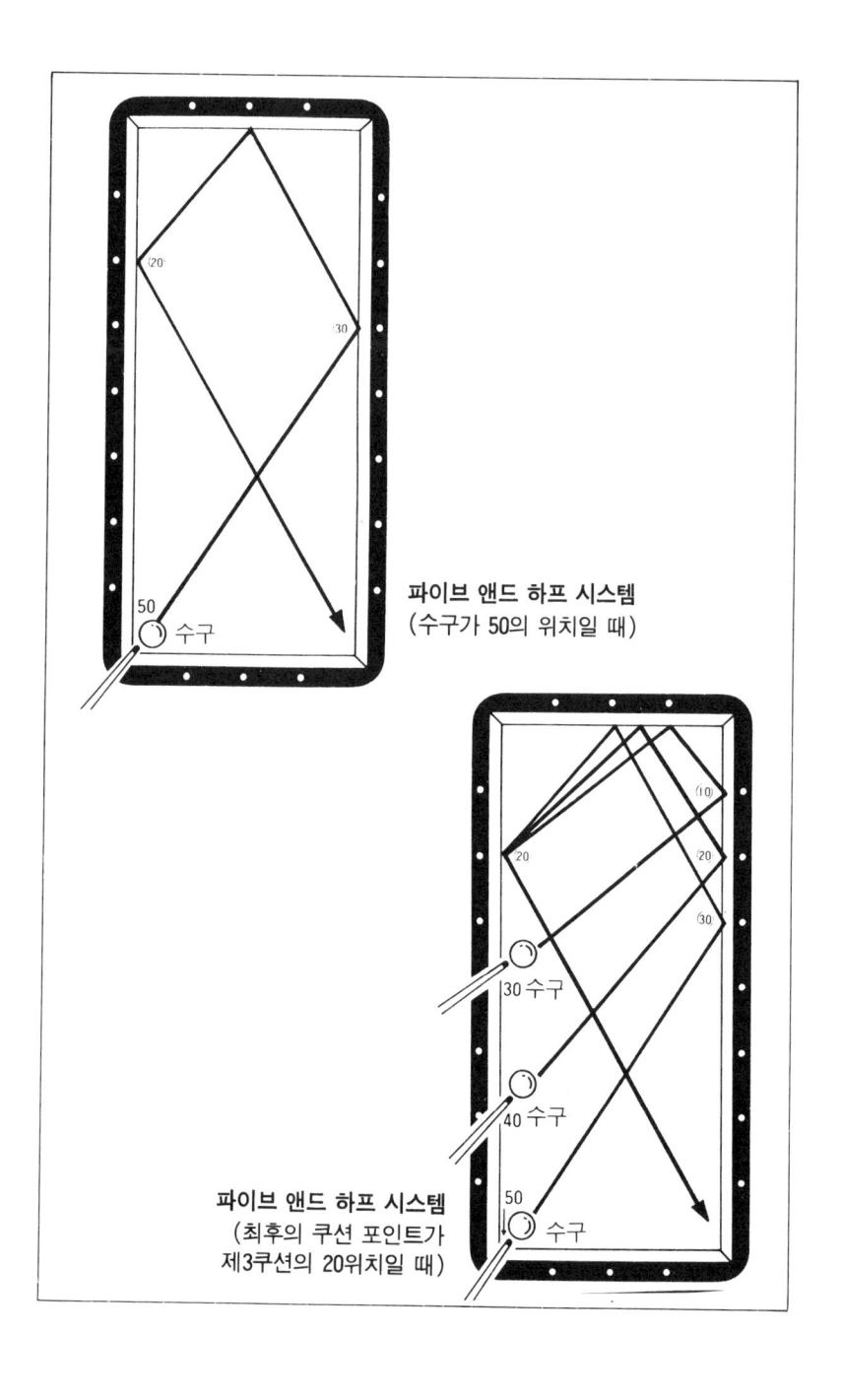

파이브 앤드 하프 시스템
(수구가 50의 위치일 때)

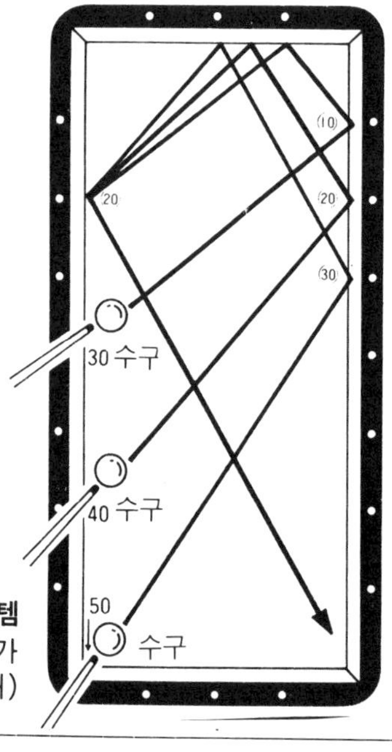

파이브 앤드 하프 시스템
(최후의 쿠션 포인트가 제3쿠션의 20위치일 때)

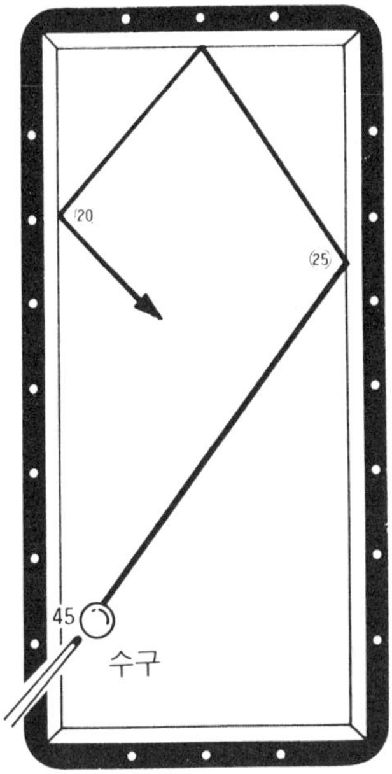

파이브 앤드 하프 시스템
(수구가 45의 위치일 때)

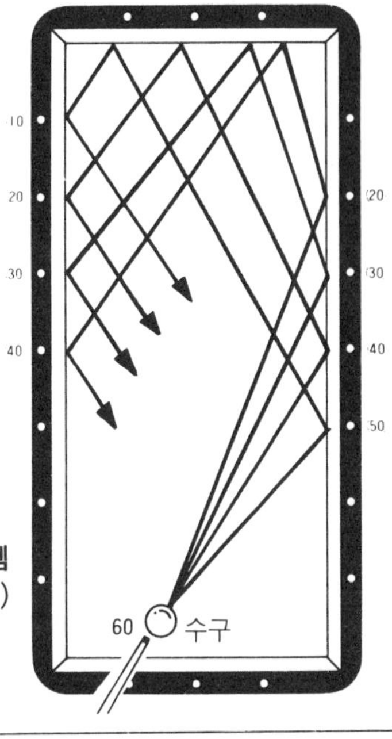

파이브 앤드 하프 시스템
(수구가 60의 위치일 때)

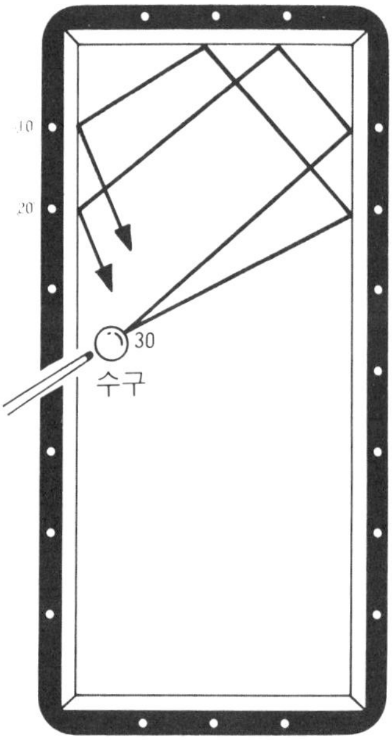

파이브 앤드 하프 시스템
(상자 공)

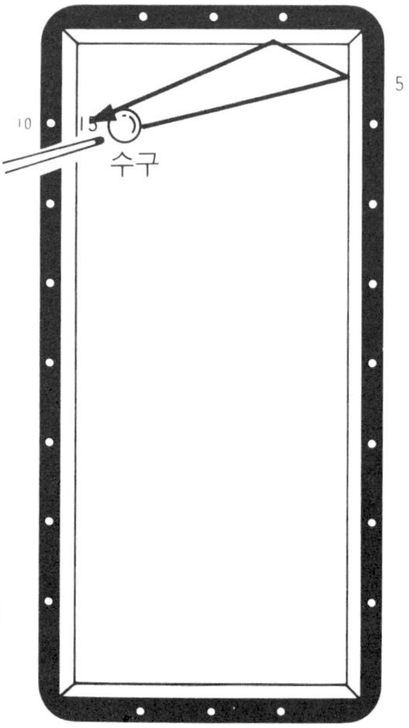

파이브 앤드 하프 시스템
(수구가 15의 위치일 때)

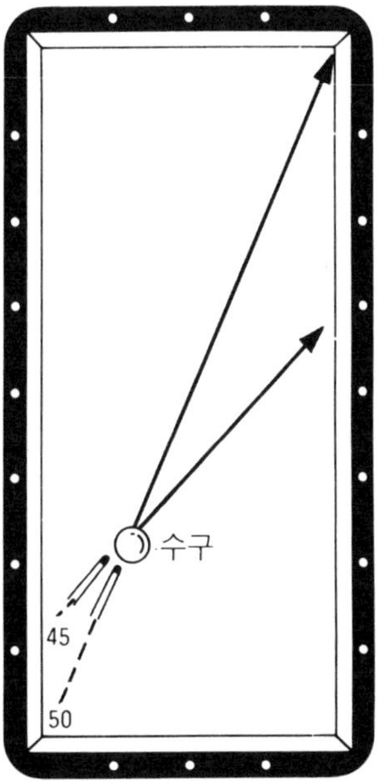

파이브 앤드 하프 시스템
(수구가 45의 위치일 때)

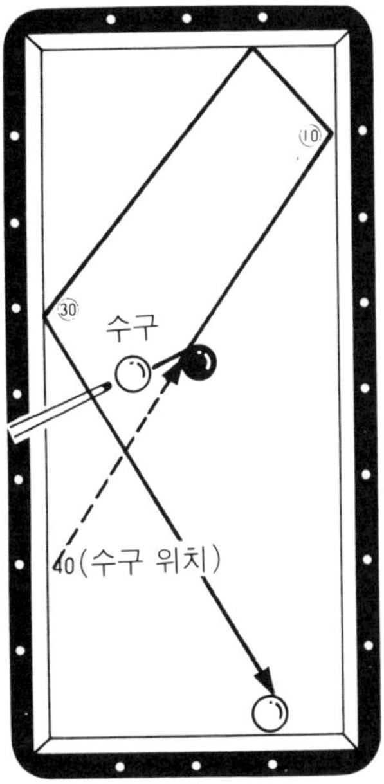

파이브 앤드 하프 시스템
(최후의 쿠션 포인트가
제3쿠션의 30위치일 때)

플러스 토우 시스템(plus tow system)

파이브 앤드 하프 시스템의 불비한 면을 커버하기 위해서 고안된 시스템이다. 파이브 앤드 하프에서는 긴 쿠션에 처음에 넣지만 플러스 토우에서는 짧은 쿠션에 넣는다. 그 때문에 조금 틀어지면 정확하게 계산대로 칠 수 없다고 하는 약점도 있다. 파이브 앤드 하프와 마찬가지로 중심 왼쪽 옆, 오른쪽 옆을 부드러운 느낌으로 친다.

아래 그림은 플러스 토우 시스템의 수구 위치의 숫자와 표적공의

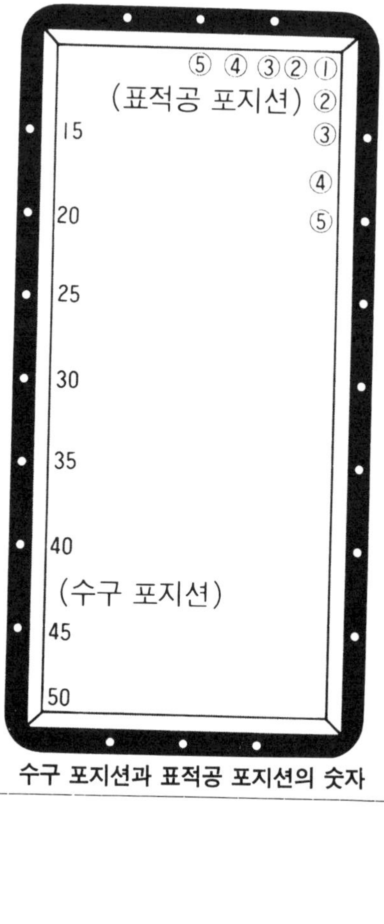

수구 포지션과 표적공 포지션의 숫자

위치를 숫자로 표시한 것이다. 이 시스템에서는 수구가 20 이하라면 확률은 매우 낮아진다.

표적공 포지션의 숫자는 계산식으로서 사용하는 것이 아니고 짧은 쿠션의 표적공 포지션 ⑤에 수구를 넣고 긴 쿠션의 ⑤에 정확하게 넣으면 진로가 일정해진다고 하는 시스템의 목표이다. 연습해서 정확한 진로를 진행하게 하도록 하자.

수구 위치의 숫자가 커졌을 경우는 반대쪽의 짧은 쿠션을 노린다. 그 경우 예를 들어 35의 수구 위치라고 하면 25로 대치할 수 있게

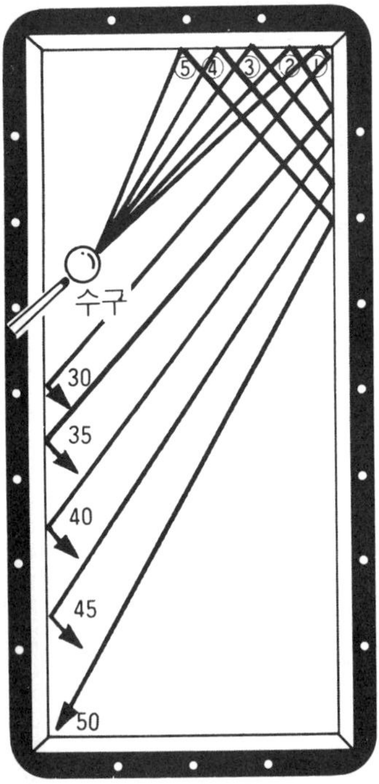

플러스 토우 시스템
(수구가 25의 위치일 때)

된다.

수구가 25의 위치에 있을 때에 정확하게 쳤을 때의 수구의 진로를 나타낸 것이다.

①에 넣기 위해서는 코너를 노리지만 반드시 짧은 쿠션쪽에서 넣도록 한다.

수구 위치 30일 때의 수구의 진로를 나타낸 것이다. 표적공 포지션 ④에 넣고 정확하게 쿠션했을 경우는 자기 안쪽의 코너로 되돌아오기 때문에 연습 목표로 삼는다.

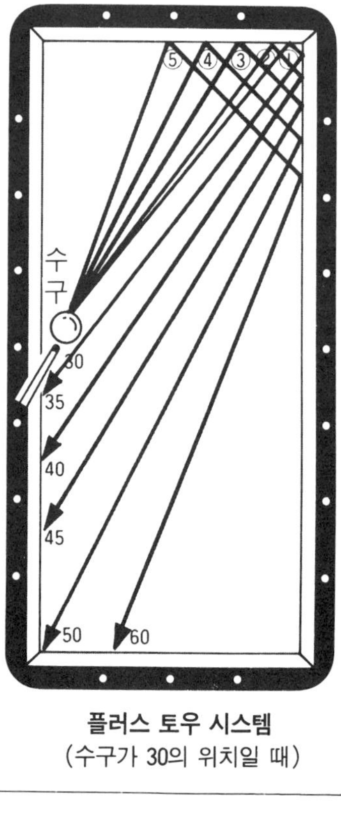

플러스 토우 시스템
(수구가 30의 위치일 때)

수구 40에서의 진로이다. 수구의 입사각은 둔각이 될수록 그다지 쿠션하지 않게 된다. 이 경우는 예각이기 때문에 쿠션을 신경쓰지 않고 부드럽게 쳐낸다.

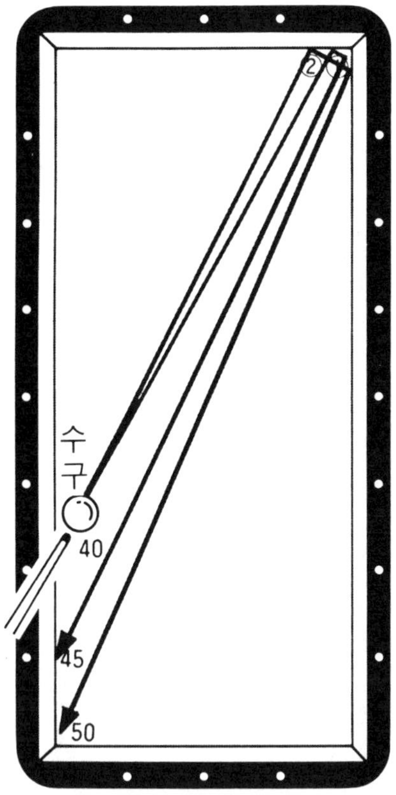

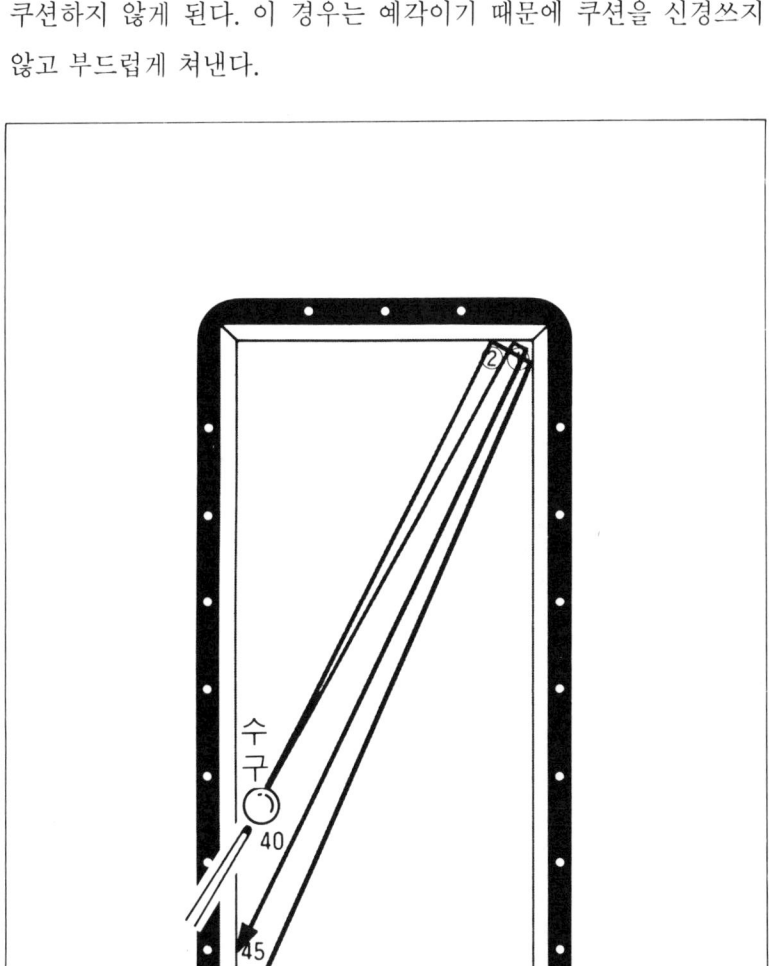

플러스 토우 시스템
(수구가 40의 위치일 때)

수구 45에서 쿠션시키면 ①을 제외하고 다른 것은 반대측의 짧은 쿠션에서 스리 쿠션한다. ①에 넣었을 때는 자기 앞쪽의 코너 50의 위치로 되돌아 온다.

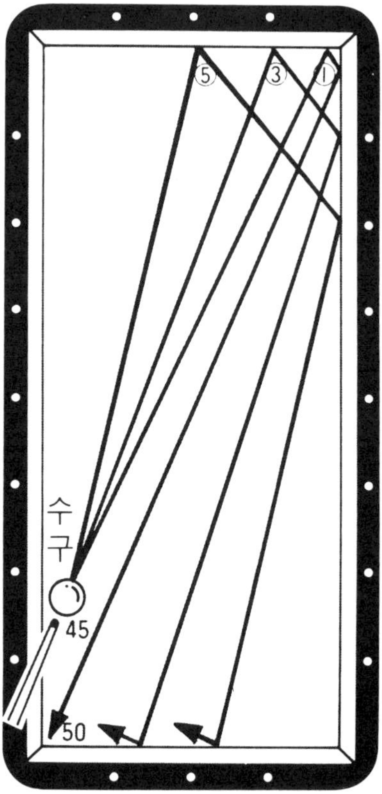

플러스 토우 시스템
(수구가 45의 위치일 때)

플러스 토우 시스템을 연습하기 위해서는 이와 같이 수구를 정확하게 50의 위치로 가져 오는 연습을 하자. 수구 위치를 여러 가지 바꿔서 정확한 쳐내기를 연습한다.

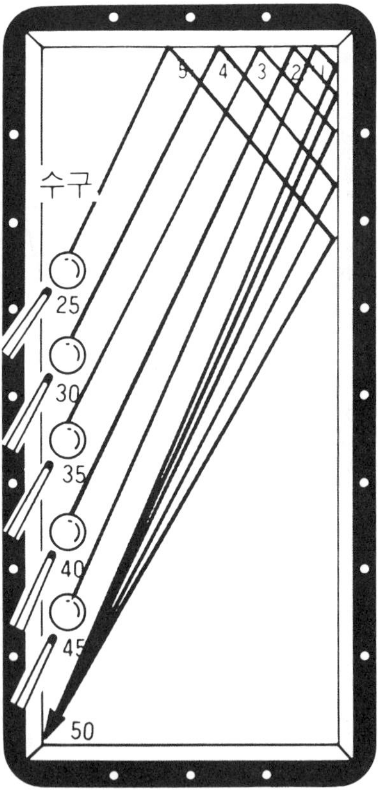

플러스 토우 시스템
(수구를 50의 위치로 가져 온다)

플러스 토우 시스템을 응용한 공의 타구법의 일례이다. 이 경우 수구 위치는 점선을 연장한 끝의 25가 된다. 25에서 ①에 쿠션시키고 30에 쿠션시켜서 제2표적공에 맞힌다.

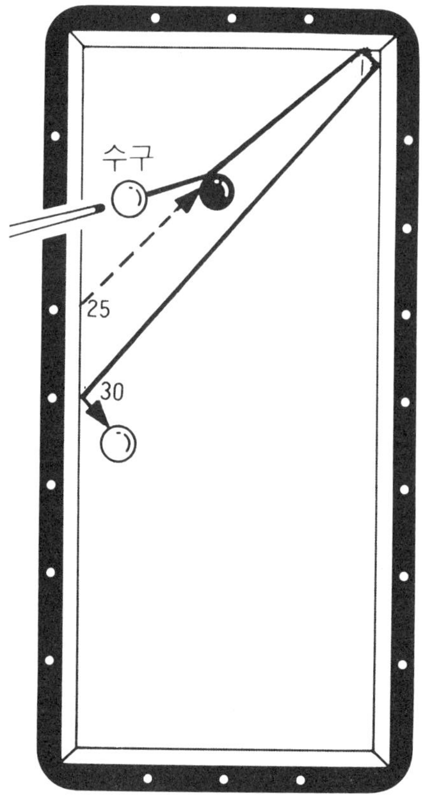

플러스 토우 시스템
(공의 타구법)

맥시멈 잉글리시 시스템
(Maximum English System)

파이브 앤드 하프 시스템에서는 타구법에 따라서는 계산대로의 진로를 수구가 진행하지 않는 경우가 있다. 이것을 보정하기 위해서 수구에 강한 비틈을 걸어서 시스템대로 공을 달리게 하는 테크닉이 맥시멈 잉글리시 시스템이다.

수구의 당점은 이 시스템에서는 왼쪽 옆 아래나 오른쪽 옆 아래가 된다. 모두 순비틈으로 너무 세게 치면 틀어지기 때문에 보통 이하의 힘으로 친다.

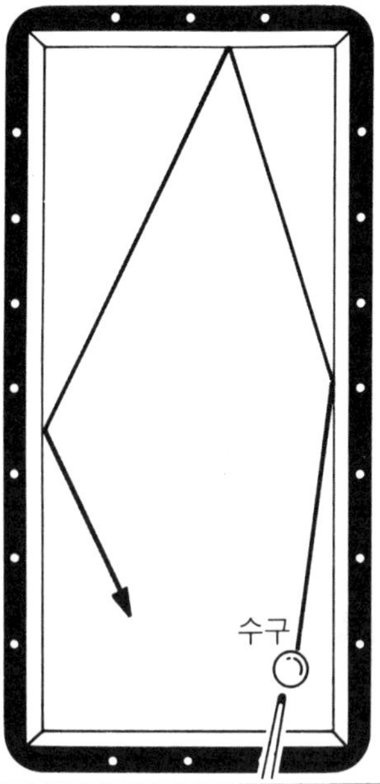

맥시멈 잉글리시 시스템
(자기 앞쪽의 짧은 쿠션 중앙으로 되돌리기 위한 타구 법)

이 시스템을 연습하기 위해서는 비틈의 테크닉이 필요하다. 각 사람의 한계까지 비틀어 주자. 비틈이 약하거나 힘이 너무 강하거나 하면 계산대로의 코스를 취하지 않는다.

왼쪽 그림은 맥시멈 잉글리시 시스템으로 수구를 스리 쿠션시켜서 짧은 쿠션의 중앙으로 되돌리기 위한 타구법을 도해한 것이다. 보통의 타구법과는 최초의 포인트가 다르다.

이 경우 본래라면 긴 쿠션의 3번째의 포인트를 노리지만 하나 포인트를 비켜서 4번째의 포인트를 향해 쳐낸다. 비틈은 한도껏 걸어 간다.

코너에 있는 수구를 대각의 코너 빠듯이 비틈을 걸어서 쳐내면 긴 쿠션의 제2포인트와 제3포인트의 중간으로 되돌아 온다. 힘조절을 바꿔서 연습하자.

한도껏 비틈을 걸어서 쳐내 코너를 노렸을 때의 수구의 진로를 나타낸 것이다. 비틈이 약하면 정확하게 이 코스를 진행하지 않기 때문에 주의가 필요하다.

맥시멈 잉글리시 시스템을 응용해서 제1표적공에 맞히고 나서 스리 쿠션시켜 제2표적공에 맞히는 타구법이다. 제1표적공에 대한 두께 거는 방법이 중요한 포인트가 된다.

이와 같이 수구를 빈 쿠션시켜서 스리 쿠션시킨 후에 제1, 제2표적공에 맞히는 타구법 때에도 한계까지 비틈을 걸어서 칠 필요가 있다.

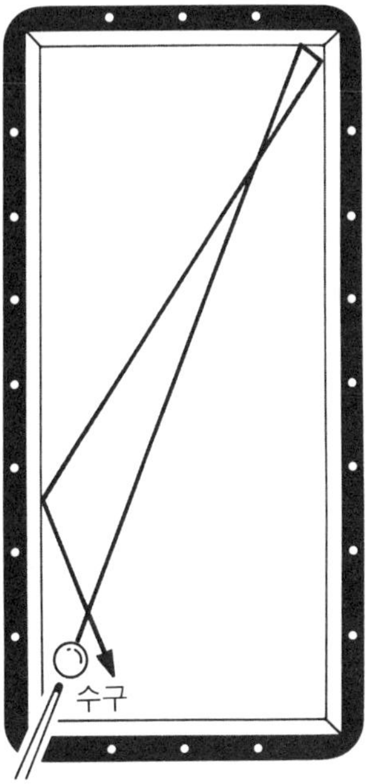

맥시멈 잉글리시 시스템
(수구가 코너에 있을 때)

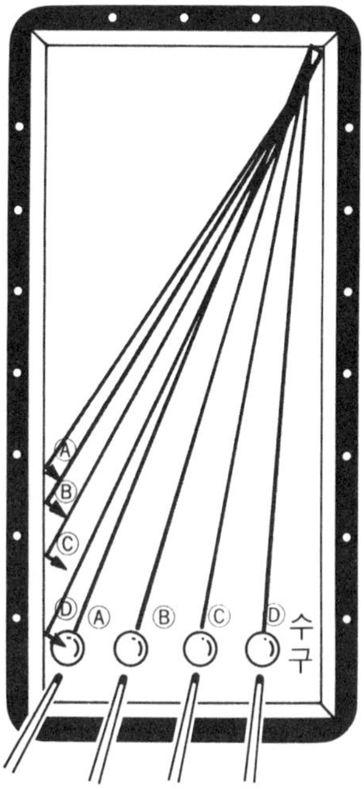

맥시멈 잉글리시 시스템
(코너를 노렸을 때의 진로)

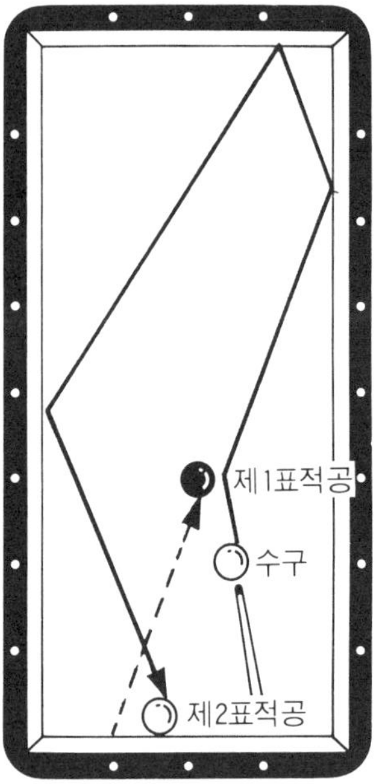

맥시멈 잉글리시 시스템
(공의 타구법)

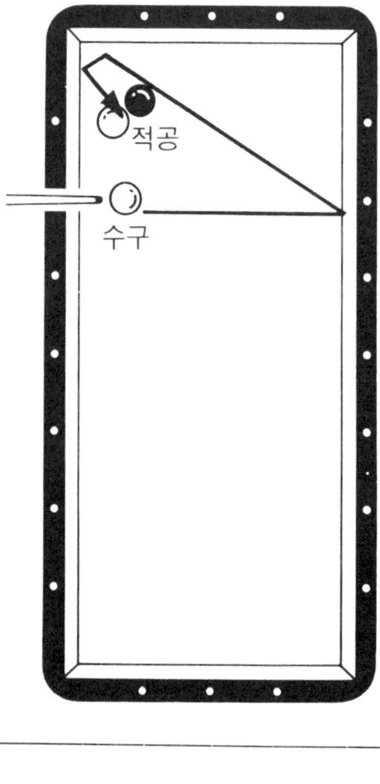

맥시멈 잉글리시 시스템
(공의 타구법)

노 잉글리시 시스템(No English System)

수구를 전혀 비틈을 걸지 않고 쳐냄으로써 진로를 결정하는 시스템이다. 실제 경기에서 응용되는 장면은 그다지 많지 않지만 기본적인 테크닉의 하나이다. 이 시스템은 입사각과 반사각이 같다고 하는 원리에서 성립하고 있다. 초보자에게 있어서는 매우 계산하기 쉬운 시스템이라고 말할 수 있다.

당점은 공의 중심으로 큐를 한도껏 쳐낸다. 너무 세게 치면 계산대로의 코스를 수구가 달리지 않기 때문에 주의한다.

큐를 사용해서 제1쿠션에 대한 수구의 입사각과 반사각도를 눈으로 확인하고 마찬가지로 제2쿠션, 제3쿠션에 대한 입사각, 반사각도를 계산해 나간다.

노 잉글리시 시스템의 원리

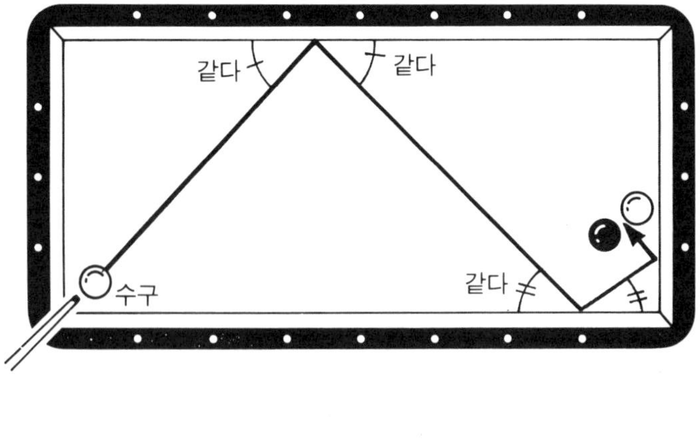

수구가 너무 둔각으로 쿠션에 들어가면 입사각과 반사각이 달라지기 때문에 가능한 한 예각으로 넣도록 한다.

노 잉글리시 시스템은 응용 범위가 좁아지지만 스리 쿠션의 기본이 되는 시스템이다. 수구 위치를 바꿔서 정확하게 반사시키도록 연습하자.

더블 레일 시스템(double rail system)

더블 레일 시스템은 다음에 설명하는 리보이스 시스템과 함께 역비틈을 걸어서 수구의 진로를 컨트롤하는 시스템이다.

더블 레일 시스템의 당점은 수구의 왼쪽 옆, 혹은 오른쪽 옆을 쿠션에 대해서 역비틈이 되도록 쳐낸다.

이 경우 역비틈의 거는 방법에 따라 쿠션의 각도도 달라지기 때문에 연습해서 자신의 역비틈의 한계와 쿠션 각도를 기억해 둘 필요가 있다.

수구가 왼쪽에서 쿠션에 들어가고 오른쪽으로 반사하는 경우 수구의 좌측을 치면 제1쿠션에 들어가고 제2쿠션으로 반사했을 때 아직 좌회전을 유지하고 있다. 그 때문에 수구로 다시 제1쿠션으로 되돌아온다.

다음 그림과 같은 공의 배치의 경우에는 다른 시스템을 사용하는 것보다 이 더블 레일 시스템으로 간단히 칠 수 있다.

이 경우 수구에 한도껏 왼쪽 옆치기로 역비틈을 걸지 않으면 그림과 같은 진로를 취할 수 없다. 자신의 비틈의 한계를 알고 제1쿠션에

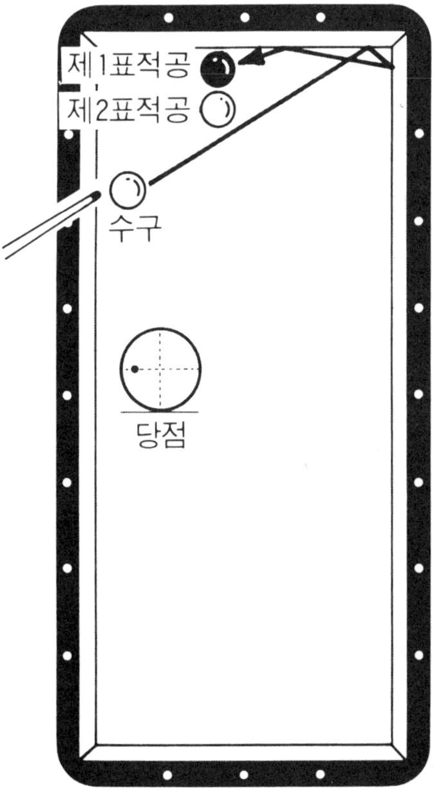

더블 레일 시스템

넣는 포인트를 찾자.

이와 같은 경우 빈 쿠션으로 수구를 스리 쿠션시켜서 칠 수도 있지만 역비틈을 걸어 짧은 쿠션에 넣으면 긴 쿠션에서 짧은 쿠션으로 되돌아 와서 제2표적공에 맞는다.

그림과 같이 공이 배치하고 있을 때는 같은 역비틈이지만 왼쪽 옆 위를 세게 친다. 역비틈에 밀어치기가 가해지고 있기 때문에 수구는 실선의 코스를 짧은 쿠션을 따라 달린다.

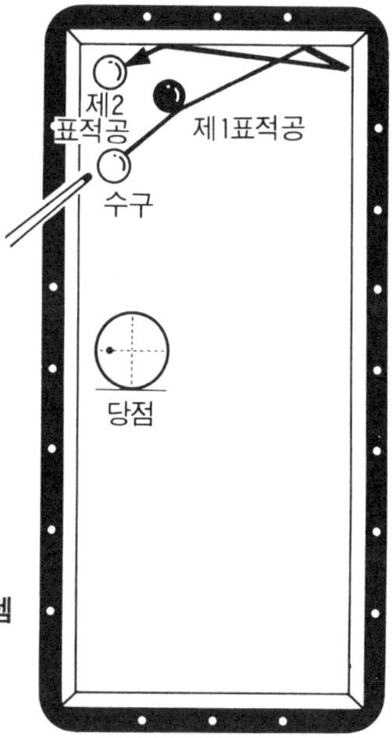

더블 레일 시스템

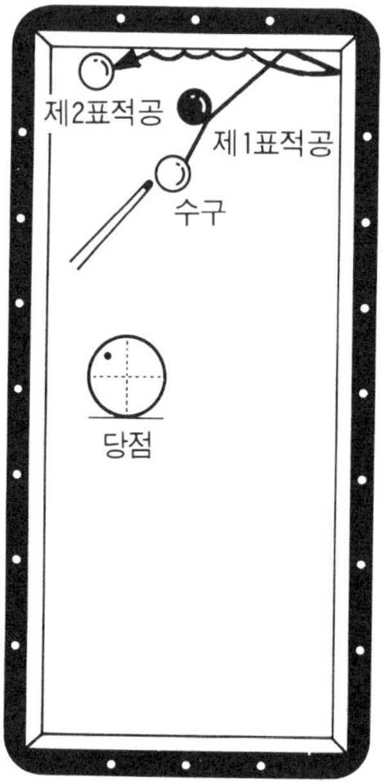

더블 레일 시스템

리보이스 시스템

이것은 역비틈을 사용한 시스템이다. 이 시스템에서는 비틈이 약하거나 클로스가 젖어 있거나 하면 계산대로의 코스로 진행하지 않는 경우가 있다.

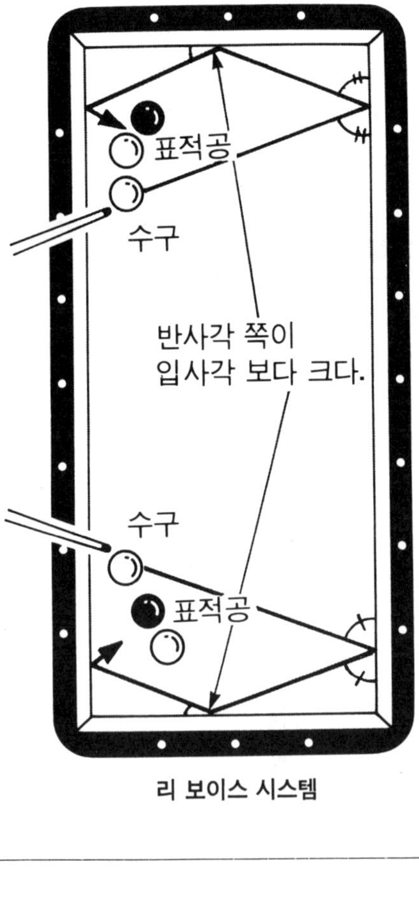

리 보이스 시스템

이 시스템에서는 힘조절이 매우 중요한 포인트가 된다. 역비틈을 걸어 약간 세게 쳐내면 수구는 제1쿠션에 들어가도 아직 전진 운동의 힘 쪽이 강해서 입사각과 마찬가지로 반사해 온다. 다음에 제2쿠션에 들어갔을 때에는 역비틈의 횡회전의 힘 쪽이 전진 운동의 힘보다 강해져 있기 때문에 순비틈을 걸어서 쿠션에 넣은 것과 같은 각도로 반사한다. 즉 입사각보다 반사각 쪽이 커진다.

이와 같이 제1쿠션에서는 정상으로 반사시켜 제2쿠션에서는 순비틈으로 반사하도록 수구를 컨트롤하기 위해서는 역비틈의 거는 법과 힘조절이 매우 중요한 포인트가 된다.

리보이스 시스템은 그림에서는 빈 쿠션으로 나타내고 있지만 제1표적공에 맞히고 나서 쿠션에 넣은 수구를 제2쿠션으로 순비틈으로 반사시키는 등의 응용을 할 수 있다.

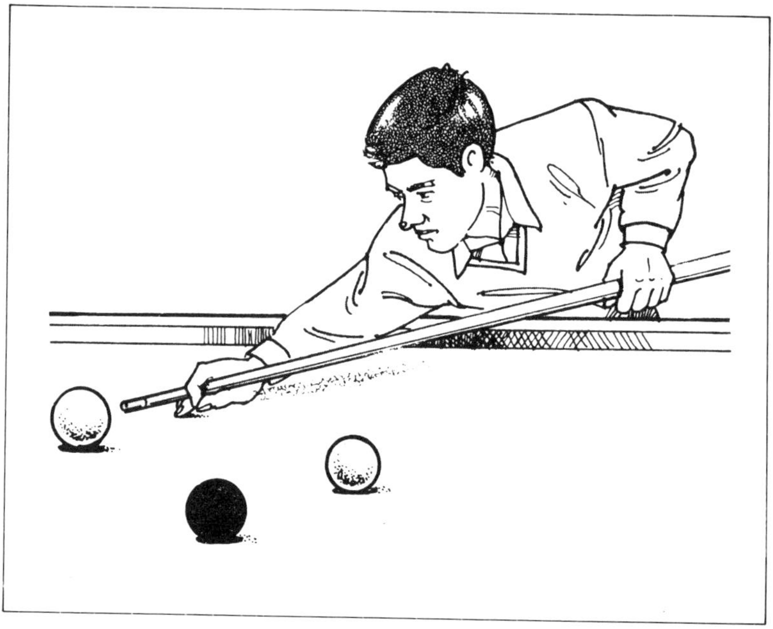

제 9 장

포켓 당구 기술 향상을 위한 실전 테크닉

인기 절정의 포켓 당구의 실전 테크닉

포켓 경기에는 많은 종류가 있다. 그 중에서도 가장 인기있는 것이 로테이션 경기이다.

룰이나 자세한 경기 규칙에 따라서 각 경기는 분류되어 있지만 수구를 표적공에 맞혀서 포켓에 넣는다고 하는 점에서는 공통하고 있다. 캐럼 당구와 근본적으로 이 점이 다르다. 그 밖의 테크닉은 거의 캐럼 게임의 테크닉과 같기 때문에 여기에서는 포켓하는 방법에 대해서 설명한다.

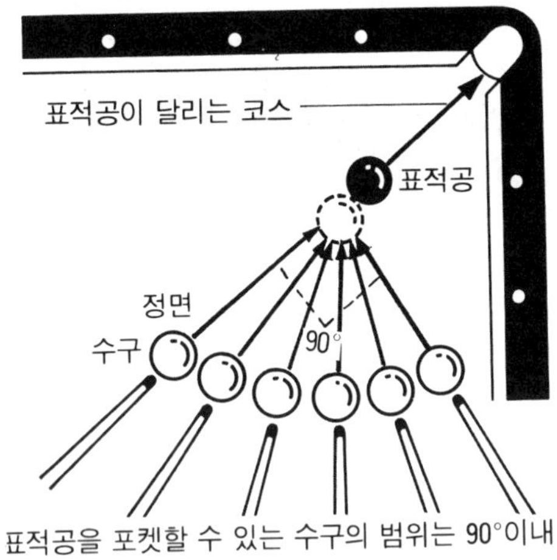

포켓에 대한 기본적인 겨냥법

기본적인 겨냥법

포켓에 표적공을 넣기 위해서는 우선 표적공에 수구를 어떻게 맞히면 어떻게 진행해 나가느냐를 익혀야 한다. 기본적으로 표적공은 수구가 맞은 순간에 수구와 표적공의 중심을 연결한 선상으로 달려간다.

따라서 왼쪽 페이지의 아래 그림에서도 알 수 있듯이 표적공을 포켓할 수 있는 범위는 표적공이 포켓을 향하는 선에 대해서 수구가 90도 이내이어야 한다. 우선 중심치기로 여러 가지 각도에 수구를 놓고 연습한다.

아래 그림은 스트레이트로 수구를 표적공의 중심에 맞혔을 경우와

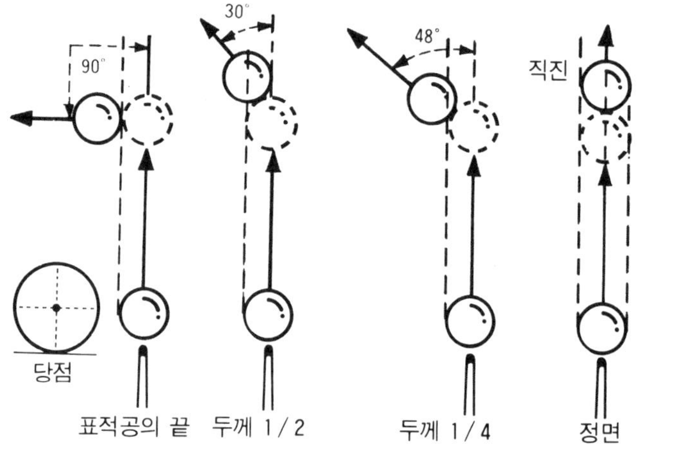

두께를 바꾸었을 때의 포켓으로의 표적공의 진행 방법

조금씩 두께를 바꿔 나갔을 경우의 표적공의 진행방법을 나타낸 것이다. 타구법은 모두 중심치기이다.

중심치기가 아니라 비틈을 가하면 표적공의 분리각은 그림과는 약간 다르다. 그러나 초보자는 우선 중심치기로 두께를 바꿔서 표적공의 진로를 컨트롤할 수 있을 때까지는 비틈의 연습은 하지 않는 편이 좋다고 생각한다. 몇 번이나 중심 치기를 연습해서 정확하게 포켓하는 것이 숙달의 지름길이다.

일단 비틈을 걸었을 때의 표적공의 진로 변화를 서술해 두면 순비틈(표적공의 왼쪽을 노릴 때에는 오른쪽 옆을 친다)을 걸면 표적공의 분리각은 커지고 역비틈이라면 예각이 된다. 수구가 표적공에 대해서 90도 이상의 위치에 있을 때에는 비틈을 걸어서 치게 된다.

중심 치기의 연습을 할 때는 두께가 얇아질수록 겨냥점이 표적공의 밖으로 나오기 때문에 그 겨냥점에 정확하게 큐를 내밀어 준다.

뱅크 샷의 겨냥법

'뱅크 샷'은 쿠션을 이용해서 포켓에 넣는 포켓 게임의 기본 테크닉의 하나이다. 포켓 게임에서는 다음에 포켓하는 공이 지정되는 경기가 많고 뱅크 샷을 사용하는 경우가 많이 있다.

쿠션할 때의 원리는 캐럼 게임에서도 서술했듯이 입사각과 반사각은 같다고 하는 원리를 응용한다.

다음 그림과 같이 표적공의 중심과 포켓의 중심을 2등분한 점을 쿠션 위에 구하고 그 포인트에 적구를 쿠션시키는 것이다. 중심치기

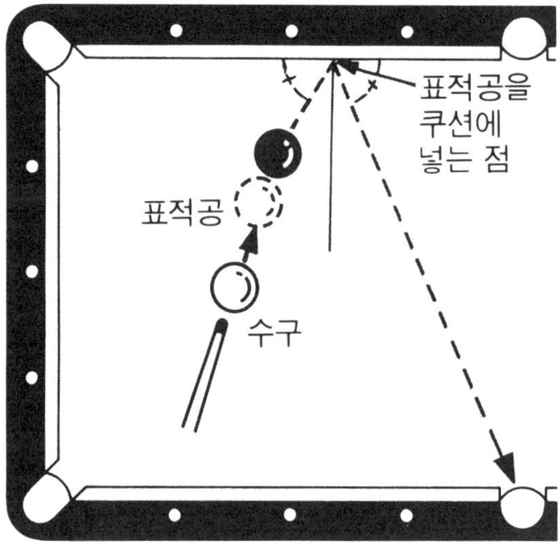

뱅크 샷의 기본적인 겨냥법

를 하지 않으면 정확하게 입사각과 반사각이 같아지지 않기 때문에 중심치기로 반복 연습한다. 쿠션을 제대로 사용할 수 있게 되면 득점하는 것이 매우 쉬워진다. 상급자가 되면 뱅크 샷에서도 비틀을 걸어서 반사각을 조정할 수 있게도 된다.

표적공이 쿠션에 접촉해 있는(프로즌) 상태일 때는 보통의 겨냥점으로는 포켓하지 않는다. 프로즌 상태일 때에는 그림과 같이 표적공과 포켓의 중심을 연결한 선을 그어 쿠션에서의 각도를 구한다. 반대측에 같은 각도를 구해서 표적공의 중심과 연결한 선이 노리는 방향이 된다. 그 방향을 향해서 정확하게 큐 끝을 쳐내면 표적공은 그림과 같은 코스로 포켓한다.

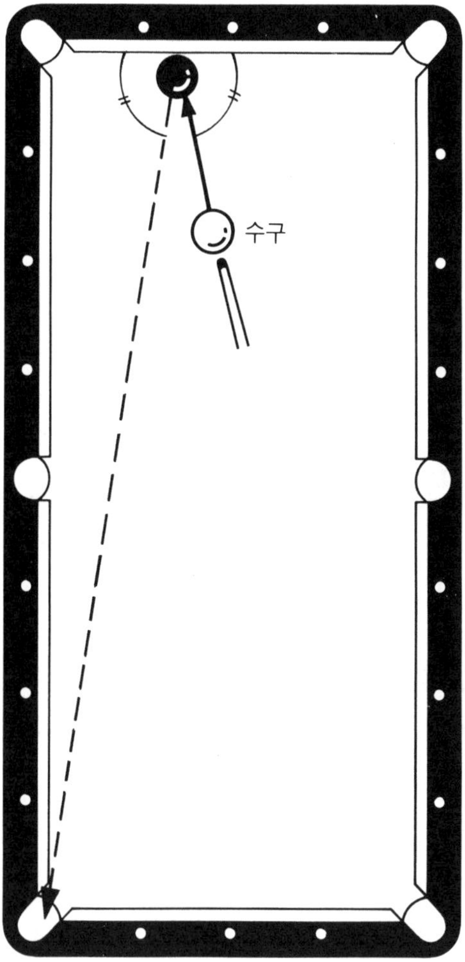

뱅크 샷(표적공이 쿠션에 프로즌해 있을 때)

키스 샷(kiss shot)의 겨냥법

수구를 직접 표적공에 맞히는 것만으로는 포켓할 수 없는 배치로 되어 있을 때 다른 공에 표적공을 맞혀서 포켓시키는 방법을 '키스 샷'이라고 한다.

키스 샷에는 표적공과 키스시키는 공이 접촉해 있는 경우와 떨어져 있는 경우가 있다. 공이 접촉해 있는 편이 간단히 포켓하기 때문에 초보자는 접촉해 있는 상태로 연습을 시작하자. 프로즌해 있는 표적공과 다른 표적공의 중심을 연결한 선과 포켓을 향하는 선이 직각이라면 중심 치기로 포켓한다.

공이 떨어져 있는 경우도 이것을 염두에 두고 표적공과 다른 표적공과의 중심을 연결한 선이 포켓에 대해서 90도가 되도록 수구를 표적공에 맞힌다. 이 겨냥점을 틀리면 키스한 후 표적공은 포켓에 들어가지 않는다.

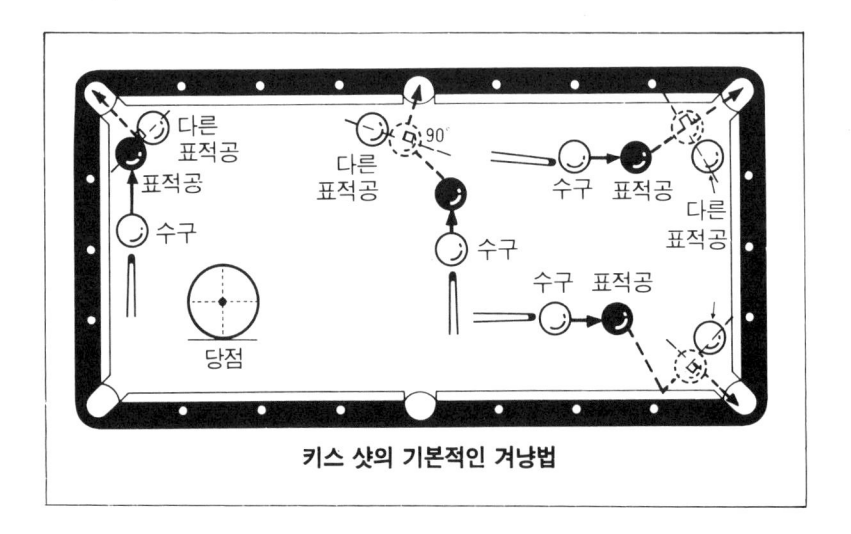

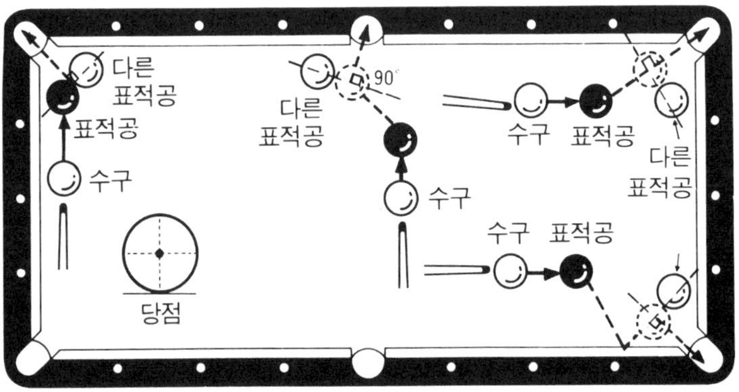

키스 샷의 기본적인 겨냥법

앞의 그림은 키스 샷의 연습용으로 포켓하기 쉬운 배치에 공을 늘어 놓은 것이다. 이 배치로 정확하게 포켓할 수 있도록 반복연습하자.

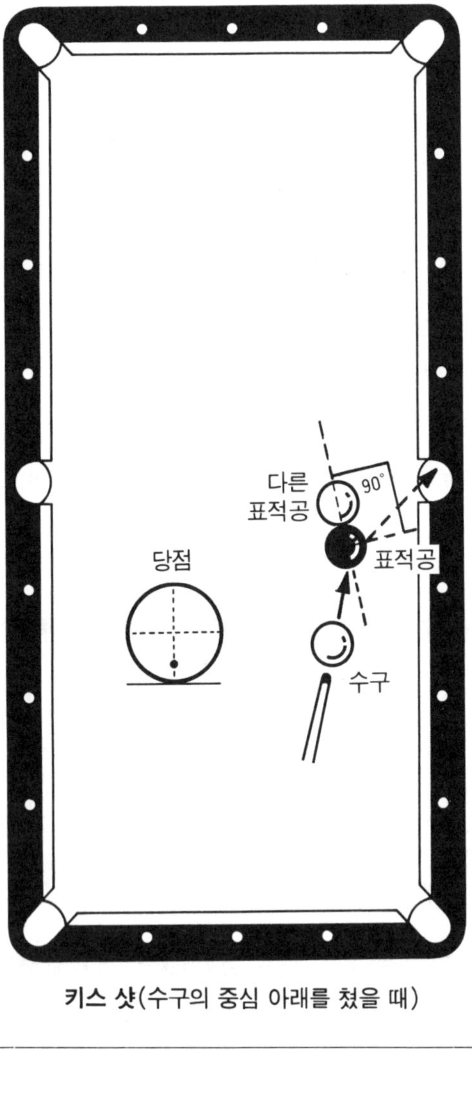

키스 샷(수구의 중심 아래를 쳤을 때)

왼쪽 그림과 같은 배치의 경우는 중심치기를 하면 표적공과 다른 공과의 중심을 연결한 선에 대해서 90도의 각도로 진행하기 때문에 포켓에 들어가지 않는다.

이런 때에는 중심 아래를 세게 표적공에 두껍게 맞히듯이 친다. 그러면 표적공은 90도 보다도 작은 각도로 분리해서 포켓한다. 이와 같이 키스 샷에는 배치에 따라서 다른 타구법을 하는 경우가 있다.

콤비네이션 샷(combination shot)

겨냥한 표적공에 수구를 맞히지 않고 다른 공에 맞혀서 그 공이 표적공에 맞아 표적공을 포켓하는 방법을 '콤비네이션 샷'이라고 한다.

기본적인 겨냥법은 포켓에 넣는 표적공과 수구를 맞히는 표적공의

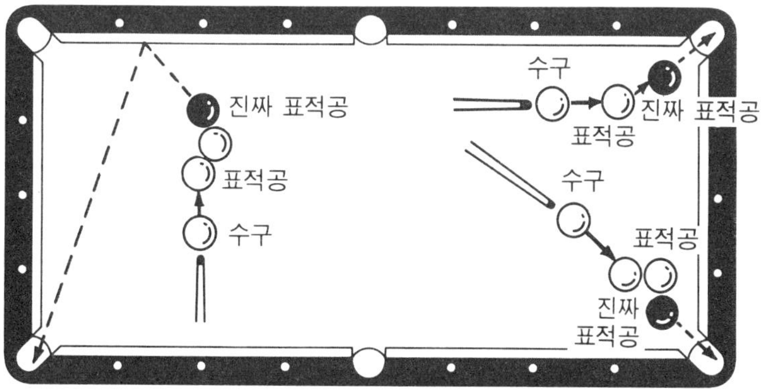

콤비네이션 샷의 기본적인 겨냥법

중심을 연결한 선이 연장상에 포켓이 있듯이 수구를 맞힌다.

콤비네이션 샷에서는 최종적으로 포켓에 떨어뜨리는 공부터 세 번째의 공(수구의 경우도 있다)을 키 볼이라고 부른다. 키 볼의 위치가 콤비네이션 샷에서는 매우 중요하다. 수구가 키 볼의 경우는 당점에 따라 진로에 미묘한 변화가 생기기 때문에 특별히 주의해서 친다.

콤비네이션 샷은 응용 범위가 넓고 사용하는 경우가 많은 샷이다. 그러나 공의 배치에 따라서는 매우 고도의 판단이 요구되는 샷이기도 하다. 정확한 접점을 계산할 수 있도록 훈련하자.

이 그림과 같이 공이 배치되어 있을 때의 키 볼은 B가 된다. B는 최종적으로 떨어뜨리는 공 C에 대해서 일직선의 상태로 포켓을 향하고 있다.

이런 때는 제1표적공이 A, B 어느 쪽이라도 또한 수구가 A, B의 어느 부분에 맞아도 C는 포켓에 들어간다. 실제로 이와 같은 배치를 해서 쳐 보면 잘 알 수 있다. 키 볼의 중심과 포켓에 넣는 표적공의 중심을 연결한 연장선이 표적공의 진로가 되는 것이다.

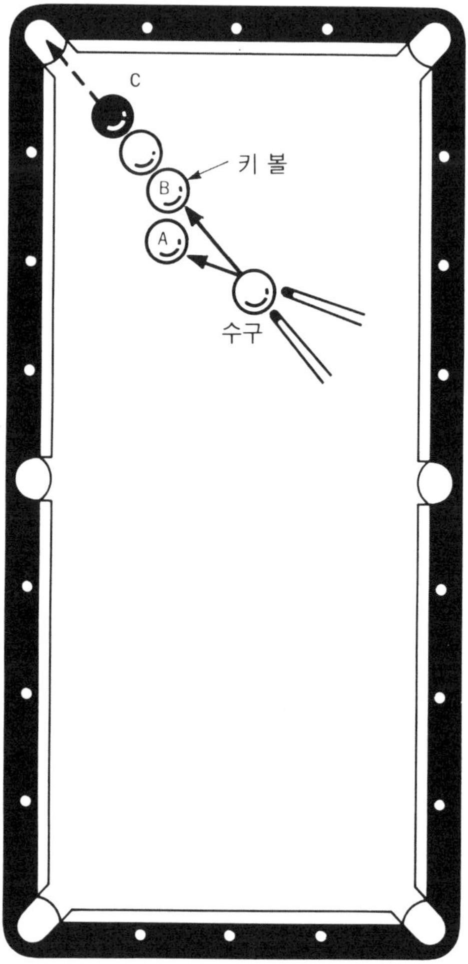

콤비네이션 샷

캐논 샷(cannon shot)

4구나 3구와 같이 수구를 한 번 제1표적공에 맞히고 제2표적공에 맞혀서 포켓시키는 방법을 '캐논 샷'이라고 한다.

4구 경기에서는 제2표적공에 맞기만 하면 득점할 수 있었지만 포켓 경기에서는 그 후의 제2표적공이 진행하는 코스가 중요하다. 캐논 샷에서는 제 2표적공과 포켓의 중심을 연결한 선을 그어 그 겨냥점에 정확하게 수구를 가져 갈 필요가 있다.

타구법도 표적공의 배치에 따라서 밀어치기, 끌어치기, 비틀어치기와 캐럼 게임과 마찬가지로 변화시켜야 한다. 또한 두께의 거는 법이나 힘조절도 중요한 요소가 된다.

캐논 샷을 완벽하게 마스터하면 포켓 당구에서는 고득점이 가능해진다. 배치를 보고 이것은 가로 비틈으로 캐논 샷하면 포켓한다 등이라고 그 자리에서 타구법이 머릿속에 떠오르게 되면 상급자이다.

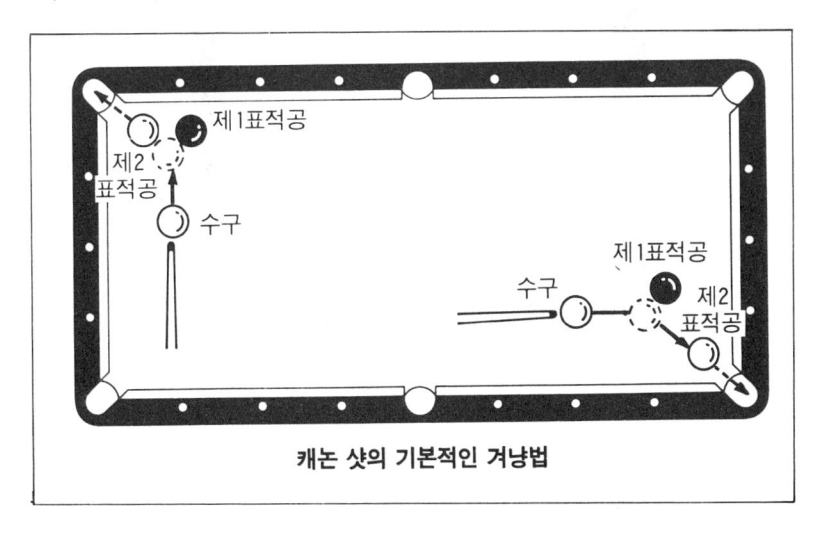

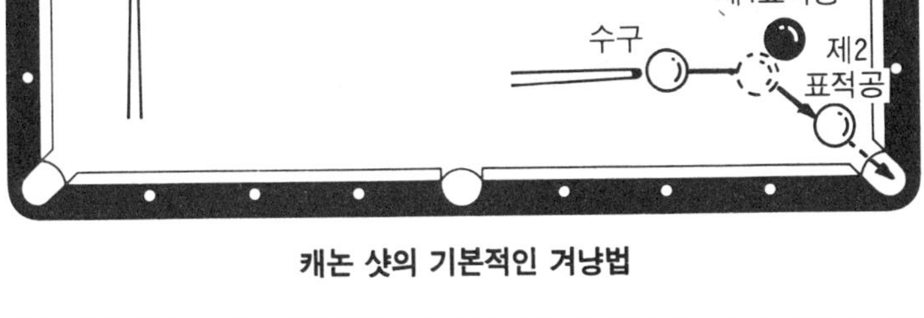

캐논 샷의 기본적인 겨냥법

포켓 당구의 숙달을 위해서는 지금까지 서술해 온 여러 가지 샷을 배워 익히고 캐럼 게임의 공의 타구법을 잘 조합해서 테크닉을 연마할 필요가 있다. 기술이 숙달되면 자연히 상황에 따른 샷 방법이 떠오르게 된다. 반복 연습해서 테크닉을 익혀 그 요령을 파악하자.

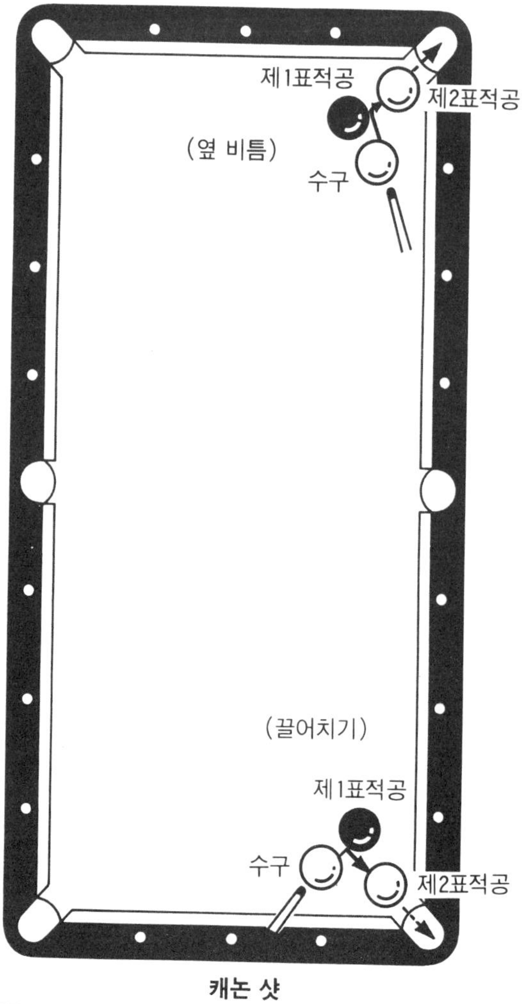

캐논 샷

각종의 기법에 의한 실전 연습

◐적구를 포켓한다

수구와 표적공 1개를 준비한다. 먼저 사이드 포켓에서의 연습이다. 표적공을 포켓해서 20cm 정도 떨어진 위치에 놓는다. 다음에 수구를 표적공의 자기 앞쪽 2, 30cm의 위치에 놓고 센터 샷으로 표적공을 포켓한다.

포켓의 중심과 표적공의 중심선상에, 표적공에 접해서 또 1개의 공을 상정하고 그 공의 중심과 수구의 중심을 겹쳐서 치면 공은 반드시 포켓한다.

아래 그림을 참고로 우측에서도 좌측에서도 표적공을 포켓하는 연습을 하여 두께와 표적공의 움직임을 습득하자. 표적공이 달리는 코스는 겨냥점과 표적공의 중심을 연결하는 직선의 연장선상이다.

사이드 포켓이 끝나면 각 코너 포켓에서도 연습한다.

수구의 위치별 이미지너리 포인트

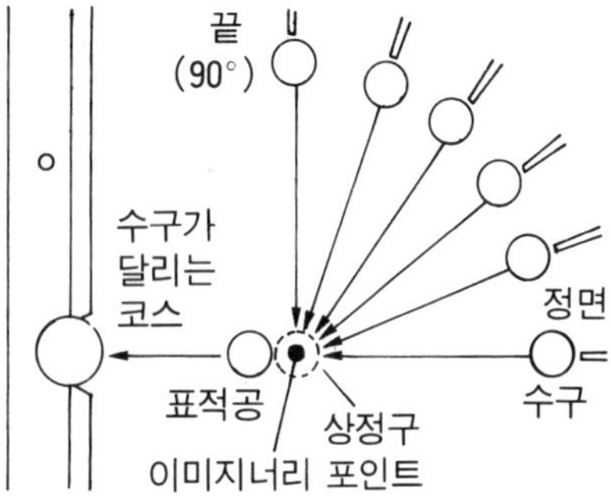

◐당점의 차이에 의한 수구의 움직임 ①

센터 샷에서의 표적공의 움직임과 두께의 관계를 마스터한 후 이번은 당점의 차이에 의한 수구의 움직임을 실제로 볼을 쳐서 체험한다.

아래 그림을 보자.

표적공에 대한 두께는 2분의 1이지만 당점을 상 · 중 · 하로 변화시킴으로써 수구의 반사 위치가 변화하고 있다.

표적공으로부터 떨어진 순간에서는 그다지 큰 차이는 없지만 같은 힘 조절로 쳐서 이 수구가 쿠션에 맞고 반사했을 때를 생각한다.

그 위치는 상 · 중 · 하에 따라 꽤 멀어져 버리는 사실을 깨달을 것이다.

이와 같이 다음에 포켓하는 표적공의 위치에 따라 최초의 표적공을 포켓하면서 다음의 플레이를 생각하고 당점을 결정하는 것이 연속해서 공을 포켓하는 최대의 포인트이다(어느 경우나 표적공은 반드시 포켓에 떨어진다. 실제로 확인하자).

당점의 차이에 의한 수구의 코스

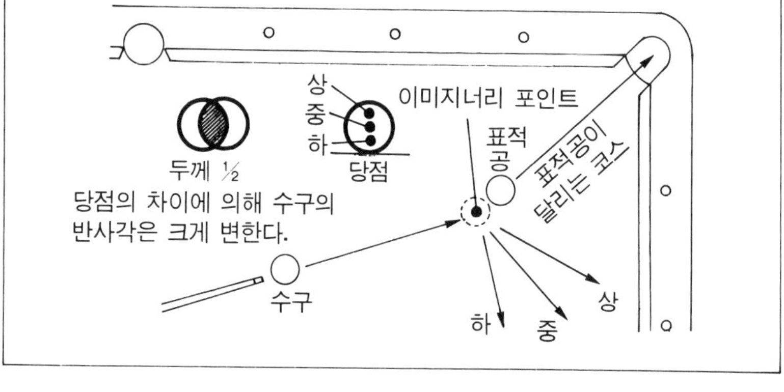

◐당점의 차이에 의한 수구의 움직임 ②

다음에 같은 두께로 쳐도 잉글리시(비틈)을 가하면 수구의 움직임은 보다 복잡해진다.

포켓 당구의 경우 우선 문제가 되는 것은 표적공을 포켓하는 두께라고 설명했다.

그래서 표적공을 포켓하는 두께는 찾아 낼 수 있었지만 그 다음의 플레이를 위해서는 제2의 표적공을 가장 포켓하기 쉬운 위치로 수구를 이동시키는 것이다.

이 때 최초의 표적공에 어느 두께로 맞히는 정도로는 처리할 수 없는 경우도 생긴다.

여기에서는 비틈이 필요해지는 것이다. 아래의 그림은 두께 3분의 1로 제1의 표적공에 맞힌 후 쿠션에 들어간 수구의 움직임을 비틈과의 관련으로 파악한 것이다.

당점, 두께, 비틈을 정확한 쳐내기에 주의하면서 반복 연습하여 반사각의 차이를 익힌다.

비틈의 차이에 의한 수구의 움직임

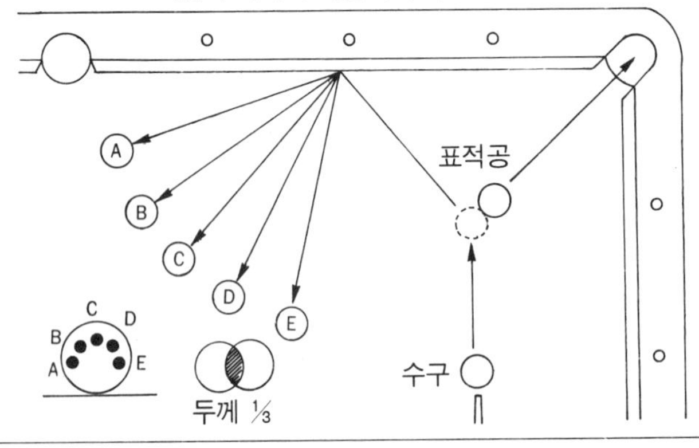

팔로우 샷(밀어치기)의 연습

수구와 표적공, 포켓이 일직선으로 늘어서 있고 더구나 제1의 표적공이 제1의 표적공 가까이에 있을 때 등에 이용가치가 높은 샷이다.

그림을 보면서 수구의 움직임, 힘조절을 반복 연습해서 체득하자.

수구와 표적공이 접근한 팔로우 샷은 파울이 될 우려가 있다.

이런 때는 팔로우 스루의 거리를 짧게(수구와 표적공의 거리보다 짧게)하고 큐를 자르듯이 재빨리 쳐낸다.

그리고 큐 끝을 수구해서 빨리 떼도록 치는 것이 좋다.

같은 형의 공이라도 맞히는 법은 여러 가지 있다

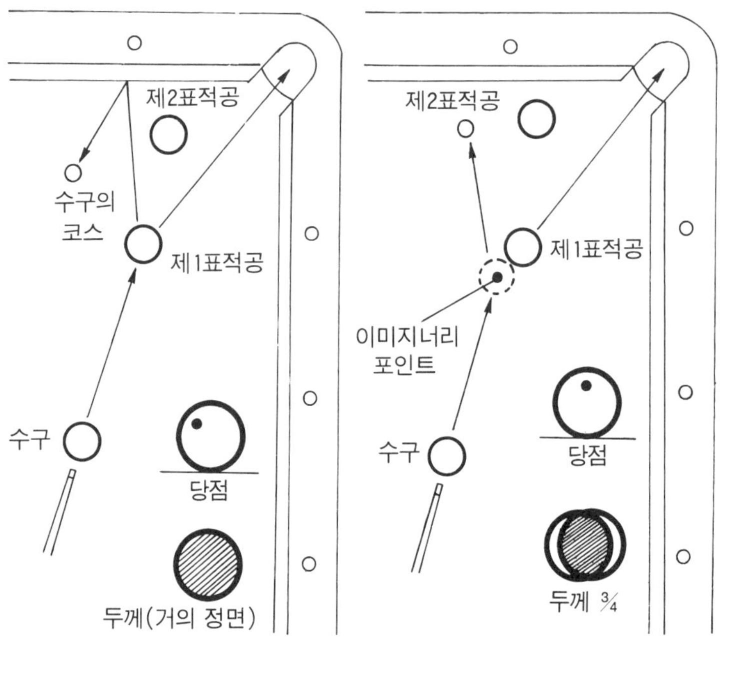

◐드로 샷(끌어치기)의 연습

드로 샷은 수구의 하부를 쳐서 볼에 역회전을 주는 샷이다. 표적공에 맞은 후 수구를 자기 앞쪽 또는 횡방향으로 반사한다.

드로우 샷으로 제2표적공 가까이

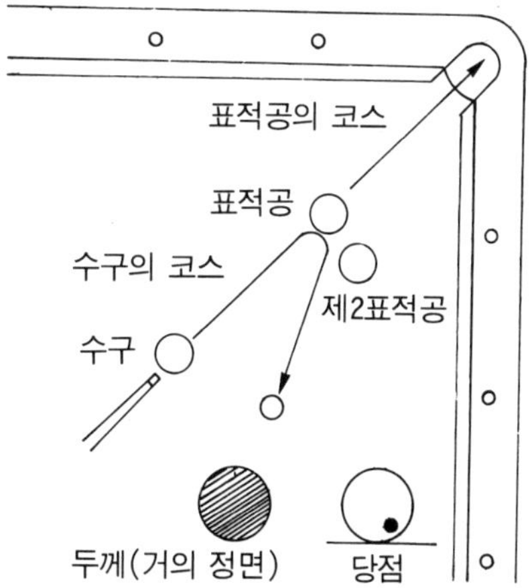

수구를 원 쿠션시킨다

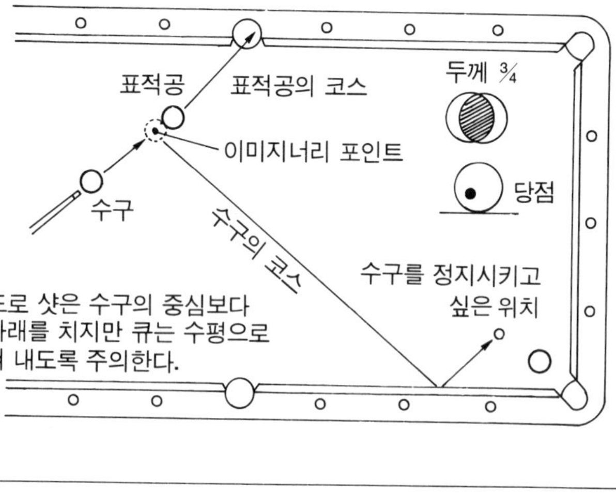

먼 거리의 팔로우 샷

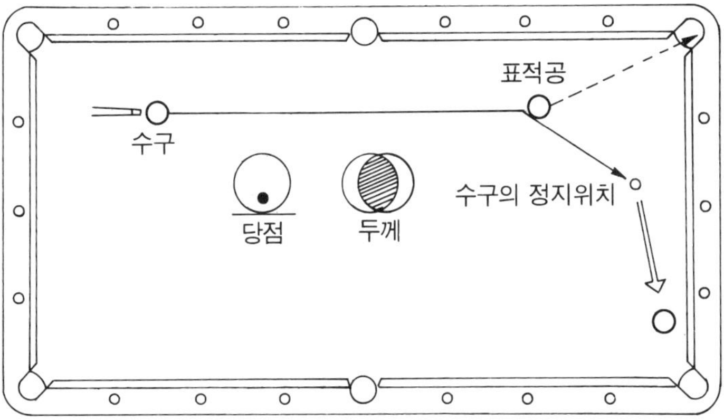

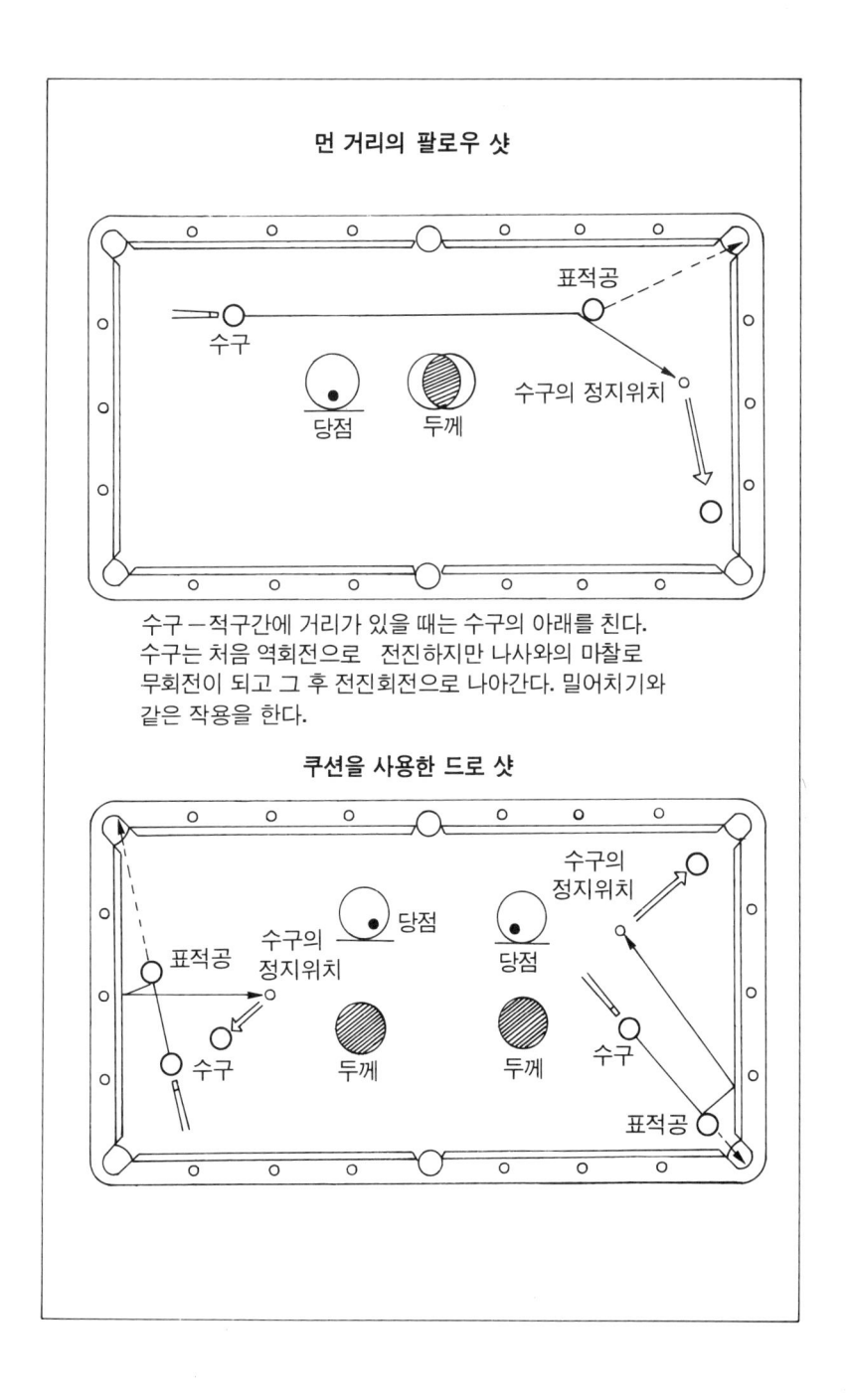

수구 — 적구간에 거리가 있을 때는 수구의 아래를 친다. 수구는 처음 역회전으로 전진하지만 나사와의 마찰로 무회전이 되고 그 후 전진회전으로 나아간다. 밀어치기와 같은 작용을 한다.

쿠션을 사용한 드로 샷

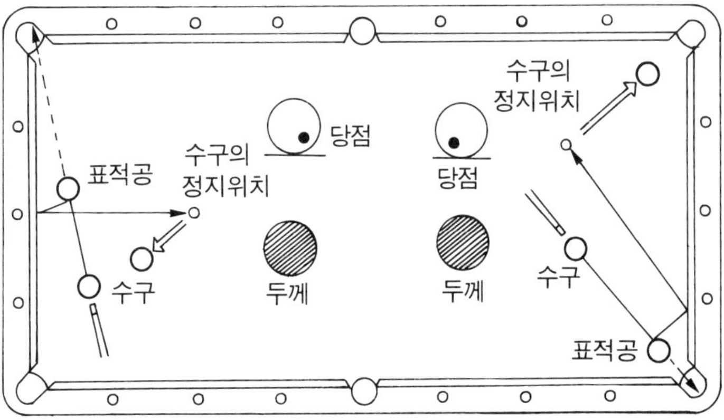

제 10 장

게임에 필요한 지식

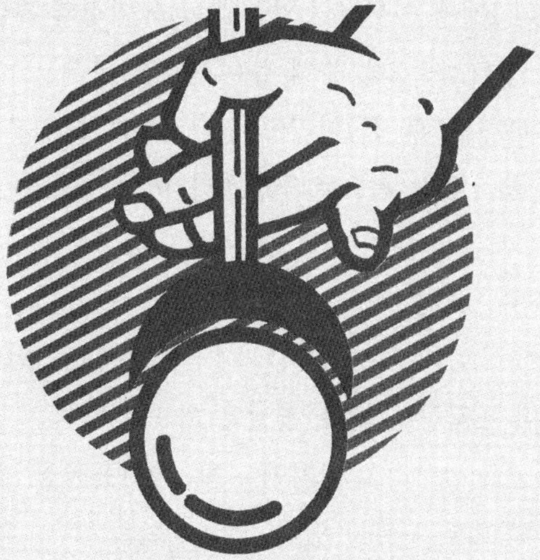

◐수구와 표적공

수구란 자신이 치는 공이다. 이 공은 모든 당구 게임에서 '흰 공'으로 한정되어 있다. 포켓 게임의 경우는 흰 공을 1개로 이 공을 대전 상대가 교대로 치는데 4구나 스리 쿠션 등 캐럼 게임의 경우는 흰 공 2개를 사용한다. 그 중의 1개를 게임 시작 전에 자신의 수구로서 선언해야 한다. 게임 한참 중에 만일 잘못해서 상대의 수구를 치면 반칙이 된다.

흰 공 2개 중의 1개에는 직경의 양끝에 1mm 이상의 흑점이나 둥근 고리가 새겨져 있다. 이것을 블랙 볼(검은 공)이라고 하고 표시가 없는 쪽을 화이트 볼(흰 공)이라고 한다. 자신의 수구를 정할 때 이 표시가 있는 쪽과 없는 쪽으로 구별한다. 어느 쪽으로 정해도 특별히 우열이 있는 것은 아니지만 흑 또는 백으로 수구를 정하면 게임 세트가 될 때까지 그것을 자신의 수구로 해야 한다.

표적공이란 수구로 맞히는 공이다. 4구의 경우는 상대의 수구와 2개의 붉은 공이 표적공이 된다. 옛날은 처음에 맞히는 공을 표적공 다음에 맞히는 공을 선구라고 했지만 현재는 제1표적공, 제2표적공……이라고 하는 식으로 부르고 있다.

◐보통의 게임과 대회

친구들끼리 게임을 즐기는 경우 두 사람이나 세 사람이나 상관없지만 우승 대회나 선수권 대회 등 공식전의 경우는 반드시 두 사람의 대전으로 정해져 있다(팀 대항전의 경우는 승패는 팀의 종합 득점에 의한다). 당구에는 각각의 종목에 따라 정해진 룰이 있기 때문에

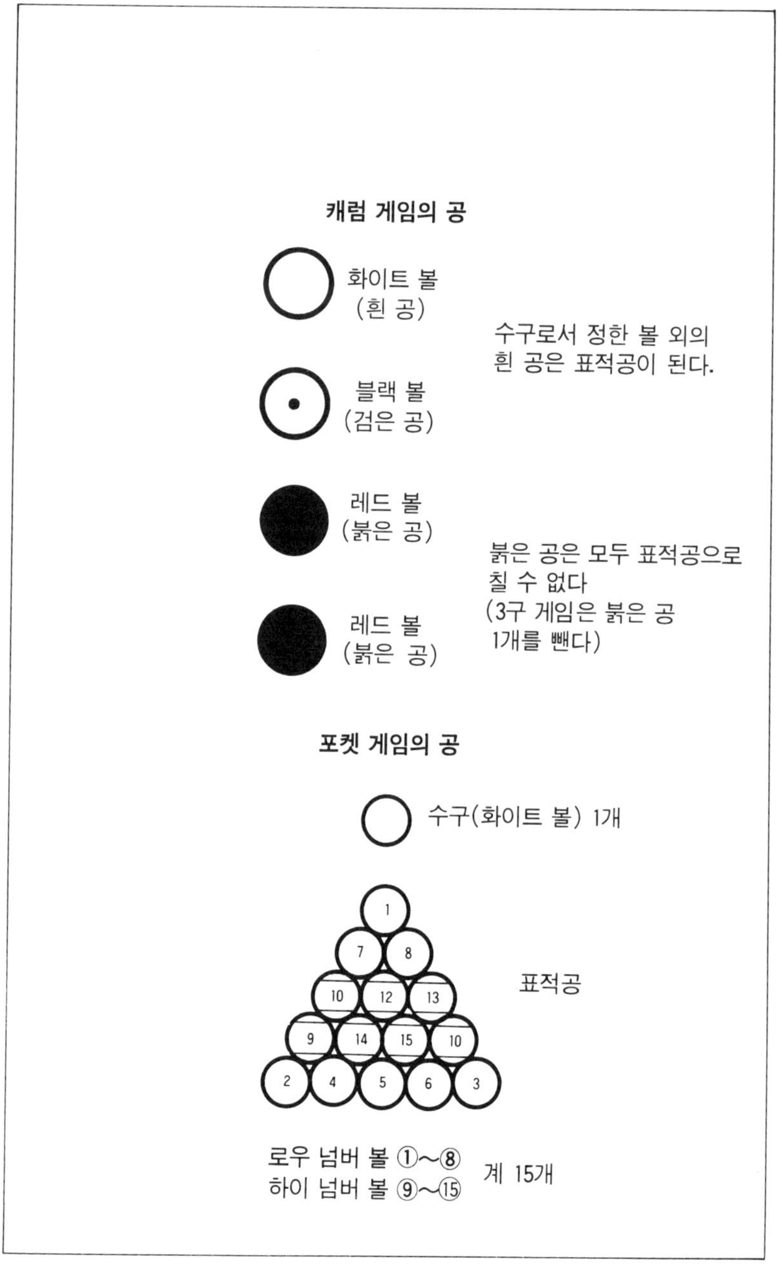
캐럼 게임의 공
화이트 볼 (흰 공)
블랙 볼 (검은 공)
수구로서 정한 볼 외의 흰 공은 표적공이 된다.
레드 볼 (붉은 공)
레드 볼 (붉은 공)
붉은 공은 모두 표적공으로 칠 수 없다 (3구 게임은 붉은 공 1개를 뺀다)
포켓 게임의 공
수구(화이트 볼) 1개
1
7
8
10
12
13
9
14
15
10
2
4
5
6
3
표적공
로우 넘버 볼 ①~⑧
하이 넘버 볼 ⑨~⑮
계 15개

보통 당구장에서 게임을 즐기는 경우라도 정식 룰에 따라서 플레이하도록 유의한다.

게임의 진행 방법을 차례대로 설명하자면 먼저 선공·후공을 정한다. 이 방법은 가위바위보로 정해도 상관없지만 공식전에서는 뱅킹이라고 하는 방법으로 정한다.

선공자가 서브를 해서 만일 미스를 하지 않으면 샷을 거듭해 나간다. 반칙이 있거나 미스를 했을 경우는 플레이어는 교대한다. 그리고 어느 한쪽이 먼저 핸디캡(지점)에 도달한 쪽이 우승한다. 공식전의 경우는 시합 점수가 미리 정해져 있다. 또한 선공자가 먼저 시합 점수에 도달해도 같은 수의 이닝으로 실시하도록 정해져 있기 때문에 후공자는 반드시 서브 위치에 각각의 공을 다시 배열하고 서브를 한다. 서브가 벗어나면 선공자의 우승이 된다. 만일 후공자도 시합 점수에 도달했을 경우는 무승부가 된다.

캐럼 게임의 경우 득점은 모두 1샷 1점이다.

대회에서의 순위를 정하는 방법은 캐럼 게임의 경우는 이닝 포인트가 승점이 2점, 무승부는 1점으로 계산하고 그 합계점에 의해 정한다. 졌을 경우는 0점이다. 단, 리그전 등의 경우 득점이 같은 경우가 있기 때문에 그 때는 다음 순서로 순위를 정한다.

4구의 경우 ① 승점 ② 다 친 수 ③ 그랜드 애버리지(총득점을 총이닝수로 나눈 수) ④ 하이 런(시합중의 1이닝 연속 최다 득점수).

4구 이외의 경우는 ① 승점 ② 그랜드 애버리지 ③ 하이 런 ④ 토탈 포인트(총득점) ⑤ 베스트 게임(최소 이닝으로 이긴 게임).

초보자의 경우 게임을 즐기는 것이 선행하기 때문에 엄밀한 룰을 때로는 위반하고 있는 경우가 가끔 있다. 코치나 선배로부터 위반을 지적당하거나 주의를 받으면 순순히 듣도록 하자.

반칙에 대한 여러 가지 룰에서 특히 빠지기 쉬운 것은 테이블에 올라타듯이 양발을 바닥에서 떼고 치거나 수구와 표적공이 너무 접근해 있는 경우 모르는 사이에 2번 치기를 하고 있는 것 같은 경우를 흔히 본다.

룰이나 에티켓을 지키는 것이 우선 즐겁게 게임을 진행시키는 중요한 포인트이며 숙달을 위한 원칙이라는 사실을 충분히 인식해 두자. 당구 대회는 가능한 한 보도록 하자.

뱅킹의 방법

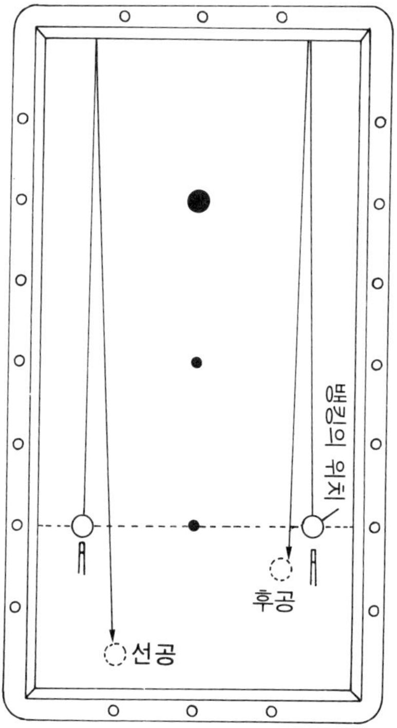

◐초크와 파우더

습기나 손의 땀에 의해 큐가 잘 미끄러지지 않는 경우가 있다. 그래서 큐의 미끄러짐을 좋게 하기 위해서 당구 전용의 파우더를 사용한다.

파우더는 어디까지나 브리지 장소에서 큐가 매끄럽게 스트로크할 수 있도록 하기 위해서 사용하는 것으로 절대 손바닥 전체에 바르거나 하는 것은 아니다. 초보자의 경우 1번의 샷 때마다 탁탁 파우더를 바르고 있는 것을 흔히 보는데 테이블 위가 새하얗게 되거나 파우더와 땀으로 오히려 끈적끈적하거나 한다.

게임을 시작하기 전에 손을 씻는다든가 큐를 타월로 닦으면 그다지 파우더를 사용하지 않아도 스무드하게 스트로크할 수 있다. 파우더는 최소한으로 사용하도록 한다.

수구의 중심 가까이를 칠 때는 탭에 초크가 칠해져 있지 않아도 미스를 하지 않고 칠 수 있다. 그러나 수구의 끝에 접근함에 따라서 초크를 깜박 잊고 있으면 탭이 미끄러져서 미스를 해 버린다. 수구의 중심만을 치고 있어서는 모든 경우의 기술을 응용할 수 없다. 수구에 상상대로의 회전이나 변화를 주기 위해서는 아무래도 비틈을 주어야 하기 때문이다. 2회나 3회에 1번은 반드시 초크를 칠하도록 유의한다. 초크를 칠 때의 표적으로서 테이블 틀에 놓으면 반칙이 된다.

◐에티켓에 대해서

당구는 룰의 게임임과 동시에 에티켓의 게임이다.

자신이 노리고 있지 않는 방향으로 공이 달려서 우연히 득점으로 이어졌을 때 '실례'라고 가볍게 인사하는 작은 것부터 게임중, 관전중을 불문하고 에티켓을 지키도록 한다. 흔히 영화 등에서 테이블가에 위스키, 글래스를 놓고 마시면서 치고 있는 장면이 있는데 건전한 실내 스포츠로서는 삼가해야 할 것이다.

이하 몇 가지의 예를 들어 본다.

- 술을 마시거나 잡담을 하면서의 플레이는 삼가한다.
- 슬리퍼 차림의 플레이는 금지되어 있다.
- 입에 담배를 물고 치거나 담배를 테이블가에 놓는 일은 삼가한다.
- 상대가 치고 있을 때 테이블에 걸터 앉거나 하지 않도록 한다.
- 껌이나 침을 바닥에 떨어뜨리지 않도록 한다.
- 큐를 휘둘러서 주위 사람이 맞는 일이 없도록 한다.
- 모자를 쓴 채로 치거나 오버 코트를 입은 채로의 플레이는 삼가한다.
- 상대나 다른 사람에게 폐를 끼치는 듯한 행위를 삼가한다.

그 외 게임을 즐겁게 진행시키기 위한 에티켓을 지키도록 하자.

제 11 장

알아두면 도움이 되는 당구의 참고자료

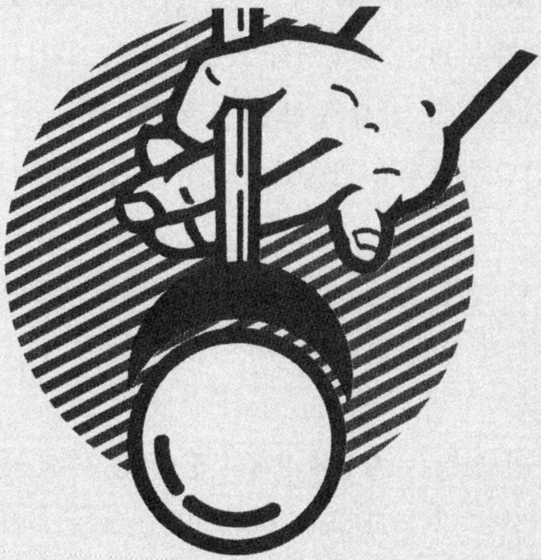

당구의 역사

당구의 기원은 분명치 않지만 스페인 기원설, 영국 기원설, 프랑스 기원설이 있다. 그러나 정설로서는 14~15세기에 걸쳐서 크리켓과 비슷한 옥외 스포츠였던 것을 실내 게임으로 개량, 유럽 각지에서 발달해 간 것으로 간주되고 있다.

「Complete Gamester」(1674년刊) 중에서는 십자군에 의해 동방에서 유럽으로 반입되어 스페인과 이탈리아에서 고안되었다고 하는 스페인 기원설을 취하고 있고 14세기경 국기 크리켓을 실내에서 실시하게 된 것이 그 시초라고 하는 것이 영국 기원설이다. 그러나 일반적으로는 1571년 프랑스 종교 전쟁 무렵 찰스 9세의 왕실 예술가였던 드비니가 고안, 간단한 규칙을 만들었다고 하는 프랑스 기원설이 유력하다.

또한 셰익스피어의 저서 「안토니오와 클레오파트라」중에 당구(billiard)라는 것이 씌어 있는데 그것이 어떤 종류의 것이었는지는 분명치 않다.

어쨌든 당구의 원형은 지상에 2개의 둥근 공—King(킹)이라고 하는 원추형의 것—을 놓고 Maces(메스)라고 하는 구부러진 막대기의 한쪽 끝을 어깨에 얹고 다른 한쪽 끝을 쥐고 돌을 쳐서 굴리는 옥외 경기였다고 한다.

그 후 유럽에서는 같은 형식의 실내 경기로 발전해서 일정한 형태를 가진 틀이 있는 테이블 위에서 공과 공을 부딪쳐서 득점을 겨루는 게임으로 발달해 왔다. 영국에서는 상아 공을 2개 사용하여 당구대에 Ironarch(아이언 아치)라고 하는 아치 모양의 관문을 세워서 이 아치를 빠져 나가게 해서 양끝에 뚫린 구멍에 공을 넣는 게임으로 변화해 갔다.

18세기가 되자 테이블 위에 구멍을 뚫고 그 속으로 공을 떨어뜨려서 득점을 겨루는 형태로 개량되어 갔지만 이것은 아이언아치에서 힌트를 얻은 것이라고 생각된다. 최초는 테이블 중앙에 구멍을 뚫거나 4구석에 구멍을 뚫었지만 테이블의 모양이 장방형으로 정해지고 나서는 테이블 4구석과 긴 쿠션의 중앙에 각 2개 총 6개의 구멍이 뚫리고 이 구멍에 공을 떨어뜨리게 되었다. 이것이 현재 이루어지고 있는 포켓 게임의 원형이다.

◐3구 게임의 보급

영국에서 포켓 게임이 발달하고 있었던 무렵 프랑스에서는 전혀 다른 포켓을 이용하지 않는 게임이 연구되어 퍼져 갔다.

1770년대에는 2개의 공으로 하고 있었던 지금까지의 방법에 제3의 공으로서 붉은 공 1개를 첨가한 3개의 공에 의한 게임이 고안되었다. 수구를 다른 2개의 공에 맞혀서 득점을 겨루는 캐럼 게임이다. 이 게임은 널리 이루어지게 되어 현재의 3구 게임의 원형이 되었다.

◐기구의 발명과 개량

새로운 기구의 발명과 개량은 당구의 기술을 비약적으로 진보시켜 그 보급에 큰 역할을 했다. 근대 당구의 발전은 기구의 발명 개량에 힘입은 바가 크다.

예를 들면, 최초 떡갈나무와 같은 단단한 목재로 만들어지고 있었던 테이블에는 대리석이 이용되게 되었고, 경도나 수평을 유지하는데 이상적인 슬레이트로 바뀌어 갔다. 또한 18세기 중기에는 공을 치는 막대기도 전술한 메스나 짧은 지팡이와 같은 것에서 곧은 것으로 개량되고 공도 목재의 것에서 상아제의 것으로 개량이 가해져 갔다.

쿠션도 19세기 중엽까지는 헝겊 조각 등을 감아서 반달 모양으로 하던 것을 가죽으로 감싸서 테이블 틀에 못으로 박거나 가죽이나 헝겊 속에 우마의 털이나 고래 수염 등을 채워 넣거나 자전거의 타이어와 같이 공기를 넣은 '에어 파이프 쿠션'이 고안되는 등 보다 좋은 쿠션을 만들기 위해서 연구가 거듭되었다.

1855년에는 미국 당구계의 대부라고 일컬어지는 미카엘 페런이 고무와 콜크와 가죽을 섞어서 영속성과 탄력성이 있는 당시로서는 획기적인 쿠션을 발명했지만 이것도 완전한 것이라고는 할 수 없어 공이 부딪히면 콜크 부분이 파손한다고 하는 결점이 있었다.

이와 같이 기구의 개량도 서서히 이루어지고 기술도 향상해 갔지만 그것도 '공을 굴리는' 범위내의 일로 뭔가 근본적인 것이 결여되어 있었다. 즉, 공의 회전 원리를 추구하여 그 원리를 최대한으로 발휘할 수 있는 기구의 필요성이 대두되고 있다.

◐초크의 발명

현재 우리들이 아무렇지 않게 이용하고 있는 탭(정확하게는 큐 탭)과 초크의 발명은 근대 당구사에 새 시대를 여는 것이었다. 이 초크의 보급도 오늘날까지 상당히 변천해 왔다.

모양이 똑바로 된 큐도 공을 치는 선단은 둥글게 깎였을 뿐 그 때문에 공의 중심 이외를 칠 때는 미끄러져서 실패하는 경우가 많았다. 줄로 선단을 깔쭉깔쭉하게 만들거나 여러 가지 연구를 했지만 공을 파손하는 결과가 되거나 해서 이거다라고 하는 결과는 얻을 수 없었다.

19세기 초기 영국, 런던에 버틀레라고 하는 사람이 경영하는 '버스 당구'의 주임 잭 카는 미스를 막기 위해서 큐 끝에 백묵 가루를 칠하는 것을 생각해냈다. 이로 인해서 큐 끝의 미끄러짐을 막고 공에 횡회전을 줄 수 있게 된 것이다. 여기에 이르러서 마침내 공에 '비틈'을 강하는 것이 가능해졌다.

카는 이 가루를 '미스를 절대로 막고 큐의 효력을 최대한으로 발휘할 수 있는 비밀의 묘약——매직 파우더(마법의 가루)'라고 이름 붙이고 공에 비틈을 가하거나 끌어치기를 해 보여서 구계에 일단 센세이션을 불러 일으켰다.

이 매직 파우더가 단순한 백묵가루라고 하는 것을 알았을 무렵에는 카는 적지 않은 재산을 남기고 있었다고 한다.

지금까지는 불가능에 가까운 공에 전후 좌우의 회전을 줄 수 있게 됨으로서 당구의 기술은 급속히 발달하게 되었다. 현재 공에 비틈을 주는 것을 '잉글리시'라고 말하고 있는 것은 영국에서 고안된 타구법이라는 데서 온 것이다.

◐탭의 발명

매직 파우더가 발명된 약 10년 후 당구 열기는 겨우 유럽 각지에 퍼지기 시작했다. 그것과 함께 기구도 보다 좋은 것을 찾아서 개량이 이루어져 갔다.

프랑스인 망고는 큐의 선단에 탄력성이 있는 것을 부착하면 더욱 회전을 자유롭게 줄 수 있지 않을까 하고 생각해 냈다. 즉, 현재의 탭의 원형을 이루는 것으로 선단에 가죽 조각을 부착하고 매직 파우더를 발라서 공을 자신의 생각대로 회전시키는 것이 가능해졌다.

이 결과 아무도 몰랐던 놀라운 공의 회전이 가능해져서 망고가 이것을 이용하여 세게 혹은 약하게 밀어치기, 끌어치기, 비틈 등의 이상한 기술을 해 보였을 때, 초크의 발명 이상의 센세이션을 불러일으켜 당구계에 일대 혁명을 일으켰다.

프랑스에서는 이미 18세기말부터 캐럼 게임이 이루어지고 있었지만 3구 게임의 고안부터 약 반세기 후에 비로소 이 탭이 발명된 것이다.

◐미국의 당구

미국의 당구는 18세기경 영국의 파견 수비대가 뉴욕 집회소에 당구 기구를 가져오게 하기 시작한 것이 그 최초이다. 19세기에 들어서자 맨해턴에 최초의 당구장이 생기고 영국식 포켓 테이블이 놓였다고 한다.

그러나 쿠션도 아직 고무제의 것이 아니라 헝겊이나 가죽으로 털을 감싼 것이었다. 미카엘 페런의 새로운 쿠션 발명이나 1840년경 프랑스에 나타나기 시작한, 프로 선수가 모아치기 등의 고도의 기술을 가지고 도미 유럽식의 게임을 확대시켰기 때문에 포켓 게임 일변도였던 미국에서도 캐럼 게임이 급속하게 퍼져 갔다.

이보다 조금 전에 미국에서는 전혀 새로운 게임—4구 게임이 이루어지게 되고 1853년에는 뉴욕에서 경기대회가 열렸다. 후에는 4개의 포켓을 가진 테이블이 사용되게 되지만 이 때의 테이블은 6개의 포켓이 있고 흰 공 2개 붉은 공 2개의 4구 게임이 이루어졌다. 채점 방법은 ① 흰 공부터 포켓에 떨어뜨렸을 때=2점 ② 붉은 공부터 포켓에 떨어뜨렸을 때=3점 ③ 흰 공, 붉은 공 쌍방에 맞고 포켓에 떨어뜨렸을 때=5점이었다.

이 게임이 현재 이루어지고 있는 4구 경기로 변화해 간 것이다.

그 후 1860년경부터 캐럼 게임이 활발해져서 1859년에 디트로이트에서 1860년 10월에는 뉴욕에서 전후 6일간에 걸친 경기 대회가 열렸다. 이 대회는 포켓이 없는 4구의 최초 대회로 시합 방법은 1점제의 500점 게임이었다.

◐4구의 폐지와 3구

1870년에 들어서자 설비도 한층 충실하고 기술도 더욱 발달하여 1,500점 게임, 하이 런 919점이라고 하는 기록을 내는 선수가 나타나서 4구는 쉽고 유치하다고 하여 서서히 쇠퇴해 가고 선수권 경기의 주류는 3구로 이동해 갔다. 1876년 9월에 이루어진 슬론슨과 섹스튼의 시합을 끝으로 4구 경기는 폐지되고 이후 모두 3구가 되었다.

미국에서 4구가 폐지되기 3년 전인 1873년에 프랑스의 가르니에라고 하는 선수가 도미, 뉴욕에서 3구 묘기를 연출했다. 이 때의 경기대회에서 코너에 공을 모아 치는 것을 금지하는 규제가 생겼다. 즉, '만년구'의 규칙이 있어 코너의 4인치 반의 선안에 표적공이 모였을 때는 그 선 안에서 3회 이상 쳐서는 안 된다고 하는 규제이다.

이 규제 속에서 어떻게 연속 득점을 거듭하느냐라고 하는 연구가 계속되어 쿠션을 따라 공을 흩트리지 않고 치는 '아메리칸 세리'가

고안되었다.

◐보크라인 게임의 탄생

이 아메리칸 세리는 그 후 전성을 누려 무수한 기록을 낳았다. 그러나 명인의 이름을 남용한 미국의 쟈코프 세퍼가 샌프란시스코에서 열린 경기대회에서 지점 3,000점을 다 치고 나서는 이 아메리칸세리도 규제하는 게임이 고안되었다. 즉, 쿠션에서 일정 거리에 선을 그어 테이블 위에 틀을 만들고 그 틀 내에서의 치는 수를 제한하는 '보크라인 게임'이다.

1883년 3월에는 시카고에서 보크라인 게임의 첫 공식 대회가 개최되었다. 이 때는 8인치 2번 치기로 앵커는 아직 마련되어 있지 않았다. 이 대회에는 각 국에서 7선수가 참가, 10일간에 걸쳐서 펼쳐졌지만 앞에서 얘기한 세퍼 선수가 600점 게임에 하이 런 200점을 내서 보크라인의 초대 세계 챔피온이 되었다.

그러나 나날이 발전하는 기술의 진보는 8인치 2번 치기도 수월하게 해서 제한틀도 12인치, 14인치, 16인치, 18인치로 점점 넓어지고 점수도 500점이 되었다.

◐앵커(anchor) 치기의 출현

보크라인이 주요 경기로서 융성을 누리기 시작했을 무렵인 1893년에 아이비스라고 하는 선수가 시카고에서 이루어진 대회에서 세퍼와 대전했다. 이 때는 14인치 2번 치기 4,000점 게임이었다. 아이비스는 45점의 차이로 아깝게 패했지만 이 때 그는 '앵커 치기'를 보였다. 이것은 2개의 표적공을 라인의 쿠션에 접한 곳에서 선을 타고 모아서 수구의 당점과 힘 조절에 의해 표적공을 흩뜨리지 않도록 무한히 득점을 거듭해 가는 방법이다. 그러나 이 방법도 세퍼는 곧 자신의 것으로 만들어 아이비스와의 시합에 이긴 것이다.

세퍼는 이 앵커 치기에 의해 더욱 하이 런을 늘려 갔기 때문에 앵커 치기를 금지한다고 하는 규칙이 생겼다. 그 결과 '앵커'라고 일컬어지고 있는 각 라인이 쿠션에 접한 곳에 좌우로 3인치 반씩 쿠션으로부터 7인치 정방형의 작은 틀을 마련해서 그 안에서 2회 혹은 1회밖에 칠 수 없다고 하는 규칙이 되었다.

◐스리 쿠션 시대의 도래

1896년에는 보크라인의 확대가 18인치가 되었지만 세퍼가 1926년의 세계선수권 대회에서 400점을 첫큐에 다 쳐 버려서 이 게임도 또 쉽고 단조로운 게임이라고 하는 것이 되었다.

그래서 이미 1870년대에 소개된 스리 쿠션 게임과 포켓 게임(미국식)으로 인기가 옮겨 갔다. 그와 같은 흐름 속에서 윌리 호페, 웰카 카쿠런이라고 하는 명선수가 배출되어 스리 쿠션 게임의 전성 시대를 맞은 것이다.

◐세계 당구 연맹의 설립

1928년에는 프랑스와 벨기에를 중심으로 세계 당구 연맹이 설립되었다. 이 연맹은 아마추어리즘을 표방하고 설립된 것으로 올림픽 헌장에 준거한 규약과 경기 규정에 의해 운영되고 있다. 같은 해에 프랑스의 랭스에서 제1회 스리 쿠션 선수권 대회가 개최되었지만 이것은 미국의 선수권 대회와는 별도로 개최된 것이다.

세계 당구 연맹은 벨기에에 본부를 두고 매년 스리 쿠션을 비롯하여 원 쿠션, 보크라인, 5종목 경기(3, 4년에 1번) 예술 경기 등의 대회를 각국을 돌며 개최하고 있다.

이 세계 스리 쿠션 선수권 대회에서 천재라고도 할만한 레이몽 쿨먼(벨기에)이 참가해 1963년의 니스 대회부터 1970년의 라스베가스 대회까지 8기 연속 챔피온이 되는 위업을 이루었다. 또한 제2회 세계 5종목 선수권 대회에서도 우승하는 등 천재의 명성을 구가하고 있다.

당구의 용어

□**두꺼운 공**:표적공의 중심 가까이에 공을 맞히는 것. '두껍게 맞힌다'라고도 한다.

□**뒷 공**:자신이 남긴 공이나 상대가 잘못 쳐서 남긴 공을 말한다.

□**앵커(anchor)**:보크라인 게임을 할 때의 테이블에는 보크라인과 쿠션이 교차한 지점에 8개의 정방형을 그린다. 크기는 178mm 각으로 이 제한구역이 앵커이다. 선내에서는 2번 이상 쳐서는 으레 안 되게 되어 있다.

□**이닝(inning)**:샷을 하는 횟수. 게임으로 옮기면 소유 시간에는 제한이 없기 때문에 잘못 친다든가 반칙을 범할 때까지는 샷을 할 수 있다.

□**이미지너리 포인트(imaginary point)**:수구로 표적공을 노릴 때 표적공 옆에 가정으로 구하는 상상점.

□**잉글리시(English)**:오른쪽이나 왼쪽에 수구를 회전시키듯이 해서 치면 쿠션이나 표적공에 맞았을 경우 회전 방향이 변화한다. 이 수구에 걸리는 회전 작용. 비틈이라고도 한다.

□**인터 페어(interfere)**:반칙 행위.

□**임팩트(impact)**:수구를 치는 것.

□**얇은 공**:수구와 제1표적공 · 제2표적공 3공의 중심을 연결하는

선이 직선에 가까운 듯한 삼각형으로 늘어서 있어 얇게 맞히지 않으면 칠 수 없는 공. 페더 볼(feather ball).

□**원(won)**: 게임에 이기는 것. 줄여서 'W'라고 쓴다.

□**에이트 볼 게임(eight ball game)**: 포켓 당구의 한 종목. ①번부터 ⑮번까지의 표적공을 사용하여 룰에 따라서 빨리 ⑧번의 공을 떨어뜨리는 쪽이 우승이 되는 게임이다.

□**큰 돌림**: 쿠션을 이용하여 테이블 한도껏 수구를 크게 돌려서 치는 타구법. 라운드 테이블.

□**밀어치기**: 수구의 중심위를 쳐서 표적공에 2분의 1 이상의 두께를 걸면서 표적공과 수구와 같은 방향으로 달리게 하는 타구법.

□**오브젝트 볼(object ball)**: 포켓 게임에 이용하는 ①번부터 ⑮번까지의 표적공.

□**가터(garter)**: 볼러드 게임의 용어. 샷에 즈음해서 수구가 옆으로 미끄러지거나 테이블 밖으로 튀어 나가거나 하는 것.

□**뒤집어 쓰다**: 제1표적공의 진로에 제2표적공이 있기 때문에 밀어치기의 타구법으로 어려워진다. 이와 같은 상황을 '뒤집어쓴다'라고 한다. 뒤집어 쓰고 있을 때는 비틈을 걸어서 친다든가 마중나오기 치기의 타구법을 이용한다.

□**빈 쿠션**: 수구를 한 번 쿠션에 넣고 나서 표적공에 맞히는 타구법.

□**키스(kiss)**: 수구가 표적공에 맞은 후 다시 그 수구와 표적공이 만나는 것. 또는 표적공끼리 충돌하는 것.

□**키스 샷**: 포켓 게임의 용어. 표적공을 포켓시키는 경우에 다른 공에 키스(접촉)를 시키는 타구법.

□**캐논 샷(cannon shot)**: 포켓 당구 타구법의 일종. 수구를 제1

표적공에 맞히고 동시에 제2표적공, 제3표적공을 노리는 샷이다.

□**캐럼(caram)** : 공에 맞힌다고 하는 의미로 당구 또는 캐논이라고도 말하거나 한다.

□**캐럼 게임** : 수구로 2개의 표적공에 맞힘으로써 득점이 되는 게임. 4구, 보크라인, 스리 쿠션 등의 게임이 이것이다.

□**큐(cue)** : 공을 치는 막대. 큐 스틱이라고 한다.

□**큐 볼** : 수구(手球).

□**끊어 밀어치기** : 수구와 표적공이 접근해 있는 경우의 끊어 밀어치기의 타구법.

□**되받아치기** : 제1표적공에 맞힌 수구를 쿠션에 넣어 제2표적공에 맞히는 타구법.

□**끊어 끌어치기** : 수구와 표적공이 접근해 있는 경우의 끌어치기 타구법.

□**쿠션** : 당구 테이블의 전 둘레를 따라서 쳐져 있는 탄력성 있는 삼각형의 고무. 테이블은 장방형을 하고 있기 때문에 긴 쪽을 긴 쿠션, 짧은 쪽을 짧은 쿠션이라고 부른다.

□**쿠션 캐럼** : 한 번 이상은 수구를 쿠션에 넣어 표적공에 맞히는 것.

□**그랜드 애버리지(grand average)** : 제네럴 애버리지. 리그전 등에서 총득점을 총이닝수로 나눈 1이닝의 평균점을 말한다. 줄여서 'G · A'라고 쓴다.

□**그립(grip)** : 큐의 잡는 법.

□**클로스(cloth)** : 당구 테이블과 쿠션을 감싸고 있는 헝겊. 나사.

□**코너 포켓(corner pocket)** : 포켓 당구 테이블의 4구석에 있는 포켓.

□**콜 샷(call shot)** : 포켓 게임의 용어로 표적공을 떨어뜨리는 포켓과 공을 지정하는 것.

□**골프 게임** : 포켓 당구의 한 종목. 6개의 포켓을 홀로 해서 골프와 마찬가지로 플레이하는 게임.

□**죽여치기** : 수구의 중심 가까이를 쳐서 표적공에 두껍게 맞히면서 수구의 운동을 표적공으로 옮겨 공을 흩어지지 않도록 하여 치는 타구법.

□**죽여 끌어치기** : 죽여치기와 마찬가지로 수구의 중심 가까이를 쳐서 표적공에 맞히면서 공을 흩어지지 않도록 끌어서 치는 타구법.

□**콤비네이션 샷(combination shot)** : 포켓 당구 타구법의 일종. 표적공을 직접 포켓할 수 없을 때에 그 표적공으로 다른 공을 노려서 포켓을 하는 샷.

□**서브(serve)** : 게임 개시의 타구법. 초구.

□**사이드 포켓(side pocket)** : 포켓 당구 테이블의 긴 쿠션의 중앙에 있는 포켓.

□**삼각구** : 수구, 제1표적공, 제2표적공의 3개의 공 중심을 연결하는 선이 삼각형이 되는 가장 맞히기 쉬운 공의 배열법. 이지 볼.

□**점프(jump)** : 수구의 아래를 너무 치거나 큐 끝의 탭을 미끄러뜨리거나 하면 수구가 튀겨 올라가는 경우가 있다. 이 상태를 말한다.

□**점프 샷** : 포켓 당구 타구법의 일종. 기술적인 방법으로 수구나 표적공을 점프시키는 샷.

□**슈팅 아웃(shooting out)** : 안전한 플레이를 생각하지 않고 득점을 노린 스리 쿠션.

□**조인트(joint)** : 큐의 이음새.

□**샷** : 수구를 치는 것을 말한다.

□스크래치(scratch) : 포켓당구에서 수구가 표적공에 맞지 않았을 때. 그러나 일반적으로는 수구가 포켓에 떨어진 경우를 말한다.

□스탠스(stance) : 자세를 취했을 때의 발의 위치.

□스트라이크(strike) : 볼러드 게임에서 1프레임 1이닝에서 10개의 공을 전부 포켓했을 경우.

□스트리킹(striking) : 게임 개시에 앞서서 선공과 후공을 결정하는 것. 뱅킹과 같다.

□스트링(string) : 당구 테이블의 헤드와 후드의 제2포인트를 연결하는 선.

□스트레이트 풀(straight pull) : 포켓 당구의 한 종목. 14-1의 래크 게임.

□스트로크(stroke) : 쳐내기를 말한다.

□스누커 게임(snooker game) : 영국식 포켓 당구.

□스프레드 드로우(spead draw) : 득점으로 연결되기 전에 오른쪽이나 왼쪽으로 수구가 현저하게 이동하는 드로우 샷.

□스페어(spare) : 볼러드 게임에서 1프레임 2이닝에서 10개의 공을 전부 포켓했을 경우.

□스리 쿠션 게임 : 수구가 제1표적공부터 제2표적공에 맞을 때까지 적어도 3회 이상은 쿠션에 들어가지 않으면 득점이 되지 않는 게임. 흰 공 2개와 붉은 공 1개를 이용한다.

□제네럴 애버리지 : 그랜드 애버리지. 전시합을 통한 1이닝당 평균 득점.

□세이프티(safety) : 스스로 득점할 의사가 없이 상대의 수구를 득점에 불리해지도록 이동시키는 타구법.

□세리(series) : 연속해서 득점할 수 있도록 공이 항상 삼각형으로

배열되도록 컨트롤 해서 맞혀 나가는 타구법. 너스라고도 한다. 수구와 표적공을 삼각으로 해서 쿠션을 따라 득점을 해나가는 아메리칸 세리가 대표적.

□**센터 스폿(center spot)**: 테이블의 중심점.

□**바깥틀**: 쿠션을 고정하고 있는 목제틀.

□**다이아몬드**: 바깥틀 위에 부착된 원형 또는·마름모꼴 포인트를 말한다.

□**다이아몬드 시스템**: 스리 쿠션 공의 타구법을 하는 경우에 테이블의 포인트(다이아)에 숫자를 적용시켜서 이 숫자를 조절하면서 공의 도착점을 계산하는 시스템.

□**탭(tap)**: 큐의 선단에 달려 있는 직경 1.2cm 전후의 가죽을 말한다.

□**더블 레일 시스템(double rail system)**: 스리 쿠션 게임의 타구법. 시스템의 일종.

□**공**: 볼. 플라스틱제와 상아제의 2종류가 있다. 옛날은 상아 제품이 많았지만 현재 공식전이나 선수권 대회에서는 마모도 적고 습기 등의 영향도 적은 플라스틱제를 사용하고 있다. 4구 게임에서는 흰 공 2개와 붉은 공 2개의 합계 4개를 사용. 그 밖의 캐럼 게임에서는 붉은 공 1개, 흰 공 2개의 공을 이용한다. 흰 공 하나에는 흑점이 되어 있어 이것을 '흑구', '블랙 볼'이라고 한다. 포켓 게임에서는 흰 공 1개와 ①부터 ⑮까지의 번호가 매겨진 표적공 15개를 이용한다.

□**공 쿠션**: 표적공이 쿠션에 밀착해 있을 때 그 공을 쿠션 대신으로 해서 수구를 반사시키는 타구법.

□**찬스(chanse)**: 목표대로 표적공에 맞지 않더라도 다른 표적공에 맞힐 수 있는 경우.

□**초크(chalk)** : 수구를 칠 때 탭이 미끄러지지 않도록 칠하는 백묵과 비슷한 고형분말.

□**투 쿠션 치기** : 수구가 2개의 표적공이 맞을 때까지 2번 이상 쿠션에 넣어 득점하는 타구법.

□**마중나오기 치기** : 수구와 제2표적공이 운동하면서 부딪히거나 득점할 수 있는 공의 타구법.

□**테이블** : 당구를 하는 당구대. 4구용, 포켓용, 스리 쿠션용, 스누커용 등의 테이블이 있다.

□**수구** : 자신이 치는 공. 수구는 게임 개시전에 정해야 한다. 한번 정한 수구는 게임 세트까지 바꿀 수 없다. 만일 잘못해서 상대의 수구를 치면 공 착각의 반칙이 된다. 큐 볼이라고도 한다.

□**데드 볼(dead ball)** : 죽여치기. 표적공에 수구를 맞혀 수구의 운동을 정지시키는 타구법.

□**당구** : 캐럼이라고도 한다.

□**토탈 이닝(total inning)** : 총 이닝 수.

□**토탈 포인트** : 총 득점 수.

□**트라이앵글 래크(triangle rack)** : 포켓 당구의 기구로 서브전에 표적공을 삼각형으로 세트하기 위해 이용하는 삼각형의 틀.

□**트릭 샷(trick shot)** : 엑시비션(exhibition) 등으로 보이는 특수한 샷.

□**나인 볼 게임** : 포켓 당구의 한 종목. ①부터 ⑨까지의 표적공과 1개의 수구로 하며 빨리 ⑨ 공을 포켓에 떨어뜨리는 쪽이 우승이라고 하는 게임.

□**내츄럴(natural)** : 표적공의 위치도 좋고 정석대로 수구를 치면 득점은 틀림없다고 하는 경우의 쳐내기.

□**닙 드로우(nip draw)**:25.6mm(1인치) 이내에 수구와 표적공이 접근해 있을 때의 끌어치기.

□**2번 치기**:수구를 2번 치는 것으로 반칙이 된다. 푸시 샷이라고도 한다.

□**입사각도**:쿠션에 공이 들어갈 때의 각도.

□**하이 런(high run)**:1이닝에서의 연속 최고득점. 줄여서 'H · R'이라고 쓴다.

□**파우더(powder)**:큐의 미끄럼을 좋게 하기 위해서 손가락에 바르는 가루.

□**배트(bat)**:큐 뒤쪽의 굵은 부분.

□**하프풀 샷(half full shot)**:적구와 수구를 역방향으로 진행시키는 타구법.

□**밸런스 포인트**:큐의 중심. 일반적으로 큐 뒤쪽에서 38cm에서 40cm 떨어진 큐의 중심.

□**뱅킹(banking)**:치는 순서를 정하는 방법.

□**뱅크 샷**:포켓 당구 타구법의 일종. 표적공을 포켓에 직접 떨어뜨리지 않고 1회 이상 쿠션에 넣고 나서 포켓에 떨어뜨리는 타구법.

□**반사각도(반사각)**:쿠션에 넣은 공이 반사해서 나올 때의 각도.

□**끌어치기**:수구의 아래를 쳐서 역회전을 주어 제1표적공에 맞힌 후 자기 앞쪽으로 되끌어 오는 타구법.

□**걸쳐치기**:수구를 쿠션에 넣고 나서 표적공에 가볍게 걸치듯이 해서 치는 타구법.

□**비틈**:수구의 좌우를 쳐서 횡회전을 주면서 수구의 진행을 변화시키는 타구법으로 순비틈과 역비틈이 있다. 잉글리시와 같다.

□**당구 테이블**: 당구대. 대형, 소형, 포켓 당구대 등이 있다.

□**파이브 앤드 하프 시스템(five and half system)**: 스리 쿠션의 경우의 공 타구법의 하나.

□**파울(foul)**: 룰 이외에 샷을 하거나 해서 반칙을 범하는 것.

□**포스(force)**: 수구를 칠 때의 속도.

□**14-1 래크게임**: 스트레이트 풀. 포켓 당구의 한 종목으로 ①번부터 ⑮번까지의 표적공과 1개의 수구로 한다.

□**팔로우(follow)**: 밀어치기. 수구의 상부를 쳐서 표적공에 2분의 1 이상의 두께를 걸어 수구를 표적공과 같은 방향으로 달리게 하는 타구법.

□**팔로우 스루(follow through)**: 수구를 표적공에 맞혀서 득점을 함과 동시에 큐를 쉬지 않고 쳐 나가는 것.

□**풋(foot)**: 당구 테이블의 상표 이름이 붙어 있지 않은 쪽.

□**풋 스폿(foot spot)**: 포켓 당구에서 표적공을 놓을 필요가 있는 경우에 사용하는 장소.

□**풋 레일(foot rail)**: 풋 스폿에 가까운 짧은 쿠션.

□**프라이빗 큐(private cue)**: 개인이 가지고 있는 큐.

□**플러스 토우 시스템(plus tow system)**: 스리 쿠션 경우의 공 타구법의 하나.

□**프리 게임(free game)**: 대형 당구대 또는 중형 당구대를 이용해서 하는 3구 게임의 하나. 각 코너에 제한 구역을 설정하고 그 안에서는 2회 계속해서 득점할 수 없는 규정으로 되어 있다. 캐럼 게임의 한 종목.

□**브리지(bridge)**: 큐를 고정시키기 위해서 만드는 손의 모양.

□**풀 히트(full hit)**: 표적공의 중심에 수구의 중심을 맞히는 타구

법.

□**브레이크 샷(break shot)**: 포켓 당구의 게임 개시의 샷. 즉 초구.

□**프로즌(frozen)**: 공과 공 또는 공과 쿠션이 밀착한 상태. 터치라고도 한다.

□**플루크(fluke)**: 우연히 득점하는 것.

□**베스트 게임**: 리그전 등에서 이긴 게임의 최소 이닝수. 하이 애버리지라고도 한다. 줄여서 'B · G'라고 쓴다.

□**헤드(head)**: 후드의 반대로 당구 테이블의 상표 이름이 붙은 쪽.

□**헤드 스폿**: 포켓 당구 경우의 헤드 라인의 중심점.

□**헤드 라인**: 긴 쿠션의 2번째의 포인트를 연결한 선. 헤드 스트링이라고도 한다.

□**포인트**: 당구 테이블의 바깥틀에 박혀 있는 마름모꼴 또는 둥근형의 표시. 긴 쿠션에는 7개, 짧은 쿠션에는 3개 붙어 있다. 다이아몬드라고도 한다.

□**보크라인 게임(balkline game)**: 테이블 위에 초크를 이용해서 4개나 또는 3개의 선을 그어 6개 또는 9개의 제한틀을 만든다. 이런 선의 끝에 다시 정방형의 앵커(제한 구역)를 그려서 각각의 틀안에서는 1회 혹은 2회 이상 칠 수 없다고 하는 제한을 설정한 게임. 제한틀의 규정에 따라 42cm 1회 치기, 42cm 2회 치기, 47cm 1회 치기, 47cm 2회 치기, 71cm 2회 치기 등의 경기법이 있다.

□**포켓 게임**: 긴 쿠션의 중앙과 테이블의 4구석에 합계 6개의 포켓이 있는 당구대를 사용해서 1개의 수구와 ①번부터 ⑮까지의 표적공으로 하는 게임. 표적공을 수구로 포켓에 떨어뜨리면 득점이 된다.

경기법은 로테이션, 14—1래크, 볼러드, 에이트 볼, 나인 볼, 베이식 라인 업, 골프 볼, 스누커 등 많은 종목이 있다.

□마세(masse) : 공의 배열법에 따라서 큐를 수직에 가까운 상태로 치는 타구법.

□표적공 : 수구 이외의 공. 득점을 하기 위해서 수구를 맞히는 공. 캐럼 게임의 경우 제1표적공(처음에 맞히는 공), 제2표적공(2번째로 맞히는 공)……이라고 부른다.

□미스 큐(miss cue) : 쳐내기의 실패.

□3구 게임 : 4구 게임에서 붉은 공 1개를 제거한 흰 공 2개 붉은 공 1개를 이용해서 하는 게임. 중형 당구대를 사용해서 각 코너에 제한 구역을 설정하여 그 선내에서는 득점을 2회 할 수 없는 규정으로 되어 있다.

서브를 치는 법의 차이 외는 모두 4구와 같은 룰이다.

□메카니컬 브리지 : 수구가 너무 멀어서 손이 닿지 않을 때에 이용하는 용구로 브리지를 대신한다. 보통 레스트라고 한다.

□래크(rack) : 포켓 당구의 게임 개시 때에 삼각형으로 세트한 공의 모으기. 또는 세트하는 틀.

□런(run) : 1이닝마다 맞힌 점수. 포켓 당구의 경우는 포켓에 들어간 공의 수.

□런킹(runking) : 게임의 순위. 파이널 스탠딩스라고도 한다.

□리쿠(陸) : 2번 치기. 당구에서는 반칙이 된다.

□리보이스 시스템 : 스리 쿠션의 경우 타구법의 하나.

□레스트(rest) : 공을 칠 때에 손이 닿지 않는 경우가 있다. 이와 같은 때에 브리지 대신 이용하는 기구. 메카니컬 브리지.

□레일(rail) : 쿠션을 가리켜서 말한다.

□**레일 너스(rail nurse)** : 세리 치기.

□**로스트(lost)** : 패배. 줄여서 'L'이라고 쓴다.

□**로테이션 게임(rotation game)** : 포켓 당구의 한 종목. ①번부터 ⑮번까지의 표적공을 차례대로 떨어뜨려가서 그 번호와 같은 숫자가 득점이 되는 게임.

□**원 쿠션 게임** : 흰 공 2개, 붉은 공 1개를 이용해서 수구가 2개의 표적공에 맞을 때까지 1회 이상 들어가지 않으면 득점이 되지 않는 게임.

밴드 게임이라고도 한다.

□**원 포켓 게임** : 포켓 당구의 한 종목. 포켓을 하나만 한정해서 그 포켓에 밖에 넣을 수 없는 게임이다.

특별부록

프로 당구기술 습득을 위한 기본 연습과 숙달 훈련

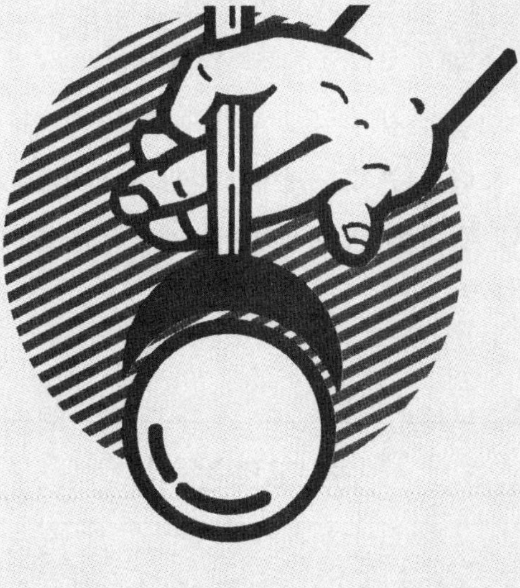

기본 기술의 연습

큐와 그립

큐를 쥐는 위치도 중심에서 대략 10cm 정도 뒤가 일반적이지만 사람에 따라서 팔의 길이가 다르기 때문에 일률적으로 말할 수는 없다.

또한 4구의 경우는 그립이 약간 앞의 위치가 되고, 포켓 당구에서는 그것이 약간 뒤가 된다고 하는 차이가 있다.

이와 같이 그립의 위치는 그 사람의 체형이나 자세 등에 따라서 다르기 때문에 어느 위치로 해야만 한다는 생각을 갖지 않는 편이 좋다. 공을 칠 때 가장 잘 어울리는 느낌으로 큐를 잡을 수 있으면 그것으로 좋다.

큐 고르는 법

많은 사람이 게임을 즐기는 당구장에서는 어느 것이나 모두 같은 큐라고 할 수 없다. 길이가 다른 것이 있는 것은 물론, 드물게는 구부러진 것도 있다. 큐를 손에 들면 먼저 클로스 위에 굴려 본다. 곧은 큐는 유연하게 구르지만 구부러진 큐는 구르는 상태가 부자연스럽다.

물론 구부러진 큐로는 당점을 정확히 샷할 수 없다. 그뿐만 아니라 스트로크에 나쁜 버릇이 붙는 경우도 생각할 수 있다. 원숭이도 나무에서 떨어질 때가 있다고 하지만 당구에서는 먼저 좋은 큐를 선택하는 것이 중요하다.

그립의 위치는
체형이나
큐의 종류에 따라
다르다.
큐가 구부러져 있는 지
어떤 지는 그림 A와 같이
대 위에서 굴려 보거나
B와 같이 큐를 세워서
돌려 보면 알 수 있다.
B
A

큐 쥐는 법

큐는 가볍게 들 듯이 해서 쥔다. 지나치게 세게 쥐면 정확한 스트로크를 할 수 없다.

기본적인 방법으로는 엄지와 검지 혹은 엄지와 중지로 가볍게 쥐고 그 이외의 손가락은 놀려 둔다는 방법도 있지만 필자의 경우는 그림과 같이 큐를 중지와 약지로 작은 새를 쥐는 듯한 느낌으로 부드럽게 쥐고 엄지와 검지는 놀리는 정도로 하고 있다.

엄지와 검지로 쥐는 그립은 스냅을 살린 스트로크가 되지만 중지와 약지로 쥐는 그립은 체중을 실은 힘찬 스트로크가 된다.

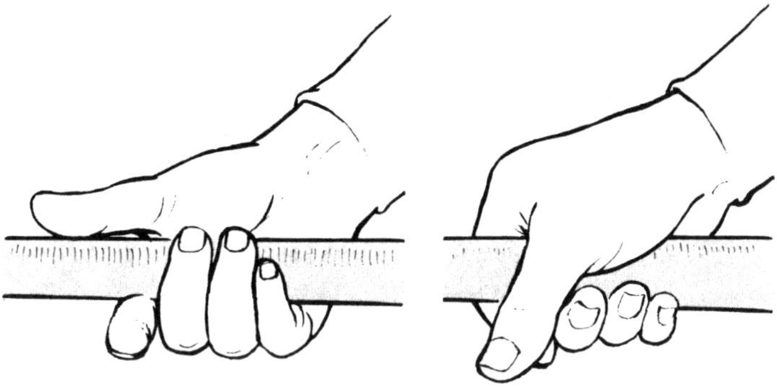

큐는 중지와 약지로 가볍게 쥔다.

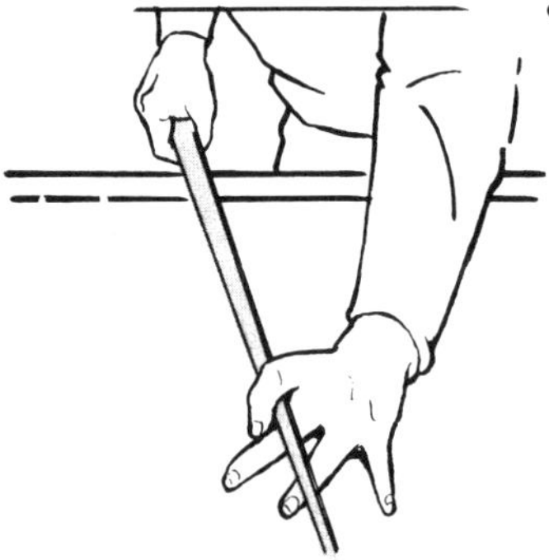

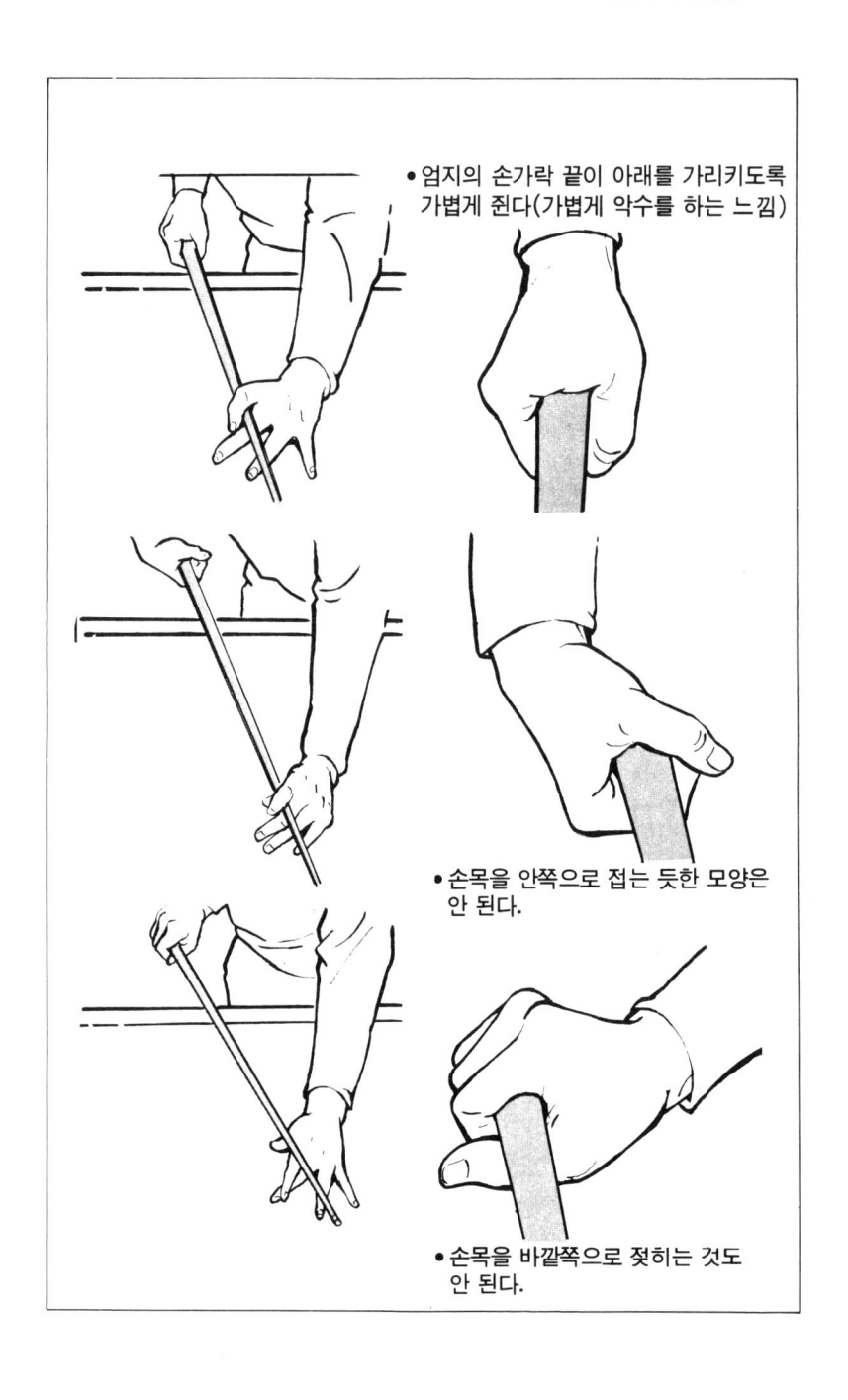

•엄지의 손가락 끝이 아래를 가리키도록 가볍게 쥔다(가볍게 악수를 하는 느낌)

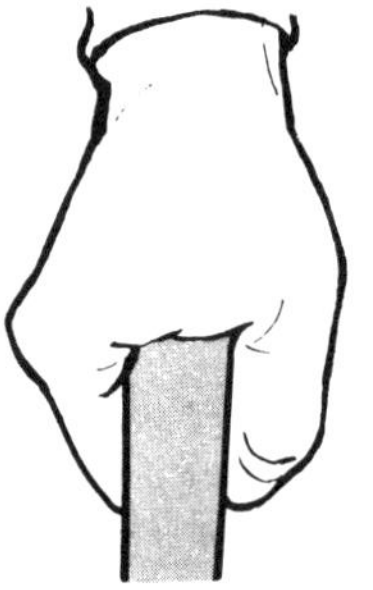

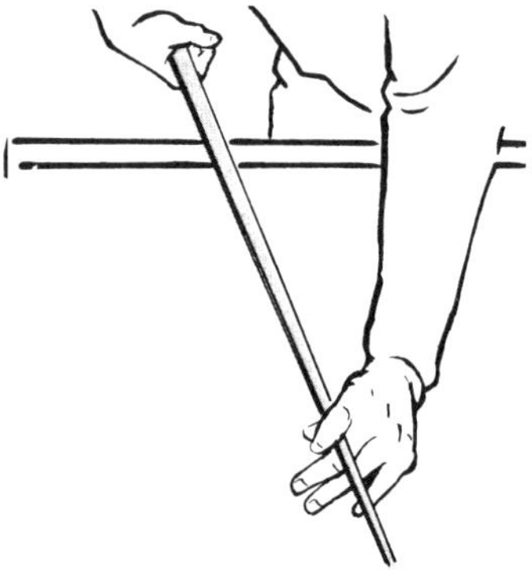

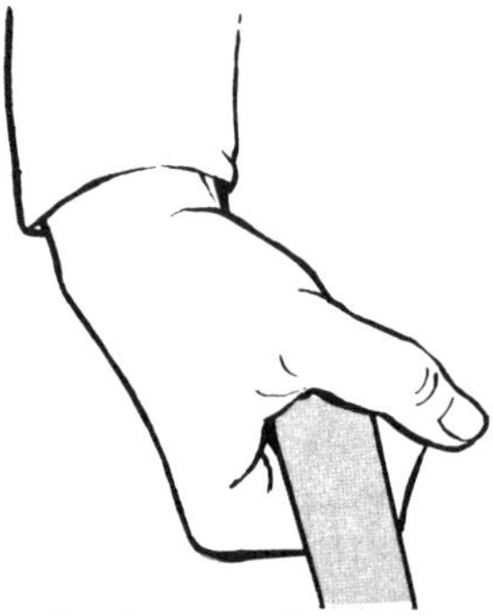

•손목을 안쪽으로 접는 듯한 모양은 안 된다.

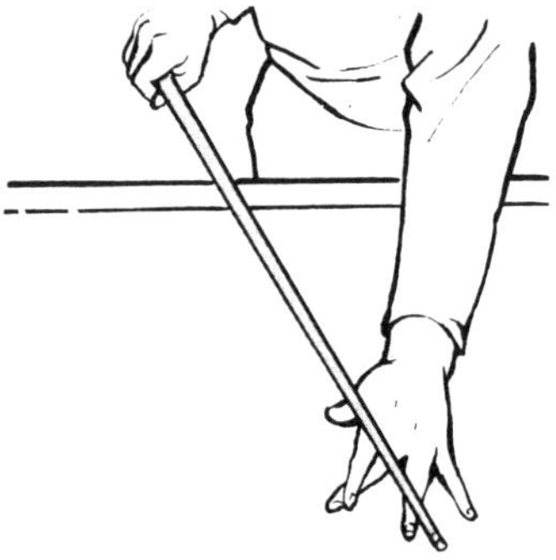

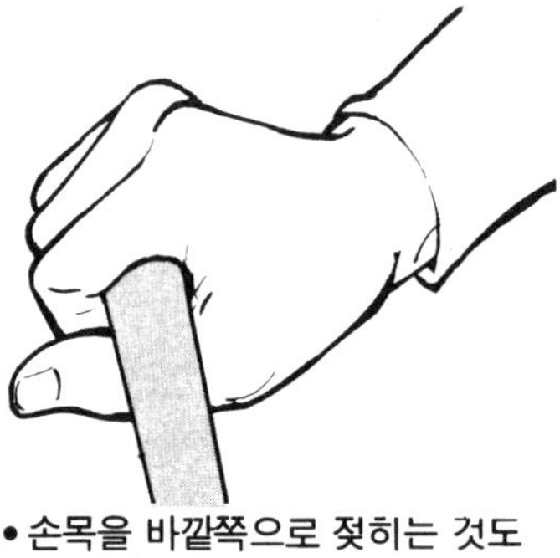

•손목을 바깥쪽으로 젖히는 것도 안 된다.

브리지(bridge)

브리지는 큐의 지점이 되는 것으로 이것이 불안정하면 정확한 샷을 할 수 없다.

자신이 치려고 생각하는 샷의 90%는 이 브리지에 의해 결정된다고 일컬어질 만큼 당구에서는 중요한 요인이다. 기본적인 형태와 그 포인트를 이해하면 공의 변화에 응하는 여러 가지 브리지의 변화을 만들 수 있다.

기본이 되는 브리지 만드는 법을 몇 가지 소개한다.

◐만드는 법 1

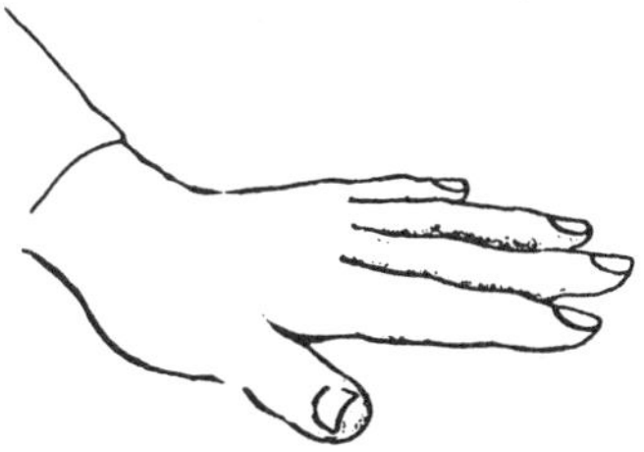

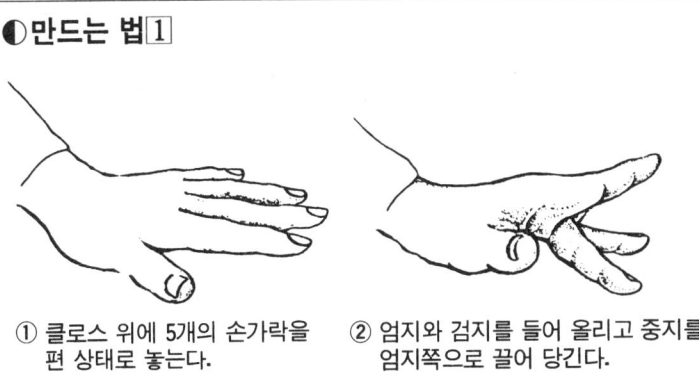

① 클로스 위에 5개의 손가락을 편 상태로 놓는다.

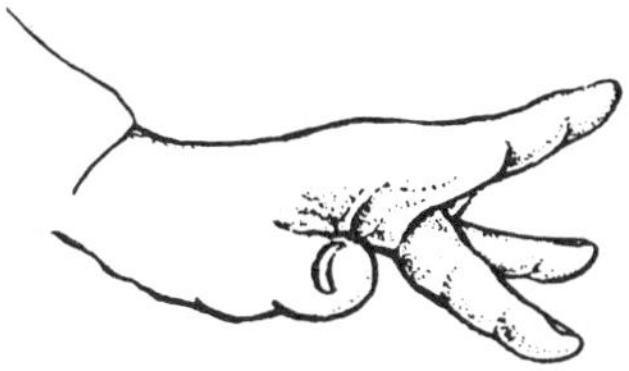

② 엄지와 검지를 들어 올리고 중지를 엄지쪽으로 끌어 당긴다.

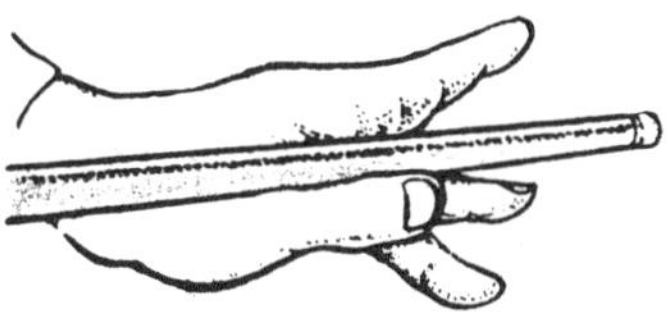

③ 엄지를 중지의 제2관절에 붙인다. V자형이 생긴 지점에 큐가 얹힌다.

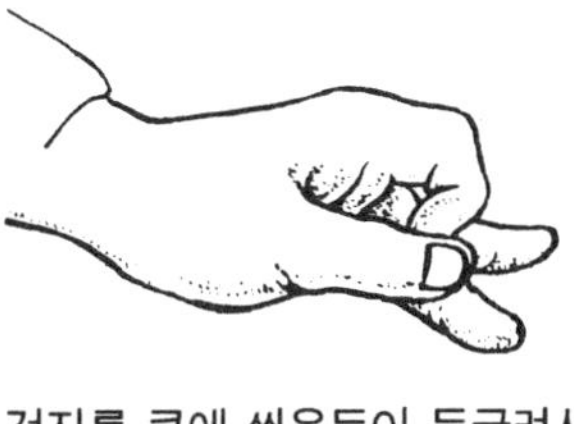

④ 검지를 큐에 씌우듯이 둥글려서 엄지쪽으로 가져 온다.

◐만드는 법 2

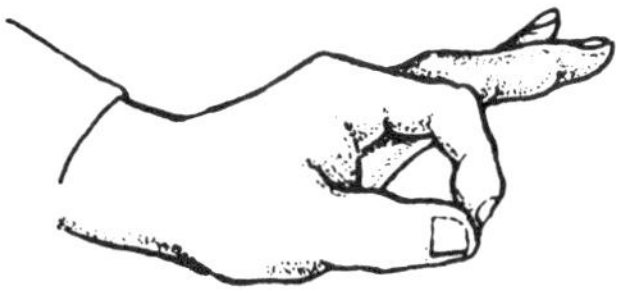

① 엄지와 검지는 원을 만든다.

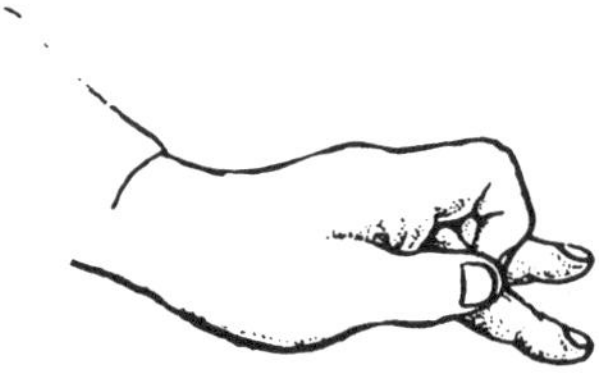

② 원의 이음새를 중지 제2관절의 부분에 밀착시킨다.

◐만드는 법 3

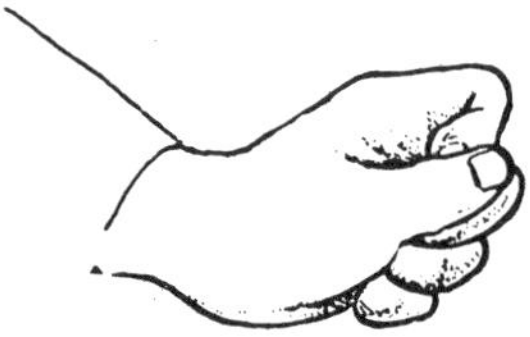

① 클로스 위에 손목에 가까운 손바닥을 밀착시켜서 가위 바위 보의 바위를 만든다.

② 다음에 가위를 만든다.

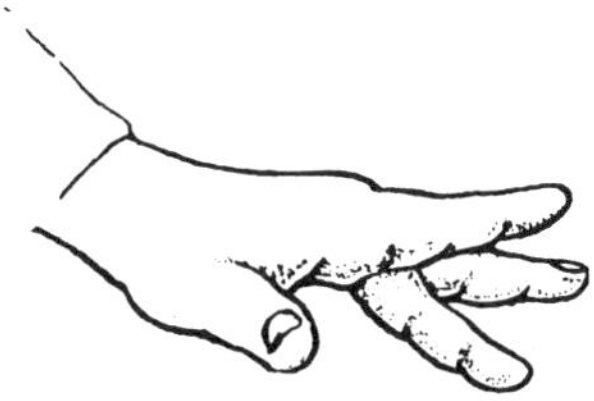

③ 보로 '만드는 법 1'의 ② 모양이 된다.

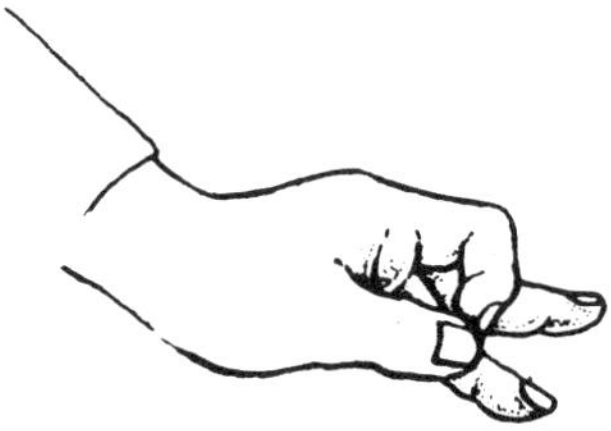

④ 엄지와 검지로 원을 만들고 중지의 제2관절에 밀착시킨다.

바깥틀을 이용한 브리지

테이블 위의 공은 게임 과정에서 어떻게 변할지 모른다. 그렇기 때문에 기본적인 브리지만으로는 공을 치기가 어려워진다. 특히 쿠션 가까이에 접근한 공은 손가락을 세우는 브리지에서는 큐와 클로스면에 샷에 부적합한 각도가 생기기 때문에 바람직하지 않다. 그래서 바깥틀을 이용한 브리지가 가끔 이용된다.

◐만드는 법4

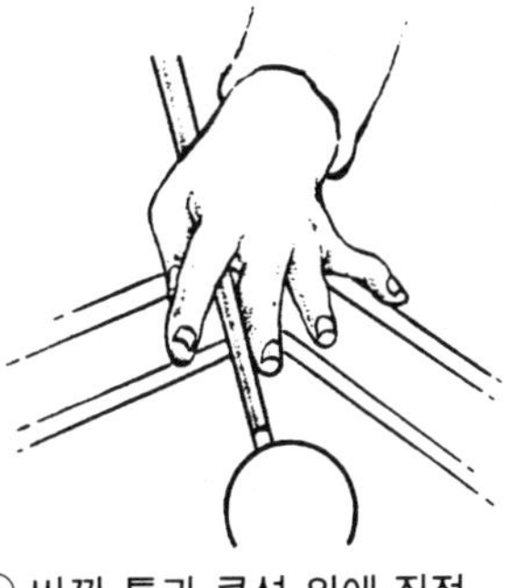

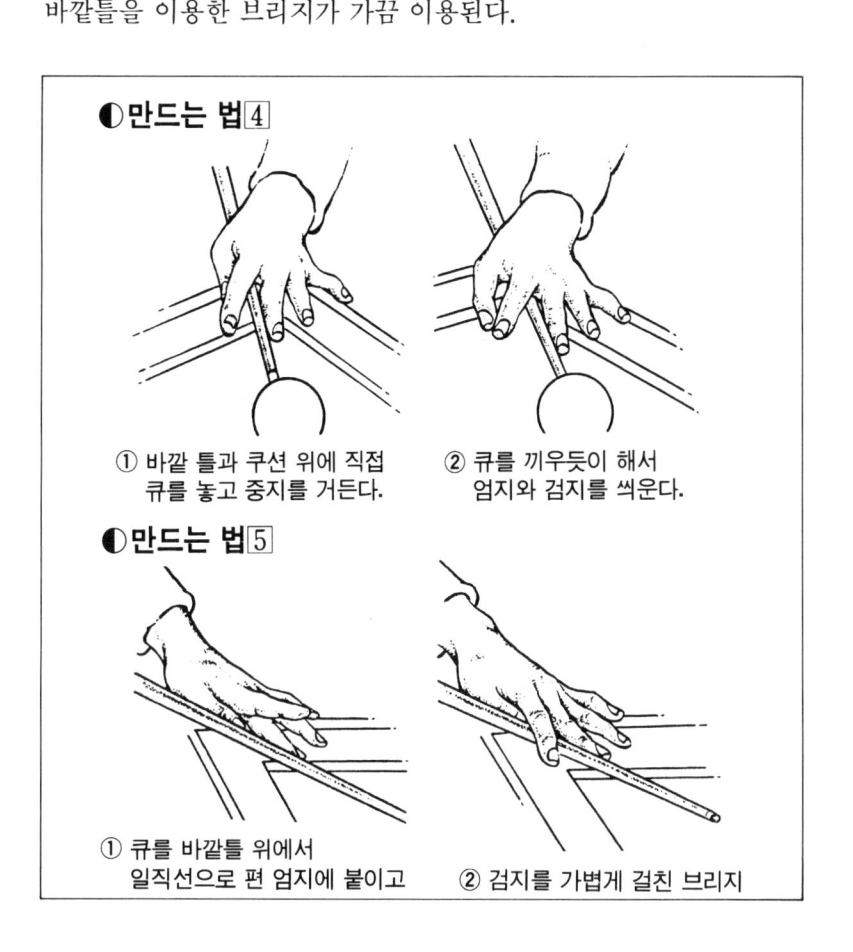

① 바깥 틀과 쿠션 위에 직접 큐를 놓고 중지를 거든다.

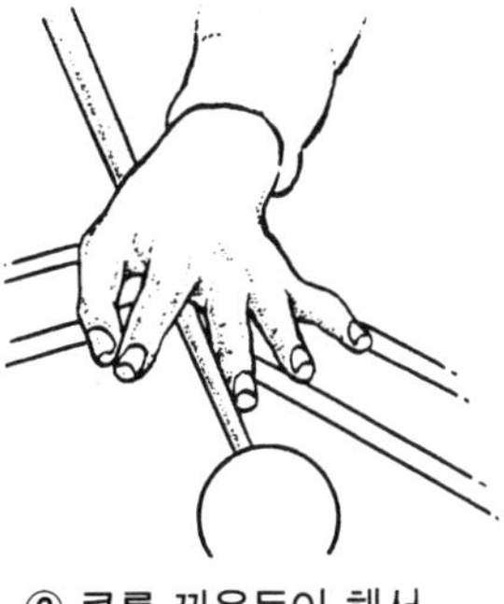

② 큐를 끼우듯이 해서 엄지와 검지를 씌운다.

◐만드는 법5

① 큐를 바깥틀 위에서 일직선으로 편 엄지에 붙이고

② 검지를 가볍게 걸친 브리지

브리지를 만들 때 주의할 점

브리지를 만드는 경우 손가락 뿐만 아니라 손목에 가까운 손바닥의 일부도 클로스에 밀착시켜 두면 안정감이 더 있다.

그리고 부드러운 느낌으로 클로스 위에 놓는 것이 중요하다. 자신의 체중이 브리지에 실리거나 브리지를 만드는 손이 굳어 있으면 자연스럽게 샷할 수 없게 된다.

◐만드는 법 6

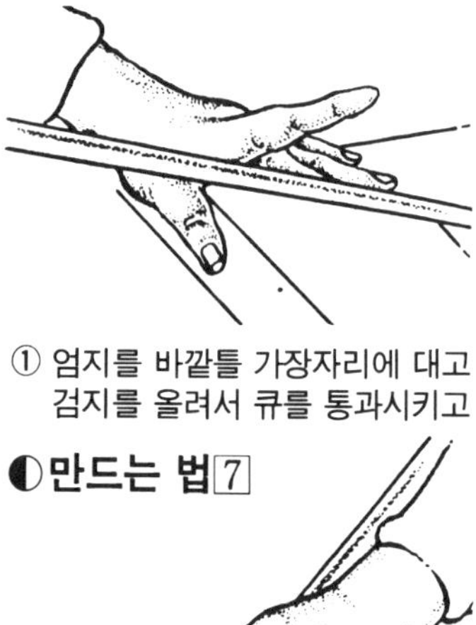

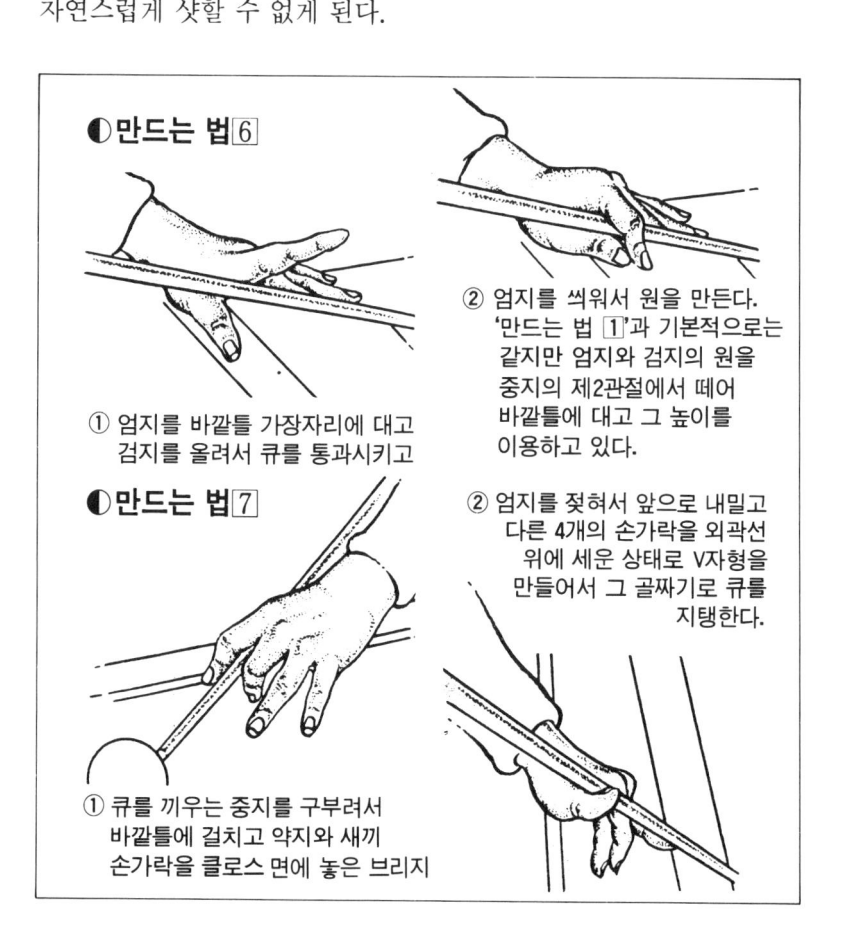

① 엄지를 바깥틀 가장자리에 대고 검지를 올려서 큐를 통과시키고

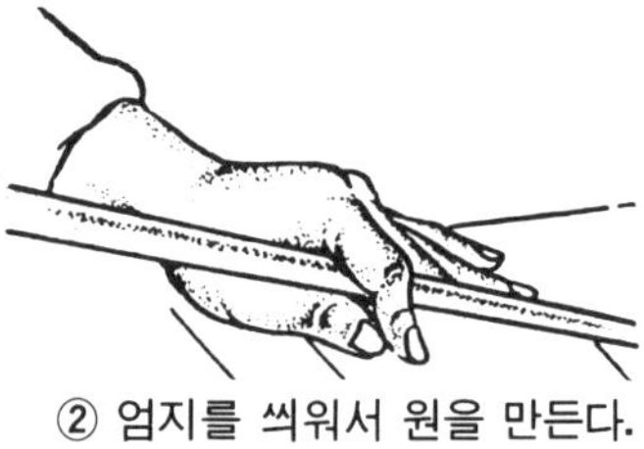

② 엄지를 씌워서 원을 만든다. '만드는 법 1'과 기본적으로는 같지만 엄지와 검지의 원을 중지의 제2관절에서 떼어 바깥틀에 대고 그 높이를 이용하고 있다.

◐만드는 법 7

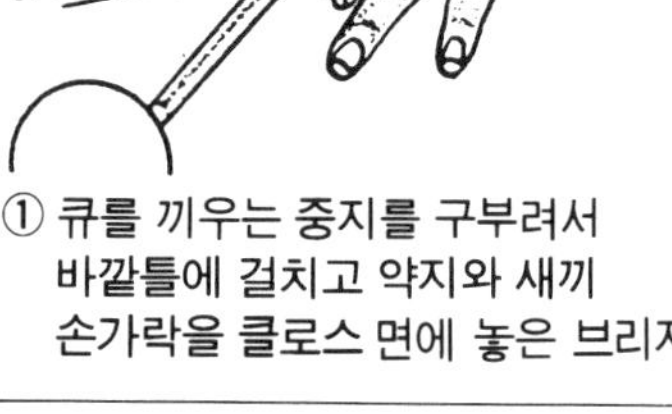

① 큐를 끼우는 중지를 구부려서 바깥틀에 걸치고 약지와 새끼 손가락을 클로스 면에 놓은 브리지

② 엄지를 젖혀서 앞으로 내밀고 다른 4개의 손가락을 외곽선 위에 세운 상태로 V자형을 만들어서 그 골짜기로 큐를 지탱한다.

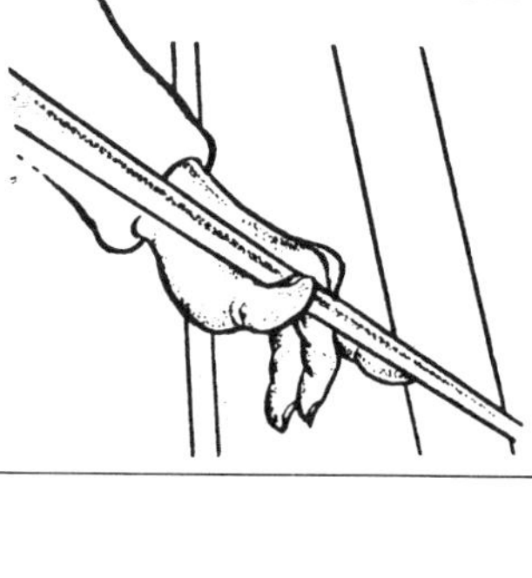

공 너머로 치는 브리지

수구가 자기 앞쪽에 있는 공에 방해받고 보통의 브리지를 할 수 없는 경우가 게임 중에 가끔 일어난다. 자기 앞쪽의 공에 큐나 손가락이 닿으면 터치 파울의 원인이 되기 때문에 조금 어렵지만 손가락을 세운 브리지 연습도 해 둔다.

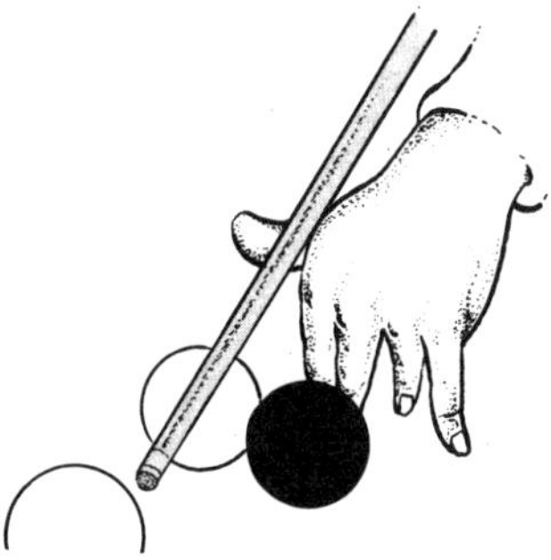

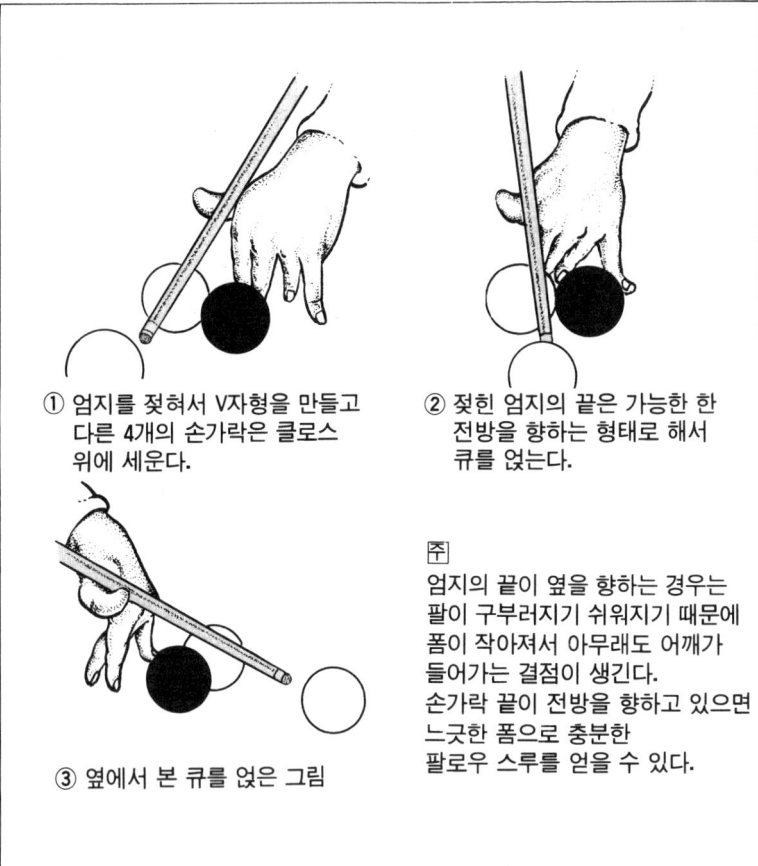

① 엄지를 젖혀서 V자형을 만들고 다른 4개의 손가락은 클로스 위에 세운다.

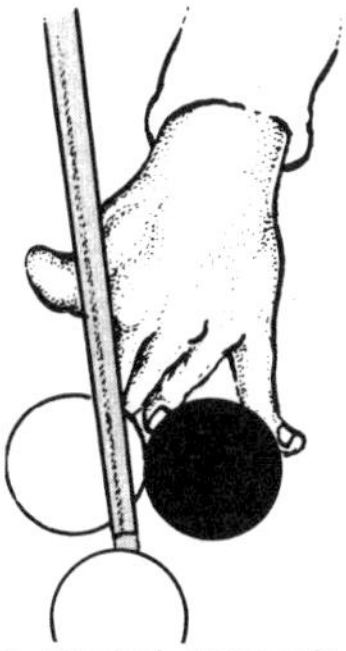

② 젖힌 엄지의 끝은 가능한 한 전방을 향하는 형태로 해서 큐를 얹는다.

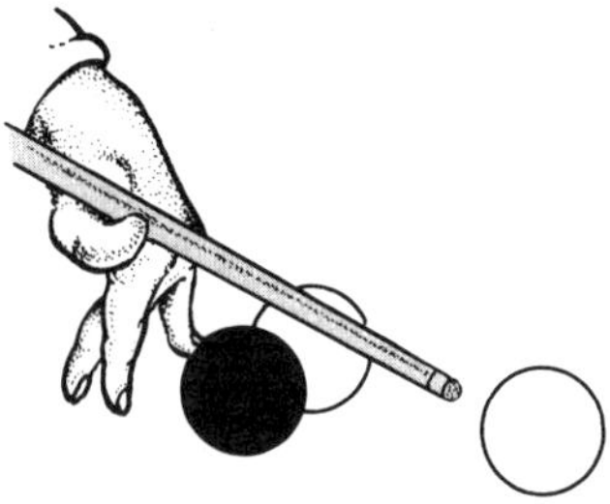

③ 옆에서 본 큐를 얹은 그림

주
엄지의 끝이 옆을 향하는 경우는 팔이 구부러지기 쉬워지기 때문에 폼이 작아져서 아무래도 어깨가 들어가는 결점이 생긴다.
손가락 끝이 전방을 향하고 있으면 느긋한 폼으로 충분한 팔로우 스루를 얻을 수 있다.

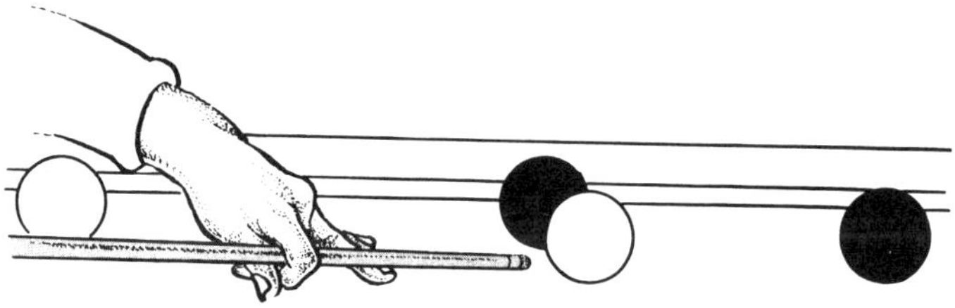

• 낮은 당점을 노리는 경우는 '만드는 법[1]'의 브리지에서 중지를 손바닥 안쪽으로 구부린 브리지가 흔히 이용된다.

• 공의 놓인 상태가 같아도 그 때의 필링이나 게임의 리듬으로 브리지가 달라지는 경우가 있다.

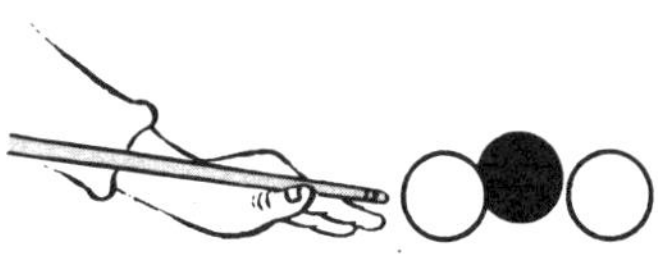

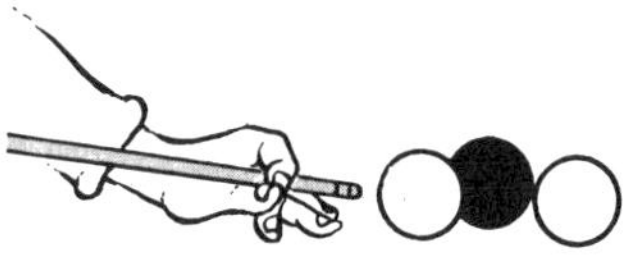

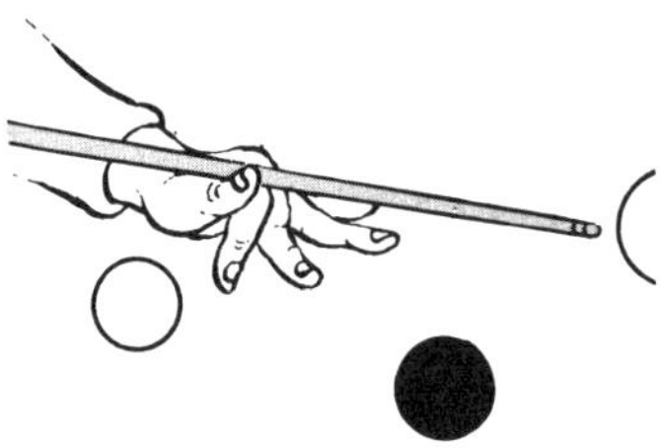

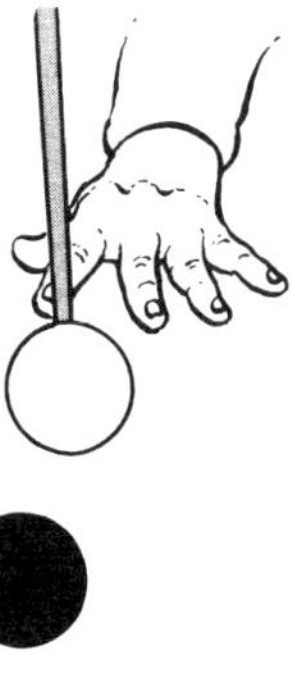

• 팔을 충분히 펼 때나, 당점의 위치에 따라 가끔 '만드는 법[7]'의 변형이 이용된다.

당점과 브리지

공 위를 치기 위해서는 손가락의 간격을 좁혀 가는데 이렇게 하면 자연히 엄지가 올라간다.

아래를 칠 경우는 중지를 눕힌 낮은 브리지가 된다. 스윙할 때 테이블의 바깥 틀에 큐가 닿기 쉽지만 가능한 한 클로스와 평형으로 스윙할 수 있도록 평소부터 연습해 두는 것이 중요하다.

좀 더 아래의 당점을 노릴 경우는 중지를 뗀 브리지는 엄지 위에 큐를 얹는다.

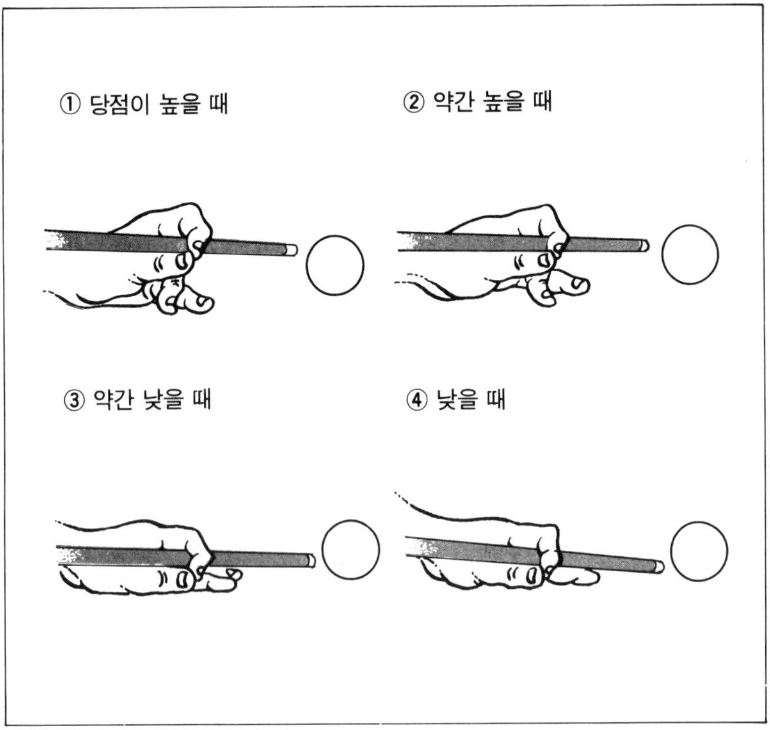

브리지의 위치

공과 브리지의 사이는 15~20cm가 일반적이다. 그런데 실제 게임에서는 항상 같은 상태로 공을 치는 것이 아니다. 강한 공을 칠 때는 거리를 좀 길게 잡고 약한 공을 칠 경우는 거리를 짧게 한다.

그러나 아직 큐의 취급에 익숙해 있지 않는 사람은 브리지와 공의 거리가 벌어져 있으면 스트로크에 흔들림이 생기기 쉽고, 당점을 정확히 칠 수 없기 때문에 익숙해질 때까지는 간격을 좁혀서 연습하는 것이 좋다.

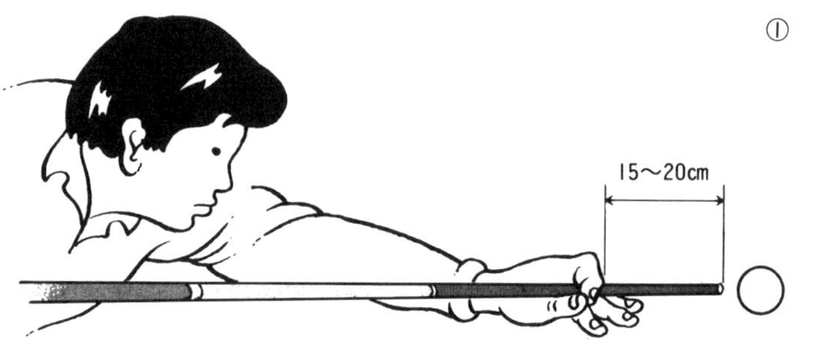

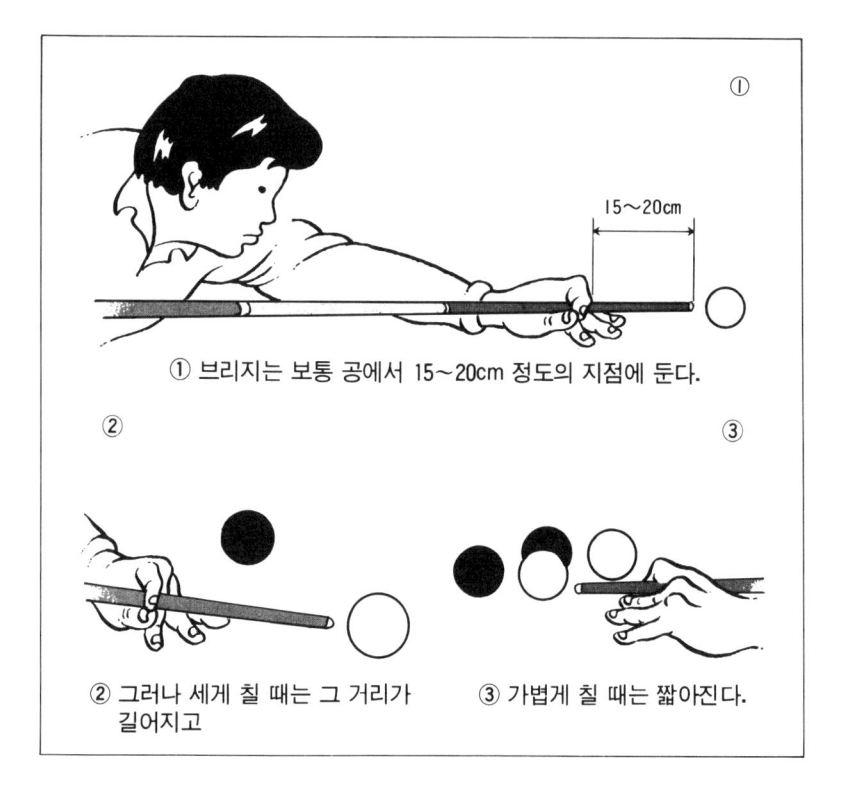

① 브리지는 보통 공에서 15~20cm 정도의 지점에 둔다.

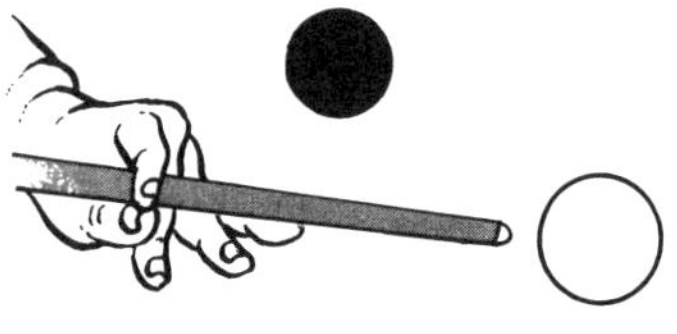

② 그러나 세게 칠 때는 그 거리가 길어지고

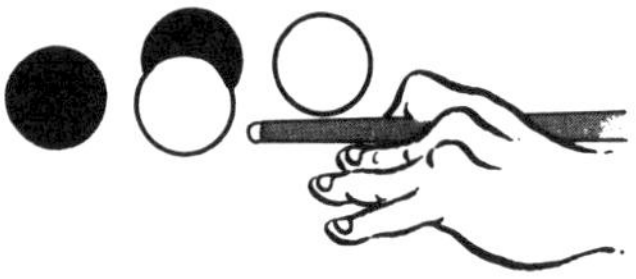

③ 가볍게 칠 때는 짧아진다.

당구는 '인사'부터

앞으로 당구를 즐기는 사람은 먼저 테이블을 향해서 어떤 식으로 자세를 취하면 좋을까 하고 망설일 지도 모른다.

그 때는 ① 발을 벌리고 테이블을 향해서 인사를 한다. ② 클로스에 왼손을 붙이고 큐를 놓는다 ③ 얼굴을 올린다.

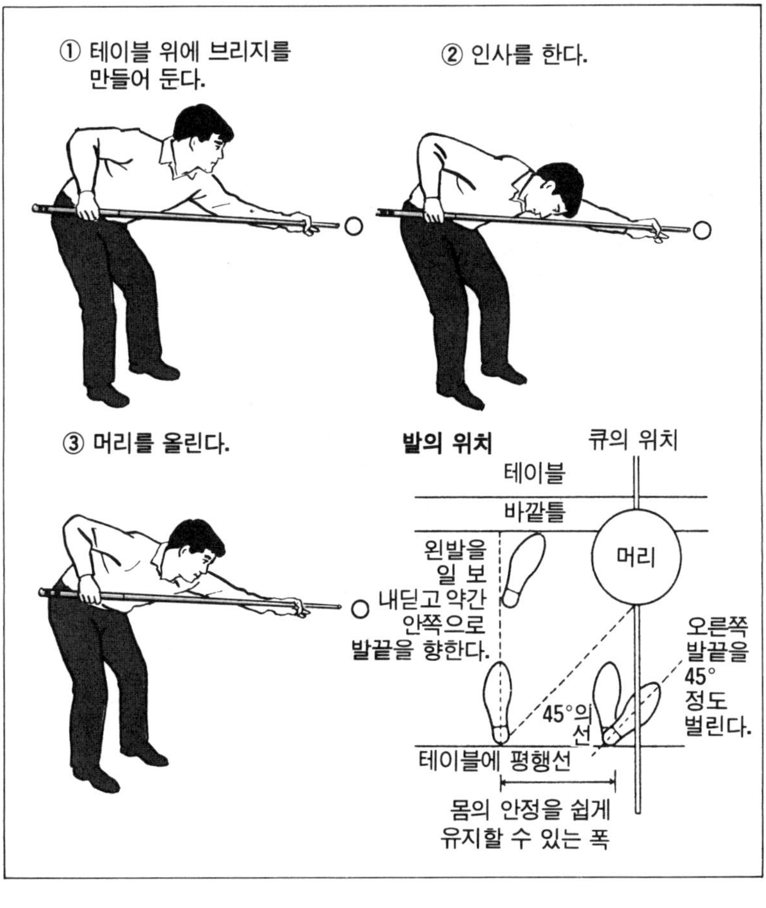
① 테이블 위에 브리지를 만들어 둔다.
② 인사를 한다.
③ 머리를 올린다.
발의 위치
큐의 위치
테이블
바깥틀
머리
왼발을 일 보 내딛고 약간 안쪽으로 발끝을 향한다.
오른쪽 발끝을 45° 정도 벌린다.
45°의 선
테이블에 평행선
몸의 안정을 쉽게 유지할 수 있는 폭

스탠스(stance)

스탠스에는 스탠다드 스탠스와 오픈 스탠스가 있다.

어느 스탠스나 오른발에 중심을 두도록 한다. 왼발에 중심이 실리면 오른쪽 어깨를 당길 수 없게 되어 정확한 샷을 할 수 없게 된다.

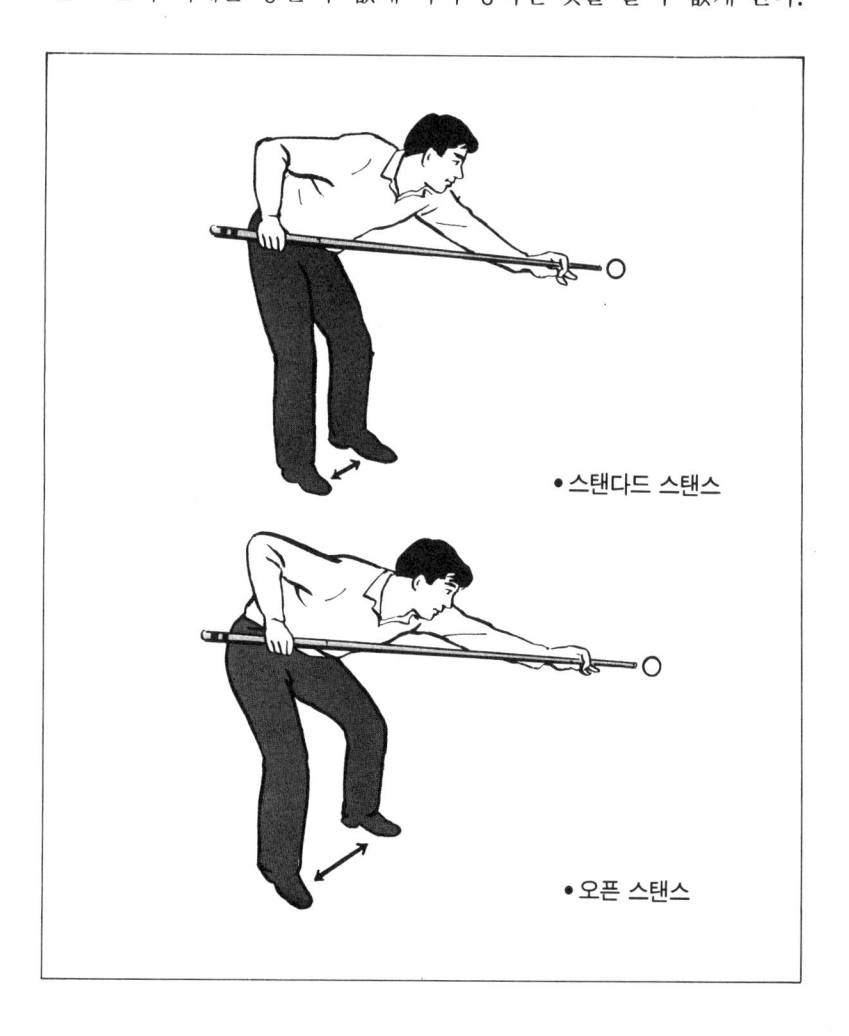

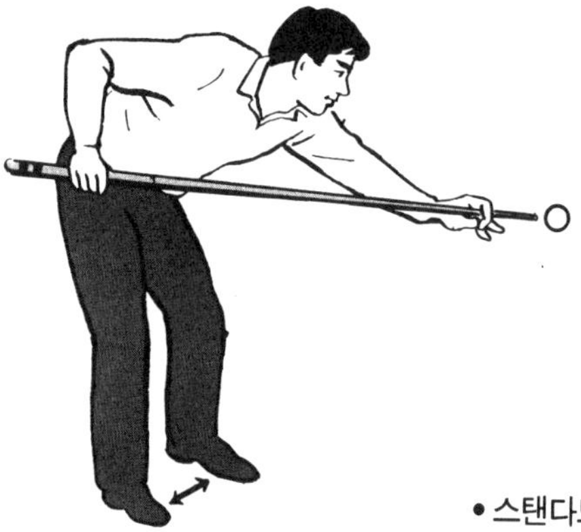

• 스탠다드 스탠스

• 오픈 스탠스

자세의 기본

당구는 공의 두께나 구부러짐을 아무리 치밀하게 계산해도 그 이미지 대로의 샷을 할 수 없으면 모든 것이 허사가 된다.

정확한 샷을 하기 위해서는 먼저 기본이 되는 자세를 익혀 두는 것이 중요하다. 자세는 고민하기 시작하면 끝이 없는 것으로 보다 완성도가 높은 자세로 개조하기 위해 유의한다. 그러나 초보자는 기본 자세를 먼저 알아 둘 필요가 있다.

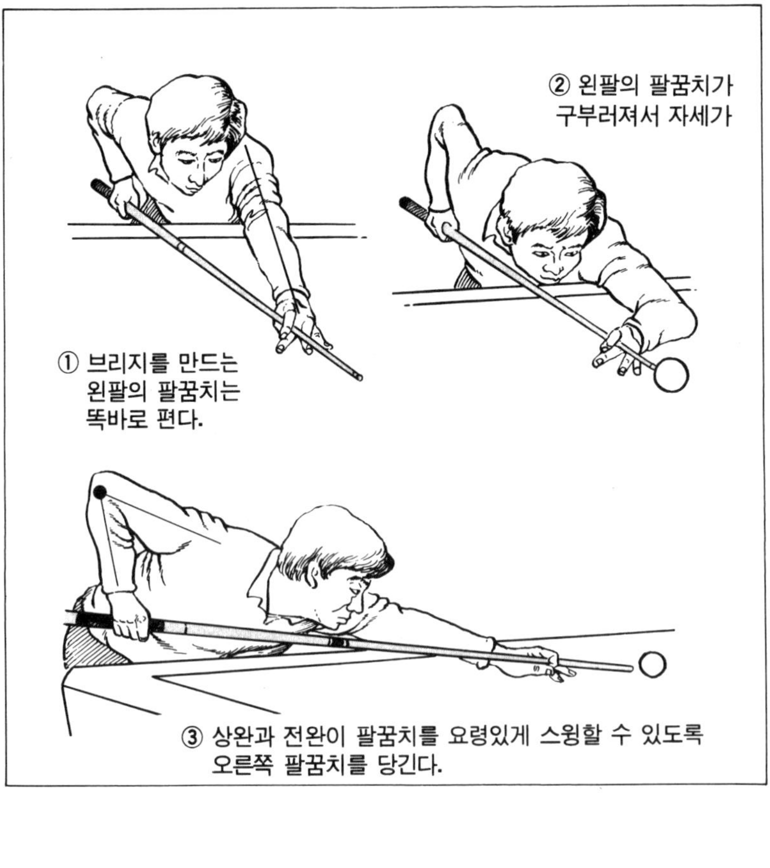

① 브리지를 만드는 왼팔의 팔꿈치는 똑바로 편다.

② 왼팔의 팔꿈치가 구부러져서 자세가

③ 상완과 전완이 팔꿈치를 요령있게 스윙할 수 있도록 오른쪽 팔꿈치를 당긴다.

④ 잘 쓰는 눈을 큐의 라인
위로 가져 온다.

⑤ 큐의 라인 위에
코가 오는
자세도 있다.

⑥ 우측 어깨를 당겨서 큐가
일직선으로 스윙할 수
있도록 한다.
(활을 당기는 느낌)

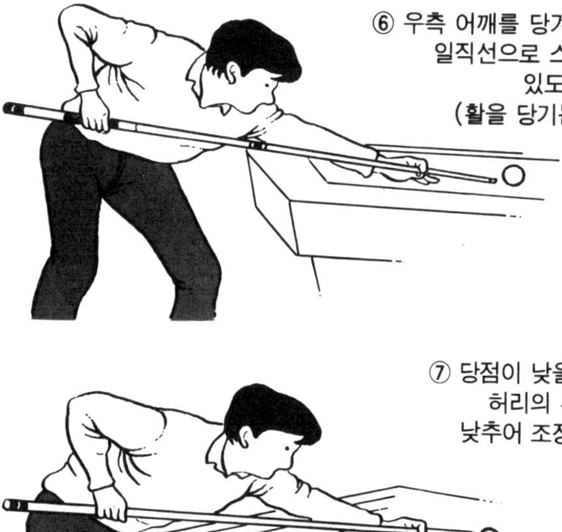

⑦ 당점이 낮을 때는
허리의 위치를
낮추어 조정한다.

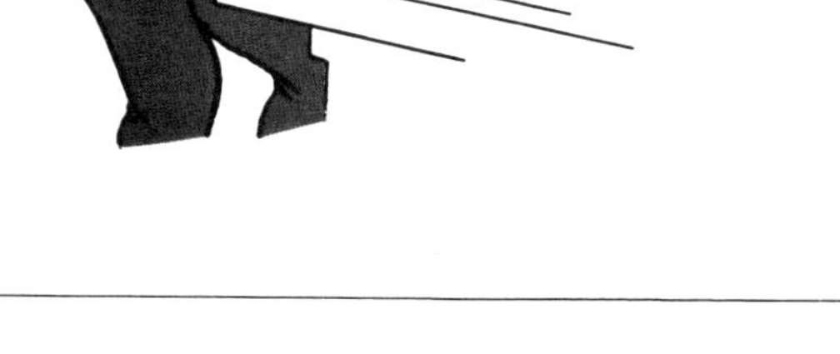

스트로크(stroke)에 들어가는 자세

당구도 다른 스포츠와 마찬가지로 자신의 체형에 맞는, 편안한 자세로 공을 칠 수 있으면 그것으로 좋다. 그러나 그 자세가 항상 변하면 안정된 샷을 바랄 수 없다. 역시 처음에는 기본에 충실하면서 자세를 익히고 게임을 통해서 서서히 자신의 자세를 찾으면 좋을 것이다. 자세가 안정되야 비로소 나이스 샷이 가능해진다.

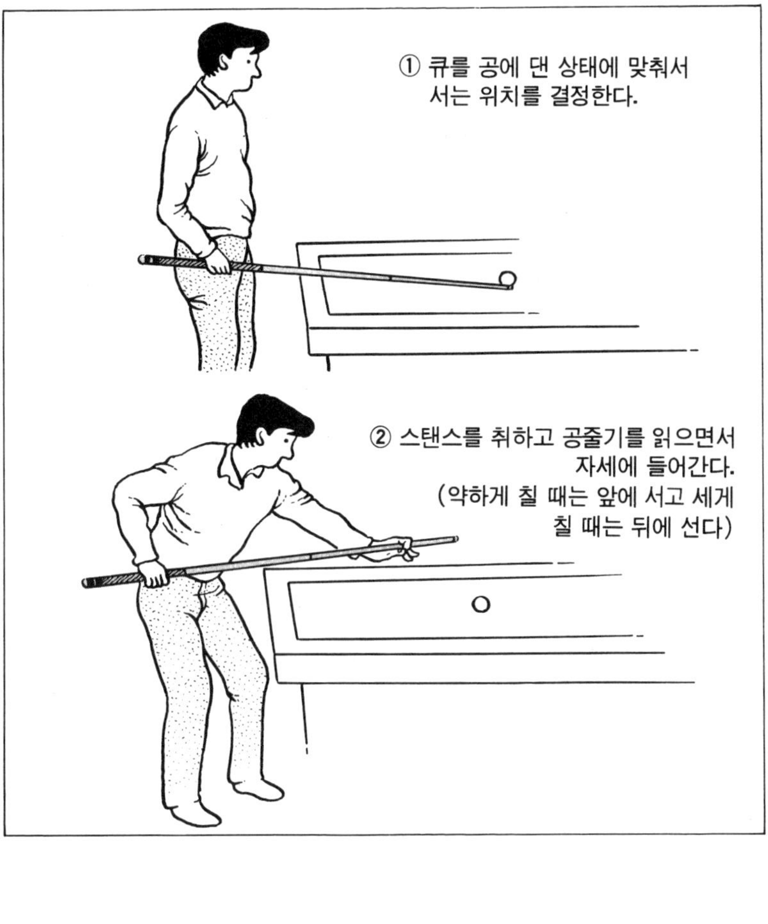
① 큐를 공에 댄 상태에 맞춰서
서는 위치를 결정한다.
② 스탠스를 취하고 공줄기를 읽으면서
자세에 들어간다.
(약하게 칠 때는 앞에 서고 세게
칠 때는 뒤에 선다)

공은 허리로 친다

흔히 '당구는 허리로 친다'고 일컬어지듯이 당점이 정해지면 허리의 위치를 상하시켜서 자세를 조정한다.

허리의 위치가 구면에 맞아 있지 않으면 팔의 스윙력만이 공에 전달된다. 자신의 체중을 실은 무거운 구질의 공으로 하고 싶은 경우는 허리의 위치가 확실하고 팔로우 스루(follow through)가 충분해야 한다.

특히 포켓 당구 브레이크의 경우 등은 허리부터 들어가는 것이 중요하다. 만일 팔만 선행하면 팔의 힘만 공에 전달되기 때문에 위력이 상당히 상실된다.

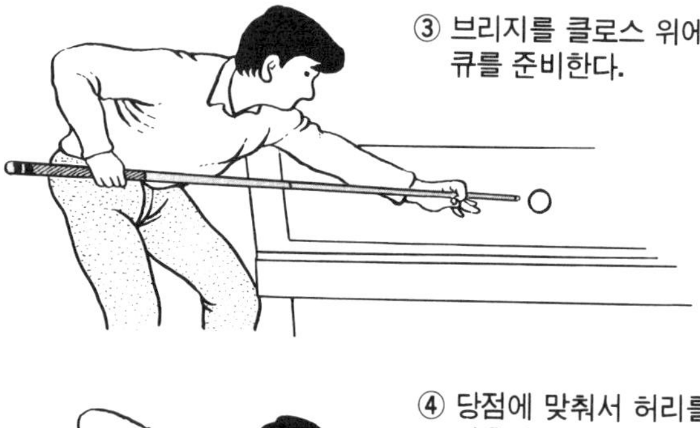

③ 브리지를 클로스 위에 정하고 큐를 준비한다.

④ 당점에 맞춰서 허리를 낮추어 준비한다.

얼굴의 위치

얼굴의 위치는 높으면 높을수록 테이블 전체의 공의 위치 관계를 쉽게 읽을 수 있어서 공의 균형이나 게임의 진행 속도를 유지하기 쉬우므로 캐럼계의 게임에서는 일반적으로 얼굴의 위치가 높아진다.

그런데 포켓계의 게임은 두께를 중요시하기 때문에 얼굴의 위치를 낮추어 평면적으로 보고 맞추는 편이 차질이 적다. 극단적인 사람은 턱 바로 아래에 큐가 위치시키는 경우도 경우도 있다.

그러나 얼굴을 낮게 하면 몸을 낮게 구부리게 되기 때문에 아무래도 팔이 부자유스러워진다. 스스로 쉽게 칠 수 있는 자세를 빨리 찾아내는 것이 중요하다.

① 포켓 당구는 얼굴의 위치가 낮아진다.

② 얼굴의 위치가 높으면 테이블 위의 전체를 보기 쉽다.

스윙은 클로스와 평형으로

친 공은 회전해서 이미지한 코스를 더듬는다.

공에 보다 많은 회전을 주려고 할 경우는 클로스와 평형히 친다. 클로스와 평형히 친다는 것은 그만큼 크게 팔로우 스루를 취할 수 있기 때문이다.

그런데 위에서 클로스를 향해 내리치는 것 같은 각도가 있는 경우는 임팩트(impact)의 순간에 공은 떠나고 큐는 남는 형태가 되어 공의 위력이 꺾여 버린다.

그래서 회전이 좋은 기세 있는 공을 치고 싶은 경우는 브리지로 높이를 조정하고 가능한 한 큐를 클로스와 평형으로 스트로크한다.

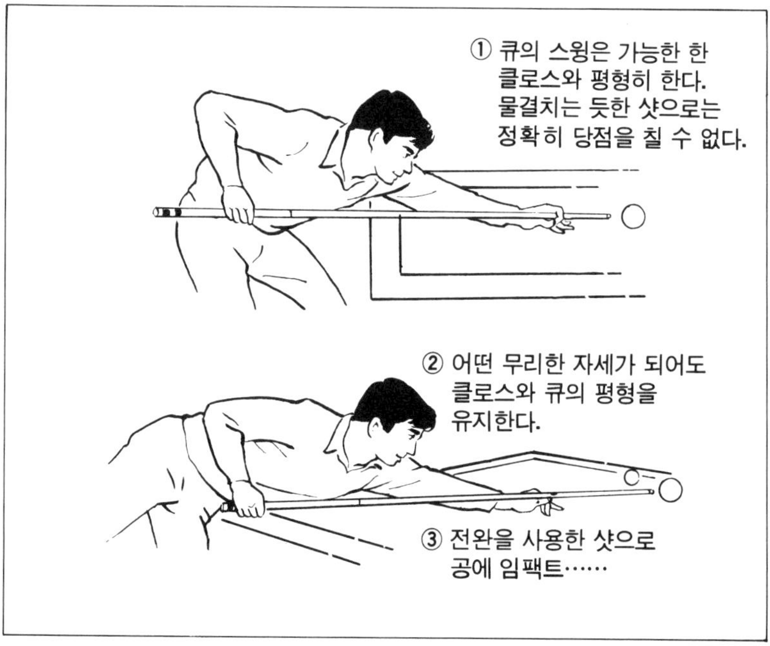
① 큐의 스윙은 가능한 한
클로스와 평형히 한다.
물결치는 듯한 샷으로는
정확히 당점을 칠 수 없다.
② 어떤 무리한 자세가 되어도
클로스와 큐의 평형을
유지한다.
③ 전완을 사용한 샷으로
공에 임팩트……

강한 공은 테이크 백(take back)을 크게

당구도 샷에 여러 가지 구질이 요구된다. 강한 공을 칠 때는 테이크 백을 크게 취해 그 탄력을 이용해서 큐를 기세좋게 길게 밀어낸다. 이 때에 중요한 점은 전완(前腕)으로 공을 치고 나서 다시 2의 팔(상완;上腕)을 유연하게 보내어 임팩트에서 팔로우 스루로 매끄러운 스윙을 한다.

① 세게 칠 때는 약간 뒤에 선다. 위치를 비켜서……

② 테이크 백을 크게 취한다.

샷의 요령은 팔꿈치

스윙이 파도를 치는 것 같아서는 당점을 정확히 샷할 수 없다. 팔꿈치를 축으로 해서 전완으로 진자 운동을 하듯이 치는 것이 요령이다. 다음 그림에서 팔꿈치의 움직임을 잘 살펴보기 바란다.

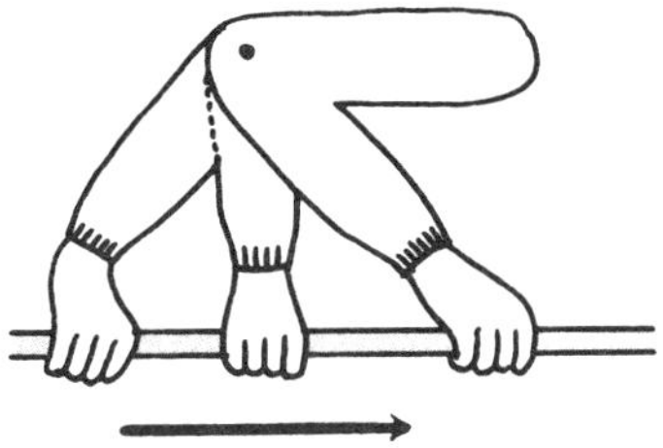

■축이 되는 팔꿈치를 움직이지 않고 전완으로 스윙한다.

임팩트

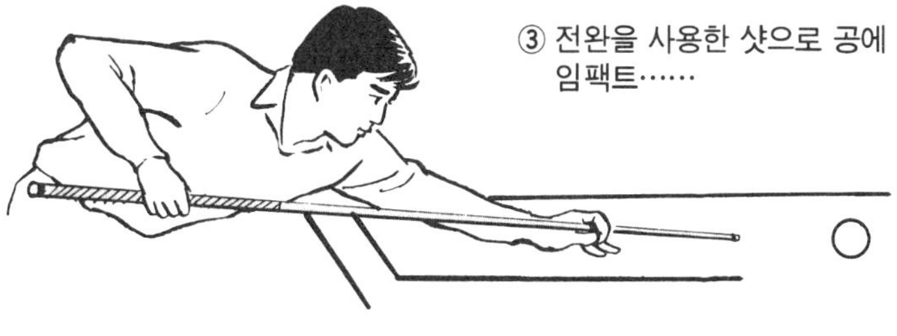

③ 전완을 사용한 샷으로 공에 임팩트……

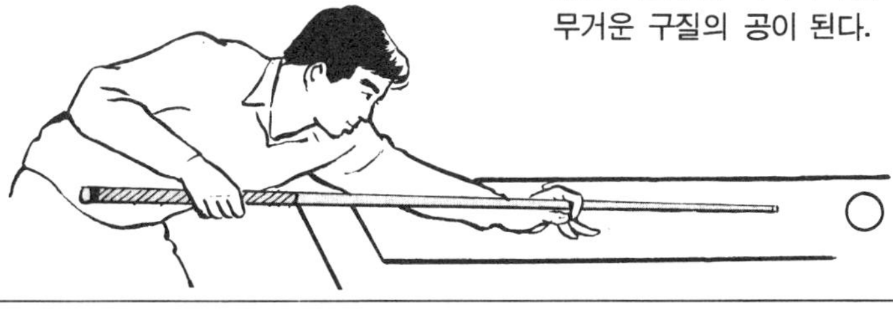

④ 2의 팔(상완)을 사용하여 팔로우 스루로 피니시하면 무거운 구질의 공이 된다.

스트로크와 눈의 움직임

당점을 응시하고 집중력을 높인다. 그러나 그것은 당점에 맞춰서 스윙하고 있는 동안이다. 시선은 공을 치기 직전에 당점에서 적구로 옮긴다.

그리고 당점에서 적구로의 라인을 잡은 순간에 샷하고, 자신이 생각한 라인대로 공이 나아가고 있는지를 확인한다. 이 때 중요한 것은 시선은 공을 쫓아가도 브리지는 그대로 무너뜨리지 않고 둔다.

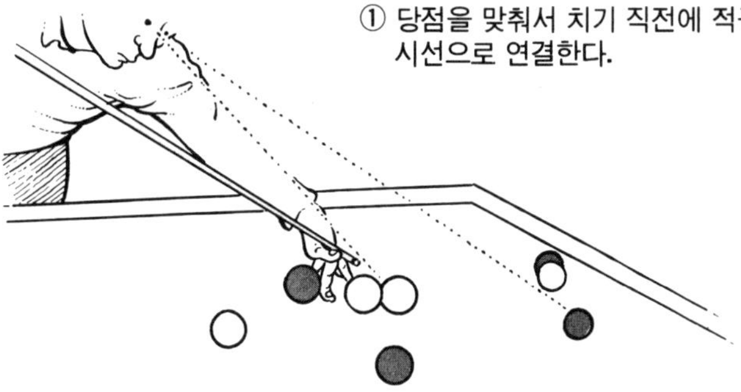

① 당점을 맞춰서 치기 직전에 적구를 시선으로 연결한다.

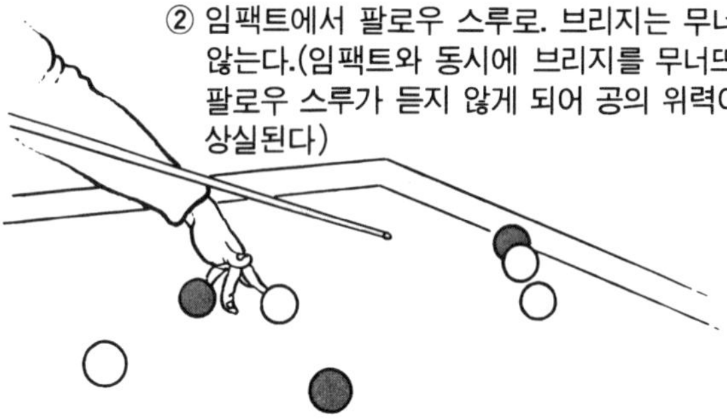

② 임팩트에서 팔로우 스루로. 브리지는 무너뜨리지 않는다.(임팩트와 동시에 브리지를 무너뜨리면 팔로우 스루가 듣지 않게 되어 공의 위력이 상실된다)

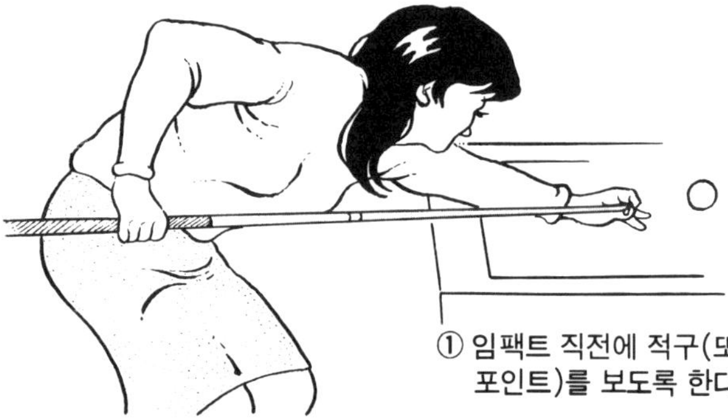

① 임팩트 직전에 적구(또는 쿠션의 포인트)를 보도록 한다.

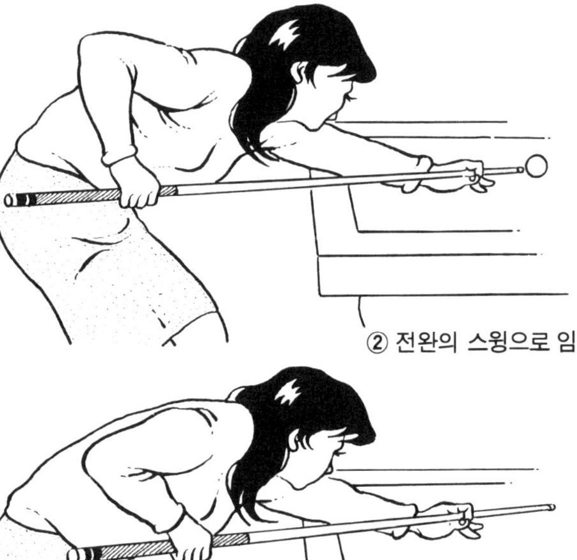

② 전완의 스윙으로 임팩트

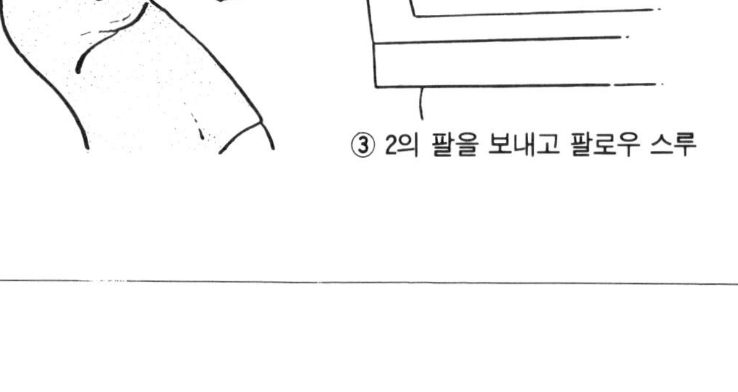

③ 2의 팔을 보내고 팔로우 스루

당점의 겨냥

스트로크를 맞추고 있는 동안은 칠 공에 탭을 가능한 한 접근시켜서 당점에 조금의 차질도 없음을 확인하고 임팩트로의 호흡을 가다듬는다. 이 때 당점에 대한 집중력을 잃으면 생각한 대로의 샷이 어려워진다.

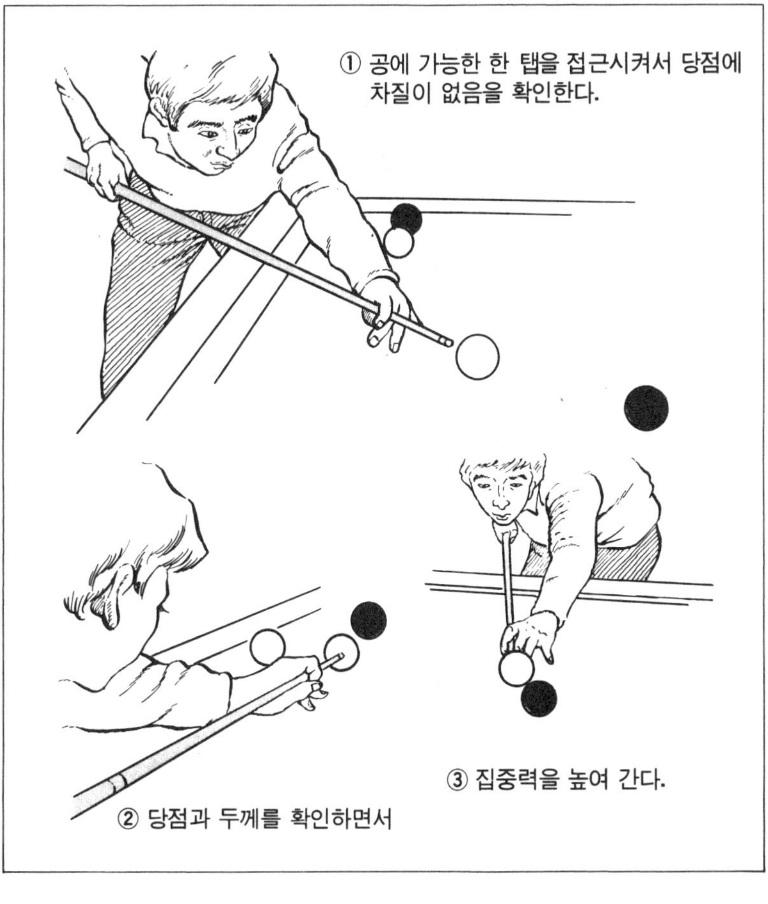

① 공에 가능한 한 탭을 접근시켜서 당점에 차질이 없음을 확인한다.
② 당점과 두께를 확인하면서
③ 집중력을 높여 간다.

샷의 연습

스트로크도 그저 마구 큐를 움직이고 있어서는 결코 숙달되지 않는다. 특히 친 공의 조절이 전부가 되는 당구에서는 무엇보다도 정확한 스트로크를 익혀 둘 필요가 있다.

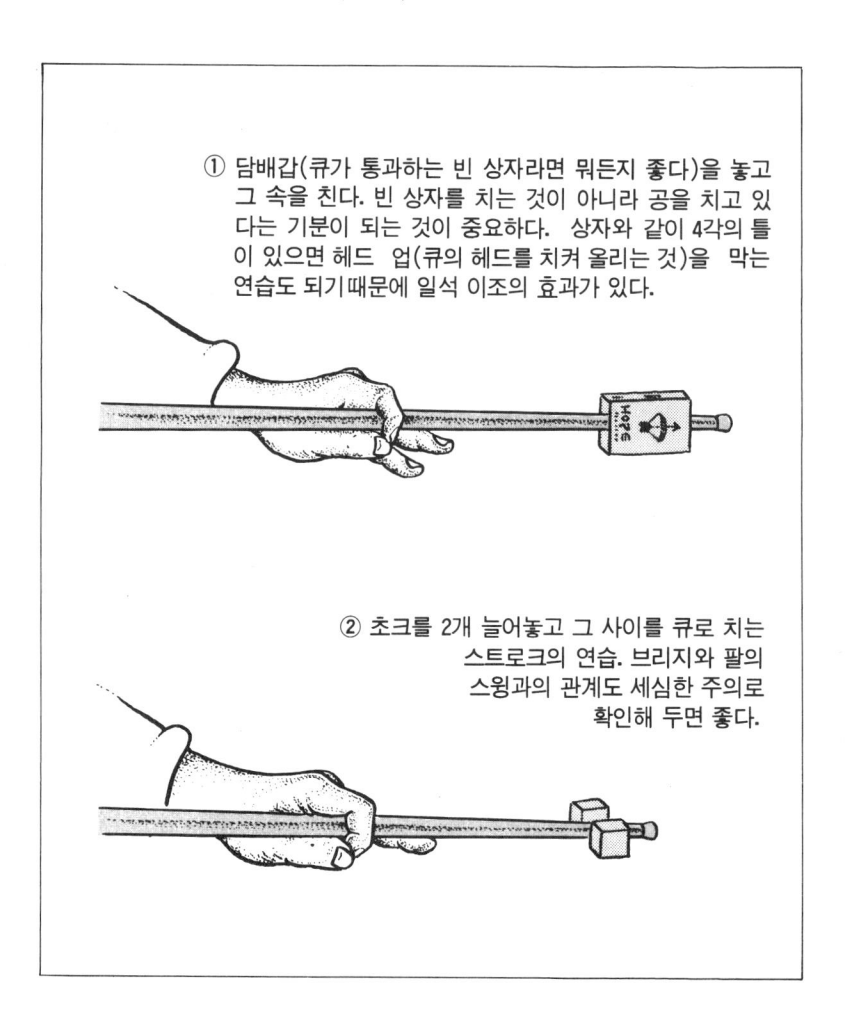

① 담배갑(큐가 통과하는 빈 상자라면 뭐든지 좋다)을 놓고 그 속을 친다. 빈 상자를 치는 것이 아니라 공을 치고 있다는 기분이 되는 것이 중요하다. 상자와 같이 4각의 틀이 있으면 헤드 업(큐의 헤드를 치켜 올리는 것)을 막는 연습도 되기때문에 일석 이조의 효과가 있다.

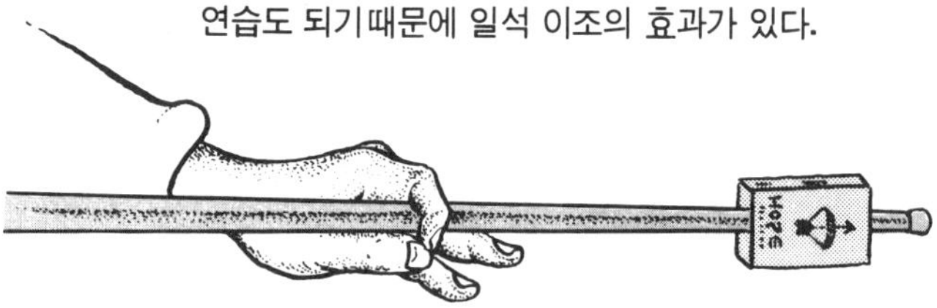

② 초크를 2개 늘어놓고 그 사이를 큐로 치는 스트로크의 연습. 브리지와 팔의 스윙과의 관계도 세심한 주의로 확인해 두면 좋다.

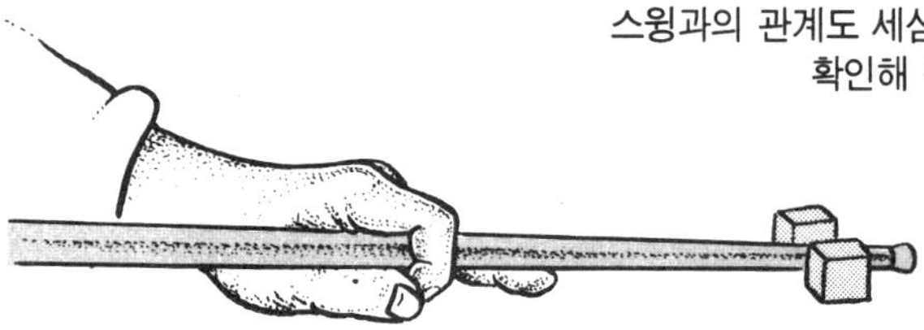

레스트의 이용

레스트는 미캐니컬 브리지라고도 한다. 이 기구는 팔이 미치지 않는 위치에 브리지가 필요한 경우에 이용하는 것으로 단풍 모양을 한 골짜기에 큐를 놓는다.

이 레스트는 볼이 놓인 상황에 따라서 세로로 하거나 가로로 하거나 해서 어느 골짜기에서도 이용할 수 있기 때문에 무리 없는 스트로크로 당점이 빗나가게 하지 않도록 한다. 이 경우의 큐 쥐는 법은 마세(massé)와 같다.

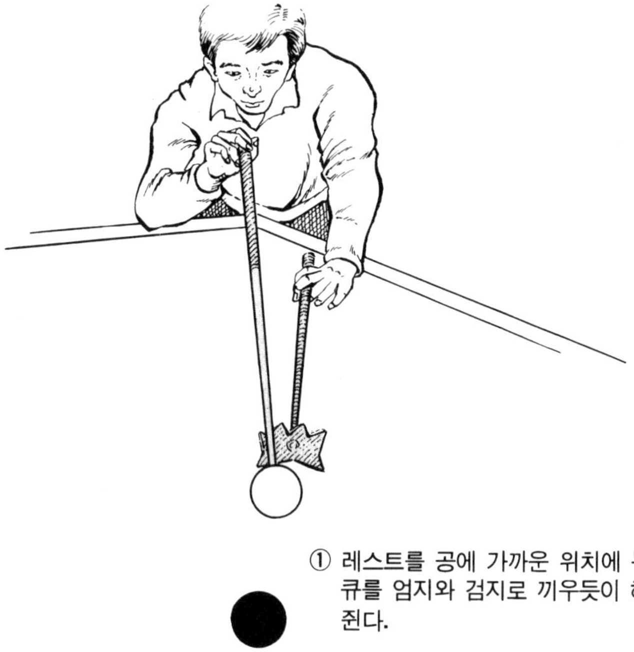

① 레스트를 공에 가까운 위치에 두고 큐를 엄지와 검지로 끼우듯이 해서 쥔다.

② 큐는 가볍게 쥔다.

③ 샷은 손목을 부드럽게 하고 힘주지 말 것.

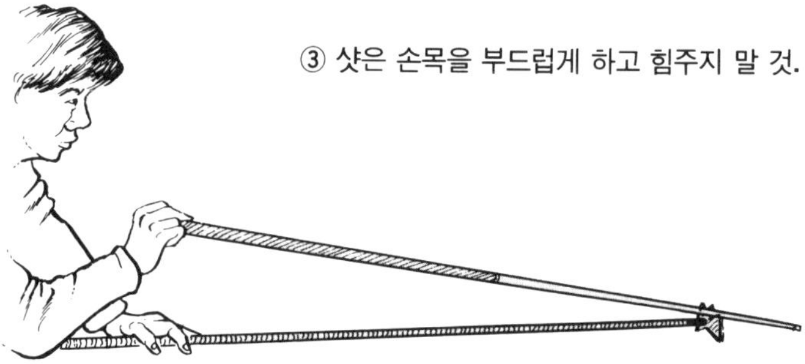

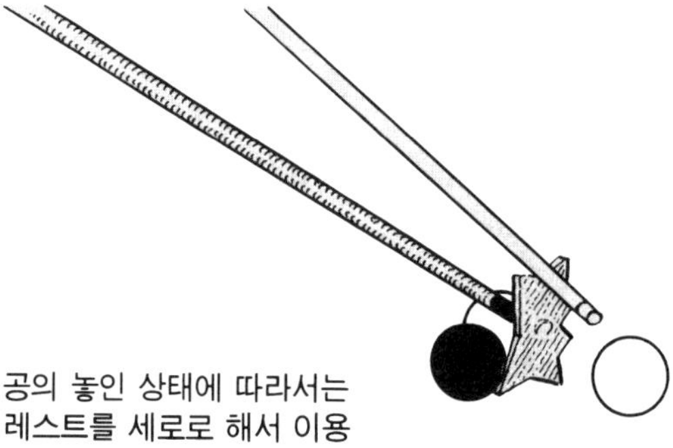

④ 공의 놓인 상태에 따라서는
레스트를 세로로 해서 이용
한다.

마세(masse)

마세는 칠 수구와 맞히려고 하는 적구가 보통 치는 법으로 잘 되지 않는 경우에 사용하는 하이 레벨의 치는 법이기 때문에 초보자에게는 너무 어렵다.

큐의 취급에 익숙해지고 나서라도 늦지 않기 때문에 너무 초조해하지 않는다. 그렇지 않으면 너무 세서 클로스를 찢어 버리게 될 지도 모른다. 기술을 배우는 속도가 느릴지라도 하나 하나 착실하게 하는 것이 효과적이다.

② 프리 핸드 마세는 조절을 틀리게 하지 않기 위해서 의복의 일부를 잡고 큐를 지탱하도록 한다.
① 팔꿈치를 올려서 준비하면 그만큼 위에서 휘두를 수 있다.

공의 회전은 스냅으로

큐를 세워서 준비하는 마세는 임팩트에서 팔로우 스로의 스트로크가 극도로 제한되기 때문에 아무래도 손목을 살린 샷이 된다.

때문에 큐는 엄지와 검지에 끼우듯이 해서 쥐고 공에 탭이 닿을 듯 말 듯한 가까이에서 당점을 맞추어 작은 새가 먹이를 쪼는 듯한 느낌으로 큐에 무게를 실어 친다.

① 공의 회전을 좋게 하기 위해서 손목을 살려 살짝 친다.

② 큐의 무게로 치는 정도의 느낌이 좋다.

마세의 브리지

마세에서는 엄지가 큐의 받침이 된다. 그리고 공을 가져 가고 싶은 방향과는 반대쪽으로 큐를 향해 준비한다. 즉 겨냥 방향과는 역방향으로 엄지로 벽을 만들어 큐가 달아나지 않도록 한다.

엄지 외는 3개 내지 4개의 손가락을 가능한 한 안정감 있는 상태로 세워서 당점의 겨냥이 틀어지지 않도록 주의한다.

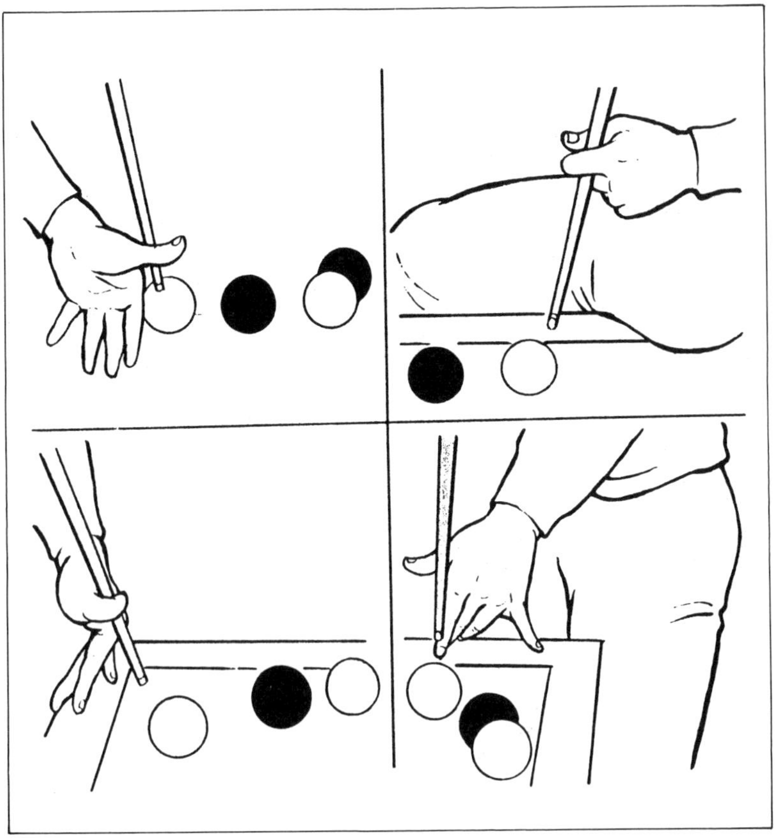

프로가 되기 위한 숙달 훈련

기본 기술

당구의 기술도 그 숙달의 정도에 따라서 복잡해지고 고도의 것이 된다. 여기에서는 앞으로 당구를 시작하려고 하는 사람이 기본 기술로써 꼭 익혀 두어야 하는 것을 정리해 보았다.

실전에서는 예로 든 그림대로 공을 치는 경우가 극히 드물지도 모른다. 그러나 게임에서 치는 공의 대부분은 예로 든 그림 변화인 것은 틀림없다.

기본이 되는 기술이 정확히 되어 있으면 그것만으로도 당구를 충분히 즐길 수 있다. 물론 경험을 쌓으면 기술이 더욱 향상할 것이다.

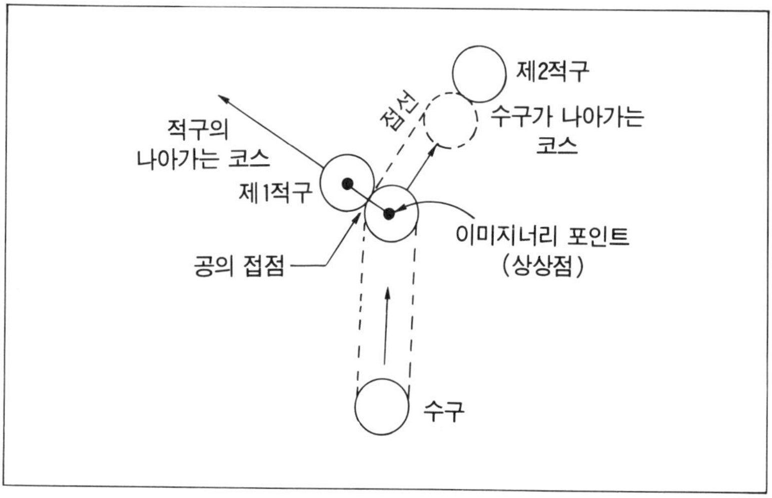

◐이지(easy)볼

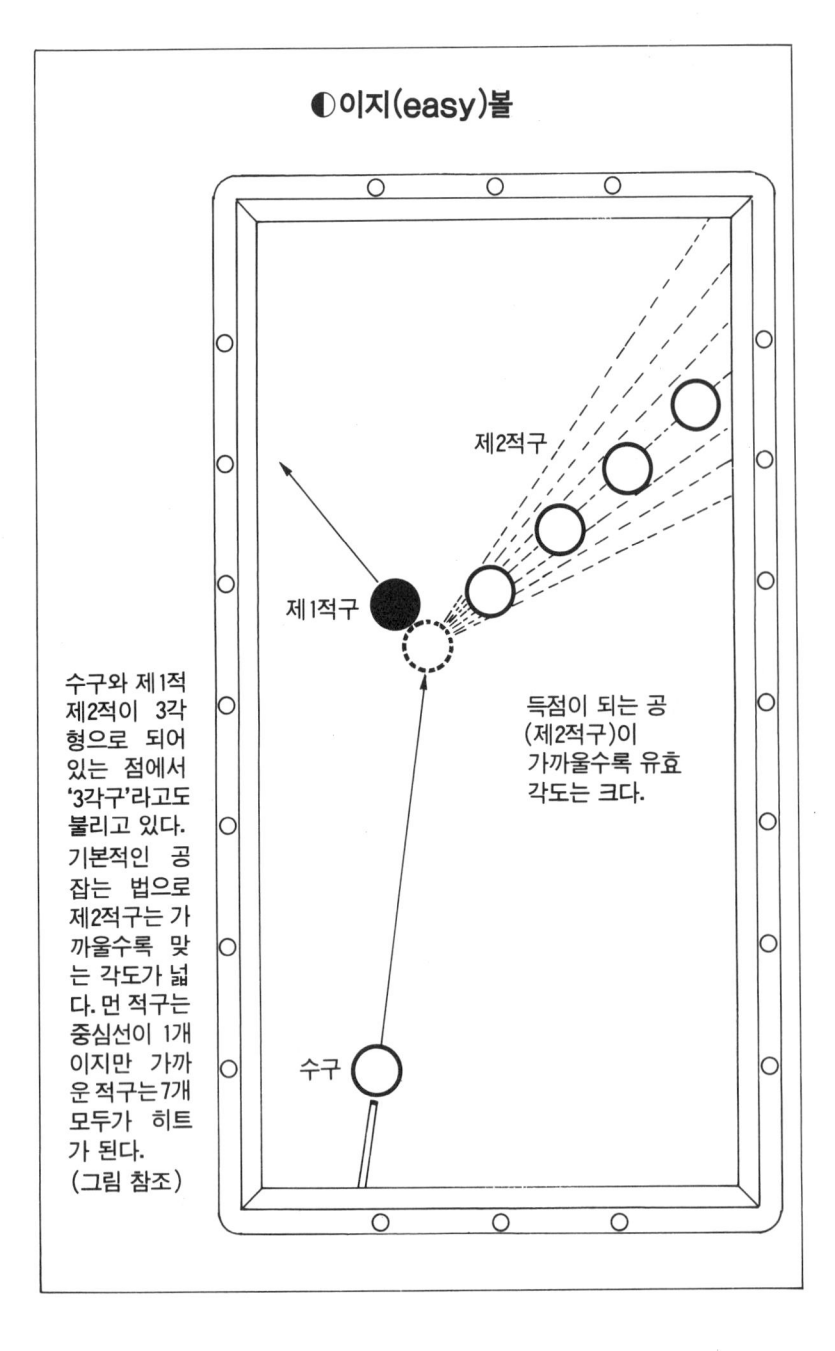

수구와 제1적 제2적이 3각형으로 되어 있는 점에서 '3각구'라고도 불리고 있다. 기본적인 공 잡는 법으로 제2적구는 가까울수록 맞는 각도가 넓다. 먼 적구는 중심선이 1개이지만 가까운 적구는 7개 모두가 히트가 된다. (그림 참조)

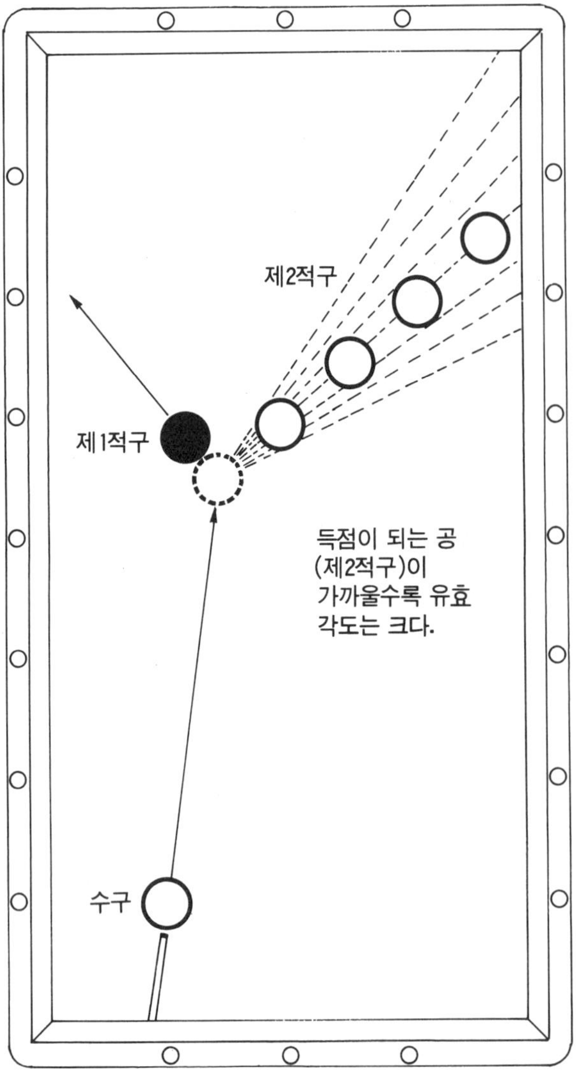
제2적구
제1적구
득점이 되는 공 (제2적구)이 가까울수록 유효 각도는 크다.
수구

◐밀어 치기(위 치기)

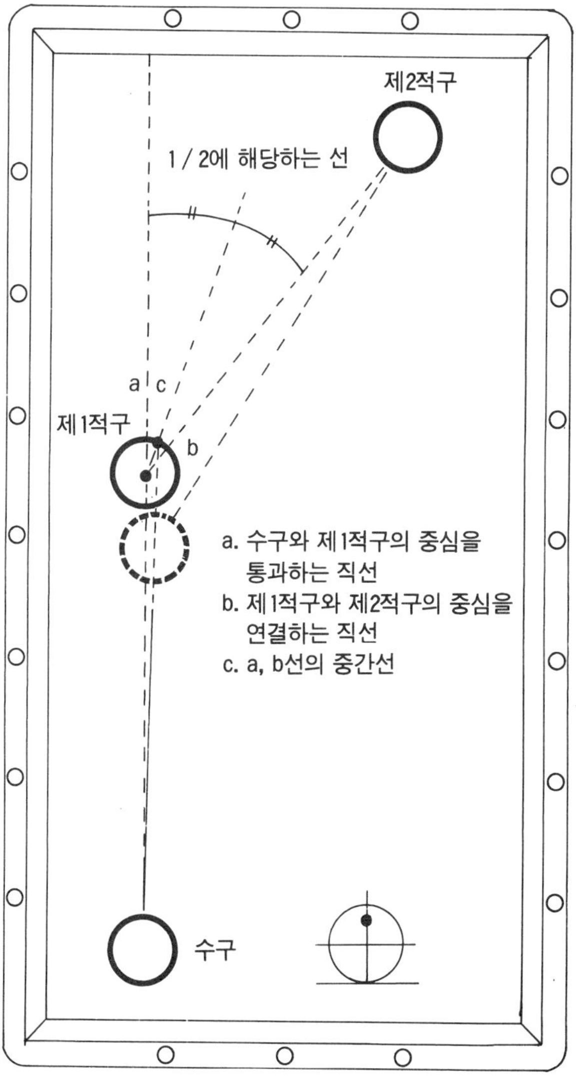

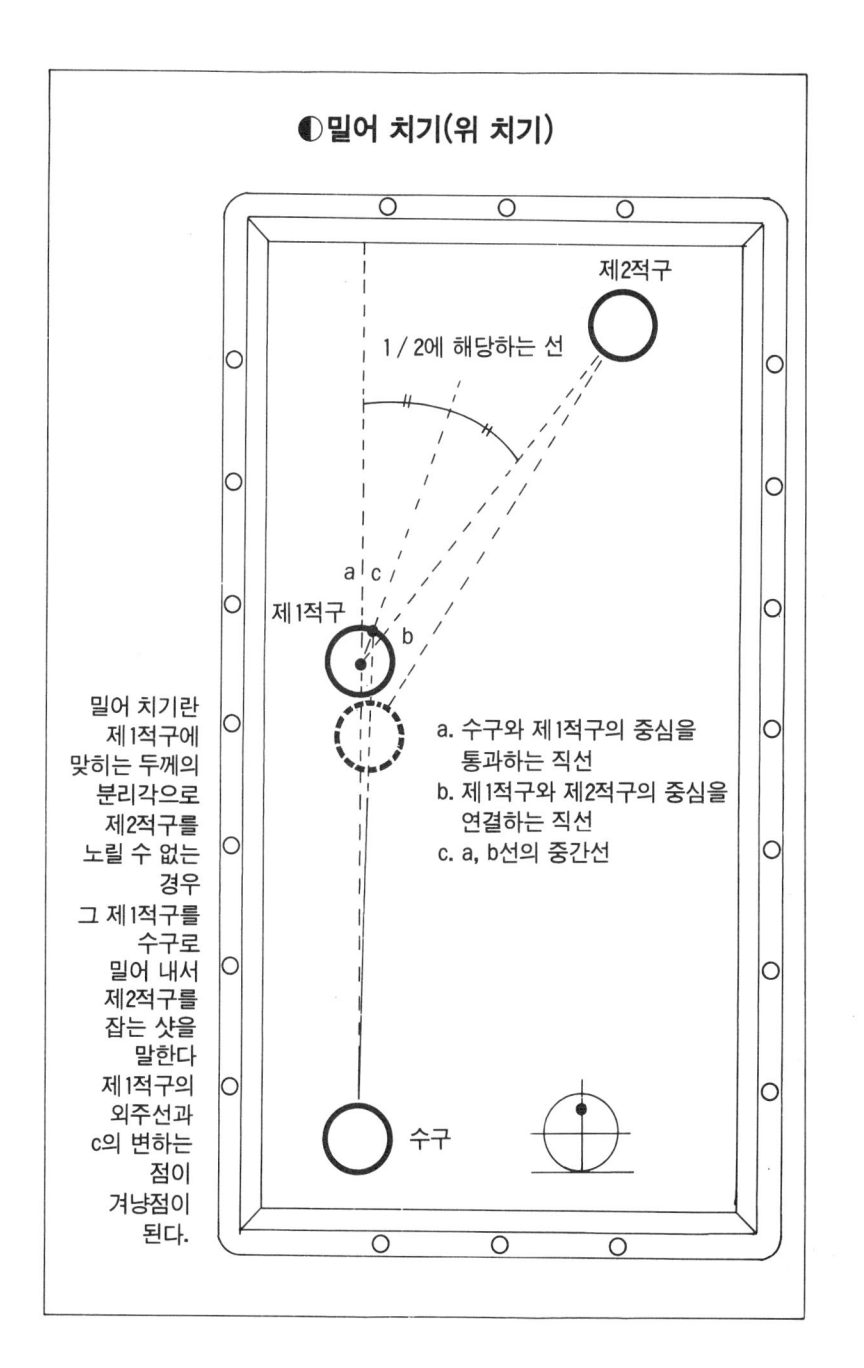

밀어 치기란 제1적구에 맞히는 두께의 분리각으로 제2적구를 노릴 수 없는 경우 그 제1적구를 수구로 밀어 내서 제2적구를 잡는 샷을 말한다 제1적구의 외주선과 c의 변하는 점이 겨냥점이 된다.

◐먼 밀어 치기(아래 치기)

제1적구가 먼 위치에 있을 때는 아래를 치면 제1적구에 맞는 시점에서 공은 전진 회전으로 변하기 때문에 밀어 치기의 구질이 된다.

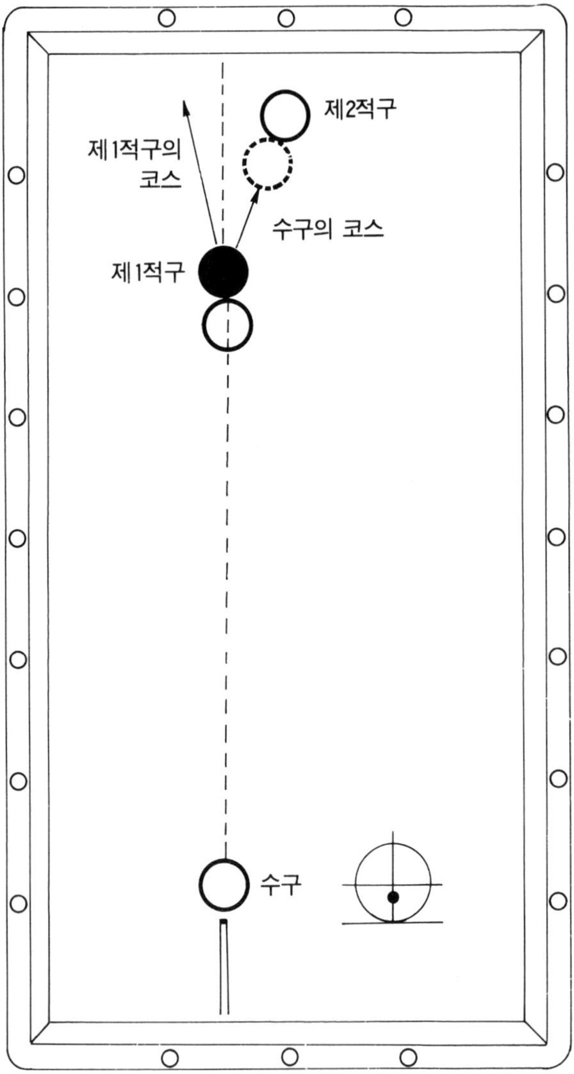

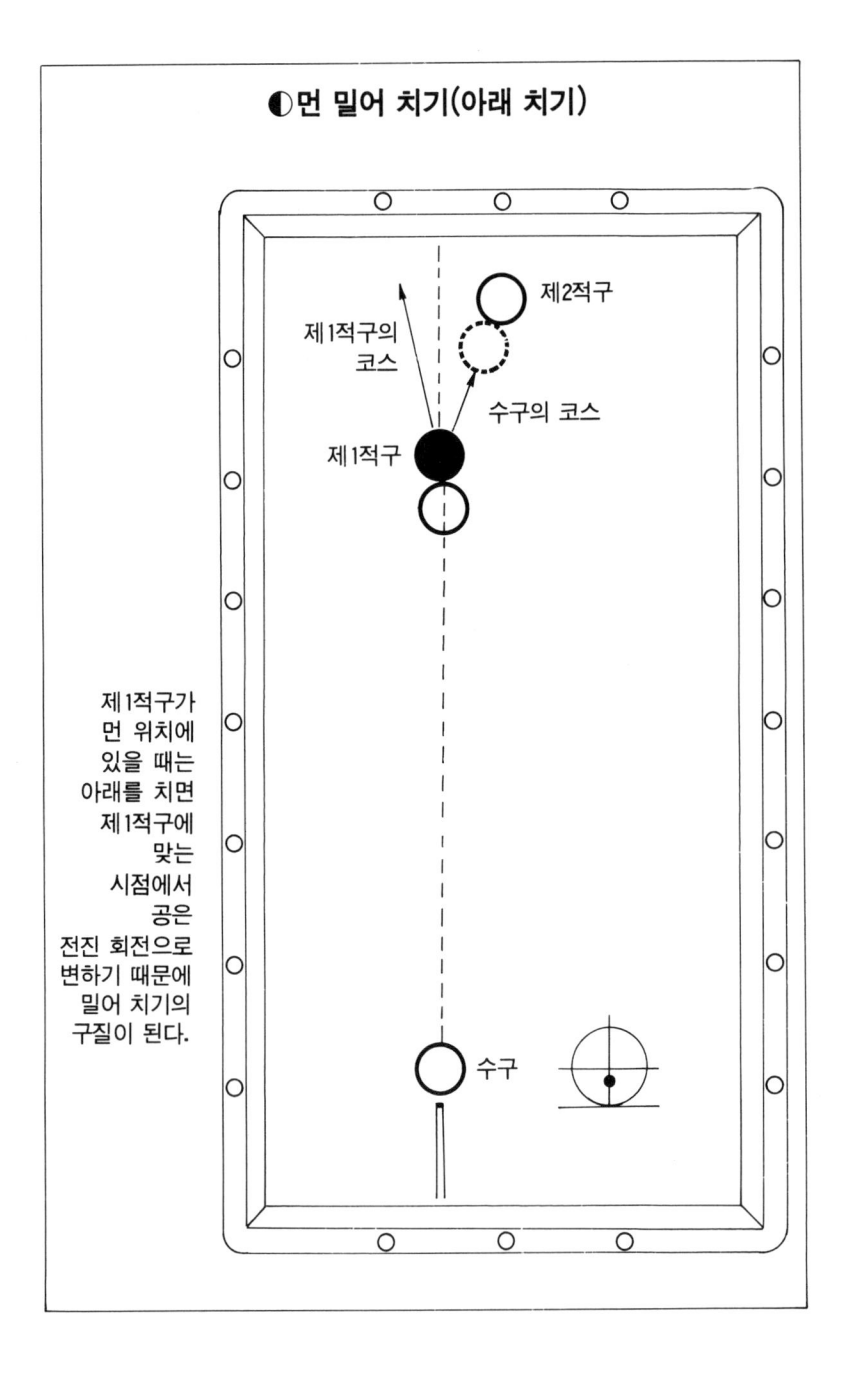

◐밀어 치기의 키스 피하는 법

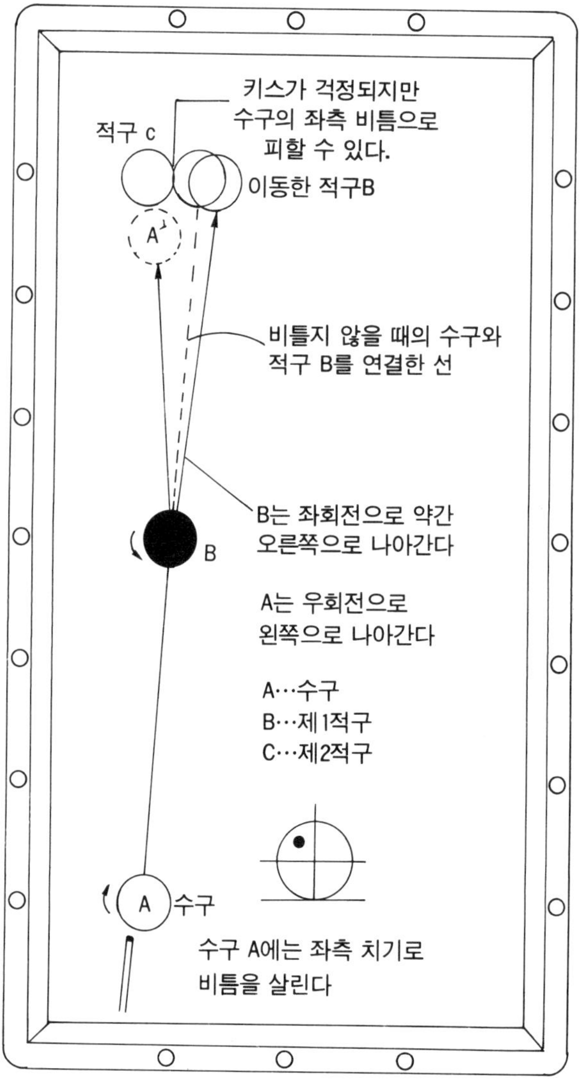
키스가 걱정되지만
수구의 좌측 비틈으로
피할 수 있다.
적구 c
이동한 적구B
A'
비틀지 않을 때의 수구와
적구 B를 연결한 선
B는 좌회전으로 약간
오른쪽으로 나아간다
B
A는 우회전으로
왼쪽으로 나아간다
A…수구
B…제1적구
C…제2적구
A
수구
수구 A에는 좌측 치기로
비틈을 살린다

스트레이트한 밀어 치기에서는 제2적구 ⓒ와 제1적구 Ⓑ가 접촉할 가능성이 높을 경우 수구에 좌측 비틈을 주면 Ⓑ는 좌회전이 되어 코스가 오른쪽으로 빗나가 ⓒ와의 접촉을 피할 수 있다.

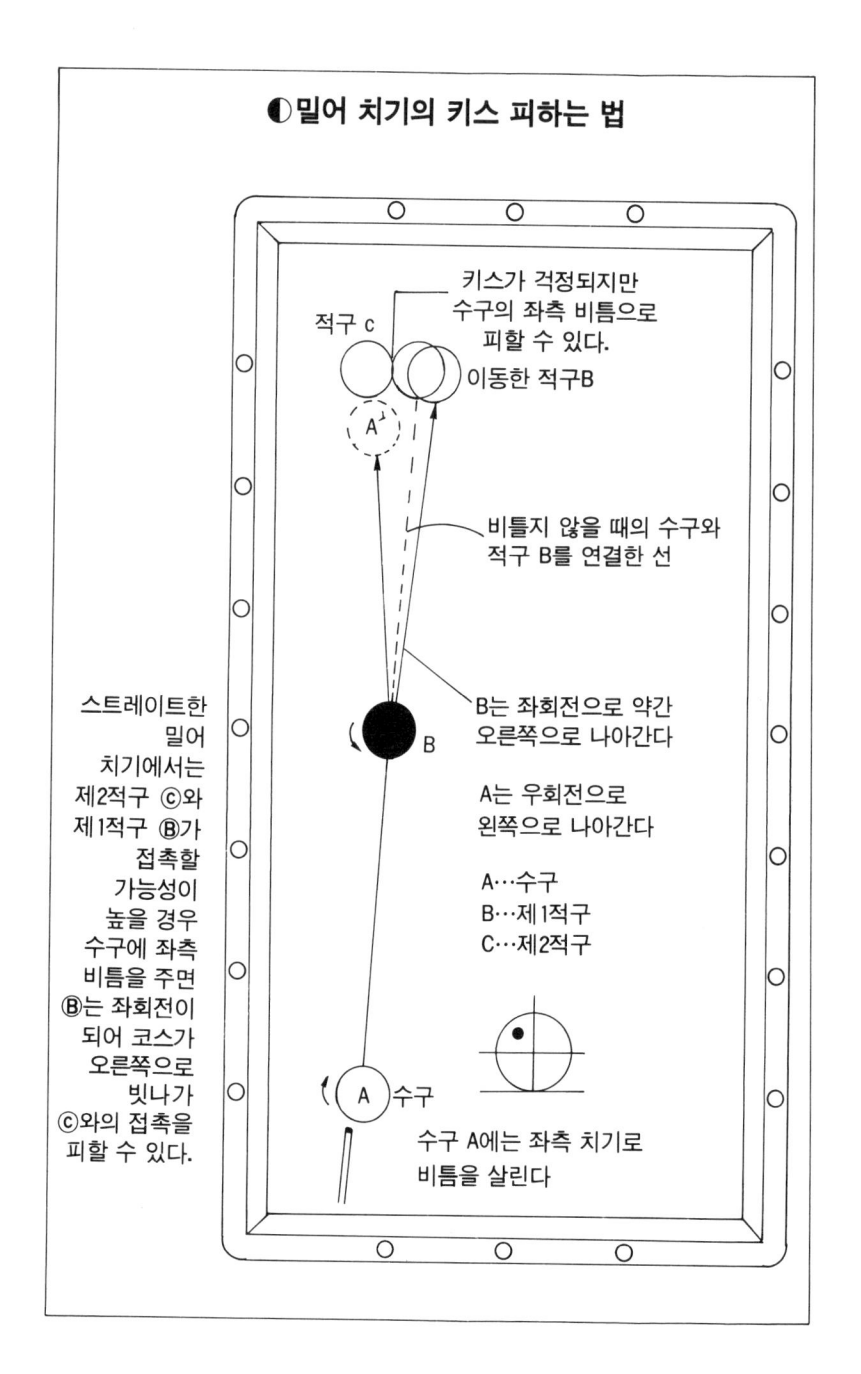

◐목표 구역에 모으는 밀어 치기

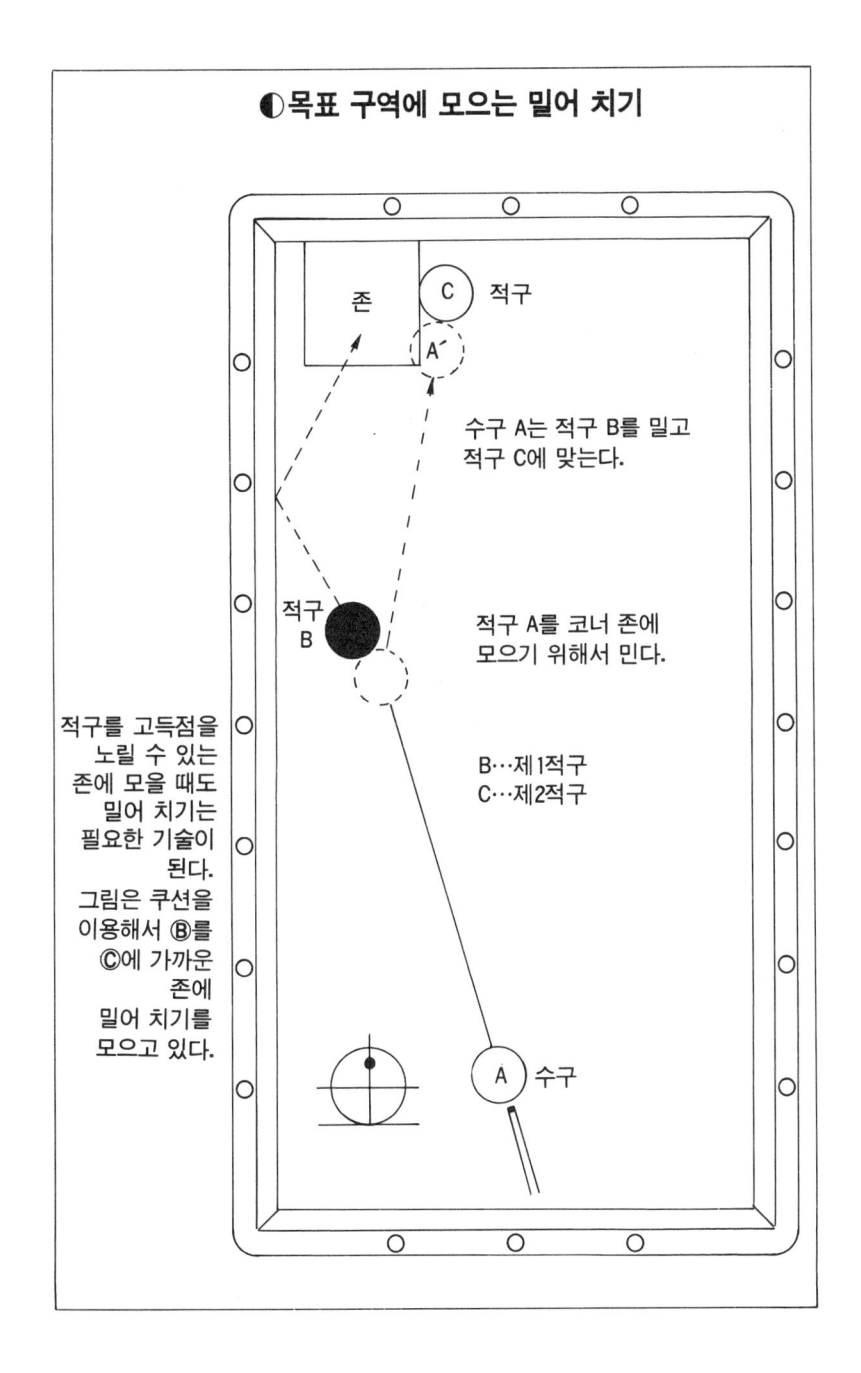

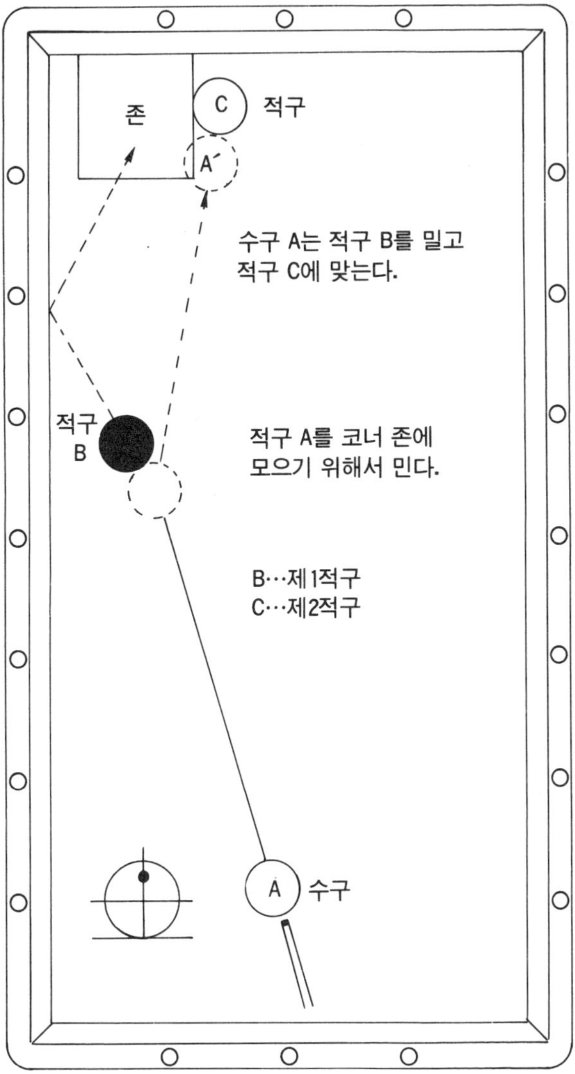

존
C
적구
A´
수구 A는 적구 B를 밀고
적구 C에 맞는다.
적구
B
적구 A를 코너 존에
모으기 위해서 민다.
B…제1적구
C…제2적구
A
수구

적구를 고득점을 노릴 수 있는 존에 모을 때도 밀어 치기는 필요한 기술이 된다.
그림은 쿠션을 이용해서 Ⓑ를 Ⓒ에 가까운 존에 밀어 치기를 모으고 있다.

◐밀어 빼어 치기

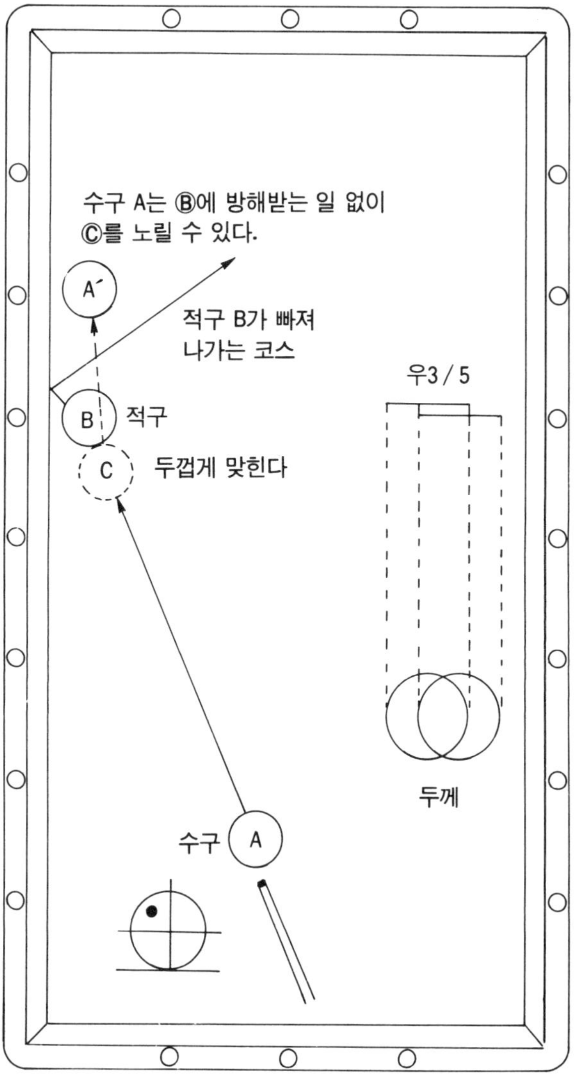

밀어 빼어 치기란 수구로 민 공을 쿠션에 넣고 수구의 앞을 스쳐서 빠져 나가게 하는 샷을 말한다. 특히 제1적구가 쿠션 가까이에 있어 제2적구의 겨냥을 방해하고 있는 것 같은 경우에 흔히 이 밀어 빼어 치기 기술이 이용된다.

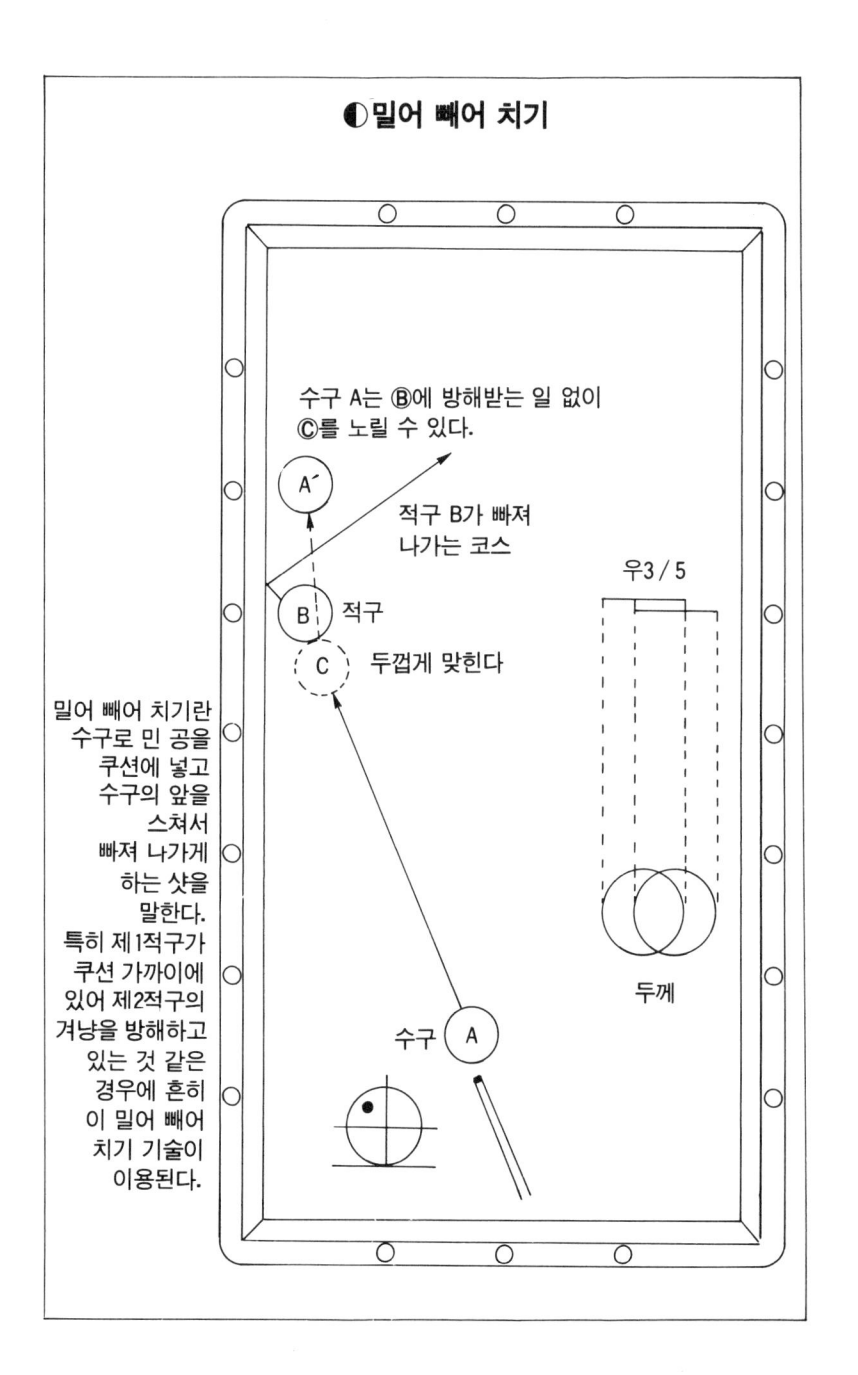

◐밀어 빼어 치기의 응용례

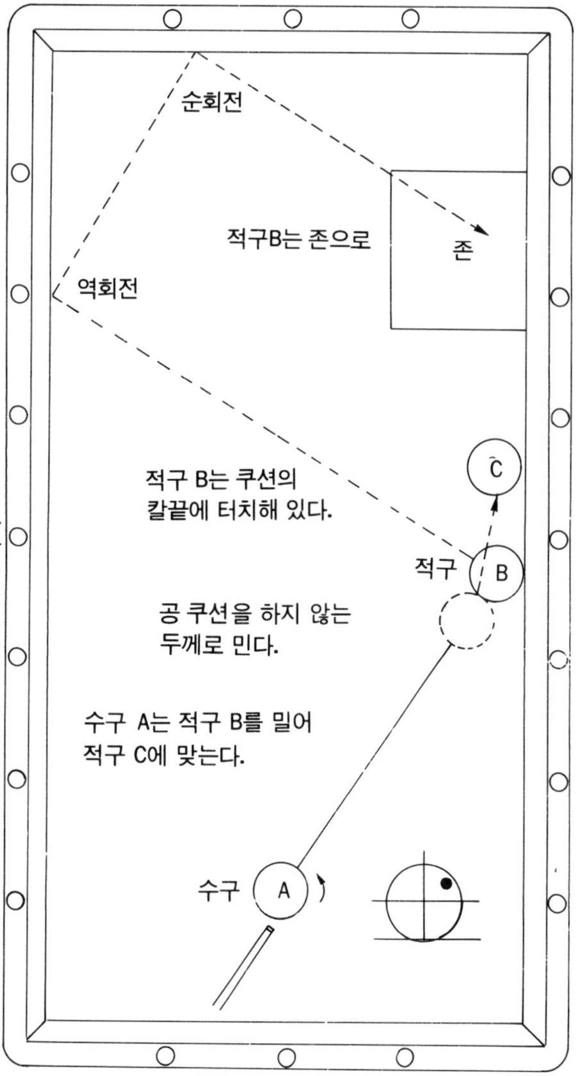
순회전
적구B는 존으로
존
역회전
적구 B는 쿠션의
칼끝에 터치해 있다.
C
적구
B
공 쿠션을 하지 않는
두께로 민다.
수구 A는 적구 B를 밀어
적구 C에 맞는다.
수구
A

밀어 빼어 치기로
제1적구 Ⓑ를
고득점을
노릴 수 있는
존에 모아서
제2적구Ⓒ에
수구를 맞힌다.

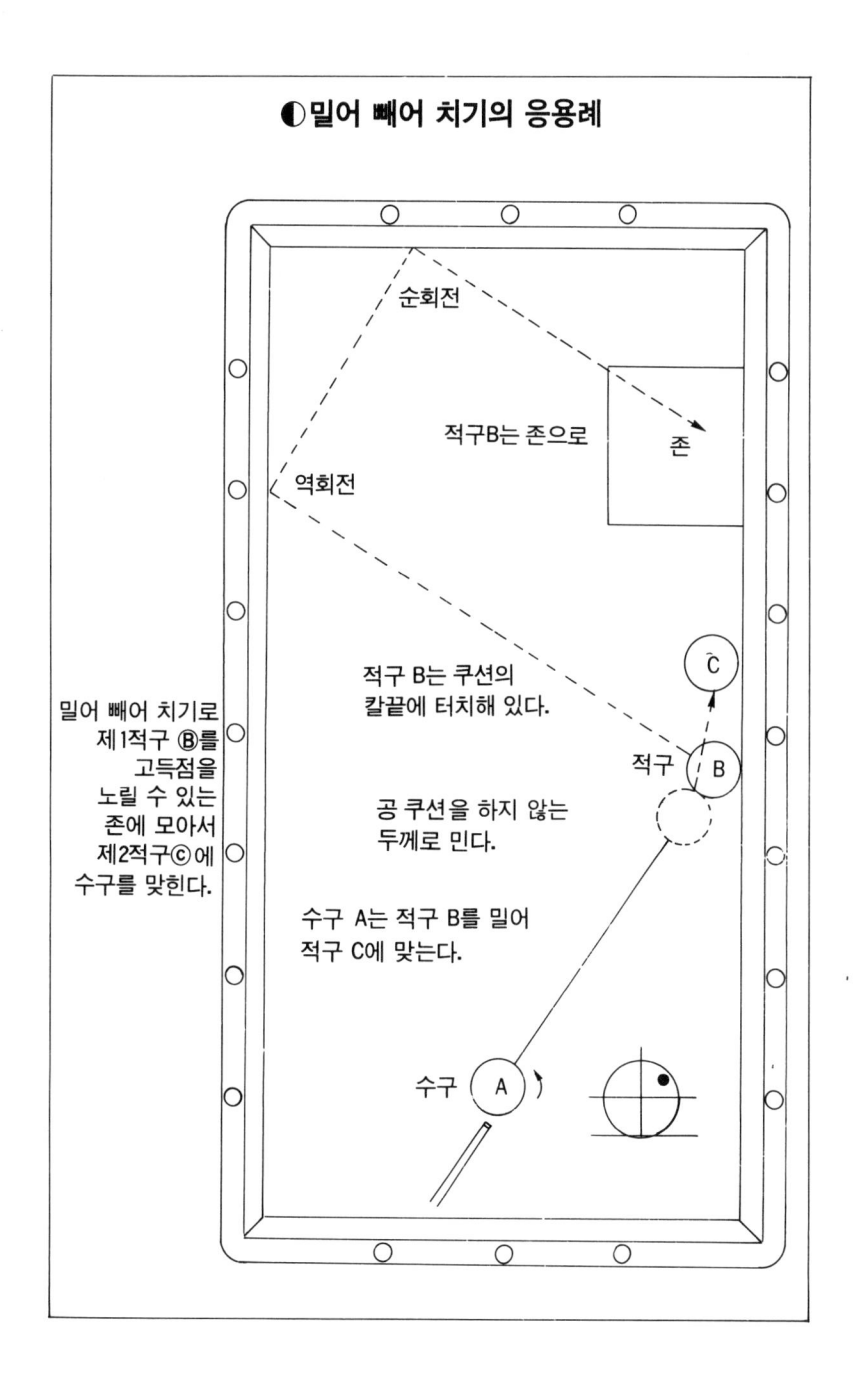

◐끌어 치기

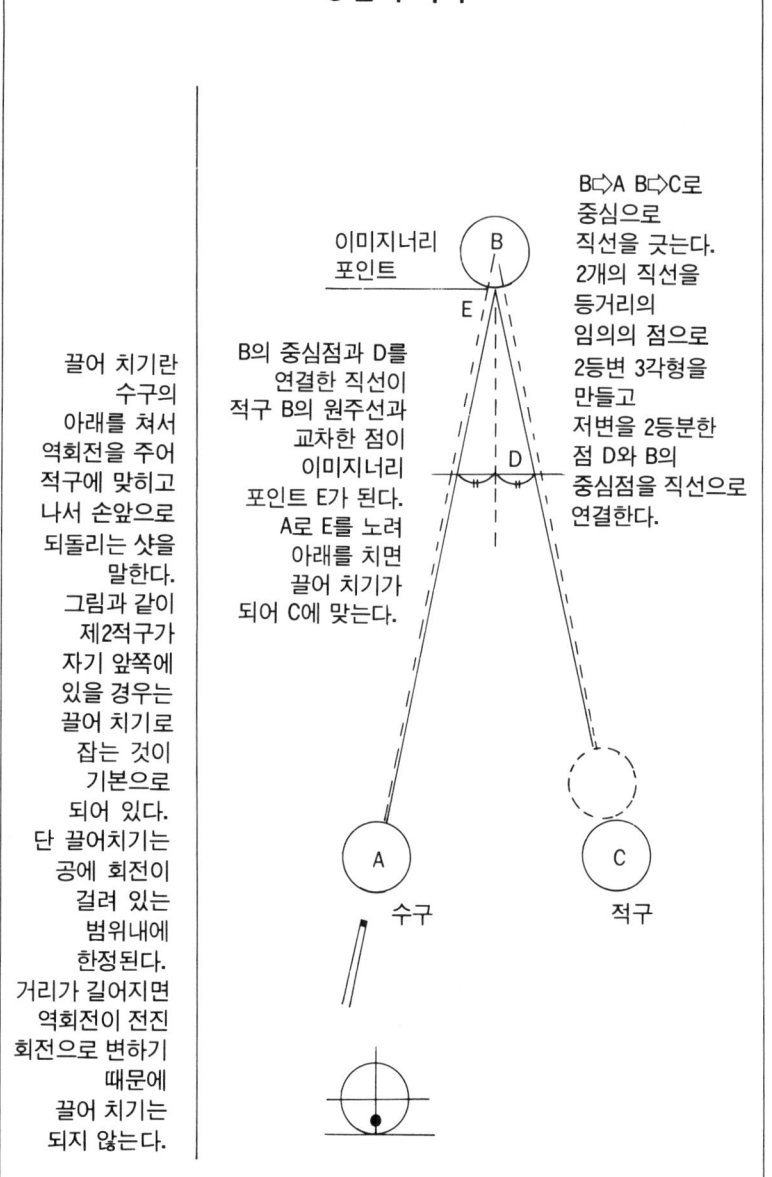

끌어 치기란 수구의 아래를 쳐서 역회전을 주어 적구에 맞히고 나서 손앞으로 되돌리는 샷을 말한다. 그림과 같이 제2적구가 자기 앞쪽에 있을 경우는 끌어 치기로 잡는 것이 기본으로 되어 있다. 단 끌어치기는 공에 회전이 걸려 있는 범위내에 한정된다. 거리가 길어지면 역회전이 전진 회전으로 변하기 때문에 끌어 치기는 되지 않는다.

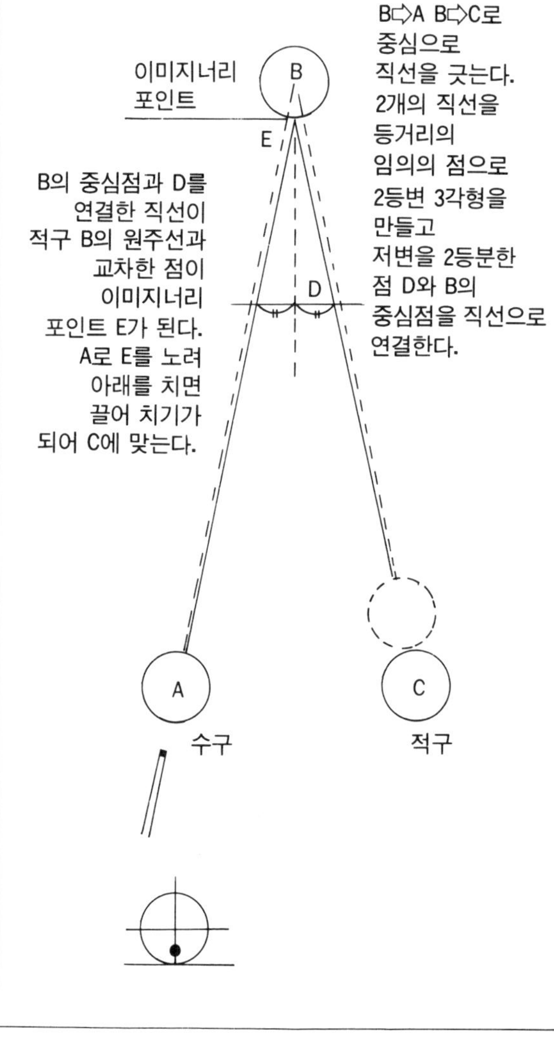

이미지너리
포인트
B
E
D
A
수구
C
적구
B의 중심점과 D를 연결한 직선이 적구 B의 원주선과 교차한 점이 이미지너리 포인트 E가 된다. A로 E를 노려 아래를 치면 끌어 치기가 되어 C에 맞는다.
B⇨A B⇨C로 중심으로 직선을 긋는다. 2개의 직선을 등거리의 임의의 점으로 2등변 3각형을 만들고 저변을 2등분한 점 D와 B의 중심점을 직선으로 연결한다.

◐끌어 치기의 응용례

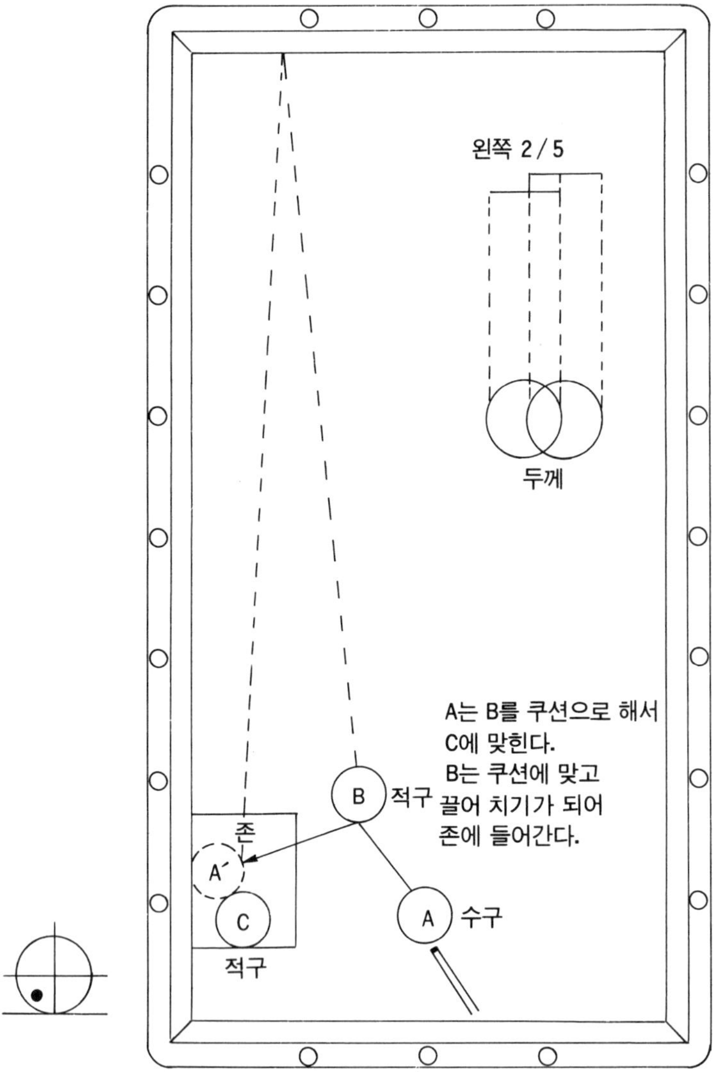
왼쪽 2/5
두께
A는 B를 쿠션으로 해서
C에 맞힌다.
B는 쿠션에 맞고
끌어 치기가 되어
존에 들어간다.
B
적구
존
A´
C
적구
A
수구

◐얇은 공(페더 볼)

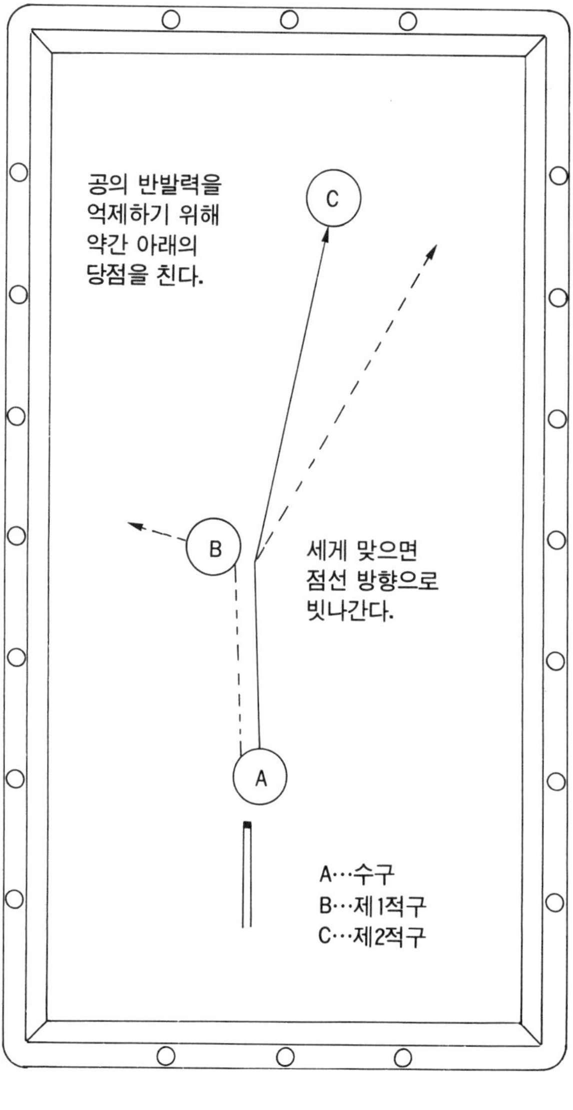
공의 반발력을
억제하기 위해
약간 아래의
당점을 친다.
C
B
세게 맞으면
점선 방향으로
빗나간다.
A
A…수구
B…제1적구
C…제2적구

얇은 공은 페더 볼이라고도 하며 두께를 얇게 한 샷으로 수구와 적구가 약간 직선에 가까운 형태로 되어 있을 때에 흔히 이용되지만 상당히 고도의 기술을 필요로 한다.

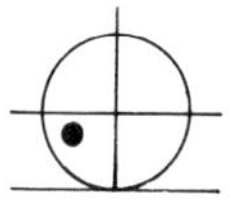

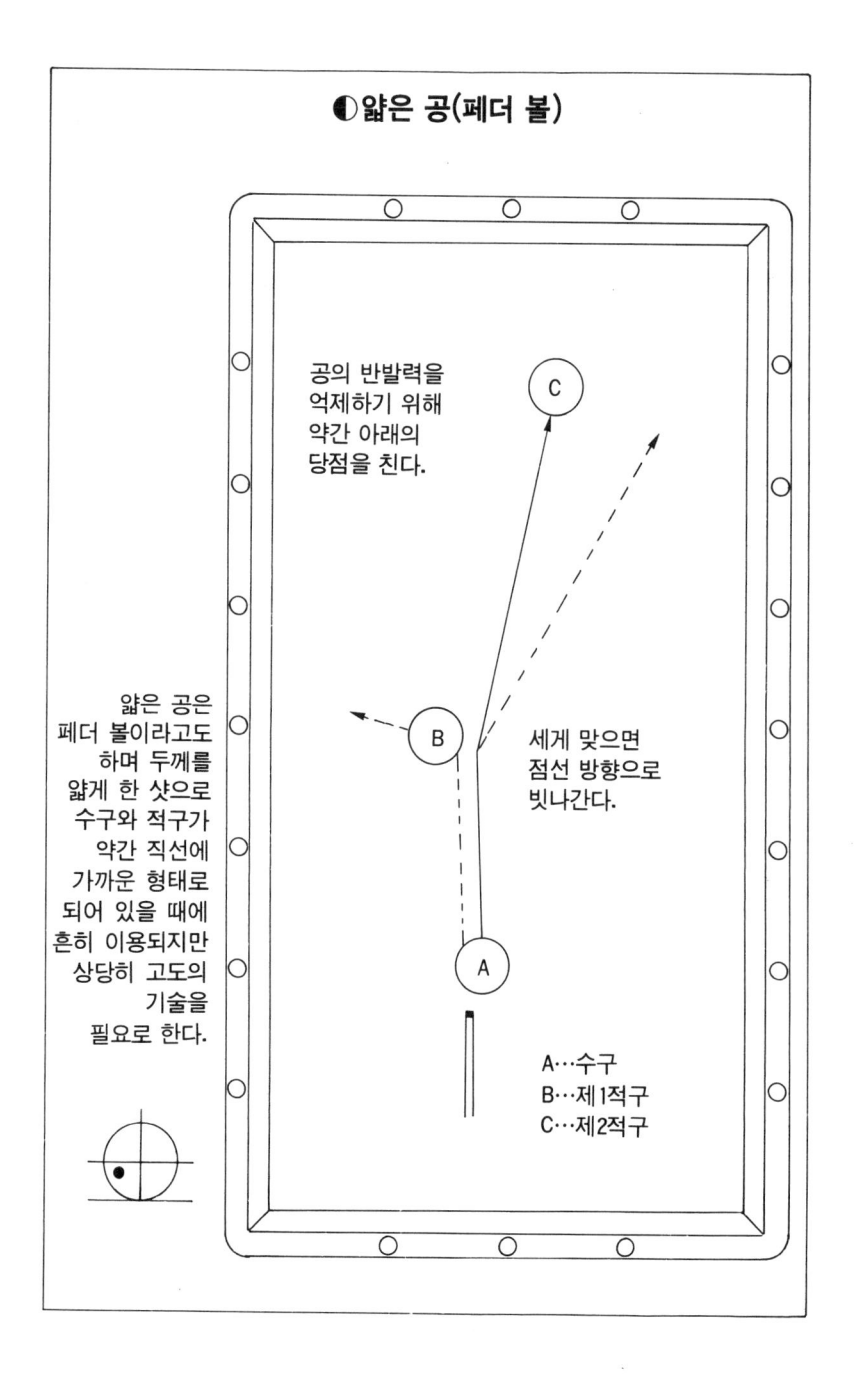

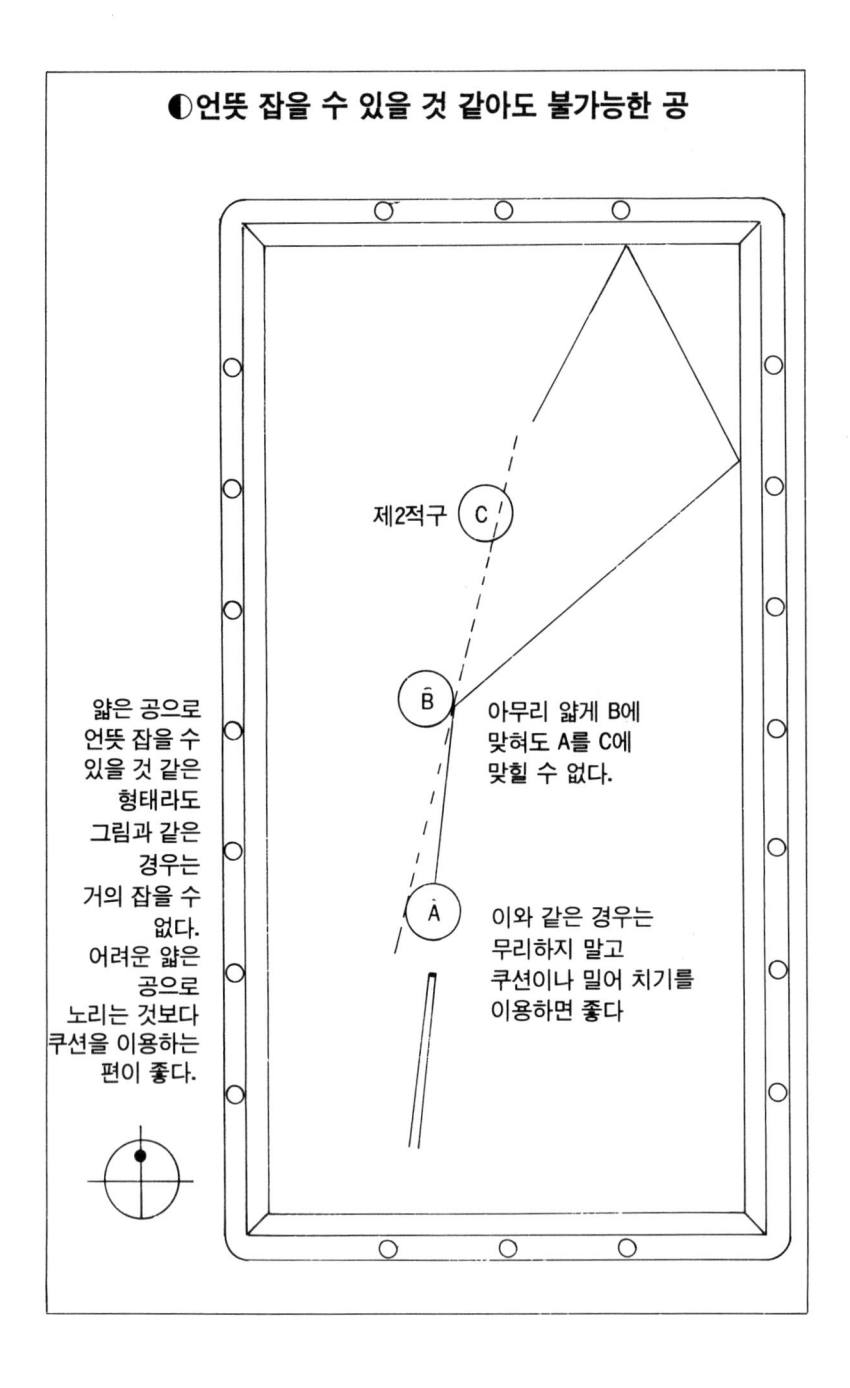

◐언뜻 잡을 수 있을 것 같아도 불가능한 공

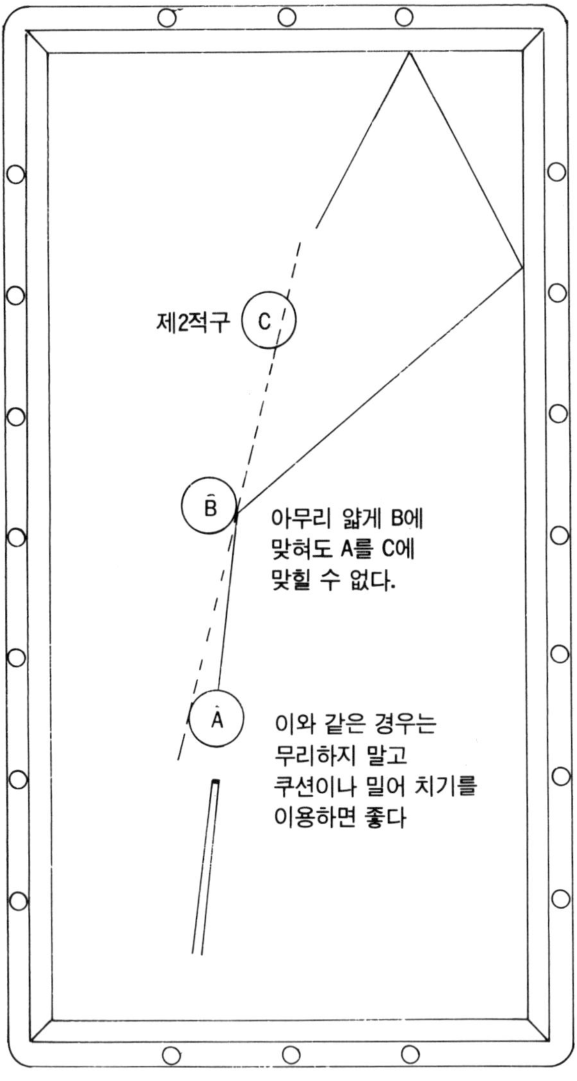
제2적구
C
B
A
아무리 얇게 B에
맞혀도 A를 C에
맞힐 수 없다.
이와 같은 경우는
무리하지 말고
쿠션이나 밀어 치기를
이용하면 좋다

얇은 공으로 언뜻 잡을 수 있을 것 같은 형태라도 그림과 같은 경우는 거의 잡을 수 없다. 어려운 얇은 공으로 노리는 것보다 쿠션을 이용하는 편이 좋다.

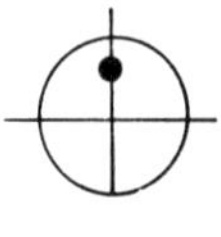

◐비틀어 치기

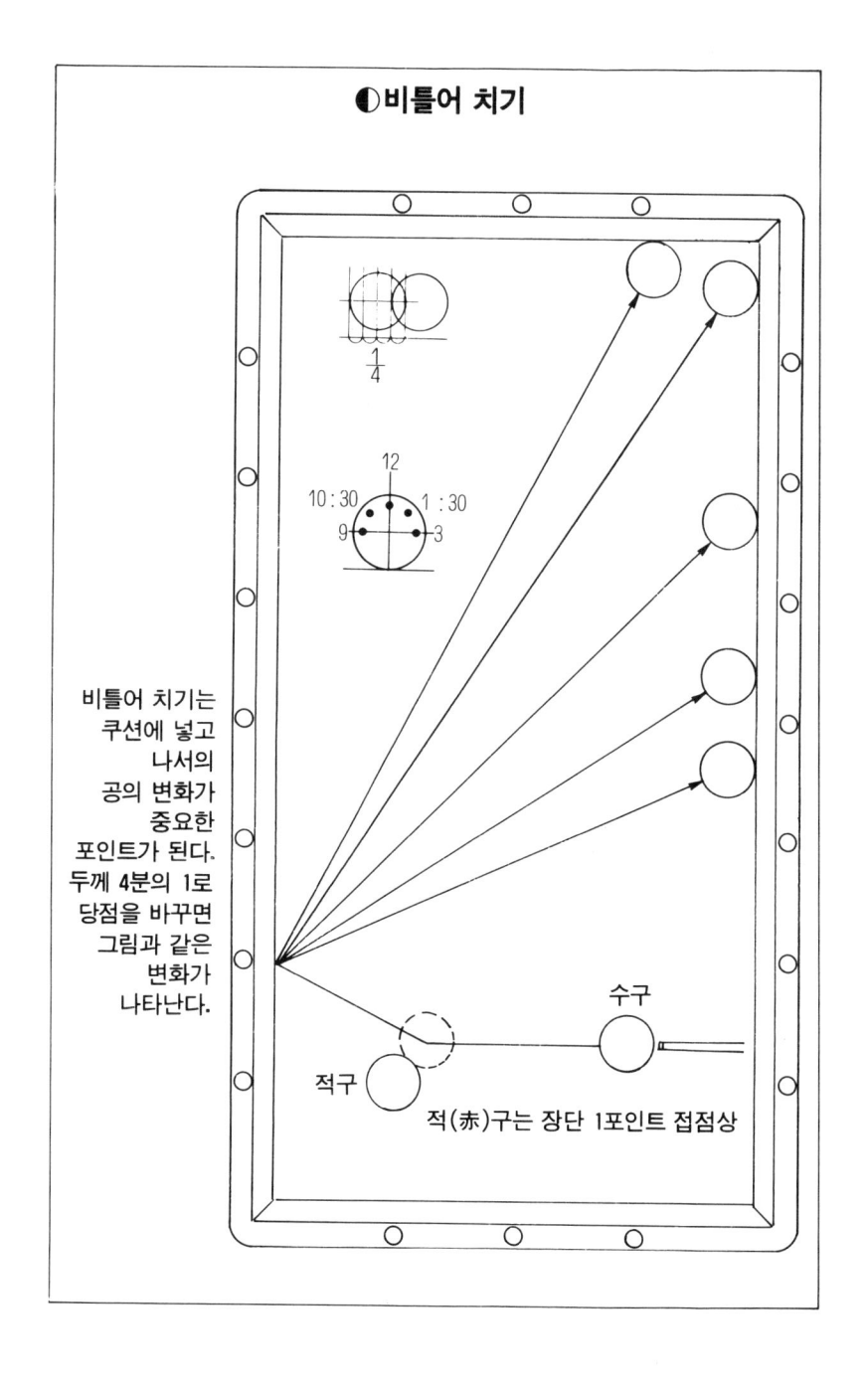

비틀어 치기는 쿠션에 넣고 나서의 공의 변화가 중요한 포인트가 된다. 두께 4분의 1로 당점을 바꾸면 그림과 같은 변화가 나타난다.

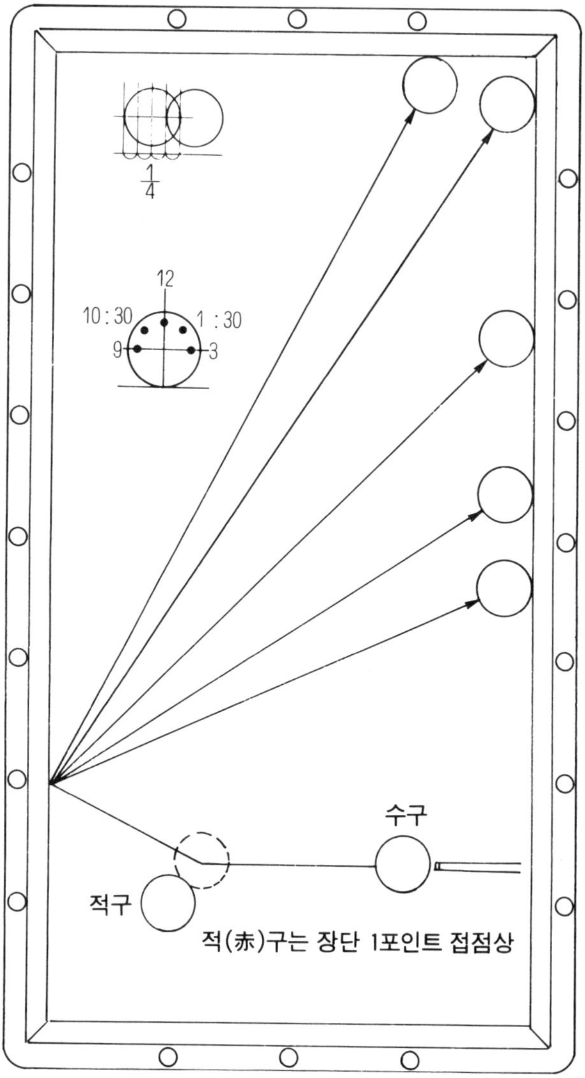

◐얇게 맞혀서 잘 비튼다

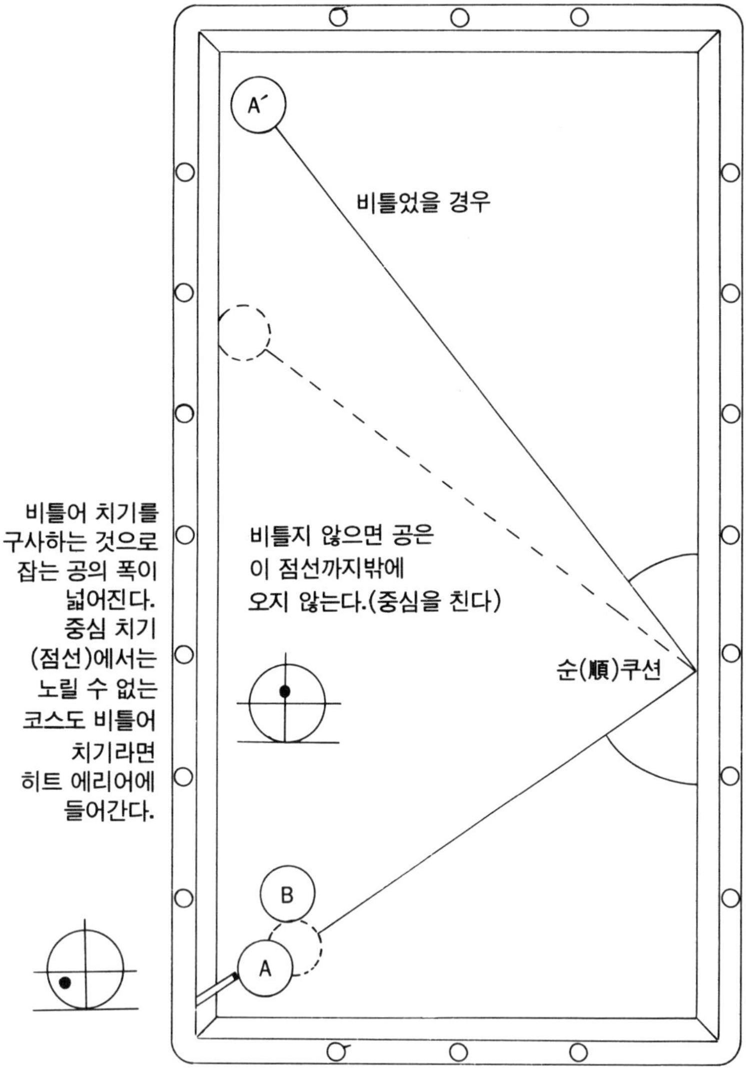

비틀었을 경우
비틀어 치기를 구사하는 것으로 잡는 공의 폭이 넓어진다. 중심 치기(점선)에서는 노릴 수 없는 코스도 비틀어 치기라면 히트 에리어에 들어간다.
비틀지 않으면 공은 이 점선까지밖에 오지 않는다.(중심을 친다)
순(順)쿠션
A´
A
B

◐마중 나오기 치기

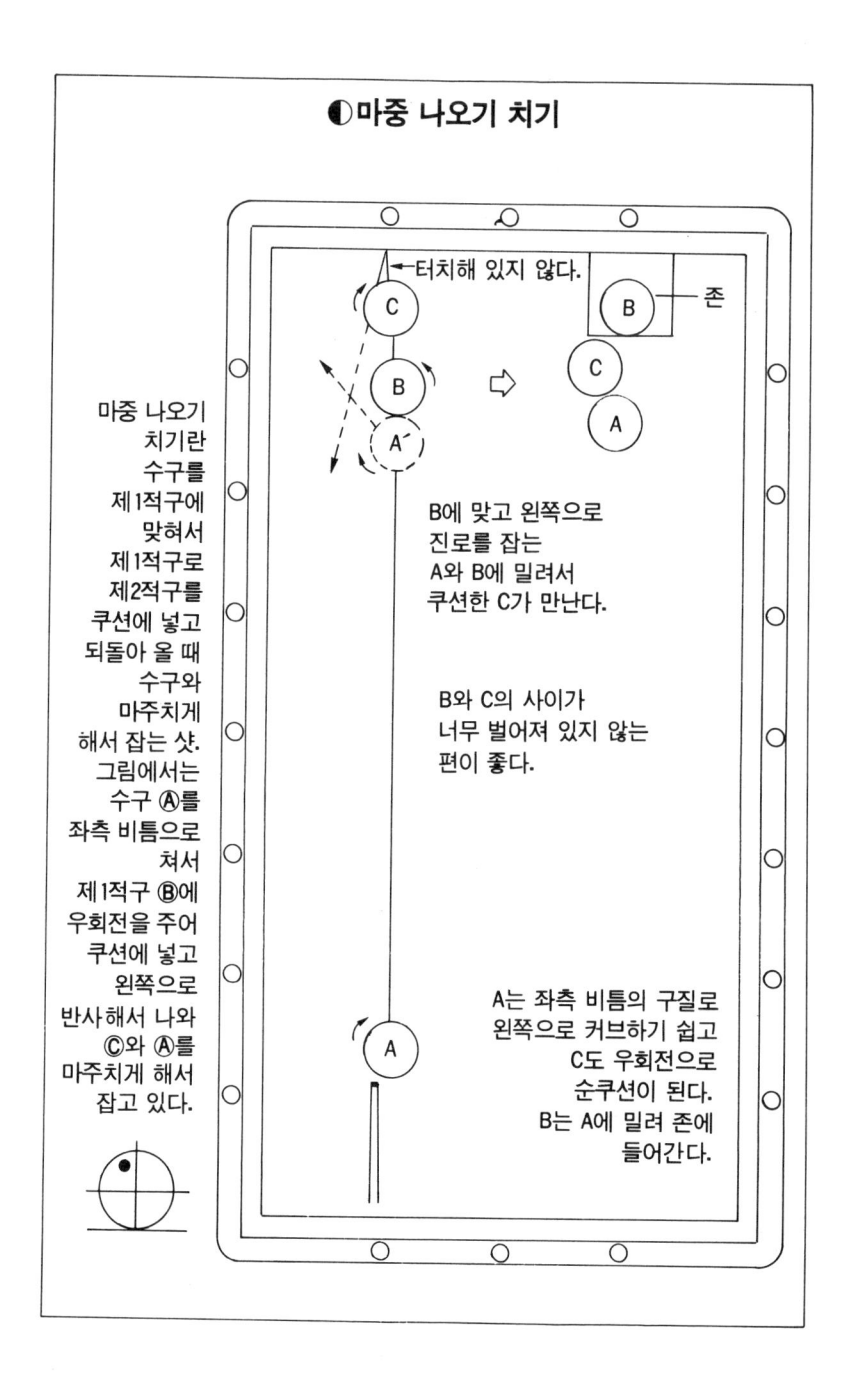

마중 나오기 치기란 수구를 제1적구에 맞혀서 제1적구로 제2적구를 쿠션에 넣고 되돌아 올 때 수구와 마주치게 해서 잡는 샷. 그림에서는 수구 Ⓐ를 좌측 비틈으로 쳐서 제1적구 Ⓑ에 우회전을 주어 쿠션에 넣고 왼쪽으로 반사해서 나와 Ⓒ와 Ⓐ를 마주치게 해서 잡고 있다.

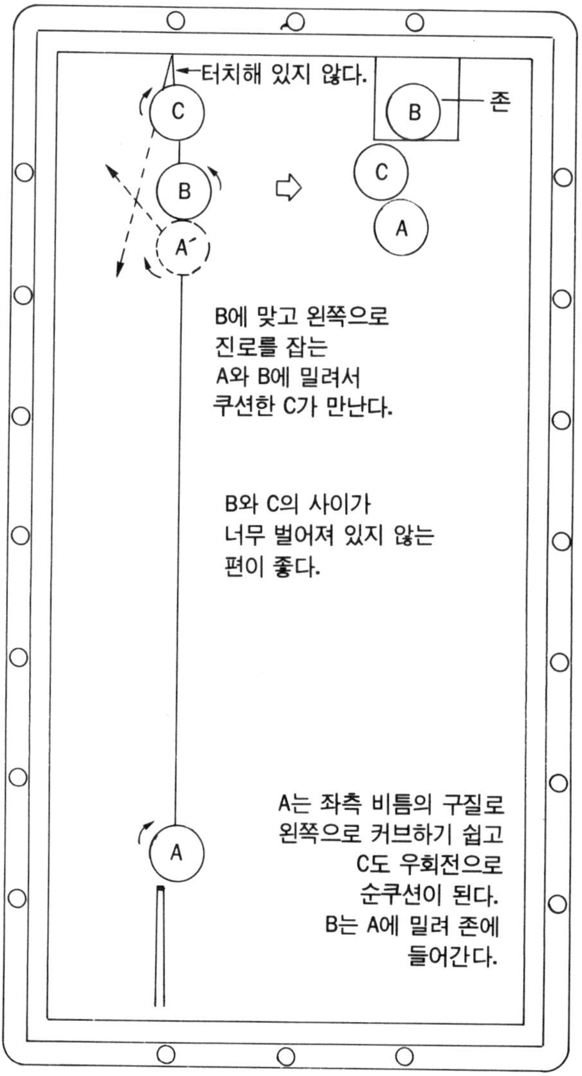

터치해 있지 않다.
존
B에 맞고 왼쪽으로 진로를 잡는 A와 B에 밀려서 쿠션한 C가 만난다.
B와 C의 사이가 너무 벌어져 있지 않는 편이 좋다.
A는 좌측 비틈의 구질로 왼쪽으로 커브하기 쉽고 C도 우회전으로 순쿠션이 된다. B는 A에 밀려 존에 들어간다.

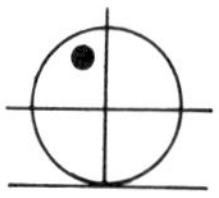

◐마중 나오기 치기의 응용례

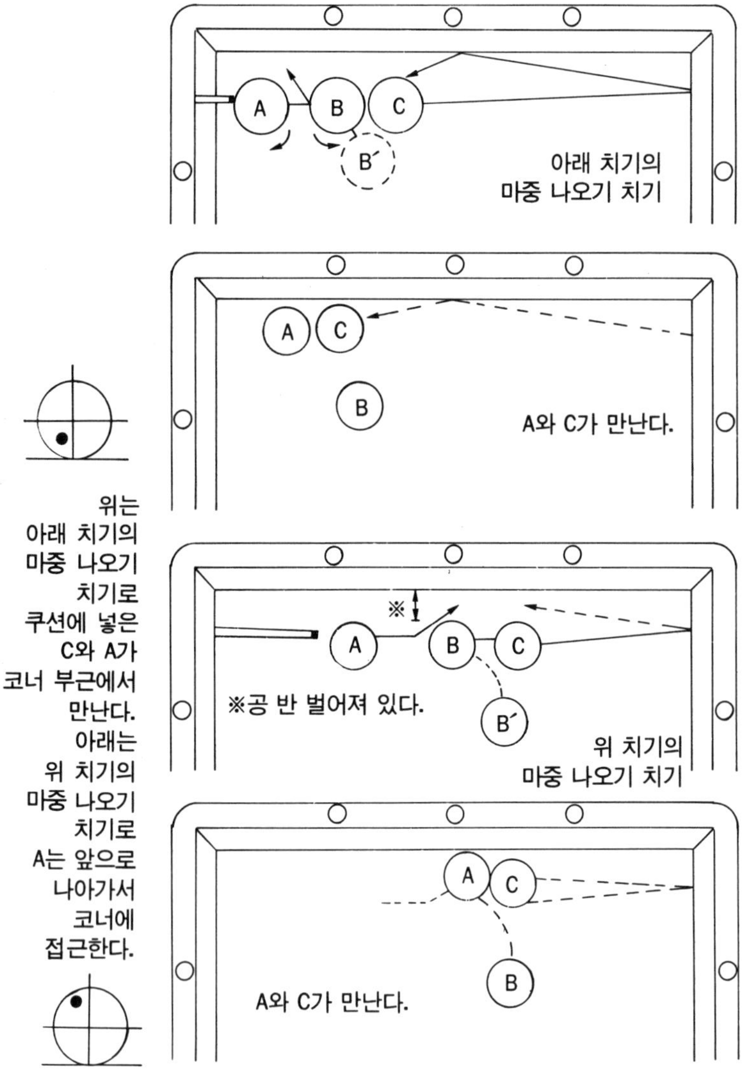

위는 아래 치기의 마중 나오기 치기로 쿠션에 넣은 C와 A가 코너 부근에서 만난다. 아래는 위 치기의 마중 나오기 치기로 A는 앞으로 나아가서 코너에 접근한다.

◐패스트 쿠션 잡기

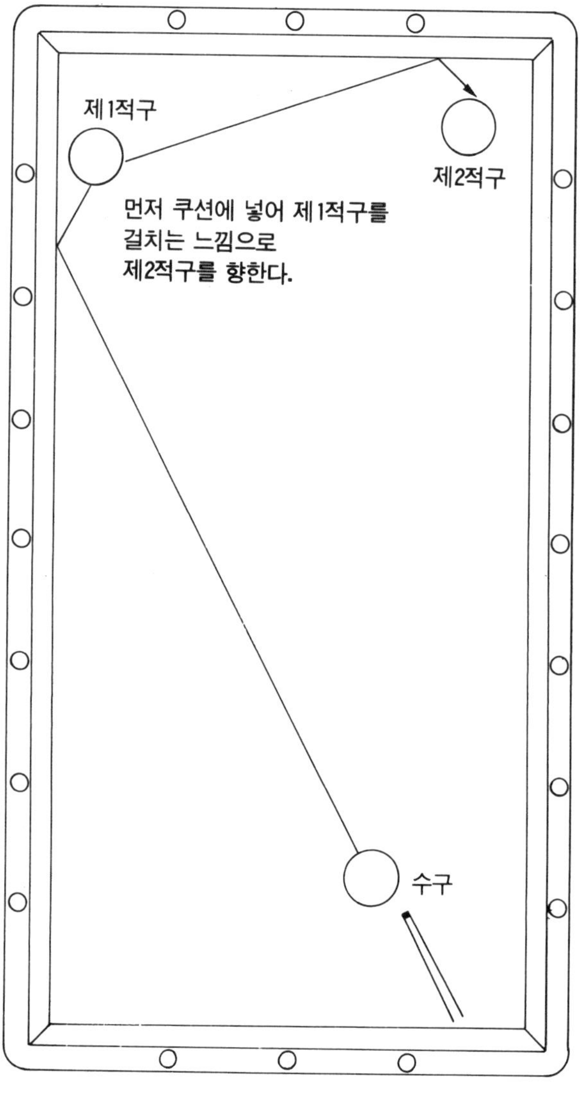
제1적구
제2적구
먼저 쿠션에 넣어 제1적구를
걸치는 느낌으로
제2적구를 향한다.
수구

패스트 쿠션 잡기란 수구를 먼저 쿠션에 넣고 나서 제1적구에 가볍게 걸치듯이 해서 제2적구를 잡으러 가는 샷으로 흔히 '걸쳐 치기'라고도 한다.

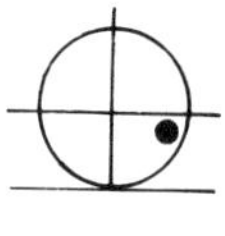

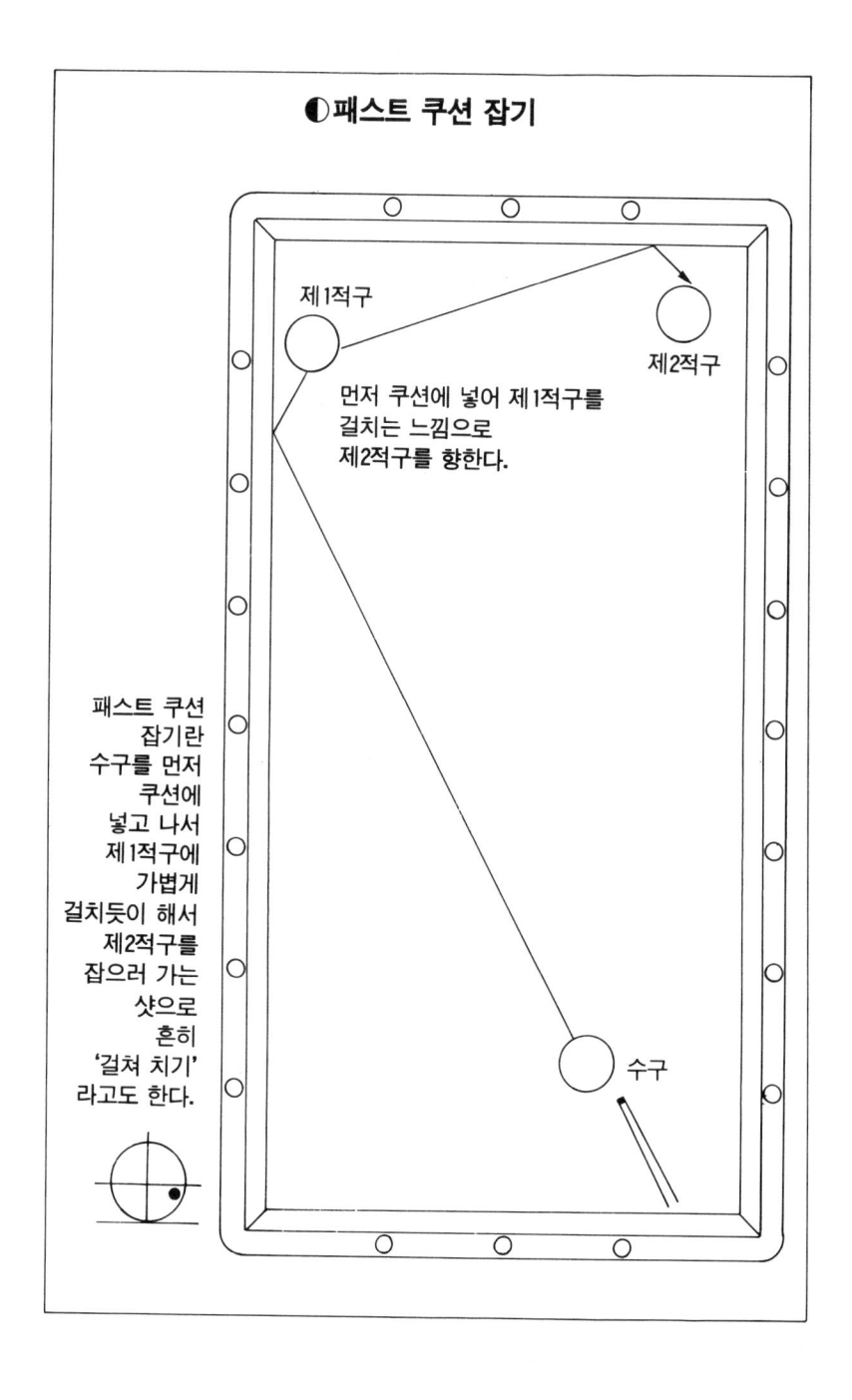

◐응용례

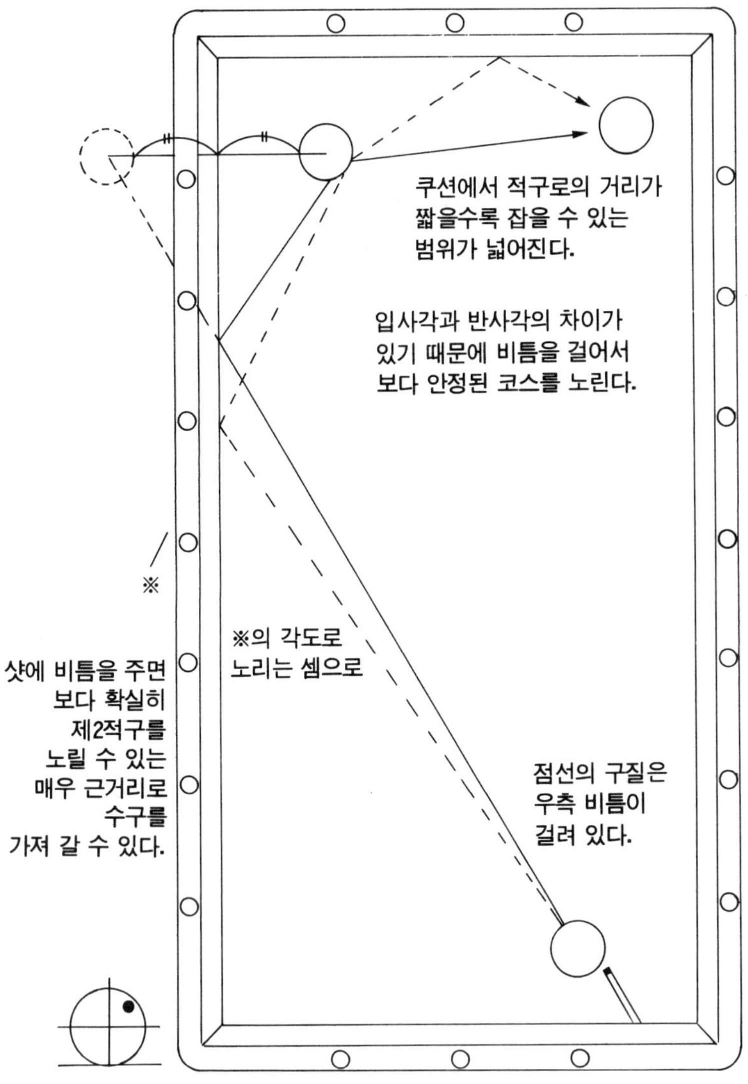
쿠션에서 적구로의 거리가
짧을수록 잡을 수 있는
범위가 넓어진다.
입사각과 반사각의 차이가
있기 때문에 비틈을 걸어서
보다 안정된 코스를 노린다.
※
※의 각도로
노리는 셈으로
샷에 비틈을 주면
보다 확실히
제2적구를
노릴 수 있는
매우 근거리로
수구를
가져 갈 수 있다.
점선의 구질은
우측 비틈이
걸려 있다.

◐되받아 치기

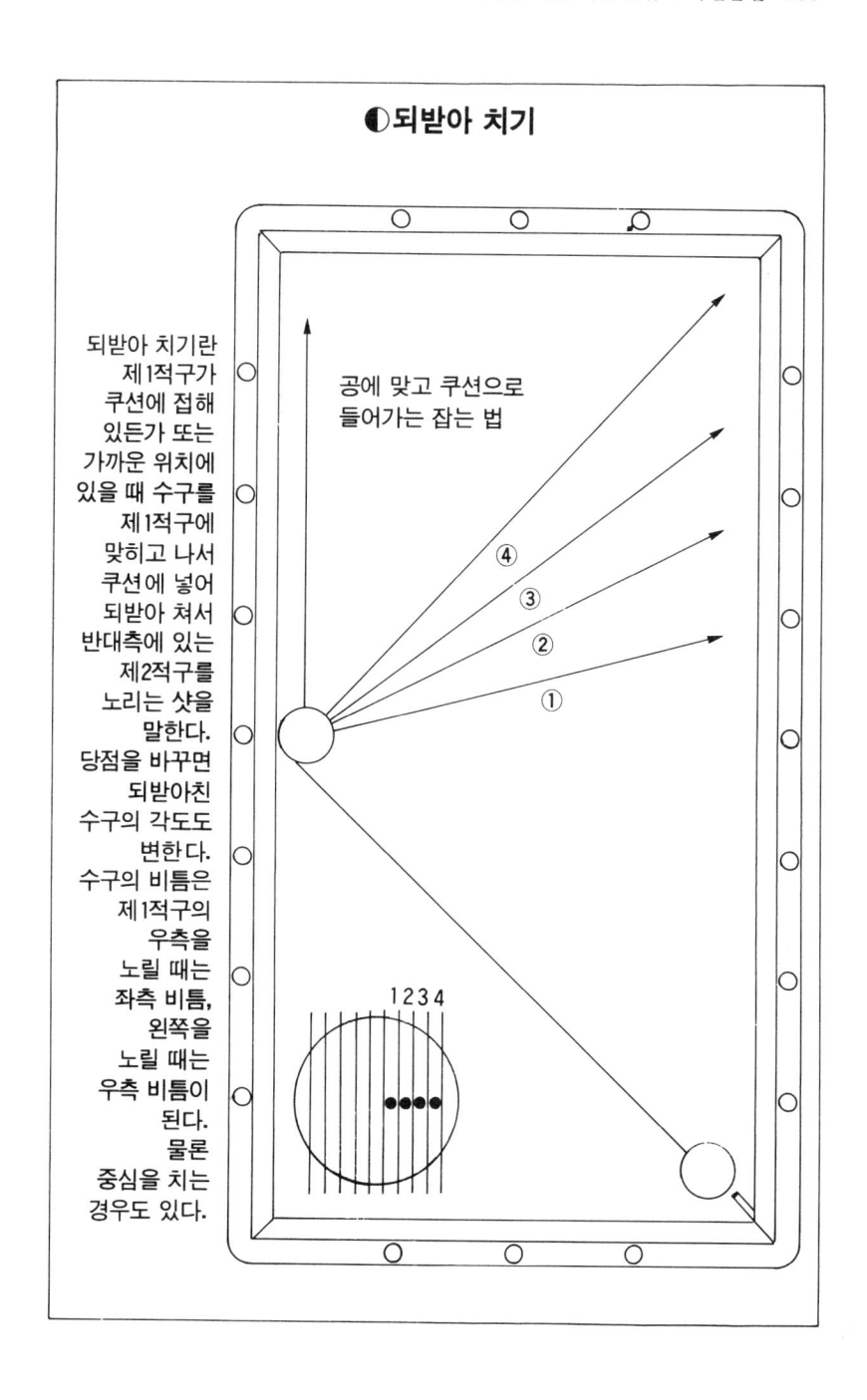

되받아 치기란 제1적구가 쿠션에 접해 있든가 또는 가까운 위치에 있을 때 수구를 제1적구에 맞히고 나서 쿠션에 넣어 되받아 쳐서 반대측에 있는 제2적구를 노리는 샷을 말한다. 당점을 바꾸면 되받아친 수구의 각도도 변한다. 수구의 비틈은 제1적구의 우측을 노릴 때는 좌측 비틈, 왼쪽을 노릴 때는 우측 비틈이 된다. 물론 중심을 치는 경우도 있다.

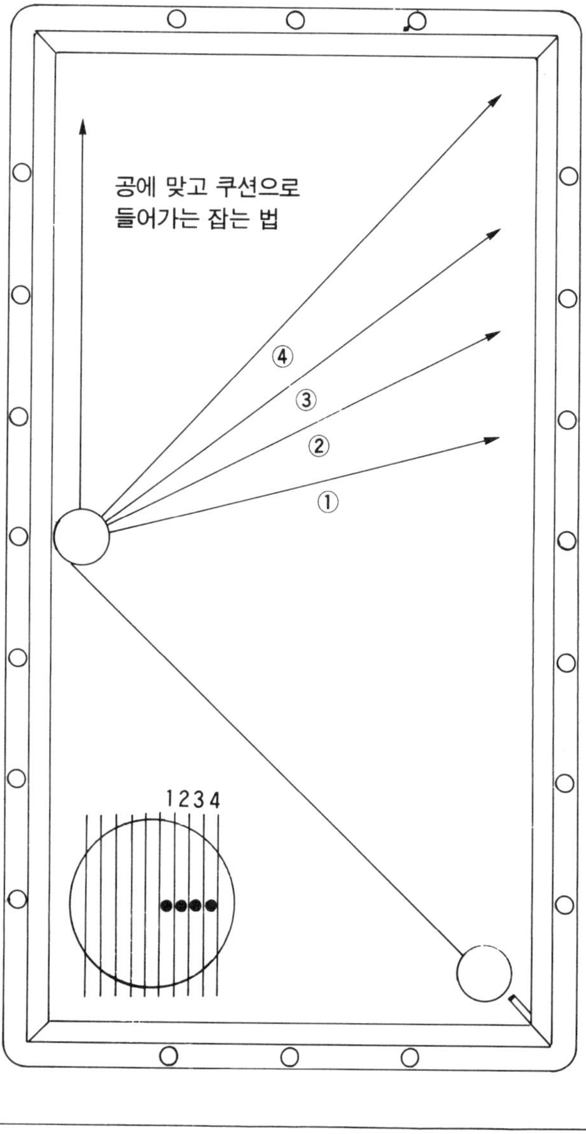

◐되받아 치기의 응용례

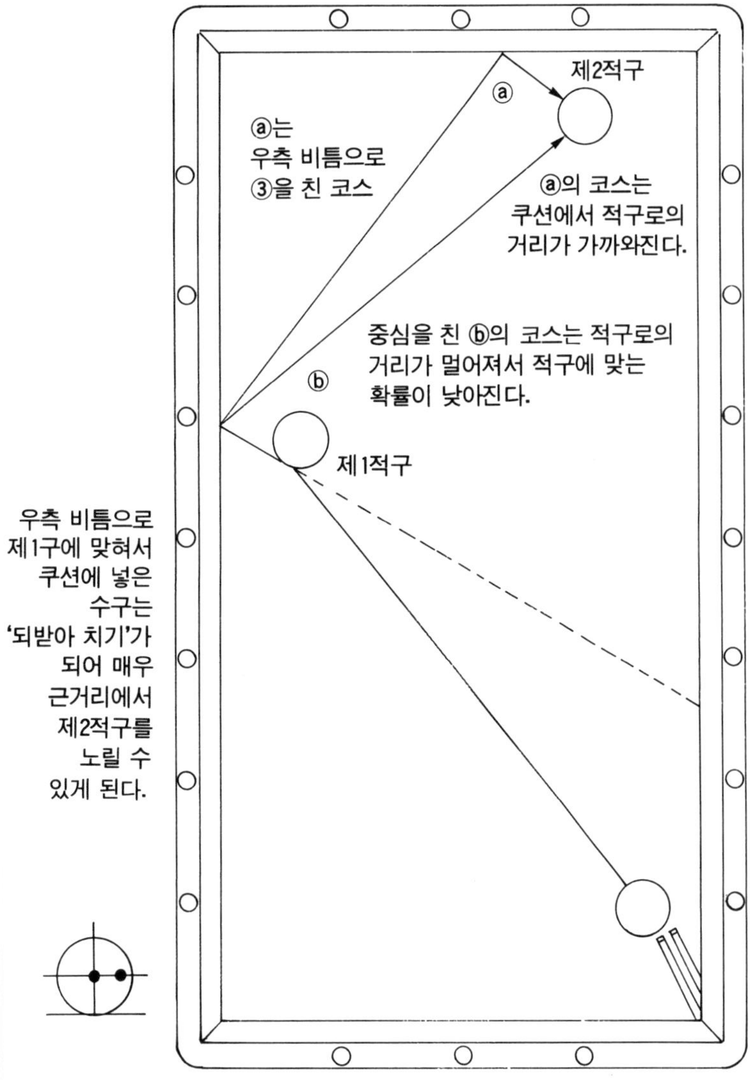
제2적구
ⓐ
ⓐ는
우측 비틈으로
③을 친 코스
ⓐ의 코스는
쿠션에서 적구로의
거리가 가까와진다.
중심을 친 ⓑ의 코스는 적구로의
거리가 멀어져서 적구에 맞는
확률이 낮아진다.
ⓑ
제1적구
우측 비틈으로
제1구에 맞혀서
쿠션에 넣은
수구는
'되받아 치기'가
되어 매우
근거리에서
제2적구를
노릴 수
있게 된다.

◐빈 쿠션

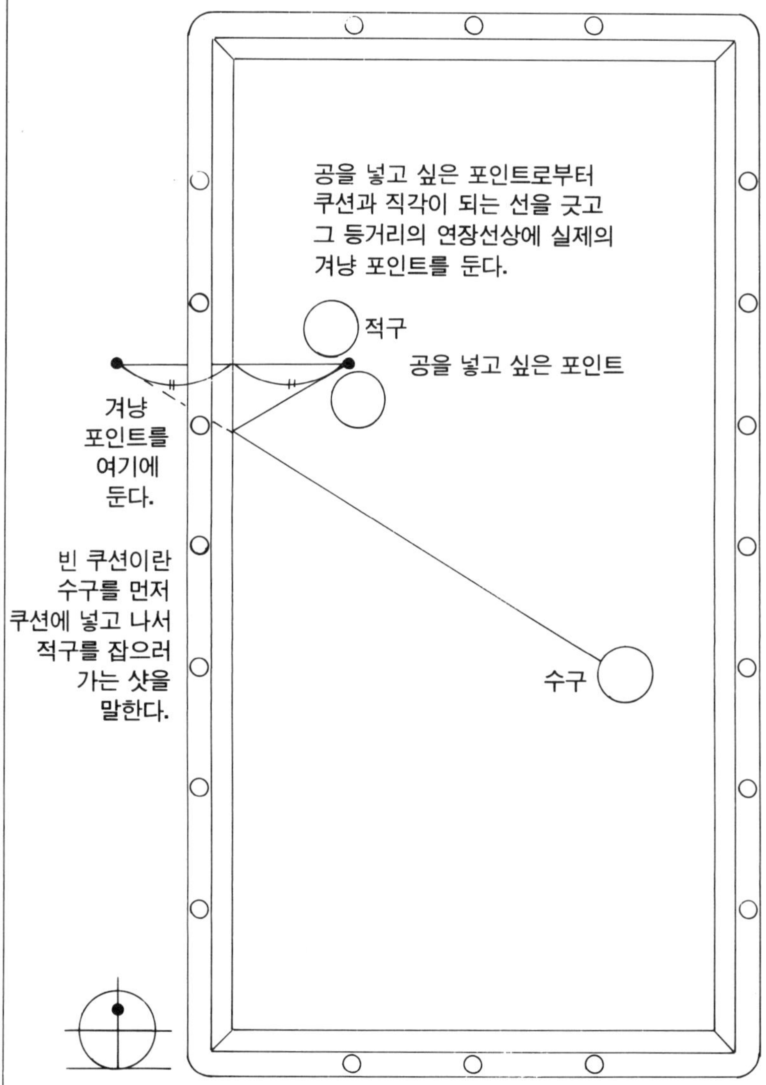
공을 넣고 싶은 포인트로부터
쿠션과 직각이 되는 선을 긋고
그 등거리의 연장선상에 실제의
겨냥 포인트를 둔다.
적구
공을 넣고 싶은 포인트
겨냥
포인트를
여기에
둔다.
빈 쿠션이란
수구를 먼저
쿠션에 넣고 나서
적구를 잡으러
가는 샷을
말한다.
수구

◐비틀으로 겨냥 폭을 넓힌다

빈 쿠션도 공에 비틀을 걸면 잡는 폭이 넓어진다. 그림에서 보듯이 중심 치기의 점선과 우측 비틀의 코스에서는 적구에 대한 입사각에 큰 차가 생긴다.

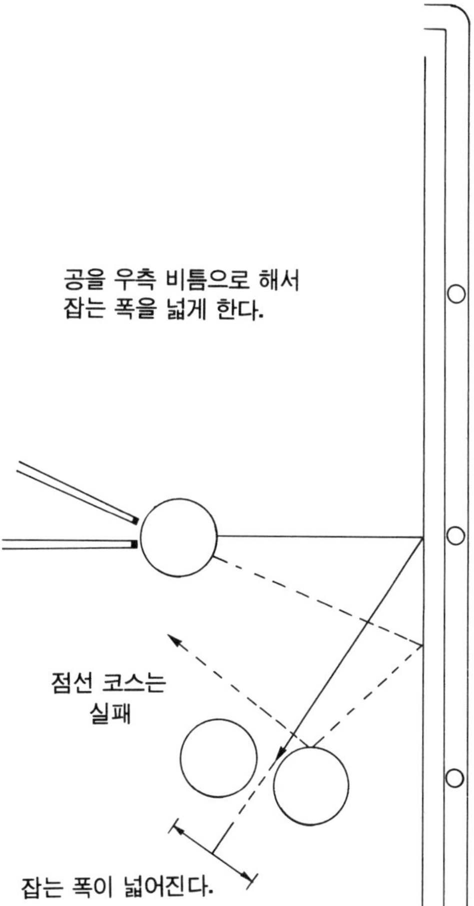
공을 우측 비틀으로 해서
잡는 폭을 넓게 한다.
점선 코스는
실패
잡는 폭이 넓어진다.

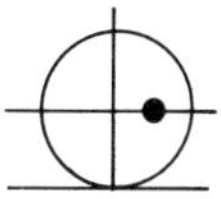

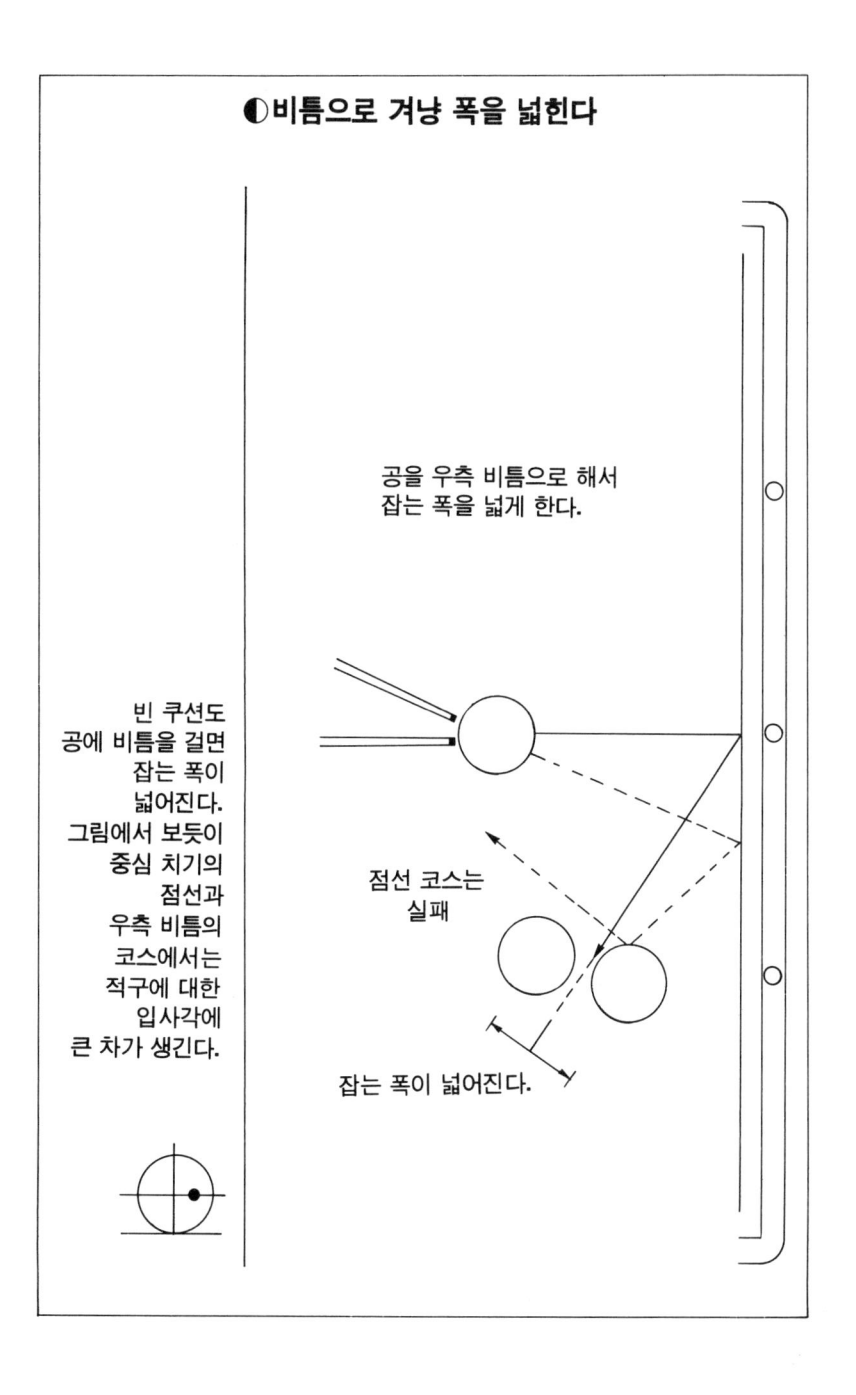

◐빈 쿠션의 응용례(1)

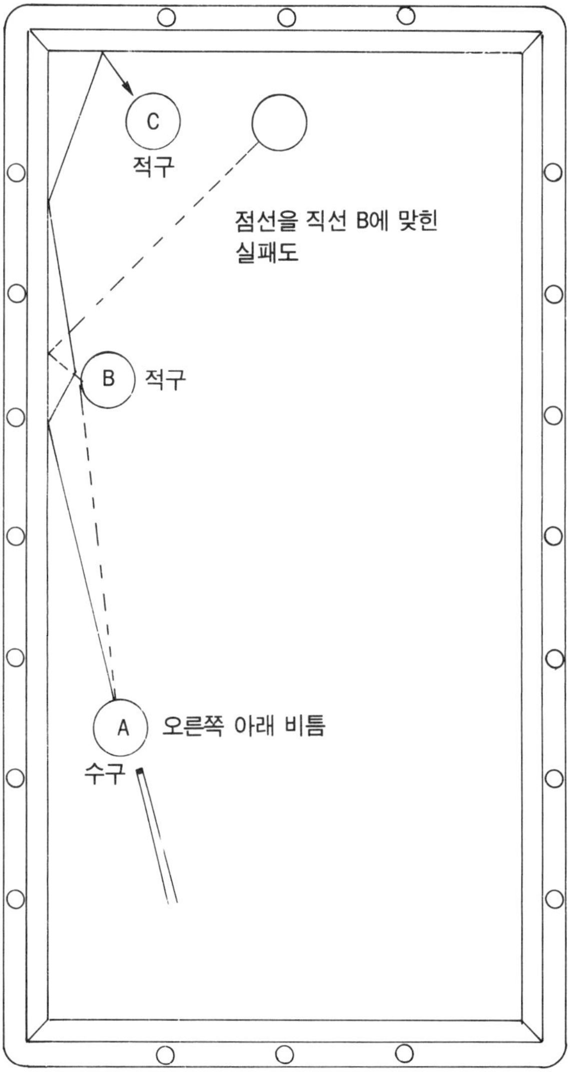

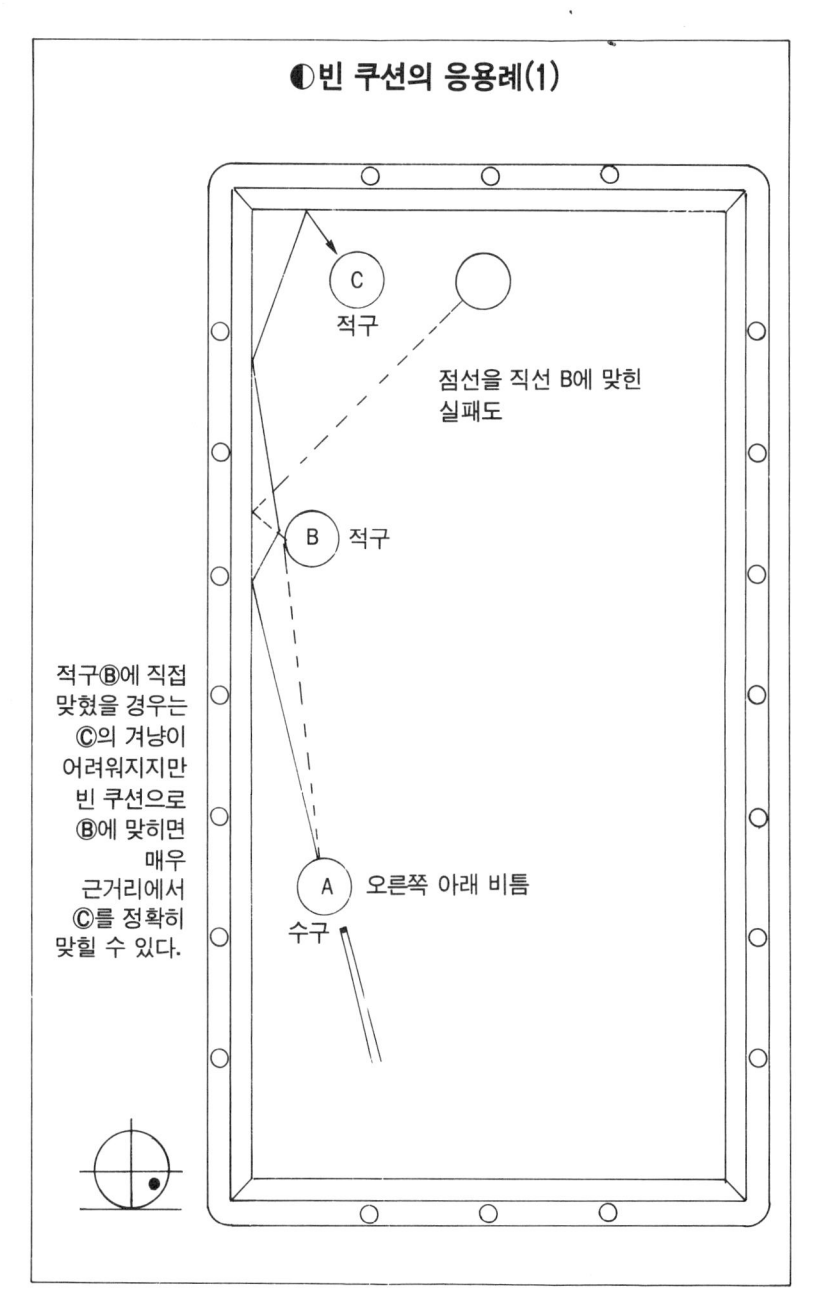

적구Ⓑ에 직접 맞혔을 경우는 Ⓒ의 겨냥이 어려워지지만 빈 쿠션으로 Ⓑ에 맞히면 매우 근거리에서 Ⓒ를 정확히 맞힐 수 있다.

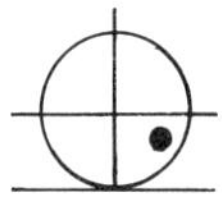

◐빈 쿠션의 응용례(2)

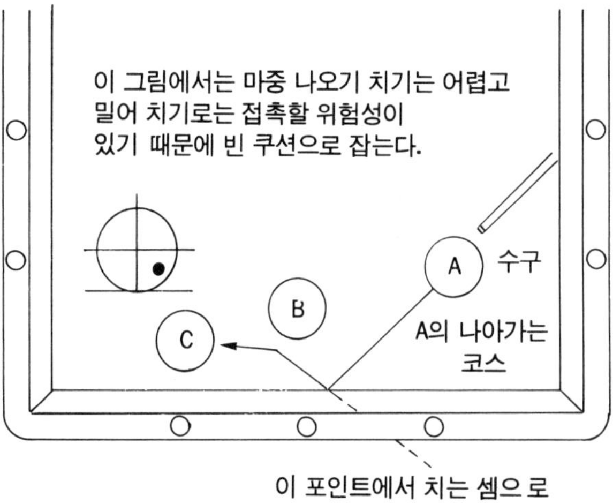
이 그림에서는 마중 나오기 치기는 어렵고
밀어 치기로는 접촉할 위험성이
있기 때문에 빈 쿠션으로 잡는다.
A
수구
B
C
A의 나아가는
코스
이 포인트에서 치는 셈으 로

빈 쿠션은 그다지 어려운 기술을 필요로 하지 않고 더구나 이용도가 높은 쿠션이기 때문에 빨리 그 요령을 익혀 두기 바란다.

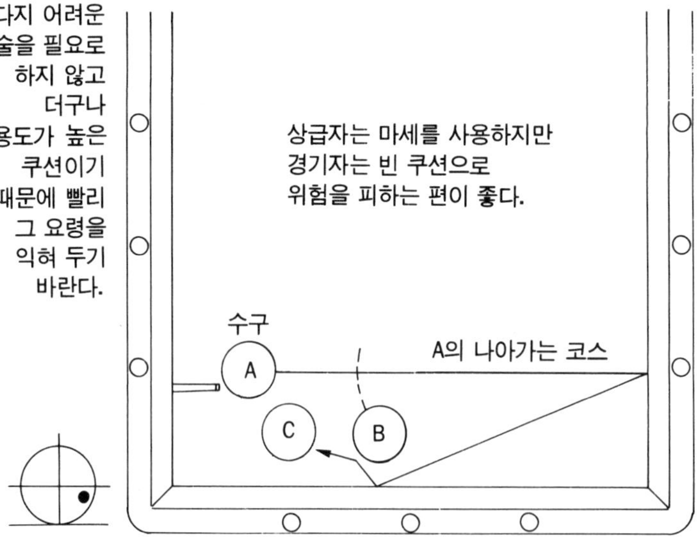
상급자는 마세를 사용하지만
경기자는 빈 쿠션으로
위험을 피하는 편이 좋다.
수구
A
A의 나아가는 코스
C
B

◐공 쿠션

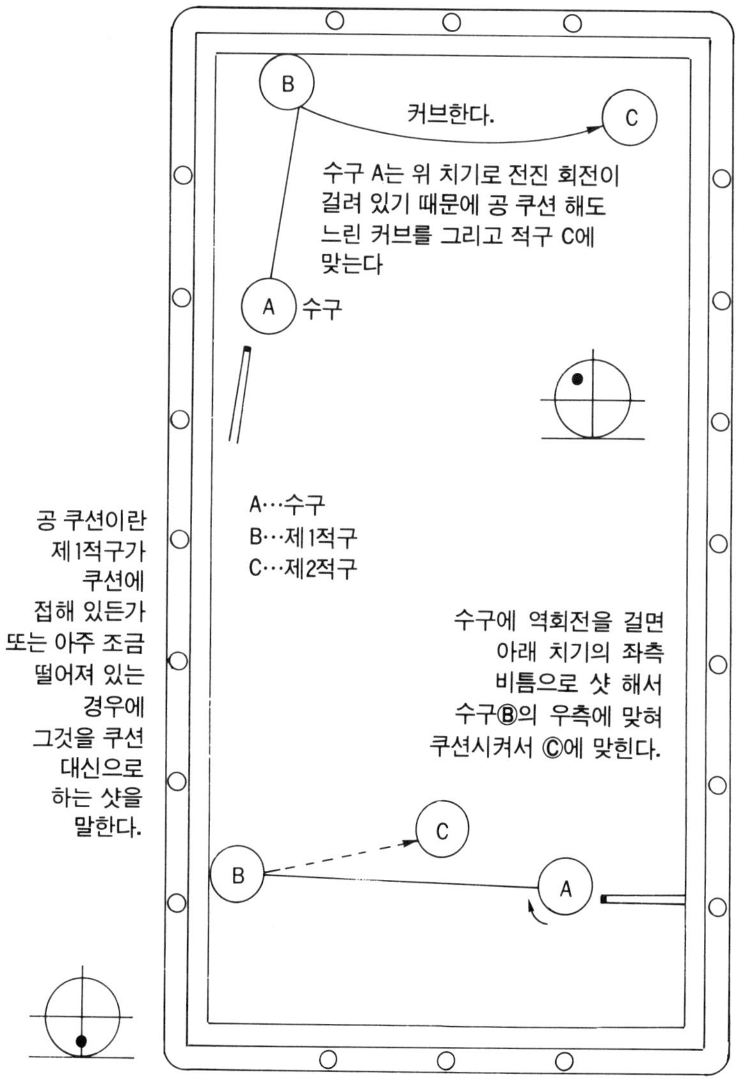
커브한다.
수구 A는 위 치기로 전진 회전이 걸려 있기 때문에 공 쿠션 해도 느린 커브를 그리고 적구 C에 맞는다
수구
A…수구
B…제1적구
C…제2적구
공 쿠션이란 제1적구가 쿠션에 접해 있든가 또는 아주 조금 떨어져 있는 경우에 그것을 쿠션 대신으로 하는 샷을 말한다.
수구에 역회전을 걸면 아래 치기의 좌측 비틈으로 샷 해서 수구Ⓑ의 우측에 맞혀 쿠션시켜서 Ⓒ에 맞힌다.

◐공 쿠션의 응용례

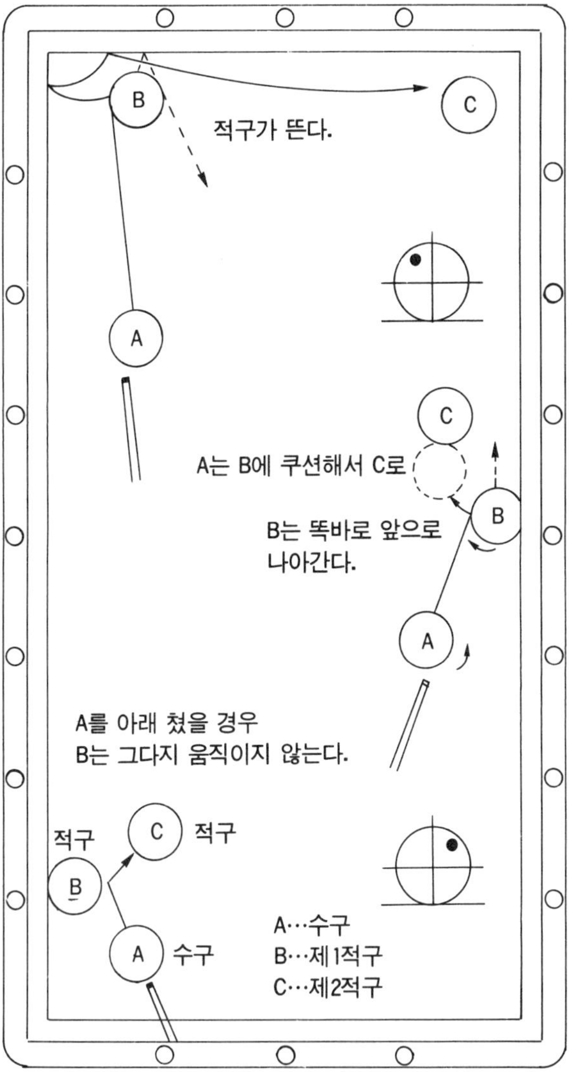
B
C
적구가 뜬다.
A
C
A는 B에 쿠션해서 C로
B
B는 똑바로 앞으로
나아간다.
A
A를 아래 쳤을 경우
B는 그다지 움직이지 않는다.
적구
C
적구
B
A
수구
A…수구
B…제1적구
C…제2적구

공 쿠션의 수구의 움직임을 비틈의 거는 방법에 따라 여러 가지로 변할 수 있다. 그림과 같은 그 변화를 염두에 두면 좋다.

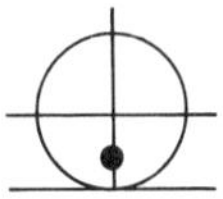

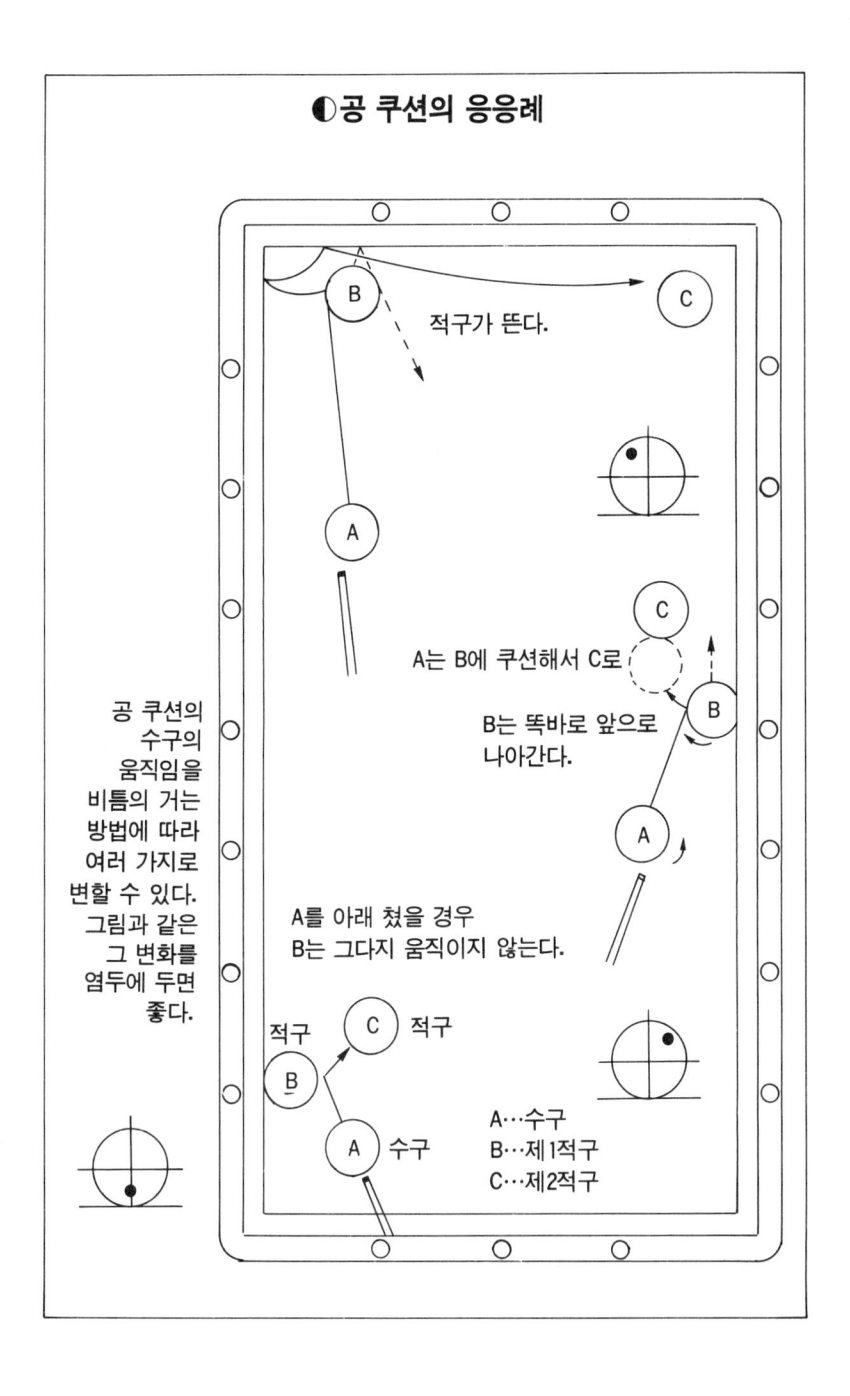

◐원 쿠션 잡기(1)

원 쿠션 잡기란 먼저 제1적구에 수구를 맞히고 나서 쿠션에 넣어 제2적구를 노리는 샷을 말한다. 이 경우의 제1적구는 쿠션에 접해 있든가 약간 떨어져 있는 경우에 한정된다.

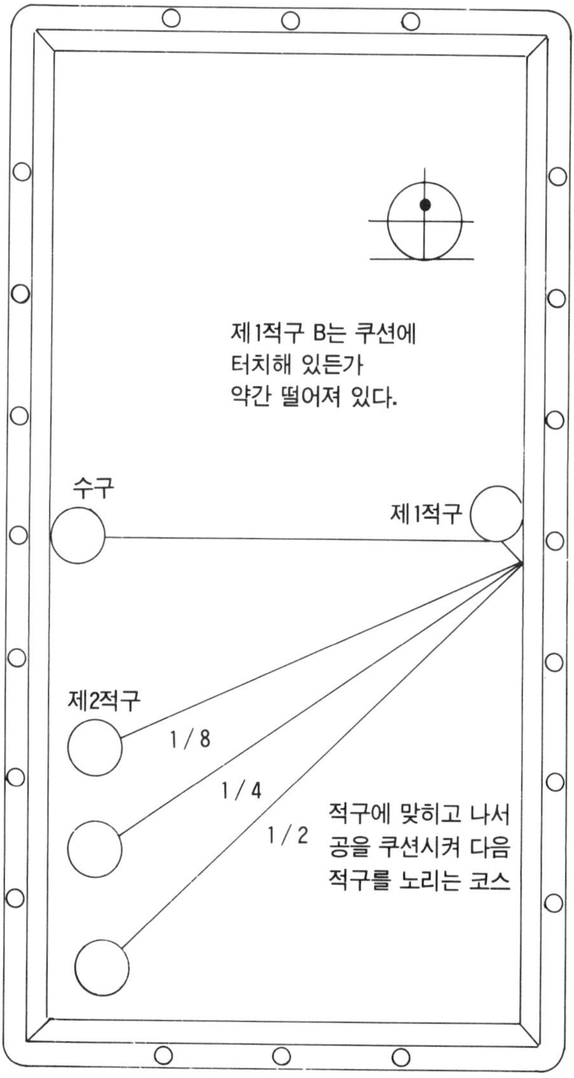
제1적구 B는 쿠션에
터치해 있든가
약간 떨어져 있다.
수구
제1적구
제2적구
1/8
1/4
1/2
적구에 맞히고 나서
공을 쿠션시켜 다음
적구를 노리는 코스

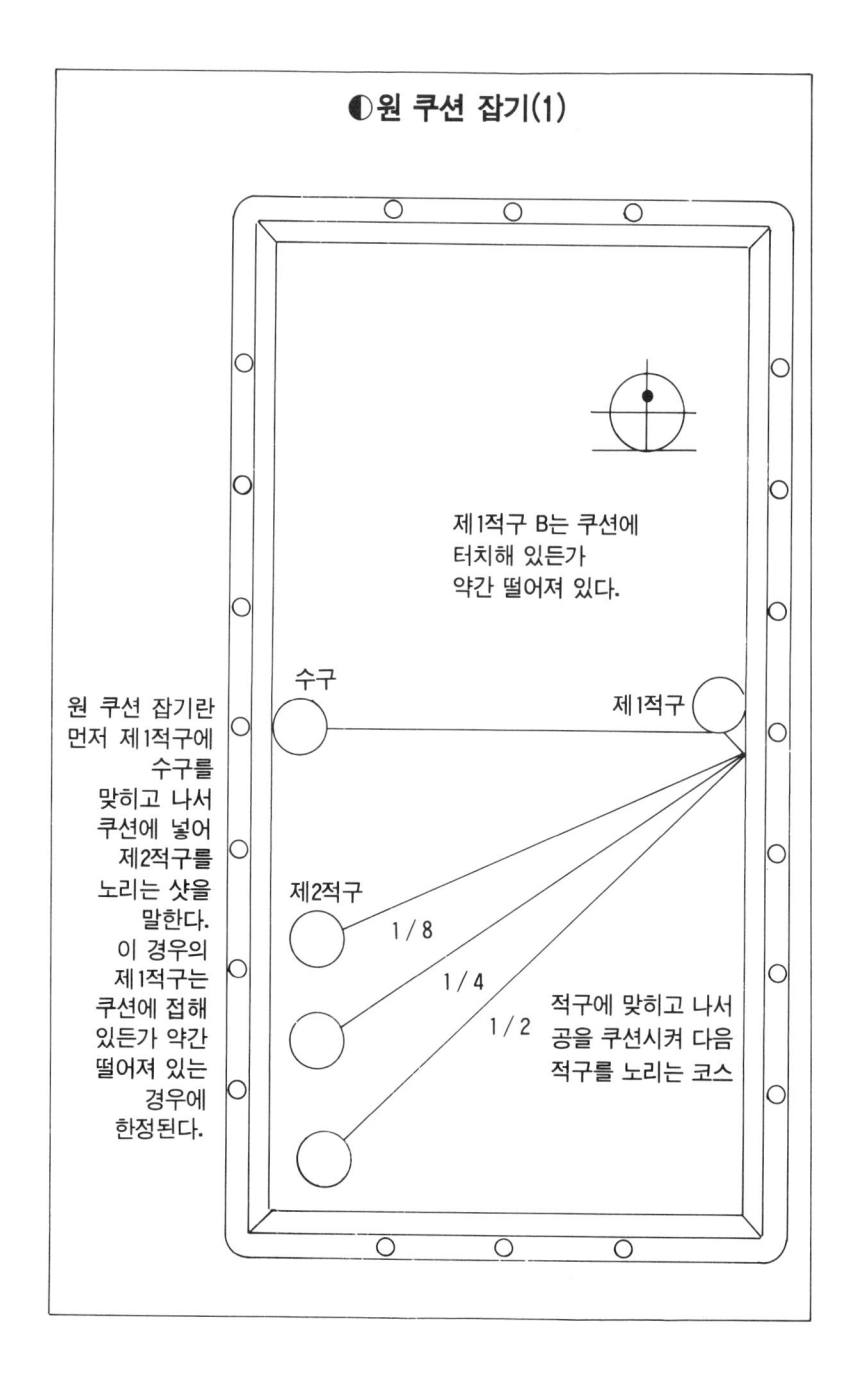

◐원 쿠션 잡기(2)

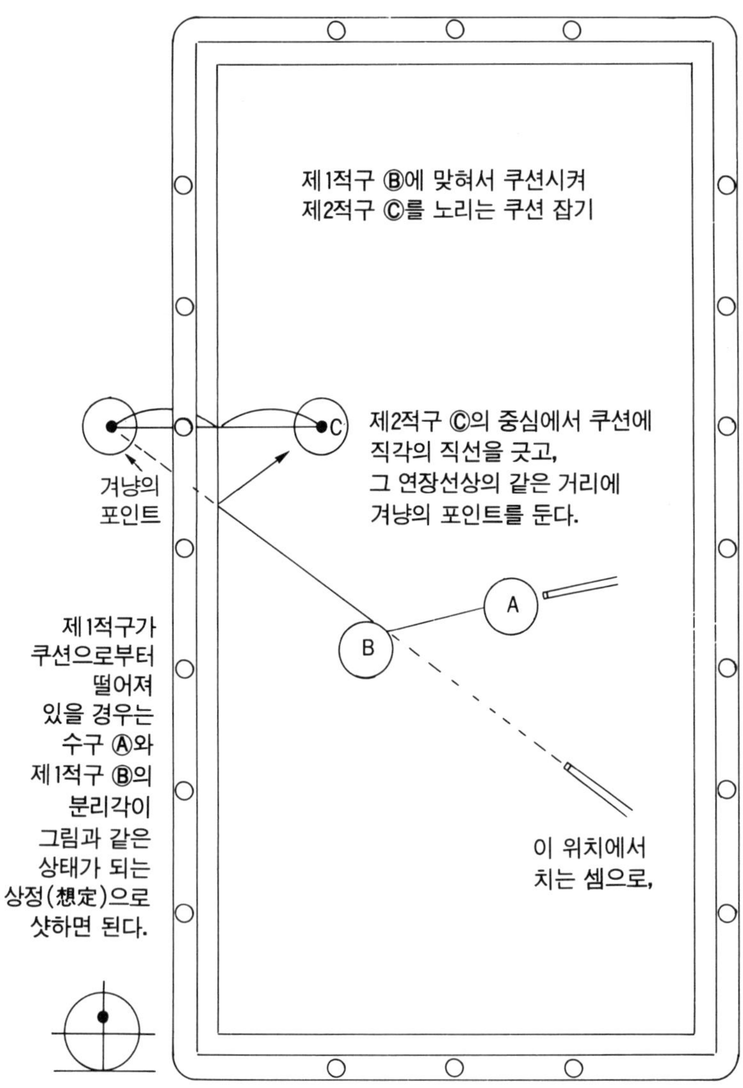
제1적구 Ⓑ에 맞혀서 쿠션시켜
제2적구 Ⓒ를 노리는 쿠션 잡기
제2적구 Ⓒ의 중심에서 쿠션에
직각의 직선을 긋고,
그 연장선상의 같은 거리에
겨냥의 포인트를 둔다.
겨냥의
포인트
C
A
B
제1적구가
쿠션으로부터
떨어져
있을 경우는
수구 Ⓐ와
제1적구 Ⓑ의
분리각이
그림과 같은
상태가 되는
상정(想定)으로
샷하면 된다.
이 위치에서
치는 셈으로,

◐투 쿠션 잡기

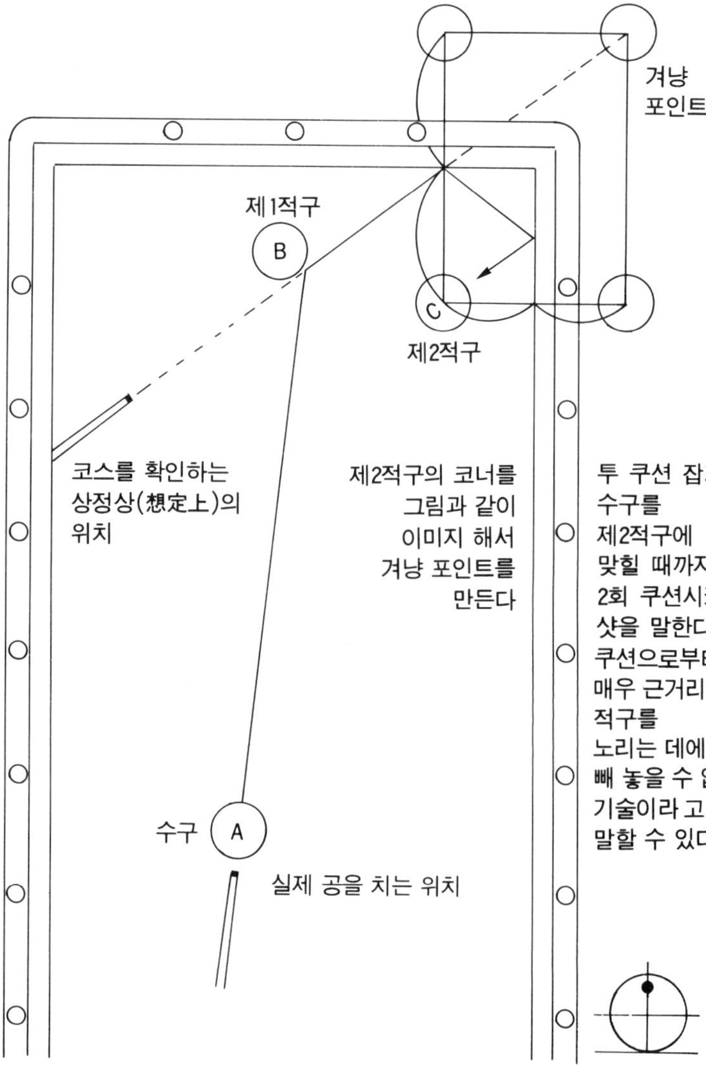
겨냥
포인트
제1적구
B
C
제2적구
코스를 확인하는
상정상(想定上)의
위치
제2적구의 코너를
그림과 같이
이미지 해서
겨냥 포인트를
만든다
수구
A
실제 공을 치는 위치

투 쿠션 잡기란 수구를 제2적구에 맞힐 때까지 2회 쿠션시키는 샷을 말한다. 쿠션으로부터의 매우 근거리에서 적구를 노리는 데에는 빼 놓을 수 없는 기술이라 고 말할 수 있다.

◐투 쿠션의 잡기의 응용례

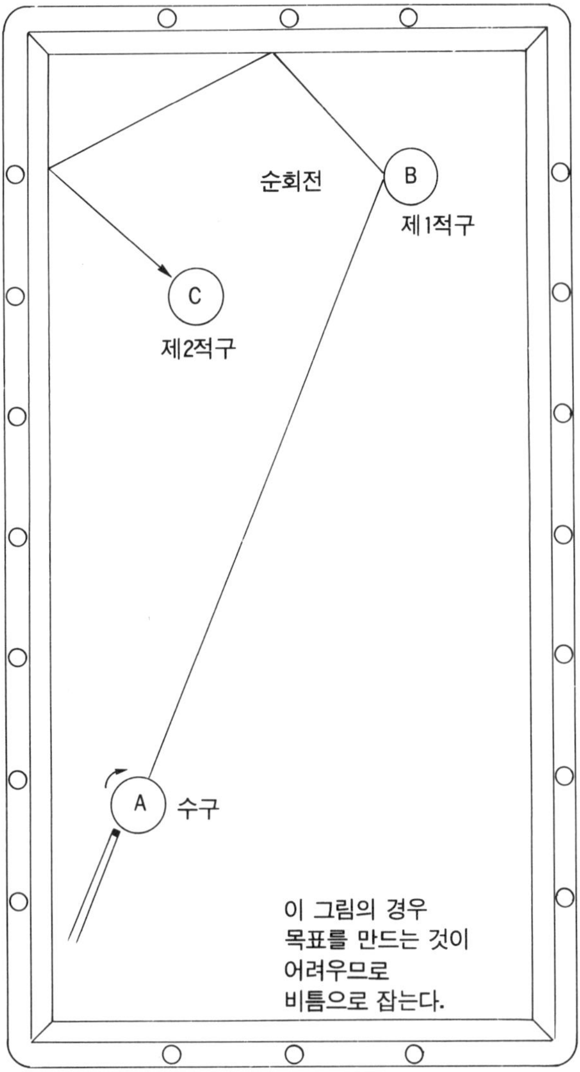
순회전
B
제1적구
C
제2적구
A
수구
이 그림의 경우
목표를 만드는 것이
어려우므로
비틈으로 잡는다.

제2적구 ©의 위치가 목표를 세우기 어려운 경우는 비틈을 이용해서 잡는다. 그림은 좌측 비틈으로 수구의 코스는 순회전이 된다.

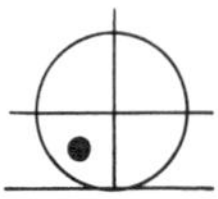

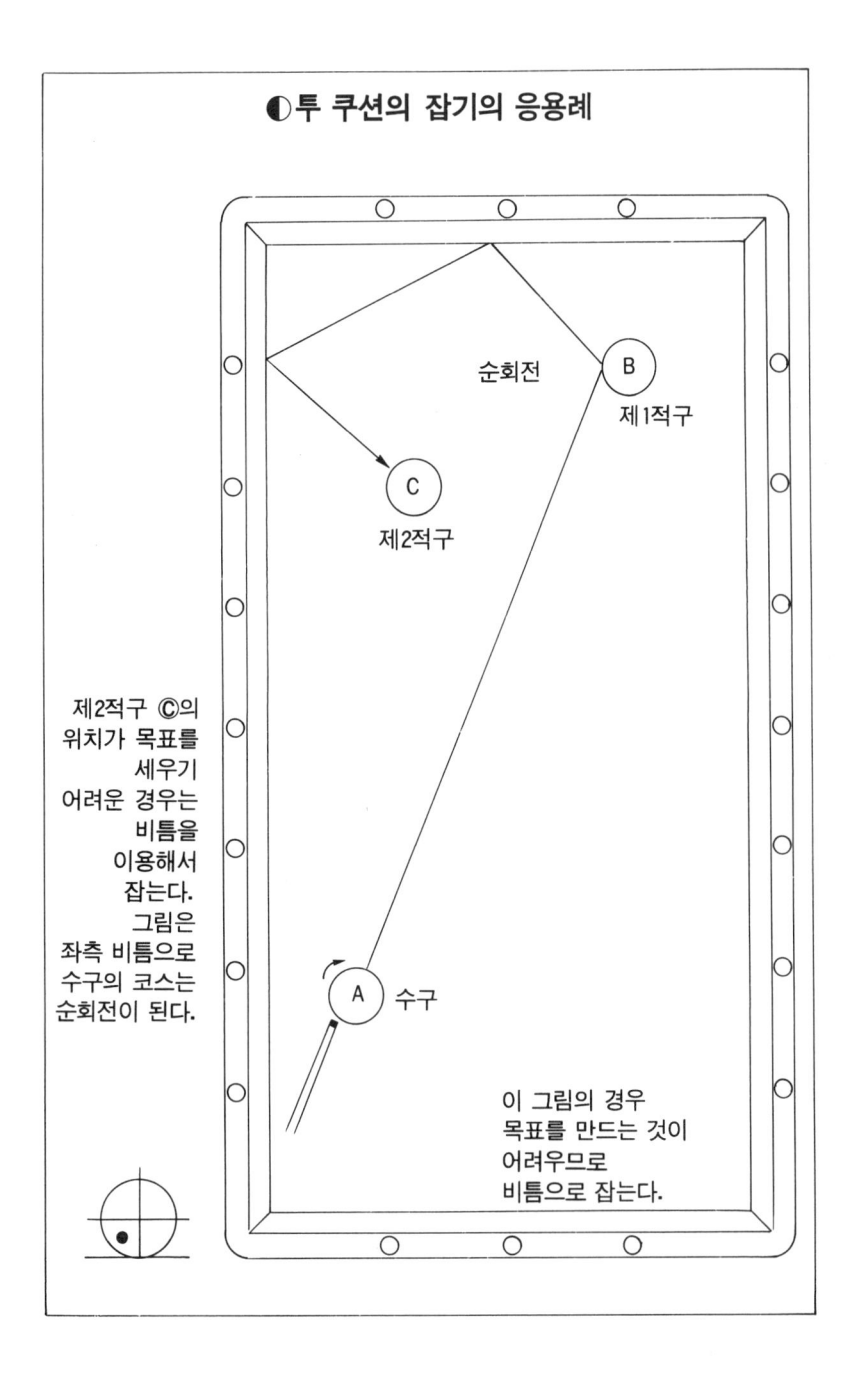

◐모아 치기

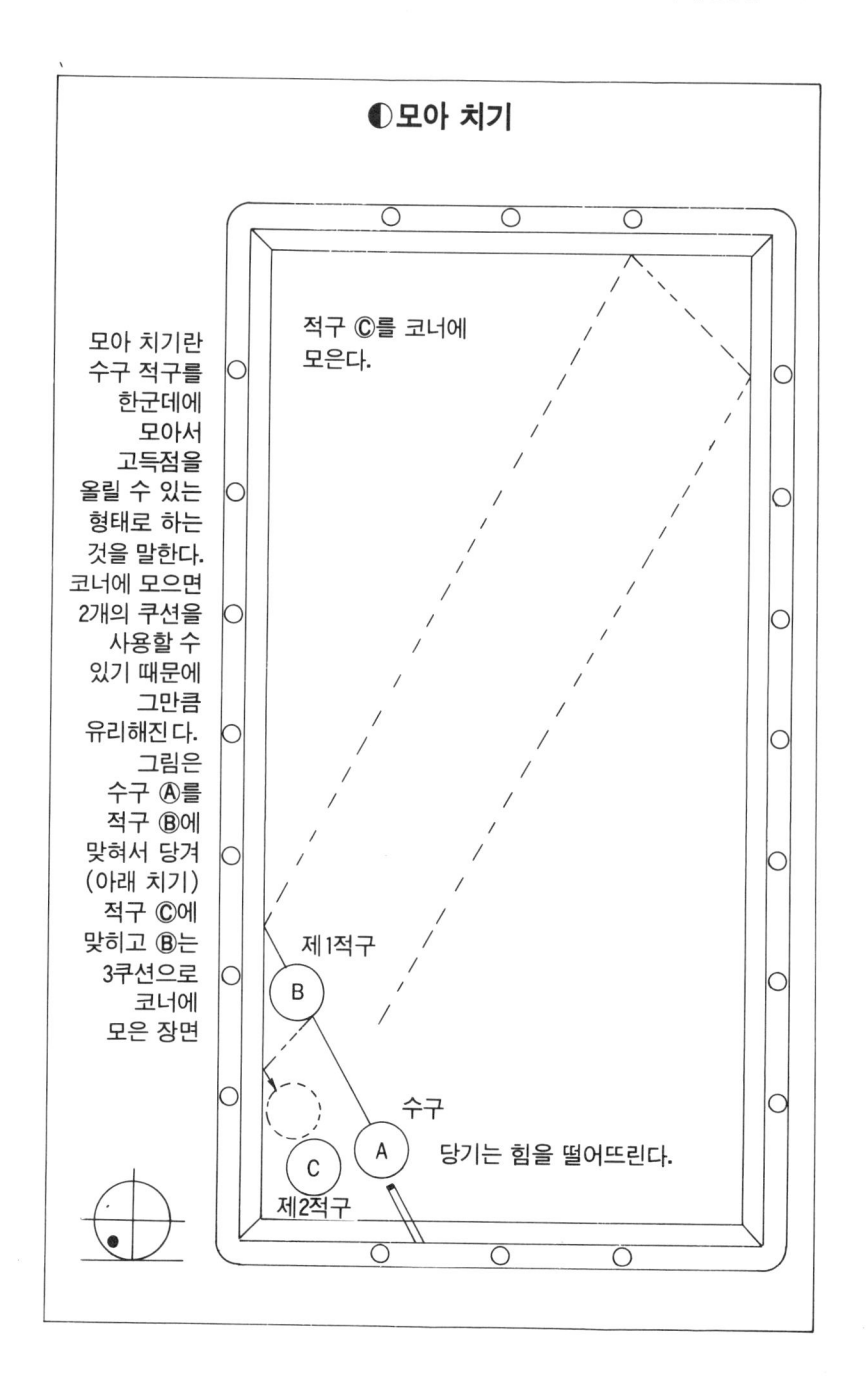

모아 치기란 수구 적구를 한군데에 모아서 고득점을 올릴 수 있는 형태로 하는 것을 말한다. 코너에 모으면 2개의 쿠션을 사용할 수 있기 때문에 그만큼 유리해진다. 그림은 수구 Ⓐ를 적구 Ⓑ에 맞혀서 당겨(아래 치기) 적구 Ⓒ에 맞히고 Ⓑ는 3쿠션으로 코너에 모은 장면

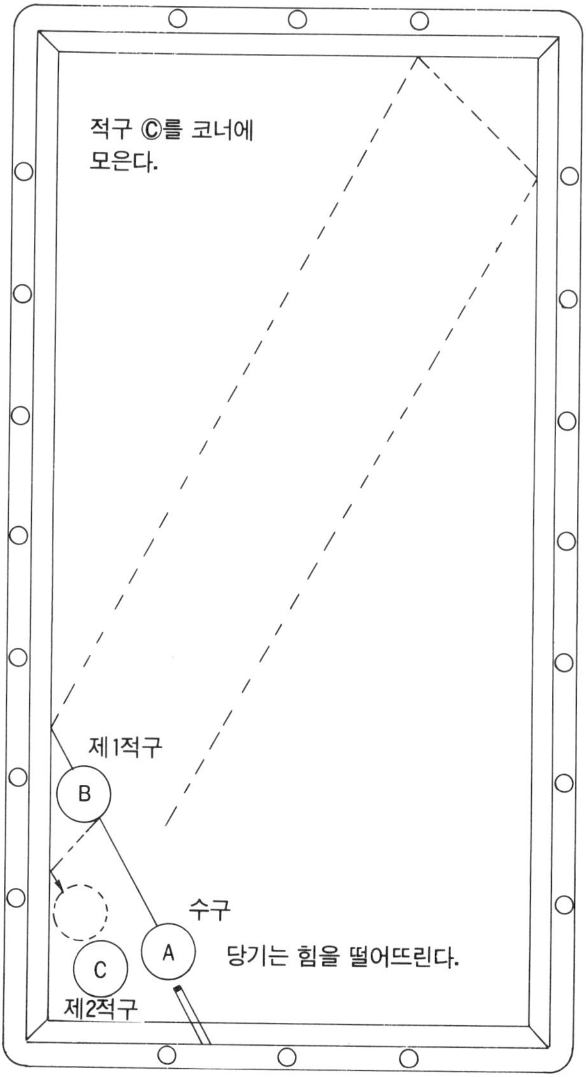

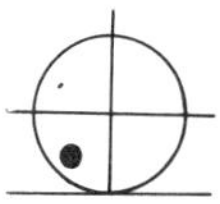

◐모아 치기의 응용례(1)

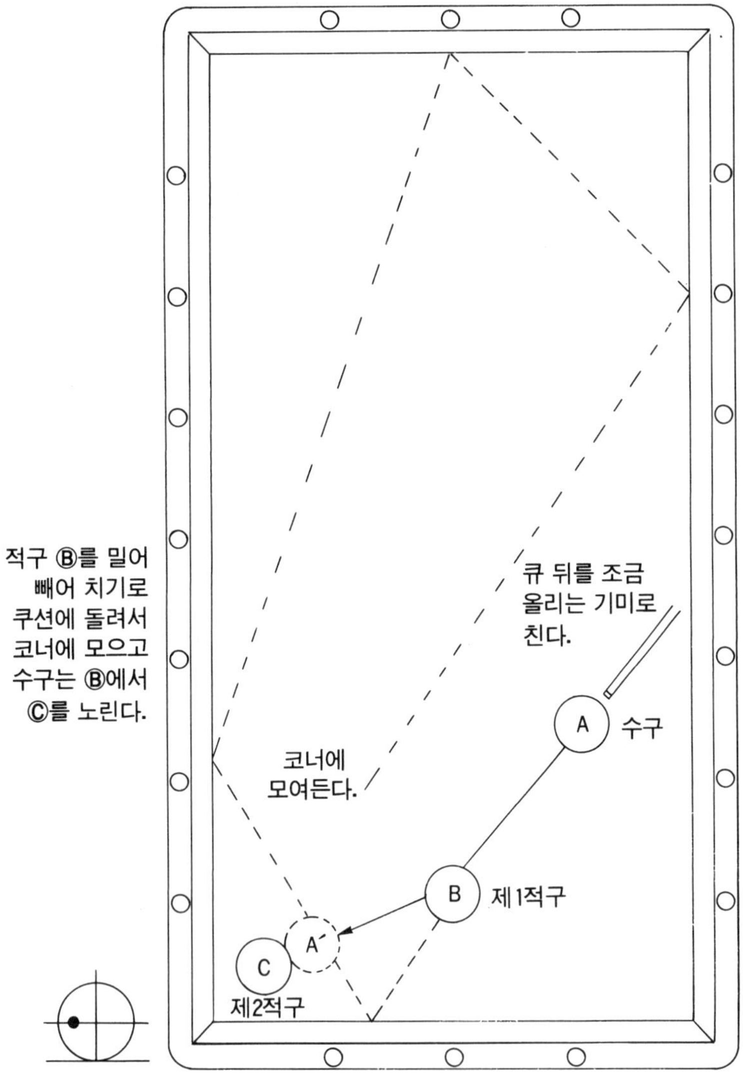
큐 뒤를 조금
올리는 기미로
친다.
수구
코너에
모여든다.
제1적구
제2적구
적구 Ⓑ를 밀어
빼어 치기로
쿠션에 돌려서
코너에 모으고
수구는 Ⓑ에서
Ⓒ를 노린다.

◐모아 치기의 응용례(2)

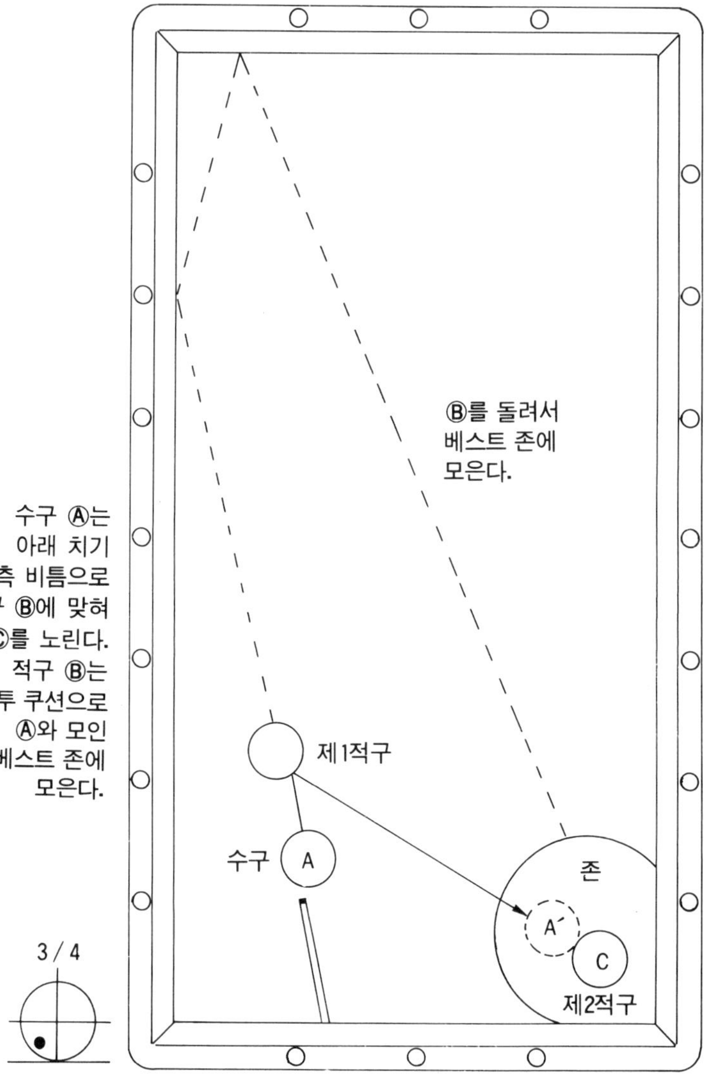

수구 Ⓐ는
아래 치기
좌측 비틈으로
적구 Ⓑ에 맞혀
Ⓒ를 노린다.
적구 Ⓑ는
투 쿠션으로
Ⓐ와 모인
베스트 존에
모은다.

◐모아 치기의 응용례(3)

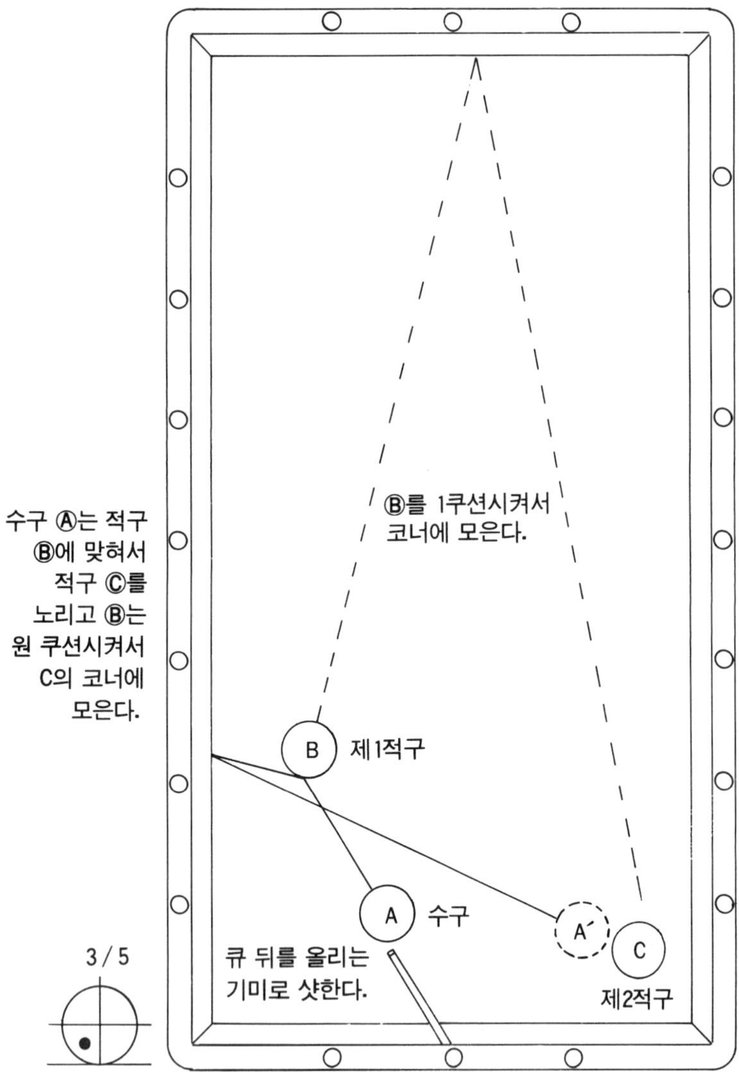
수구 Ⓐ는 적구
Ⓑ에 맞혀서
적구 Ⓒ를
노리고 Ⓑ는
원 쿠션시켜서
C의 코너에
모은다.
Ⓑ를 1쿠션시켜서
코너에 모은다.
B
제1적구
A
수구
A´
C
제2적구
큐 뒤를 올리는
기미로 샷한다.
3/5

◐모아 치기의 응용례(4)

수구 Ⓐ를 아래 치기로 Ⓑ에 맞혀 두께의 분리각으로 적구 Ⓒ를 노린다. 적구 Ⓑ는 원 쿠션으로 Ⓐ Ⓑ가 모여 있는 베스트 존에 모은다.

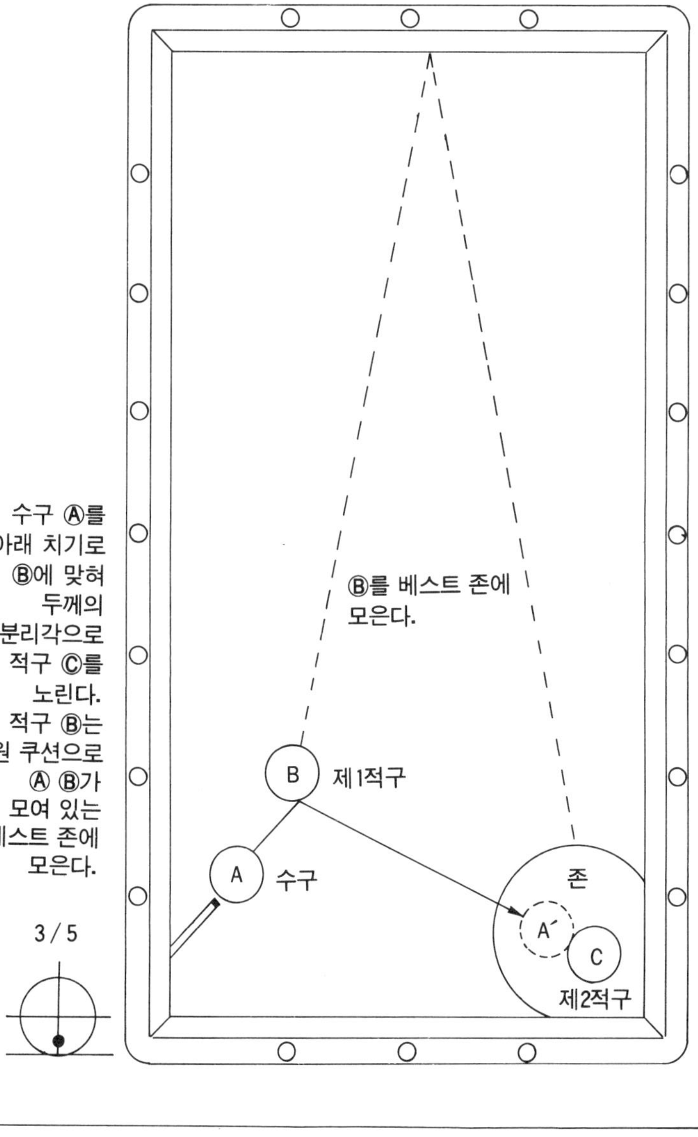

◐모아 치기의 응용례(5)

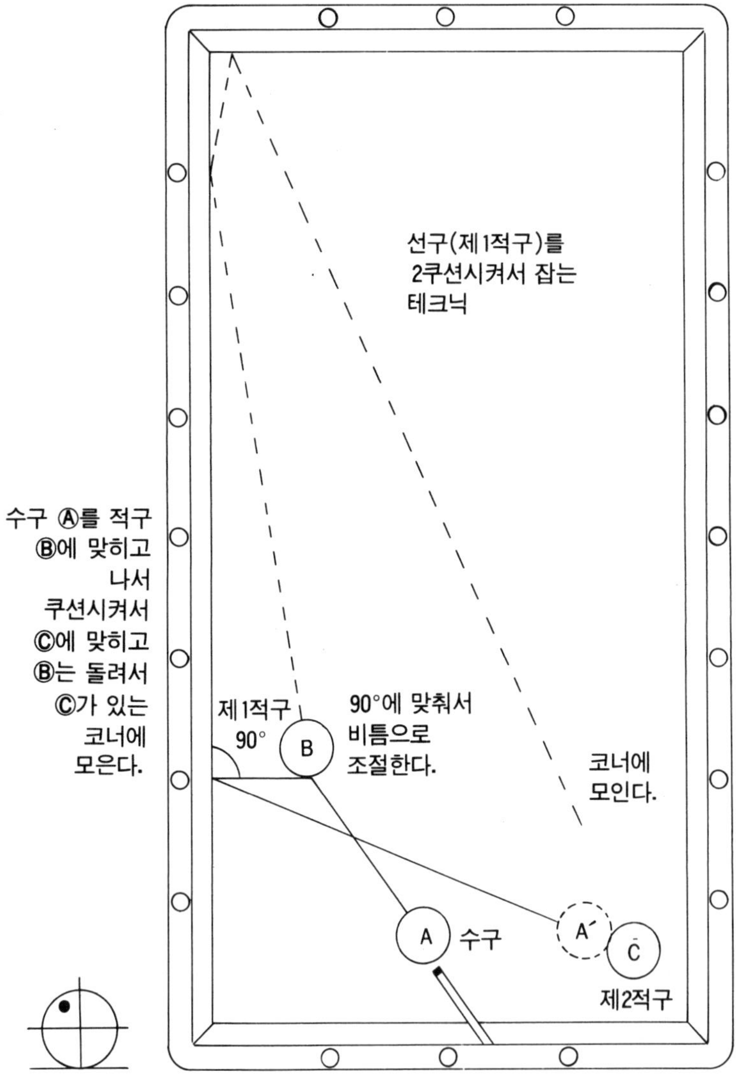
선구(제1적구)를
2쿠션시켜서 잡는
테크닉
수구 Ⓐ를 적구
Ⓑ에 맞히고
나서
쿠션시켜서
Ⓒ에 맞히고
Ⓑ는 돌려서
Ⓒ가 있는
코너에
모은다.
제1적구
90°
B
90°에 맞춰서
비틈으로
조절한다.
코너에
모인다.
A
수구
A´
C
제2적구

◐라운드 테이블

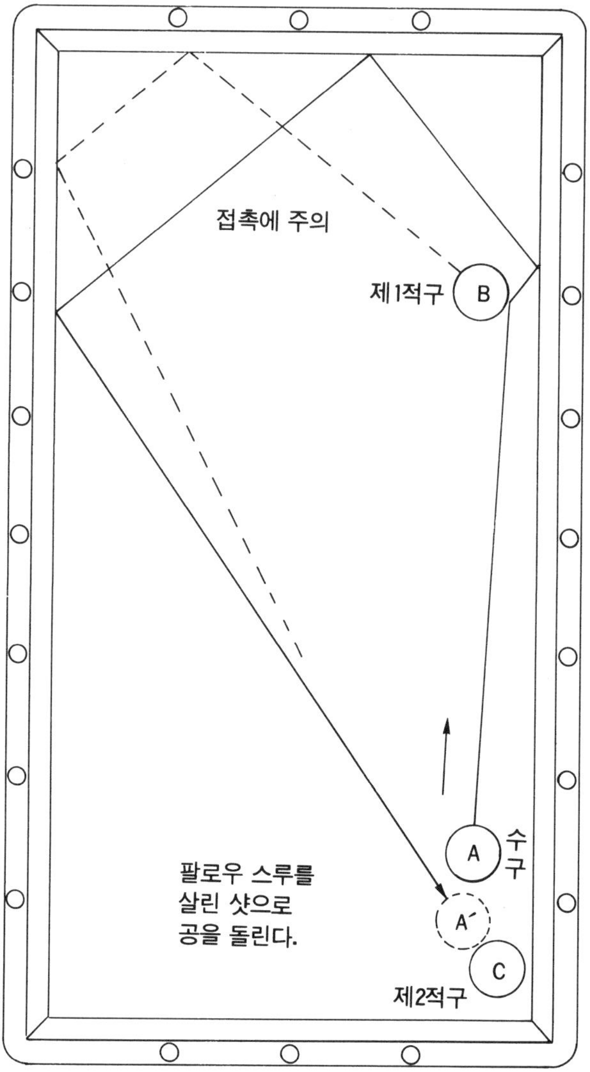
접촉에 주의
제1적구
B
A
수구
A´
C
제2적구
팔로우 스루를
살린 샷으로
공을 돌린다.

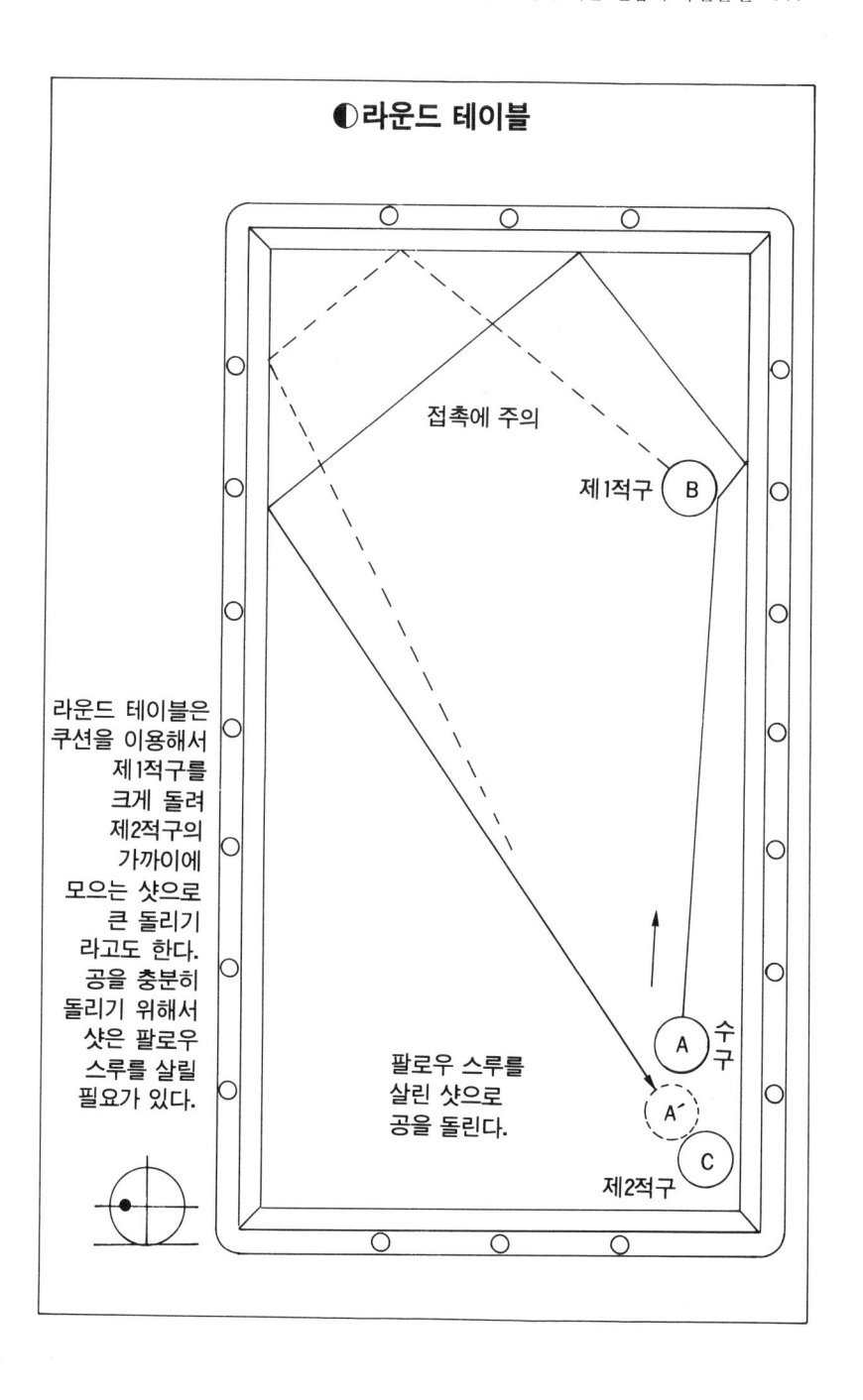

라운드 테이블은 쿠션을 이용해서 제1적구를 크게 돌려 제2적구의 가까이에 모으는 샷으로 큰 돌리기라고도 한다. 공을 충분히 돌리기 위해서 샷은 팔로우 스루를 살릴 필요가 있다.

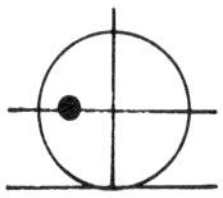

◐라운드 테이블의 응용례

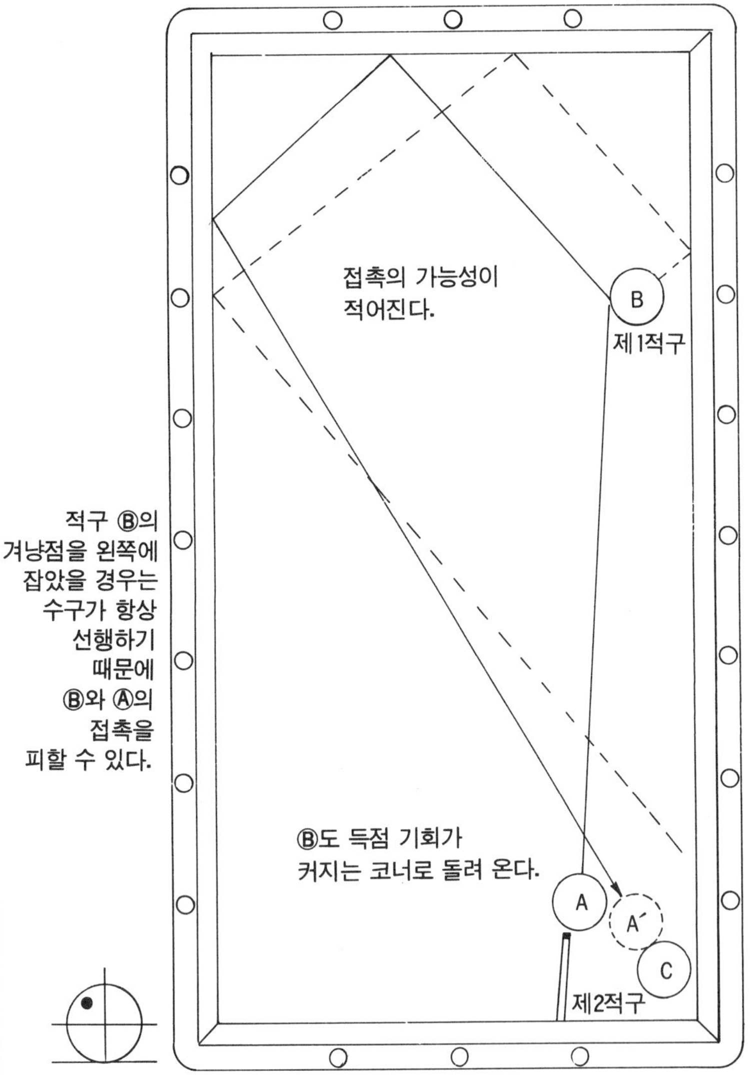
접촉의 가능성이
적어진다.
B
제1적구
적구 Ⓑ의
겨냥점을 왼쪽에
잡았을 경우는
수구가 항상
선행하기
때문에
Ⓑ와 Ⓐ의
접촉을
피할 수 있다.
Ⓑ도 득점 기회가
커지는 코너로 돌려 온다.
A
A´
C
제2적구

◐상자 치기

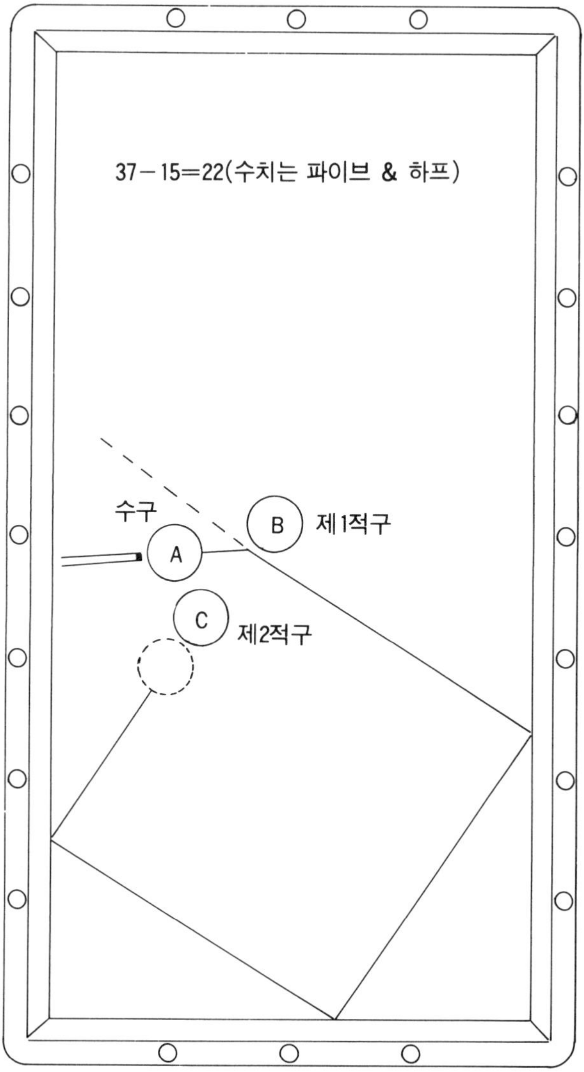

상자 치기는 투 쿠션 잡기 스리 쿠션 잡기와 마찬가지로 스리 쿠션 시스템의 수치를 이용할 수 있다. 입 반사각이나 당점 읽기의 정확성이 요구되기 때문에 상당히 고도의 기술을 필요로 한다.

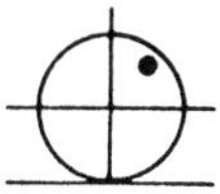

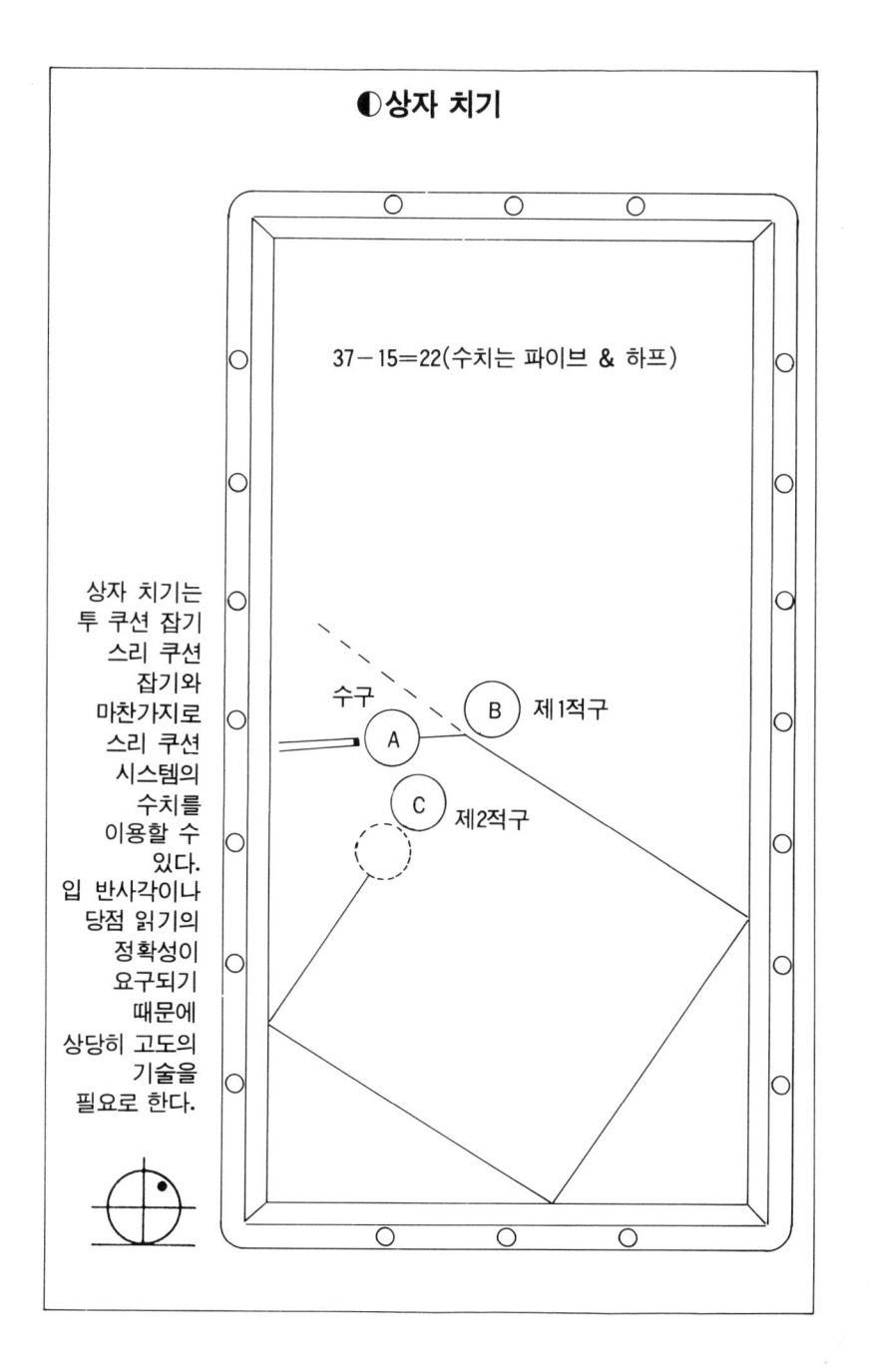

◐수구와 적구가 평행인 경우

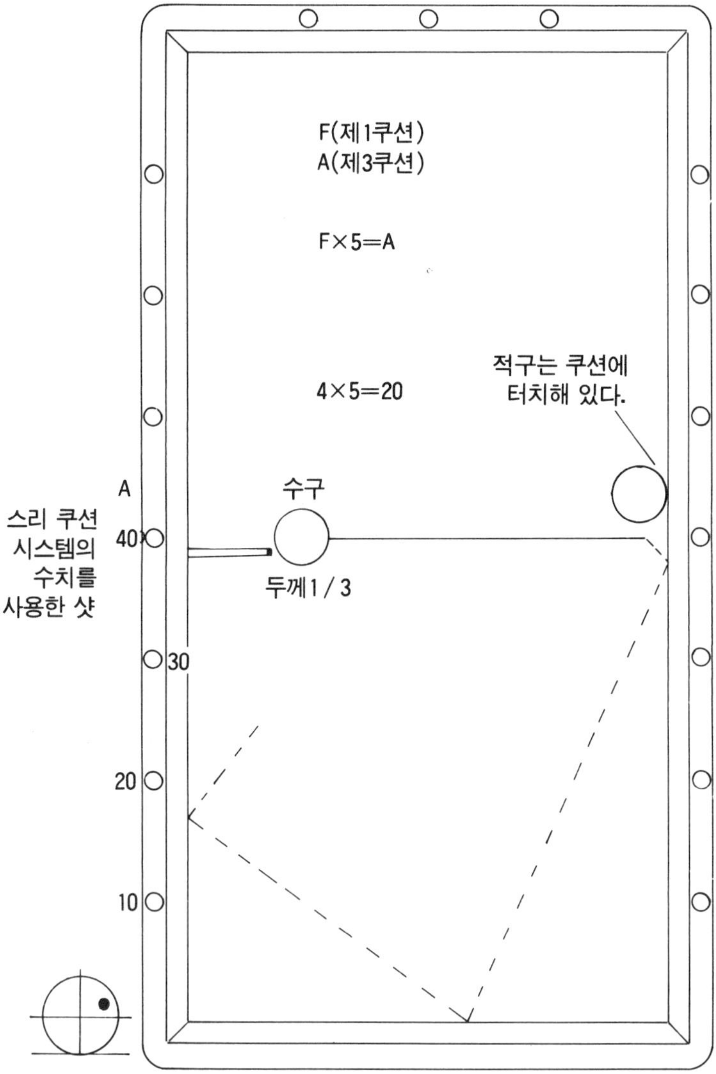

◐세리

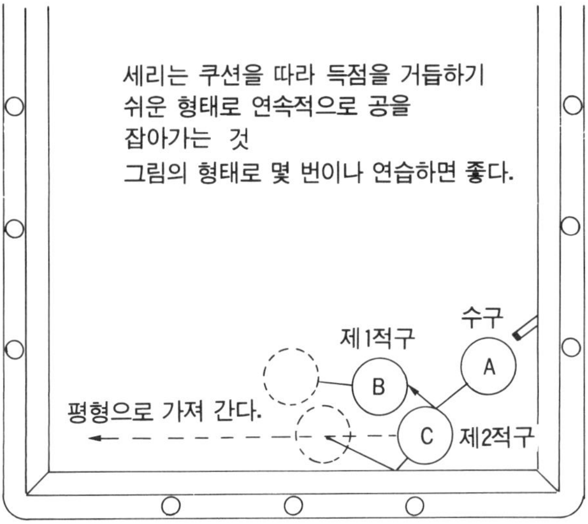

세리는 쿠션을 따라 득점을 거듭하기
쉬운 형태로 연속적으로 공을
잡아가는 것
그림의 형태로 몇 번이나 연습하면 좋다.
수구
제1적구
A
B
평형으로 가져 간다.
C
제2적구

세리란 쿠션가에 모은 공을 득점하기 쉬운 3각형으로 유지하면서 쿠션가를 돌며 연속 득점해 나가는 샷으로 고도의 기술을 필요로 한다. 1게임을 다 치는 플레이어는 이 세리의 명수이기도 하다.

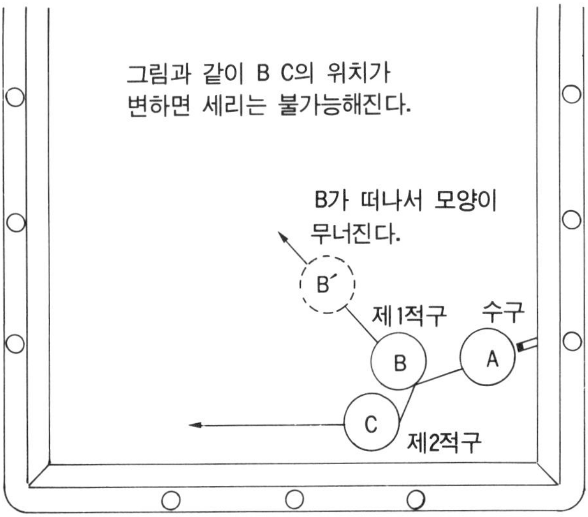

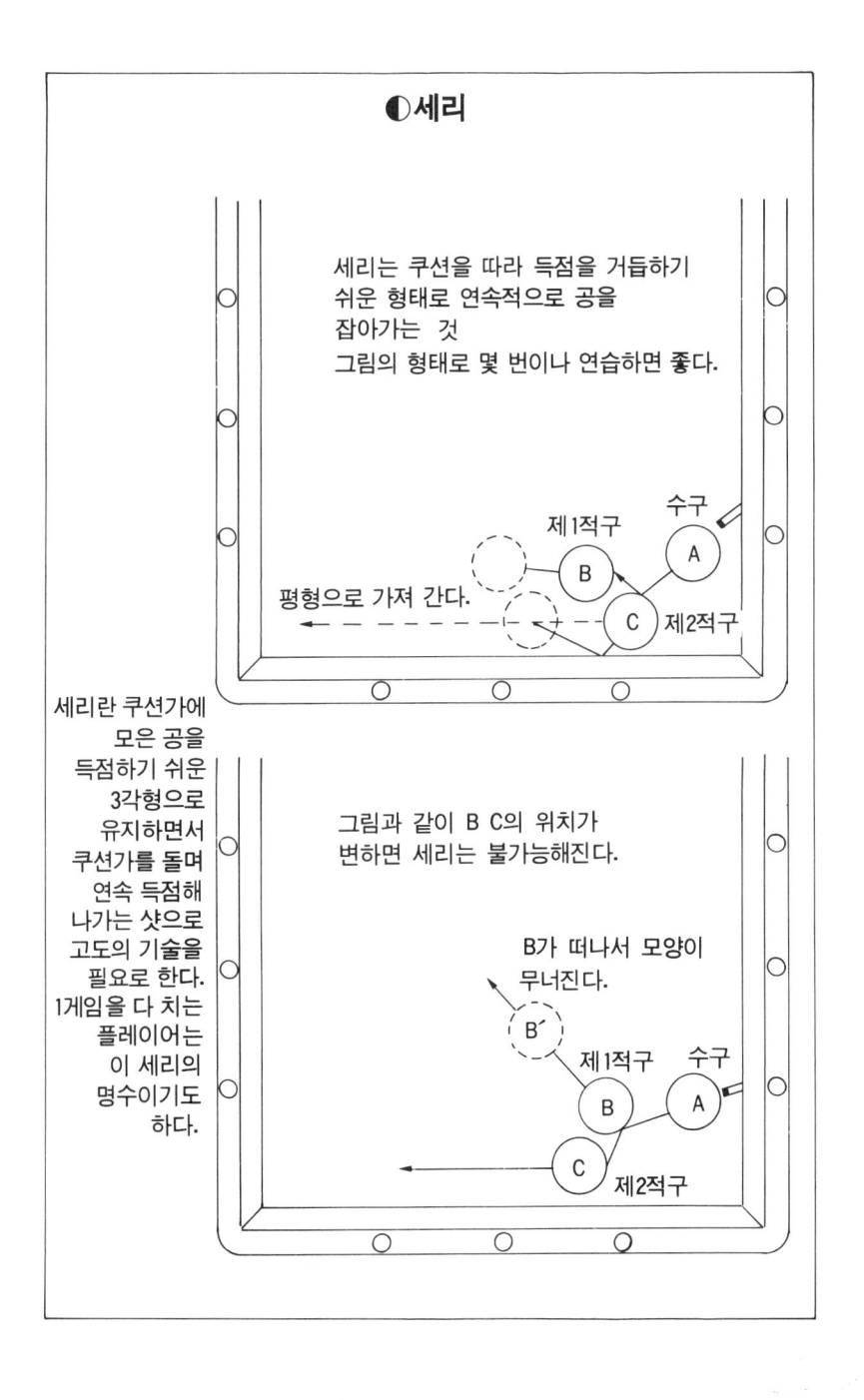

◐세리의 응용례

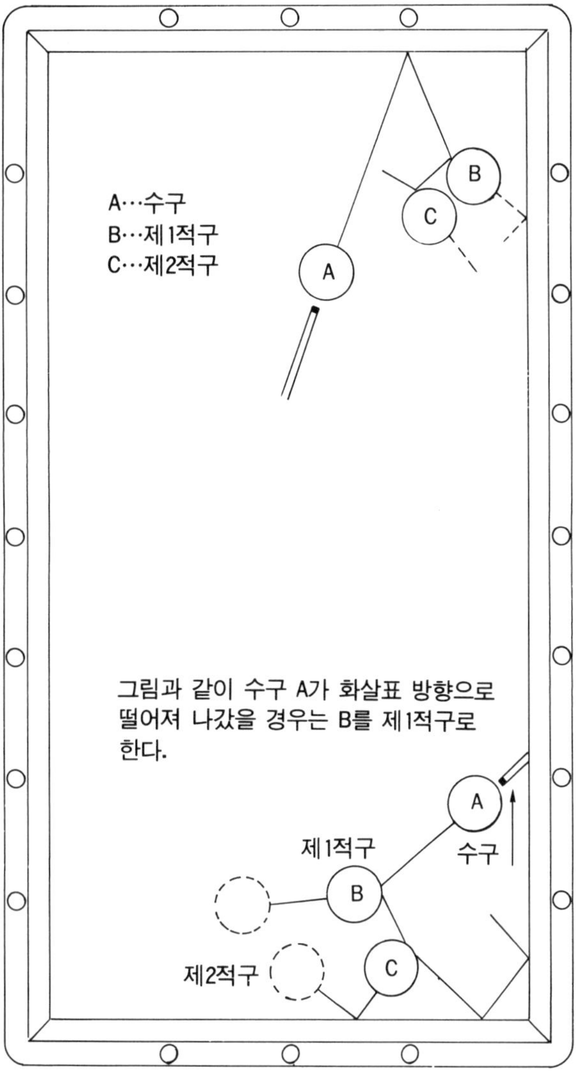

그림과 같이 수구 A가 화살표 방향으로 떨어져 나갔을 경우는 B를 제1적구로 한다.

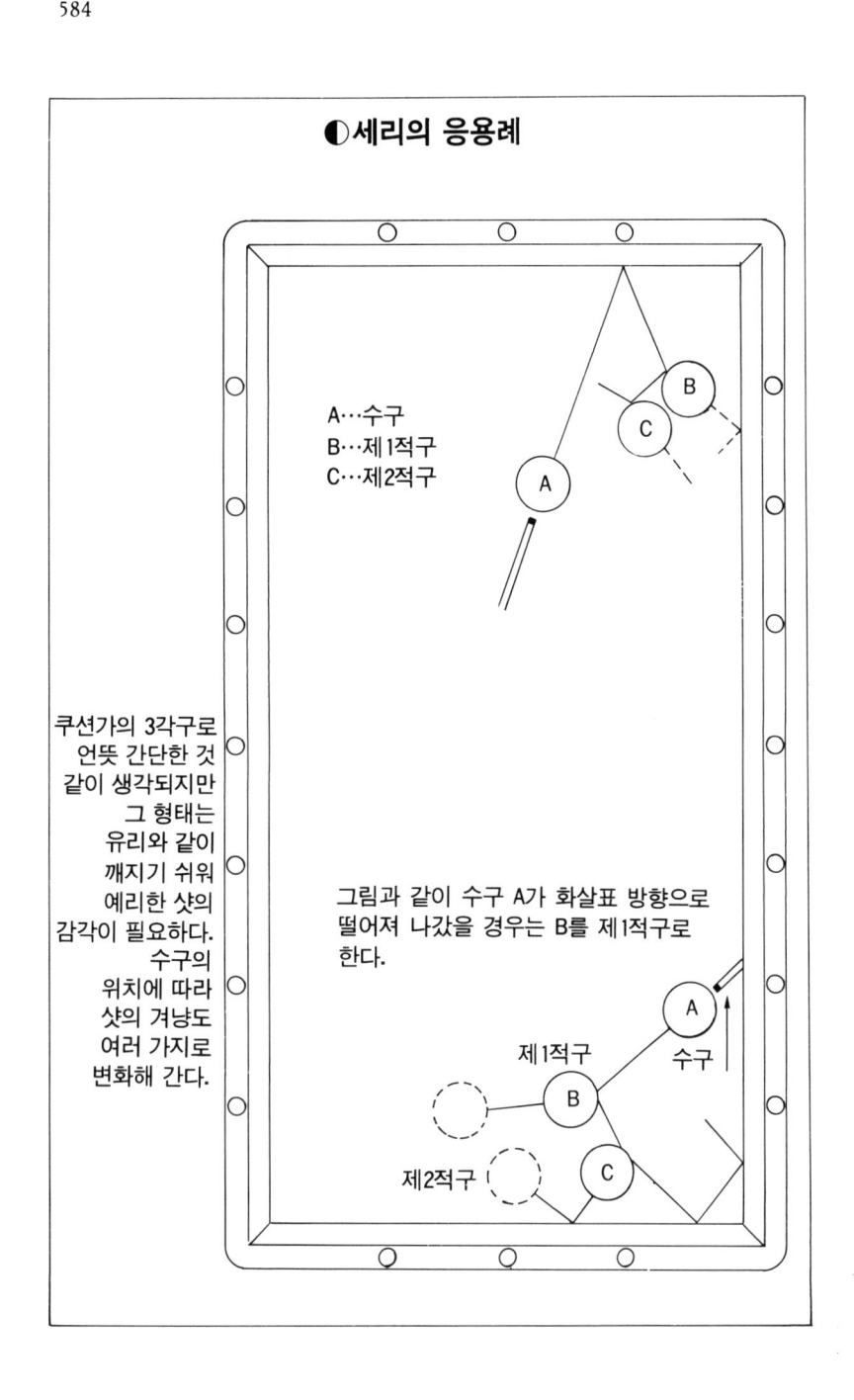

쿠션가의 3각구로 언뜻 간단한 것 같이 생각되지만 그 형태는 유리와 같이 깨지기 쉬워 예리한 샷의 감각이 필요하다. 수구의 위치에 따라 샷의 겨냥도 여러 가지로 변화해 간다.